미국사

미국사

1판 1쇄 발행 2015. 10. 1.
1판 7쇄 발행 2023. 7. 7.

지은이 앙드레 모루아
옮긴이 신용석

발행인 고세규
편집 임지숙 | 디자인 이경희
발행처 김영사
등록 1979년 5월 17일(제406-2003-036호)
주소 경기도 파주시 문발로 197(문발동) 우편번호 10881
전화 마케팅부 031)955-3100, 편집부 031)955-3250 | 팩스 031)955-3111

이 책의 한국어판 저작권은 베스툰코리아 에이전시를 통해 저작권자와의 독점 계약으로 김영사에
있습니다. 저작권법에 의해 한국 내에서 보호를 받는 저작물이므로 무단 전재와 무단 복제를 금합니다.

값은 뒤표지에 있습니다. ISBN 978-89-349-7219-8 03900

홈페이지 www.gimmyoung.com   블로그 blog.naver.com/gybook
인스타그램 instagram.com/gimmyoung   이메일 bestbook@gimmyoung.com

좋은 독자가 좋은 책을 만듭니다.
김영사는 독자 여러분의 의견에 항상 귀 기울이고 있습니다.

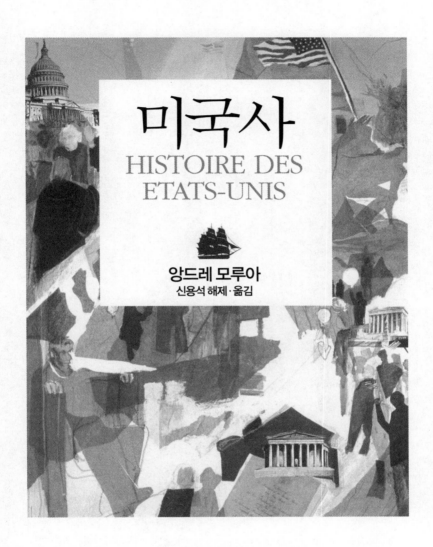

미국사
HISTOIRE DES ETATS-UNIS

앙드레 모루아

신용석 해제·옮김

김영사

앙드레 모루아가 《미국사》를 집필한 것은 제2차 세계대전이 한창인 1943년 미국에서의 망명생활 때였다. 프랑스를 대표하는 지성으로서 기왕에 《영국사》(1937)를 저술하여 역사가로서의 입지를 다진 그는 미국에 체류하는 동안 프린스턴 대학교의 저명한 교수들을 비롯한 많은 학자들과 교분을 넓혀가면서 미국 역사에 관한 많은 저서와 자료들을 접하게 되었다. 세계에서 가장 크고 중요한 자유민주주의 국가가 제1차 세계대전을 계기로 강대국의 대열에 앞장서면서 유럽과 태평양에서 독일 및 일본과 대결하고 있던 시기에 미국에 있던 모루아는 지식인으로서만이 아니라 조국 프랑스의 위기를 극복하는 데 동맹국이던 미국의 역사에 관심을 갖게 되었다.

그는 "한 국가가 놀랄 만큼 급속히 발전하게 된 과정을 살펴보고 국민이 숭고한 이상을 현실화하는 방법을 밝혀보려는 의욕을 저버릴 수가 없었다"고 술회하면서 "이 책이 프랑스인에게는 동맹국인 미국에 관한 다양한 사실과 프랑스와 동질적인 사상과 이념을 이해하는 데, 미국인에게는 프랑스의 문필가가 미국의 위대한 국민과 정부 그리고 과거와 미래를 어떻게 평가하고 있는가를 인식하는 데 도움이 되기를 바란다"고 밝혔다.

앙드레 모루아는 19세기 프랑스의 대표 학자 알렉시스 토크빌이 집필한 《미국의 민주주의Démocratie en Amérique》를 고전적 명저라고 높이 평가했지만 그가 집필한 《미국사》는 토크빌이 보았던 미국이 한 세기가 지난 후 거대한 민주국가로 성장한 현장에서 집필한 20세기의 또 다른 명저로 꼽힐 만하다.

★

대부분의 미국 역사 책자가 독립전쟁 이후부터를 다루고 있지만 앙드레 모루아는 콜럼버스의 미대륙 발견부터 미국 역사를 담담하게 그러나 현실감 있는 저명한 문필가의 필치로 흥미 있게 서술하고 있다.

"불과 5세기 전만 해도 유럽, 아시아, 아프리카 사람들은 오늘날 우리가 아메리카라고 부르는 대륙의 존재를 전혀 알지 못했다"로 시작되는 《미국사》는 저자의 따뜻하면서도 날카로운 안목으로 영국의 식민지에서 독립을 쟁취하고 광활한 국토에 다양한 종족과 민족이 뒤섞인 거대한 국가가 통합을 이루면서 보편적 가치를 이상으로 삼아 강대국으로 성장하는 과정을 수려한 필치로 기술하고 있다. 역사학자들이 대부분 간과하기 쉬운 역사의 주인공들에 대한 인간탐구를 비롯하여 일반국민의 감정과 생활상을 저자 특유의 역사관과 원숙한 인간성 및 미려한 문장력을 통해 재미있고 읽기 쉬운 역사서로 만들어낸 이 책은 '문학적 향기가 높은 역사책'으로 평가받을 만하다.

앙드레 모루아는 독립전쟁 당시 프랑스의 결정적 역할과 워싱턴의 인간성을 심층적으로 분석하고 서술했으며 남북전쟁 때 링컨의 위상과 장군들의 인간적 면모를, 두 차례의 세계대전에 임했던 대통령들과 의회 지도자들, 미국 국민의 희생정신을 진솔하게 묘사함으로써 그들의 전기를 읽는 듯한 감명을 준다. 독립전쟁 초기에 총사령관으로 취임한 워싱턴에 관한 묘사는 역사서라기보다는 재미있는 소설책을 읽는 것처럼 흥미진진하다.

총사령관에 워싱턴만 한 적임자는 없었다. 그는 경륜, 결단성, 위엄을 겸비한 뛰어난 인물이었다. 또한 자신의 성격을 잘 알았고 완전한 자제력까지 갖추고 있었다. 그는 "나는 화를 내는 일이 없다"고 말했지만 단 하나 영국에 대한 분노만큼은 참지 못할 정도로 대단했다.

남북전쟁이 북군의 승리로 끝나는 장면도 생동감 있게 그려냈으며 같은 국민 간의 전쟁을 끝내는 순간 위대한 지휘관들의 인품이 감동적으로 다음과 같이 서술되어 있다.

두 사람은 똑같이 괴로움을 이겨내야 했다. 리는 항복해야 하는 괴로움을, 그랜트는 적군의 비통한 모습을 지켜봐야 하는 괴로움을 겪었다. 휴전 조건은 관대했다. 남군 병사들은 선서를 한 후 석방되어 귀가하도록 했으며 말까지 가져갈 수 있었다. 그랜트는 이렇게 말했다. "그들은 봄갈이에 말이 필요할 것이다." 리 장군은 부하들이 굶주리고 있음을 털어놓으며 식량 보급을 요청했고 그랜트는 2만 5,000명분의 군량을 보냈다. 두 장군이 회담 내내 변함없이 보여준 위엄, 인정, 순박함은 사람들을 탄복하게 했다.

그로부터 한 세기 반이 지난 시점에서 흑인 출신을 합중국 대통령으로 선출한 미국의 기적은 그랜트와 리 장군에 의해서 싹텄다고 볼 수 있다. 이 같은 험난한 과정을 거쳐서 확립된 아메리카 합중국을 앙드레 모루아는 인류 역사의 위대한 성취라고 평가한다.

미합중국의 발전은 어느 인류사회의 발전보다 굉장히 신속했다. 북아메리카에는 지구상 최대 강국이 불과 1세기 반 만에 들어섰고 이 나라는 전 세계에서 압제받는 사람과 고뇌하는 사람들에게 안락한 피난처를 제공했다. 미합중국은 전시에는 자기 나라 군대뿐 아니라 연합국까지 무장시켰고, 평화 시에는 고용 문제만 적절하게 조정하면 전 국민을 궁핍에서 해방시킬 생산수단을 창조했다.

★ ★

미국과 우리나라는 20세기에 들어와 밀접하고 특수한 관계를 맺게 되었고 1953년에 체결된 '한미상호방위조약'에 의해 동맹국이 되었다. 미국은 한반도의 정세가 동북아시아에서 요동치던 19세기 말과 20세기 초에 선교사와 외교관들을 통해 우리나라에 개신교와 함께 신식 교육, 의료, 문화를 이식해준 대표적 나라로 꼽힌다. 미국을 통해 조선의 독립을 확보하려던 고종과 쟁취하려던 이승만의 꿈은 국제정세의 냉혹한 현실과 미국 정부의 대외정책에 의해서 번번이 좌절되었지만 이 같은 조선인의 열망을 지지하고 도와준 많은 미국인이 있었다. 유럽의 식민지 제국들과는 달리 미국 시민의 조선에 대한 애착과 연민은 식민지 시대를 겪으면서 독립을 쟁취하고 남북전쟁을 통해 국가통합을 이룩한 미국 시민만이 지닐 수 있는 경험과 가치관이 있었기에 가능했을 것이다.

이 같은 한미관계는 1950년 한국전쟁을 통해서 극적으로 승화되었다. 공산주의의 팽창을 저지하려는 미국의 대외정책이 근본이 되었지만 소련과 중국의 지원을 받은 북한이 남침을 시도 했을 때 미국은 신속하게 군대를 급파하여 한반도의 공산화를 저지하는 데 앞장서면서 3만 7천여 명의 미군이 고귀한 생명을 잃었고 10만 명 이상이 부상을 당했다.

이 같이 미국의 막대한 희생은 자유민주주의 국가로서의 책무와 강대국으로서 서방세계의 방어를 위해 국가적 의무를 끝가지 수행한다는 국격을 보여준 증표가 되었다. 한국전쟁이 끝난 후 미국은 경제 원조를 통해 한국의 경제발전을 도왔고 한국에 민주주의를 정착시키기 위해 빈번했던 외교적 갈등을 마다하고 자유민주주의 가치를 정착시키고 지원하는 데 앞장섰다. 오늘날 한국의 경제 발전과 민주주의 정착은 미국의 지원이 없이는 요원했을 것이다.

이 같은 미국에 대해 우리는 과연 무엇을 얼마나 알고 있으며 미국의 역사를 얼마나 이해하고 있는가. 다양한 인종의 미국인을 백인과 흑인으로 구별하는 이분법적 사고방식과 멕시코인들이 미국 서부에 살고 있는 역사적 배경에 대한 무감각 그리고 유럽이나 아시아 각지에서의 분쟁에 미국의 개입에 대한 국가 이념적 이해를 한국인이 도외시하고 있는 측면이 강하다.

스티븐 보즈워스Stephen Bosworth 전임 주한 미국대사는 "역사의 무게는 절대로 가볍지 않다"고 말하면서 "미국은 식민지 지배를 받았던 영국의 영향에서 벗어나는 데 100년 이상이 걸렸다"고 했다. 역사의 무게를 스스로 인식하면서 새로운 역사를 써나가는 데 앞장서고 있는 미국인을 보면서 미국 역사를 제대로 알아야겠다는 의식이 싹텄고 앙드레 모루아의 무거운 미국 역사서를 번역하는 데 큰 힘이 되었음을 고백하고 싶다.

★ ★ ★

역자는 대학교 졸업반이던 1965년, 미국 정부의 초청으로 3개월에 걸친 미국 방문을 통해 많은 것을 보고 느꼈다. 광대한 국토와 다양한 종족 그리고 풍요한 사회의 여유로운 삶의 현장을 보면서 가난했던 한국 대학생으로서 열등감과 좌절감을 느끼기도 했지만 또 다른 각오를 되새기는 계기가 되었다. 미국 유수의 대학으로부터 장학금 제의가 있었지만, 뉴욕 주 북부의 소도시에서 한국전쟁 때 두 아들을 잃은 참전용사 가정을 방문했을 때 "우리 아들들의 죽음이 헛되지 않도록 귀국하여 한국의 발전을 위해 열심히 공부하고 일해 달라"는 참전용사 부모의 말을 듣는 순간 미국 유학의 꿈을 접고 나름대로의 각오로 귀국했던 기억이 새롭다. 그 후 언론사의 유럽 특파원을 지내면서도 현재까지 80여 차례의 미국 여행 동안 15일 이상을 머문 적이 없었다. 우리를 도와준 나라의 풍요와 안락을 내 자신이 향유하고 무임승차해서는 안 되겠다는 나름대로의 고집과 신념 때문이었다.

역자가 앙드레 모루아의 《미국사》를 처음 번역했던 것은 1970년대 중반 프랑스 파리에서 특파원으로 근무하고 있을 때였다. 일본의 식민지 시절에 의학도의 길을 택했던 선친(한용 신태범 박사)께서는 28세이던 1940년 봄 일본어로 번역된 앙드레 모루아의 《영국사》를 읽고 깊은 감명을 받은 후 《미국사》와 《프랑스사》를 어렵사리 구해 읽으셨던 분이다. 역자가 파리에 있을 때 모루아의 역사서를 읽어보라고 권유해주신 분, 그리고 짬이 있으면 모루아의 《영국사》, 《미국사》, 《프랑스사》의 삼부작을 번역해보라고 도와주시고 독려해주신 분도 선친이셨다.

　　역자는 파리에서 모루아의 명저를 번역할 때 그리고 40여년이 지난 후 선친께서 사시던 인천 자유공원의 맥아더 장군 동상이 바라다보이는 자택에서 번역을 다시 손볼 때, 앙드레 모루아와 선친의 국적은 다르지만 남다른 지성인으로서의 면모와 의지를 힘든 순간마다 떠올리면서 진지한 자세로 번역 수정 작업에 임했다. 역사학자도 아니고 프랑스어 전문가도 아닌 언론인으로서 완벽한 번역에는 한계를 느꼈지만 두 분에 대한 존경심과 미국이라는 나라를 좀 더 깊게 이해해야겠다는 사명감만은 끝가지 뇌리에서 떠나지 않았다. 1981년 어려웠던 출판계 현실에서도 《미국사》 출간을 결단했던 홍성사의 이재철 사장께 다시 한 번 경의를 표하면서 절판된 《미국사》를 20년 후 재출판을 결정한 김영사의 김강유 회장에게도 감사의 뜻을 전한다.

2015년 가을

신용석

1937년《영국사》를 집필했을 때 영국과 미국 두 나라에서 상당한 호평을 받았다. 그러나 영국인이 아닌 프랑스인이 무모하게도 영국의 역사를 기술하고 국민성까지 언급했기 때문에 곡해도 적지 않았을 것이다. 이제《미국사》를 미국 독자들에게 내놓음으로써 또 한 번 같은 경험을 하게 되었다.《영국사》와《미국사》를 통해 두 나라의 문명과 정치제도 발전 과정을 묘사하는 데 주력했다. 프랑스어로 번역되지 않은 여러 새로운 문헌들을 바탕으로 비교적 단순하고 흥미 있게 역사를 서술하는 작업은 많은 사람들에게 매우 유익할 것이라고 확신한다.

필자는《미국사》를 집필하면서 한 국가가 놀랄 만큼 급속히 발전하게 된 과정을 살펴보고, 한 국민이 숭고한 이상을 현실화시킨 방법을 밝혀보려는 의욕을 저버릴 수 없었다. 미국의 성장과 발전에 관한 저서는 많을 뿐 아니라 그중에는 명저도 적지 않다. 위대한 역사가들 또한 많다. 새로운 사료도 별로 없기 때문에 프랑스인 필자가 감히 추가할 것도 없다. 필자는 이들의 저서들을 많이 읽고 중요한 부분을 명확하게 요약하여 전달하는 데 전력을 기울였다. 그러나 이미 알려져 있는 사실과 사건에 대한 새로운 표현과 오래 지속되고 있는 쟁점에 대한 필자의 판단만은 분명히 담겨져 있다.

미국의 독자들은 이 저작이 지극히 겸허한 마음으로 기술되었다는 것을 이해해주었으면 한다. 미국 역사에 대한 필자의 지식은 미국의 역사가보다 못하다는 것을 알고 있기 때문에 객관적으로 정확한 사실을 전달하기 위해 최선의 노력을 다했다. 많은 관계 서적을 읽는 데 그치지 않고 주요한 역사의 현장을 살피기 위해 미국의 여러 곳을 여행하기도 했다.

어느 나라 역사나 마찬가지겠지만 특히 《미국사》는 초기 역사를 기술하는 데 여러 가지 어려움이 있었다. 국가 수립 이전의 역사와 건국의 경위를 묘사하고 발전을 기술하는 데 중점을 둔 제3장 〈국가의 탄생〉을 관심 있게 읽어주기를 바란다. 대부분 미국의 역사가들은 독립전쟁 직전부터의 역사를 기술하고 있지만 필자는 아메리카 발견부터 기술하기 시작했다. 특히 제1장 〈유럽인의 아메리카 발견〉의 집필을 위해 심혈을 기울였다.

이번에 출간하게 된 《미국사》가 프랑스 독자에게는 동맹국인 미국에 관한 여러 사실과 우리와 같은 사상과 이념을 이해하는 데, 그리고 미국 독자에게는 외국의 한 친구가 미국의 위대한 국민, 정부, 과거와 미래를 어떻게 보고 있는가를 인식하는 데 도움이 되었으면 한다.

필자의 초고를 검토하고 귀중한 조언을 아끼지 않은 프린스턴 대학교의 크리스티안 고스 학장에게 감사를 드린다.

앙드레 모루아

제1장

—

유럽인의 아메리카 발견

HISTOIRE DES ETATS-UNIS

—

토지와 주민

The country and the people

—

1. 불과 5세기 전만 해도 유럽, 아시아, 아프리카 사람들은 오늘날 우리가 아메리카라고 부르는 대륙의 존재를 전혀 알지 못했다. 당시 그곳은 항해사들이 감히 뛰어넘을 엄두를 내지 못했고 방법도 없던 거대한 대양이 가로막아 유럽과 아시아 문명권에서 완전히 분리되어 있었다. 아메리카 대륙의 일부 지역은 유럽 대륙과 비교적 가까운 거리에 있었지만 그 땅은 북극의 빙판에 속해 접근하기 어려웠다. 흥미롭게도 이 광대한 대륙에는 현재 맨해튼Manhattan에서 몇 블록의 인구만 모아도 될 만큼 소수의 사람들만 살고 있었다.

그런데 중대 사건, 즉 탐험가들이 이 처녀지를 발견하면서부터 실험의 땅으로 바뀌기 시작했다. 몇 달에 걸친 고된 항해를 마치고 이 대륙에 상륙한 유럽인들은 여러 세대를 두고 갈등을 불러일으킨 전란에서 즉각 해방되었다. 그들은 난생처음 토지소유권과 그에 따른 증오 혹은 적대감은 그리 중대한 문제가 아니라는 것과, 유사 이전의

인류처럼 인류의 가장 위험한 적은 사람이 아니라 자연임을 깨달았
다. 당시 개발의 손길이 닿지 않은 대륙과 문명이 접촉하면서 사회사
는 갑자기 새로운 전환기를 맞이했다.

2. 아메리카의 기후가 유럽인에게 적합하지 않았다면 이 발견의
성과는 그리 대단치 않았을 것이다. 그랬다면 기껏해야 농가 몇 채가
들어선 개척지가 군데군데 생기는 정도가 아니었을까. 점점 현지 사
정에 밝아진 유럽인은 아메리카의 기후에 쉽게 적응했다. 계절의 변
화가 급격하고 날씨도 유럽보다 변덕스러웠지만 이주민들은 대체로
고국에서보다 더 건강하게 지냈다. 애당초 고단한 항해를 견디고 미
지의 땅에 적응할 각오를 다진 사람들인 만큼 이주민들이 원기 왕성
한 것은 당연했다. 식량 부족이라는 위험은 처음부터 그리 중요하지
않았다. 곡식이 드물었던 유럽과 달리 아메리카 대륙에는 인디언이
재배하는 훌륭한 토산 식물이 있었다. 여기에다 울창한 숲이 과실과
동물을, 바다가 물고기를 제공했다. 따라서 옥수수나 물고기가 아니
라 금과 은을 구하려는 탐욕과 무지에 빠져들지 않으면 초기의 이주
민이 굶주림으로 죽을 일은 없었다.

기후는 백인뿐 아니라 유럽에서 옮겨온 소, 돼지, 염소 등에게도 적
합하여 모든 가축이 급속히 번식했다. 더불어 대서양 연안의 울창한
삼림지대는 가옥과 선박을 건조할 자재를 거의 무제한으로 제공했다.
시간이 지나면서 그 기적의 대륙에 인류에게 필요한 광물, 석탄, 석유
등 온갖 자원이 있음을 발견한 이주민의 후손들은 그 대륙이 개발할
가치가 무궁무진하다는 것을 깨달았다.

3. 아메리카 대륙은 지리상 유럽과 정면으로 마주하고 있어 진입하기에도 쉬운 곳이었다. 특히 신세계의 동해안은 천연 항만과 배가 드나들 수 있는 하천이 많았고 수심도 깊어 항해자의 접근이 용이했다. 배후에 구릉지가 있긴 했지만 험하지 않아 백인들의 전진을 크게 방해하지 않았다. 만약 이 지역이 캘리포니아처럼 험준한 산맥으로 가로막혀 중부 평원지대로 나아가기가 힘든 곳이었다면 오늘날 미국이라는 나라의 발전은 훨씬 더뎠을 것이다. 동해안은 물건을 배로 실어 나르기에 편리한 하구가 많았고 이러한 자연 조건은 주민들이 쉽게 정착하도록 해주었다.

서부 내륙은 미시시피 강과 그 지류가 광대한 지역을 연결하고 있었다. 덕분에 내륙을 개발하자마자 해안지방 사람들은 곧바로 다른 지방과 교역을 시작했다. 현재 캐나다에 속하는 지역과 가까운 북부에는 호수와 하천이 세인트로렌스 강으로 흘러드는 수로가 있고, 이것은 오묘한 자연의 설계 덕분에 미시시피 강 수로와 연결할 수 있었다. 다시 말해 한쪽 수로의 수원이 다른 쪽 수로의 수원과 가까워 오하이오 강변에서 3대호 연안지대까지 통나무배를 어깨에 메고 가는 잠깐의 수고만으로도 항해가 가능했다. 그 중요성으로 보아 누구든 이 수로를 지배하고 지켜낼 힘이 있는 사람은 아메리카의 주인이 될 수 있었다.

4. 이 대륙에는 주로 유럽인이 정착했는데 정착민은 이곳에서 새로운 성향을 드러냈다. 여기에 가장 큰 영향을 미친 것은 이들이 약 300년에 걸쳐 쉴 새 없이 서부로 이동하면서 생긴 이동국경moving frontier이다. 문명의 극한지대인 변경지역에서는 험난한 생활, 삼림이나 인디언과의 투쟁, 드넓은 토지, 상호 부조의 필요성 등이 이들을 기다렸고 이런 환경은 정착민의 성향마저 바꿔놓았다. 즉, 관용을 베풀고 독립적이며 억센 기질과 일에 대한 열정 및 체력의 차이 외에는 일체의 불평등을 허용하지 않는 개척자 정신이 등장한 것이다.

이러한 환경 아래 여러 나라에서 이주해온 사람들은 거의 유사한 성향을 보였다. 대륙으로 온 모든 사람이 유럽에서 경험하지 못한 자유의사에 따른 협동정신을 발휘한 것이다. 변경지역에서 위험과 싸울 때 거의 다 처지가 비슷했던 이들은 질투심 같은 감정을 깨끗이 접어두었다. 정부의 힘이 그들에게까지 미치지 못했기에 개척자들은 자치 습관을 익혔고 이웃을 경쟁 상대가 아닌 협조자로 인식했다. 이와 더불어 낙천적이고 선의적인 성향이 자리를 잡았다. 이는 불화와 반목을 거듭하던 당시뿐 아니라 오늘날까지도 유럽인을 놀라게 하는 성향이다. 신대륙 정착민은 다른 곳에 사는 사람들과 달리 자연스럽게 새로운 모습의 자유를 누린 것이다. 구세계에서 자유란 개인이 기득권층에게서 쟁취한 전리품이었지만 신세계에서는 정부가 개인에게서 그 권리를 쟁취하려 했다.

chapter 2

인디언
The Indians

1. 최초로 아메리카 대륙에 상륙한 유럽인은 신대륙에서 문명의 정도에는 차이가 있지만 분명 같은 인간인 여러 부족을 발견했다. 그들은 원주민을 인디언Indians이라 불렀는데 그 이유는 당시의 지리학자들이 인도가 대서양 서안에 있다고 믿었기 때문이다. 하지만 갈색 피부, 높은 광대뼈, 거칠고 검은 머리털이라는 특징을 보이는 아메리카 원주민은 인도인이 아니라 몽고족Mongols과 비슷했다. 그들은 어디에서 왔을까? 그들의 기원이 아메리카 대륙일까? 신대륙에서 유럽이나 아시아처럼 고대 인류의 유적이 발견되지 않은 것으로 보아 이러한 추정은 가능성이 희박해 보인다.

빙하시대 아메리카 대륙에 인류가 살았다는 사실은 확실하지만 인디언이 아메리카 대륙에 기원을 둔 종족이라고 단언하려면 다음의 전제조건을 충족시켜야 한다. 첫째, 다른 대륙과 마찬가지로 크로마뇽인 혹은 네안데르탈인과 유사한 여러 중간기의 두개골이 발견되어야 한다. 그런데 아메리카 대륙의 크고 작은 동굴을 모조리 탐험한 결과 그곳에 그런 원시인이 있었을 가능성은 거의 없다. 둘째, 아메리카에서 아시아에서와 똑같은 진화가 이뤄져 기적적으로 몽고족이 등장해야 한다. 하지만 아시아와 아메리카 양 대륙 사이에는 아무런 관계도 없으므로 이는 도저히 믿기 힘든 가설이다. 아시아인을 닮은 인디언을 보면 오히려 아시아에서 이동해왔다고 믿는 쪽이 훨씬 더 합리적이다.

2. 그렇다면 인디언은 언제 어떻게 아메리카 대륙으로 왔을까? 가장 일반적인 것은 시베리아에서 베링Bering 해협을 거쳐 알래스카로 이동했다는 설이다. 이 해협의 거리는 불과 80킬로미터에 불과하며 디오메데Diomede 섬이 해협 중간에서 징검다리 노릇을 하는 데다 1년 중 절반 이상이 얼어 있다. 이런 상황이라면 이동이 가능할 수 있다.

과연 이 종족은 무엇 때문에 아시아에서 아메리카로 건너왔을까? 어쩌면 기후가 변했거나 새로운 초원이 필요했거나 아니면 우연한 기회에 이동했을지도 모른다. 만약 이동이 있었다면 아직 문명이 진보하지 않은 신석기시대 말기 이전에 이뤄졌을 것이다. 스페인 사람들이 아메리카 대륙을 정복했을 때 인디언은 아시아에서 가장 뒤떨어진 종족도 오래전부터 알고 있던 수레바퀴 사용법을 몰랐기 때문이다. 이 종족의 일상생활에는 직조 기술, 몇 가지의 염료, 불을 얻는 방법, 돌을 가는 기술, 활, 작살, 축견 등의 특징이 있었다. 또한 그들에게는 아편이나 그 밖의 약제를 태워 들이마시는 습관이 있었다. 이러한 습관은 스페인 정복시대까지 토산 식물인 담배, 특히 남부에서는 코카Coca 잎으로 바뀌어갔다. 요컨대 신구 대륙 간 문명의 유사점과 차이점을 보면 양자의 기원에는 공통점이 있고, 양자의 분리는 원시 단계에서 이뤄졌음을 알 수 있다.

3. 설령 모든 아메리카 인디언이 아시아에 기원을 두고 있을지라도 그들이 여러 갈래로 파생한 것만은 분명해 보인다. 인류학자 중에는 폴리네시아족Polynesians 또는 멜라네시아족Melanesinas 중 소수가 남아메리카에 도달했다고 믿는 사람도 있다. 이 경우 잉카나 아즈텍 예술과 이집트 예술 사이에 나타나는 묘한 유사점을 설명할 수도 있다. 일부에서는 인디언의 언어가 매우 복잡하고 공통된 어원을 찾기 힘들다는 점을 들어 서로 아무런 연관 없이 이루어진 다수의 이동이었다는 가설을 지지한다. 또 일부 학자는 대양주의 마오리족Maoris이 아무리 멀리 표류했어도 아메리카 대륙까지 도달하지는 못했을 것이므로 앞서 말한 유사점은 우연의 일치거나 동일한 자연 조건의 결과라고 반박한다.

인디언이 아시아의 어느 지방에서 왔든 이미 먼 옛날에 세대 단절이 이뤄졌고 아메리카 문명은 수천 년간 독자적으로 발전해왔다. 인디언은 쟁기도 없이 토산 농산물인 옥수수, 강낭콩, 감자, 카사바cassava, 카카오cacao, 담배, 목화 등을 재배했다. 중앙아메리카와 남아메리카 인디언은 석재로 사원과 궁전을 건축했고 다른 지역 인디언은 나무껍질 오두막집, 들소가죽 천막, 목조 오두막집, 흙벽돌집 등에서 살았다.

4. 멕시코와 페루 지역에서는 일찍이 문화가 발달한 데 반해 당시 북쪽에 있던 부족들은 왜 미개한 상태에 있었을까? 이러한 의문은 아프리카나 아시아에도 해당된다. 이집트는 인근에 야만족이 들끓을 때 어떻게 대제국을 형성하고 놀라운 예술을 꽃피웠을까? 그 이유는 나일 강의 정기적인 범람으로 농업 생산물이 풍성해 인구 집중이 가능했기 때문이다. 이것은 아메리카도 마찬가지다.

도시 문화 발달은 식량 공급과 깊은 관련이 있다. 그런데 수렵과 목축 민족은 광대한 토지를 필요로 하므로 어느 한곳에 정착할 수가 없다. 이처럼 고된 삶을 살아가는 그들은 예술이나 사치품 발달에 필수 불가결한 부를 축적하기 어렵다. 원시적인 농업은 간신히 최저생활을 유지하는 정도에 불과했고, 그것도 여름철의 풍부한 강우량이나 홍수의 범람 등 극히 드문 자연의 혜택을 받아야 가능했다.

멕시코 문화는 여름철의 풍부한 강우량 덕분에 발달한 것이다. 멕시코 고원에서는 옥수수가 잘 자랐고 풍성한 수확으로 예술과 종교, 과학의 싹이 트기 시작했다.

5. 스페인이 정복하기 전 멕시코에서는 두 개의 문명이 각각 다른 두 곳에서 발달했다. 그것은 남부 유카탄Yucatán 근방의 마야 문명과 북부(현재 멕시코시티 인근)의 아즈텍 문명을 말한다. 마야 문명권에 속하는 사람들은 질서 있는 사회를 구성하고 있었다. 그들은 활과 창으로 무장하고 비취옥, 청옥, 새 깃털로 장식한 귀족의 지배를 받았다. 고대로부터 이어져온 이들 종족은 특히 신앙심이 대단했다. 그들은 문자 발명자인 떠오르는 태양의 신God of the Rising Sun, 예술과 평화의 신God

of Arts and of Peace, 미의 신a Fair God, 깃털 달린 뱀신Plumed Serpent을 숭상했다. 인근의 아즈텍 사람들은 깃털 달린 뱀신을 모방해 날개 달린 뱀의 모습을 한 케찰코아틀Quetzelcóatl(고대 멕시코의 신—역자주)을 만들어냈다.

그런데 마야의 신들에게는 인간 제물이 필요했고 마야족과 아즈텍족은 포로를 확보해 충실히 제물을 바쳤다. 에르난 코르테스Hernán Cortés(1485~1547)가 아즈텍의 지배자 몬테주마Montezuma의 궁정에 당도했을 때, 인디언들은 그에게 몬테주마가 1년간 적어도 2만 명에 달하는 인간 제물을 바쳤다며 자랑삼아 말했다고 한다.

마야족은 문자를 발명했고 계산 방법도 알고 있었다. 또한 영(0)의 개념을 이해한 그들은 1년을 정확히 계산해 20년마다 그들의 말로 '카툰katun'이라 부르는 기념비를 건립했다. 그들의 건축물은 매우 웅장했는데 피라미드형의 거대한 구조물 정상을 평평하게 해서 사원을 세우고 그곳에 이르는 장대한 계단을 건립했다. 여기에다 소박함, 거대함, 중후함을 보여주는 마야족의 조각상은 고대 이집트와 현대의 조각을 동시에 떠올리게 한다.

6. 멕시코의 또 다른 위대한 민족 아즈텍은 마야보다 훨씬 더 호전적이었다. 아즈텍 이전에 톨텍Toltecs이라 불린 이들이 수많은 부족을 정복해 조공을 받았다는 점에서 그것을 잘 알 수 있다. 황제의 신하인 귀족들은 세금을 내지 않았고 황제 자리는 형제나 모계에서 가장 가까운 사람이 계승했다. 아즈텍의 마지막 황제인 몬테주마는 1520년 스페인의 정복군에 굴복해 왕좌에서 밀려났다.

자신을 세계 최고의 권력자로 여긴 그는 호수로 둘러싸인 섬 위에 있던 수도 멕시코-테노치티틀란Mexico-Tenochtitlan을 자랑삼아 뽐냈는데, 그곳에는 넓고 화려한 궁전과 정원 그리고 빨간 돌로 지은 스무 개의 사원이 있었다. 청색 석회벽으로 지은 그들의 가옥은 장미꽃으로 뒤덮였고 호수의 깨끗한 물에는 1만 5,000개의 통나무가 떠 있었다. 사원의 피라미드는 낮에는 둘러선 언덕에 그림자를 던지고 밤이면 불빛 속에서 빨갛게 타올랐으며, 산 채로 제물이 된 사람이 타는 냄새는 희생에 굶주린 전쟁의 신 위칠로포치틀리Huitzilopochtli를 향해 풍겨 나갔다.

아즈텍 사람들은 장미와 시 그리고 사람의 붉은 피를 사랑했다. 그런데 이 강대한 국가가 어떻게 유럽인의 단 한 번의 공격에 붕괴된 것일까? 우선 아즈텍은 적의를 품고 있는 피정복민을 기반으로 세워진 제국이라 늘 불안정했다. 또한 스페인의 무기가 아즈텍의 무기보다 우수했다. 여기에다 아즈텍 사람들은 인간 제물로 쓸 포로를 얻기 위해 싸웠지만 스페인 사람들은 정복과 살육을 위해 싸웠다. 그러나 이 모든 상황보다 더 중요한 이유는 아즈텍 사람들이 깃털 달린 뱀신, 케찰코아틀, 미의 신이 언젠가 커다란 흰 새를 타고 돌아올 거라는 전설을 믿었다는 점이다. 그들은 스페인의 정복군이 타고 온 배의 하얀 돛을 보고 신성한 새가 바다로 내려온 것이라고 믿었다.

7. 현재 페루가 위치한 지역에서는 태양의 아들, 혹은 '잉카'라는 또 하나의 문명이 꽃을 피우고 있었다. 잉카 제국은 전제군주국으로 철저히 독재적이었고 태양의 아들이 티티카카Titicaca 호수 근처에 있는 고도 1만 3,000피트(약 4,000미터)의 고지에 세운 궁전에서 수백 명의

백성을 통치했다. 그의 정권을 뒷받침하는 것은 군용 도로, 요새, 통치계급 등이었고 모든 토지와 가축은 국가 재산이었다. 심지어 장인들도 단지 연장만 소유할 수 있을 뿐이었다. 농민은 수확물의 3분의 1밖에 차지할 수 없었고 3분의 1은 국가에, 나머지 3분의 1은 잉카 왕에게 바쳐야 했다. 그리고 관원들은 농산물과 공산품을 분배했다. 이 제도는 대단히 엄격했지만 현명한 잉카 왕의 백성에 대한 세심한 배려로 원만히 시행되었다고 한다.

페루인도 멕시코인처럼 날짜를 계산할 수 있었다. 승려가 하지와 동지를 관측하던 천문탑은 지금도 남아 있고 큰 돌로 지은 사원은 구조가 아름다운 다변형이었다. 그들의 기도문은 그리스도교의 기도문과 흡사한데 그것이 어찌나 비슷한지 훗날 이것을 알게 된 스페인 신부가 훨씬 이전에 가톨릭 신자가 이미 그곳을 다녀갔을 거라고 믿을 정도였다. 그들의 기도문은 이러했다.

아, 조물주시여! 태초부터 계셨고 또 영원토록 계실 신이여! 우리를 죄악으로부터 구원해주시며 우리의 생명을 지켜주시는 신이여! 당신께서는 지금 하늘에 계시나이까? 아니면 땅 위에 계시나이까? 당신을 향해 울부짖는 자들의 소리를 들으시사 부디 그들에게 영생을 내리시옵고 그들의 헌신을 받아주시옵소서.

예술작품을 만들어낸 잉카의 주민들에게는 종교가 있었고 그들은 질서 있는 사회생활을 영위했다.

8. 아메리카 인디언은 아즈텍 혹은 잉카처럼 타 부족을 정복하거나 제국을 세우지 않았다. 드넓은 중부 초원지대 인디언은 대부분 유목민으로 수백만 마리의 들소 떼를 사냥하며 생계를 이어갔다. 그들은 고기를 발라낸 가죽으로 신발, 옷, 배 등을 만들었고 힘줄로는 활, 뿔로는 숟가락을 만들었다. 먹고 남은 고기는 말린 후 두드려서 육포로 저장했다가 식량이 부족할 때 먹었다. 들소는 우둔해서 사냥하기에는 위험하지 않았지만 길들이기가 불가능했기 때문에 인디언은 무언가를 끌어야 할 때 개를 이용했다.

몇몇 지방, 특히 남서부(현재의 애리조나와 뉴멕시코)에서는 이미 선사시대 때부터 정착한 종족이 시가지를 형성했고 사하라의 크수르ksour와 흡사한 푸에블로pueblo를 짓고 살았다. 푸에블로란 언덕에 기대 석실을 여러 층으로 쌓아올린 다음 윗부분이 통풍되도록 건축한 거대한 건물을 말한다. 푸에블로에 살던 인디언은 우수한 관개 기술을 이용해 옥수수를 재배했고 칠면조를 길들여 부락마다 한 떼씩 길렀다.

그런데 푸에블로 시대 이전에 바구니 공예를 발달시킨 '바구니 공예가의 문명Civilization of Basket Makers'도 존재했다. 바구니 공예가들은 먼저 마호가니 나무와 다른 종류의 나무뿌리에서 추출한 물감으로 버드나무와 뽕나무 껍질을 검은색, 붉은색, 노란색으로 물들였다. 그런 다음 독특한 기하학적 무늬로 아름답게 장식한 항아리, 샌들, 자루, 접시 등을 만들었다.

한편 거의 모든 인디언이 담배의 존재를 알았으며 그들은 담배를 피우거나 씹거나 코로 들이마셨다. 어떤 종족은 돌이나 진흙으로 만든 담뱃대를 사용했고 또 어떤 종족은 담배를 가루로 만들어 돌멩이의 원통 속에 넣고 피웠는데 이것이 최초의 궐련(얇은 종이로 말아놓은 담배)이었다.

9. 북부 인디언의 사회생활은 매우 단순했다. 몇몇 부족에게는 사 켐Sachem이라 부르는 추장이 있었고 또 다른 부족에게는 장로들의 협의회가 있었다. 때로는 이로쿼이족Iroquois처럼 여러 '나라Nation'가 쉰 명의 추장으로 이뤄진 대협의회와 두 명의 상임 대추장이 통솔하는 연합체를 구성하는 경우도 있었다.

다코타(미국의 중부지방)에서는 일곱 개 부족이 서로 전쟁을 하지 말자는 서약을 맺고 있었다. 다코타는 인디언 언어로 '우리의 친구'라는 뜻이다. 또한 중부 평원지대 인디언 사이에서는 '여우'라는 이름의 결사 조직이 여러 부족의 회원을 확보하고 있었다. 리오그란데 강 인근의 인디언은 근대까지도 각 부족이 사회적·종교적 의무가 다른 홍백 두 개의 결사조직으로 나뉘어져 있었다.

인디언 사회에서 승려 혹은 마술사Medicine Men로 불리는 사람은 병을 고치고 비를 부르는 두 가지 중요한 일을 맡았다. 제사, 춤, 잔치를 좋아하는 인디언은 위엄과 용기를 지녔고 죽음 앞에서도 철인 같은 태연한 표정을 잃지 않았다. 또한 서로 인심이 후했으며 행사 도중에 모든 손님에게 값진 물건을 선물하는 포틀래치Potlatch라는 관습이 있었다. 반면 포로에게는 언제나 잔인했다. 포로를 고문하거나 화형에 처하기도 했고 심지어 먹는 일도 있었다.

콜럼버스 이전까지만 해도 털을 그대로 둔 채 두피를 벗기는 관습이 그리 흔하지 않았다. 중부 평원지대 인디언은 대개 목을 자르는 편이었다. 그런데 벗겨낸 두피가 자른 머리보다 가벼워서 운반하기 쉽고 이것을 옷이나 천막의 장식품으로 사용하면서 널리 퍼지기 시작했다. 두피는 머리 가죽을 원형으로 칼질한 뒤 머리털을 세게 잡아당겨 벗겼는데 이때 사람이 반드시 죽는 것은 아니었다.

10. 아메리카 인디언의 문명은 급속히 쇠퇴했다. 하지만 유럽의 이주민들은 인디언에게 식물 재배법을 배웠고 그들의 식품, 옷, 생활에 관련된 언어를 받아들였다. 예를 들면 호미니hominy(옥수수 가루), 서코태시Succotash(옥수수와 콩을 제육과 함께 끓여 만든 음식), 타피오카Tapioca(카사바의 녹말), 페미컨Pemmican(사슴이나 들소의 고기를 말린 것) 등은 아메리카 음식 용어의 일부로 자리 잡았다.

또한 모카신, 터보건toboggan(썰매), 토마호크tomahawk(전투용 도끼), 위그웜wigwam(천막집), 사켐(추장), 카누canoe(통나무 배) 등은 미국인의 일상용어가 되었고 인디언의 표현을 연설 용어로 사용하는 경우도 많았다. 출전Warpath, 백인Pale Faces, 미국 대통령the great White Father, 미시시피 강Father of waters, 천국The Happy Hunting Grounds, 장죽 담뱃대Pipe of Peace 등이 그것이다. 근대에는 이런 말을 상징적으로 사용했지만 한때는 시적 가치도 있었다.

그뿐 아니라 대륙으로 건너온 최초의 탐험가들은 인디언과의 교역에도 관심이 많았다. 이에 따라 유럽의 문명 형태가 인디언의 문명 위에 덧씌워졌다. 들소 떼가 밟아 만든 오솔길은 본래 인디언의 통로였는데 이것을 유럽의 상인들이 이용했고, 나중에는 이것이 도로가 되면서 이를 따라 철도가 들어섰다. 나아가 인디언 부락에 생긴 교역 시장은 요새로 변했고 마침내 촌락으로 발전했다.

이러한 변천은 고스란히 올버니Albany, 피츠버그Pittsburgh, 디트로이트Detroit, 시카고Chicago, 세인트루이스St. Louis, 캔자스시티Kansas City 같은 도시의 역사와 맞물려 있다. 수많은 아메리카의 땅, 강, 도시, 배의 이름이 인디언의 언어로 되어 있으며 묘하게도 이 아름다운 발음은 여전히 이국적인 정서를 풍긴다(새러토가Saratoga, 서스퀴해나Susquehanna, 애리조나Arizona).

인디언은 개척자들이 단결하는 데 공헌한 측면도 있다. 개척자들에게 인디언은 항상 신비스런 존재이자 위험한 적이었고, 이 위협적인 존재는 아메리카의 백인들이 유럽에서 갖고 있던 무자비한 증오감을 단결로 승화시켰다.

—

chapter 3

아메리카의 스페인인

The Spaniards in America

—

1. 유럽인은 아메리카를 발견했다기보다 아메리카에 발끝이 걸렸다고 하는 게 옳을 것 같다. 그들은 아메리카 대륙을 동양으로 가는 길을 방해하는 걸림돌로 여겼다. 문명이 발달하자 서양인은 취미 혹은 이익 추구를 위해 동양에 깊은 관심을 보였다. 특히 로마인은 동양에서 나는 보석, 향료, 염료를 무척 갖고 싶어 했다. 중세기 들어 그들의 관심은 금, 공단, 명주, 갑사, 약재 그리고 향신료에 집중되었다. 반쯤은 상한 육류를 먹던 당시 계피, 육두구(인도네시아 몰루카 제도의 향신료), 후추 등은 고기와 음식의 맛을 내는 데 요긴하게 쓰였다. 국왕들이 서로 후추 한 포대를 선물하기도 했다.

　베네치아의 상인은 매년 이집트 왕에게 많은 후추를 구입했는데 이것은 이집트 왕이 말라바르Malabar(인도의 서남단 지방)에서 수입한 것이었다. 그 외의 향신료는 말라카 군도Mallacas(말레이 반도 남서부)의 화산 토양에서 뜨거운 햇빛을 받으며 자란 것을 사들였다. 보석은 인도와 실론

Ceylon(스리랑카의 옛 이름), 약재 및 향료는 수마트라Sumatra(인도네시아의 섬)와 보르네오Borneo(말레이 제도에 있는 섬), 견직물은 중국에서 수입했다.

상인들은 아시아 전역을 오갔고 때로는 아라비아 상인이 알렉산드리아Alexandria(이집트 북부)로 보낼 물건을 사들이기 위해 말라카까지 갔다. 또한 그들은 페르시아 만, 몽고 평원, 대한(몽고 민족의 황제 칭호—역자주)의 영토를 횡단해 사마르칸트Samarkand(우즈베키스탄 중동부)와 보하라Bokhara(우즈베키스탄 중부)까지도 왕래했다.

유럽인은 동양의 진귀한 물품을 직접 사들이기 위해 애썼으나 그들은 지리를 전혀 알지 못했다. 그들이 여행자와 전도사에게 전해들은 지식이라고는 아득히 먼 곳에 장밋빛 진주가 나는 중국Cathay과 일본Gipango이란 나라가 있고 금, 다이아몬드, 루비, 사파이어가 풍부한 인도가 있다는 것뿐이었다.

2. 15세기까지 동양과의 교역은 피사, 베네치아, 제노바의 이탈리아인, 바르셀로나, 발렌시아의 스페인 그리고 마르세유의 프로방스(프랑스 동남부 지방)인이 장악하고 있었다. 이후 십자군 원정 실패로 터키인이 진출하고 해상을 장악했던 이탈리아의 여러 도시국가가 쇠퇴하자 유럽인의 지중해 운항이 위협을 받았다.

당시 지구가 둥글다는 사상(아라비아인이 전파한 프톨레마이오스Ptolemaeos의 사상)의 영향을 받은 유럽인은 이교도의 위협을 받지 않는 해로로 인도와 중국에 갈 수 있는 길을 찾으려 애썼다. 항해용 기구도 발달했고 서방으로 가는 해로도 전혀 모르지는 않았다. 실제로 로마인이 카나리아 제도Canaries(아프리카 북서부 대서양)까지 간 일도 있었다. 이미 아조레스 제도Azores(북대서양 중동부)를 점령한 포르투갈인은 아프리카를 돌아 인도로 가려는 원대한 계획을 준비하고 있었다.

북방에서는 스칸디나비아의 선원들이 안개가 짙은 전설의 섬 툴레를 지나 아이슬란드와 그린란드까지 진출했다. 그린란드는 거의 얼음덩어리였지만 이민을 유도하기 위해 '푸른 섬'이라는 이름으로 불렀다. 한 항해자는 세계의 반대편에 있는 앤틸리스 제도Antilles(카리브 해에 있는 섬들), 즉 맞은편 제도Opposite island를 발견했다고 주장했다. 그들은 이곳을 지나면 중국, 일본, 인도에 도달할 거라고 생각했다. 미지의 신비와 진귀한 재물이 풍부한 동양 말이다. 용감하고 낭만적인 정신과 영광을 위한 모험적이고 열렬한 야망을 유혹하는 데 그 이상 무엇이 더 필요하겠는가?

3. 동양에 대한 유럽인의 관심이 높아질 무렵 프랑스와 잉글랜드는 국내의 전란으로 여념이 없었고, 스페인과 포르투갈은 강력한 왕조 아래 안정을 유지하고 있었다. 포르투갈에서는 엔리크Infante Don Henrique 왕자가 항해자를 후원하고 최고 수준의 해도와 항해 장비를 제공함으로써 아프리카의 동서 해안에 향후 인도 항로로 이어줄 식민지를 개척했다.

한편 스페인에서는 1469년 페르난도 2세Fernando II와 이사벨 1세 Isabel I가 결혼함으로써 스페인 반도의 양대국이던 아라곤Aragon과 카스틸라Castille가 통합을 이뤄 근대 스페인을 수립했다. 당시 스페인의 봉건 제후들은 중앙집권제를 확립한 왕국에 통합되었고, 무어인(이슬람교도)과의 오랜 투쟁으로 가톨릭교회의 지위가 강화되면서 스페인의 국가 기반은 상당히 견고해졌다.

무엇보다 남부 카탈루냐Cataluña의 해군이 카스틸라의 육군과 동맹을 맺으면서 군사력이 막강해졌다. 이 군사력을 어디에 사용할 것인가? 무어인 문제는 그라나다Granada 왕국을 정복함으로써 거의 해결한 상태라 유럽에서는 군사력을 쓸 일이 없었다. 그들이 서방으로 진출해 세계에 그리스도교를 퍼트리려 노력한 것은 어찌 보면 당연한 일이었다. 스페인 사람들은 서방 항로를 통해 향신료와 새로운 그리스도교 신자를 얻기로 결심했다.

4. 제노바에서 직조공의 아들로 태어난 크리스토퍼 콜럼버스 Christopher Columbus (1441~1506)는 한동안 아버지의 일을 돕다가 우주구조학Cosmography을 배운 뒤 바다에 마음이 끌려 항해술을 배웠다. 열정과 의지가 강하고 상상력이 풍부한 그는 항해에서 여러 차례 성공한 후 포르투갈에 정착했고 국왕에게 서방으로 항해해 인도로 가겠다는 계획을 올렸다. 하지만 당시 포르투갈 국왕이 아프리카 식민지 확보에 열중하는 바람에 콜럼버스는 하는 수 없이 스페인 왕에게 의지했다.

스페인 왕 페르난도와 여왕 이사벨은 오랫동안 확답을 주지 않고 회의만 거듭하면서 그를 붙잡아두었다. 우선 제독의 지위를 요구한 콜럼버스는 새로 발견하는 전 영토에서 자신에게 부섭정직을 주고 진귀한 재물의 10분의 1을 달라고 했다. 나아가 그는 아직 받지도 않은 재물을 욕심 많은 귀족들에게 판매하겠다는 계약을 맺었다. 마침내 그의 요구는 받아들여졌고 팔로스Palos 항구는 콜럼버스를 위해 세 척의 카라벨형 쾌속범선, 즉 100톤의 산타마리아호, 50톤의 핀타호,

40톤의 니나호를 준비하라는 명령을 받았다.

1492년 9월 3일 제독 콜럼버스는 이탈리아인, 스페인인 그리고 영국인과 유대인 각각 한 명씩으로 구성된 여든여덟 명의 선원과 함께 스페인을 출발했다. 항해는 비교적 순조로웠고 그들은 5주간 쉬지 않고 항해했다. 하지만 배가 육지에서 점점 멀어지자 불안감을 느낀 선원들은 명령을 거역하려 들었고 뱃머리를 되돌리자고 간청했다. 콜럼버스는 그때까지 항해한 거리를 숨기고 그들을 달래면서 곧 손에 들어올 금은보화 이야기를 하며 진정시켰다.

10월 11일 핀타호의 선원이 물에 떠 있는 갈대와 풀잎을 발견하자, 콜럼버스 제독은 가장 먼저 육지를 발견하는 사람에게 왕과 여왕이 약속한 1만 마라베디maravedi(스페인의 옛 금화)와 명주로 만든 속조끼를 주겠다고 말했다.

10월 12일 육지가 나타나자 콜럼버스는 그곳을 산살바도르San Salvador라고 명명했다. 그곳에는 '4월에 안달루시아Andalusia에서 볼 수 있는 것'과 같은 아름다운 풀이 무성하게 자라 있었다. 모든 선원이 〈신에게 영광이 있기를〉이라는 성가를 합창했다. 콜럼버스는 그곳을 인도라고 믿었으나 사실은 바하마Bahama 제도의 한 섬이었다.

5. 이상한 광경에 이끌린 원주민들은 해변에 열을 지어 늘어서기도 하고 통나무를 파서 만든 배를 타고 모여들기도 했다. 거의 벌거벗은 그들은 아무런 불안감도 보이지 않았고 무기도 겁도 없었다. 콜럼버스는 그들이 백인도 아니고 흑인도 아닌 것을 알고 몹시 놀랐다. 그들이 배에 올랐을 때 군도를 보여주자 덥석 잡는 바람에 손을 베이고

말았다. 콜럼버스는 그들에게 유리구슬과 작은 방울을 내주고 식량과 교환했다. 그는 그곳에서 "내가 보기에 그들을 쉽게 그리스도교도로 만들 수 있을 것 같다"고 기록했다. 하지만 그는 그들을 개종시키기 위해 그곳에 머물지는 않았다.

항해를 계속한 콜럼버스는 쿠바와 아이티를 발견했는데, 그는 그곳을 일본으로 착각했다. 어딜 가든 그는 세 가지 질문을 던지고 답을 구했다. 금이 있느냐? 향신료가 있느냐? 이곳의 종교는 무엇이냐? 이교도의 누군가가 미개인들의 영혼을 뒤흔든 흔적이 보이지 않자 콜럼버스는 마음을 놓았다. 귀금속에 대해서는 어느 부족이든 이웃 부족이 갖고 있는 재물의 소재지로 안내하겠다고 말했다. 콜럼버스는 앵무새, 활, 창 그리고 금장식을 한 인디언을 데리고 스페인으로 돌아 갔다.

그는 국왕에게 일본에 도달해 바다의 여신을 만났다고 보고했다. 마치 개선장군처럼 환영을 받은 그는 대양 제독과 인도 부왕으로 임명되었는데, 이때가 그에게는 생애의 절정기였다. 이후 그는 세 번 항해해서 푸에르토리코, 자메이카 그리고 남아메리카에 상륙했다. 그는 새로운 섬의 해변에 이를 때마다 대륙을 발견했다고 믿었다. 마지막으로 오리노코 강 하구와 가까운 대륙에 상륙했을 때 그는 그곳을 에덴의 낙원이라고 생각했다. 그런데 그가 그곳 땅을 탐험하는 동안 반란이 일어났고 그는 발에 쇠고랑을 차고 선창 바닥에 감금된 채 스페인으로 돌아왔다. 훗날 그는 그 쇠고랑을 방에 매달아놓고 배은망덕의 상징으로 삼았다.

페르난도 왕과 이사벨 여왕은 그를 구출해주었으나 등용하지는 않았고 얼마 후에는 완전히 잊고 말았다. 가난에 허덕이던 콜럼버스는 1506년 발라돌리드Valladolid에서 "자비, 진리 그리고 정의를 사랑하는 분들은 나를 위해 눈물을 흘려주기 바란다"라는 유서를 남기고 눈을 감았다.

6. 콜럼버스에게는 자신이 발견한 지역에 자기 이름을 남길 수 있는 정당한 권리조차 허락되지 않았다. 그래도 그의 발자취를 따라 선원, 군인, 모험가들이 황금과 진주, 인도 항로를 손에 넣기 위해 몰려들었다. 1493년 교황 알렉산더 6세Alexander Ⅵ (1431~1503)는 하나님의 은총을 받아 미지의 대륙을 찾고자 먼 여행길에 오른 크리스토포루스 콜로누스Christophorus Colonus (성자 크리스토퍼 콜럼버스)가 장차 가톨릭 신자가 될 사람들을 발견할 것을 알고 신앙심과 전도정신을 북돋우기 위해, 그리고 양쪽 가톨릭 왕국 간의 모든 분쟁을 미리 막기 위해 신세계를 스페인과 포르투갈에 양분하기로 결정했다. 교황은 지구본 위에 북극에서 남극에 이르는 1선(아프리카 서안에 위치한 베르데 곶—역자주)의 서방 100리그(1리그는 약 4킬로미터) 지점을 통과하는 선을 긋고 포르투갈에게는 선의 동쪽에서 발견하는 모든 나라를, 스페인에게는 서쪽을 할당한 것이다. 교황은 다음과 같이 선언했다.

"이 세상을 창조한 전능하신 하나님의 권위를 대신하여 도시, 성곽, 촌락 등 모든 것을 포함해 이 토지들을 두 나라에 위탁하노라."

보르자Borgia 가문 출신인 교황의 이 교서는 오늘날 남아메리카에서 브라질은 포르투갈어를, 아르헨티나는 스페인어를 사용하는 이유를 분명히 보여준다.

항해는 계절과 항로에 따라 5~8주가 걸리는 매우 힘든 여정이었지만, 그 시기에 크고 작은 많은 범선이 계속해서 대서양을 건넜다. 빈약한 장비에다 곰팡이가 핀 식품, 뜨뜻미지근한 거품투성이의 음료를 마셔가며 벌레나 쥐와 싸워야 하는 선내 생활 2개월은 몹시 고통스러웠지만 희망은 한없이 컸다. 선장과 돈을 벌기 위해 배에 오른 선원들은 영웅심과 장밋빛 꿈에 취해 출범했다. 가톨릭 신앙, 카스틸라인의 긍지 그리고 끝없는 야망이 그들의 가슴속을 메웠고 마침내 수평선에 육지가 나타나면 그들은 무릎을 꿇고 〈신에게 영광이 있기를〉이란 성가를 불렀다.

1497년 항해를 마치고 돌아온 피렌체인 아메리고 베스푸치Amerigo Vespucci가 항해기 《신세계Mondus Novus》를 출판했는데, 이 책은 전 유럽을 휩쓸 만큼 인기를 끌었다. 특히 마르틴 뮐러Martin Muller는 자신의 저서 《세계 지리 입문Cosmographiae Introductio》에 이 글을 인용하기도 했다. 그는 아메리쿠스Americus(아메리고의 라틴명)가 처음 발견한 이 대륙을 아메리카America라고 부르자고 제안했다. 즉, 그는 "아메리쿠스가 발견한 세계의 제4대륙을 유럽과 아시아가 여성명사이므로 똑같이 여성명사 아메리게Amerige, 아메리쿠스의 대륙Land of Americus 혹은 아메리카America라고 부르는 것이 옳다"고 제안했고 그중 아메리카라는 이름이 살아남았다. 그렇지만 스페인인은 오랫동안 아메리카를 인도라고 불렀다.

7. 발견자의 뒤를 이어 정복자들이 건너오면서 놀라운 일들이 벌어졌다. 스페인의 대장은 몇몇 부하와 함께 칼데아Chaldea(페르시아 만 연안

에 있던 고대 제국—역자주)나 이집트 같은 강대국을 습격해 기적처럼 이들을 정복했다. 사실은 모든 상황이 정복을 꿈꾸는 그들에게 유리했다. 소박한 원주민들은 백인을 신이라 생각했고 말을 탄 스페인 군인을 무서운 괴물로 여겼으며 추장들은 자기 딸을 제공할 만큼 정복자를 신뢰했다. 해안지대의 식민지는 그저 미개한 부족과의 접촉에 불과했다.

그런데 1513년 다리엔Darien(현재 파나마와 콜롬비아 사이에 있는 지역) 지협을 점령한 뒤 높은 산봉우리에서 처음 태평양을 본 에스파냐의 탐험가 바스코 누녜스 데 발보아Vasco Núñez de Balboa는 인디언에게 황금으로 가득한 궁전이 있는 부유한 나라와 값비싼 돌이 줄지어 선 잉카에 관한 이야기를 들었다.

1519년 코르테스는 몬테주마가 다스리던 멕시코의 아즈텍 제국을 발견했다. 당시 550명의 부하와 16필의 말로 해안에서 인디언과 싸워 승리한 코르테스는 공물로 투구에 가득 담은 사금, 황금으로 수놓은 하늘색 면포 그리고 미녀 20명을 얻었다. 그는 그중 한 명인 마리나를 통역비서 겸 정부로 삼았다. 또한 그는 아즈텍에서 산중 호숫가에 있는 몬테주마의 수도, 산 사람을 태워 제물로 바치는 사원의 피라미드, 은색 궁전, 다이아몬드와 진주로 만든 아름다운 장식품을 보았다. 이때 완전히 흥분한 그는 어떻게 해서든 아즈텍을 정복해야겠다고 마음먹었다. 실패하면 인디언이 심장을 도려내리라는 것을 아는 상황에서 이는 거의 정신 나간 계획이나 다름없었다.

코르테스가 몬테주마 앞에 섰을 때 몬테주마는 무척 당혹스러워했다. 이 낯선 사람은 신일까? 배의 흰 돛은 신의 날개일까? 몬테주마는 의문을 품은 채 일행을 정중하게 영접했고 그들의 목에 장미꽃 화환을 걸어주며 궁전에 머물게 했다. 그러나 코르테스와 그의 부하들은 이 불운한 왕을 포로로 잡아버렸다. 자신의 믿음대로 행동한 이 지배자를 쇠사슬로 결박해 복종을 강요한 것이다.

아즈텍 사람들은 스페인인 한 명을 죽인 뒤 살을 만지고 피를 본 다음에야 그들이 신이 아니라 자신과 다름없는 사람임을 깨달았다. 결국 1520년 6월 스페인인들은 궁전을 습격해 몬테주마를 살해하고 도망쳤다. 그러나 끈질긴 코르테스는 얼마 되지 않는 스페인 부대와 아즈텍을 적대시하던 인디언을 모아 수도 멕시코 테노치티틀란을 포위했고 마침내 아즈텍의 맹렬한 저항을 물리치고 그곳을 점령했다. 코르테스는 스페인 국왕에게 새로 얻은 제국과 《아라비안나이트》에 나오는 알라딘의 재물보다 더 많은 전리품을 바쳤다.

8. 발보아의 부하였던 프란시스코 피사로Francisco Pizarro는 인디언에게 들은 잉카 이야기를 잊을 수가 없었다. 그러나 안데스 산중에 있는 강대한 전제군주국을 군대도 없이 공격하는 것은 도저히 불가능한 일이었다. 궁리 끝에 그는 스페인 왕 카를 5세Karl V(1500~1558)를 찾아가 굉장한 전리품 이야기를 자세히 설명했다. 비록 그는 180명의 군사와 서른 필의 말밖에 얻지 못했지만 이후 니카라과에서 100명의 부하와 쉰 필의 말을 거느린 에르난도 데 소토Hernando De Soto와 합류했다. 그래도 잉카 궁정 내부에 비극이 일어나지 않았다면 이처럼 빈약한 군대로 정복에 성공하지는 못했을 것이다.

당시 잉카 제국을 통치하던 아타우알파Atahualpa는 후궁의 아들이었고 적자인 우아스카르Huascar는 이 이복형제에게 붙잡혀 있었다. 이런 상황이 음모를 불러일으킨 데다 아타우알파도 몬테주마처럼 스페인인이 신이 아니라고 확신하지 못했다. 반면 잉카를 정복하려는 피사로의 욕망은 코르테스 못지않게 확고했다. 그는 왕을 만나는 자리에서 곧장 일을 해치웠다. 스페인인에게 조금도 불안감을 느끼지 않은 잉카 왕은 무사 대신 승려를 거느리고 나타나 무기력하게 포로가 되었고, 그는 자신이 갇힌 방에 9피트(2.7미터) 높이만큼 황금을 제공할 테니 풀어달라고 했다. 피사로가 승낙하는 척하자 왕의 부하들은 전국에 있는 사원과 궁전으로 떠나 황금 항아리, 큰 잔, 금은 상자 등을 모아왔다.

놀라워하는 스페인인의 발밑으로 찬란한 빛을 발하는 황금이 쌓이기 시작했다. 이윽고 아타우알파의 약속대로 방은 황금으로 가득 찼다. 그렇다면 스페인인은 어땠을까? 피사로는 잉카 왕을 대단히 위험한 존재로 여겨 목 졸라 죽였고 페루는 스페인의 영토가 되었다.

9. 에르난도 데 소토는 북아메리카를 탐험한 최초의 한 사람이다. 플로리다의 총독으로 임명된 그는 그곳에서 또 하나의 페루 같은 왕국을 발견하고 싶어 했다. 이를 위해 그는 거의 4년간 오늘날의 플로리다, 조지아, 사우스·노스캐롤라이나, 앨라배마, 테네시, 아칸소, 오클라호마까지 답사했다. 그러나 아쉽게도 그는 숲과 늪 그밖에 끈질기고 광적인 백인을 보고 경탄하는 가난한 인디언 외에 아무것도 발견하지 못했다. 그는 누군가를 만날 때마다 황금이 어디 있냐고 물었고 그들은 하나같이 "좀 더 가보시오"라고 대답했다.

미시시피 강을 끼고 계속 나아가던 그는 결국 강변에서 사망했다.

아이러니하게도 훗날 이 강은 불운한 에르난도 데 소토가 원했던 것보다 훨씬 더 많은 재물을 운반했다. 그와 함께한 일행은 그의 죽음이 인디언에게 알려지지 않도록 밤중에 시체를 미시시피 강에 던졌고 짐을 꾸려 본거지로 돌아갔다.

프란시스코 코로나도Francisco Coronado 역시 인디언이 대단한 말솜씨로 들려준 이야기 속의 '청옥 문이 서 있는 일곱 개의 도시'를 찾기 위해 출발했다. 비록 그는 시볼라Cibola(스페인 탐험가들이 미국 서남부에 있다고 믿었던 황금의 땅)의 일곱 개의 도시는 발견하지 못했지만 대륙의 남서부 일대를 답사해 북쪽으로 지금의 캔자스 근처까지 진출했다.

17~18세기에는 스페인인이 푸에블로 인디언 지역에 정착해 이곳을 뉴멕시코라고 명명했다. 푸에블로 인디언 지역의 커다란 건물을 멀리서 바라보면 멕시코의 아즈텍 건물과 비슷했기 때문이다.

10. 스페인인은 광대한 아메리카 영토를 식민지가 아니라 본국의 직할지로 관리했다. 이곳을 뉴스페인과 페루 두 지방으로 분할해 각각 부왕을 두고 다스린 것이다. 인디언에게는 어느 정도 자치를 허용했다. 인디언을 동화시키는 일은 교회가 담당했고 예수회, 도미니크회, 프란체스코회 등 각 계파가 식민지 변경에 선교소를 설립했다. 당시 이 시설은 농장과 수도원을 겸비한 형태였다.

선물에 이끌려 우아한 스페인식 건물에 모여든 인디언들은 스페인 신부에게 진정한 종교, 유럽식 건축, 농사 기술, 가축 사육, 기타 생활 필수품 제조 방법을 배웠다. 무서운 신을 위해 인간 제물이 되어야 하는 공포에서 해방된 인디언들은 행복을 느끼며 그리스도교로 개종했다. 하지만 그들은 개종했어도 여전히 전쟁의 신 위칠로포치틀리를 두려워했고 괴상한 형식의 제사를 올렸다.

선교 활동이 성공하면 그곳은 농업과 공업의 중심 마을이 되었고 선교소는 다시 보다 먼 변경으로 나아갔다. 선교 과정은 순조롭게 진행되었지만 동시에 인디언은 토속어를 잃었으며 종교재판으로 처단할 이교도는 거의 발견하기 어려웠다.

11. 인디언이 스페인 지주에게 착취당하고 무기 휴대와 승마 등에 제약을 받았던 것은 사실이다. 그러나 스페인인은 그 수가 적었고 고도로 발달한 남아메리카 인디언의 문명을 알고 있었기 때문에 방어할 수단이 필요했다. 사실 많은 스페인인이 인디언 여성과 결혼했고 복음전도자라는 자부심도 있어서 원주민을 학대하지는 않았다. 흥미로운 것은 이러한 문명 개발이 극히 제한적인 소수의 힘으로 이뤄졌다는 점이다.

16세기 말 전체 아메리카에서 스페인인 세대수는 16만 명에 지나지 않았고 그중 10만 명만 스페인 여성과 결혼했다. 이들 중 4,000명은 지주와 귀족계급으로 이들이 국가를 창설해 500만 명의 인디언을 통치했다. 1세기도 채 지나지 않아 그들은 아메리카에서 소맥, 호밀, 귀리, 과실나무를 재배했고 유럽에 있는 모든 종류의 가축도 도입했다. 1550년쯤에는 가축이 너무 번식하는 바람에 말과 돼지를 야생으로 돌려보내기도 했다.

스페인 사람들은 캘리포니아에 오렌지, 살구, 무화과, 올리브, 그밖에 많은 귀중한 선물을 주었는데 이것은 그들이 고국으로 가져간 황금이나 진주보다 훨씬 값진 것이었다.

12. 아메리카 대륙 정복은 결과적으로 스페인의 사회질서를 파괴했다. 아메리카에서 막대한 재물을 얻은 스페인 국왕은 국민의 경제적 지원을 필요로 하지 않았다. 이에 따라 국왕은 위험한 절대 전제정치를 유지했고 일반 국민과 귀족 사이에서 중산층이 등장하지 못했다. 물론 정복자 스페인의 문명은 신생국가에 널리 퍼져 계속해서 우월한 위치를 차지했다. 대표적으로 북아메리카에는 수많은 스페인 문명의 유물이 남아 있다. 가령 캘리포니아, 멕시코, 애리조나, 플로리다, 텍사스에는 스페인과 무어인의 절충식인 복도, 종루, 새하얀 벽, 아름답고 붉은 기와지붕의 교회, 성곽, 농원 등이 있다.

스페인어가 생활양식과 결부되어 일부 남아 있는 경우도 있다. 예를 들어 던지는 올가미 밧줄lasso, 가축우리corral, 노동자peon, 산맥sierra, 멕시코 화폐adobe, 부락pueblo, 챙 넓은 모자sombrero, 깡패desperado 등은 아예 미국어가 되어버렸다. 근대까지만 해도 캘리포니아에서 부자는 목장을 소유했고 가난한 사람은 옥수수빵을 먹었다. 또한 샌프란시스코 근방에는 수많은 수도원이 있다. 미국의 현대소설 중《대주교의 죽음Death Comes for the Archbishop》,《산 루이스 레이의 다리The Bridge of San Luis Rey》등은 지난날 아메리카의 스페인인 사회를 자세히 묘사하고 있다. 과거에 스페인이 점령한 지방은 아직도 묘한 매력을 간직하고 있으며 오래된 문화의 우아함, 타고난 위엄성 등이 스페인 기사와 선교사의 추억을 보존하고 있다.

아메리카의 영국인 I

The English in America 1

1. 교황 알렉산더 6세가 신대륙을 스페인과 포르투갈 두 나라에 너그러이 분배할 무렵 영국은 그의 안중에 없었다. 그가 영국을 무시한 것은 당연한 일이었다. 당시 이 소왕국은 해군력도 없었고 정치와 종교 싸움으로 나라가 분열된 상태였다.

그러나 콜럼버스 시대에 이르러 국왕 헨리 7세Henry VII (1457~1509)는 영국의 미래가 대양에 달려 있다고 보고 모험적인 상인을 보호하고자 함대와 조선소를 건설하기 시작했다. 또한 그는 스페인인의 뒤를 따라 향신료를 구하기 위해 서방 항로 탐색에 나선 존 캐보트John Cabot의 원정대를 지원했다. 그런데 캐보트는 후추와 인도 대신 뉴펀들랜드의 대구와 래브라도 해안을 발견했다.

헨리 7세의 후계자들도 충실하게 해양 진출 계획을 추진했다. 영국 상인들은 점차 자신의 능력을 인식하기 시작했고 세계에서 가장 풍요로운 신대륙에서 그들을 밀어낸 조약을 더 이상 받아들이려 하지 않았다. 물론 그것은 영국이 조인하지도 않은 일방적인 조약이기도 했다. 솔직히 엘리자베스 여왕은 형제간인 스페인 국왕과 우의를 두텁게 해야 했으나 그렇다고 영국 탐험가들이 변변찮은 전투로 막대한 전리품을 얻을 기회를 금지할 이유도 없었다.

2. 실제로 해적 출신의 탐험가 프랜시스 드레이크Francis Drake(1545~1596)는 전시도 아닌데 스페인의 요새를 공격했고 다리엔 지협에서 황금을 운반하던 당나귀 행렬을 습격해 금은보화를 영국으로 가져왔다. 이후에도 그는 황금을 가득 실은 스페인 제독의 군선을 노획해 후원자들에게 엄청난 재물을 안겨주었다. 여왕도 그 후원자 중 한 명이었다.

스페인 사람들이 강하게 항의했지만 가톨릭에 적의를 품고 있던 영국인은 태연했다. 훗날 올리버 크롬웰Oliver Cromwell(1599~1658)은 "스페인이 우리의 적국이 된 것은 우연한 일이 아니라 하늘의 뜻이다"라고 말했다. 연대기 작가 리처드 해클루트Richard Hakluyt는 플로리다와 케이프브리튼 사이에 몇 개의 요새를 구축해 스페인 사람들을 공략할 계획을 연구했다. 그는 저서의 한 장章에 〈스페인의 펠리페 2세를 왕좌에서 끌어내려 왕후와 동일한 위치에 앉히는 법〉이란 제목을 붙였다.

한편 엘리자베스 여왕의 총신 월터 롤리 경Sir Walter Raleigh (1552~1618)과 그의 이복형제 험프리 길버트 경Sir Humphrey Gilbert (1539~1583)은 북아메리카에 식민지를 세울 계획을 세웠다. 당시 길버트는 그리스도교도인 왕후의 소유가 아닌 '이도교의 야만국'은 답사해도 좋다는 특허장을 받았다. 1584년 롤리 경은 원정대를 조직해 현재 노스캐롤라이나의 해안 가까이에 있는 한 섬에 상륙했다. 그리고 처녀왕인 엘리자베스를 찬양하는 뜻에서 그곳을 버지니아로 명명했다. 다음 해에 그는 식민지를 세우려다 실패했고 1587년 원정대를 보내 로어노크Roanoke 섬에 여성 17명을 포함한 150명의 이민자를 남겨놓았다. 4년 후 식량을 실은 배가 로어노크에 도착했지만 그곳에는 사람이 거주한 흔적이 없었다. 그 불운한 사람들이 어떻게 되었는지는 지금까지도 아는 사람이 아무도 없다. 1602년 롤리 경은 언젠가는 버지니아가 영국의 영토가 될 것임을 확신했다.

3. 스페인의 무적함대 아르마다Armada가 격퇴된 이후 무적 스페인이란 믿음은 자취를 감추었다. 이제 신대륙에 대한 스페인의 독점권을 존중해야 할 이유는 사라졌다. 그래도 스페인 영토를 공격하는 것은 힘든 일이라 아직 스페인인이 정착하지 않은 지역을 선택해 버지니아 개발 계획을 세운 것이다.

1600년 해클루트의 《항해기Voyages》 종결편이 출판되었다. 1605년에는 런던에서 〈아! 동쪽으로 가자Eastward Ho!〉라는 희극을 상연했는데 이것은 북아메리카를 또 다른 황금의 땅으로 그리고 있었다. 이러한 분위기에서 런던의 상인이 식민지를 목적으로 한 회사를 설립하는 것은 매우 쉬운 일이었다. 황금을 가득 실은 스페인 왕의 군선은 그들에게도 굉장히 유혹적이었다.

1606년 런던 회사와 플리머스Plymouth 회사가 설립되었는데 런던 회사만 오랫동안 살아남았다. 이 회사는 국왕이 감독하는 참의회가 런던에서 관리했고 국왕도 어느 정도 통제권을 갖고 있었다. 겉으로는 개인 기업처럼 보였지만 사실은 식민지 제국을 건설하기 위한 미끼였던 것이다.

1606년의 크리스마스 무렵 런던 회사의 선박 세 척(갓스피드Godspeed, 수전콘스턴트Susan Constant, 디스커버리Discovery)이 143명의 이민자를 싣고 런던을 떠났다. 회사는 그들에게 봉인한 상자를 하나씩 주었고 그것은 버지니아에 도착해야 열 수 있었는데, 거기에는 현지 참의회를 구성할 일곱 명의 이름이 적혀 있었다. 그리고 그중 한 명을 의장으로 선출해야 했다. 분명 자치체제이긴 했지만 특허장은 회사 소유였고 이민자들은 자신이 앞으로 어떻게 될지 정확히 알지 못했다. 다만 버지니아는 중부 아메리카처럼 폭이 좁을 것이고 그곳을 횡단하면 궁극의 목적지인 중국이나 인도에 도달할 수 있으리라고 막연히 생각했을 뿐이다. 그들은 몬테주마나 잉카 같은 황금의 땅 혹은 동화처럼 신비한 곳을 발견하기를 고대했다.

5월 초 일행은 마침내 체서피크 만Chesapeake Bay으로 진입해 삼나무가 우거진 원시림과 새들이 빨간 날개를 퍼덕이며 떼 지어 놓는 해안을 발견했다. 그들은 봉인한 상자를 열어 참의회를 구성했고 국왕을 찬양하는 뜻에서 그곳에 있는 강을 제임스 강이라고 명명했다. 그리고 스페인인의 기습을 피하기 위해 30마일쯤 들어간 지점에 최초의 식민지를 건설했다.

4. 최초의 식민지 제임스타운Jamestown의 참의회가 선출한 의장은 에드워드 마리아 윙필드Edward Maria Wingfield였다. 하지만 이 작은 식민

지에서 가장 뛰어난 인물은 열여섯 살 때부터 모험을 즐긴 명문가 출신의 청년 선장 존 스미스John Smith였다. 햇볕에 그을린 아름다운 용모에 끝을 뾰족하게 깎은 검은 수염을 한 존 스미스는 엘리자베스 여왕의 오랜 궁중신하였다.

물론 몇몇 사람은 그를 시기하고 미워했지만 원주민을 달래거나 그들에게 식량을 구할 필요가 있을 때면 누구나 그를 찾았다. 처음에 인디언은 이들의 작은 함대에 빗발 같은 화살을 퍼부었지만 시간이 지나면서 유리구슬과 털 담요를 받고 옥수수를 내놓았다. 하지만 인디언의 감정은 매우 변덕스러웠다. 때론 친구처럼 제임스타운에 와서 물건을 받고 답례도 하다가 또 때론 도끼를 휘두르며 난동을 부려 배에 있는 대포를 쏘아야 할 경우도 있었다.

함대를 이끈 뉴포드 대장은 다른 임무를 위해 함대와 함께 영국으로 돌아갔고 제임스타운에는 이민자들만 남았다.

5. 제임스타운은 늪 근처 여기저기에 오두막집이 들어선 가난한 촌락에 지나지 않았다. 늘 고여 있는 물과 모기 때문에 말라리아가 유행했고 첫해 겨울에 이미 이민자의 절반이 사망했다. 존 스미스도 자신의 실수로 인디언 추장 포하탄에게 죽임을 당할 뻔했다. 그가 화형을 당하려던 순간 추장의 딸 포카혼타스가 몸으로 덮쳐 그를 구해냈다. 이 극적인 사건으로 스미스의 명성은 더욱 높아졌다. 그의 반대파들은 그 이야기가 조작된 것이라고 수군댔는데 그는 그런 일을 꾸밀 만한 사람이었고 또 그런 일을 당할 만한 사람이기도 했다.

많은 이민자가 기아에 허덕이다가 죽은 뒤 남은 이민자들은 부족한 식량을 두고 서로 싸웠다. 인디언이 더 이상 옥수수를 제공하려 하지 않았기 때문이다. 겨울을 처음 맞이하는 식민지 주민들을 구출한 사람은 '일하지 않는 사람은 먹지도 못한다'는 인식 아래 엄격한 통솔에 성공한 존 스미스였다. 여기에다 아사 직전에 뉴포드 대장이 식량을 가지고 돌아왔다. 그때 그는 런던 회사의 독촉도 함께 전달했다. 보석과 진주는? 중국으로 가는 통로는? 버지니아에서 어떤 유망한 상품을 보낼 것인가?

불행히도 식민지 주민들은 대답하기가 매우 곤란했다. 한 가지 분명한 것은 그곳에 목재가 있고 영국은 그것을 필요로 한다는 사실뿐이었다. 그들은 나무를 베어 목재와 기타 삼림 산품을 보냈고 회사는 사람들에게 호소해 새로운 자금을 마련했다.

1609년 한 척의 배에 탈 만큼의 여성과 건강한 하인들이 도착해 제임스타운의 음산한 오두막집에 다소 밝은 빛을 안겨주었다. 하지만 그해 겨울은 매우 참혹했고 그들은 또다시 아사 직전으로 내몰렸다. 그들이 물고기를 낚거나 사냥을 포기한 것은 아니었지만 오랜 병고에 시달리면서 기력이 없었던 것이다.

"어망은 다 찢어지고 사슴은 자취를 감추었다. 돼지는 모두 잡아먹고 한 마리도 없다. 인디언과의 교역도 끊기고 몇몇 사람은 도망가거나 암살당했다. 남은 사람은 흐르지 않는 제임스강의 고인 물 때문에 병들었다."

이것이 결산 보고서였다. 식민지에서 움직이는 것이라곤 단 하나, 무덤을 파는 사람뿐이었다. 1610년 봄 거의 해골처럼 보이는 생존자 약 60명이 식민지를 버리고 귀국하기 위해 뉴펀들랜드 어장으로 건너가려 했는데 때마침 새로운 선대가 도착했다. 회사가 임명한 총독 토머스 델라웨어 경Lord Thomas Delaware이 식량, 기구, 약품을 가지고 도착한 것이다. 이로써 최초의 식민지는 다시 한 번 구원을 받았다.

6. 생명은 건졌지만 번영하리라는 희망은 전혀 보이지 않았고 이후에도 비참한 세월이 계속 이어졌다. 20만 파운드를 출자한 후원자들은 그곳이 멕시코나 페루와 다르다는 것을 알고 크게 실망했다. 사실 버지니아에는 보배로운 보물이 잠자고 있었지만 그것을 대지에서 끌어내는 데는 굉장한 노력이 필요했다.

열정적인 총독 토머스 데일 경Sir Thomas Dale은 그때까지 무질서하던 식민지에 엄격한 규제를 실시했다. 무엇보다 그는 공동 노동제를 폐지하고 스스로 농사를 짓도록 한 사람에게 3에이커(약 3,700평)씩 토지를 분배했다. 그리고 이들에게 구원의 길이 열렸는데 그것은 이들이 생각지도 않던 담배였다.

담배를 유럽에 처음 소개한 사람들은 스페인인과 포르투갈인이다. 런던 주재 프랑스 대사 장 니코Jean Nicot는 담뱃잎을 프랑스 왕비 카트린 드 메디치Catherine de Medici에게 바친 덕분에 '니코틴Nicotine'이란 말로 자신의 이름을 영원히 남겼다.

하지만 드레이크와 롤리가 인디언의 파이프를 처음 소개한 곳은 엘리자베스 여왕의 궁정이었다. 그 후 영국은 흡연이라는 새롭고 진귀한 기호를 충족시키기 위해 스페인에서 담배를 사들였다. 이제 영국이 스스로 담배를 생산할 토대를 마련한 셈이었는데, 불행히도 버지니아의 인디언 담배는 영국인에게 너무 독했다.

얼마 후 식민지 개척자 존 롤프John Rolfe가 서인도 제도에서 담배 종자를 들여왔고 다행히 이것은 버지니아 인디언의 담배만큼 독하지 않았다. 곧바로 인기를 끈 이 담배는 1617년 1파운드당 12달러에 팔렸고 제임스타운에서는 심지어 길가에까지 담배를 심었다. 그런데 식민지 주민들이 실익도 없고 오히려 사람을 타락시키는 식물을 재배하는 데 몰두하자 영국 정부는 담배 수입에 무거운 세금을 부과했다. 물론 세금 부과는 아무런 효과가 없었다. 1616년에 2만 파운드(약 9톤)였던 담배 수확량은 1637년에 50만 파운드(약 226톤), 1662년에는 2,400만 파운드(약 1만 890톤)로 늘어났다.

이 번영에 절반쯤 기여한 존 롤프가 식민지에 도착했을 때 불행히도 그의 아내가 사망했다. 홀아비가 된 그는 버지니아의 정치를 확고히 하기 위해 추장의 딸 포카혼타스와 결혼하기로 결정했다. 존 롤프는 "이것은 결단코 욕정 때문이 아니라 식민지의 이익, 조국의 명예 그리고 신의 영광을 위한 일이다"라고 말했다. 포카혼타스는 레베카라는 세례명을 받고 그리스도교 신자가 되었으며 남편을 따라 런던으로 건너가 열렬한 환영을 받았다. 그러나 애석하게도 런던의 겨울 안개에 적응하지 못한 그녀는 1617년 20대 초반의 나이로 세상을 떠나고 말았다.

7. 담배 재배로 성공했음에도 불구하고 버지니아의 발전은 더디게 진행되었다. 배를 타고 그곳으로 건너가는 데 시간이 꽤 걸렸고 항해가 힘든 상황이라 이민자를 유치하기 위한 묘안이 절실했다. 특히 담배 농사는 사람의 손길이 많이 필요했지만 아무리 유리한 토지 공여

제를 새로 실시해도 백인 노동자는 여전히 귀했다.

그러다가 1619년 네덜란드의 한 군용선이 흑인 20명을 태워왔고 그들이 노동을 맡으면서 버지니아의 농장주는 많은 흑인을 고용하기 시작했다. 흑인을 부리려면 감독이 필요했기에 20명 이하를 고용하는 것은 별로 이익이 없었고 이는 결국 농장의 대형화를 불러왔다. 그해에 식민지에도 자유가 있음을 과시하고 싶어 한 회사가 인가하면서 식민지에 최초로 버지니아 대의원회The House of Burgesses of Virginia가 등장했다. 그들이 모인 장소는 제임스타운의 교회 안에 있는 성가대석이었고 모든 회의는 기도와 함께 시작되었다. 이 의회에도 본국의 의회처럼 의장과 의회의 지위가 있었다.

영국인은 본래 영국식을 지구 끝까지라도 끌고 다니는 데 명수다. 이후 총독은 기존의 참의회를 상원으로 바꿨는데 이 의회에서 제정한 법률은 런던 회사 이사회와 국왕의 거부권 아래 놓였다. 총독 윌리엄 버클리 경Sir William Berkeley이 1671년 회사에 제출한 보고서를 보면 당시 인구는 4만 명으로 그중 2,000명이 흑인이고 매년 1만 5,000명의 이민자와 노동자가 새로 도착했다. 특히 7년간 배 두 척에 태울 만큼의 흑인이 들어왔다.

식민지에서 생산한 것은 대개 담배, 밧줄, 목재, 돛대감 등이었고 매년 80척에 달하는 영국 배가 그곳을 드나들었다. 그런데 1602년 런던 회사가 국왕의 심기를 불편하게 하는 바람에 특허장이 취소되었고 1624년 이후 버지니아는 국왕의 직할지로 바뀌었다.

8. 1620년 북아메리카에 새로운 형태의 영국 식민지가 또 등장했

다. 17세기 초 영국은 역사상 처음이라고 할 만큼 정치적·종교적 투쟁이 격렬하게 벌어지면서 분열이 일어났다. 그리스도교 안에서 3파, 즉 국교파Anglican, 장로파Presbyterian 그리고 청교도의 분파인 분리파Separatist가 신자를 얻기 위해 치열한 경쟁을 벌였던 것이다.

국교파는 주교와 국왕의 신권정치를 인정했으나 국교파의 저교회Low Church(영국 성공회의 한 파)는 캘빈파라 이를 인정하지 않았다. 그보다는 장로교와 마찬가지로 주교 대신 각 교구가 선출한 뒤 장로회의의 지배를 받는 국교 확립을 주장했다. 이것은 스위스의 제네바에서 일어난 종파의 선례를 따른 것이었다. 분리파는 신자와 신 사이에 아무런 중개자도 인정하지 않고 성 바오로St. Paul의 원전을 글자 그대로 신봉했다.

"주 가라사대 너희가 그들로부터 왔건 무슨 교파에 속하고 있건 부정한 것에 접촉하지 않는 한, 나는 너희를 받아들일 것이다."

이에 따라 분리파는 국교파와 장로파를 모두 '부정한 것'이라고 생각했다. 그러자 국교파와 장로파는 분리파를 박해했다. 분리파 중 일부는 네덜란드로 망명했지만 풍토가 맞지 않아 생활하기가 몹시 힘들었다. 이때 그들은 특허장을 얻기 위해 런던 회사와 협상을 시작했다.

스페인은 가톨릭의 순결을 지키기 위해 이교도의 식민지 진출을 허용하지 않았으나 영국은 그보다 훨씬 현실적이라 이교도를 보내는 것이 여러 면에서 유리할 거라고 여겼다. 분리파는 평화롭게 기도할 수 있는 지역을 원했고 회사는 식민지에 정착할 이민자를 구하는 중이었으므로 협상은 순조롭게 이뤄졌다. 자금이 없던 분리파에게 다행히 적극적인 동업자가 나타난 셈이다. 결국 이민자들은 인력을 제공

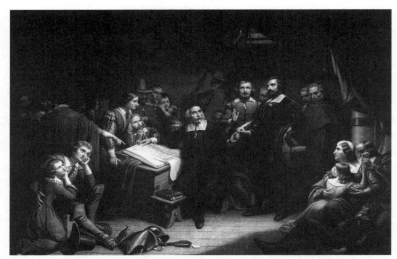

메이플라워호 협약. 플리머스에 상륙하기 전 선상에서 맺은 서약으로 자주적인 식민정부, 다수결 원칙에 의한 행정 운영, 공정한 법률 제정 등의 내용이 담겨 있다.

하기로 했고 상인들은 자금을 투자해 조합을 조직한 뒤 출자 액수에 따라 수익을 나누기로 했다. 또한 이 자본을 보장하기 위해 7년간 식민지에서 생산한 물품을 전량 중앙 창고에 저장하고 조합이 이것을 매각하기로 약정했다.

  마침내 1620년 9월 모두가 분리파는 아니었지만 102명의 순례자 Pilgrims가 메이플라워호에 승선했다. 불행히도 폭풍우를 만난 배는 방향을 잃고 거의 한 달간 낯선 해안을 표류하다가 12월 21일 고단한 항해를 마치고 간신히 플리머스에 도착했다. 그곳은 버지니아보다 훨씬 더 외진 곳이었고 그들은 이 지역에 대해 아무런 특허도 권리도 없었다.

9. 상륙에 앞서 원정대원 중 성인 남성 41명, 소위 '필그림 파더스 Pilgrim Fathers(순례자 조상)'가 선실에 모여 협약을 했다. 그들은 협약에서 다 같이 그곳에서 살 것, 모든 사람의 이익을 위해 모두의 동의를 얻어 결정한 법률을 지킬 것을 맹세했다. 이 협약이 상징하는 가치는 대헌장Magna Carta처럼 훗날에야 비로소 명백하게 드러났다. 이 협약이 중요했던 이유는 이 종파에 속하는 신자가 모두 평등했고 그 해안지방에는 이렇다 할 기존 권력이 전혀 없었기 때문이다. 버지니아의 경우 처음엔 회사, 그다음엔 국왕이 임명한 관리가 권한을 행사했지만 메이플라워호의 순례자들은 우연한 인연으로 지배자가 없는 지역에 정착했다.

덕분에 그들은 종교관계 협약을 곧 사회생활 협약으로 활용할 수 있었다. 그들은 존 카버John Carver를 총독으로 선출하고 플리머스 촌락을 건설했는데 초기 생활은 버지니아와 다를 바 없이 비참했다. 첫해 겨울 이민자의 태반이 사망했고 병자 간호와 식사 준비, 세탁을 할 만큼 기력이 있는 사람이 두세 명밖에 없던 때도 있었다. 그들은 형제들처럼 헌신적인 정신력으로 고난을 이겨냈다. 요컨대 플리머스 식민지는 이민자의 강인한 정신, 우수한 재능 그리고 옥수수 농사와 고기잡이를 가르쳐준 친절한 인디언의 도움으로 멸망을 면했다. 시간이 흐르면서 이 식민지도 자리를 잡아갔지만 그 성장은 매우 미미했다.

10. 1691년 플리머스 식민지가 매사추세츠 만 식민지Massachusetts Bay Colony와 합병했을 때 이민자는 고작 7,000명에 불과했다. 매사추세츠 만 식민지는 플리머스 순례자와 동일한 교리를 신봉하지 않았

으나 플리머스 이민자는 그들에게 사유 농지 분배라는 중요한 원칙을 배웠다. 결국 플리머스 식민지는 매사추세츠 만 식민지로 흡수되었지만 그들의 영향력은 사라지지 않았다.

1629년 '매사추세츠 만 회사'에 대한 국왕의 특허장을 얻은 일단의 청교도 중에는 몇 명의 대지주와 부유한 상인도 있었다. 그들은 국교파의 저교회파로 유명한 변호사 존 윈스럽John Winthrop이 지도자였고 자금을 단원들의 출자로 충당했다. 영국 정부는 특허장을 교부할 때 그들을 버지니아의 이민자들처럼 런던에서 다스릴 수 있으리라고 생각했다. 그러나 이 회사의 참의회는 이민자와 함께 매사추세츠로 떠날 결의를 다졌고 이는 거의 독립 국가를 창설하는 것이나 마찬가지였다.

그렇다고 존 윈스럽과 그 일행이 민주주의자였던 것은 아니다. 그들은 귀족주의자, 보다 명확히 말하면 신정주의자였고 계급과 지위의 차별을 존중했다. 또한 그들은 헤브라이즘 신학, 캘빈파 교리, 영국의 전통 등을 추종하는 관권주의 국가를 수립하고 싶어 했다. 그들의 눈에 권위는 오로지 종교적인 것뿐이었다. 성서를 문자 그대로 따른 그들은 인간에 대한 변함없는 신의 관여와 교회 성직자의 세속적인 권위를 신봉했다. 한마디로 자신들의 신을 섬기기 위해 조국을 떠난 그들은 이렇게 말했다.

"내게 조국을 떠나라고 가르쳐주신 이는 신이다. 내 부친이 나를 떠나게 해주신 이도 신이다. 내게 미지의 경건한 목사 마버릭 씨를 보내 나를 이곳으로 오게 하신 이도 신이다."

그들은 자기들의 신앙에 따라 자유롭게 예배할 수 있는 신성한 사회를 건설하려 했다. 반면 그들은 다른 종파에게는 이런 자유를 주려 하지 않았다. 그들이 마음에 그리는 교회는 국교파와 같은 일종의 국립교회였고 이는 영국의 국교보다 더 철저하게 가톨릭 냄새가 나지 않았다.

11. 1630년 여름까지 약 1,000명의 이민자가 도착했고 그 뒤를 이어 더 많은 사람이 건너왔다. 그 당시 영국의 국정이 매우 혼란스러워 많은 정치적·종교적 망명자가 서인도 제도와 아메리카로 건너온 것이다. 존 윈스럽이 찰스 강변에 건설한 보스턴은 1634년 주민이 4,000명에 달했고 그 주위에는 수많은 작은 촌락이 들어섰다.

매사추세츠의 사회는 버지니아와 상당한 차이가 있었다. 토지 경작에도 더 힘이 들었고 담배 농사는 시원치 않았으며 흑인도 이곳 기후에 제대로 적응하지 못했다. 가족끼리 농사를 짓는 소규모 농장만 제대로 운영되었는데 그들은 인디언의 습격에 대비해 집단촌락을 구성했다. 이러한 뉴잉글랜드의 촌락은 영국 장원manor(봉건적인 토지 소유 형태)의 변형이라 할 수 있다. 농민은 면역세(중세부터 근대까지 영국 농민이 부역과 현물 대신 영주에게 납부한 현금지대)를 내지 않는 자유로운 주주였고 회사는 주주총회, 즉 주주회의에서 관리했다.

특허장에는 존 윈스럽과 12명의 보좌역을 맡은 이들만 관리하도록 명기했지만, 이에 대한 불만이 생기자 각 촌락에서 두 명의 대의원을 주주총회에 참석시키기로 했다. 이로써 최초의 의회가 등장했고 나중에 양원으로 나눠 총독의 참의원은 일종의 상원을, 대의원은 하원을 구성했다. 당시 존 윈스럽은 많은 하인을 부리면서 봉건 토후나 추장 같은 생활을 했다. 다시 말해 그는 절제할 줄 알고 신뢰할 만한 지도자였지만 독재적이었다. 그는 캘빈의 교리를 따라 자신을 신이 임명한 부섭정으로 여기고 같은 종파 목사들의 지지를 받았다.

이민자들은 교회마다 독립해 한 사람의 목사를 지도자로 세웠는데 이 목사들이 단결해 성서의 권위를 방패로 하는 과두정치를 실시했다. 선거권은 교회 신자로 교회에서 자격을 인정한 사람에게만 주어졌다. 한데 얼마 지나지 않아 청교파의 이러한 체제를 영국의 국교처럼 불쾌하게 여기는 신자들이 늘어났다. 보스턴에서 오랫동안 지내온 주민 블랙스톤은 다음과 같이 말했다.

"영국에서 국교의 주교가 보기 싫어 영국을 버리고 왔는데 여기까지 와서 귀족적인 목사를 받아들일 수는 없다."

이 지방의 행정권은 총독과 지사 그리고 교회를 지지하는 주주에게 있었다. 이들은 치안유지법을 제정해 총독에 대한 반대 운동에 대비했다. 윈스럽은 이런 정치체제를 창설한 것을 자랑하면서 이렇게 말했다.

"만약 우리의 절충식 귀족정치를 민주정치로 바꾼다면, 첫째 우리의 성서에 근거할 수 없다. 이스라엘에는 민주정치가 없었기 때문이다. 둘째 민주정치를 하면 스스로 비천해지고 신의 섭리로 우리에게 주어진 품위를 버려야 한다. 이것은 분명 제5계명을 위반하는 일이다. 그리고 민주정치는 모든 문명국가에서 제일 천하고 나쁜 정치제도로 간주하고 있다."

그는 자신이 집행하는 법정에서 법에 따라 내린 판결에 대해 비평조차 용서하지 않았고 "어떤 선고를 내리든 판결은 신의 뜻이다"라고 단언했다. 당시 가장 유명한 설교자이던 존 코튼John Cotton은 윈스럽의 정치적 견해를 지지했다.

"무제한적인 인민주의 이론은 그에게 하나님의 꽃밭에 자라난 엉경퀴로 보였다."

그의 관점에서 자유를 원하는 모든 욕망은 죄악이었다. 그의 희망은 영국 대지주들의 귀족정치 대신 경건한 신학자의 과두정치를 실행하겠다는 것이었다.

12. 청교도의 신정주의와 사상이 좀 더 자유주의적인 사람들과의 투쟁이 식민지 개발을 촉진하기 시작했다. '신성한 광기로 가득 찬 신앙심 강한 청년'이라 불리던 로저 윌리엄스Roger Williams가 1631년 영국에서 건너와 세일럼 교회의 목사가 되었다. 그는 첫째, 사람은 하나님의 자손으로 평등한 형제이며 둘째, 국왕의 특허장은 현실적으로 인디언 소유인 토지에 대해 아무런 권리도 행사할 수 없고 셋째, 국가와 교회는 분리되어야 한다고 주장했다. 특히 행정 문제에 관한 투표권을 교회 신자에게만 주는 것은 종교적 고뇌를 치유하고자 의사를 보내는 것과 같고, 양심의 주장을 박해하는 것은 예수 그리스도의 가르침에 위배되는 일이라고 역설했다. 그러다가 의회의 적대감을 샀지만 그는 계속해서 "관리官吏는 하나님의 공복公僕일 뿐 아니라 민중의 공복이다"라고 주장했다. 즉, 그는 보스턴 캘빈교도의 전통과 절연하고 플리머스 순례자의 사상과 자유로운 사회계약 사상으로 돌아갔다.

1636년 의회는 로저 윌리엄스를 매사추세츠에서 추방했다. 오랫동안 숱한 고초를 겪은 그는 몇몇 친지와 함께 로드아일랜드에 정착지를 건설했고 자비로운 신의 뜻이 곤궁에 빠진 자신을 구원해주신 것에 감사의 뜻을 표하고자 그곳을 프로비던스Providence라고 명명했다. 그는 자신의 신조에 따라 인디언에게 토지를 매입했고 그들의 벗이 되었다. 또한 그는 인디언의 언어를 배우고 그들과 우호적인 관계를 유지함으로써 로드아일랜드를 자유로운 식민지, 숭고한 양심에 따라 살아가는 사람들의 피난처로 만들었다. 그곳에는 특히 많은 재세례교도Anabaptists(16세기 독일에서 생긴 그리스도교의 한 교파)가 이주해왔는데, 그들은 오자마자 자신들이 가톨릭교의 주교나 감독교회Episopal Church의 폭군에게서 해방되었음을 실감했다.

로저 윌리엄스는 영국으로 돌아가 호민관 크롬웰, 시인 존 밀턴John Milton과 친분을 맺었고 결국 1663년 특허장을 얻었다. 아메리카는 종교의 자유를 창시한 로저 윌리엄스에게 많은 은혜를 입은 셈이다. 교양, 용기, 열정을 가지고 청교도 체제에 반항한 또 다른 인물은 앤 허친슨Anne Hutchinson 여사로 그녀는 자기 나름대로의 교리를 전도하며 청교도 교회의 율법주의에 반대함으로써 식민지에 불화를 일으켰다. 결국 추방돼 포츠머스라는 로드아일랜드의 정착지로 옮겨간 그녀는 1643년 인디언에게 살해당했는데 매사추세츠의 관리는 이를 두고 신의 심판이라고 말했다.

13. 또 다른 불만파들은 매사추세츠에서 이탈해 코네티컷 식민지를 건설했다. 제일 유명한 집단은 뉴턴에서 온 설교자로 정중하고 현명한 토머스 후커Thomas Hooker의 인솔을 받아 하트퍼드로 이주해온 사람들이었다. 후커도 로저 윌리엄스와 마찬가지로 윈스럽이 떠받치

고 있는 신권정치에 반대해 다음과 같이 역설했다.

"정권의 기반은 무엇보다 민중의 자유로운 동의에 있으며, 지사 선출은 하나님이 승인하신 바와 같이 민중의 권한에 속한다."

독립정신이 강한 그는 존 윈스럽과 도저히 함께할 수 없다고 생각했다.

"이런 정치 밑에서는 나 자신도 살고 싶지 않을뿐더러 내 자손을 남길 생각이 없다."

1639년 그는 '근대 민주주의 최초의 성문 헌법'이라는 코네티컷 기본법The Fundamental Orders of Connecticut을 채택해 그곳에 자유민주주의 공화국을 수립했다. 당시 선거권은 최소한 30파운드약 5만 원의 가치가 있는 토지를 소유한 사람에게만 주어졌다.

존 데이븐포트John Davenport가 이끈 또 다른 청교도 일파는 코네티컷 강변에 뉴헤븐을 건설했다. 그들은 모세가 가르친 하나님의 율법을 법전으로 택했고 이때 안식일 준수, 배심재판 불인정, 간통한 남녀 사형을 규정한 엄격한 법률이 등장했다. 1662년 코네티컷의 각 식민지는 연합해서 영국 왕과 의회가 그들이 선출한 의회 및 정부를 지배할 수 없게 규정한 개방적인 특허장을 얻어냈다. 신중하면서도 조용히 특권을 확보하고 신조가 다른 교회를 허용한다는 것이 코네티컷 식민지의 정책이었다. 이 정책이 성공하면서 코네티컷은 '아메리카 민주주의의 요람지'가 되었다.

1684년 국왕은 매사추세츠 만 식민 회사의 특허장을 취소했다. 1691년 다시 신규 특허장을 부여했으나 이후 청교도의 과두정치는 권력을 상실했다. 실제로 국왕이 임명한 총독은 참의회를 통제하고 신앙보다 재산을 선거권의 기초로 삼았다. 이를 통해 식민지의 지도자들은 오랫동안 자신의 특권을 유지하려 애썼다. 1702년 새뮤얼 시월Samuel Sewall 판사는 어느 판사가 앤 여왕Queen Anne (1665~1714) 대관식의 축하 행렬에서 관료들이 성직자보다 앞줄에 섰다며 불만을 토로한 것을 일기에 기록했다. 그러나 이것은 허망한 항의에 불과했다. 신권정치 시대는 이미 지나갔고 정치 분야에서 청교도주의는 민주주의에 자리를 내주어야 했다.

—

chapter 5

아메리카의 영국인 Ⅱ

The English in America 2

—

1. 국왕의 특허장은 회사뿐 아니라 개인에게도 발급되었다. 엘리자베스 여왕시대에 윌리엄 세실 경Lord William Cecil (1520~1598)과 함께 일한 향사Esquire(귀족 신분은 아니지만 영지와 투표권이 있는 계급) 조지 칼버트 경Sir George Calvert이 버지니아를 거쳐 영국으로 돌아오자 당시 국왕이던 찰스 1세Charles I(1600~1649)가 그를 반갑게 맞아주었다. 찰스 1세는 프랑스 여성과 결혼한 후 가톨릭을 너그러이 대우했지만 그렇다고 가톨릭 신자인 조지 칼버트에게 국내에서 관직을 줄 수는 없었다. 그는 칼버트를 새로 볼티모어 경Lord Baltimore에 서임하고 포토맥 강에서 북위 40도에 이르는 토지를 봉토로 주었다. 국왕은 왕비 앙리에트 마리Henriette Marie에게 경의를 표하는 뜻에서 이 새로운 영지를 메릴랜드Maryland라고 명명했다.

그런데 칼버트는 아메리카로 건너가기 전에 사망했고 특허장은 그의 아들이 상속했다. 특허장의 조항은 메릴랜드의 영주가 국왕, 교회의 장 그리고 군사령관을 겸하는 입헌군주국임을 규정하고 있었다. 영주에게는 귀족을 임명해 장원을 내주고 시민의 권고와 동의를 얻어 법률을 제정할 독단적인 권한이 있었다.

볼티모어 경은 초기에 다섯 명의 남성을 거느리고 메릴랜드로 입주하는 향사에게 1,000에이커(약 122만 평)의 토지를 주기로 약속했고 얼마 지나지 않아 많은 이민자가 몰려들기 시작했다. 비록 자신은 가톨릭 신자지만 국교파 국왕의 신하이기도 했으므로 볼티모어 경은 극히 신중하게 처신했고 신교도를 친절하고 공정하게 대우하도록 지시했다. 덕분에 메릴랜드에서는 가톨릭교회와 신교파의 감독교회가 서로 친근하게 공존하는 기적이 일어났다.

이 정책은 1649년 신앙관용령Toleration Act으로 실천에 옮겨졌고, 종파가 무엇이든 삼위일체와 예수 그리스도를 믿기만 하면 누구나 신앙의 차이로 박해받는 일이 사라졌다. 신성한 삼위일체와 마리아를 모독하는 사람에게는 태형을 내렸는데 이 역시 매우 관대한 처벌이었다. 볼티모어 경은 1688년 혁명이 발발할 때까지 지위를 유지했다.

프로테스탄트 혁명 이후 메릴랜드에는 국교교회가 들어섰고 가톨릭교회는 공식 예배를 올리는 권리를 잃었다. 이 조치는 메릴랜드의 가톨릭교도를 국왕의 적으로 만들었고 볼티모어 경은 프로테스탄트로 개종했다. 그 개종의 대가로 그는 영지 소유권을 보유했지만 통치권은 국왕에게로 넘어갔다.

2. 찰스 2세Charles II (1630~1685)는 왕정복고 이후 찰스 1세가 볼티모어 경에게 그랬듯 충성을 바친 왕당파Cavalier인 클라렌돈Clarendon, 몽

크 장군General Monk, 샤프스베리 백작Earl of Shaftesbery 그리고 저지Jersey 섬의 지사를 지낸 조지 캐트리트 경Sir George Cartret에게 아메리카의 영지를 하사했다. 1663년 국왕은 네 명의 총신에게 버지니아의 남방에 있는 광대한 캐롤라이나 지역을 준 것이다.

이들 귀족은 당대의 인기 철학가 존 로크John Locke (1632~1704)가 기초한 헌법을 채택했다. 로크는 매우 이색적인 문서를 작성했는데 그는 마치 기사가 도로계획을 하듯 장차 창설할 국가의 사회계급을 설정했다. 그것은 토지 5분의 1은 영주 소유로 하고 또 5분의 1은 새로 탄생하는 귀족에게 분배하되 이 토지는 농노가 경작하게 하며 그 나머지는 자작 농민에게 분배하는 것이었다. 한마디로 귀족정치를 하겠다는 의도였지만 이민자에게 개방된 주인 없는 토지가 널려 있는 상황에서 귀족의 땅에 얽매이거나 면역세를 내려는 사람이 있을 리 없었다. 영주들은 얼마간 애쓰다가 결국 단념했고 1729년 캐롤라이나는 국왕에게 넘어갔다가 사우스·노스캐롤라이나로 나뉘었다.

존 버클리 경Lord John Berkeley과 조지 캐트리트 경은 1664년 요크 공Duke of York에게 허드슨 강과 델라웨어 강 사이에 있는 땅을 사들였고, 캐트리트 경이 전에 통치하던 저지 섬을 기념해 뉴저지New Jersey라고 명명했다. 그들은 그곳에 엘리자베스 시를 건설했고 코네티컷에서 이주해온 청교도가 뉴어크Newark 식민지를 건설했다. 그러나 여러 가지 어려운 문제로 인해 영주가 의욕을 보이지 않으면서 1702년 뉴저지는 국왕의 직할 식민지로 넘어갔다. 새로운 국가 건설은 개인이 해내기엔 힘겨운 사업인 듯했다.

3. 프렌드 협회the Society of Friends(퀘이커교도의 공식 명칭) 회원들은 성령에 감응하면 감정이 폭발한 나머지 몸을 떨었기에 '떠는 사람들Quakers'이라는 별명을 얻었다. 이 종파는 청교도파의 개혁사상을 극한으로 실천하려는 집단이었다. 모든 인간은 하나님과 직접 대면할 수 있다고 믿은 그들은 오로지 이 주관적인 경험만 중요하다고 생각했다. 또한 모든 인간은 하나님에게 하나님의 헌신자로 뽑힐 수 있으므로 직업적인 목사는 필요 없다고 믿었다. 나아가 최고의 기도 형식은 묵상이며 인생의 어떤 경험이든 성령과 통할 수만 있다면 그것이 '최선'이라고 생각했다. 그들은 평화주의자로 복수하는 하나님보다 사랑하는 하나님을 섬겼고, 전쟁과 10분의 1 교구세(십일조)를 거부했다.

한편 퀘이커교도들은 복장이 좀 특이하고 대화할 때 '너에게thee' 혹은 '네 것thine'이라는 고어를 사용했다. 또한 묘비에는 이름을 새기지 않고 영원히 무명으로 남겨두었다. 요컨대 그들은 신앙뿐 아니라 풍습으로도 국교도를 놀라게 했다. 이런 이유로 그들은 영국에서 박해를 받았고 몇 명은 교수형에 처해졌다.

이후 그들은 어떻게 되었을까? 그들도 국왕에게 특허장을 얻으려 했지만 이 종파를 미워한 국왕이 특허장을 내줄 리는 없었다. 그러다 1681년 찰스 2세의 복위에 협조해 국왕에게 1만 2,000파운드(약 2,250만 원)를 빌려준 해군제독 아들 윌리엄 펜William Penn이 국왕에게 개인 특허장을 받았다. 덕분에 펜은 뉴욕과 메릴랜드 사이에 있는 땅 중에서 잉글랜드와 웨일스를 합한 것만큼의 광대한 토지를 영유하게 되었다. 그는 그곳에 퀘이커교도들을 모아 자치정부를 조직하고 폭력이 아닌 애정으로 통치하는 '신성한 실험'을 해보려는 결심을 했다.

4. 1682년 펜은 찰스 2세가 펜실베이니아라고 명명한 영지로 건너왔고, 그곳의 아름다운 삼림과 강에 흠뻑 빠져들었다.

"아아! 비참한 유럽에서 보던 불행과 분열은 조금도 볼 수 없을 만큼 한적한 이 땅의 아름다움이여!"

그는 수도를 필라델피아, 즉 '우애의 도시'라고 불렀다. 그리고 그의 신성한 실험이 성공하면서 퀘이커교 교리가 그들에게 매우 유용하다는 사실이 밝혀졌다. 그들은 인디언을 친절하게 대했고 인디언도 그들에게 우호적이었다. 여기에다 공정한 상거래 덕분에 사업은 나날이 번창하자 다양한 이민 집단이 끊임없이 모여들었다. 대표적으로 스코틀랜드와 아일랜드의 장로파, 독일의 루터파, 잉글랜드의 국교파 그리고 웨일스인 등이 펜실베이니아에 정착했다.

18세기 중엽에 이르자 필라델피아는 붉은 벽돌집이 줄지어 선 잉글랜드의 풍경을 연상케 하는 작은 도시로 바뀌었다. 펜은 이 수도를 전원의 멋을 간직한 도시로 만들려고 애썼다. 이 계획이 뜻대로 이뤄지면서 그곳은 우아한 대정원이 주택을 둘러쌌고 여름밤이면 개똥벌레가 정원을 장식했다. 모든 것이 평화롭고 풍성했으며 아름다웠다.

시간이 흐르면서 퀘이커교도가 인구의 과반수를 차지할 수는 없었지만 의회의 정원 배정 방법으로 인구수 이상의 의결권을 확보함으로써 그들은 계속 모든 요직을 차지했다. 그러다가 왕실의 친지인 펜이 가톨릭 신자인 국왕 제임스 2세James II(1633~1701)를 지지하면서 이 부조화는 파탄을 맞고 말았다. 식민지의 스코틀랜드인과 웨일스인이 격분했던 것이다. 펜이 사망하자 국교도로 개종한 그의 아들은 신망을 잃었고, 영주와 의회 사이에 분쟁이 일어났는데 그것은 혁명 때까지 이어졌다. 결국 신성한 실험은 잠시 동안 존재했을 뿐이지만 퀘이커교도는 계속 세계에서 가장 순박하고 숭고한 그들의 신앙을 지켜 갔다.

5. 뉴욕 식민지는 영국이 점령하기 전에는 네덜란드의 소유였다. 1609년 헨리 허드슨Henry Hudson(1550~1611) 선장이 이끄는 네덜란드 동인도회사Dutch East India Company의 선박 하프문호가 이곳으로 건너왔다. 허드슨 선장은 이곳에서 강과 천연 항구인 만을 발견했는데 후에 그는 이 강을 허드슨 강이라고 명명했다. 당시 그들은 강어귀의 화강암으로 이뤄진 섬에 상륙했고 이는 훗날 맨해튼으로 불렸다. 강변에는 나무가 울창한 벼랑이 있었고 그들은 오늘날의 올버니 시가 있는 곳보다 좀 더 상류까지 거슬러 올라갔다.

그들의 경험담과 그들이 가져온 모피는 사람들의 흥미를 자극했고 곧이어 많은 원정대가 허드슨의 뒤를 따랐다. 1621년 네덜란드 서인도회사는 특허상 뉴네덜란드를 개발할 권리를 얻었고, 1624년 맨해튼 섬 한쪽에 뉴암스테르담이라는 촌락을 건설했다. 그리고 2년 후 60길더guilder(네덜란드 금화—역자주)를 주고 인디언에게 이 섬을 사들였다.

6. 맨해튼 식민지는 급속도로 발전했다. 상술에 능하고 똑똑하며 진취적인 네덜란드인은 이민을 장려하기 위해 50명 이상의 이민자를 데려오는 주주에게는 광대한 토지를 내주었다. 당시 중역이던 반 렌슬레어Van Lensselaer는 "우리는 농업을 위해 이 나라를 개방해야 한다. 이것이 무엇보다 급선무다"라고 주장했다. 토지는 형식상 인디언에

게 은화를 몇 푼씩 지불하고 합법적으로 구입했다. 예를 들면 호보컨Hoboken과 스태튼아일랜드Staten Island(네덜란드 입법회의에 경의를 표하는 뜻에서 명명한 것)를 이런 방식으로 구매했다.

시간이 흐르면서 허드슨 강 계곡을 끼고 가족의 초상화로 장식한 호화주택이 속속 들어섰다. 반 코틀란트Van Cortlandts, 반 렌슬레어, 비크먼Beekmans, 스카일러Schuylers 집안 등은 수천 에이커의 토지를 소유했다. 봉건제후 같은 이들 대지주 계급은 가난한 이민자들 사이에 커다란 불만을 빚어냈다.

1643년 회사는 빈부격차에 따른 불만을 누그러뜨리기 위해 열정적이고 비상한 재능이 있는 중역 피터 스토이베산트Pieter Stuyvesant를 파견했다. 목발을 짚고 다녀 사람들에게 '늙은 은발톱'이라고 불린 그는 매우 독재적이었다. 다음의 말이 그의 정신세계를 잘 보여준다.

"내가 통치하는 동안은 소송을 재고해보는 것이 좋을 것이다. 누구든 소송을 걸면 나는 그 놈을 1피트(약 30센티미터)로 뭉갠 뒤 본국에 보내 그곳에서 마음대로 처분하라고 하겠다."

누군가가 그에게 뉴네덜란드에도 의회를 창설하는 것이 좋겠다고 하자 그는 선거제도를 믿을 수 없다고 대답했다.

"누구나 자신과 똑같은 사람에게 투표할 것이다. 도둑놈은 도둑놈에게, 건달·술주정뱅이·밀수꾼 등은 자기와 비슷하게 부정을 서슴지 않는 무리에게 투표한다. 그러면 그런 놈들이 악행과 사기를 마음대로 자행하지 않겠는가."

그는 자신의 권력은 회사에서 받은 것이지 무지한 대중에게 받은 것이 아니라고 강조했고 또 그렇기를 희망했다.

7. 뉴암스테르담은 빠른 속도로 성장했다. 네덜란드에서 벽돌과 타일을 실은 배가 들어오면서 시민들은 견고하고 우아한 주택을 건설했다. 항구에서는 네덜란드 상인의 화려한 옷과 모피, 잎담배를 가지고 모여든 인디언의 갈색 피부가 좋은 대조를 이루고 있었다. 영국인으로서는 자기들의 신세계에서 네덜란드의 영토를 보는 것이 결코 유쾌한 일이 아니었다.

1653년 두 나라가 전쟁을 일으켰을 때 네덜란드인은 맨해튼 섬을 횡단하는 방위 성벽을 구축했는데, 이것이 오늘날 뉴욕 금융의 중심지가 된 월스트리트Wall Street의 기원이다. 1663년 스토이베산트는 네덜란드 서인도회사로 "배가 가라앉았다"는 급보를 보내면서 증원병 급파를 요청했다. 하지만 독재적인 성격 탓에 신뢰를 잃어버린 그의 요청은 거부당했다.

결국 많은 영국 이민자가 롱아일랜드에 정착했고 그들은 네덜란드 총독의 명령에 저항했다. 여기에다 영국의 찰스 2세는 갑자기 뉴네덜란드가 1498년 영국인 존 캐보트가 발견한 것이라는 희박한 증거를 내세워 영유권을 주장했다. 비록 그것은 옛날 이야기였지만 1664년 영국 함대가 허드슨 강에 닻을 내림으로써 그 이야기는 현실화했다.

리처드 니콜스Richard Nicolls 대령은 500명의 군인을 거느리고 들이닥쳐 항복을 요구했고 스토이베산트는 패배를 인정했다. 주민들 역시 저항하는 것은 미친 짓이라고 여겼다. 그는 항복했고 영국은 한 명의 희생자도 없이 한창 번영하던 식민지를 손에 넣었다. 영국 왕은 뉴암스테르담을 동생인 요크 공에게 하사했다. 이로써 뉴암스테르담은 뉴욕이 되었고 오렌지 요새Fort Orange는 요크 공의 또 다른 칭호를 따서 올버니로 바뀌었다. 동시에 요크 공은 오늘날의 델라웨어 주도 하사 받았다. 이곳은 처음에 스웨덴인이 거주하던 지역으로 그들은 그곳에 뉴스웨덴과 크리스티나Christina(현재의 월밍턴) 항을 건설하고 있었다.

8. 얼마 후 남부에 최후의 식민지를 설정하면서 영국은 판도를 완성했는데, 그곳은 1773년 자선가 제임스 오글소프James Oglethorpe 장군이 세운 식민지다. 어느 날 런던 근방의 채무자 수용 시설로 친지를 만나러 간 그는 시설이 너무 엉망인 것에 충격을 받고 의회 조사를 요구하는 데 성공했다. 그 결과 법률 개정이 이뤄지면서 과반수의 죄수가 풀려났다. 자유를 찾기는 했지만 그들은 무일푼에다 오갈 데 없는 신세였다. 그때 오글소프는 그들을 아메리카로 보내야겠다고 생각했다. 1732년 그는 국왕 조지 2세George II(1683~1760)에게 서배너 강 유역의 특허장을 얻어 이들이 정착할 곳을 마련하기 위한 기금을 모으는 데 전력을 다했다. 그는 이렇게 역설했다.

"우리는 영국에서 살 수 없는 이 불행한 사람들을 구원하고 그들이 질서 있는 생활을 할 수 있도록 정비한 촌락을 건설해야 한다. 기금이 허락하는 한 조지아까지의 뱃삯을 지불하고 그들에게 필요한 농구, 가축, 농토를 제공할 것이다."

이것은 온정주의적 식민 사업의 실험이나 마찬가지였고, 조지아를 건설한 자선가들은 이 식민지가 엄격하게 도덕적이기를 바랐다. 목사이자 감리교 창시자인 존 웨슬리John Wesley와 감리교 전도사 조지 화이트필드George Whitefield가 그곳으로 가서 포교 활동을 했다. 이들은 럼주 판매와 흑인의 자유노동을 포함해 모든 노예제도를 금지했다.

상대적으로 좁은 농토에다 노예까지 이용하지 못하자 조지아의 개척자들은 부유한 사우스캐롤라이나 주민들과 경쟁이 되지 않았다. 사람들은 점점 사우스캐롤라이나로 떠났고 1737년 5,000명이던 인구가 1742년에는 500명으로 줄어들었다. 1751년 마침내 자선가들은 식민 사업을 단념했고 조지아가 국왕의 직할지로 넘어가면서 주민들은 다시 그곳으로 돌아왔다.

9. 특허장을 가진 회사가 건설한 여덟 개의 식민지는 제각각 다른 길을 걸었지만 혁명 때까지는 모두 국왕의 직할 식민지로 바뀌었다. 다른 세 개의 식민지, 즉 펜실베이니아, 델라웨어, 메릴랜드는 여전히 특허장이 있는 개인의 소유였고 나머지 두 개의 식민지인 로드아일랜드와 코네티컷에는 자치정부가 있었다.

식민지의 모든 주민은 그들과 멀리 떨어져 있고 무관심하기까지 한 본국 정부를 마음속으로 우습게 여기고 있었다. 실제로 모든 식민지가 자기들의 의회를 통해 영국 왕실에 반역적이기도 한 자유를 만끽하고 있었다. 단 하나 뚜렷한 차이가 있다면 그것은 북부와 남부의 차이뿐이었다. 북부에서는 청교도주의가 민중에게 현세에서 성공하는 게 최선의 길이라는 교훈을 심어주었다. 양키yankee, 즉 뉴잉글랜드의 주민(양키의 어원은 분명치 않다. 일설에 따르면 인디언이 잉글리시를 잘못 발음한 것이라고도 하고, 불어로 영국을 뜻하는 앙글레Anglais에서 유래한 것이라고도 한다)은 처음부터 자신들이 선민(하나님이 '거룩한 백성'으로 선택한 민족)에 속한다는 자부심을 가지고 있었다. 그들은 "하나님이 이 황무지에 엄선한 좋은 씨앗을 뿌리기 위해 도와주신 것이다"라고 공언했다.

황무지 그리고 거센 기후와의 투쟁, 격렬한 노동의 의무, 상업과 해운업으로 빈약한 농토 수입을 보충해야 하는 책임은 자연스레 그들을 강인하게 만들었다. 그들은 생존하기 위해 검소하게 분수를 지켰고 착실히 재산을 늘리면서 이를 하나님의 은총이라고 믿었다. 중세기 유럽인은 그들의 야심과 이익에 따라 길드guild 혹은 조합의 규칙에 얽매여 그저 살기 위해 일했지만 양키는 일을 위해 일했고 하나님의 뜻으로 재산도 만들었다. 버넌 패링턴Vernon Parrington 교수는 다음과 같이 말했다.

"노동에 관한 놀랄 만한 윤리적 변화는 이미 산업혁명을 예견하고 있었다."

버넌 대령 같은 남부인조차 북부 양키들의 장점을 인정했다.

"사람들은 그들의 행동이 어느 정도 위선적이라고 조소할지도 모르지만 그들은 검소하고 근면하며 고통을 느끼면서도 비리를 피하는 것으로 보아 아주 쓸모 있는 사람들이다."

양키는 앞으로 국가 건국에서 훌륭한 역할을 할 만한 강인한 민족이었다.

10. 남부 역시 아메리카의 균형을 위해 북부 못지않게 필요한 존재였다. 남부에서는 대농장 조직이 청교도주의에서 파생된 것과 다른 자주성을 키워가고 있었지만 북부와 마찬가지로 본국 정부의 간섭에는 반감을 품고 있었다. 버지니아에서는 감독교회조차 영국의 관행을 따르지 않고 교구목사를 선거로 임명하는 관례를 만들었다. 윌리엄스버그(버지니아 주 남동부)의 식민지 교회나 롤리Raleigh(노스캐롤라이나 주)의 술

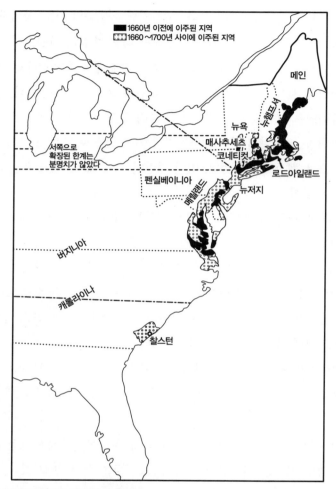

1660년 이전에 이주된 지역
1660～1700년 사이에 이주된 지역

메인

뉴햄프셔

뉴욕

매사추세츠

코네티컷

로드아일랜드

서쪽으로
확장된 한계는
분명치가 않았다

펜실베이니아

메릴랜드

뉴저지

버지니아

캐롤라이나

찰스턴

17세기 식민지 교부지와 정착지

집에 모인 사람에게는 자기 토지에서 명령만 내리는 습관이 있었고, 노예들을 부리며 천하다고 생각하는 노역을 그만둔 지도자들이었다. 남부의 지도자들은 1750년 무렵의 영국 신사와 유사했다. 어쩌면 그들은 영국 신사보다 더 영국의 전통에 충실했을지도 모른다.

"영국은 변했다. 그러나 버지니아는 변하지 않았다. (…) 버지니아인이 한층 더 영국인처럼 보였다."

버지니아와 매사추세츠에는 본국보다 더 순수한 왕당파와 의회파가 발전했는데 당시 이들은 서로 대립하지 않았다. 매사추세츠가 전적으로 북부의 적이 아닌 것처럼 버지니아도 전적으로 남부의 적이 아니었다. 그러나 이 두 개의 식민지는 북부와 남부의 중심을 대표하고 있었다.

중부 식민지(허드슨 강과 포토맥 강 사이에 있는 지역)는 북부 뉴잉글랜드의 민주적인 청교도주의와 남부 버지니아의 귀족적인 전원생활이 뒤섞여 있었다. 중부 식민지는 원래 상업 위주였으나 뉴욕의 풍습과 습관은 펜실베이니아의 그것과 많은 차이가 있었다. 뉴욕과 필라델피아는 두 곳 다 부유하고 번영하는 도시였지만, 뉴욕은 잡다한 인종이 모인 국제도시고 필라델피아는 점잖고 우아한 도시였다. 뉴욕은 쾌락의 중심지였고 필라델피아는 자선과 문화의 중심지였다. 설령 뉴욕의 부호가 필라델피아의 유력자 같은 관용을 베풀어도 이는 동포애 때문이라기보다 세속적인 자만심에서 우러난 것처럼 보였다.

chapter 6

아메리카의 프랑스인

The French in America

1. 프랑스의 뱃사람들은 유럽에서도 가장 모험적인 편인데, 특히 노르망디와 브르타뉴 사람들은 항상 모험을 좋아했다. 아프리카의 기니 해안에 최초로 식민지를 건설한 것은 디에프 사람들이었고 또 다른 사람들은 뉴펀들랜드로 진출했다. 마르크 레스카르보Marc Lescarbot는 이렇게 기록하고 있다.

"기록에 따르면 여러 세기 동안 디에프, 생말로, 라로셸의 프랑스인 그리고 르아브르 드 그라스, 옹플뢰르 등 여러 곳의 뱃사람들이 대구를 잡으러 뉴펀들랜드로 정기적인 항해를 했다."

교황이 선을 그어 신세계를 스페인 왕과 포르투갈 왕에게 내주자 프랑스 왕이 농담조로 항의했다.

"무슨 법적 근거로 아담의 유산을 그 사촌들에게만 양도하는가?"

사실 프랑수아 1세François I(1494~1547)는 이미 이탈리아의 탐험가 지오반니 다 베라자노Giovanni da Verrazano를 북아메리카로 파견했었다.

그런데 그가 귀국했을 때 마침 프랑수아 1세는 스페인과의 전쟁에 생사를 걸고 있었고 식민지 사업에 투자할 여유가 없었다. 1529년 평화를 되찾고 나서야 프랑수아 1세도 영국의 헨리 8세Henry VIII (1491~1547)처럼 황금을 가득 실은 군선을 꿈꾸었다. 1534년 그는 생말로의 탐험가 자크 카르티에Jacques Cartier가 인도로 가는 서북 항로를 탐색하기 위해 신세계로 떠나는 것을 지원했다.

2. 프랑스 선원 60명을 데리고 떠난 카르티에는 뉴펀들랜드에 도착하자 서쪽으로 계속 전진해 훗날 자신이 명명한 세인트로렌스 강이 흐르는 만으로 들어갔다. 그들은 그곳에 상륙해 프랑스기를 꽂고 만세를 불렀다. 그런데 그가 만난 인디언들은 마을이나 도시를 가리킬 때 캐나다Canada라는 말을 썼다. 카르티에는 인디언을 몇 명 데리고 귀국해 프랑스어를 가르친 뒤 다음에 항해할 때 통역사로 활용했다. 이 최초의 항해에서 카르티에는 황금도, 인도에 관한 정보도 가져오지 않았으나 다음 해에 국왕은 세 척의 선박을 준비해 캐나다로 출발할 것을 허락했다.

항해는 더뎠고 폭풍우 철 이전에 캐나다에 도착하지 못한 이들은 극한 지대에서 겨울을 나야 했다. 마침 스타다코나Stadacona(지금의 퀘벡) 인디언이 강을 좀 더 올라가면 호차라가Hochalaga라는 곳에 알맞은 숙영지가 있다고 가르쳐주었다. 그곳은 현재 몬트리올에 해당하는 곳으로 몇 개의 오두막과 옥수수 밭이 있었다. 카르티에는 부하들이 세운 작은 숙소에서 겨울을 보냈으나 굶주림으로 사경을 헤맸다. 다음 해 봄 이들은 생말로로 돌아왔지만 선원들은 의욕을 잃었고 국왕도 더 이상 보조금을 주지 않았다.

그러다가 1571년 스페인의 이야기에 자극을 받은 드 로베르발De Robervall이 자신이 뉴프랑스의 총독으로 임명되도록 손을 쓴 뒤 카르티에에게 세 번째 원정에 나서도록 했다. 이번에도 모험은 실패로 끝났고 이후 60년 동안 뉴프랑스에 대한 구상은 그대로 잠들어 있었다.

프랑스는 국민의 풍족한 생활에 신경 쓰면서 그들이 타국에 마음이 쏠리지 않도록 했고, 정치적·종교적 이유로 본국을 떠나려 하는 사람이 있어도 프랑스 식민지에서 생활하도록 허가하지 않았다. 프랑스 국왕도 스페인 국왕과 마찬가지로 유럽에서 금지한 종교를 아메리카까지 손을 뻗어가며 보호할 생각은 없었기 때문이다. 현명한 쉴리 공작Duc de Sully(16세기 말의 프랑스 재상—역자주)마저 먼 거리에 있는 영토는 프랑스인의 기풍이나 성격에 맞지 않는다고 생각했다. 이것은 큰 잘못이었다.

3. 종교전쟁이 끝나고 앙리 4세Henri IV(1553~1610)가 즉위하자 몇몇 프랑스인이 전에 프랑스기를 꽂아 놓았던 미개척지 캐나다를 떠올렸다. 그러던 중 디에프의 요새 사령관 드 샤스트De Chastes가 많은 용기와 경험을 쌓은 사뮈엘 드 샹플랭Samuel de Champlain과 동업으로 조합을 설립해 캐나다와의 무역 독점권을 얻었고 샹플랭은 호차라가가 폐허로 변한 것을 확인했다.

드 샤스트가 사망한 후 독점권은 드 몽De Monts에게 넘어갔고 그는 1년에 적어도 100명의 이민자를 수송한다는 협정을 맺었다. 1604년 그는 지원자를 모집해 두 척의 배로 출발했다. 한 척은 세인트로렌스 강을 거슬러 올라가고 다른 한 척은 그보다 남쪽에 있는 아카디아를 향해 전진했다. 샹플랭이 참가한 제2원정단은 세인트크로이 섬에서 겨울을 났는데 이때 음료가 부족하고 괴혈병이 발생해 많은 사망자가 나왔다. 얼음과 눈이 녹았을 때 살아남은 사람들은 해안에 '포트로열Port Royal'이라는 촌락을 건설했다. 샹플랭은 퀘벡으로 가서 인디언의 휴런족Hurons, 알곤킨족Algonquins과 우호관계를 맺었다. 이후 이들이 적대시하던 이로쿼이족Iroquois과 싸울 때 샹플랭은 프랑스제 소총을 내주었고, 그들은 샹플랭이 그 근방을 탐험하는 것을 도와주었다. 샹플랭은 서쪽으로 전진하면서 모든 유럽인처럼 바다와 인도를 발견할 수 있으리라고 기대했지만, 그가 발견한 것은 거대한 호수와 웅장한 강이 있는 광활한 지역이었다. 그래도 그 뉴프랑스는 거대한 제국으로 부를 만했다.

4. 프랑스 식민지의 초기 상태는 아주 참담했다. 무엇보다 많지도 않은 사람들 사이에 분열이 생기면서 위그노교도Huguenot였던 드 몽의 독점권은 취소되었다. 하지만 샹플랭은 여전히 용기를 잃지 않았다.

드디어 정권은 아르망 리슐리외Armand Richelieu (1585~1642, 루이 13세 때의 재상—역자주)에게 넘어갔고 그는 식민지 제국 건설을 꿈꿨다. 먼저 그는 뉴프랑스 회사를 설립했는데 이는 모험가들의 실험 수준이 아니라 국왕과 추기경 등 프랑스의 주요 인물들이 주주인 국가적 사업이었다. 곧 대선단이 캐나다로 떠났지만 마침 영국과 전쟁 중이라 무장한 영국 상선의 공격을 받았고 사업을 시작하자마자 회사는 자본의 일부를 잃고 말았다. 얼마 후에는 식민지까지 영국에 점령당했지만

1632년 조인한 '생제르맹앙레Saint-Germain-en-Laye' 조약에 따라 다시 돌려받았다.

5. 샹플랭이 죽고 난 후 캐나다에서는 교회 세력이 힘을 발휘하기 시작했다. 총독, 예수회파 최고 성직자인 주교 그리고 몬트리올 지사로 구성된 위원회가 식민지를 통치한 것이다. 여기에다 국왕에게 광대한 토지를 하사받은 생쉴피스Saint Sulpice 성당의 전도사들의 세력이 나날이 커졌다.

1648년 이로쿼이족이 영국인과 네덜란드인에게 무기를 공급받아 휴런족을 소탕하고 몬트리올을 위협하기에 이르렀다. 당시 캐나다에는 무기를 들고 싸울 수 있는 사람이 불과 500명밖에 없었지만 그들은 인디언의 공격을 격퇴했다. 프랑스는 캐나다를 점령하는 동안 이로쿼이족과 별로 사이가 좋지 않았다. 그 이유 중 하나는 프랑스인이 인디언의 다른 부족을 지원했기 때문이고, 그보다 더 큰 이유는 영국인이 모피무역을 위해 이로쿼이족 다섯 개 집단(나중에는 여섯 개)과 협정을 맺었기 때문이다. 당시 허드슨 강 인근 삼림지대의 동물은 거의 씨가 말랐고 모피는 유럽인이 출입할 수 없는 지역에서 이로쿼이족만 공급했는데, 모피 거래는 이익이 막대했다.

6. 1659년 교황의 대리인 프랜시스 자비에르 드 라발Francis-Xavier de Laval이 캐나다에 왔고 그는 곧바로 식민지 당국과 갈등을 일으켰다. 여기에다 회사의 이익도 보잘것없어서 루이 14세Louis XIV(1638~1715) 시대의 재상 장 바티스트 콜베르Jean Baptiste Colbert(1619~1683)는 회사를

폐쇄하려 했다. 그때까지 회사는 몇 명의 이민자를 보냈을 뿐이고 토지 개척도 미미했다.

결국 특허장은 취소되었고 1663년 캐나다는 국왕의 직할지가 되었다. 이때 파리의 의회와 비슷하게 일곱 명으로 이뤄진 위원회를 구성해 그들에게 행정권과 사법권을 부여했다. 이 위원회는 비교적 공정하고 성실하게 임무를 수행했고 프랑스인은 해박한 견식, 진정한 용기, 공공이익에 대한 봉사 정신으로 식민지를 통치했다. 문제는 식민지가 지나치게 중앙집권적이라(봉급을 지불하는 재판관, 집사, 집행관 등 관원이 너무 많았다) 관리들이 서로 이해를 긴밀히 유지할 수 없다는 데 있었다. 관료들 사이에는 끊임없이 분쟁이 일어났고 행정관들이 국왕에게 제각각 직접 보고를 하는 바람에 국왕은 엄청난 인내심을 발휘해 모든 문서를 읽은 뒤 결재를 했다. 요컨대 뉴프랑스는 유사한 장단점을 지닌 프랑스 본국의 축소판이었다.

7. 캐나다가 국왕의 직할지로 바뀌면서 인구가 배로 늘어났다. 노르망디, 브르타뉴, 르페르슈, 피카르디 등지에서 농민들이 떼지어 건너왔기 때문이다. 모피 거래는 여전히 식민지 주민의 제일가는 돈벌이였다. 그들은 세인트로렌스 강변의 인디언에게 여우와 수달의 모피를 사들였고 점점 서쪽으로 미시시피 강, 오하이오 강까지 깊숙이 진출했다. 프랑스인은 대체로 인디언과 사이좋게 지냈고 흔히 명문가 출신이거나 전직 장교였던 '쿠뢰르 데 부아coureur des bois(숲 속의 방랑자)'들은 삼림에서의 모험을 좋아했다. 한 총독은 다음과 같이 기록하고 있다.

"숲 속 생활이 우리나라 젊은이들을 얼마나 매혹하는지 이루 다 말할 수 없다."

1740년에는 1만 명의 주민 중 1,000명이 숲 속에서 생활했다. 앙리 드 통티Henri de Tonty, 앙트완 드 라 모스 카디야Antoine de la Motte-Cadillac, 뒤 뤼트Du Luthe, 장 니콜레Jean Nicolet 등 탐험가와 도시 건설자들도 처음에는 모두 숲 속의 방랑자였다. 네덜란드인과 영국인은 무장 경비가 완벽한 장소에서 인디언이 팔려고 가져오는 모피를 기다렸지만, 프랑스인은 인디언을 찾아내 친구가 된 다음 그들을 식민지로 데려왔다.

매년 모피를 가득 실은 많은 통나무배가 오대호에서 떼 지어 몬트리올로 내려왔다. 그곳에는 큰 시장이 섰고 상인들은 인디언에게 총, 담요, 유리구슬 목걸이, 코냑 등을 팔아 톡톡히 돈을 벌었다.

8. 숲 속의 방랑자처럼 프랑스의 예수회 신부들도 인디언과 동거하면서 그들의 말을 배웠다. 그들은 죽음의 위험과 갖은 고난을 겪었지만 조금도 두려워하지 않았다. 한 신부는 다음과 같이 말했다.

"죽어가는 야만인에게 세례를 베풀고 얼마 지나지 않아 그가 천사가 되어 승천하는 모습을 보는 것은 상상할 수 없을 만큼 커다란 기쁨이다."

그들은 병자를 간호하고 죄수를 돌보았으며 인디언의 어린이들에게 인디언 말로 번역한 기도서를 가르쳐주었다. 인디언들은 시계소리를 듣기 위해 전도사의 오두막으로 찾아와 웅크리고 앉았다. 시계를 생물로 생각한 그들은 시계에 '시간 대장The Captain of the Days'이라는 이름을 붙여주기도 했다. 시계 종이 울리다가 신부가 "이제 그만"이라고 말하면 곧 소리가 그치는 것을 보고 그들은 두려움과 존경의 마음으로 그를 우러러보았다. 그들은 "시간 대장은 뭐라고 말했습니까?"라고 물었다. 신부가 "시간 대장이 얼른 일어나 집으로 돌아가라고 했다"고 말하면 그들은 그대로 따랐다.

물론 예수회는 프랑스인이었지만 전도사의 목적은 인디언 계몽에 있었고 더구나 경쟁자인 영국인은 가톨릭이 아니었으므로 그들은 프랑스인을 적극 지원했다. 한 가지 문제만 빼고 말이다. 프랑스인은 브랜디가 인디언들과의 교환물품으로 최고라고 여겼다. 술을 먹여서 인디언을 타락시키는 것은 부도덕적이고 사려 깊은 일이 아니라는 것은 알고 있었지만, 도의를 앞세워 인내하면 영국인이 이익을 독점할 거라고 생각했다. 그들은 보스턴의 럼주가 몬트리올의 브랜디를 몰아내면 모피는 영영 손에 들어오지 않을 것이고, 가톨릭 전도사도 인디언의 영혼을 똑바로 천국으로 보내줄 수 없을 거라고 주장했다.

'합리적인 미덕'을 따르는 편이 옳지 않을까? 하지만 드 라발 대주교는 국왕에게 열렬하게 브랜디 반대론을 펼쳤다. 콜베르는 국왕의 지시에 따라 식민지 주민과 협의했고 식민지 주민들은 판매한 알코올의 수량이 얼마 되지 않는다고 해명했다. 즉, 예수회는 "인디언을 취하게 하는 데는 약간의 알코올로도 충분하다"고 항변했다. 논쟁은 끝이 없었다.

이 문제보다 더 중요한 것은 모피무역에만 치중하는 식민지 경영의 위험성이었다. 일시적인 자원으로 탄탄하고 영원한 번영을 이룩하는 것은 불가능한 일이었다. 캐나다를 위해서라면 건전한 농업경제가 보다 효과적일 것이었다.

9. 프랑스 국왕은 뉴프랑스의 미래에 커다란 기대를 걸고 탁월한 총독 콩트 드 프롱트나크Comte de Frontenac를 파견했다. 쉰두 살의 군인으로 유럽에서 여러 차례 전쟁을 치른 그는 자신의 직책이 무엇인지 충분히 인식하고 있었다. 그는 곧 인디언의 존경을 받았으나 주교와 감독관의 알력이 심해 식민지가 '작은 지옥'으로 변질되는 것을 보고 실망했다.

프롱트나크 역시 콜베르와 언제나 의견이 일치한 것은 아니었다. 콜베르는 프랑스인이 모든 정력을 쏟아 식민지 개발에 집중해야 한다고 생각했다. 반면 프롱트나크는 캐나다를 점령하려면 수로를 지배해야 하며 이를 위해 오대호 지방으로 진출해야 한다고 내다봤는데, 이는 정확한 판단이었다. 그의 계획은 수로의 입구를 장악할 수 있는 전략적 지점에 요새를 건설하는 것이었다. 최초로 건설한 프롱트나크 요새는 온타리오 호가 세인트로렌스 강으로 흘러들어 가는 지점에 위치해 있었다. 그는 자신이 신임하는 루앙 출신의 로베르 카블리에 드 라 살Robert Cavelier de la Salle(1643~1687)에게 그곳의 지휘를 맡겼다. 그리고 1678년에는 드 라 살에게 나이아가라 요새를 건설하라고 명령했다. 이 요새는 세바스티앙 르 프레스트르 드 보방Sébastien le Prestre de Vauban(1633~1707, 프랑스 장군, 축성의 대가—역자주)의 설계를 모방한 아름다운 건축물로 최초의 수비병이던 노르망디 푸아트뱅Poitevin 출신의 프랑스 병사 이름이 아직도 그 성벽에 남아 있다.

북아메리카 탐험가 로베르 카블리에 드 라 살

　　10. 노르망디 출신인 모험가 드 라 살에게는 당시의 모든 탐험가처럼 대륙의 서안에 도달하겠다는 꿈이 있었다. 그는 생 쉴피스 성당의 전도사와 함께 이리 호까지 도달했는데 그곳에서 오하이오 강 유역까지 진출한 것 같다. 인디언이 도처에서 그에게 '큰 강(미시시피 강)' 이야기를 했던 터라 그는 '이 강이 서부로 가는 길이 아닐까'라고 생각했다. 그러나 다른 프랑스인 자크 마르케트Jacques Marquette와 루이 졸리에Louis Joliet는 '큰 강'이 인도 쪽으로 흐르지 않고 멕시코 만으로 흐르고 있음을 알아냈다.

드 라 살은 강을 따라 강어귀까지 가보자고 제의했고 그리폰Griffon 호를 만들어 이리 호에 띄웠다. 물에 뜬 이 요새를 보고 놀라워하는 인디언들과 함께 그는 일리노이 강과 미시시피 강의 합류점에 도달했다. 1682년 그들은 미시시피의 강어귀까지 내려가 그곳에 프랑스 왕국의 문장인 백합꽃을 장식한 기둥을 세우고 국왕기를 달았다. 돌아오는 길은 강을 거슬러 올라야 했기에 힘든 여정이었지만 드 라 살은 다시 캐나다로 돌아오는 데 성공했다.

1684년 그는 프랑스로 귀국해 국왕 루이 14세에게 미시시피 강어귀에 식민지를 세우고 국왕을 찬양해 루이지애나Louisiana라고 명명할 것을 건의했다. 그리고 훗날 캐나다와 루이지애나를 통합하면 프랑스는 방대한 제국을 경영하게 될 거라고 말했다. 이것은 웅대하고도 위대한 계획이었다. 정말로 그렇게 된다면 북아메리카 전체가 프랑스의 수중으로 들어올 수도 있었다. 만족한 국왕은 드 라 살에게 선박 네 척을 내주었지만 그는 강어귀를 발견하지 못했고, 비참한 상태로 해안을 따라 방황하는 동안 그만 부하에게 살해당하고 말았다.

11. 드 라 살의 위대한 계획이 그의 죽음과 함께 묻혀버린 것은 아니었다. 프랑스인은 미시시피 강변에 머레파스 요새를 건설했고 인도 회사의 대리인 드 비앵빌de Bieneville은 1718년 그곳에 도시를 세워 섭정 오를레앙 공작Duc d'Orléans을 찬양하는 의미로 누벨 오를레앙 Nouvelle Orléans이라고 명명했다. 이곳에서 하나의 프랑스 식민지가 발전하기 시작했고 그 상황은 소설 《마농 레스코Manon Lescaut》에 자세히 묘사되어 있다.

당시 회사는 인구 증가를 위해 파렴치한 방법까지 동원했다. 프랑스에서 경찰이 '행실이 수상한 여자'들을 잡아다 술을 먹인 후 배에 태운 것이다. 누벨 오를레앙에 있는 이민자들을 위해 프랑스의 오를레앙 거리에서 인간 사냥을 한 셈이다. 경찰은 그들에게 이렇게 말했다.

"이봐요, 미시시피로 가지 않겠소? 당신 무게만큼 황금을 갖고 있는 남편을 구해주겠소."

문 앞에 서 있던 두 명의 여자가 지나가는 군인을 보고 웃자 군인 하나가 "저기 예쁜 미시시피 양이 있다"고 하고는 불행히도 두 여자를 강제로 마차에 태웠다. 프랑스의 정치가이자 저술가 생시몽Duc de Saint Simon(1675~1755)은 《회상록》에서 이런 일이 지나치게 벌어지자 폭동이 일어나 경찰이 살해당했다고 말하고 있다.

누벨 오를레앙 건설에 이어 다음 단계로 캐나다가 이미 오하이오 강변에 건설한 식민지와의 연결을 위해 미시시피 강변에 새롭게 일련의 요새를 구축해야 했다. 그러면 드 라 살과 졸리에 그리고 마르케트의 희망을 실현할 수 있었다. 하지만 루이 14세 이후 프랑스에는 이처럼 방대한 계획을 수행할 만큼 오래 지속된 정권이 없었다.

12. 뉴잉글랜드는 영국과 비슷했으나 여러 면에서 다른 점이 있었다. 비국교도의 우세, 다른 민족과의 동거생활, 세습귀족 부재, 자산의 영세성 등이 영국과는 달랐고 이는 곧 뉴잉글랜드의 특성이기도 했다. 반면 뉴프랑스는 본국을 그대로 이식한 작은 프랑스였다. 이 작은 프랑스의 수도 퀘벡에도 궁정과 살롱Salon이 생겼고 문벌로 사회적 지위가 결정되었으며 이는 좀처럼 바뀌지 않았다. 성직자들은 긴 옷

을 입었고 일요일에 촌락 교구의 교회에서 미사를 마치고 돌아가는 신자들의 모습은 프랑스 농촌의 풍경과 조금도 다르지 않았다. 그리고 인디언 부락을 순행하는 선교사들의 가방에는 휴대용 제단과 수놓은 법의가 들어 있었다. 드 라 살도 어느 인디언 촌에서 미사에 참례했을 때 금실로 수놓은 빨간 법의를 입었다. 숲 속의 방랑자들만 그 지방의 복장, 즉 모피모자, 들소가죽 조끼, 사슴가죽 신발, 눈 구두 등을 착용하고 수염을 기르고 있었다.

인디언은 프랑스인과 의좋게 지냈다. 프랑스인의 명랑한 성격은 그들을 즐겁게 했고 용감한 행동은 그들의 찬양을 받았다. 인디언은 선교사를 존경했는데 이는 그들이 유익한 일을 많이 알려주고 심지어 요새의 네 모퉁이에 작은 탑을 만들어 적의 습격을 더 잘 막는 방법까지 가르쳐주었기 때문이다. 또한 인디언은 용감하게 대지를 개간하는 농부들에게 진정한 경의를 표했다. 그만큼 위대한 노력, 용기, 선량한 성격을 지속한다면 식민지는 번영할 터였고 실제로 번영하고 있었다. 하지만 그 발전이 너무 느려서 존속시킬 만한 여력이 없었다.

1754년 영국의 식민지는 인구가 100만 명에 달했으나 캐나다는 8만 명에 불과했다. 이것은 프랑스 국민이 본국을 떠나기 싫어할 만큼 본국이 풍족했고 프랑스 정부가 이교도를 기피했기 때문인데 이러한 불균형은 매우 위험한 징조였다.

—

chapter 7

전쟁시대
Time of the Wars

—

1. 피난처를 찾아 신대륙으로 건너온 유럽인들은 유럽에 풍토병처럼 뿌리박혀 있던 전란에서 해방되었다고 믿었다. 그러나 유럽의 전란은 곧바로 그들을 뒤따라왔다. 영국과 프랑스 사이에 새로운 백년전쟁이 시작된 것이다. 1688년의 혁명으로 영국인은 프로테스탄트이자 루이 14세의 숙적인 오렌지 공 윌리엄 3세Prince of Orange, William III(1650~1702)를 국왕으로 추대했다. 스튜어트 왕조의 동맹자이던 프랑스 국왕은 그를 찬탈자로 간주했을 뿐 아니라 이교도인 그와 우호관계를 맺으려 하지 않았다. 한편 유럽의 세력 균형을 유지하기로 결심한 윌리엄 3세는 전쟁이든 동맹이든 플랑드르 지방을 지배하려는 프랑스를 저지할 방도를 찾아야 했다. 유럽 대륙에서의 충돌은 피할 수 없었고 이러한 대립은 아메리카로 번져왔다.

당시 영국인은 아메리카에서도 해안지방의 가장 좋은 지역을 차지해 눈부신 번영을 이룩하고 있었다. 반면 프랑스의 탐험가들은 영국 식민지의 옆구리를 돌고 있었다. 특히 오하이오 강변의 프랑스 요새는 영국 식민지와 배후 지방과의 중요한 연락선을 차단할 수 있는 위협 요소였다. 만약 캐나다의 프랑스인이 루이지애나의 동포와 연락하는 데 성공하면 프랑스는 이 대륙의 주인공이 될 수도 있었다. 인디언은 백인들의 분쟁을 독립 유지와 약탈할 기회로 이용하려고 형세를 주의 깊게 관망하고 있었다.

2. 윌리엄 3세가 즉위하자 이로쿼이족은 동맹자인 영국인의 선동을 받아 1689년 8월 몬트리올 근방의 러신Lachine 촌락을 습격해 잔인한 대학살을 감행했다. 퇴역한 노장군 프롱트나크는 급히 재임명을 받고 전시 총독으로서 퀘벡으로 파견되었다. 그는 허드슨 강 골짜기를 끼고 내려가 뉴욕으로 진격하려 했으나 준비 부족으로 부득이 인디언을 앞세워 곳곳에서 영국 식민지의 변경을 침공하는 정도로 그칠 수밖에 없었다. 스케넥터디Schenectady의 학살은 러신의 보복이었다.

영국은 매사추세츠의 부유한 청교도 윌리엄 핍스 경Sir William Phips이 십자군을 편성해 출전하기로 결정했고, 우선 아카디아의 포트로열을 점령한 다음 계속해서 퀘벡으로 진격했다. 그는 선대와 2,000명이 넘는 군사를 거느리고 세인트로렌스 강을 거슬러 올라가 퀘벡 근방에 닻을 내리고 프롱트나크에게 최후통첩을 보냈다. 그의 명령을 받든 병사는 눈을 가린 채 '샤토 생 루이Chateau Saint Louis'의 안뜰로 인도받았다. 이윽고 눈가리개를 벗은 병사는 성내 수비병 전원이 그를 둘러싸고 있는 것을 보았다. 프롱트나크는 핍스의 서신을 병사에게 내던지고 교수형에 처하겠다고 위협했다. 그는 대포가 말하는 것밖에는 아무런 답장도 없다고 했다.

"프랑스인은 영국 왕으로 단 한 사람밖에 인정하지 않는다. 영국 왕은 오로지 프랑스에 망명한 제임스 2세뿐이다."

그런데 군대를 상륙시키려다 실패한 핍스는 의욕을 잃은 채 보스턴으로 돌아온 뒤 왜 하나님은 가톨릭교도의 승리를 허용하시는지 이해할 수가 없다고 한탄했다. 그 무렵 유럽에서는 루이 14세가 윌리엄 3세의 강력한 연합군에 대항해 국방에 전념했다. 8년에 걸친 전쟁에서 윌리엄 3세는 프랑스를 격파하지 못했고 루이 14세는 1697년 리스윅에서 그리 불리하지 않은 강화조약을 체결했다. 그는 비록 윌리엄 3세를 승인했지만 식민지만은 계속 확보할 수 있었다. 물론 이 평화조약은 조인자들마저 휴전으로 간주할 만큼 신뢰도가 떨어졌다.

3. 신대륙에서 습격과 살육은 계속되었다. 목 자르기, 머리가죽 벗기기, 처형, 고문, 방화 등 프랑스와 영국 당국자들의 정중한 예의와는 달리 그들은 서로 적나라하게 응수하고 있었다. 아메리카에서 '앤 여왕 전쟁'이라고 알려진 스페인 왕위 계승 전쟁에 따라 영국의 앤Anne(1665~1714) 여왕과 루이 14세가 전쟁을 하자, 뉴잉글랜드의 미국인은 다시 포트로열을 공격해 아카디아를 점령했고 런던에서는 퀘벡으로 대규모 원정군을 파견했다. 하지만 어느 비겁한 장군의 실수와 무능한 제독 때문에 이 작전은 완전히 실패로 돌아갔다. 기쁨에 들뜬 캐나다인은 승리의 노트르담 교회Notre Dame des Victoires에서 〈우리는 주님을 찬송한다〉를 드높이 합창했다.

그런데 유럽에서는 프랑스가 패배했다. 영국의 천재적인 명장 존

처칠 말버러John Churchill Marlborough(1650~1722)는 블레넘과 라미예에서 승리를 거두었다. 그러나 영국의 자유당과 보수당Tories의 갈등, 말버러의 실각, 프랑스의 국토통일 운동 등이 루이 14세를 구해주었다. 더구나 1713년 체결한 '위트레흐트Utrecht 강화조약'은 프랑스가 걱정하던 것보다 훨씬 더 프랑스에 유리했다. 프랑스는 아메리카에서 허드슨 만, 아카디아, 뉴펀들랜드를 잃고 어업권만 보유했다. 아카디아의 프랑스인은 루이지애나로 떠났고 지금도 그 자손들이 그곳에서 프랑스어를 사용하며 살고 있다.

한편 캐나다는 이번에도 프랑스의 영토로 남았다. 그곳 주민들은 이제 살았다며 "말버러는 죽었다"고 노래했다.

4. 아메리카에서 '조지 왕의 전쟁'이라고 부르는 오스트리아 왕위 계승 전쟁은 아무런 변화도 일으키지 않았다. 뉴잉글랜드 식민지의 군대가 군선 세 척의 지원 아래 막대한 손해를 보면서 케이프브레턴의 프랑스 요새 루이스버그를 점령했지만, 휴전 조약 '액스라샤펠Aix la Chapelle'에 따라 다시 프랑스에 반환했기 때문이다. 당시 보스턴 시민들은 대단히 분개했다.

영국에서는 이를 '어리석은 평화'라고 했고 아메리카에서는 '부정한 평화'라고 신랄하게 표현했다. 앞날을 걱정하는 사람들은 프랑스인이 미시시피 강 유역으로 침투해올 것이라며 불안해했다. 이미 발전의 한계에 도달한 식민지는 새로운 땅을 갈망하고 있었다. 인디언과 프랑스인 사이에 전쟁이 일어났을 즈음 이미 개척자들은 서부로 진출하기 위해 앨러게니 산맥의 정상에 도달한 상태였다. 영국의 모피상들은 프랑스의 요새가 있는 지역에서 활동하는 중이었고 버지니아의 유력자들은 오하이오 지방의 광대한 토지를 불하받았다. 이들을 얼마 되지 않는 병력으로 제지할 수 있을까?

'역사란 한마디로 말해 토지 투기로 이뤄진다.' 오하이오 강 유역에서는 토지 투기업자들이 열심히 역사를 창조하고 있었다. 그들의 활동을 저지할 만큼 강력한 존재는 아무도 없었고 그들은 두둑한 배짱을 드러냈다.

"프랑스 왕이 대체 뭐란 말인가? 그는 비천한 가톨릭교도에 지나지 않으며 그와는 언제든 종교상의 숭고한 이유로 싸울 수 있다. 물론 인디언도 이교도이기 때문에 개종하지 않으면 아무런 권리도 없다."

눈앞에 보이는 전리품은 싸울 만한 가치가 충분했다. 영국인 페어팩스 경Lord Fairfax은 서부에 광활한 토지를 갖고 있었는데 그는 정확한 측량조차 한 적이 없었다. 결혼과 함께 그와 친척이 된 버지니아의 청년 조지 워싱턴George Washington(1732~1799)을 측량 여행에 데려간 사람이 바로 페어팩스 경이었다. 농장주의 아들로 용감하고 침착하며 붙임성이 있었던 워싱턴은 댄스, 사냥, 조개구이, 불고기 파티 등 남부 명문가의 화려한 생활과 거친 삼림 생활을 즐기고 있었다. 페어팩스 경은 그를 이렇게 평했다.

"그는 완강하고 끈질기며 우수한 승마사이기도 하다. 그가 좀 더 교육을 받았더라면 하는 아쉬움이 약간 있지만 일단 알고 있는 지식만큼은 정확하다. 나이답지 않게 점잖고 교제할 때는 지극히 신중하다. 이야기를 잘하는 편은 아니나 그의 화술과 정확성은 천부적 재능이라 할 수 있다."

서부의 거친 야성미는 젊은 워싱턴의 마음을 완전히 사로잡았다. 그는 그 지방의 측량기사로 임명되어 오랫동안 인디언이나 개척자들과 함께 생활하는 한편 군인과 비슷한 활동도 했다. 그는 누구보다 먼저 오하이오의 프랑스인이 버지니아를 위협할 것이라고 예측한 인물이기도 했다. 대륙 내부의 모든 상거래는 미시시피 강과 세인트로렌스 강을 통해 이뤄졌는데, 두 강이 모두 프랑스인의 수중에 있었던 것이다.

5. 프랑스는 아메리카 대륙 발견과 식민지 건설에 엄청난 기여를 했다. 우선 마르케트, 졸리에, 드 라 살 등이 오대호 수로를 개발한 후 수륙 연락로를 완성하면서 일리노이 강과 위스콘신 강의 계곡을 지나 미시시피 강까지 갈 수 있게 되었다. 그뿐 아니라 벨기에 출신인 프랑스 신부 루이 엔팽Louis Hennepin이 1680년 위스콘신 강 상류, 즉 현재의 미니애폴리스 근방에서 폭포를 발견해 성 안토니 폭포Fall of St. Anthony라고 명명했다. 또한 프랑스인 뤼트의 영주 대니얼 그래이솔론 Daniel Graysolon은 그의 이름을 기념해 덜루스라고 부르는 곳에 교역소를 건설했다. 가스코뉴의 신사 앙트완 드 라 모스 카디야는 디트로이트 강변에 요새를 구축했는데 그 자리는 오늘날 디트로이트 시 구역이다.

중서부에도 프랑스 이름의 지방도시 프레리더신, 디모인, 세인트루이스 등이 있다. 미시시피 강 전 유역은 위대한 프랑스인을 표창하는 기념비 장식 도로라고 봐야 한다. 여기서 말하는 기념비란 그곳에 생긴 수많은 도시를 의미한다.

미국의 초대 대통령 조지 워싱턴

　멀리 북방에서는 다른 프랑스인이 미주리 강변을 거슬러 올라갔고 라 베랑드리La Vérendrye는 로키산맥을 최초로 본 백인이었다. 프랑스 탐험가들의 용맹은 칭찬받을 만한 것이었지만 해안지대에 자리 잡은 영국인에게 이들은 지극히 거북스런 존재였다. 특히 뉴욕은 더욱 심하게 불안감을 느꼈다. 뉴욕은 수로(허드슨 강과 샹플랭 호)로 캐나다와 왕래했는데 이것이 캐나다에서 공격하는 통로로 쓰일 수도 있었기 때문이다. 더구나 캐나다의 프랑스인이 부동항인 뉴욕을 수중에 넣고 싶어 한다는 것을 알고 있던 뉴욕은 항상 위협을 느꼈다.

6. 영국 식민지는 일치단결해 이러한 위협에 대비할 형편이 아니었다. 필라델피아에 살고 있던 철학자이자 정치가인 우편장관 벤저민 프랭클린Benjamin Franklin(1706~1790)은 인디언 이로쿼이족의 부족연합을 관찰한 다음 이런 소감을 남겼다.

"무지하고 미개한 인디언의 여섯 개 부족이 연합조직을 만들어 오랫동안 분열 없이 운영하고 있는데, 단결이 더 필요한 열 개밖에 안 되는 영국 식민지가 이런 연합체를 만들지 못하는 것은 참으로 이상한 일이다."

프랭클린은 현명한 사람이었다. 하지만 현명한 사람에게는 과감한 결단성이 부족한 법이다. 설사 버지니아가 연합을 열망했을지라도 펜실베이니아는 따르지 않았을 것이다. 그런데 런던에서 그 두 지역에 프랑스인이 영국의 영토를 침범하면 무기를 들고 싸우라는 명령을 내렸다. 그 뜻은 당연했으나 대체 영토 침범이란 건 무엇을 의미하는 걸까? 캐나다와 루이지애나는 프랑스 소속이고 앨러게니 산맥 동쪽 지역은 영국 소속이었다. 그러면 이로쿼이족이 차지하고 있는 토지는 누구에게 속한단 말인가? 이것은 이로쿼이족의 영토인가? 이를 인정할 경우 그와 동맹을 맺은 영국인은 그곳에서 교역할 권리가 있다. 그러나 오하이오 강변의 프랑스인은 그곳의 나무에 프랑스 문장을 그린 표찰을 달아놓았고, 땅 속에는 백합꽃(프랑스 왕조 상징)을 새긴

철패를 파묻었다. 더구나 1753년 캐나다 총독 뒤켄Michel-Ange Duquesne 은 1,000명의 군대를 파견해 이리 호 남쪽, 즉 앨러게니 산맥과 오하이오 강에 이르는 지역에 일련의 요새와 도로를 구축하려 했다.

버지니아 총독 로버트 딘위디Robert Dinwiddie는 조지 워싱턴을 포르르 뵈프Fort le Boeuf 요새에 파견해 수비대 철거를 요구했다. 프랑스의 노장 지휘관 르가르되르 드 생 피에르Legardeur de Saint-Pierre는 정중하나 단호한 태도로 본국의 명령이 있는 한 언제까지든 그곳에 주둔하겠다며 완강히 거절했다.

다음 해인 1754년 프랑스인은 영국인이 오하이오 강에 건립한 요새를 파괴하고 그 자리에 보다 견고한 '뒤켄 요새'를 구축했다. 워싱턴은 또다시 200~300명의 군사를 거느리고 그곳으로 떠났는데 이때 오늘날까지도 진상이 밝혀지지 않은 비참한 사건이 발생했다. 즉, 워싱턴과 회견한 프랑스 장교 쿨롱 드 주몽빌Coulon de Jumonville이 부하 아홉 명과 함께 피살된 것이다. 프랑스측은 양국이 평화 상태에 있는 동안 감행한 암살이라며 항의했고 워싱턴은 부득이한 정당방위였다고 반박했다. 이 사건은 워싱턴의 경력에서 불행한 출발점이 되었고 이로써 영국과 프랑스는 전쟁을 피할 수 없게 되었다. 워싱턴은 포트 네세시티Fort Necessity에 임시 요새를 만들려고 했으나 후퇴하지 않을 수 없었다.

이런 사건이 진행되는 동안 영국의 각 식민지 대표와 이로쿼이족 대표는 올버니에 모여 회의를 열었다. 이때 방위를 위한 공동협의회 연합체를 구성하자는 프랭클린의 제안도 토의했다. 처음에 각 대표는 시기심과 분립주의로 소란을 일으켰으나 결국 이를 승인했다. 하지만 주권 제약을 원치 않던 각 식민지 회의는 이 제안을 부결했고 본국의 상무원 수뇌부도 식민지 정부의 권력 강화를 염려해 이에 반대했다. 위험이 눈앞에 닥치지 않는 한 정당한 제안은 언제나 무시당하게 마련이다.

7. 선전포고는 없었어도 전쟁은 시작되고 있었다. 1754~1755년 겨울 동안 프랑스와 영국은 서로 대규모의 전쟁 준비를 갖추었다. 디에스코 장군Jean Armand Dieskau이 지휘하는 프랑스군이 캐나다로 파견되고 에드워드 브래독Edward Braddock 휘하의 영국군도 버지니아에 도착했다. 양국은 서로 군대 동원에 대한 설명을 요구했고 둘 다 평화를 유지할 목적으로 하는 일이라고 답변했다. 물론 브래독은 뒤켄 요새 점령을, 디에스코는 이를 지키라는 명령을 받고 있었다. 노련한 브래독은 '협력보다는 오히려 파멸을 원한다'는 식의 식민지의 무관심을 보고 불안을 느꼈다. 막료인 워싱턴이 그에게 말했다.

"이 나라의 군대를 분발시킬 수만 있다면 죽은 사람이라도 소생시킬 수 있을 것입니다."

브래독이 군대 수송을 요구했을 때 어떻게든 해보겠다고 약속한 사람은 벤저민 프랭클린뿐이었는데 장군은 그를 "이 나라에서 보기 드문 재간과 성의를 갖춘 자"라고 칭찬했다.

한편 프랭클린은 브래독이 피크로콜Picrochole(라블레의 작품에 등장하는 허수아비 정복자)처럼 뒤켄 요새에서 나이아가라 요새로, 나이아가라 요새에서 프롱트나크 요새로, 프롱트나크 요새에서 퀘벡 요새로 진격하겠다며 경박한 낙관론을 펼치는 것을 보고 심각한 불안을 느꼈다. 프랭클

신대륙의 정신과 역사를 상징하는 벤저민 프랭클린

린은 프랑스 측에 복병에 능숙한 인디언 지원부대가 있다고 경고했
다. 브래독은 미소를 지으며 그의 무지를 동정하듯 말했다.

"그런 미개인이 당신네 아메리카 민병에게는 무서운 적일지 모르지
만 엄격한 훈련을 받은 국왕의 군대에게는 아무것도 아닙니다."

그러나 브래독과 휘하 장병이 극심한 고난을 극복하고 숲 속에 길
을 닦아가며 전진하다가 프랑스·인디언 혼성부대와 마주쳤을 때 패

배의 원인은 바로 영국군의 그 엄격한 훈련이었다. 브래독은 전사하고 장교의 3분의 2, 사병의 절반이 목숨을 잃었다. 그 결과 변경은 완전히 인디언에게 개방되었다.

8. 영국 식민지에 대공황이 일어나는 것은 당연한 일이었다. 인디언은 패자인 영국을 적대시했고 학살과 두피 벗기기가 다시 성행했다. 브래독 작전에서 기마 두 필이 지쳐 죽을 만큼 대활약을 해서 명성을 떨친 워싱턴은 스물세 살이라는 젊은 나이에 버지니아군 총사령관을 맡았다. 하지만 그는 많은 고역을 치러야 했다. 우선 영국 정규군 장교가 그의 명령에 복종하기를 거부했다. 또한 보조금 지출을 꺼린 식민지 의회가 기나긴 국경선을 약 1,500명의 훈련받지 않은 병사로 지키라고 요구했다. 이러한 대립, 비난, 중상, 부정에 완전히 지쳐버린 그는 1758년 사직하고 버지니아의 최고 재산가인 미망인 마샤 커티스Martha Custis와 결혼해 착실하며 근면한 대농장주로서 담배 재배에 전념했다.

펜실베이니아 의회는 인디언에게 선전포고할 것을 결의하고 두피 벗기기에 보상금을 지불하기로 약정했다. 열두 살 이상 남자의 두피는 130달러, 인디언 여자는 50달러, 프랑스인 포로(두피가 아님)는 150달러로 정했다. 이때 만행에 만행으로 보복하는 것에 반대해 다수의 퀘이커교도 의원이 사임했고 의회의 과반수가 비퀘이커교도로 구성되도록 자파 후보자를 제한했다. 그럼에도 불구하고 펜실베이니아 의회와 총독 사이에 분쟁이 일어났다. 의회는 전쟁을 위한 보조금 지출에 찬성했는데 이것은 영주에게도 일반 주민과 마찬가지로 과세한다는 조건부였다. 총독은 이 제안이 특허장에 위배된다고 반대했다. 그러자 의회는 이 요구를 국왕에 제출하기 위해 프랭클린을 위원 자격으로 런던에 파견하기로 결정했다.

중대한 패전 후 이런 분쟁이 일어나면서 아메리카에서 영국의 지위는 위기에 직면했다. 또한 브래독의 비운은 영국군의 위신을 떨어뜨렸다. 그와 더불어 영국 장교와 민병, 식민지와 영주 사이의 대립이 언젠가 파국을 몰고 올 긴장 상태를 빚어내고 있었다.

9. 신대륙에서 영국의 쇠퇴는 윌리엄 피트William Pitt(1708~1778)가 정권을 잡으면서 회복 국면에 접어들었다. 그는 전제군주처럼 독단적으로 전쟁을 지휘했으나 결국엔 승리를 거두었다. 그는 마흔 살의 제프리 애머스트Jeffery Amherst 장군과 겨우 서른두 살인 제임스 울프James Wolfe를 캐나다로 파견했다. 그 무렵 용감하고 관대하며 순박한 마르퀴스 드 몽캄Marquis de Montcalm 후작이 프랑스군을 지휘하고 있었다. 미국의 소설가 제임스 쿠퍼James Cooper는 소설에서 몽캄을 전형적인 프랑스인이자 최고 인격의 상징으로 묘사하고 있다. 몽캄은 오대호 지방을 오랫동안 성공적으로 방어했으나 1758년 프롱트나크를, 그다음은 뒤켄 요새를 빼앗겼다.

영국군은 피트를 기념해 뒤켄 요새를 피츠버그로 개명했다. 영국인은 이제 수적으로 우세해졌다. 영국 식민지의 인구는 프랑스의 열다섯 배였고 해상권과 이로쿼이족의 지지까지 확보했다. 1759년 9월 애머스트는 루이스버그를 탈취하고 울프는 9,000명이 넘는 병력으로 퀘벡을 포위했다. 당시 몽캄은 단 한 명의 증원병도 받지 못했다.

프랑스가 유럽 연합군을 상대로 격전을 벌이느라 병력을 나눠보낼 여유가 없었기 때문이다. 사실은 몽캄을 대신해 루이 앙투안느 부갱빌Louis Antoine de Bougainville 대령이 증원을 요청하러 본국에 갔었다. 그때 수상은 "집이 타고 있는데 마구간 걱정을 할 여유는 없다"고 대답했다. 몽캄은 퀘벡 요새를 사수하려 전력을 다했지만 울프는 대담하게도 야간에 벼랑을 넘어 먼동이 틀 무렵 에이브러햄 벌판에서 프랑스군 보병부대를 기습했다. 몽캄은 용감하게 싸우다 전사했고 울프도 같은 운명을 따랐다. 다음 해엔 몬트리올도 함락되었고 프랑스는 캐나다와 함께 완전한 프랑스인이던 주민들을 잃어버렸다.

10. 북아메리카의 프랑스 제국은 멸망했다. 프랑스의 대륙 개발 사업은 많은 유능한 사람의 노고로 이뤄졌고 그들의 이름은 오늘날까지 대륙의 여기저기에 남아 있다. 그러나 식민지 인구의 부족, 내부 알력 그리고 루이 14세 이후 모국의 무관심 등으로 개척자들은 배신을 당했다. 해상권 없이 식민지를 유지하는 것은 매우 어려운 일이지만, 프랑스는 7년 전쟁 때까지 이렇다 할 함대를 소유하지 못했다. 더구나 아메리카의 영국 식민지는 여러 가지 천연자원이 풍부해 본국을 마음대로 도울 수 있었던 반면 프랑스는 그럴 수 없었다.

'파리조약'은 프랑스의 모든 식민지를 박탈했다. 당시 프랑스는 세인트로렌스 강 유역과 미시시피 강 북동의 영역을 상실했고 뉴펀들랜드 근해의 어업권을 비롯해 생피에르와 미켈롱의 두 섬만 보유할 수 있었다. 그뿐 아니라 프랑스는 몇 곳의 상업 근거지를 제외하고 인도와 세네갈마저 잃었다. 루이지애나는 비밀조약으로 스페인에 양도

했는데 이는 프랑스 재상 에티엔 프랑수아 드 슈아죌Étienne François de Choiseul이 스페인과 프랑스 왕실은 친척관계라 스페인의 반대로 영국에 복수할 수 있으리라고 계산했기 때문이다.

　설령 볼테르Voltaire(1694~1778)가 잃어버린 캐나다를 "눈 덮인 얼마 되지 않는 땅"이라고 가볍게 말하고, 프랑스 국민이 식민지에 관심이 없을지라도 재상까지도 '파리조약'을 일시적인 굴욕에 불과하다고 생각한 것은 놀랄 만한 인식 부족이라고 할 수 있다. 이 조약은 프랑스로 귀환하기를 원하는 캐나다인에게 귀국을 허용했다. 귀족계급은 이 조항을 이용했으나 농민, 숲 속의 방랑자, 성직자 그리고 소귀족들은 그대로 남았다. 1763년 잔류자는 6만 명에 달했고 이들로부터 현재 수백만 명에 이르는 프랑스계 캐나다인이 태어났다. 그중 일부는 캐나다에, 나머지는 매사추세츠, 뉴햄프셔, 루이지애나 등지에 살고 있다.

—

chapter 8

식민지 생활의 실태

Scenes from Colonial Life

—

1. 북아메리카 영국 식민지의 1763년도 인구는 백인 약 140만 명, 흑인 약 40만 명이었다. 인디언은 숲 속으로 쫓겨났지만 변경까지의 거리가 해안에서 하루 걸음 거리밖에 되지 않는 지역이 많았다. 이민자들은 그들이 문명의 경계를 넘으면 두려움도 모르고 변덕스럽기까지 한 미개인이 살고 있다는 사실을 잘 알고 있었다. 어린아이들은 종종 새의 깃털로 치장한 인디언의 전통적인 머리장식, 흰 가죽방패, 검은 머리털, 그들이 전리품으로 여기는 피가 흐르는 두피 등의 꿈을 꾸며 무서워했다.

백인들 사이에는 여전히 계급 차이가 있었지만 본국처럼 뚜렷하지는 않았다. 일반인이 믿고 있는 것과 달리 남부에서도 명문가가 모두 신사의 후손은 아니었다. 물론 왕당파가 크롬웰 시대에 건너왔으나 그리 많지는 않았다. 이민자는 거의 중류 내지 하류 계급이었다. 존경받는 명문가의 가장으로서 아들을 옥스퍼드 대학에 유학 보내고 총독의 연회에 초청받으며 마차에 가문의 표지를 그려 넣고 많은 노예를 부릴지라도 그의 3대나 4대 조상은 이곳으로 건너온 뱃삯을 갚기 위해 하인으로 일한 비천한 사람일 수도 있었다.

북부에서는 초기에 성직자가 지배계급이었으나 이후 큰 상인과 선주가 득세해 이른바 신사 사회를 구성했다. 바다에서 나는 대구를 잡아 부유해진 뒤 대구를 가문의 표지로 정하고 신성시하는 집안도 적지 않았다. 매사추세츠에는 자가용 4두마차를 소유한 집안이 얼마 되지 않았고 일반인은 역마차와 역마를 이용했다. 보스턴의 변호사 대니얼 레너드Daniel Leonard가 금줄을 늘어뜨린 복장에다 그와 비슷하게 금줄로 치장한 쌍두마차를 타고 다니자 대단한 화젯거리가 되었다. 존 애덤스John Adams(1735~1826, 제2대 대통령—역자주)는 "모든 사람이 놀랄 만한 신기한 일이었다. 우리 지방에서는 아무리 나이가 많고 명성, 지위가 높은 사법관이나 변호사도 4륜마차를 탈 만큼 대담한 사람은 아무도 없었다"라고 말했다.

뉴욕에서는 한 상인의 자손이 금가루를 칠한 가발, 명주양말, 대검을 착용하고 다니기도 했다. 총독은 트리니티 교회에서 예배를 볼 때까만 공단쿠션에 기도서를 받쳐 든 흑인을 거느리고 다녔다. 앞가슴과 커프스를 레이스로 치장하는 것은 부유층에게만 허용되었고 신분에 어울리지 않게 지나친 복장을 하는 장인은 처벌을 받았다. 심지어 대학에서도 좌석에 서열이 있었고 학생들은 기숙사 식당에서 가문의 높고 낮음에 따라 자리를 배정받았다. 장인과 농민은 주인장Goodman, 그의 아내는 아주머니Goodwife로 불렸고 노동자는 이름을 불렀다. 그 아래가 하인이고 맨 끝이 노예였다.

매사추세츠 식민지에서 태어나 대륙회의 대표로 참가하
는 등 미국의 독립운동을 이끈 존 애덤스

2. 아메리카의 계급제도는 그것이 싫으면 서부로 떠나면 그만이었
으므로 현실적으로 그리 심각한 문제는 아니었다. 변경의 미개척지는
평등을 갈망하는 모든 사람에게 용기와 육체노동만 높이 평가받는
계급 없는 원시적인 사회를 제공했다. 5년간의 노역으로 뱃삯을 갚기
로 한 노동자들은 5년이 지나면 앞다퉈 변경의 미개척지로 떠났다.
그들은 잘하면 자기 농토를 마련해 가정을 꾸렸고 실패하면 '가난한
백인poor Whites'으로 남았다.

남부에서는 노예제도가 있었기 때문에 성공한 사람이든 실패한 사람이든 거의 평등한 대접을 받았다. 버지니아에서는 가난한 백인도 백인 대우를 받았는데 이는 고대 아테네에서 걸인도 아테네의 시민이었던 것과 마찬가지였다. 남부에서는 가난한 백인도 부유한 이웃처럼 대단한 물욕, 화려한 생활에 대한 동경, 쾌락을 즐기려는 취향 등을 지니고 있었다. 남부인은 흑인에 대해 정신적 불안을 느꼈지만 노예제도는 이미 확고한 사회제도로 자리 잡았다. 법적인 근거를 확보하기도 전에 실질적으로 확립되었던 것이다.

　1755년 사우스캐롤라이나에는 6만 명의 백인과 5만 명의 흑인이 있었다. 흑인은 현재의 흑인처럼 문명의 혜택을 받은 것이 아니라 아프리카에서 미개인 상태로 있다가 끌려온 사람들이었다. 농장주들은 흑인 없이 농사를 지을 수 없었으나 마음속으로는 흑인을 은근히 두려워했기 때문에 종종 감정 대립과 폭력이 생겼다. 뉴욕의 중류계급도 흑인노예를 두려워했는데 그곳에서 1712년에 발생한 노예 반란으로 21명이 사형을 당했다.

　뉴잉글랜드 지방에서는 노예가 소수에 불과해 인종 감정이 그리 강렬하지 않았다. 대신 가난한 백인이 계급 차별로 많은 곤란을 겪었다. 보스턴의 성직자와 큰 부자들은 매너가 좋지 않았고 영국의 귀족보다 태도가 월등히 거만했다. 노동자들은 신사들이 선거 날 외에는 자신들을 아는 척하지 않는다고 불만을 토로했다. 당국은 임금 최고액을 제한하려 했으나 눈치 빠른 노동자들은 날품팔이 일꾼이 귀하다는 것을 알고 여기에 굳세게 맞섰다. 얼마 후 그들은 유산계급과 동등한 공민권을 요구했다.

3. 선거권은 제한적이었지만 정치 활동은 비교적 활발했다. 단원제를 채택한 펜실베이니아 외에 다른 식민지들은 모두 양원제 의회를 구성했다. 총독은 코네티컷과 로드아일랜드에서는 선거제였으나 다른 식민지에서는 국왕이나 영주가 임명했다. 때로는 돈으로 총독의 자리를 살 수도 있었다. 총독이 되고 싶어 한 뉴욕의 어느 부총독의 아들은 영국 수상에게 "각하께서 제 부친을 총독으로 임명해주신다면 영국 화폐 1,000파운드를 바치겠습니다"라는 서신을 올리기도 했다. 사실 총독은 난처한 일을 겪는 경우가 많았다. 총독의 봉급을 결정하는 권한은 식민지 의회에 있었는데 이들은 불만이 있으면 봉급을 삭감했다.

국왕은 1세기 반 동안 식민지 통치체제를 개선하려 애썼으나 성공하지 못했다. 영국이 분란을 겪는 동안 다행히 식민지에 무관심했기에 식민지는 통치체제를 자신들에게 유리하게 개선했던 것이다. 이후 왕정복고와 함께 찰스 2세는 상설 무역 및 해외식민지위원회Committee for Trade and Foreign Plantation를 조직해 북부 식민지를 한 명의 총독 아래 통합하려 했다. 그다음 국왕인 제임스 2세는 1686년 에드먼드 앤드로스 경Sir Edmund Andros을 뉴잉글랜드 영지의 총독으로 임명했다. 그러나 1688년의 혁명으로 스튜어트 왕조가 붕괴되면서 뉴잉글랜드의 총독제도도 그대로 끝나버렸다. 혁명으로 강화된 영국 의회는 아메리카 식민지는 의회 소속이라고 주장했다. 하지만 거리가 멀어 의회의 결정사항이 너무 늦게 전달되는 바람에 이는 식민지 주민의 비웃음만 샀다.

"금년에 영국 의회에 진정을 하면 의회는 내년에 조사차 사람을 보낸다. 3년째가 되는 다음 해에는 정부가 바뀌고 만다."

4. 뉴잉글랜드의 어떤 부락이든 정치생활의 중심은 경사가 급한 지붕과 아름다운 탑을 올린 공동예배당이었다. 이것은 반은 종교적, 반은 정치적으로 사용하는 건물로 그 지방 생활의 상징이나 다름없었다. 타운미팅(주민총회)은 술집에서 열리는 개인적인 모임이나 활동적인 시민들의 작은 단체가 함께 준비했다.

1728년 프랭클린은 필라델피아의 타운미팅에서 검토해야 할 각종 문제 일람표를 작성했다. 이것은 의회에서 수정할 필요가 있다고 여기는 법률, 주민의 정당한 자유를 침해한 사례, 개인의 신뢰를 훼손한 사건의 유무와 만약 있다면 신뢰 회복을 지원할 방안 등에 관한 것이었다. 얼마 후 간부회의가 열렸고 이들은 타운미팅에 내세울 대표자를 비밀리에 선출했다. 물론 유권자 수가 적어 그는 전 주민의 극히 일부만 대표하는 데 불과했다. 선거권이 없는 사람을 비롯해 모든 사람이 그들의 대표자가 특허장의 권한을 지키고 영주의 요구를 견제하며 총독의 횡포를 억제하려 애쓰는 것을 흥미롭게 지켜보았다.

플리머스의 전통을 이어받은 독립교회파Independent Sect는 교리에 따라 모든 신자를 평등하게 대하고 일종의 공화국 개념을 발전시켰다. 그리고 변경의 미개척지에서는 모든 억압에서 해방된 민중이 여러 민족과 뒤섞여 성장하고 있었다. 그곳에서는 자유에 대한 미국인의 순수한 원칙이 언론이 아닌 행동으로 단련을 받고 있었다.

5. 남부에서는 감독교회파가 가장 세력이 강한 교파였다. 이곳에서

는 대농장제로 교구가 넓고 도로 사정이 나빠 교회에 모이는 것이 어려웠기 때문에 종교에 거의 무관심한 상황이었다. 흥미롭게도 이들은 십일조를 담배로 지불했고 목사도 담배로 봉급을 받았다. 목사의 봉급은 13,333파운드(약 6,047킬로그램)의 담배였는데 담뱃값이 떨어지면 목사는 가난을 면치 못했다. 교회 활동에 따른 사례금은 결혼이 담배 200파운드(약 90킬로그램), 장례가 400파운드(약 181킬로그램)였다.

중부 식민지는 교회파의 중심지였고 북부에서는 청교도의 회중교회파Congregational Church가 세력을 떨쳤으며 이들은 교구세를 유지하고 있었다. 이 교파는 오랜 세월을 두고 타파에 대립적이었는데 이 교파로서는 그럴 수밖에 없었다. 원래 청교도가 '그리스도교의 적에게 방벽'을 쌓기 위해 영국을 등지고 이곳으로 떠나온 사람들이 아닌가. 이 교파의 목사 인크리스 매더Increase Mather는 '양심의 자유를 외치며 그들을 반대하는 사람들'을 미워했다. 목사 존 코튼은 그의 신정주의적 신조를 다음과 같이 비난했다.

"만일 민중이 지배자라면 지배받는 사람은 도대체 누구란 말인가?"

앤도버의 성직자 필립스는 "당신은 이곳에서 봉사하는 목사입니까?"라는 물음에 "나는 이곳을 통치하는 목사다"라고 대답했다.

6. 17세기 유럽에서 성행했듯 악마와 악마가 점지한 남녀 마귀가 아메리카에서도 굉장히 세를 떨쳤다. 당시에는 모든 일을 하늘의 계시, 즉 하나님의 심판이라고 믿었다. 벼락에 맞아 죽는 것은 일종의 처벌이었다. 1680년 혜성이 나타났을 때 인크리스 매더 목사는 하나님이 이 세상에 보내신 경고라고 설교했다. 그의 아들 코튼 매더Cotton

Mather는 설교 원고 세 편을 잃어버렸을 때 유령과 눈에 보이지 않는 것들의 사도가 범인이라고 단정했다. 또 복통이 나면 악마가 배를 때린다며 꾸짖고 편두통이 심할 때는 무슨 죄 때문이 아닌가 하고 반성했다. 가끔 착란을 일으킨 그는 느닷없이 한 떼의 악마가 뉴잉글랜드로 쳐들어오는 환상을 보기도 했다.

당연한 일이지만 '현세의 종말이 가까워졌다'고 여기며 하나님이 악마를 매어둔 쇠사슬을 길게 늘어뜨렸다고 믿는 사람들에게 사태를 객관적으로 검토할 여유나 의욕은 없었다. 그들에게는 마귀라고 고발만 하면 큰 일이 일어나게 마련이었다. 소름 끼칠 만한 세일럼의 마녀재판Witchcraft Trial(1692)에서는 나무랄 데 없이 순진하고 무고한 남녀 19명이 사형을 당했고 그중 한 명은 고문을 받다가 죽었다. 사실 마녀 소동은 엄밀히 말해 세계적인 유행병이었고 망상에 심리적 배경이 더해진 결과였다. 뉴잉글랜드에서는 곧 반발이 일어났고 1693년 총독이 마녀와 관련된 죄수를 전원 석방했다.

유럽에서도 마귀는 도처에서 처형을 당했는데 이것은 그리스도교가 말살한 원시종교의 부활이라고 할 수밖에 없다. 뉴잉글랜드에서는 스페인이나 프랑스처럼 심하지는 않았으나 이단자에 대한 박해가 그에 못지않았다. 청교도파가 아닌 교파에는 구약성경 시편에 나오는 하나님의 노여움을 적용했다. 청교도파에게 그들은 악마Belial의 자식이었다. 퀘이커교도는 영국 국민으로서의 권리를 주장했으나 성과가 없었다. 대부분의 북부 식민지에는 퀘이커교도를 처벌할 수 있는 여러 가지 법률이 있었다. 매사추세츠에서는 17세기 중엽 네 명의 퀘이커교도를 교수형에 처했는데 그중 한 명은 여성이었다. 다음은 교수형을 선고받은 퀘이커교도가 총독과 문답을 나눈 내용이다.

"당신이나 나나 다 같은 영국 왕의 신하다. 나는 본국의 법률로 재판해주기를 요구한다. (…) 나는 퀘이커교도를 교수형에 처한다는 영국의 법률을 듣지도 읽지도 못했다."

"그러나 예수회교도를 교수한다는 법률은 있다."

"당신이 나를 사형시킨다면 그것은 내가 예수회교도이기 때문이 아니라 퀘이커교도이기 때문일 것이다."

결국 그들은 모두 교수형을 당했다.

7. 지나친 악마소동은 저절로 가라앉았는데 이러한 경향은 유럽보다 아메리카가 빨랐다. 몇 해 후 프랑스에서 르 바르Le Barre와 칼라스Calas의 재판이 그러했듯 세일럼의 마녀재판도 많은 선량한 사람들의 분노를 자아냈고 이는 어느 정도 종교적 관용을 이끌어내는 데 도움을 주었다. 불행한 마녀들에게 유죄를 선고한 시월 판사는 5년 후 정식으로 사과했다. 그는 청교도파 판사로 교파의 정통성을 철저히 옹호하는 온화한 인물로 알려져 있었는데, 정의감이 강한 이 판사는 자신이 무서운 과오를 범했음을 깨닫고 진정 후회한 것이다. 코튼 매더도 이 학살을 신성한 처사라고 확신하지 못했다.

인간의 천성은 선하다는 18세기의 관념도 구령예정설救靈豫定說, Predestination을 기반으로 하고 있던 캘빈파의 교리를 위태롭게 했다. 청교도는 점차 온화한 방향으로 기울었고 대부분의 가정에서 청교도주의를 신앙이라기보다 일상생활의 유익한 교훈으로 삼았다. 18세기 초기에 들어서자 모든 계율이 이전처럼 엄격하지 않았다. 일요일을 독서와 집필의 날로 정한 프랭클린은 교회에 별로 나가지 않았다. 간혹 교회에 나가면 설교가 무미건조하고 재미없다는 생각을 했다. 프랭클린은 이렇게 말했다.

"우리 어머니는 자식 하나는 아리우스파Arian고 다른 하나는 아르미니우스파Arminian라고 걱정하시는데 아리우스파는 무엇이고 또 아르미니우스파는 무엇인지 나는 전혀 모르겠다. 솔직히 말해 별로 차이가 없는 것 같다."

뉴잉글랜드에서 태어난 사람이 교파 차이를 문제 삼지 않는다고 말하는 것은 신기한 일이었다. 과거에 보스턴 시는 그들이 악마의 자손이라고 하던 타 종파 사람에게 극히 폐쇄적이었는데, 그 무렵에는 감독파와 침례교과 교회까지도 등장했다. 코튼 매더는 1718년 침례교파의 목사 임명식에 참석했고 1726년에는 타 종파 신자를 자기 교회 신자로 개종시켰다고 자랑했다.

영국과 마찬가지로 아메리카에서는 종교적 무관심 시대 이후 '대각성Great Awakening'이라는 종교부흥 운동이 일어났다. 순회 선교사들이 열렬한 설교로 대중을 사로잡아 교구민의 마음이 신흥계파로 쏠리도록 종교혁명을 일으킨 것이다. 웨슬리는 1735년 조지아로 가서 감리교를 전도했다. 미국인 조너선 에드워즈Jonathan Edwards는 웅변가이자 설교사로 그는 단순한 이론과 자신이 그린 지옥의 그림을 보여주면서 개종에 따른 기적을 강조해 노샘프턴의 교구민을 감동케 했다. 웨슬리는 이미 조너선 에드워즈가 저술한 아메리카의 각성에 관한 보고서를 읽고 있었다. 또한 설교사 조지 화이트필드는 각 식민지를 순회하며 부흥 운동에서 큰 성과를 거두었다. 프랭클린도 필라델피아

시민이 종파에 관계없이 화이트필드의 설교를 들으려고 모여든다고 보고했다.

"필라델피아 시민의 태도에 나타난 변화는 놀랄 만하다. 그들은 과거에 종교에 무심했는데 갑자기 신앙심이 높아진 듯하고 저녁에 거리를 걸으면 여러 집에서 찬송가를 부르는 소리가 들려온다."

종교에 관심이 없는 프랭클린은 재미있게도 신앙이 독실한 화이트필드와 친하게 지냈다. 프랭클린은 화이트필드의 설교집을 출판했고 화이트필드는 프랭클린을 위해 열심히 기도했으나 끝내 개종시키지는 못했다.

8. 미국인의 개인생활은 영국의 관습법이 지배했다. 이 법에 따르면 남편은 집안에서 절대적인 권한을 쥔 주인으로 아내의 재산을 관리하고 심지어 아내에게 용돈을 주지 않을 권리까지 있었다. 소수의 미망인과 노처녀는 자기 재산을 스스로 관리했으나(조지 워싱턴과 결혼하기 전 마샤 커티스가 그러했다) 이런 일은 극히 예외적이었다. 토머스 제퍼슨 Thomas Jefferson(1743~1826, 제3대 대통령─역자주)은 파리에 체류할 때 프랑스의 부인들이 혼자 고관을 방문하는 것을 보고 몹시 놀라며 말했다.

"부인이 가정이라는 울타리를 넘어 활동하려 하지 않는 우리나라 사람들이 도저히 믿기 힘든 일이다. 아메리카에서 젊고 건강한 부인은 남편을 받드는 일, 아이들을 애정으로 보살피는 일, 집안일과 정원 관리로 하루를 보낸다."

당시 여성들은 일찍 결혼했고 출산으로 사망하는 일이 많았다. 아내가 죽으면 남편은 대개 재혼을 했다. 혼자서 집안일까지 해결하는

민주주의의 대의를 밝힌 독립선언문을 작성한 토머스 제퍼슨

것도 어렵고 성적 욕구를 아무렇게나 발산해 죄를 짓는 것도 위험한 일이었기 때문이다. 남부에서는 흑인 미녀가 농장주의 탐욕 대상이었다. 백인여자 하인의 경우 실수를 하면 고용기간이 1년 연장되었다.

버지니아나 메릴랜드에서는 이혼이 거의 없었다. 가톨릭과 감독교회에서는 이혼을 허용하지 않았기 때문이다. 반면 성서에 기초를 둔 법률을 시행하는 코네티컷과 매사추세츠에서는 이혼을 허용했다. 퀘이커교도 사이에서 결혼은 증인 앞에서 정절을 약속하는 것으로도 충분했다. 식민시대 초기에는 아버지가 자녀에게 절대적인 권한을 행사했으나 자녀들이 쉽게 토지와 직업을 얻게 되면서 그 권한이 급속히 약화되었다.

한편 농촌의 생활이 단조로워서 그런지 목사들이 강하게 반대했음에도 불구하고 곳곳에 장례를 핑계 삼아 대규모로 잔치를 치르는 습관이 남아 있었다.

9. 남부의 사교생활은 매우 화려했고 대저택에서는 자주 무도회가 열렸다. 근방의 농장주들은 말이나 4륜마차를 타고 모여들어 지그 Jig(빠르고 경쾌한 춤) 혹은 릴reel(스코틀랜드 고지 사람들의 경쾌한 춤) 같은 새로운 춤과 시골 춤을 즐겼다.

1674년에는 양복점 주인과 조수가 자기들의 말로 경마를 했다가 '경마는 신사만 할 수 있는 스포츠'라고 해서 벌금을 내기도 했다. 버지니아에는 이미 18세기에 경마클럽이 있었다.

유럽도 그랬지만 시골에 장이 서면 온갖 구경거리가 모여들었다. 클럽, 바 그리고 가정에는 여러 가지 음료가 있었다. 대개는 브랜디, 여러 과실로 빚은 럼주, 맥주, 사이다 등이었다. 카드놀이도 크게 유행했다.

사람들은 오랫동안 담배를 파이프로 피웠다. 1762년 이스라엘 퍼트넘Israel Putnam 장군이 쿠바에서 귀국했을 때 시가를 소개했는데 아메리카에서 직접 만든 것은 1800년 이후였다. 버지니아와 뉴욕 근방에서는 돈 많은 사람들이 영국에서 여우를 수입해 말을 타고 즐기는 여우사냥을 시작했다.

음악에 대한 취미도 다양해져 찰스턴에서는 성세실리아협회가 음악회를 개최하는 한편, 프랑스에서 음악가를 초빙하기도 했다. 매사추세츠에서는 청교도주의의 압력이 약해지면서 극장을 개설했으나 필라델피아에서는 퀘이커교도들의 반대로 1754년까지 허가가 나지 않았다.

생활의 중심은 여전히 가정과 가족이었다. 집의 내부 장식은 영국식 또는 네덜란드식을 따랐으나 그리 정교하지 못했다. 벽은 널빤지와 색 벽지로 간단하게 만들었고 창은 작은 유리창이었다. 난로 둘레의 타일 장식은 세속적인 것이 아니라 대개는 성서에서 선별한 그림들이었다. 책상 한가운데에는 가족용 성서를 놓았고 벽에는 가족의 초상화를 걸었다.

혁명 직전까지 뉴잉글랜드에서는 아메리카 출신의 초상화가가 많이 등장했다. 존 코플리John Copley, 벤저민 웨스트Benjamin West, 길버트 스튜어트Gilbert Stuart 등은 우수한 예술가였고 그들의 작품은 당시의 영국 화가들이나 귀족의 얼굴을 그리던 플로렌스Florence 혹은 바젤Basel의 화가들과 견주어도 손색이 없었다. 그러나 식민지가 아직 부유하지 못했기에 그들은 영국으로 건너가 작품 활동을 했다.

10. 교육 문제를 해결하는 일은 결코 쉽지 않았다. 특히 남부에서는 통학거리가 멀다는 점이 교육적 성과를 올리는 데 커다란 걸림돌이었다. 대부분의 부모는 자녀 교육을 스스로 맡을 수 없음을 충분히 인식하고 있었다. 어떤 지방에서는 철자법을 잊거나 때로는 쓰는 것조차 모르는 경우도 있었다. 매사추세츠의 청교도들은 자녀에게 성서

를 읽혀야 했으므로 교육을 등한시할 수가 없었다.

1635년 타운미팅이 주도적으로 나서서 보스턴 라틴 스쿨Boston Latin School(초급학교)을 설립했다. 1642년 매사추세츠에서는 자녀에게 글을 가르치는 책임을 부모에게 부과하는 법령을 제정했다. 1647년에는 50가구가 사는 마을에는 초급학교를, 100가구 이상 마을에는 초등중학교Grammar School, 즉 단과대학College으로 진학할 준비를 하는 중학교를 설립하라는 법령을 제정했다. 이 법령이 잘 지켜진 것은 아니지만 초등중학교 수는 점점 늘어났다. 학교장의 딸들은 데임 스쿨dame school(자택에서 배우는 초등 과정)을 열어 남녀 어린이에게 알파벳과 종교문답서, 때론 글을 가르쳤다. 사내아이들을 위한 초등학교도 있었다. 프랭클린은 초등중학교를 다닌 후 독학으로 교육을 끝내는 데 성공한 사람이다. 다른 식민지에서는 교육을 교구에 일임했는데 방 하나에 마호가니 몽둥이만 준비하고는 학교라고 하는 곳도 많았다.

남부는 영국의 교육제도를 따랐다. 가난한 아이들은 초등학교에서 배웠고 부유한 아이들은 가정교사에게 배운 뒤 단과대학을 마치거나 영국의 대학교로 진학했다. 조지 워싱턴은 교구의 교회관리인에게, 다음에는 어느 학교의 교장에게 교육을 받았다. 그는 약간의 라틴어와 삼각법, 제도법을 배웠는데 열네 살 때 이웃사람 소유지의 도면을 만들어주기도 했다. 후에 페어팩스 경의 도서실이 그의 교육을 완성하는 데 많은 도움을 주었다. 페어팩스 경은 조지프 애디슨Joseph Addison(영국의 문학가이자 정치가), 리처드 스틸Richard Steele(영국의 수필가이자 정치가)과도 친숙한 교양 있는 인물이었다. 워싱턴은 톰 존스Tom Jones 등 당시의 작가가 쓴 소설을 읽었고 영국 신사와 비슷한 교양을 갖췄다.

제퍼슨은 성직자들과 공립학교에 다니면서 라틴 고전을 통해 훌륭한 지식을 얻었다. 그는 볼테르의《습관론Essays on Customs》과 샤를 드 몽테스키외Charles de Montesquieu(1689~1755)의《법의 정신Spirit of the Laws》등을 읽었다. 패트릭 헨리Patrick Henry(미국의 독립운동가)는 학교교육을 거의 받지 않고 아버지에게 그리스어, 라틴어, 수학 그리고 고대사와 근대사를 배웠다. 그는 1년에 한 번씩 고대 역사가 티투스 리비우스Titus Livius의 역사책을 읽었다. 각 식민지에서 있었던 연설 수준으로 보아 소질이 있는 사람들은 교육 환경이 미비하다고 해서 교양이 부족해지는 것은 아니라는 사실을 알 수 있다.

　11. 1636년 하버드 대학교가 설립되었다. 그해 의회는 대학을 설립하기 위해 400파운드의 경비 지출을 결의하고 그다음 해 뉴타운에 부지를 책정했는데, 이때 영국 케임브리지 대학교의 도움을 받고자 그곳을 케임브리지로 개명했다. 1638년에는 마치 '하나님의 은총'인 듯 찰스타운의 목사이자 문학애호가인 존 하버드John Harvard가 단과대학과 도서관 설립에 쓰라며 재산의 절반인 1,700파운드(약 300만 원)를 기증했다. 또한 그는 도서관에 260권의 서적도 기증했다.

　입학 자격은 '마르쿠스 키케로Marcus Cirero, 또는 다른 라틴 고전을 이해하거나 라틴어 산문 및 서정시를 읽고 쓸 줄 아는 사람'으로 규정했다. 영어나 역사, 지리, 수학 등의 지식은 필요치 않았다. 대학에서 학생은 라틴어 외에 그리스어와 히브리어를 배우고 신학 토론을 해야 했다. 개교 당시 하버드를 방문한 어느 네덜란드인은 다음과 같은 기록을 남겼다.

"열 명 가까운 젊은이가 빙 둘러앉아 담배를 피우는 모습을 보았다. 담배연기가 방 안에 자욱했다. 교수가 몇 명이냐고 묻자 '한 명도 없습니다. 봉급을 지불할 돈이 있어야지요'라는 대답이 돌아왔다."

하지만 이런 상태는 오래가지 않았다. 1650년 헌장에 따라 대학을 운영할 재단을 창설했고 기부와 찬조 덕분에 하버드 대학은 점차 발전하기 시작했다. 1693년에는 남부에도 영국 왕실을 기념해 명명한 윌리엄메리 대학이 설립되었다. 버지니아의 대표사절 제임스 블레어 James Blair가 대학을 세울 찬조금을 얻기 위해 영국으로 건너갔다. 그는 대학에서 신앙 교육을 할 계획이었지만 "신앙이 다 뭐야? 그냥 담배나 재배하지"라는 비웃음만 들었다. 하지만 그는 국왕 내외에게 대학 헌장과 기부금을 얻어서 돌아왔다.

1701년에는 예일 대학교가 설립되었고 1747년에는 장로교파가 뉴저지 대학을 설립했는데 이것이 프린스턴 대학교의 전신이다. 최초의 종합대학으로는 필라델피아 대학교(펜실베이니아 대학교), 성공회파가 설립한 뉴욕의 왕립대학(컬럼비아 대학교), 침례교파가 설립한 프로비덴스 대학(현 브라운 대학교), 그리고 러트거 대학교가 있다. 다트머스 대학은 당초 인디언을 개종하기 위해 계획한 학교로 한 졸업생이 영국에서 기금을 모금해 단과대학으로 승격시킨 뒤 재단 이사장인 다트머스 백작의 이름을 따서 명명했다.

12. 식민시대 초기 아메리카 문화는 영국풍이었다. 보스턴에는 런던에서 들여온 성서, 문법서, 신학서, 항해교본 등이 있었다. 남부에서는 문학에 대한 관심이 컸는데 초기에 나온 창작물로는 존 스미스, 존

코튼, 인크리스 매더, 로저 윌리엄스 등의 회상기가 있다. 코튼 매더와 조너선 에드워즈는 종교 관계 저작물의 제2기와 제3기를 형성했다. 코튼 매더의《미국에서의 그리스도의 위업 Magnalia Christi Americana》은 뉴잉글랜드의 종교사로 그곳 식민지 주민에 대한 하나님의 은총을 내용으로 한 역작이다. 얼마 후에는 정치적인 문제가 신학적 논쟁보다 윗자리를 차지했다. 벤저민 프랭클린이 활동하던 시대에는 이미 코튼 매더를 받아들일 여지가 없었다.

 13. 프랭클린은 총명하고 지혜로우며 중용을 지킬 줄 아는 당대 최고의 저술가였다. 그는 아메리카의 볼테르라 할 만하고 동시에 산초 판자(《돈키호테》의 등장인물―역자주) 같은 일면도 지니고 있었다. 그는 볼테르의《캔디드 Candide》같은 통렬한 풍자시는 쓰지 않았지만 독설과 풍자에 천부적 재질이 있었고 특히 상식에 천재적이었다. 그의 출생지인 뉴잉글랜드의 청교도주의는 그의 성격에 아무런 영향도 미치지 못했다. 그는 자기 영혼을 영겁의 불길에서 구해내는 것보다 이웃집의 불을 끄는 데 더 관심이 있었다는 평을 받는다. 그에게는 신앙보다 행동이 인간 가치의 척도였다. 그는 볼테르처럼 과학에 깊은 흥미를 보였고 또 과학을 존중했다.

 정치 활동에서도 그는 공정하고 합리적이었으며 유머와 기지에 뛰어났고 정적政敵을 미워하지 않았다. 그리고 항상 공정한 타협을 받아들일 자세를 갖추고 있었다. 토머스 칼라일 Thomas Carlyle은 그를 싫어했으면서도 그를 '양키의 아버지'라고 불렀다. 이 말은 과연 적절했을까? 진짜 양키는 교양과 검소, 민첩한 사업수완 등을 존중하는데 이

점은 프랭클린에게 적절하다. 그런데 진짜 양키의 또 다른 면인 도덕에 대한 일종의 애착심은 프랭클린과 거리가 멀다. 프랭클린은 언행이 자유분방했고 유머감각도 뛰어났다. 가령 스스로 진리라고 인정하는 것은 진부한 속담도 거침없이 사용했고 경구도 두려움 없이 구사했다. 그는 다음과 같은 충고도 하고 야유도 했다.

"결혼하기 전에는 두 눈을 똑바로 뜨고 결혼한 후에는 한쪽 눈을 감아라."

"이 세상에는 늙은 의사보다 늙은 술주정뱅이가 더 많다."

그는 저술 활동뿐 아니라 최초의 공립도서관 창설, 난로와 램프(둘 다 독서를 위해서였다) 개량, 우편장관 재임 시 정기간행물 우송의 간편화 등 아메리카 문화 발전에 크게 기여했다.

14. 아메리카의 신문은 손으로 쓴 뉴스레터가 그 출발점이었다. 이것을 몇몇 사람에게 보내던 존 캠벨John Cambell이 이후 인쇄해서 발행하는 것이 효율적이라 생각해 〈보스턴 뉴스레터The Boston News-Letter〉라는 제호로 발행한 것이 최초의 신문이다. 1704년 4월 24일자 시월 판사의 일기에는 "윌라드 씨에게 신문을 보냈는데 이것이 아마 강을 건너간 최초의 신문일 것이다"라고 적혀 있다.

필라델피아와 보스턴에서는 다른 신문들을 발행했다. 하나는 보수적인 〈보스턴 가제트Boston Gazette〉이고 다른 하나는 급진적인 〈뉴잉글랜드 커런트New England Courant〉인데, 벤저민 프랭클린의 동생 제임스 프랭클린이 편집을 맡았다. 제임스 프랭클린은 두려움을 모르는 과격한 청년이라 매더 목사를 풍자하는 기사를 게재해 여러 번 구속을 당했다. 얼마 후 벤저민 프랭클린은 〈펜실베이니아 가제트Pennsylvania Gazette〉를 인수했다.

〈뉴욕 가제트New York Gazette〉는 부패한 독재자 크로스비 총독이 운영했다. 그의 지배인은 그와 논쟁을 벌인 뒤 경쟁지 〈뉴욕 위클리 저널New York Weekly Journal〉을 창간했는데 발행자는 독일 출신인 존 피터 젱거John Peter Zenger였다. 격분한 총독이 집행관을 시켜 신문사를 소각하라고 명령했으나 시장은 이 명령이 불법이라고 선언했다. 하지만 젱거는 비방죄로 기소되었다. 이 재판에 필라델피아의 저명한 변호인 앤드루 해밀턴Andrew Hamilton이 자진해서 변호를 담당하자 일반 시민들은 크게 놀랐다. 결국 그가 특유의 달변으로 신문의 자유를 옹호하면서 무죄판결이 내려졌다. 젱거는 뜨거운 갈채를 받으며 석방되었고, 필라델피아로 돌아온 해밀턴은 집집마다 기를 내걸고 축포를 터뜨리는 대환영을 받았다. 아메리카에서 '자유'라는 말은 아주 소중한 것이었다.

—

chapter 9

식민지의 경제 상태

Colonial Economy

—

1. 아메리카에 자리 잡은 영국 식민지의 경제에서 특기할 만한 점은 착실한 번영이다. 인구 증가가 가장 정확한 번영의 지표다. 1640년 식민지의 인구는 2만 5,000명이었지만 1690년에는 20만 명, 1770년 에는 약 200만 명에 달했다. 1690년과 1770년 사이에 무려 열 배나 증가한 것이다. 그러므로 영국의 식민지 경영을 간단히 비난만 할 수 는 없다. 어떤 사람은 이 성공이 영국의 식민지 경영정책 덕분이 아니 라 그런 정책에도 불구하고 이룬 것이라고 응수하지만 이 점은 좀 더 검토해볼 필요가 있다.

2. 이 번영은 주로 농업, 목축, 어업으로 이루어졌다. 도시가 거의 없었다가 1790년에야 겨우 다섯 개 도시에 8,000명 이상의 인구가 있었다. 가장 큰 도시는 필라델피아였고 다섯 개 도시의 인구를 모두 합해도 전체 인구의 3.3퍼센트에 불과했다.

미국인의 10분의 9 이상이 농사를 지었고 그 외에 상인, 선주, 선원, 광부, 장인이 있었다. 공장은 아직 몇 개밖에 없었으며 중요한 존재도 아니었다. 영국이 식민지에서의 공업 발전을 억제하고 있었기 때문이다. 영국인의 관점에서 식민지란 이익을 위한 하나의 사업이고, 식민지는 본국에 다음과 같이 기여하는 대상이어야 했다. 1) 영국에 부족한 물자, 즉 포도주(프랑스에서 수입하는 품목), 향신료(포르투갈에서 수입하는 품목), 목재(스웨덴에서 수입하는 품목), 모피, 질그릇, 고래기름, 초석, 역청, 대마 등만 생산할 것. 2) 영국의 공업제품을 구입하는 시장이 될 것.

결국 원료를 완제품으로 만드는 공업은 본국의 사업으로 남겨두어야 했다.

3. 이런 사고방식은 '국가 번영은 수출 흑자를 늘려야 가능하다'는 중상주의와 일맥상통한다. 가급적 외국에 많이 파는 동시에 외국에서 적게 사들이는 것이 번영의 원칙이라 여긴 것이다. 이에 따라 아메리카와 기타 식민지에서는 영국이 외국에서 수입해야 하는 품목만 재배하도록 허용했다. 식민지 지도자들은 발전을 위해 전력을 다했지만 그들은 부여받은 역할을 넘어서면 안 된다는 조건에 발목이 잡혀 있었다. 식민지는 원자재 외에는 어떤 물건도 생산할 수 없었다. 그러다 보니 부유해진 식민지인은 그 자금을 공업에 투자하지 못했다.

1651년 제정한 '항해법Navigation Act'은 영국으로 보내는 식민지의 수출품은 영국 선박이 독점 수송해야 한다고 규정하고 있다. 또한 1663년에 제정한 '주요산물법Staple Act'은 식민지가 수입하는 외국 물자는 영국 항구를 경유해야 하며 그곳에서 우선 관세를 지불하도록 규정하고 있다. 영국과 영국 식민지 사이의 무역은 모든 외국과의 경쟁에서 철저히 보호받고 있었다.

1660년에 제정한 법령은 몇 종류의 산물(담배, 설탕, 목화, 염료) 수출을 영국 시장에만 한정하고 있다. 그리고 18세기 들어 이 품목에 다음과 같은 물자를 추가했다. 1706년 콜타르·역청 등의 선박용품, 1706~1730년 쌀, 1722년 모피, 1733년 당밀, 1764년 철·목재·피혁 등이 그것이다. 소맥, 어류, 럼주는 이들 품목에 들어 있지 않았지만 영국의 항구를 경유하지 않고는 수출할 수 없었다. 즉, 프랑스령 및 스페인령 서인도 제도, 포르투갈과 아메리카 식민지의 직접 거래는 금지되어 있었다.

4. 전반적으로 봤을 때 식민지가 여러 가지 제한으로 손해만 본 것은 아니었다. 대신 식민지는 영국 해군의 보호를 받았고 영국에 대한 담배수출권을 독점했다. 1620년에 제정한 한 법령으로 영국에서는 담배 재배가 금지되었다. 중상주의의 영향은 지방에 따라 차이가 있었는데 담배, 쌀, 염료 등을 생산한 남부는 이것을 필요로 하는 본국 제품과 손쉽게 교환할 수 있었다. 남부의 농장주들은 영국에 대리점을 두고 상거래를 했다. 그들의 아들들이 옥스퍼드나 케임브리지로 유학을 가면 그들에게 대리점을 맡겨 수놓은 조끼, 목도리, 신간서적 등 필요한 물자를 구입했다.

하지만 이러한 독점은 농장주에게 위험한 일이었다. 제퍼슨은 농장주의 의무가 아버지에게서 아들에게로 여러 세대에 걸쳐 인계되는 바람에 런던 상인들에게는 농장주가 일종의 세습 재산처럼 되었다고 말했다. 결국 남부는 부유해지지 못하고 간신히 명맥을 이어 나가는 정도에 불과했다.

한편 불합리한 본국의 중상주의는 아메리카 북부의 경제를 위협했다. 북부는 소맥, 육류, 어류를 생산했지만 영국은 이런 물자를 필요로 하지 않았다. 북부는 그들이 필요로 하는 섬유, 가구, 의복, 구두 등의 상품을 얻기 위해 무엇을 지불할 수 있을까? 귀금속? 식민지에서는 그런 것을 생산하지 않았다. 신용대부? 영국 상인의 식민지에 대한 융자는 금지되었다. 그렇다면 제3국에 대한 수출? 이것이 유일한 방법이었으나 항해법이 외국과의 교역을 어렵게 만들었다.

5. 북부 주민에게 남은 유일한 활로는 소위 '삼각무역'이었다. 가령 상인이 소맥을 사서 포르투갈로 수출하고 그 대가로 포도주를 받는다. 그러면 이것을 런던으로 보내 옷과 모자를 구입한 뒤 아메리카로 수출한다. 이 복잡한 거래도 출입 모두 영국 항구를 경유하는 조건으로 허용되었다. 아메리카 상인들이 앤틸리스 제도에서 수입한 당밀로 럼주를 만든 뒤 이것을 아프리카 기니에서 노예와 교환하고, 이 노예를 서인도 제도에 팔아 다시 당밀을 사들이는 방법도 있었다. 또한 아메리카의 소맥을 서인도 제도에서 설탕과 교환한 후 이 설탕을 영국으로 수출해 공업제품과 교역하는 길도 있었다.

이 복잡한 거래 때문에 북부에서는 보스턴의 존 핸콕John Hancock과 피터 파뉴일Peter Faneuil, 뉴욕의 델란시, 필라델피아의 로간 등 유력한 상사가 발전했다. 이들처럼 자기 선박을 소유한 거상이나 선주는 영국의 법령을 무시하고 유럽과 직접 통상하거나 프랑스령 및 스페인령 서인도 제도에서 당밀을 구입하기도 했다. 이런 밀무역은 이윤이 컸기 때문에 모두가 과감히 손을 댔고 식민지 주민은 이것을 부정행위라고 생각하지 않았다. 영국의 세관 관리들은 뇌물을 받거나 임지에 오지 않고 본국에 머문 채 봉급을 받았으므로 이를 묵인했다. 아메리카가 중상주의 아래서도 번영을 이룬 것은 영국이 이 제도를 치명적일 정도로 철저하게 집행하지 않았기 때문이다.

6. 초기의 식민지 농업은 인디언의 농업에서 많은 것을 배웠다. 인디언은 원시적인 도구로 임야를 개간하고 나무뿌리를 태워 토지를 기름지게 한 다음 작물을 윤작하는 방법을 알고 있었다. 그들은 유럽인이 모르던 곡물인 옥수수 재배법도 잘 알았다. 존 스미스는 인디언이 땅을 파서 옥수수 네 알과 완두콩 두 알씩 심었다고 기록하고 있다. 뉴잉글랜드에서는 옥수수와 함께 밀, 귀리, 호밀을 심었는데 유럽에서 온 시찰자들은 이 농사법이 땅을 메마르게 한다고 경고했다. 이에 따라 그들은 사과 과수원을 만드는 한편 가축을 수입했는데 가축이 급속히 번식해 낙농업에서 큰 성공을 거두었다.

북부의 소규모 자급농장은 가족의 식량뿐 아니라 옷감용으로 아마와 양모도 생산했다. 남부에도 소규모 농장이 없지는 않았지만 담배재배 때문에 대농장이 생길 수밖에 없었고 대농장은 작물을 선적하기 쉬운 강변에 위치해 있었다. 담배 농사는 지력을 굉장히 빨리 소모시켰다. 농장주는 가축의 거름으로 땅을 기름지게 하려고 했지만 영국의 애연가들이 불결한 냄새가 난다고 불평하자 2~3년마다 새로운 경작지를 개척하는 방법을 썼다. 결국 한 번 농사를 지은 토지는 사용하지 않고 2~3년씩 묵혀야 했기에 드넓은 농지가 필요했다. 예를 들면 3,000에이커 가운데 600에이커만 경작하고 나머지는 노는 땅으로 남겨두었다.

18세기 중엽에 이르러 농토가 황폐해지자 농장주들은 다른 작물을 재배할 생각을 했다. 가령 사우스캐롤라이나의 습지에는 쌀이 적합했다. 엘리자 루카스Eliza Lucas는 가족이 모두 사망하는 바람에 열여섯 살 때부터 세 개의 농장을 관리해야 했다. 그녀는 여러 가지 실험을 거듭한 결과 인도쪽(한해살이풀로 천연염료로 쓴다), 아마, 대마, 뽕나무 등을 토지에 적응시키는 데 성공했다. 이제까지 한 소녀가 일국의 경제생활에 이처럼 위대한 업적을 남긴 일은 없었다.

7. 계속 발전하는 국가에서 '노동'은 심각한 문제일 수밖에 없다. 인디언이 노동자가 되어주길 기대하는 것은 애초에 무리였다. 그들은 독립적인 생활에 집착했고 더구나 그들은 사용자의 가혹한 대우를 견디지 못했다. 물론 신성로마 황제의 영지 팔라티나테 지방에서 탈출해온 독일인과 빈곤 때문에 떠나온 아일랜드인 등 이민자는 매우 많았으나 이들 농민과 장인은 자기 사업을 하려고 건너온 것이었다. 즉, 자유를 얻기 위해 조국을 떠난 것이지 새로운 주인에게 매여 살려고 온 것이 아니었다. 결국 노동력이 굉장히 소중해졌다. 어떤 영국 여행자는 밀가루와 우유는 값이 싼데 그것으로 만든 과자 값은 보스턴이 런던보다 비싸더라는 기록을 남겼다.

가정부로 일하던 젊은 여성도 스무 살이 되면 결혼해서 남편과 함께 새로운 운명을 개척하기 위해 변경의 미개척지로 떠났다. 이러한 노동력 부족을 서부 개척자들은 상호부조나 이웃과의 친교로, 남부 해안지대에서는 계약고용인으로, 남부 내륙지방에서는 처음엔 계약고용인으로 나중에는 노예로 보충했다. 기한부 계약고용인indented servants은 4~7년의 노동계약에 서명한 계약서를 두 통 작성해 이것을 파도모양이나 톱니모양으로 절반씩 잘랐기 때문에 톱니모양 계약이라고 불렀다. 이들은 대개 타고 온 뱃삯을 지불하기 위해 자진해서 계약한 사람, 중간 알선자에게 유괴된 사람, 경범죄로 형을 받는 사람 등이었다.

예를 들어 한 남자가 아내와 다섯 명의 아들을 데리고 아메리카로 가는 데 54파운드를 내기로 선장과 약정한 후 계약금으로 16파운드를 지불했다면? 그 남자가 항해 도중 사망해 배가 도착해도 잔금을 지불할 수 없다면? 선장은 과부를 20파운드, 세 명의 나이든 소년은 각각 30파운드, 나머지 다섯 살 이하 어린아이들은 10파운드에 팔아 120파운드의 이익을 보았다고 한다. 당시에 발행한 신문에서는 다음과 같은 광고를 흔히 볼 수 있었다.

"런던에서 도착한 각종 남녀 하인을 팔겠음. 적정가격, 지불기한은 상의해 결정해도 좋음. 선장 존 볼에게 문의하기 바람."

적정가격이란 4~5년 계약에 15~20파운드였다. 계약기간이 끝나면 백인 고용인은 해방되고 사용자에게는 작별할 때 한 벌의 옷, 소액의 돈, 1년간 먹을 옥수수를 줄 의무가 있었다. 어느 식민지에서는 사용주가 해방된 고용인들에게 50에이커(6만 1,200평)의 토지를 주었는데 그중 많은 사람이 부유한 식민지 주민이 되었다.

8. 아프리카에 오래전부터 노예제도가 존재하지 않았다면 아메리카에도 존재하지 않았을 것이다. 아프리카 기니에서는 죄수를 언제나 노예로 팔았기 때문에 추장들은 그들을 백인 선장에게 내주는 것을 당연하게 여겼다. 위트레흐트 강화조약에 따라 영국인에게 스페인 식민지와의 교역이 허용되자 리버풀, 생말로, 뉴잉글랜드의 선주들에게 새로운 통상의 길이 열렸다. 그들은 50톤에 불과한 작은 배로 보스턴이나 세일럼에서 아프리카 노예 해안까지 항해를 했다. 노예무역이 안겨주는 이익은 막대했다. 서인도 제도에서 8,000갤런의 럼주를 구입해서 가면 기니에서 흑인 남자 35명, 여자 15명 그리고 소년과 소녀 몇 명에다 약간의 사금까지 손에 들어왔다. 생존한 사람의 피와 살을 알코올과 물물교환하는 거래가 엄청난 이윤을 안겨주었던 것이다.

1750년에서 1800년까지 50년간 노예상인들은 아프리카에서 1년에 5~10만 명의 흑인을 실어 날랐다. 식민지로 유입되는 흑인은 그중 일부에 지나지 않았다. 선원이 적어 반란을 일으킬까 두려워한 선장들이 흑인들을 쇠사슬로 묶어 갑판에 되는대로 모아놓았기 때문에 이들은 질병, 오물, 천연두 등으로 수없이 죽어갔다. 8~10퍼센트가 항해 도중 사망했고 살아남은 흑인들은 상인의 손으로 넘어갔는데 그들은 한 명당 10퍼센트의 중개수수료를 받고 팔아넘겼다.

조지아는 법률로 노예판매를 금지한 유일한 식민지였으나 1740년에 이를 해제했다. 이것은 어디까지나 경제적인 이유에 따른 조치였다. 북부에서는 흑인이 주로 집안일을 하는 하인이었지만 남부에서는 담배, 쌀 그리고 목화 등의 재배를 위한 노동력으로서 막대한 수의 노예가 필요했다.

얼마 지나지 않아 다수의 이민족 집단과 함께 살아야 하는 농장주
는 공포를 느끼기 시작했고 노예에 대한 법률은 더욱 엄격해졌다. 하
지만 노예 사용주 중에는 흑인을 인간적으로 대하는 사람도 많았다.
덕분에 흑인과 백인 사이에 유대관계가 생겼고 흑인 특유의 본능적
인 낭만 정신이 남부인에게 어느 정도 영향을 주었다. 한편 노예들은
아프리카를 잊고 그들 나름대로 서서히 미국인이 되어갔다.

9. 어업은 아메리카 식민지의 경제생활에서 처음부터 중요한 역할
을 맡았다. 유럽 해안의 어류가 점점 줄어드는 데다 가톨릭 국가에는
단식일과 육류를 먹지 않는 날이 많아 어류가 꼭 필요했기에 유럽의
어부들은 먼 바다까지 나가서 물고기를 잡았다. 아메리카 연안의 어
부들은 자기들이 유리한 상황임을 깨달았고 대구는 뉴잉글랜드의 중
요한 수출품으로 자리 잡았다.

한편 포경업은 허먼 멜빌Herman Melville이 그의 작품 《모비딕Moby
Dick》에서 자세히 묘사하고 있듯 대규모 선단이 필요한 사업이었다.
200톤급 배에 오른 50명의 선원은 바다의 괴물을 잡은 뒤 칼질을 해
서 뼈를 가려내고 양초용 기름덩이와 경유까지 뽑아냈다. 4,000명 이
상의 선원이 이 위험하고도 모험적인 일에 종사하고 있었다.

이 시기는 해적단, 무장상선, 소규모 해적, 주로 스페인 영토의 해안
지방을 약탈하는 해적 그리고 밀무역자들의 황금시대였다. 특히 수많
은 무인도와 무수한 하천이 있는 서인도 제도는 이들에게 알맞은 은
신처를 제공했다. 심지어 뉴욕과 뉴포트의 거리에서는 다이아몬드를
박은 단도를 허리띠에 차고 활보하는 해적 두목을 볼 수 있었다. 그러

나 해적질은 그다지 수지맞는 장사가 아니었다. 소득보다 위험이 컸기 때문이다. 서인도 제도와의 밀무역은 성실하고 청렴한 미국인 선주들이 도맡아 처리했다. 그들은 식민지 의회의 규제는 잘 준수했으나 영국 의회가 제정한 법령은 거리낌 없이 위반하고 있었다.

10. 공업은 주로 가내 수공업에 머물러 있었다. 여자들은 농가에서 양모를 뽑아 옷감을 짰고 남자들은 항아리를 굽고 농기구를 만들었다. 제재공장은 상당수가 뉴잉글랜드와 중부 식민지에 밀집되어 있었다. 조선업은 돛과 닻의 건조비가 저렴한 덕분에 식민지의 선주뿐 아니라 영국 선주들도 주문을 해서 비교적 번창하는 편이었다. 1760년까지 아메리카는 1년에 400척 이상의 선박을 물에 띄웠다. 1775년에는 영국 배 6,000척 중 2,000척 이상이 아메리카에서 건조한 것이었다. 1776년 매사추세츠에는 주민 100명당 한 척꼴로 배가 있었다.

모피무역은 경제적·정치적 면에서 큰 역할을 했다. 모피 수요가 늘어나면서 서부 개발이 촉진되었고 이것은 영국인과 프랑스인이 심각하게 대립하게 된 원인이었다. 뉴잉글랜드에는 소수의 직물공장과 주물공장이 있었으나 아직은 빈약한 상태였다.

11. 18세기 식민지 경제의 제약을 받은 아메리카에는 독자적인 통화가 없었다. 영국은 식민지의 통화 발행을 금지했고 식민지는 창고증권(창고업자가 물건을 맡긴 사람의 청구에 따라 물건 인수 증거로 발행하는 유가증권), 그중에서도 담배의 창고증권(담배는 가격이 보다 안정적이었다)을 통화로 대용해 곤경을 극복했다. 프랑스의 한 여행자는 버지니아에서 이런 말을 들었

다고 한다.

"이 시계는 담배 세 통, 이 말은 담배 열다섯 통으로 샀다. 이 물건 값은 스무 통이다."

18세기 중엽 영국 의회는 법령으로 신용증권 발행마저 금지시켰다. 매사추세츠에서는 토지은행Land Bank을 창설해 부동산, 개인 신용도, 물건 등을 담보로 증권을 발행하려 했다. 이 발상은 부채가 있는 농민들을 기쁘게 했으나 보스턴의 부유한 상인들이 총독에게 이 계획을 중지하도록 요청했다. 영국 의회는 투기를 억제하기 위한 '부실기업 규제법Bubble Act'을 적용해 토지은행 설립을 금지했다. 창립 발기인들은 대단히 격분했다. 원시적이라 할 만한 경제 상태에서도 자유통화파와 관리통화파는 이처럼 이해관계에 따라 대립하고 있었다. 앨버트 폴라드Albert Pollard 교수는 그의 저서《미국사의 주요 요인 Factors in American History》에서 다음과 같이 기술하고 있다.

"각 식민지는 동부와 서부, 상인과 농민, 채권자와 채무자라는 대립 요소를 내포하고 있었다. 채무자는 부채 상환을 위해 풍부하고 저렴한 화폐, 즉 금화보다 은화나 증권 아니면 융자를 해주는 은행과 증권의 법적 통용에 찬성하는 의회를 원했다."

12. 1760년 프랭클린은《아메리카 이민 희망자를 위한 지식Information for those Desirous of Coming to America》이라는 책을 발간했다. 그는 식민지의 경제 상황을 정확히 서술하는 양심을 보였다.

"있는 그대로 말하자면 이 나라에는 유럽의 빈민처럼 비참한 사람도 없고 유럽의 부호만큼 부유한 사람도 없다. 일반적으로 행복하고 평범한 계급이 대부분을 차지하고 있다. 대지주가 거의 없는 대신 소작인도 거의 없다. 모든 사람이 자기 토지에서 농사를 짓거나 수공업 또는 상업에 종사한다. 아무 일도 하지 않고 세 혹은 금리로 생활하거나 유럽에서처럼 회화, 조각, 건축 등의 예술 작품에 고액을 지불할 만한 부자도 없다. (…) 관직과 직장은 유럽과 마찬가지로 아주 드물다. (…) 그러므로 자기 나라에서 생활수단을 갖고 있는 사람이 보다 나은 관직을 찾아 아메리카로 이주하는 것은 소용없는 일이다. (…) 자신의 가문밖에 내세울 게 없고 이렇다 할 기술도 없는 사람에게 굳이 이곳으로 오라고 권하고 싶지 않다. (…) 이런 사람은 처음 보는 사람에게 '너는 누구냐?'라고 묻지 않고 '너는 무엇을 할 줄 아느냐?'라고 묻는 아메리카에서 아무런 상품 가치가 없다. 요컨대 아메리카는 노동의 나라이지 프랑스인이 말하듯 '보물나라Pays de Cocagne'가 아니다."

프랭클린은 어떤 사람에게 아메리카로 건너오라고 권했는가? 그는 가난하거나 중류계급에 속하는 농부 혹은 기술자 청년을 구했다. 이런 사람은 틀림없이 일자리도 구하고 10기니guinea(영국의 옛 금화로 1기니는 약 1파운드에 해당함—역자주)로 100에이커(약 12만 평)의 비옥한 농토를 구입하는 것은 물론 친절한 이웃도 얻을 수 있었다. 아주 가난한 사람도 고용인으로 시작해 몇 해 만에 자립할 수 있었다. 북아메리카는 결코 페루가 아니었다. 아메리카는 부유한 여행자에게는 아무런 매력도 없었지만 가난한 사람에게는 용기와 근면의 대가로 유럽보다 많은 수입을 안겨주었다.

chapter 10

결론: 본국과 식민지의 관계

Conclusion

1. 신세계의 주민이 문명을 창조한 것은 아니다. 그들은 바다를 건넜지만 구세계의 문명을 가져갔다. 그들의 정신에는 유럽인과 마찬가지로 오랜 문화와 경험이 살아 있었다. 남아메리카의 문화와 경험은 스페인적이었고, 캐나다는 프랑스적, 뉴잉글랜드와 버지니아는 본질적으로 영국적이었다. 초기의 앵글로색슨계 이민자 중에 기타 민족이 섞여 있었던 것도 사실이다. 독일인, 스위스인, 스코틀랜드인, 아일랜드인 등이 10분의 1을 차지했다. 그러나 언어, 법률, 사상은 영국에서 온 것이었다. 한 미국인은 다음과 같이 기록하고 있다.

"엘리자베스는 우리의 여왕이 아니던가? 셰익스피어는 우리의 시인이 아니던가? 드레이크는 스페인의 무적함대를 격침시켜 우리 조국을 멸망에서 구출한 영웅이 아니던가?"

가정생활과 사회생활은 영국의 풍습이 지배적이었다. 식민지의 가구는 대개 영국에서 수입한 것이 아니면 그 모조품이었다. 건축은 조지 왕조 양식을 본떴다. 최초의 대학 이름은 영국의 케임브리지에서 따왔다. 에드먼드 버크Edmund Burke는 윌리엄 블랙스톤William Blackstone의 저서 《영국법 해설Commentaries on the Laws of England》이 아메리카에서도 영국에서만큼 팔렸다는 말을 들었다고 했다. 식민지 주민의 권리는 국왕의 특허장과 영국의 전통적인 자유로 보장받고 있었다. 대헌장은 영국인에게처럼 미국인에게도 소중한 추억이었다.

2. 1763년에는 대다수의 미국인이 자신을 대전쟁에 승리해 캐나다를 정복한 영국의 애국적 국민으로 자부하고 있었다. 조국에 대한 반역은 꿈에도 생각지 않았다. 프랭클린은 다음과 같이 말했다.

"우리를 보호하고 지원을 아끼지 않는 조국, 많은 인연, 유대, 혈연, 이해관계, 애정이 얽혀 있고 식민지 상호 간의 우의보다 더 친밀감이 큰 조국에 반항하기 위해 식민지가 하나로 뭉치는 일은 절대 없을 것이다."

프랭클린은 말 그대로 영국을 사랑했으며 대부분의 미국인도 마찬가지였다. 식민지 주민이 받는 영국 문화의 혜택은 알제리와 튀니지의 프랑스인이 프랑스 문화의 혜택을 받는 정도와 같았다. 미국인은 앵글로색슨의 조상에게서 공개토론, 질서 있는 논쟁, 의회정치 등을 계승했다. 그들이 '본국home'이라 말할 때 이것은 많은 사람에게 피와 살, 모든 사람에게는 힘과 권리를 부여하는 고국을 뜻했다.

3. 아무리 식민지가 속속들이 영국적이었어도 예민한 관찰자는 1763년 이후 모국과의 유대가 해이해졌음을 알아챘다. 본국과의 거

리가 너무 멀었던 것이다. 긴급한 문제가 생겼을 때 그 해결을 위해 누구나 6주일을 기다릴 수는 없었다. 식민지 주민은 스스로를 통치해야 했는데 에드먼드 버크는 "이 큰 바다를 펌프로 빨아올릴 수는 없다"고 말했다.

특히 변경의 미개척지에서 땅을 일구는 사람들은 자립에 대한 열망이 강했고, 손이 닿지 않는 곳에 사는 사람까지 본국에서 단속하는 것은 불가능했다. 여기에다 상당수 식민지 주민이 영국계가 아니었으며 영국계 가족도 자녀들은 이미 식민지 태생이었다. 그들은 취미와 이해관계가 동일하지 않은 사람을 외국인으로 간주하기 시작했다. 아메리카군의 장교들에게도 브래독 휘하 장교가 같은 나라 사람으로 보이지 않았다. 200년 동안 영국과 아메리카는 서로 다르게 변화한 것이다.

"영국인은 진보적인 자유당원whigs이 되고 미국인은 자주적인 개척자가 되었다."

이제는 쌍방의 언어도 완전히 동일하지 않다. 미국인은 새로운 사물에 대해 적절한 느낌을 풍기는 감각적인 신조어를 만들었다. 산간벽지 주민backwoodsman, 통나무집log cabin, 혼혈아halfbreed 등과 1620년대의 순례자 시대부터 보존해온 가축cattle 대신 'stock', 가을autumn 대신 'fall' 같은 표현은 갓 찾아온 영국인에게 이상한 말로 들렸다. 영국에서 이런 말은 셰익스피어의 문장에서나 볼 수 있는 죽은 말이었다. '나는 짐작한다'는 의미의 'I suppose'를 'I guess'라고 표현하는 것은 영국인의 관점에서 북아메리카 정신의 상징처럼 여겨졌다. 이것은 셰익스피어의 《헨리 4세Henry Ⅳ》에서나 볼 수 있는 말이었다.

프랑스에 갔을 때 프랭클린은 아메리카의 말을 사용하라는 지시를 받았다. 토머스 허친슨Thomas Hutchinson은 조지 4세George IV에게 옥수수 이야기를 할 때 콘corn이란 표현을 썼는데 그때 국왕이 물었다.

"콘이라니 그것은 어떻게 생긴 것인가?"

"인디언의 콘 말입니다. 유식한 사람이 쓰는 옥수수maïs에 해당합니다."

반대하다antagonise, 다른 나라로 이주하다immigrate, 작게 하다belittle, 유력한influential 등 아메리카식 신조어는 영어의 순결을 지키려는 사람들의 분노를 불러일으켰다. 영국의 시인 새뮤얼 존슨Samuel Johnson은 '아메리카 사투리'를 경멸했다. 비록 작은 일이긴 했으나 신조어는 영국인에게 촌스럽고 기이한 지방색을 느끼게 했고, 미국인은 영국인의 반응을 거북하고 민감하게 받아들였다.

4. 식민지의 종교적 · 철학적 사상에는 영국의 그것과 상당한 차이가 있었다. 사실 비국교도는 종교의 자유와 정치의 자유를 얻기 위해 영국을 떠났다. 그들은 아메리카도 영국 국교를 받아들인다는 말을 듣고 불안감을 감추지 못했다. 감독파 목사는 임명받기 위해 영국으로 갔으나 조합교회파 목사는 권위에 반발했다. 런던의 주교가 식민지에 감독교구를 두겠다고 발표하자 새뮤얼 애덤스Samuel Adams는 이 전제적인 주교를 매도하고 교황의 귀신이라고 규탄했다. 또한 런던의 멋쟁이와 건달들이 청교도를 조롱했다는 말이 들려오자 이들은 크게 분개했다. 순결은 영국인의 비위에 맞지 않는 모양이라며 "이 썩어빠진 귀족정치는 정직한 프로테스탄트를 다스릴 권리가 없다"고까지

역설했다. 프랭클린도 그로서는 드물게 "그 따위 영국인에 비하면 오히려 인디언은 신사다"고 욕을 퍼부었다.

영국의 클럽, 카드놀이, 도박 그리고 런던과 바스Bath 온천의 퇴폐 풍조에 관한 소문을 듣고 미국인들은 격분했다. 아메리카를 찾는 영국인은 베르사유 궁전에서 귀족이 촌놈을 대하듯 미국인을 촌뜨기로 취급했다. 그중 한 사람은 아메리카는 문명사회가 아니라고 말했다. 스코틀랜드 출신인 프린스턴 대학교 총장 존 위더스푼John Witherspoon 은 다음과 같이 기록했다.

"이 나라의 의회, 재판소, 강연회 등에서 듣거나 신문에서 매일 읽는 문법상의 오류, 상스러운 표현은 영국의 같은 계급에 있는 사람에게서 찾아볼 수 없는 것이다."

서로간의 이런 비판은 모국과 식민지의 유대를 약화시켰다. 영국의 한 장교는 "영국 장교 한 사람이 능히 양키 여섯 명을 해치울 수 있다"고 말해 모든 양키를 영국의 적으로 만들어버렸다. 법률가 제임스 오티스James Otis는 런던의 수다쟁이들이 식민지 주민이 마치 본국에 예속되어 있기라도 한 듯 '우리 식민지 사람들'이라고 거만하게 말하는 것을 두고 맹렬히 비난했다. 또 영국인은 그들대로 애덤스가의 한 사람이 "식민지란 지구상에서 오늘날까지 노예 같은 생활을 하는 무지한 사람들의 교화와 해방을 위한 신의 섭리의 실험장"이라고 말했을 때 몹시 분개했다.

5. 정치적으로는 영국보다 아메리카가 급진적이었다. 영국은 오랜 계급제도에서 보다 평등한 사회를 향해 서서히 진보하고 있었다. 반

면 아메리카에서는 삼림과 인디언이 단번에 평등을 이루게 했다. 전 세계의 급진주의자들은 전통적인 증오감이 존재하지 않는 이 나라를 활동무대로 삼았다. 특히 크롬웰 시대에 재산 평등 분배파에 속한 사람들이 이곳으로 떠났다. 그들의 후손은 절대군주제를 택하려는 국왕과 대지주만 선출하는 의회의 권위를 승인하려 하지 않았다. 비국교도는 신앙의 자유를 찾아 영국을 떠난 사람들이라 본국 정부에서 분리되는 것쯤은 조금도 섭섭해 하지 않았다.

아메리카에서는 처음에 귀족정치를 대신해 신권정치가 생겼다가 얼마 지나지 않아 그 정치권력을 민간에 양도해야 했을 때 민주주의가 태어났다. 영국에서는 지주에게만 투표권이 있었는데 지주가 소수라 유권자 수가 적었다. 아메리카에서는 하인과 노예를 제외하고 거의 모두가 지주였으므로 선거권의 불평등이 그리 심하지 않았다. 여기에다 17세기에 발생한 영국의 내란은 중앙정부의 권력을 약화시키고 상대적으로 아메리카의 지방 권력을 강화시켰다.

특허장은 몇몇 식민지를 국가 내에 존재하는 국가로 만들었고 영국의 관리는 식민지에서 존경받지 못했다. 그들은 대부분 아메리카에서 살지도 않았고 본국에서 봉급만 받고 있었다. 심지어 총독들까지도 심각한 비판을 받았다.

"버지니아가 총독을 필요로 하는 것이 아니라 영국 궁정의 총신들이 이 직위를 필요로 하는 것이다."

영국에서 총독의 지위에 적합한 사람은 사실상 아메리카에서 가장 배척받는 사람이었다.

"국왕과 귀족의 권위를 아메리카의 숲 속에서 행사하는 것은 불가능한 일이다."

청교도인 양키와 영국의 보수당은 충돌 직전에 있었다. 그뿐 아니라 총독마다 국교도라는 사실에 청교도들은 격분을 참지 못했다. 영국 관리는 너무 전제적이어서가 아니라 그들이 무질서하게 권력을 행사하는 데다 자치 능력이 있는 조직 안에서 너무 이질적이고 소용없는 존재로 보여 불평과 불만의 대상이 되었다.

6. 오해 중에서도 가장 심각한 것은 경제 문제였다. 영국은 식민지 건설로 부족한 물자, 즉 향신료, 포도주, 명주 등을 쉽게 수입함으로써 본국 경제에 도움이 될 것으로 기대했다. 그런데 식민지에서 보내온 물자는 영국이 그리 필요로 하지 않는 어류, 연기가 되어 사라지는 담배, 소맥, 선박용품, 모피, 얼마 되지 않는 돛대 등이었다. 영국은 크게 실망했고 오히려 열대지방 영토인 서인도 제도의 존재를 더 고마워했다. 그런데 식민지 입장에서는 무역 제한, 공업 금지 같은 조치가 참을 수 없는 압제로 보였다. 프랭클린은 다음과 같이 말했다.

"대영제국은 할 수만 있다면 전 세계에서 생산하고 거래하려 할 것이다. 영국England은 대영제국Great Britain을 위해, 런던은 영국을 위해, 모든 런던 시민은 전 런던을 위해 생산하려 한다."

식민지는 자신들이 "런던 상인을 부유하게 해줄 운명을 지닌 시장"이라는 현실을 받아들이려 하지 않았다. 식민지는 자기 자신을 위한 존재이기를 바랐고 그들은 식민지의 이해관계도 본국의 그것과 다를바 없이 중요하다고 여겼다. 그렇다고 그들이 영국이 주는 혜택을 무시한 것은 아니었다. 그들은 식민지 개발을 위한 자금 지원이나 식민지가 존속하도록 보호해준 영국 해군에 대해 감사하게 생각했다. 그들은 마치 사춘기 아이들이 부모의 희생을 저버리고 가족에 대해 이러쿵저러쿵 비판하듯 다음과 같이 말했다.

"의무 이상으로 무엇을 했단 말인가? 우리를 세상에 낳아놓은 것은 누구인가? 낳았으면 키워주어야 하지 않는가?"

이것은 배은망덕일까? 그렇다고 할 수도 있다. 하지만 이것은 자연의 법칙이다. 어느 정도 성숙하면 과실은 나무에서, 아이들은 부모에게서, 식민지는 본국에서 분리되게 마련이다.

7. 프랑스의 패전과 영국의 캐나다 합병이 앞으로 방위를 위해 영국의 신세를 덜 져도 되겠다는 인상을 식민지에 주었을까? 파리조약 당시 영국의 외교관들은 이 위험성을 지적했다. 그들은 유럽에서 '분할통치'로 세력 균형 정책에 성공했는데 아메리카에서도 이런 정책을 실시하는 것은 어떨지, 캐나다에 있는 프랑스인이 식민지의 복종을 이끌어내는 데 유리하지 않을지 등을 신중히 검토했다. 어떤 사람은 프랑스 국왕에게 퀘벡 지배를 허용하고 영국은 캐나다 대신 서인도 제도에 있는 섬 마르티니크와 과들루프를 점유하는 편이 낫다고 제안하기도 했다.

1763년 프랑스의 대신 중에는 앞으로 아메리카 식민지가 프랑스의 동맹국이 될 가능성이 있다고 예견한 사람도 있었다. 슈아죌은 언젠가 아메리카 식민지에서 대영제국을 전복할 만한 충격이 발생할 것이라고 믿었다.

아메리카에는 여전히 또 다른 적인 인디언이 있었다. 미국인은 그들을 식민지 주민에게 맡기고 영국 함대는 부르봉 왕가로부터 식민지를 보호하면 될 것이라고 생각했다. 프랭클린은 영국에 대항해 모든 식민지가 연합한다는 것을 생각조차 하지 않았다. 각 식민지는 심각한 위험에 직면하고 있으면서도 올버니 회의에서 결속에 실패했다. 그런 상황에서 어떻게 단결해서 본국에 반항할 수 있겠는가? 프랭클린은 식민지를 결속시키려면 극단적인 폭정과 압박이 필요할 것이라고 말했다.

"바람이 불지 않는 한 파도는 일지 않는다."

8. 1763년까지만 해도 식민지 주민은 자신들이 국왕에 대한 충성을 거부하리라고는 꿈에도 생각지 못했다. 하지만 그들은 때때로 자신들이 국왕 치하의 이등국민이고 자신의 이익을 위해서가 아니라 본국에서 특권을 누리는 일등국민의 이익을 위해 존재한다는 불쾌감을 느끼기도 했다. 불만을 참지 못한 사람들은 이렇게 말했다.

"우리는 영국의 공업을 위한 시장을 제공하고 총신들에게 명목뿐인 관직을 주기 위해서만 존재하는 것인가?"

영국 대신의 시각에서 식민지 무역 문제는 다른 수많은 문제 중 하나에 불과했다. 반면 식민지 주민의 관점에서 이것은 사활이 걸린 중대한 문제였다. 그러나 아무리 심한 불평가도 아메리카 식민지를 하나의 국가로 통합하자는 말은 꺼내지 않았다. 그들은 식민지에 통합보다 분열을 초래할 요소가 더 많다는 것을 알고 있었다. 빈약하고 험한 도로, 삼림, 인디언 등이 걸림돌로 작용해 식민지 사이에 연락을 취하는 것은 매우 힘든 일이었다. 변경의 미개척지에서 발생하는 토지 분쟁도 그들을 분열시키고 있었다. 가령 메릴랜드, 펜실베이니아, 버지니아, 코네티컷, 뉴욕 등이 서로 토지를 차지하기 위해 싸우고 있었다.

이처럼 그들은 스스로 느끼지 못하고 있었지만 그들을 이어줄 유대감의 끈은 이미 견고해지고 있었다. 겉보기에 포토맥 강변의 농장주와 보스턴의 상인은 상당히 달랐고 이해관계도 서로 어긋났다. 하지만 다른 한편으로는 버지니아 변경의 개척자와 펜실베이니아 변경의 개척자는 서로 유사한 점이 많았다. 변경 끝 지역에 사는 스코틀랜드인은 자신이 어느 주에 소속되는지도 모르고 있었다. 모든 사람이 삼림을 상대로 싸웠고 자주독립을 열망했으며 돼먹지 않은 관리의 태도에 불만을 품고 있었다. 조제프 에르네스트 르낭Joseph Ernest Renan은 다음과 같이 말했다.

"과거에 같은 영광을 누렸고 현재 같은 의지를 품고 위대한 과업을 함께 완성하며 또 앞으로 그 이상의 과업을 성취하려 희망하는 것은 하나의 국민이 되기 위한 불가결의 조건이다."

미국인은 아직 그들이 함께 위대한 과업을 완성하고 있음을 모르고 있었다. 그들이 그 사실을 알게 되는 날 그들은 더 큰 과업을 성취하려 노력할 것이었다.

제2장

—

기로에 서다

HISTOIRE DES ETATS-UNIS

—

chapter 1

전후의 제반 문제들

Post-War Problems

—

1. 아무리 일방적인 승리로 얻은 것일지라도 평화에는 해결해야 할 허다한 문제가 뒤따르게 마련이다. 파리조약도 아메리카에 적지 않은 문제를 안겨주었다. 프랑스는 광대한 미시시피 강 유역의 땅을 잃었는데, 그때까지 프랑스군은 인디언과 동맹관계를 유지하면서 요새와 주둔소를 중심으로 그 지방의 질서 유지를 맡고 있었다. 강화조약 이후 영국군은 이 임무를 떠맡아야 했다. 하지만 프랑스 요새를 접수하기 위해 군사를 파견한 제프리 애머스트 장군은 인디언의 저항을 받았다. 그 저항을 이끄는 인물은 오타와족의 추장 폰티액Pontiac이었다. 총명한 그는 프랑스인보다 영국인이 인디언에게 더 위험한 존재라는 것을 직감으로 알고 있었다. 프랑스인은 수효가 적어 얼마 되지 않는 토지를 요구했으나 영국인은 농민을 집단으로 이주시켰던 것이다. 파도 같은 앵글로색슨의 이러한 침입이 얼마나 두려운 것인지 그는 잘 알고 있었다.

폰티액의 비밀 저항은 초기에 성과를 거뒀다. 하지만 그가 디트로이트 요새를 습격했을 때는 영군 요새 사령관이 사전에 정보를 얻는 바람에 점령하지 못하고 포위만 했다. 애머스트의 요청에 따라 프랑스는 인디언에게 더 이상 프랑스가 인디언을 원조할 수 없다고 통고했다. 샤르트르 요새의 프랑스 사령관은 인디언에게 이렇게 말했다.

"친애하는 내 아들들이여, 모든 적개심을 버려라. 더 이상 너희의 형제인 미국인이 피를 흘리게 해서는 안 된다. 프랑스인과 미국인의 마음은 이제 하나가 되었다. 너희가 그들을 공격하는 것은 우리를 공격하는 것이나 마찬가지다."

이 호소는 폰티액의 마음을 강화로 이끌었다. 물론 이것은 많은 충돌, 습격, 살육을 거친 후에야 간신히 얻어낸 결과였다. 더구나 서부의 치안 문제는 해결하지 못한 채 그대로 남아 있었다.

2. 영국 정부는 전쟁으로 차지한 드넓은 지역을 어떻게 관리할 것인가? 대부분의 식민지 주민은 그 지역을 개방해 농민, 투기업자, 사냥꾼들이 한밑천 잡게 되기를 희망했다. 소위 방임 정책을 바란 것이다. 그러나 이를 위해서는 적지 않은 위험이 따랐다. 가장 큰 위험은 인디언이었다. 만일 정부가 토지 투기업자의 탐욕을 방임할 경우 인디언은 토지를 몽땅 빼앗길 것이고, 그러면 인디언 문제를 해결할 때까지 폭동과 살육이 이어질 것이 빤했다. 그뿐 아니라 각 식민지가 아직 지역 분할 문제를 놓고 서로 합의하지 않은 상태라 경계의 재조정과 그에 따른 분쟁이 계속될 수밖에 없었다. 분배받지 못한 식민지는 반감을 품을 것이고 사냥꾼과 토지 투기업자의 이해관계는 상반될

것이었다.

영국 정부는 과거 2세기에 걸친 경험을 통해 새로운 영토에서 초기 식민정책보다 더 강력한 통치를 할 계획이었다. 사실 영국은 초기 아메리카 식민지에 대해 직접적인 이해관계가 없었고, 이후 혁명으로 영국이 혼란에 빠지는 바람에 이 식민지는 그동안 영국의 다른 영토보다 과분한 자유를 누려왔다. 이런 관습을 방임하면 안 된다고 생각한 영국이 새로운 영토에 한층 더 강력한 통치정책을 펴려 한 것이다.

1763년 1월 영국 정부는 퀘벡, 이스트플로리다, 웨스트플로리다에 세 행정구역을 신설하겠다고 발표했다. 앨러게니 산맥, 미시시피 강 그리고 오대호에 둘러싸인 지역은 '인디언 보호구역Indian Reservation'으로 책정했다. 이 지역에서는 식민지 주민이 거주할 수 없고 특별한 허가 없이는 토지를 매매할 수도 없으며 그곳에 살고 있던 사람은 퇴거해야 했다. 식민지 주민은 크게 분개했다. 서부는 그들의 희망, 장래, 성공이 걸려 있는 곳이었기 때문이다. 영국에서는 에드먼드 버크가 "명백한 특허장을 통해 하나님이 인류의 후손에게 주신 토지를 맹수의 소굴로 만들 수는 없다"며 정부 정책에 반대 발언을 했다. 또한 가뜩이나 불평불만이 팽배한 상황에서 만일 조지 3세George III(1738~1820) 정부가 그들이 개척자가 되는 길마저 막는다면 그들은 반역자가 될 수밖에 없을 것이라고 덧붙였다.

3. 사실 세 행정구역 신설 칙령은 아메리카에 대한 기타 법령처럼 엄격히 시행되지 않고 있었다. 몇몇 개척자 집단은 서부의 인디언 보호구역에서 넓은 땅을 손에 넣었다. 워싱턴은 오하이오 평원에 3만

3,000에이커(약 4,000만 평)를 마련해 리Lee 형제와 개척 사업을 시작했다. 1773년 상무원은 벤저민 프랭클린과 윌리엄 존슨William Johnson이 관계하고 있던 한 회사에 앨러게니 산맥과 오하이오 강 사이에 있는 250만 에이커를 불하했다. 그러나 추밀원은 인준을 차일피일 미루다가 아메리카가 독립해 이 계획이 무효가 되자 그제야 인준해주었다.

이처럼 영국 통치의 '현명한 방임'과 '유익한 태만' 때문에 식민지인은 숨을 돌릴 수 있었다. 만일 세무관리가 징세를 제대로 했다면 해안지대 상인들이 격분했을 테지만 그들은 거의 직무유기를 하고 있었다. 그들은 대부분 본국에 머문 채 봉급을 받으며 평화롭게 살고 있었다. 1760년대 말 법령 적용을 강화하기까지 1,000파운드의 세금을 징수하는 데 7,000파운드의 경비가 들었다. 이러한 태만은 식민지인에게는 유리했으나 영국 정부로서는 괴로운 일이었다. 그렇다고 좀 더 효과적인 관세 징수 기구를 마련하자니 다른 모든 것을 망쳐버릴 위험이 있었다.

"1763년의 강화조약 성립 이후 10년 동안 일어난 주요 문제의 근원은 식민지를 통치하던 중앙집권제와 식민지가 실시하던 자치제의 조화 여부에 있었다."

4. 1763년 이후 영국은 식민지에 보다 많은 것을 요구했다. 그러자 사람들은 새로운 왕 조지 3세와 그의 전제 통치를 비난했고 여러 문제가 종전보다 더 심각한 방향으로 흘러가기 시작했다.

"영국은 새로운 제국주의 정책을 채택했다. 왜냐하면 새로운 제국을 점령했기 때문이다."

특허회사와 식민지 영주의 시대에 영국 정부는 식민 사업을 육성하려 하기보다 오히려 이것을 귀찮게 여기고 있었다. 사실 초기 식민지 주민들은 스스로 방위를 하고 본국에 거의 부담을 주지 않았다. 하지만 이제 프랑스와의 전쟁으로 양상이 완전히 달라졌고 새 영토의 행정, 방위, 재건에 막대한 자금이 필요했다. 캐나다의 프랑스계 주민과 인디언에 인접한 긴 경계선을 지키려면 적어도 1만 명의 군대가 아메리카에 주둔해야 했다. 그러나 식민지를 위한 정부 지출이 이미 42만 파운드에 달하는 상태에서 식민지의 면역세 납부는 1만 6,000파운드에 불과했다. 이와 관련해 식민지 주민들은 아직 갓난아기인 식민지를 보호하는 데 필요한 경비를 식민지에 청구할 수는 없다고 주장했다. 제임스 윌슨James Wilson은 말했다.

"아직 유년기에 있는 아이가 부모에게 봉양의 의무를 다하기를 기대해서는 안 된다. 분별이 생기는 성년기가 될 때까지 의무 수행을 기다려야 한다."

5. 그러나 이런 이론은 포대기에 싸인 갓난아기가 성인의 자유를 요구하면 타당성을 잃는다. 본국의 불만은 어느 정도 당연했고 전쟁으로 갑자기 부채가 증가하여 그럴 수밖에 없는 상황이었다. 1764년 신임 재무대신 존 그렌빌John Grenville은 의회에서 예산안을 장황하게 설명한 뒤 부채가 7,000만 파운드라 300만 파운드의 신규 과세를 집행하겠다고 선언했다. 여기에는 두 가지 방법이 있었다. 하나는 본토에서의 재산 과세이고 다른 하나는 식민지에서의 관세수입 증액이었다. 지주인 하원의원들은 두 번째 방법에 동의했고 그렌빌은 그 의견

에 따랐다. 비록 내각은 전원이 찬성한 것은 아니지만 식민지의 수입품, 즉 커피, 마데이라(와인), 포도주, 청람(천연색소), 설탕, 당밀에 과세하고 외국산 럼주의 수입을 금지하자는 그렌빌의 제안을 채택했다.

'설탕법Sugar Act'은 성행하던 설탕의 밀수입을 조절하여 관세수입을 늘리고, 영국령 서인도 제도의 설탕산업을 프랑스령 및 스페인령 서인도 제도의 설탕산업으로부터 보호하려는 목적으로 제정한 것이다. 의원들은 돈 한 푼 부담하지 않는 이 예산안을 기꺼이 승인했고 그렌빌 대신을 유능한 재정가로 칭송했다. 그러나 대서양 건너편에서는 이 법령을 냉담하게 맞이했다.

6. 식민지는 설탕법에 반대했지만 영국 정부는 이를 강행하려 했다. 이것은 매우 과격한 개혁이었다. 그동안 관대한 묵인 아래 밀무역을 해온 식민지의 입장에서 새로 실시하는 무장 감시, 심문, 소환 등은 참을 수 없는 처사였다.

1765년 그렌빌은 식민지 방위에 항구적인 종합 정책이 필요하다고 주장함으로써 거듭 과오를 범했다. 대체 육해군을 누가 편성할 것인가? 식민지 스스로 해야 하는가? 13개 식민지는 아직 한 번도 연합해본 적이 없었고 프랭클린은 연합은 필요하지만 불가능하다고 여기고 있었다. 그렇다면 영국 정부가 맡아야 하는가? 이 경우 영국 정부는 새로운 재원을 마련해야 한다. 어떻게 해야 할까? 재무성은 '인지세법Stamp Tax'안을 마련했고 미국인은 반대했다. 그렌빌은 런던에 있는 식민지 대표들과 협의하는 자리에서 그들에게 "미국인은 어떤 방법이 좋다는 것인가?"라고 물었다. 그는 인지세법이 가장 소화하기 쉬운 것이라고 믿었지만 미국인이 다른 것을 좋아한다면 그걸 검토해도 무방하다고 생각했다.

프랭클린은 영국 왕이 이전에 시행한 것처럼 식민지 스스로 필요한 액수를 결정하는 방법을 제안했다. 그렌빌이 "귀하는 미국인에게 보다 간편한 과세법이 있다고 생각하는가? 귀하는 각 식민지에 대한 과세 할당을 납득시킬 수 있는가?"라고 묻자 프랭클린은 그것이 불가능하다는 것을 인정했다. 이제 인지세법은 의회의 표결만 남아 있었고 1765년 2월 투표를 시행했다.

7. 인지세법은 지정판매소에서 파는 인지를 아메리카에서 사용하는 모든 서류, 영업감찰, 고지서, 신문, 연감, 카드 등에 첨부하도록 규정한 것이었다. 이 법령은 과연 합법적이었을까? 식민지 대표들은 영국 국민의 경우 과세를 하려면 그들의 동의가 필요하다는 점을 내세웠다. 그렌빌은 "아무도 식민지의 권리를 침해하지 않았다. 식민지는 의회가 대표하고 있고 추밀원이 제국을 대표해 결정한 것이다"라고 답변했다. 이것은 당시 투표권이 없던 대다수 영국 국민에게도 적용한 위장 대표제의 원리이기도 했다.

중세기 의회는 '대표권이 없는 곳에 과세는 없다'는 주장에서 탄생했다. 사실 18세기의 영국인은 '의회의 승인 없이는 과세가 있을 수 없다'라는 말에 만족하고 있었다. 그런데 이번 사건은 일보후퇴나 다름없었다. 영국의 일반인에게 고루 투표권이 있는 것은 아니었지만 자기 지역에서 선출한 의원을 통해 간접적으로나마 대표권을 행사했는데, 식민지 주민들은 그마저도 없었기 때문에 그들은 이론적으로 반대할 수 있었다. 만약 식민지가 의회에 대표권이 있다면 왜 식민지에서 의원을 선출하지 않는가? 정부 대변인을 자처하던 존슨 박사는 "우리는 송아지에게 쟁기를 매지는 않는다. 황소가 되기를 기다리겠다"고 해명했다. 식민지 주민들은 "그것은 그렇다 치고 왜 송아지에게 세금을 받으려고 하는가?"라고 반문했다.

식민지 주민의 주장은 중세기부터 영국인이 해온 것으로 과세를 하려면 의회에서 각 지방의 동의를 받아야 하는데 아메리카에는 그런 대표권이 없다는 얘기였다. 아메리카의 대표들은 식민지의 특허장은 의회가 아니라 국왕이 내린 만큼 식민지는 국왕에게만 충성하면 된다며 새삼스레 중세기적 호소를 했다.

8. 에드먼드 버크는 "인지세법에 관한 영국 의회의 토론은 이때까지 그런 일이 없었을 정도로 저조했다"고 말했다. 실제로 이 법안은 런던 시민조차 의회에서 무슨 일을 진행하고 있는지 몰랐을 만큼 조용히 통과되었다. 단 한 사람 찰스 타운센드Charles Townshend 의원만 다음과 같은 찬성 연설을 했을 뿐이었다.

"아메리카의 우리 자녀들은 우리의 도움으로 그곳에 이주했다. 우리의 방임으로 번영을 누리고 우리 군대의 힘으로 보호를 받는 그들이 부채로 허덕이는 노부모 돕기를 거절하는 것은 배은망덕이다."

퀘벡에서 제임스 울프와 함께 싸웠던 아일랜드인 아이작 바레Issac Barré 대령이 반대 의견을 피력했다.

"그들이 여러분의 힘으로 이주했다고요? 천만의 말씀. 그들이 아메리카로 이주한 것은 여러분의 박해 때문이었습니다. (…) 그들이 잘 자라게 놓아두었다고요? 그들은 여러분을 지키기 위해 무기를 들고 싸운 일도 있습니다."

의회는 이 장엄한 웅변으로 잠깐 졸음기가 사라졌으나 다시 표결할 때까지 잠에 빠졌고 드디어 인지세법은 200 대 49로 통과되었다. 현명한 사람들조차 이 법령이 불행의 씨를 잉태하고 있음을 예견하지 못했다. 이로써 이해관계가 서로 달랐던 각 식민지는 처음으로 통합에 나서기 시작했다. 당밀 과세는 북부의 상인만, 담배 과세는 남부의 농장주만 자극했으나 인지세는 북부와 남부를 함께 격분시켰다. 특히 압제자에게 굴복하지 않겠다는 법률가, 언론인 등 이해관계가 별로 없는 사람들까지도 자극했다.

런던은 이런 사태를 대수롭지 않게 여겼다. 이 법안이 식민지 주민들 사이에 반대 여론을 불러일으킬 것임을 알고 있던 프랭클린도 다소의 반항은 짐작했으나 별다른 도리가 없을 거라고 생각했다. 그는 영국의 국력을 향해 정면으로 반대 투쟁을 감행할 사람은 없을 거라고 여겼다. 식민지 생활의 중심을 이루는 모든 항구는 영국 해군에게 의존하고 있었다. 프랭클린은 그의 친지인 휴스를 필라델피아의 인지 판매인으로 선정할 만큼 사태를 낙관하고 있었다.

9. 한마디로 프랭클린은 인지세법이 아메리카에 몰고 올 후폭풍을 예상조차 하지 못했다. 실질적으로 부담이 과중한 것도 아니었다. 인지의 가격은 서류의 중요도에 따라 다르긴 했어도 부담이 갈 정도는 아니었다. 아메리카를 뒤흔든 것은 그 액수가 아니라 정신이었다. 그들은 식민지의 대외무역을 조정하기 위한 관세 부과는 인정했지만

그들의 대표가 참석하지 않은 의회가 표결한 내국세 지불은 거부한다는 것이었다.

필라델피아에서는 프랭클린의 반대자들이 이 틈에 그의 신망을 떨어뜨리기 위해 여러 불법 활동을 감행했다. 가령 인지세법에 협력하는 대가로 국왕이 그를 정부의 요직에 임명하겠다는 약속을 했다는 낭설을 퍼트렸다. 그들이 프랭클린의 집에 불을 지르겠다고 협박하자 그의 아내는 집을 지키기 위해 필요하다면 발포도 불사하겠다고 선언했다.

버지니아의 윌리엄스버그 식민지 의회에서 지배적인 세력을 차지하고 있던 대농장주들은 그들의 권리를 지키는 데는 열렬했으나 이 문제에는 형식적인 항의로 만족했다. 하지만 진취적인 개척자들이 사는 변경지역 출신의 젊은 의원들 때문에 1765년 5월 개최한 의회에서 정세가 급진적인 방향으로 기울었다. 이 소장 급진파 중에는 패트릭 헨리도 있었다. 스물아홉 살에 불과한 이 변호사는 덫 사냥꾼, 상인, 농부 등 모든 직업에서 실패만 거듭하다가 타고난 웅변으로 단기간에 변호사로 성공했다. 그는 성서와 티투스 리비우스의 역사서 애독자로 그의 열렬하면서도 간명하고 고전적인 표현을 모방했다. 1765년 그는 인지세법에 반대하는 다섯 개 항목의 결의안을 발표했다. 그가 "로마의 타르퀴니우스Tarquin(로마의 제7대 왕)와 카이사르Caesar(로마의 정치가)에게는 브루투스Brutus가 있었고, 영국 왕 찰스 1세에게는 크롬웰이 있었듯 조지 3세에게도"라고 말했을 때 "역적!"이라고 외치는 소리가 그의 연설을 중단시켰다. 영국 왕에게 충성을 바치던 사람들은 이런 난폭한 언사를 좋아하지 않았던 것이다.

10. 변경과 '가난한 백인'을 대표하는 의원들의 지지를 얻어 패트릭 헨리의 결의안은 의장 페이턴 랜돌프Peyton Randolph의 반대에도 불구하고 한 표 차로 가결되었다. 당시 아직 젊었던 토머스 제퍼슨은 폐회 후 랜돌프가 "그 한 표에 500기니라도 지불할걸"이라고 말하는 것을 들었다. 다음 날 랜돌프는 가장 과격한 결의안 제5조를 의사록에서 삭제했다. 얼마 지나지 않아 버지니아의 결의안 사본이 보스턴, 필라델피아, 뉴욕으로 전달되었다. 그들은 결의안에서 식민지의 영국 신민은 식민지 의회에서 결의하지 않은 경제 법규는 준수할 수 없다고 명백히 선언했다.

보스턴 시는 흥분의 도가니가 되었다. 이때부터 매사추세츠는 영국의 새로운 정책에 반대하는 선봉에 섰다. 만약 버지니아의 부유한 국교도 농장주가 합세해 선동적인 선언을 작성하게 한다면 연합 가능성이 생길 터였다. 매사추세츠는 국왕의 재고를 요청하기 위한 대표를 뉴욕에 소집해 대륙회의를 개최하자는 회람을 각 식민지에 발송했다. 이번 사건의 주범을 국왕이 아니라 의회라고 보았기 때문이다. 아홉 개의 식민지가 동의했고 세 개의 식민지는 대표를 선출하기 위한 의회 소집을 거부했다.

대륙회의는 '겸손한 탄원서'를 통해 국왕에게 재정에 관한 근본 방침을 재고하도록 건의했다. 그렌빌과 하원은 '겸손한 탄원서'에 인지세법을 폐지하기까지 영국 상품을 사들이지 않겠다는 결의가 담겨 있지 않았다면 아마 그다지 신경 쓰지 않았을 것이다. 이 운동을 강력히 추진하기 위해 '자유의 아들들Sons of Liberty'이라는 행동단체도 등장했다. 이 명칭은 바레 대령이 하원에서 연설할 때 사용한 말에서 따온 것이었다. '자유의 아들들'은 부당한 법률, 특히 인지세법에 대해 모든 가능한 투쟁 방법을 동원하겠다고 맹세했다.

11. 그들의 활동은 사람들이 크게 놀랄 만큼 과격했다. 여기에다 이해관계가 사람들의 이념과 사상에 불을 질렀다. 밀무역으로 재산을 축적한 항구의 부유한 상인들은 커다란 골칫거리인 설탕법 폐기를 바랐다. 변경에 있는 미개척지의 땅을 일군 농민들은 인디언 보호구역 설정을 그대로 인정하려 하지 않았다. 남부의 농장주들은 영국을 채권자로 여겼고 변경의 농민들처럼 서부의 토지에 대한 기득권과 장래의 희망을 파괴하는 법령에 크게 분개하고 있었다. 존 애덤스 같은 지식인은 신문에 대한 인지세법을 출판, 교육, 사상을 통제하는 수단으로 간주했다. 결과적으로 중요한 지위에 있는 모든 사람까지 반항 운동을 지지했다. 이들의 계몽과 지원으로 청년과 직공들이 궐기했고 이들 급진파는 곧 온건파를 제압했다.

온건파는 재산을 축적하고 소극적인 저항을 하며 통상 저지로 곤경에 빠질 영국이 무슨 제안이든 할 때까지 안락한 자기 집에서 기다리기만 하면 그만인 편안한 사람들이었다. 그러나 의뢰인이 없는 젊은 변호사나 팔아야 할 물건이 없는 소매상인들은 몹시 초조했다. 이들은 반대파의 집에 불을 지르고 그들의 인형을 만들어 화형을 집행했다. 주로 요직에 있던 사람이나 인지세 징수인 또는 국교 성직자가 박해를 받았지만 사람들은 이를 자유를 위한 일이라고 생각했다.

'자유의 아들들'은 자기들과 생각이 다른 사람을 모두 '전제의 아들들Sons of Despotism'이라고 불렀다. 부총독 토머스 허친슨의 집은 귀중품과 서류까지 약탈당했다. 그는 오랫동안 영사를 지낸 가문의 자손이자 저명한 향토 역사가로 존경받을 만한 관리였으나 이념과 사상에서 영국의 보수당과 상통하고 있었다. 그는 국왕을 숭상하고 제국 통일의 원칙을 위해 진력했으며 영국 의회가 모든 의회 중 가장 이상적이라고 믿었다. 이 사상은 한때 그에게 덕망의 기반이었으나 이제 그것이 세태에 맞지 않았던 것이다.

토머스 허친슨은 다른 보수당 친구들처럼 주위에서 기세를 올리며 반항하는 미국인을 도무지 이해할 수가 없었다. 그는 그들을 비난하고 증오했으며 광적이라고까지 생각했다. 한편 보스턴의 민중은 그를 반동분자로 규정했고 그의 실정을 규탄하기 위해 그의 집에 불을 질렀다. 이 운동을 방관하던 낙천적인 이론가 중에는 사태의 진전을 보고 후회하는 사람이 적지 않았다.

12. 아메리카의 온건파에게는 다행스럽게도 영국의 온건파도 이 투쟁에 염증을 느끼기 시작했다. 사실 런던의 상인들은 공장 휴업으로 손해가 막심했다. 무엇 때문에 싸우는 것인가? 인지 판매 때문인가? 아직 인지는 판매하지 않고 있었다. 그렌빌에 이어 수상이 된 찰스 로킹엄Charles Rockingham은 인지세법 폐기 문제를 제기했고 이에 그렌빌이 반대했다.

"영국은 아메리카를 보호하고 있으므로 아메리카는 영국에 복종해야 한다."

동시에 그는 아메리카가 언제 해방이 되었느냐고 반문했다. 이때 피트 의원이 가로막고 나섰다.

"나는 아메리카가 언제부터 노예가 되었는지 묻고 싶다."

의회의 권리에 관한 학구적 토론이 런던 상인의 흥미를 끌 수는 없었다. 그들은 외쳤다.

"우리는 당신네들의 정치를 전혀 이해할 수가 없다. 우리의 장사는 엉망진창이 되었다. 무엇이든 대책을 세워주어야지 그렇지 않으면 끝장나고 말 것이다."

이것은 부인할 수 없는 명백한 사실이었다. 영국 하원은 의견을 듣기 위해 프랭클린을 특별석으로 호출했다. 그는 식민지 행정을 완전히 재검토할 것과 식민지에서 선출한 의원을 영국 의회에 참여시켜야 한다고 주장하려 했다. 그러나 그런 제안이 영국에서 찬성을 얻을 것 같지 않자 단순히 인지세법 폐지만 제언했다. 그는 의원들과 다음과 같은 문답을 교환했다.

"만약 인지세법을 그대로 둔다면 영국 상품 대신 품질이 좋지 않은 타국 상품을 수입할 만큼 아메리카 사람들의 감정이 악화될 것으로 생각하는가?"

"그렇게 될 것이라고 생각한다."

"이때까지 아메리카 사람들이 자랑으로 삼고 있던 것은 무엇인가?"

"영국식을 따르는 것이다. 그건 그렇다 치고 지금 자랑으로 삼는 것은 스스로 새 옷을 만들 수 있을 때까지만 전에 입던 헌 옷을 입으려는 것이다."

프랭클린의 증언이 아메리카인에게 승리를 안겨주었는지는 확언하기가 곤란하다. 아무튼 명백한 표현, 간결한 답변 그리고 온건한 태도가 의회에서 아메리카인의 면목을 세워준 것만은 틀림이 없었다.

인지세법은 폐기되었고 1년 전만 해도 반역자 중에서도 가장 악질적인 반역자라고 지탄받던 프랭클린은 이제 아메리카에서 민중의 영웅이 되었다. 위신을 지키는 데 몹시 집착한 조지 3세는 항복 문서에 서명하기를 오랫동안 주저했다. 대신들이 국왕에게 서명 지연에 따른 상인들의 심각한 불만을 전달하는 한편 의회가 '선언법Declaratory Act'을 제정해 합법적으로 입법 권한을 확보한 덕분에 결국 국왕은 굴복했다.

1766년 봄 아메리카에서는 승리를 경축하기 위해 모든 술집에서 자유를 위한 축배를 들었다. 식민지는 불꽃놀이, 연회, 들놀이 등을 즐기며 영국과의 화해를 기뻐했다. 도처에 영국기가 휘날리고 있었다. 이 시기에 개혁을 추진한다면 본국과 새로운 유대를 강화하는 것도 그리 어렵지 않을 듯했다. 프랭클린은 개혁을 위한 구체적 방안을 제시했는데 그것은 아메리카가 자치 식민지로서 대영제국의 일부가 된다는 것이었다. 프랭클린은 지나치게 객관적인 성격 탓에 시대감각을 무시하고 있었던 것이다. 시대감각은 언제든 무시하면 안 된다.

chapter 2

제2회전

Second Round

1. 아메리카의 여론은 제1회전에서 승리를 거뒀으나 영국의 여론은 식민지에 대한 불만을 여전히 해소하지 못한 상태였다. 도대체 미국인은 영국인이 아니란 말인가? 방위 문제에는 영국인이고 과세 문제에는 미국인이란 말인가? 이에 대해 미국인은 다음과 같이 대답했다.

"우리는 영국인이다. 그러나 내국세만은 인정할 수 없다."

많은 영국인이 이런 태도와 반항을 본말이 전도된 것으로 생각했다. 내국세든 관세든 합법적인 경비를 지불하기는 마찬가지인데 자유시민이라고 해서 인지세를 내느니 차라리 죽음을 택하겠다고 하면서 관세 징수는 거부하지 않는 것을 도저히 이해할 수 없었던 것이다. '자유의 아들들'은 압정壓政을 반대한다고 외쳤고, 영국은 누가 압정을 하느냐고 반문했다. 영국인은 진정으로 아메리카에서 영국의 통치처럼 융화적인 것은 없다고 자신하고 있었다. 그래서 자신을 방위하는 경비를 분담하라는 것이 왜 부당한 일인지 이해하지 못했다. 사실 영국인은 미국인보다 훨씬 더 많은 세금을 내고 있었다. 더구나 식민지는 대안이 될 만한 해결책을 제시한 일도 없었다. 보수당은 아무도 침해하지 않은 자유를 수호하겠다는 아메리카의 운동을 영국의 자유당이 지지하는 것보다 더 우스운 일은 없을 거라고 공격했다.

2. 1767년 찰스 타운센드가 영국의 재무대신이 되었다. 그는 붙임성은 있었으나 성격이 모순적인 사람으로 경솔할 만큼 재치가 풍부했고 "모든 당파에 속하면서도 아무 활동도 하지 않고" 한 토론에서 두 가지 상반된 논점을 동등하게 유지하는 재간이 있었다. 그는 채텀 경Lord Chatham(윌리엄 피트의 귀족명—역자주)은 언어로, 버크는 비유로, 그렌빌은 가정으로, 리처드 릭비Richard Rigby는 뻔뻔스러움으로, 자기 자신은 바보스러움으로 그리고 모든 사람은 훌륭한 농담으로 굴복시켰다.

의회는 식민지의 오만한 태도를 더 이상 참지 않으려 했다. 양보는 그들의 비타협적인 태도를 키워줄 뿐이라는 의식이 팽배했다. 보스턴 시는 난동으로 발생한 왕당파의 피해 보상을 거부했고 식민지 의회는 둔영법(식민지에 주둔하는 영국군의 주둔비를 부과하는 법)에 따른 영국군의 숙영(군대가 병영을 떠나 다른 곳에서 숙박하는 일)까지도 거부했다. 식민지인을 가장 두둔하던 채텀 경마저 이래서야 어찌 식민지를 위한 옹호 발언을 할 수 있겠는가 하면서 그들의 태도를 비난했다. 타운센드는 의회에서 다음과 같은 연설로 갈채를 받았다.

"이제 우리는 이 문제를 더 이상 토의할 필요가 없다. 법률을 준수할 때까지 뉴욕 식민지 의회의 권리를 정지시켜야 한다. 미국인의 상투적인 보복 수단이 총독의 봉급을 지불하지 않겠다는 것이라면, 우리는 총독의 봉급을 확보하기 위해 그들에게 과세하면 된다. 그들은 어떤 종류의 세금이냐고 말할 것이다. 무엇 때문인지는 모르겠으나 그들이 관세를 원한다고 하니 유리, 도료 용지, 차에 관세를 부과하고 이 새로운 세금을 징수하기 위해 주재 징수관을 아메리카로 파견하도록 하겠다."

3. 새로운 관세 법안은 제안하자마자 통과되었고 영국 의회는 이 법령만은 틀림없이 집행될 거라고 믿었다. 그때까지 아무리 과격한 급진분자도 의회의 관세 부과를 반대한 일은 없었던 것이다. 하지만 본국에서 세금징수관을 임명한다는 것은 지금까지 각 식민지가 보유하던 모든 징수 권한이 그들에게 넘어간다는 것을 의미했다. 식민지로서는 이것이 첫째 불만이었다. 또한 신규 법령은 상품의 비밀 거래를 수색하기 위해 징수관이 주택, 상점, 지하창고 등에 마음대로 출입하는 것을 인정했다. 이것이 둘째 불만으로 이는 첫째 불만보다 더 중대한 문제였다. 미국인은 주택의 주인으로서 자기 가정에 침범하는 것을 무엇보다 싫어했다. 결국 영장과 무장 감시원을 거느리고 나타난 징수관은 굉장한 반항에 직면했고 모든 밀무역자들은 격분했다.

1768년 보스턴의 선주 존 핸콕의 리버티호가 마데이라 섬에서 포도주를 싣고 입항했다. 그는 하버드 대학 출신으로 로마의 시인 베르길리우스Publius Vergilius Maro와 고대 그리스 시인 호메로스Homeros의 시를 읊을 수 있는 보스턴의 상인이었다. 그의 전기를 쓴 한 미국인은 다음과 같이 기록하고 있다.

"온건이란 미덕이 잘못이라 해도 그것은 핸콕의 책임이 아니다."

또한 토머스 허친슨은 이렇게 말했다.

"그는 대중의 찬사를 몹시 좋아하는 성격이었다. (…) 그는 천성이 온건해 애써 수양을 했지만 이런 성격은 고쳐지지 않았다."

그는 마데이라산 고급 포도주를 좋아했는데 이제 비싼 세금을 물어야 했다. 그는 리버티호를 조사하기 위해 승선한 세관원을 감금하고 세금을 물지 않은 채 포도주를 뭍으로 운반했다. 영국에서 온 징수관이 배를 압류하고 그의 숙소까지 습격하는 바람에 그는 가족과 함께 군함으로 피신했다. 압류 사건으로 존 핸콕은 유명해졌고 부유한 계급에 속하는 사람이었음에도 민중의 영웅으로 떠올랐다. 그가 고발당하자 이 사건을 변호한 존 애덤스는 아메리카에서의 타운센드법의 유효성에 대해 이렇게 이의를 제기했다.

"내 의뢰인인 핸콕 씨는 이 법령에 찬동하지 않았고 투표한 일도 없다. 이 법령을 토의할 때 참석할 대표를 선출한 일도 없다"

영국군 2개 연대가 보스턴의 병영을 점령하라는 명령을 받았다. 어부의 거리 보스턴 시에서는 영국군을 '새우껍질'이라고 불렀는데, 영국군의 빨간 군복이 거리에서 빛나자 시민들은 술렁거렸다. 일요일에 연주를 하던 영국 군악대는 청교도와 '자유의 아들들'을 조롱했고 시민들은 영국군과 말을 하는 것조차 거부했다.

다시 한 번 정세가 극도로 악화되었다. 관세 수입은 연간 3만 파운드였는데 징수 경비로 1만 3,000파운드나 들어갔다. 이 차액을 가지고 2개 연대를 어떻게 유지할 것인가. 그야말로 빈약한 재정에다 졸렬한 정책이었다.

4. 보스턴의 급진파들은 타운센드가 내국세를 관세로 전환한 정책에 함정이 숨어 있는 것 같다고 의심하기 시작했다. 그러나 인지세법 때보다 반대론을 주장하기가 더 힘들었다. 식민지 주민이 15년 동안이나 승인해온 관세를 이제 와서 무슨 이유로 반대할 것인가. 그때 고결하고 성실한 자유당 의원이자 변호사인 존 디킨슨John Dickinson이 《펜실베이니아의 농민에게서 온 편지Letters from a farmer in Pennsylvania》라는 저서를 출판해 이에 대해 간단하고 효과적인 구실을 제공했다. 디킨슨은 이 과세의 위험성은 과세 자체보다 과세하는 사람들의 정신에 있다고 하면서 통상을 조정하기 위한 관세는 합법적이지만 관리의 봉급 및 재정수입을 위한 관세는 부당하다고 주장했다. 보스턴 타운미팅의 인기 있는 웅변가 새뮤얼 애덤스는 이렇게 주장했다.

"영국 의회는 최고 권위인 영국 헌법을 준수해야 하며 어떠한 법률도 헌법과 대헌장에 위배되면 효력을 발휘하지 못한다. 만약 영국 헌법이 존재하지 않는다고 하면 나는 영국 헌법의 가장 큰 힘은 그것이 인간의 이성과 물체의 본질 밖에서는 존재하지 않는다는 점이라고 대답하겠다. 그러므로 자연법의 원리에 따라 반드시 과세하기 전에 누구에게나 협의할 기회가 주어져야 한다."

벤저민 프랭클린은 혁명 시대에는 도리어 위험할 수 있는 총명함과 성실함을 보여주었는데 그는 이런 논법은 명확치 않으며 다음과 같이 말하는 것이 보다 간결하다고 생각했다.

"영국 의회는 아메리카의 모든 법률을 제정하든 전혀 관여하지 않든 양자택일을 하라."

이 표현은 어떠한 법률도 받아들이지 않겠다는 미국인의 솔직한 심

정은 물론, 아메리카와 영국은 제국적인 통합 방안을 모색해야 한다
는 핵심적인 문제점을 명확히 지적하고 있다. 그러나 이처럼 대국적
인 견지에서 미래를 내다보는 사람은 프랭클린을 비롯해 몇 사람에
지나지 않았다.

5. 식민지 주민은 통상 거부가 영국 상인에게 가장 효과적인 견제
수단임을 알고 있었다. 인지세법을 폐지하게 한 것도 영국 상품의 수
입 금지였다. 식민지인은 신규 관세 반대 투쟁에도 동일한 방법을 쓰
기로 했다. 1769년 뉴욕이 영국에서 들여온 수입액은 48만 2,000파
운드에서 7만 4,000파운드로 줄어들었다. 펜실베이니아와 메릴랜드
의 수입액은 절반으로 뚝 떨어졌다.

남부 식민지는 오랜 습성을 고치는 데 시간이 걸렸으나 지난 전쟁
때 영국에 대해 심한 증오감을 느낀 조지 워싱턴 같은 사람의 노력으
로 대농장주들이 점차 런던 대리점의 채무에서 벗어날 방법을 강구
했다. 보스턴에서는 정세가 긴박해졌고 위험한 징조까지 보이기 시작
했다. 매사추세츠 의회는 자유수호를 위해 공동행동을 취하자고 역설
한 회람을 각 식민지에 발송했다가 국왕에게 회람에 기재한 결의사
항을 취소하라는 명령을 받았다. 식민지 의회가 이 명령을 거부하자
총독은 의회를 해산시켰고 영국군은 핼리팩스에서 보스턴으로 진군
했다.

1770년 3월 5일 밤 화재를 알리는 종소리를 듣고 어린 소년들도 섞
인 군중이 보스턴 거리에 모였다. 그때 눈이 내리자 군중은 눈싸움을
시작했다. 때마침 그곳에서 꼼짝 않고 서 있던 빨간 군복을 입은 위병

이 알맞은 표적이 되었다. 눈 세례를 받은 위병이 구원을 외치자 군대가 출동했고 군중은 그들에게 덤벼들었다. 결국 군대는 총을 발포했는데 충돌이 끝난 후 네 구의 시체가 눈 위에 쓰러져 있었다. 이것이 '보스턴 살육'이라 부르는 사건의 전말이다.

사실 이것은 하나의 불행한 삽화에 불과하고 책임은 쌍방에 있었지만 타운미팅의 웅변가들은 총독 허치슨에게 영국군을 보스턴에서 철수시키도록 압력을 가하며 맹렬히 퍼부었다. 소설가 호레이스 월폴 Horace Walpole은 친지에게 이런 서신을 보냈다.

"귀하는 보스턴의 보고를 보셨습니까? 경종은 아메리카 전역으로 울려 퍼졌을 것입니다. 나는 아메리카에 대해 많은 꿈을 가지고 있습니다. 아메리카 대륙에는 스무 개나 되는 대규모의 제국과 공화국이 탄생할 것이고, 국력이 쇠진한 얼마 되지 않는 유럽국가가 좀처럼 좌우할 수 없을 만큼 강대해질 것이라고 생각합니다."

7개월 후 발포를 명령한 영국군 장교와 부하사병이 보스턴에서 재판을 받았다. 존 애덤스는 영국을 반대하는 사람이었으나 용감하게도 무고한 영국 군인을 변호해 배심원의 무죄 결정을 얻어냈다. 이것은 열렬한 인도주의와 위대한 성실성의 귀감이었다.

6. 식민지마다 도처에서 충돌이 빈발했고 불안한 상황이 이어졌다. 영국 화물 불매 운동이 각지로 확대되면서 1769년 영국의 대 식민지 수출액은 50만 파운드나 감소했다. 다급해진 런던은 또다시 의회에 청원했다. 당시 수상이던 프레드릭 노스Frederick North는 런던 상인의 곤경을 참작해 문제가 된 법령을 폐기하도록 제안했다. 하지만

그는 위신상 '용서할 수 없는 일', 더 분명히 말하자면 '불법적이라 할 수 있는 다수의 압력에 굴복했다고 보이는 일'을 그대로 묵과할 수가 없었다. 그래서 타운센드법을 폐기하되 어디까지나 미국인의 반란 또는 통상 거부 때문이 아니라 법 자체의 개정이라고 말했다. 영국 의회는 권리를 포기하는 것이 아니라는 점을 명백히 드러내고자 한 가지 세금은 남겨두었다. 그것은 식민지에 명목뿐인 저액 관세를 부과하는 것이었다. 불행히도 수상은 대서양 건너편에도 마찬가지로 체면 문제만 남아 있다는 사실을 몰랐던 것이다.

1770년 7월 아메리카 상인은 차를 제외한 모든 영국 상품의 수입을 재개하기로 결정했다. '영국이 자신의 권리를 유지하기 위해 사소한 문제를 고집하고, 아메리카가 자유수호를 위해 굴복하기를 거부한 것은 누구보다 현실적인 두 나라 국민이 관념적 이상을 위해 바친 비합리적인 선물'이라고 할 수 있다.

7. 노스 경은 분명하게 유화정책을 썼고 덕분에 아메리카에서도 적지 않은 지지자를 얻었다. 이미 5년 전부터 서인도 제도와의 통상이 저조했던 터라 반대 운동에 참가한 거상들은 일반 시민이 한층 더 적극적으로 난폭하게 구는 것을 그리 달갑게 여기지 않던 참이었다. 아서 슐레진저Arthur Schlesinger 교수는 그의 저서에서 이렇게 지적하고 있다.

"거상 중 한 명이자 가장 자유주의적인 핸콕까지도 반항 운동 중지를 추진했다. 일부 상인은 과감하게 영국에서 차를 수입했고 다른 상인들은 네덜란드의 차를 수입했다. 이것은 영국 차보다 값도 싸고 아메리카에 대한 충성도 배반하지 않는 일거양득의 처사였다. 2~3년 동안은 모든 일이 원만히 진행되는 것처럼 보였다. (…) 미국인은 본국과의 논쟁에 지쳤고 쌍방이 조금만 사려 있게 행동한다면 기왕에 갖고 있던 영국에 대한 따뜻한 애정과 존경을 완전히 회복할 수 있을 것이었다."

그러나 급진파들은 기회를 노렸고 그 선도자가 총독 허친슨에게 '혼란을 악용하려는 선동자' 혹은 '방화범의 주모자'로 불리던 새뮤얼 애덤스라 사태의 추이는 결코 만만치 않았다.

8. 보스턴 시민의 대변자가 된 새뮤얼 애덤스는 오랫동안 번창하다가 거래은행에 대한 영국 정부의 명령 때문에 파산한 한 상인의 아들이었다. 이 사건은 영국에 대해 그가 품고 있는 원한의 최초 불씨였다. 아버지의 사업을 그대로 이어받은 그는 마흔 살이 되자 앞으로 자신의 재능을 지역사회 발전을 위해 바치기로 결심했다. 그는 금전관계에서 철저히 청렴결백했고 찬란한 황금의 유혹에도 절대 넘어가지 않았다. 또한 그는 적게 먹고 마시고 잔 반면 많이 생각했고 많은 주장을 내세웠다.

그가 청년시절에 클럽 활동, 이념과 사상에 관한 토론, 선거 운동 등에 열중한 까닭에 허친슨 총독은 그를 '꼭두각시 놀이의 대가'라고 부르기도 했다. 그는 하루 종일 직장이나 술집에서 점원, 직공과 이야기를 나눴고 그들과의 오랜 친교로 심오한 사상적 영향을 미쳤다. 뉴잉글랜드 주민에게 그들이 영국의 전제정치 때문에 허덕이는 비참한 노예라는 것을 인식시키는 데 새뮤얼 애덤스보다 나은 적임자는 없었다. 그는 총독을 둘러싼 귀족적이고 비굴한 소사회를 미워했다. 그리고 그는 조지 3세 정부가 미국인의 자유를 점차 압박하려 한다는 것을 알고 있었다. 그 대표적인 조짐으로 총독의 봉급을 런던에서 직접 지불함으로써 총독을 모든 제약에서 해방시키려 하는 것, 총독에게 참의원 임명권을 부여하는 것, 타운미팅을 금지하려는 것이 있었다. 이것이 현실화하면 그때까지 자유를 누리던 미국인은 전제정치의 포로가 될 것이었다.

9. 새뮤얼 애덤스는 그런 자유 박탈과 싸우기 위해 모든 준비를 갖췄다. 그의 반대파는 그를 정신적으로 가장 불성실하면서도 스스로 그것을 모른다고 비난했다. 설령 그는 알고 있었을지라도 조금도 염두에 두지 않았을 것이다. 그는 자유수호를 위해 나섰지만 자신을 반대하는 사람들을 용서할 만한 아량은 없었다. 이에 따라 고루한 보수사상을 규탄하는 동시에 가차 없이 실력 행사를 했고 미국의 관원들을 사정없이 공략했다.

젊은 시절 그는 하버드 대학 졸업논문으로 〈만약 그 외의 수단으로 국가를 보존할 길이 없다면 국왕에 반항하는 행동은 합법적인가?〉라는 제목을 택했고 '그렇다'는 결론을 내렸다. 청교도적인 스콜라 철학으로 훈련을 받은 그는 이 세상을 자유와 압제가 영원히 투쟁하는 무대로 생각했다. 실제로 그는 민중의 주권만이 압제를 극복할 수 있고 평등한 사회만이 자유를 수호할 수 있다고 말했다.

새뮤얼 애덤스는 의회정치에 만족하지 않았고 그가 스스로 주도권을 잡은 타운미팅에만 진정한 민주정치가 있다고 느꼈다. 그에게 영국과 화해한다는 것은 생각만 해도 소름이 끼치는 일이었다. 그는 영국에 대한 증오감 없이는 사는 보람을 느끼지 못할 정도였다. 1770년부터 1773년까지는 영국 정부의 움직임이 활발하지 않았으므로 새뮤얼 애덤스도 조용히 사태의 추이를 관찰해야 했지만, 투쟁정신이 충만한 그는 투쟁을 중지하지 않았다. 평온한 정세와 달리 그는 오히려 이 기간에 자신이 '용서할 수 없는 적'에 대해 가장 활발히 계몽 선전을 했다. 보스턴 시민들은 그의 처소에 밤늦게까지 촛불이 켜져 있는 것을 보고 말했다.

"새뮤얼 애덤스가 저기서 보수당을 공격하는 글을 쓰고 있다."

그는 스무 개나 되는 필명으로 식민지는 식민지 스스로 통치해야 발전할 수 있다는 요지의 선전문, 논문 그리고 수많은 편지를 썼다. 직업적인 선동가라 해도 좋을 만한 그는 급진적인 농민과 도시의 노동자들 사이에 긴밀한 연락망을 유지하는 임무를 담당할 '지역 연락 위원회'를 조직했다. 1773년 버지니아 식민지 의회도 같은 계획을 추진하고자 각 식민지 간의 연락을 담당하는 위원회를 조직했다. 이제 필요한 것은 위기를 조성해줄 돌발 사건뿐이었다.

10. 1773년 5월 부채에 허덕이느라 파산 지경에 이른 동인도회사는 런던에 1,700만 파운드(약 7,700톤)에 달하는 차의 재고를 가지고 있었다. 영국 정부는 네덜란드의 차는 압박하고 동인도회사의 차는 지원하기 위해 이 회사만 영국에서의 수출세를 면제해주었다. 그뿐 아니라 회사의 이사들은 중개인을 배제하고 일반 소비자에게 직매하기로 결정했다. 그렇게 해서 네덜란드의 차보다 값이 싸지면 빼앗긴 시

장을 되찾을 수 있으리라 기대한 것이다.

이 계획은 애초에 어리석은 탁상공론이었다. 날카로워질 대로 날카로워진 상인들의 신경을 극도로 자극할 수 있음을 간파하지 못했기 때문이다. 이 조치는 다 같이 재고를 안고 있느라 허덕이던 보스턴의 상인들, 특히 재판사건 이후 정계의 중심인물이 된 존 핸콕을 격분시켰다. 여기에다 동인도회사 자체의 평판마저 좋지 않았다. 인도에서 이 회사는 이익을 위해 전쟁을 일으키고 반란을 조작해 토후를 몰아내는 등 갖은 비행을 저지르고 있었다. 아메리카에서 그들이 무슨 사건을 조작하려는지 모두가 불안해하는 것도 당연했다. 만약 그들이 차 시장을 독점한다면 그다음에는 향신료, 명주에도 손을 뻗칠 것이었다. 온건한 편이던 존 디킨슨은 그의 저서 《차세에 관한 두 개의 서산Two Letters Concerning the Tea Tax》에서 "다행히 우리는 인도의 주민이 아니고 자유 속에서 태어난 영국의 신민이다"라고 말하며 아메리카의 자유를 희생시켜 파산에 직면한 회사를 재건하려는 영국 정부에 강하게 항의했다.

11. 이 정도로는 영국에 결정적 공격을 가할 충분한 이유가 될 수 없었다. 차 값을 9펜스 내리는 것이 왜 참을 수 없는 박해인지 대중을 이해시키기가 어려웠던 것이다. 적어도 사건의 무대가 있어야 했는데 새뮤얼 애덤스가 우연히 이 연출을 담당하게 되었다.

동인도회사의 제1선인 다트머스호가 보스턴 부두에 닻을 내리고 있을 무렵, 시내의 올드 사우스 공회당에는 군중이 모여 흥분한 채 집회를 열고 있었다. 그때 새뮤얼 애덤스와 조시아 퀸시Josiah Quincy가 영국 국왕 조지 3세, 영국 의회, 영국 정부 그리고 동인도회사를 규탄하는 연설을 했다. 새뮤얼 애덤스는 폐회사에서 다음과 같이 외쳤다.

"우리가 할 수 있는 일은 단 하나, 우리 국가인 식민지를 구원하는 것뿐이다."

12월 16일 저녁 한 청년 집단이 떠들썩한 파티를 열어 과실주를 굉장히 많이 마셨다. 흥미롭게도 그들은 모두 모호크족Mohawk 인디언으로 가장하고 있었다. 취기가 돌자 화려한 색깔의 깃털로 치장한 청년들은 부두로 달려가 조지 3세라도 이 티파티Tea-Party만은 못 말릴 것이라고 외치며 다트머스호에 뛰어올라 차를 바다로 내던졌다. 이때 바닷물에 젖은 몇 잎의 역사적인 차가 유리병에 담겨 지금도 보스턴 박물관에 남아 있다. 다음 날 아침 온건파 중산계급은 앞으로 큰 값을 치를 가장假裝 파티의 경거망동을 통렬히 비난했다.

"인디언도 이런 야만적인 행동은 하지 않는다."

1만 8,000파운드(약 8톤)의 차를 폐기한 것을 두고 옳다고 말하는 사업가는 한 명도 없었다. 다른 식민지에서도 이를 비난했다. 프랭클린은 난폭하고 비합법적인 행동이 처벌받기를 바란다고 말했다. 존 애덤스는 차의 폐기는 반드시 필요한 일이었다고 그들의 행동을 지지했다. 그러나 전반적인 분위기로 보아 영국 정부가 좀 더 능란하게 일을 처리했다면 이 사건을 계기로 양자 간에 화해가 이뤄질 수도 있었다.

12. 그런데 조지 3세 정부는 능란한 수완을 발휘한 것이 아니라 오만하게 굴었다. 그들은 강경했고 국왕은 단호하게 말했다.

"주사위는 이미 던져졌다. 이제 식민지에는 승리 아니면 굴복만 남아 있다."

1774년 4월 영국 의회는 아메리카가 '참을 수 없는 법률'이라고 부른 다섯 개 항목의 법안을 통과시켰다. 제1항은 '차에 대한 배상이 끝날 때까지 보스턴 항을 봉쇄할 것'이었다. 이 경우 보스턴 시민은 생업을 빼앗기기 때문에 평화를 원하는 시민들까지도 혁명 세력으로 전향할 수밖에 없었다. 제2항은 매사추세츠 식민지의 특허장을 개정해 국왕에게 식민지 의회의 의원 임명권을 부여하고 타운미팅을 금지할 것, 제3항은 형사재판을 영국으로 이관해 영국 법률을 적용할 것. 제4항은 군병을 매사추세츠뿐 아니라 북아메리카의 영국 영토 전역에 주둔시킬 것, 제5항은 퀘벡법이라 불리는 것으로 '캐나다의 가톨릭교도에게 신앙의 자유를 허용하고 퀘벡 주의 면적을 대폭 확대할 것'이었다.

뉴잉글랜드인은 이것을 식민지에 전제정치를 강행하려는 계획이자 프랑스인을 영국 정부의 지지자로 만들어 아메리카 대륙에서 세력 균형 정책을 시행하려는 처사로 여겼다. 당시 토머스 게이지Thomas Gage 장군이 매사추세츠 식민지의 총독으로 임명되었다. 그는 강경책을 주장하는 군인으로 조지 3세에게 다음과 같은 의견을 올렸다.

"그들은 우리가 양의 새끼로 있으면 사자 노릇을 할 것입니다. 그러나 우리가 단호한 정책을 시행한다면 그들은 틀림없이 온순해질 것입니다."

영국 신문들은 총을 앞세워 차를 팔려는 처사를 비난했다. 〈세인트 제임스 크로니클 St. James Chronicle〉지는 다음과 같이 짤막한 시를 게재했다.

보스턴의 주부, 부엌 아줌마, 가까이 와서 잘 보세요.

이 상등품 홍차를!

사세요, 이 차를.

백인, 흑인, 인디언의 예쁜 아가씨들

사지 않으면 목을 베고 거리에 불을 지를 테요.

　보수당이 추진한 이 정책은 아메리카의 급진파들을 기쁘게 했을 뿐이었다. 이 정책으로 그때까지 급진파에게 부족했던 합법적인 반대 구실이 생겼다. 사실 채텀 경과 프랭클린은 사건 발생 직후 보스턴 시민에게 차의 손해 배상을 이행해 사건을 종결하도록 권고했다. 이 화해의 의도에 새뮤얼 애덤스는 극도로 흥분했다. 그는 "프랭클린은 위대한 철학가일지는 모르지만 정치가로서는 돼먹지 않은 인간이다"라고 비난했다.

　13. 영국 의회에서도 선견지명이 있는 한 의원이 정부의 비타협적인 태도가 얼마나 어리석은 일인지 통렬하게 비판했다. 그는 에드먼드 버크였다. 버크는 시국을 파악하지 못하는 편협한 논쟁을 지양하라고 역설했다. 그는 차 같은 상품에 3펜스의 세금을 부과하는 것은 아무도 부당하다고 하지 않지만, 그에 대한 반감이 생기고 200만 식민지 주민이 지불하지 않겠다고 결의한 다음에는 어떤 상품이든 3펜스가 아니라 단 1페니의 세금도 부과하면 안 된다고 덧붙였다. 그리고 식민지의 감정은 영국에서 전에 일어났던 사건과 같은 것이라고 말했다.

즉, 그것은 존 햄던John Hampden이 20실링(1파운드)의 세금에 반대했을 때의 감정과 같은 것이었다. 20실링은 햄던을 파산시킬 만한 금액이 아니었지만 설령 그 절반의 액수일지라도 징수 방법이 그를 노예처럼 취급하는 한 그는 반대하지 않을 수 없었던 것이다.

이 새로운 재정정책을 시행하기 전 식민지의 태도는 어떠했던가? 그들은 평화적이고 진심으로 충성을 바치고 있었다. 왜 원만하게 지내던 곳에 불씨가 될 방해물을 던졌는가? 왜 반대로 미국인과의 우정이 두터워지도록 하지 못했는가? 명목상의 과세라는 쓸데없는 만족감을 위해 과연 그들의 애정을 잃어야 했는가? 만약 적으로 만들고 싶었다면 좀 더 중대한 정책을 내세워야 할 게 아닌가? 버크는 갑자기 폭군으로, 그것도 비열하고 한심한 폭군으로 행동하는 것은 참으로 어리석은 처사라고 생각해 국왕에게 의견을 올렸다.

"폐하께서는 본래의 방침으로 되돌아가시기를 바랍니다."

버크가 국왕에게 간곡히 주장한 내용의 요지는 이랬다.

만약 아메리카에 과세해야 한다면 그들 스스로 물게 해야지 국왕이 이처럼 대립적인 권리에 관한 논쟁에 개입해서는 안 된다. 국왕은 자신이 그 말조차 듣기 싫다고 하던 형이상학적 원칙 문제에 개입하면 안 된다. 미국인을 종전대로 방임하면 논쟁의 초점과 불행한 분쟁은 사라질 것이다. 반면 미국인을 너무 과격하게 압박하면 멧돼지가 포수를 역습하는 결과를 낳을 게 빤하다.

—

chapter 3

독립을 향하여

Towards Independence

—

1. 다섯 개 항목의 '참을 수 없는 법률'은 미국인을 격분의 도가니로 몰아넣었다. 그들은 이것이 한니발의 침공 후 로마제국의 카르타고 Cartago 정책보다 가혹하다고 규탄했다. 또한 전제왕국 터키의 수도 콘스탄티노플의 고문서를 들춰봐도 이처럼 부당하고 잔인한 법령은 찾아볼 수 없을 것이라며 흥분했다. 혁명 지도자들은 노스 경의 실수를 교묘하게 이용했다. 항구 봉쇄로 기아에 빠지게 된 보스턴을 구원하기 위해 전 식민지가 궐기했다. 코네티컷 식민지 주민은 양고기를, 사우스캐롤라이나와 노스캐롤라이나 식민지 주민은 쌀을 보냈다. 필라델피아에서는 공동투쟁 방안을 모색하기 위해 각 식민지 대표로 구성된 대륙회의를 열기로 했다. 존 애덤스와 새뮤얼 애덤스 그리고 존 핸콕이 매사추세츠를 대표해 이 회의에 참석했다.

2. 존 애덤스는 그의 사촌형인 새뮤얼 애덤스와 자라온 환경이나

성격이 전혀 달랐다. 그는 매사추세츠 식민지의 농가 출신으로 하버드 대학을 탁월한 성적으로 졸업했다. 만약 100년 전이었다면 그의 원대한 야심은 그를 종교계의 거물로 만들었을 것이다. 18세기 중기에는 법률 공부가 확실한 성공의 길로 여겨지고 있었다. 그는 고전을 열심히 읽었는데 특히 키케로와 몽테뉴를 이해했고 정치학을 완전히 터득했다는 자신감으로 그것을 실행할 기회를 찾고 있었다.

그는 공민公民(국가나 지자체의 정치에 참여할 자격이 있는 국민)으로서의 용기도 갖추고 있었다. 아내에게 보낸 편지에서 그는 다음과 같이 말한 적이 있다.

"대륙회의 의원직을 수락하겠다고 승인했소. 나는 나 자신과 당신의 파멸 나아가 아이들의 파멸을 자초한 셈이오. 당신은 당신의 운명을 스스로 개척해 나갈 결심을 하기 바라오."

이 영웅적인 웅변가의 아내로서 손색이 없는 에비게일 애덤스는 그 답장에 '포르티아Portia(로마시대 정치가 브루투스의 아내로 남편을 따라 자살했다—역자 주)'라고 서명해 그녀의 굳은 결의를 표명했다. 존 애덤스는 사촌형과 달리 대중의 인기를 끌 만한 매력은 없었다. 그의 반대파는 새뮤얼 애덤스가 그 성격과 사상이 철저하게 민주주의적이었지만 존은 귀족도 아닌 귀족주의자라고 혹평했다. 그는 자신을 중심으로 열리는 행사나 명예 혹은 칭호를 몹시 좋아했다.

현실주의적이면서도 독실한 청교도인 그는 끝까지 프로테스탄트를 고수할 것이며 절대 개종하지 않겠다고 단언할 만큼 완고했고, 인간의 천성은 근본적으로 악하다고 확신했다. 그는 정치 계획을 세울 때도 인간의 원죄, 즉 악덕을 잊지 않았다. 그의 악덕은 바로 허영이었다. 그는 자신의 허영을 스스로 "타고난 죄악, 타고난 어리석음"이라고 말했다. 그는 세상의 평판에 민감했고 늘 성공을 거두며 선두에 서서 다른 사람을 지배해야 만족했다. 누군가가 자신과 우위를 다투면 그는 자신이 박해를 받는 것처럼 느꼈다.

한편 그는 크게 성공할 기회가 없는 식민지에서 태어난 것을 몹시 유감스럽게 생각했다. 또한 점잖고 위엄을 갖춘 동시에 다소 난폭한 기질도 있었다. 보스턴에서 '티파티 소동'이 벌어진 다음 날 그는 그 사건의 '존엄성, 숭고성, 웅장성'을 찬양한 뒤 부둣가에 담뱃잎만큼 많은 시체가 떠 있지 않은 것이 유감이라고 말했다. 인지세법을 '박해'라고 생각한 그는 분연히 외쳤다.

"이 돼먹지 않은 정책은 나를 파멸시키려는 신호탄이다."

그는 영국과 식민지의 투쟁을 악마와 존 애덤스와의 투쟁으로 여겼다. 한 영국인이 말했다.

"그는 내가 만나본 사람 중에서 가장 무례하다."

그런데 무례하다고 알려지는 것에도 이점은 있었다. 스스로 우월감에 젖은 그는 여론을 무시한 채 마음껏 자기주장을 펼쳤던 것이다. 그의 친지들은 그를 '정직한 존 애덤스'라고 불렀고 그의 반대파도 그의 지적 권위만은 인정했다. 프랭클린은 이렇게 말했다.

"나는 그가 조국의 이익을 위해 신경 쓰며 늘 성실하고 때로 현명한 사람임을 인정한다. 그러나 가끔 그는 완전히 상식에서 벗어나는 일을 저지르기도 한다."

대륙회의에서 그는 결점보다 지혜를 더 많이 발휘했다.

3. 존 애덤스가 보스턴을 떠난 것은 그때가 처음이었다. 그는 발달한 뉴욕의 활기찬 풍경을 보고 놀랐지만 자존심을 잃지는 않았다. 그는 "이곳에서는 신사를 단 한 명도 볼 수가 없다"고 말했다. 몇몇 뉴욕 사람이 그의 면전에서 뉴잉글랜드 시민을 유럽의 야만족인 고트족Goth이나 반달족Vandal으로 말하고, 일부러 퀘이커교도를 교수형에 처한 이야기를 꺼낸 것은 사실이었다. 필라델피아에 도착한 일행이 그들의 보호자인 존 핸콕의 마차에 올라 거리를 지나려는데 군중이 위대한 인물을 환영한다며 마차의 말을 풀어버리고 자기들이 이끌겠다고 나섰다. 우쭐대기를 좋아하는 핸콕은 마차를 그들에게 맡겼으나 새뮤얼 애덤스는 동포에게 말 대신 마차를 끌게 할 수는 없다며 마차에서 내려 걸어갔다. 존 애덤스는 필라델피아의 시가가 좌우 균형이 잘 잡혀 있고 청결하다고 칭찬하면서도 다음과 같이 말했다.

"모든 상업, 부유함, 질서 등을 감안해도 필라델피아는 보스턴만 못하다. (…) 보스턴 시민이 예의범절을 훨씬 잘 지키고 태도가 정중하며 매력적이다. 언어도 취미도 더 고상하고 사람들도 잘생겼다. 정신도 더 고매하고 법은 완벽하며 종교는 심오하고 교육은 진보적이다."

뉴욕과 펜실베이니아의 대표들도 영국 정부에 대한 반대 운동에 협력했으나 존 애덤스에게 제발 말을 신중히 하고 매사추세츠의 과격한 정책을 공표하지 말라고 당부했다. 뉴욕에는 내란을 생각하는 것조차 두려워하는 유력한 일파가 있었고 필라델피아에는 런던의 지원에 의존하는 감독파의 성직자들이 있었다. 그들의 지나치게 연약한 태도에 불만을 느낀 존 애덤스가 반문했다.

"데모스테네스Demosthenes가 필립Philip 왕에게 대항하는 연합을 결성할 때 그는 그리스 국민에게 그저 불매동맹만 제안했는가?"

그래도 그는 매사추세츠의 다른 동료 대표들처럼 타 식민지 대표들이 공포심을 느끼지 않게 하려고 애써 자제했다. 대표들이 조금만 반역의 기미를 보여도 경계했기 때문이다. 일단의 온건파는 펜실베이니아 대표 조지프 갤러웨이Joseph Galloway가 기안한 식민지 대표로 구성된 상설의회 창립안을 지지했다. 이 상설의회는 '영국 의회에 예속된 분신 기관이 되어' 적어도 1년에 한 번 모이자는 신중한 내용이었지만 통과되지 않았다. 조지 워싱턴, 리처드 헨리 리Richard Henry Lee, 특히 패트릭 헨리 등을 포함한 버지니아 대표가 이에 반대해 매사추세츠 대표를 지지했기 때문이다. 조지 워싱턴은 이렇게 기록했다.

"또 슬픈 표정으로 우는 소리를 늘어놓자는 말인가? 전에 해봤는데 아무런 소득도 없지 않았는가?"

이들은 한 걸음씩 지반을 굳혀 갔고 온건파 대표는 불만을 터뜨렸다.

"애덤스와 그의 일파 그리고 남부의 오만한 대지주들이 한 패거리가 되어 다른 대표들을 조종한 것이다."

4. 충성스런 영국인이던 다수의 저명인사가 곤란한 처지에 놓였다. 그들은 불행한 보스턴 시민이라는 위치를 포기할 생각도 없었고 영국과의 밀접한 관계나 자기들의 비위에 맞지 않는 급진파에 끌려가고 싶어 하지도 않았다. 그들의 유일한 희망은 '식민지가 주먹을 내놓으면 조지 3세는 악수를 하려고 손을 내미는 것'이었다. 정신적 저항만을 요구하는 사람들의 뜻에 따라 대륙회의는 권리와 불만을 표명하는 선언문을 작성했고, 국왕에게 1763년의 상태로 환원하기를 바

란다는 용기와 위엄을 갖춘 탄원서를 제출하기로 결의했다.

온건파는 급진파를 만족시키기 위해 각 식민지와 영국 간의 통상관계 관리를 위한 '대륙연합Continental Association' 창설에 찬성하지 않을 수 없었다. 이에 대해 노스 경은 '평화의 상징'인 올리브 나뭇가지를 내놓으려 했지만 국왕은 칼을 내보이라고 고집했다. 노스 경은 아메리카의 방위비를 분담하는 데 자발적으로 찬성하는 식민지에는 세금을 면제한다는 제안(올리브 나뭇가지에 해당)을 하는 한편, 게이지 장군이 이끄는 소부대의 칼을 보스턴 시를 향해 겨눴다.

5. 매사추세츠 식민지 의회에는 하부조직으로 지방의회가 있었는데 주민의 대대수가 신뢰하던 이 지방의회가 '1분 대기반Minute men'이라는 민병조직을 창설했다. 언제든 1분간의 예고를 받고 소집에 응하는 군인이란 뜻으로 이들을 위한 무기고도 마련했다.

1775년 4월 게이지 장군은 보스턴 교외의 아름다운 전원도시 콩코드에 화약고가 있다는 정보를 입수했다. 4월 18일 밤 스미스라는 한 대령이 600~800명의 사병을 거느리고 비밀리에 콩코드를 습격하라는 명령을 받았다. 이 기회에 그 부근의 친지 집에 머무는 애덤스와 핸콕을 체포할 계획도 있었다. 하지만 어떤 정보든 탐지하는 지하조직이 이 정보를 알아냈고, 여러 명의 연락원이 급보를 갖고 시골길을 달렸다. 키가 작은 은세공업자이자 '자유의 아들들'의 단원이며 보스턴의 티파티에도 참가한 폴 리비어Paul Revere가 그날의 야간 기마행으로 일약 유명인이 되었다.

리비어는 민병대장을 깨웠고 중간지점인 렉싱턴까지 온 영국군은 약 40명의 민병대원과 정면으로 충돌했다. 최초의 전투에서 총탄이 오간 뒤 여덟 명의 민병이 땅에 쓰러졌고 영국군은 퇴각할 때 상당한 피해를 봤다. 바위와 나무 뒤에 전우의 죽음으로 흥분한 민병들이 잠복하고 있었던 것이다. 브래독의 군대와 마찬가지로 영국군은 엄격한 군율로 인해 오히려 더 큰 희생을 치르고 말았다. 스미스 소령이 간신히 케임브리지까지 후퇴했을 때 부하 중 247명의 사상자가 발생했다. 화약과 피비린내로 기쁨에 들뜬 새뮤얼 애덤스는 "그야말로 굉장한 아침"이라고 말했다. 현명한 프랭클린까지도 이 전과를 만족스러워했다. 그는 버크에게 보내는 서신에서 이렇게 비아냥거렸다.

"가장 빠른 퇴각이 세 시간에 20마일(약 32킬로미터)입니다. (…) 역사에도 드문 사실입니다. 허약한 식민지군은 도저히 따라갈 수가 없었습니다."

이것은 주둔군의 오만한 태도가 미국인을 격분시킨 결과라고 할 수밖에 없었다. 게이지 장군 휘하의 한 장교는 만일 이 2개 연대의 병력으로 매사추세츠의 전 민병을 몰아내지 못했다면 죽어도 싸다고 기록하고 있다. 샌드위치 경Lord Sandwich은 상원에서 말했다.

"염려할 것 없다. 포성 한 방이면 그들은 모조리 도망갈 것이다."

이 정도로 끝을 맺었어야 했지만 이상하게도 사건 발생 후 영국의 여론이 호전적인 방향으로 바뀌었다. 월폴은 탄식하며 말했다.

"이제 곧 선포하려는 식민지와의 전쟁은 잠꼬대 같은 헛소리가 인간의 행동에 얼마나 큰 영향을 줄 수 있는지 보여주는 증거다. 단골손님과의 전쟁이 환영을 받다니!"

6. 1775년 5월 제2회 대륙회의가 필라델피아에서 열렸다. 몇몇 정치인의 명성은 전 식민지에 널리 알려져 있었다. 존 애덤스는 교황을 선출하는 추기경의 비밀회의도 이처럼 우수한 인물을 망라할 수는 없을 거라고 자랑스럽게 기록하고 있다. 이것은 사실이었다. 이 회의에 참석한 대표들의 품격과 사상은 전성기의 영국 의회에 비해 조금도 손색이 없었다. 제1회 대륙회의에 참석한 사람들이 다시 만났고 신임 대표도 일부 참석했다. 두 애덤스와 버지니아의 리, 존 핸콕, 워싱턴, 제퍼슨 그리고 큰 키에 갈대 같이 마르고 잿빛 혈색에다 표정이 우울한 존 디킨슨 등이 눈에 띄었다. 펜실베이니아의 대표로는 자유파의 프랭클린, 소수파의 로버트 모리스Robert Morris가 있었다. 사실 대표는 명목뿐이고 대표 선출에는 기권이 많았다. 새뮤얼 애덤스도 보스턴 유권자의 10퍼센트도 채 되지 않는 투표로 선출되었다.

"아메리카의 혁명도 다른 혁명과 마찬가지로 적극적인 소수가 머뭇거리는 다수를 몰아세워 그들이 별로 내키지 않아 하는 방향으로 끌고 간 활동이었다."

이때까지 대다수 미국인은 국왕에게 충성을 바치는 신민이었고 마음속으로는 본국과의 완전한 단절을 원해도 그것을 감히 발설하지 못하고 있었다. 그런데 경제 투쟁이 내란으로 발전하기 시작한 이 시점에 양쪽 진영에서 과격파가 지도적인 위치를 차지했다. 한 미국 역사가는 다음과 같이 말했다.

"조지프 갤러웨이Joseph Galloway와 채텀은 쉽게 상호 이해에 도달했을지 모르지만 새뮤얼 애덤스와 노스는 도저히 그럴 수 없었다."

이제 미국인에게는 보수당 아니면 애국당Patriots이란 꼬리표가 따라 다녔다. 그러나 이 명칭은 오랫동안 명확한 의미를 담고 있지 않았다. 만일 보수당이 국왕에 대한 충성을 뜻한다면 1775년까지는 미국인의 90퍼센트가 보수당이었다. 애국당이 영국과의 단절을 지지하는 사람들을 일컫는 것이라면 사실이 그렇긴 했어도 이것은 미국인이나 영국인과 친밀한 사람들에게 다분히 논란의 여지가 있었다. 가령 새뮤얼 애덤스는 조지프 갤러웨이를 아메리카 자유의 적이라 했을 것이고, 갤러웨이는 애덤스를 반역자라 했을 것이다. 그런데 갤러웨이는 스스로를 왕당파라 하고 애덤스는 자신을 애국당이라 부르고 있었다. 공정하고 권위 있는 역사가들은 당시 대륙회의 대표 중 3분의 1은 왕당파, 다른 3분의 1은 급진파, 나머지 3분의 1이 중립파였다고 보는 것이 가장 타당하다고 믿고 있다.

7. 렉싱턴에서 충돌이 발생한 후 잠시 동안 저절로 휴전기간이 생겼다. 쌍방은 서로 상대방이 먼저 발포했다는 사실을 입증하려 노력했다.

필라델피아에서의 회의는 행정상의 어려움을 겪으며 공연한 토론만 되풀이했다. 서로 시기하면서 경비 부담을 회피하려는 13개 식민지를 통솔하기란 참으로 어려운 일이었다. 게이지 장군 측에서도 보고서를 보낸 후 허송세월을 보내고 있었다. 영국 정부는 세 장군, 즉 윌리엄 하우William Howe, 헨리 클린턴Henry Clinton, 존 버고인John Burgoyne의 지휘 아래 7,000명의 군대를 파견했다. 하우 장군은 아메리카를 위해 싸우다가 타이콘데로가에서 전사한 하우 자작과 프랭클린의 친지인 하우 제독의 형제였다. 하우 장군은 그가 사랑하는 도시

이자 자기 형제의 명성을 찬양하는 도시 보스턴에 적장으로 진주하게 된 것을 슬프게 생각했다. 하지만 지금은 그런 추억에 잠겨 있을 때가 아니었다. 하우 장군과 하우 제독은 급진파에게 '치욕의 역사에 기록된 원수 같은 두 형제'였다.

렉싱턴 사건 이후 민병은 보스턴 주변에 주둔하면서 시내에 있는 게이지의 군대를 포위하고 있었다. 6월이 되어 영국군은 민병대가 찰스 강 건너편 케임브리지 부근의 언덕에 브리드 힐Breed Hill과 벙커 힐Bunker Hill이라는 두 진지를 구축한 것을 발견했다. 포위진을 강화한 것이다. 게이지 장군은 이것을 돌파하는 데는 문제가 없으리라고 판단했다. 그는 대부분 전투 경험도 없고 화약도 충분하지 않은 민병에 대항해 역전의 용사들을 출동시켰다. 빨간 군복을 입은 영국군 신병이 총검을 번쩍이며 하우 장군의 호령으로 브리드 힐을 공격했다(이것은 벙커 힐 전투로 알려져 있지만 사실은 브리드 힐 근방에서 있었다). 이때 치열한 백병전(근접 전투용 무기를 이용해 싸우는 전투)이 벌어졌다.

진지를 구축한 아메리카군은 최후의 일각까지 발포를 억제하고 있다가 영거리 사격(가까운 거리의 목표물에 가하는 사격으로 포를 쏜 뒤 곧바로 포탄이 터지도록 조절한다)을 퍼부었다. 막바지에 탄환이 떨어진 이들은 나사못과 쇠못까지 사용했다. 영국군은 세 번의 돌격으로 1,500명의 군사 중에서 1,000명 이상의 병사와 많은 장교를 잃었다. 결국에는 영국군이 진지를 점령했지만 이것은 비참한 승리였다. 아메리카군의 너대니얼 그린Nathaniel Greene 장군은 그 가격에 더 많은 토지라도 기꺼이 팔 수 있을 만큼 훌륭한 거래였다고 말했다.

8. 벙커 힐의 보고를 받았을 무렵 마침 필라델피아 의회는 총사령 관을 선출하려던 참이었다. 총사령관은 각 식민지 연합군을 통솔해 야 했기 때문에 대단히 어려운 위치였다. 당시 유력한 식민지는 제각 각 지휘권이 자기 쪽에 있다고 생각했다. 그때 이렇다 할 근거도 없이 민병대령을 자칭하던 자신만만한 자유당원 존 핸콕이 후보자로 나섰 다. 매사추세츠의 동료이자 대표인 존 애덤스는 그가 적임자가 아님 을 잘 알고 있었다. 더구나 존 애덤스도 자신이 선출되었으면 하는 기 대감이 있었기에 그는 이렇게 말했다.

"내가 군인이었다면! 나도 군인이 될 수 있을 거야. 요즘 군사 서적 을 읽고 있으니까."

하지만 애덤스가 군인의 자질을 갖추기 위해서는 시일이 필요했고 그는 농장주와 상인을 통합하려면 버지니아 대표를 총사령관으로 선 출하는 것이 현명한 처사라고 생각했다. 마침 여러모로 적당해 보이 는 인물, 즉 조지 워싱턴이 있었다. 그는 군인으로서의 경험도 있고 재산과 가문에서 풍기는 인망은 물론 존경받을 만한 풍채를 겸비하 고 있었다. 워싱턴은 군사적 지위를 원했던 것은 아니지만 회의에는 대령 군복을 입고 참석했다. 여기에는 과거의 군복무를 기념하거나 전쟁을 치를 마음의 준비가 되어 있음을 표시하는 것 외에 아무런 이 유가 없었을 것이다. 특히 그는 토론이 진행되는 동안 조용히 듣기만 할 뿐 별로 발언을 하지 않아 스스로 장군으로서의 현명한 자세를 취 하고 있었다. 그의 고결하고 장중한 풍모는 존경을 넘어 위압감마저 느끼게 했다. 존 핸콕은 존 애덤스가 이렇게 제의하자 원망의 빛을 감 추지 못했다.

"버지니아에서 오신 신사 한 분 (···) 군인으로서의 경력으로 선출된 신사."

워싱턴은 자기 이름이 들려오자마자 회의 장소에서 나와 도서실로 향했다. 이것은 그가 겸손한 동시에 상당히 노련한 사람이라는 것을 보여준다. 만장일치로 선출된 그의 짧은 취임인사는 그야말로 완벽했다. 그는 "나는 내가 적임자라고 생각지 않지만 최선을 다하겠다"라고 다짐한 뒤 "봉급은 실비 이상 받지 않겠다"고 공언했다.

9. 이것은 정말 훌륭한 선택이었다. 사실 총사령관에 워싱턴만 한 적임자는 없었다. 그는 경륜, 결단성, 위엄을 겸비한 뛰어난 인물이었다. 또한 자신의 성격을 잘 알았고 완전한 자제력까지 갖추고 있었다. 그는 "나는 화를 내는 일이 없다"고 말했지만 단 하나 영국에 대한 분노만큼은 참지 못할 정도로 대단했다. 브래독 장군과의 원정과 버지니아인에 대한 영국 군인들의 오만한 태도가 그에게 불쾌한 기억을 남겨놓은 탓에 최초의 충돌 이후 그는 반反영국 진영에 뛰어든 것이다. 그는 어느 모로 보나 급진파가 아니었지만 버지니아의 신사로서 명예가 실추되는 일은 절대 있어서는 안 된다고 결심했다. 1747년 그는 다음과 같이 말했다.

"나는 1,000명의 사병을 모집해 내 돈으로 무장과 보급을 책임지며 선두에 서서 보스턴을 구원하기 위해 진격하겠다."

막대한 재산을 관리하는 동안 그는 치밀한 수완을 발휘했다. 한편으로 그에게는 젊은이, 카드놀이, 아름다운 여자를 사랑한다는 인간적인 약점도 있었다. 만일 이런 약점조차 없었다면 사람들은 그의 위엄에 눌려 감히 가까이 다가서지 않았을 것이다. 그의 사랑을 받은 한 부인은 이런 기록을 남겼다.

"워싱턴은 가끔 아주 뻔뻔스런 짓을 할 줄 아는 사람이었지? 그렇지, 너와 나는 그것을 참 좋아했지만."

영국인까지도 그를 존경했다.

"유럽의 국왕을 그의 옆자리에 세워놓으면 국왕은 그의 시종으로밖에 보이지 않을 것이다."

그는 지도자로서 무엇보다 필요한 관대한 도량, 고결한 인격을 갖췄고 증오심이나 편협한 감정 혹은 허영심은 전혀 찾아볼 수 없었다. 또한 역경에 처해도 비관하지 않았고 성공해도 우쭐대는 일이 없었다. 한마디로 그는 스스로를 지배할 수 있었기에 타인을 지배할 수 있었던 것이다.

10. 워싱턴은 필라델피아에서 보스턴까지 15일 동안 기마행군을 강행했다. 도중에 그는 벙커 힐 전투를 연구하면서 부하들과 다음과 같은 대화를 나눴다.

"민병은 잘 싸웠나?"

"잘 싸웠습니다."

"그렇다면 국가의 자유는 안전하다."

7월 3일부터 그는 케임브리지에서 지휘를 시작했는데 그가 맡은 군대는 벼락감투를 쓴 장교가 통솔하는 약 1만 7,000명의 병사로 구성되어 있었다. 너대니얼 그린은 대장장이, 베네딕트 아널드Benedict Arnold는 책방 겸 약방 주인, 존 설리번John Sullivan은 변호사 등 경력이 대개 이러했다. 이스라엘 퍼트넘과 호레이쇼 게이츠Horatio Gates만 소규모 전투를 경험했을 뿐이었다. 무기와 군복도 부족했지만 병사들의 사기만큼은 하늘을 찌를 듯했다. 그들은 군모에 '자유 아니면 죽음'이라는 표어를 달고 있었는데 진정으로 자유정신을 가슴 깊이 간직하고 있었다. 그렇지 못한 사람은 집으로 돌아가고 싶어 했고 매일같이 탈주병이 속출했다. 병사의 연령은 19~60세로 다양했다. 때론 할아버지와 손자가 함께 병사로 복무하는 부대도 있었다. 본래 민병을 탐탁지 않게 여겼던 워싱턴은 탄식을 금할 수가 없었다.

"그들은 어떻게 이곳으로 왔는지, 어디로 갈 것인지 전혀 모르고 있다. 그저 군량을 파먹고 탄약을 축내다가 정작 위급한 때는 도망친다."

군인정신으로 다져진 그는 병사들에게 규율이 없는 것이 못내 마음에 걸렸다. 그들은 수염도 깎지 않고 야비한 말을 함부로 지껄이며 장교를 자기들과 똑같이 대접하고 있었다.

"그들은 모두 장군처럼 행세하고 졸병은 하나도 없는 것 같았다."

워싱턴은 대륙회의에 정규 군인을 보내달라고 사정했다.

"병사가 임무를 습득하는 데는 일정한 시일이 필요하다. 훈련을 받지 않아 규율이 없는 신병에게 역전의 용사 같은 용기를 기대하는 것은 과거에도 없었고 앞으로도 있을 수 없는 일이다."

그러나 크롬웰 사건을 생생히 기억하는 대륙회의는 장군의 독재정치를 경계했다. 워싱턴은 주어진 대로 민병 집단을 최대한 이용하는 수밖에 없었다. 그는 맹렬히 훈련을 실시해 장교의 위신을 높이는 데 성공했지만 그 급조된 부대를 결코 신뢰하지는 않았다.

11. 영국군 장교들은 무엇을 할 수 있었을까? 내륙지방으로 원정을 떠날 것인가? 그것은 병력이 부족한 데다 보급선이 길어져 위험에 노출되는 것은 물론 함대와의 연락마저 차단될 수 있었다. 그렇다면 보스턴 시내에 틀어박혀 있을 것인가? 이 경우 전 시내를 장악해야 한다. 워싱턴은 보스턴을 포위해 근교와의 연락을 차단했고 다른 한편으로는 많은 무장상선이 해상의 연락로를 교란했다. 이로 인해 식량이 부족해지고 육류는 구경조차 할 수 없었으며 심지어 계란마저 귀중품이 되었다. 영국군에게 그나마 다행이었던 것은 아메리카군에게 대포와 탄약이 부족하다는 사실이었다.

이것을 보충하기 위해 아메리카군은 타이콘데로가 요새를 습격했다. 이 요새는 샹플랭 호수와 캐나다로 가는 도로를 지키고 있었는데 의외로 방어가 허술했다. 영국군 수비병은 48명이었는데 렉싱턴 충돌 사건을 비롯해 전쟁이 시작된 것조차 전혀 모르고 있었다. 아메리카군은 전리품으로 120문의 대포를 얻었다. 이 승리는 캐나다 원정의 가능성을 보여주었고 워싱턴도 실현성이 있다고 판단했다. 프랑스령 캐나다 주민들은 바로 얼마 전에 정복을 당했으니 당연히 식민지 미국인과 한편이 되지 않을까? 하지만 이것은 착각이었다. 아메리카의 프로테스탄트가 그들에게 종교적 평화를 가져다준 퀘벡법을 맹렬히 공격한 사실을 기억한 그들이 중립을 지키기로 결정했던 것이다. 베네딕트 아널드와 리처드 몽고메리Richard Montgomery가 지휘하는 아메리카군 2개 부대가 퀘벡을 공격했다가 결국 실패했다. 이것은 완전한 패전이었다.

12. 1776년 3월 워싱턴은 보스턴에서 커다란 성공을 거두었다. 타이콘데로가에서 가져온 대포의 위력으로 보스턴 시를 제압할 수 있는 도체스터Dorchester 고지를 점령한 것이다. 하우 장군은 그 고지를 탈환하느냐 아니면 퇴각하느냐 하는 진퇴양난에 빠졌다. 벙커 힐 같은 돌격은 공연한 살육전이 될 것이었다. 그는 무익한 유혈을 원치 않았으므로 부하장병들을 함선에 태워 핼리팩스로 이송하기로 결정했다.

보스턴의 왕당파들은 같이 데려가 달라고 간청했다. 그들은 반란군이 자신들을 용서하지 않으리라고 예상했던 것이다. 정든 고장과 집을 버리고 떠나는 것은 슬픈 일이었지만 그들은 '지옥이든 핼리팩스든 보스턴보다는 안전한 피난처'일 것이라고 생각했다. 하우 장군은 최소한의 필수품만 가져간다는 조건으로 동행을 허락했다. 그러자 보스턴 거리는 그 고장에서 가장 오래된 가문에 속하는 사람들이 아이들과 짐을 실은 손수레를 끌며 부둣가를 향해 몰려가는 비참한 행렬로 가득 찼다. 그들은 모두 눈물을 흘리고 있었다. 자유당 사람들은 창문 뒤에 숨어 보수당 패거리가 함대를 향해 급히 달려가는 것을 지켜보며 '악마가 지옥으로 도망가는 것'을 보는 듯 좋아했다. 부두에서는 병사, 화물, 부녀자, 어린아이 할 것 없이 되는대로 배에 올라탔다. 말 그대로 돛대의 숲 같은 170척의 대선단은 영국군과 그 일당을 거느리고 보스턴을 떠났다. 때마침 워싱턴이 선두에 서서 보스턴 시에 입성했고 당시 퇴거한 왕당파의 대다수는 다시는 그들의 고향을 볼 수 없었다.

chapter 4

독립선언

The declaration of Independence

1. 이제 식민지 주민들은 본격적으로 모국인 영국과 전쟁을 시작했다. 그러나 아직 그들은 법적으로 모국과 통합되어 있었고 독립선언도 하지 않았다. 당연한 얘기지만 독립을 선언하는 편이 확실히 유리했다. 독립을 선언해야 아메리카는 중립국으로부터 교전국으로 인정받고 그들의 포로는 군인 대우를 요구할 수 있었다. 국내적으로는 도의적인 것은 아니지만 합법적으로 왕당파의 재산을 몰수할 수 있었다. 그런데 많은 식민지인이 여전히 머뭇거리며 결단을 내리지 못했다. 이들은 국왕에 대한 충성심을 버리지 못했는데 가령 프랭클린의 아들 윌리엄 프랭클린William Franklin 총독 같은 사람이 그러했다. 몇몇 사람은 사업상 대영제국의 신민이어야 했기 때문이고 또 어떤 사람은 아메리카를 진정으로 이해하는 영국의 지도적 인물, 즉 버크, 채텀 경, 찰스 폭스Charles Fox 등이 협상에 성공하리라는 희망 때문이었다. 서로 적대적인 상황이었음에도 불구하고 영국인 중에는 아메리카에

호의를 보이는 사람이 많았던 것이다. 리치먼드 공작Duke of Richmond
은 상원에서 아메리카의 행동을 다음과 같이 지지했다.

"생각할 수 있는 모든 정치적·도의적 의미로 보아 그들의 행동은
완전히 정당하다."

영국의 숭고한 관용성은 자기 의견을 자유롭게 발표하는 것을 허용
했다.

2. 미국인들이 일대 결단을 내리는 데 일조한 인물은 조지 3세였
다. 이는 그가 부덕하거나 우매해서가 아니라 국왕으로서의 의무를
수행하는 데 지나칠 정도로 사명감이 강해서 빚어진 결과였다. 근면
한 노력가였던 그는 선정을 베푸는 독재자가 되기를 염원했지만 선
정을 베푸는 독재자란 있을 수 없는 법이다. 그는 의회와 신문을 지배
하려다 도리어 부패를 조장하고 말았다. 부패 현상은 내각, 육군, 해
군에까지 퍼졌고 자신의 힘을 강화하려던 국왕은 오히려 국가의 힘
을 약화시켰다.

그에게 아메리카 사건은 체면 문제로 보였고 사실 그는 아메리카
보다 더 큰 모험을 하고 있었다. 그것은 영국에 전제 군주정치를 확
립하는 문제였는데 만일 식민지 통치에 실패하면 국내에서 자유당과
입헌군주제가 득세할 것이 확실했다. 1775년 10월 국왕은 영국이 절
대로 식민지를 포기하지 않을 것이며 무력으로 엄중히 단속하겠다며
나섰다. 하지만 국왕에게 사죄한다면 길을 잘못 든 어린이를 대하듯
관대하게 조처하겠다고 성명을 발표했다. 불행히도 국왕은 조지 워싱
턴의 동지들이 방종한 자식이 용서를 빌듯 국왕에게 특사를 간청할

가망이 없다는 현실을 내다보지 못하고 있었다. 이것이 첫 번째 실책이었다.

3. 두 번째 실책은 의회가 실력이 없을 때 실력을 기반으로 추진해야 하는 정책을 채택한 일이다. 1775년 영국 육군의 최대 병력은 5만 5,000명이었는데 그중 1만 2,000명은 아일랜드에서 떠날 수 없었고 나머지는 인도, 서인도, 캐나다 등에 분산되어 있었다. 여기에다 영국은 징병제도에 반대했다. 결국 조지 3세가 아메리카에 병력을 더 파견하려면 독일의 소제후들에게 용병을 사야만 했다. 영국은 브라운슈바이크 공작Duke of Brunswick, 헤세 카셀Hesse-Cassal 백작 외의 몇몇 제후에게 3만 명의 독일병을 1인당 7파운드에 고용했다. 그 외에 제후들에게 1년에 7,000파운드씩 지불해야 했다. 이러한 용병들이 용감히 싸우기를 기대하기는 어려웠다. 사실 그들은 대부분 전선에서 이탈해 아메리카 농민의 시조始祖가 되었다.

미국인의 입장에서 국왕이 그들을 정복하기 위해 외국 용병을 보냈다는 사실에 분개하는 것은 당연한 일이었다. 영국에서도 현명한 사람들은 미국인의 자유를 압박하는 일이 곧 영국인의 자유를 위협하리라고 예측했다. 버크는 의회가 자유를 수호하려면 우선 식민지에 자유를 주어야 한다면서 아메리카 군정을 실시하면 곧 영국에도 군정이 실시될 것이라고 역설했다. 또한 그는 다음과 같이 강조했다.

"의회 제도를 우습게 알고 납세자의 동의도 없이 고액의 세금을 징수하며 법률을 지키지 않아도 되는 군대에 근무하던 사람들이 아메리카에서 본국으로 돌아왔다고 우습게 알던 것을 존중할 리는 없다."

버크의 견해가 옳았다. 자유는 장소에 따라 달라지지 않는다.

4. 국왕의 선택은 미국인을 격분케 했다. 외국인 용병 파견으로 자극을 받은 그들은 보스턴을 탈환한 후 사기가 충천했다. 그때까지 머뭇거리던 일반시민의 의견은 영국과의 단절 쪽으로 기울어지기 시작했다. 여기에다 한 책자가 출판되면서 일반시민의 저항정신이 한층 더 견고해졌다. 그것은 당시 무명이던 토머스 페인Thomas Paine(1737~1809, 영국의 정치사상가, 프랑스 대혁명에도 참가했다—역자주)의 저서 《상식 Common Sense》이었다. 아메리카의 궐기를 이끌어낸 이 영국인은 일상생활에서 실패만 거듭해온 사람이었다. 하급관리직을 두 번 얻기도 했지만 둘 다 해직당했고 아내는 그를 떠나버렸다. 그가 절망에 허덕일 때 프랭클린을 만났는데 프랭클린은 그의 비범한 눈빛에 이끌려 소개장을 써주었다.

1774년 그는 내면에 깊은 불만과 문필 실력을 품고 필라델피아에 도착했다. 대륙회의가 진행되는 동안 그는 거리를 돌아다니며 뉴스를 모으고 여론을 조사하며 시간을 보냈다. 여론이 너무 무관심하다는 것을 안 그는 사람들을 자극하기 위해 글을 쓰기 시작했다. 그의 책이 성공한 이유는 문체가 직접적이고 간결했기 때문이다. 사실 대중은 그때까지 활발하게 전개된 법적 시론時論에 염증을 느끼고 있었다. 반면 《상식》의 저자는 법률에 관심을 두지 않았다. 상점이나 농장에서 일하는 평범한 시민을 기반으로 하는 아메리카가 지금껏 영국에 예속되어 왔는데 무슨 이득이 있었는가? 페인은 이것은 상식 문제에 지나지 않으며 아무런 이득도 없었다고 지적했다.

5. 페인은 이렇게 역설했다.

"우리의 번영을 시기하는 정부에 우리를 통치할 권리가 있는가? 없다고 대답하는 사람은 누구나 독립을 찬성하는 사람이다. 왜냐하면 독립이란 단순히 '우리 스스로가 우리의 법률을 만드느냐, 아니면 이것을 아메리카 최대의 적인 국왕에게 맡기느냐'를 분명히 하면 되는 것이기 때문이다. 만약 식민지가 오늘날까지 영국의 통치 밑에서 번영하지 않았느냐고 누군가가 묻는다면 나는 이렇게 반박하겠다. 그건 지금까지 이 아이는 우유를 먹고도 잘 자랐으니 고기를 줄 필요가 없다는 말과 마찬가지다. (…) 유럽적인 분쟁에서 깨끗이 손을 떼는 것이 아메리카에 유리하다. (…) 배가 한 척 들어올 때마다 300만 민중이 부두로 달려가 이제 자유가 얼마나 남아 있는가를 알려고 하는 것처럼 어리석은 일은 없다. (…) 자유는 지구의 도처에서 억압을 못 이겨 피난처를 찾고 있다. 아아, 미국인이여! 이 피난자를 받아들이고 인도주의의 안식처를 마련하자."

그는 새뮤얼 애덤스보다 더 급진적이었고 모든 정부 형태를 비난했다.

"사회는 어떤 형태든 하나님의 뜻에 맞지만 정부는 최선의 정부라도 악마와 같다. (…) 한 정직한 사람이 왕관을 쓴 악한들보다 이 사회에 더 가치가 있다. (…) 하나님이 영국과 아메리카 사이에 먼 거리를 두신 것은 한쪽이 다른 한쪽을 통치할 수 없다는 뜻을 뚜렷이 나타낸 것이다. (…) 한 대륙이 한 섬의 통치를 영원히 받아야 한다고 생각하는 것은 어리석은 일이다."

이 책의 반응은 그야말로 폭발적이었다. 런던에서는 신사들이 신발의 뒤축에 'TP'라는 그의 이름 약자를 새긴 징을 박아 신고 다니면서 그것을 밟는 것이 유행할 만큼 토머스 페인은 그들의 미움을 샀다. 반면 아메리카에서《상식》은 농촌에 사는 급진파의 성서나 마찬가지였고 3개월도 되지 않아 12만 부나 팔려 나갔다. 급진파의 의기는 드높아졌고 완고한 보수당원도 전향했으며 워싱턴까지도 이 책자를 높이 평가했다.

"그럴듯한 주장이다. 반대할 수 없는 정당성이 있다."

하지만 페인에 대한 워싱턴의 의견, 워싱턴에 대한 페인의 의견이 언제나 호의적이었던 것은 아니다.

6. 무엇에 근거를 두고 독립선언을 할 것인가? 식민지인이 오랫동안 강조해온 것은 영국의 전통에서 차용한 다음과 같은 법 이론뿐이었다.

"대표 없는 곳에 과세는 없다. (⋯) 법적인 대표가 없었다는 것은 사실이다. (⋯) 우리는 특허장을 통해서만 국왕과 의회에 관계가 있다."

이런 중세기적 이론은 적절치 않았다. 당시 지식계급은 좀 더 적절한 근거, 즉 자연법에 근거를 두기를 원했다. 1668년 영국의 자유당이 정통을 이은 제임스 2세를 축출하고 윌리엄 3세를 맞았을 때 그들은 왕위의 신권설을 부인했다. 로크는 이를 인정하고 그의 저서《정치론Treaties on Government》에서 로버트 필머Robert Filmer에게 답하기를, 모든 신민에게는 천부의 권리가 있으며 이것을 침해당하면 국왕과 국민 사이에 약정된 계약을 파기할 수 있다고 명시했다. 미국인은 당연히 이 사상을 환영했고 미국인의 기원에까지 소급해 제1차 순례자들의 계약을 논했다. 그들은 하나의 계약을 폐기하고 다른 계약을 체결할 수 있으며 자연법과 조물주인 하나님의 이름으로 조지 3세로부터 독립해 있음을 실증할 수 있다고 믿었다.

7. 워싱턴은 독립론을 적극 지지했고 보스턴 입성으로 굉장한 인기를 얻었다. 버지니아는 정치적·경제적 이유에서 워싱턴을 충실히 추종했으며 뉴잉글랜드는 버지니아에 완전히 동조했다. 당시 새뮤얼 애덤스는 단언했다.

"아메리카는 이미 독립하고 있지 않은가? 그런데 왜 독립이란 말을 쓰지 않는가?"

하지만 뉴욕, 펜실베이니아, 메릴랜드, 노스캐롤라이나는 망설이고 있었다. 그러던 중 1776년 6월 7일 버지니아의 리처드 헨리 리는 대륙회의에서 다음과 같은 안건을 제출했다.

"우리 식민지 연합은 정당한 권리에 따라 독립한 자유국가다."

독립선언 준비는 존 애덤스, 토머스 제퍼슨, 벤저민 프랭클린, 로저 셔먼Roger Sherman, 로버트 리빙스턴Robert Livingstone으로 구성된 위원회가 맡았다. 버지니아 대표로 대륙회의에 참석한 토머스 제퍼슨은 서른두 살로 그 지방에서는 이미 유명한 인물이었다. 그는 전체 회의에서 난무하는 소아병적 과격론이 마음에 들지 않아 침묵을 지키고 있었지만 위원회나 일상 대화에서는 신속함, 솔직함, 명확함, 과단성 등 많은 장점을 드러냈다. 간단명료한 문장을 쓰는 데 능숙한 그는 아메리카의 권리에 관해 주목할 만한 논문을 저술했다.

"우리에게 생명을 주신 하나님은 동시에 우리에게 자유를 주셨다."

그는 자기주장을 고수하면서도 토론할 때는 굉장히 점잖은 태도를 보였다. 또한 신념이 확고한 동시에 타협을 받아들일 만한 여유도 갖추고 있었다. 대화할 때는 간혹 궤변적일 때도 있었지만 행동은 아주 상식적이었다. 이러한 자질 덕분에 위원회의 일원이 되어 독립선언문의 초안을 기초한 것이다. 또 다른 적임자 존 애덤스는 처음부터 이렇게 말했다.

"당신이 해야 한다. 첫째, 당신은 버지니아 출신이고 이 일의 책임자는 버지니아인이라야 한다. 둘째, 나는 미움과 의심을 받고 있을 뿐 아니라 인기가 없다. 셋째, 당신은 나보다 열 배나 문장에 능숙하다."

이처럼 존 애덤스는 제퍼슨의 문장력을 높이 평가했고 제퍼슨은 초안을 잡기 시작했다. 그리고 그 초안은 존 애덤스와 프랭클린이 약간 수정했다. 7월 1일 뉴욕을 제외한 아홉 개 식민지가 이것을 채택하는 데 찬성했다. 7월 4일 초안을 약간 수정한 뒤 열두 개 식민지가 만장일치로 독립선언문을 통과시켰고, 7월 9일에는 마침내 뉴욕도 찬성했다. 이렇게 모든 주가 찬성하자 배달부들은 전국 각지로 독립선언문을 보냈다.

8. 독립선언문은 전 세계에 호소하는 내용으로 다음과 같이 시작한다.

"인간사회의 중요 사건 진행 과정에서 한 국민이 다른 국민과의 사이에 존재하던 정치적 속박을 끊고 세계 안에서 자연법과 하나님의 법에 따라 부여받은 자유 및 평등한 지위를 차지할 필요를 느끼게 되었을 때, 인류 일반의 공정한 견해에 따라 그 국민은 분리하지 않을

1776년 7월 4일 대륙회의에서 토머스 제퍼슨을 비롯한 다섯 명의 기초위원들이 독립선언문을 의장에게 제출하고 있다.

수 없는 이유를 분명히 해야 한다."

그다음으로 독립선언의 기반이 된 원리를 주장했다.

"우리는 다음의 원리를 자명한 이치라고 주장하는 바다. 인간은 모두 평등하게 창조되었다. 인간에게는 그의 창조자가 부여한 양도할 수 없는 권리가 있다. 그것은 생명, 자유 그리고 행복 추구다."

로크의 주장을 따른 독립선언문의 이 부분은 프랑스 혁명을 비롯해 세계 모든 민주 운동의 기반이 되었다. 모든 정부의 목적은 인간의 권리를 보장하는 데 있고 모든 정부는 피통치자의 동의 아래서만 권위가 생기며, 만약 한 정부가 민중의 권리를 보장하는 데 실패하면 민중은 그들의 의무를 수정 및 파기할 수 있다고 했다. 독립선언문의 기타 부분은 항구적 가치가 떨어지며 불평과 불만의 나열에 지나지 않는다. 주로 대표제 부인, 압제적 법률, 전쟁 행위에 대한 공격이었다. 특히 국왕 조지 3세를 맹렬히 공격했기 때문에 존 애덤스는 약간 불쾌하게 생각하며 말했다.

"나는 조지 3세가 천성적인 폭군은 아니라고 믿는다."

제퍼슨은 열렬한 웅변조로 장황하게 자기 의견을 토로했다. 선언문의 결론은 다음과 같다.

"전 식민지 대륙회의에 모인 미합중국UNITED STATES OF AMERICA 대표자는 우리의 의도가 공정함을 전 세계의 지고至高한 심판에 맡기기 위해, 선량한 식민지 민중의 이름과 권위로 식민지 연합이 천부의 권리에 따라 독립된 자유국가임을 선언한다."

9. 영국의 역사가들은 독립선언문이 독창적인 문서가 아니라 대부분 로크의 사상을 계승한 것이며 아메리카가 독립하는 데 기반이 된 원리는 영국에서 차용한 것이라고 말한다. 물론 부분적으로는 그렇다. 제퍼슨 자신이 늘 말했듯 그는 선언문을 작성하면서 새로운 사상을 창조하거나 새로운 감정을 표현해야 한다고 생각하지 않았다. 오히려 그는 대다수 미국인에게 널리 퍼져 있는 사상을 명확하고 간결하게 표현해달라는 요청을 받았다. 이 점에서 그는 성공했다고 볼 수 있다.

그의 독창성은 사상 창조가 아니라 한 사상을 국민의 신조로 만들고 이론에 지나지 않던 체제를 현실화한 데 있었다. 그뿐 아니라 독립

선언문은 로크의 문장을 인용한 것 이상의 가치를 지니고 있었다. 대륙회의의 현실주의자들은 아마 생명, 자유, 재산 소유권 등 인권에 관한 전형적인 나열만으로도 만족했을 것이다. 하지만 제퍼슨은 '재산' 대신 '행복 추구'라는 말을 넣었다. 앞의 문구는 버지니아의 '권리장전Virginia Bill of Right'에 사용한 것인데 제퍼슨이 이것을 약간 바꿈으로써 독립선언은 이상주의적 논조를 띠었고 그것이 호소하는 바를 영원히 인류의 것으로 만들어놓았다. 이 문구는 그때까지 정치적 권리를 누려보지 못한 민중에게 아메리카 혁명이 중산계급만이 아니라 바로 그들을 위해 수행하는 것이라는 희망을 주었다.

—

chapter 5

군사행동

Military Operations

—

1. 이제는 대포가 움직일 차례였다. 해상권 확보로 항구와 수로를 장악한 영국 정부는 아메리카와의 전쟁에서 비교적 적절한 작전을 세웠다. 수로 중에서도 가장 중요한 허드슨 강변은 전쟁에서 승패를 갈라놓을 만한 지점이었다. 만일 영국이 이곳을 제압하면 식민지는 양분되어 신생국가의 행정이 마비되는 것은 물론 저항 활동마저 불가능할 것이었다.

이에 따라 영국은 하우 장군이 핼리팩스에서 해로로 진격해 뉴욕항을 점령한 후 허드슨 강을 거슬러 올라가고, 다른 부대가 샹플랭 호수를 따라 남하해 알바니에서 허드슨 강에 도달함으로써 식민지를 양분하는 작전을 짰다. 그리고 제3의 부대가 헨리 클린턴 경의 지휘 아래 찰스턴에 상륙해 남부의 왕당파를 규합하기로 했다.

클린턴이 이끄는 부대의 운명은 너무 빨리 결정이 났다. 포탄 세례를 받은 그들이 찰스턴에 상륙조차 하지 못했던 것이다. 한 영국 수병은 말했다.

"우리가 그토록 호되게 얻어맞기는 생전 처음이다."

막대한 피해를 본 클린턴의 함대는 뉴욕으로 후퇴해 하우 장군과 합류했다.

2. 영국인 못지않게 허드슨 강 연안의 중요성을 잘 알았던 워싱턴은 육로를 통해 보스턴에서 뉴욕으로 진출해 1776년 4월 그곳에 사령부를 설치했다. 허드슨 강 유역의 입구를 방어하기 위해 오늘날 조지 워싱턴교가 있는 곳에 워싱턴 요새와 리 요새를 구축한 것이다. 워싱턴의 병력은 3만 명도 안 되었지만 하우의 병력은 3만 명이 넘는데다 함대까지 있어서 기동력이 우세했다. 함대 사령관은 하우 경이었고 그는 쉽게 흥분하기도 했지만 친절하고 과묵하며 겁이 많아 부하들이 블랙 딕Black Dick이라는 별명을 붙여주었다.

하우 형제는 자유당원으로 조지 2세의 식민지 정책에 반대했다. 따라서 두 사람은 이번 전쟁이 많은 피를 흘리지 않고 해결되기를 진심으로 바랐다. 이런 심리 상태는 처음부터 그들의 행동에 적지 않은 영향을 미쳤다. 그들은 뉴욕에 도착하자마자 병력을 스태튼 섬에 상륙시켰고 워싱턴군은 맨해튼 남단에 위치해 있었다.

당시 하우 경은 조지 3세의 친서를 휴대하고 있었다. 국왕은 친서를 호의라고 생각했지만 미국인은 그것을 도전으로 보았다. 워싱턴과 그의 동지에게는 특사를 내렸으면서도 존 애덤스만은 제외했기 때문이다. 또한 친서에 '조지 워싱턴 귀하'라고 적혀 있었는데 이는 국왕이 아메리카의 장군이나 총사령관의 지위를 인정하지 않는다는 것을

의미했다. 하우 경은 평화를 바라는 마음으로 '조지 워싱턴 귀하 등'
이라고 쓴 다음, 서신을 가지고 가는 연락장교에게 '등'에는 총사령관
을 포함해 여러 뜻이 담겨 있음을 전하도록 분부했다. 워싱턴은 웃으
며 응답했다.

"'등'에는 참으로 여러 뜻이 담겨 있을 것이다. 모욕이란 뜻까지도!"

그는 친서를 대륙회의로 보냈고 대륙회의는 수락하지 않기로 결정
했다. 이로써 타협의 길은 그대로 막혀버렸다.

3. 하우는 유리한 위치에 있었다. 그는 워싱턴군의 배후지대 어느
곳이든 원하는 대로 상륙할 수 있었다. 반면 워싱턴은 이렇다 할 작전
을 세울 수가 없었다. 그에게는 전 해안선을 수비할 만한 병력도 없
었고 위험한 지점에 증원 부대를 급파할 기동력도 없었다. 누가 봐도
뉴욕을 수비하는 것은 거의 불가능한 일이었지만 이것은 대륙회의의
명령이었다. 워싱턴은 시가지 제압에 유리한 브루클린 고지에 약간의
병력을 파견해 수비하도록 했다. 이 진지에는 연락할 방법이 수로밖
에 없었고 영국군이 해상권을 쥐고 있었기에 이는 매우 위험한 상황
이었다.

8월 27일 하우 장군이 어둠을 틈타 전 병력의 반으로 롱아일랜드를
횡단해 브루클린을 공격했다. 새벽에 느닷없이 공격을 당한 아메리카
군은 무려 2,000명의 병사를 잃었다. 그들은 싸우면서 후퇴했지만 맨
해튼에 있는 워싱턴군의 상황도 이보다 나을 게 없었다. 영국군의 맨
해튼 상륙을 저지하는 것은 거의 불가능한 일이었다. 이 사태를 알고
뉴욕 시민은 워싱턴에게 절대 철수하지 말라고 탄원했다. 다행히 평

화적인 해결을 몹시 바라던 하우 형제가 포로로 잡힌 존 설리번_{John} Sullivan 장군을 대륙회의로 보내 화평 가능성을 타진하게 했기에 뉴욕 시내의 아메리카군은 숨 돌릴 여유를 찾았다.

4. 대륙회의도 평화를 원했지만 영국인을 신뢰하지 못한 그들은 무엇보다 먼저 미합중국의 독립 승인을 요구했다. 사령관인 하우 장 군에게는 이 문제를 결정한 권한이 없었으므로 협상은 중단되었다. 영국 함대는 군대의 일부를 맨해튼의 동해안, 즉 현재의 이스트 34번 가에 해당하는 지점에 상륙시켰다. 하우 장군은 그날로 아메리카군의 퇴로를 일부 차단할 수 있었지만, 그는 머레이 언덕에 있는 머레이 부 인의 저택에서 점심식사를 하며 쉬었고 그동안 이스라엘 퍼트넘 휘 하의 사병 4,000명은 사지에서 탈출했다.

대부분의 병력을 허드슨 강 오른쪽에 배치한 워싱턴은 여러 차례 교묘한 작전으로 영국군의 공격을 회피했다. 하우는 언제나 상륙작전 으로 아메리카군의 진지를 공략하려 했으나 아메리카군은 번번이 북 부로 도피했다. 결국 하우는 이 작전을 포기하고 맨해튼으로 돌아와 워싱턴 요새를 공격했다. 이곳에서 하우는 약 3,000명의 병사와 대포 등을 노획했다. 리 요새는 하우 장군이 적당한 시기를 보느라 무사했 지만 이제 아메리카군에 남은 길은 뉴저지를 횡단하는 퇴로를 확보 하는 것뿐이었다.

5. 아메리카군에는 별다른 방안이 없었다. 병사는 대부분 징집기간 만료일이 다가왔고 뉴저지의 왕당파들이 독립군이 패했다고 선전하

는 바람에 용기를 잃고 귀향하기만을 바라고 있었다. 이때 토머스 페인이 그 유명한 글로 그들을 열렬히 고무했다.

"이제야말로 군인정신을 시험받을 때다. 전세가 좋을 때만 싸우겠다는 군인이나 사이비 애국자들은 이 위기에서 조국에 대한 의무를 저버리고 도망갈 것이다. 이 어려운 때 조국을 수호하고자 그 자리를 지키는 사람만이 모든 사람의 애정과 감사를 받을 자격이 있다."

워싱턴은 7,000명의 병력으로 허드슨 강의 북방에 주둔하고 있던 리 장군에게 곧 자신과 합류하라는 명령을 내렸다. 그러나 워싱턴을 무능한 인물로 본 리 장군은 그가 겪는 곤란이 당연하다고 여겨 이동을 주저하고 있었다. 워싱턴에게는 이제 겨우 4,000명의 병력만 남아 있을 뿐이었다. 그는 하는 수 없이 델라웨어 강을 건너 펜실베이니아로 퇴각했고 하우가 그 뒤를 바짝 추격했다. 만약 워싱턴이 서안에 있던 모든 배를 끌고 가지 않았다면 하우 장군이 며칠 안으로 필라델피아를 점령했을 것이다.

대륙회의도 이미 필라델피아를 떠나 볼티모어로 이동하고 있었다. 그런데 하우는 언제든 원하기만 하면 이 수도를 점령해 전쟁을 끝낼 수 있다고 믿었고 필라델피아 점령은 잠시 지연되었다. 그가 바삐 서둘 이유는 없었다. 더구나 크리스마스가 가까웠기 때문에 그는 뉴욕에서 성탄절을 보내려고 그곳으로 떠났다. 그의 사령부는 독일 용병이 수비를 맡은 채 트렌턴에 남아 있었다. 하우가 이동했다는 첩보를 입수한 워싱턴은 즉각 대담한 기습작전을 계획했다. 크리스마스가 독일인에게는 큰 축제였으므로 그는 그날 강변과 시내 경비가 허술할 것이라고 판단했다. 그날은 공교롭게도 눈이 내렸고 델라웨어 강은 유빙(물 위에 떠내려가는 얼음덩이)으로 가득했다. 아무도 적이 공격하리라고 생각할 수 없는 상황이었다. 크리스마스 날 델라웨어 강을 건넌 워싱턴은 후퇴하지 않고 고의로 적의 추격을 유도한 뒤, 대담하게도 영국군의 배후를 돌아 프린스턴에 있는 적의 연락선을 위협했다. 곤경에 빠진 찰스 콘월리스Charles Cornwallis는 연락선이 차단되는 상황을 피하고자 급히 후퇴했다. 교묘한 작전으로 첫 승리를 거둔 워싱턴은 결코 무능한 장군이 아니었다.

6. 그러나 이것으로 모든 전투가 끝난 것은 아니었다. 런던의 작전 계획은 조금도 바뀌지 않았다. 존 버고인 경이 1개 군단을 거느리고 캐나다에서 남하하고, 윌리엄 하우 경이 군단을 거느리고 허드슨 강변을 북상하며, 센트레저 대령이 소부대를 거느리고 모호크 강을 내려올 계획이었다. 이들이 알바니에서 합류하기만 하면 전쟁은 끝날 예정이었다. 식민지 장관 조지 저메인George Germain은 화이트홀의 사무실에서 이 작전 계획을 결재했다. 그러나 5,000마일이나 떨어져 있는 곳에서는 원시림을 뚫고 전진하면서 답사도 하지 않은 고지를 통과하는 작전이 얼마나 어려운지 예견할 수 없다는 사실을 그는 계산에 넣지 않았다. 결국 이 작전은 버고인군이 알바니를 향해 캐나다를 출발했을 때 합류하기로 되어 있던 하우군이 출동하지 않아 실패하고 말았다.

7. 한편 작전 명령 지연과 정부의 무능 탓에 오판한 하우는 먼저 필라델피아를 점령하기로 했다. 이것은 수도가 국가의 상징이라고 생각

한 유럽인이 빠지기 쉬운 작전상의 과오였다. 사실 아메리카는 열세 개의 심장을 가진 하나의 몸이었다.

1777년 봄이 지나도록 하우는 우물쭈물하고 있었다. 워싱턴군에 관해 정확한 정보를 얻지 못했기 때문이다. 뉴저지로 진격하는 것은 프린스턴에서의 실패를 되풀이할 위험이 있다고 생각했다. 그는 워싱턴군을 평야로 유인하려 애썼지만 뜻을 이루지 못하고 이럭저럭 시간만 축내고 있었다. 7월이 되자 그는 클린턴만 남겨두고 부대와 함께 비밀리에 출항했다. 어디로 가려는 것이었을까? 워싱턴은 하우가 당시 방비가 허술하던 보스턴을 다시 점령하려 출동한 것은 아닐까 하고 크게 걱정했다.

그런데 하우군이 상륙한 곳은 체사피크 만이었고 그렇다면 그가 공격하려는 목표는 바로 필라델피아였다. 그는 해로를 택한 것이다. 그 소식을 들은 워싱턴은 안도의 한숨을 내쉬었다. 그는 이미 버고인군에 대비해 게이츠 장군의 소부대를 파견한 상태였는데, 하우군이 멀리 떠나면서 그 작전이 훨씬 더 수월해졌던 것이다. 그는 단호하게 명령을 내렸다.

"때는 지금이다. 뉴잉글랜드의 전 병력을 동원해 버고인 장군을 격파하라!"

워싱턴이 이 작전을 진행하는 동안 하우는 필라델피아를 점령했지만 그는 결국 전쟁에서 패할 운명이었다.

8. 존 버고인은 군인이긴 했지만 정치가이자 극작가였고 다른 한편으로 국왕의 정신적 지주이기도 한 완전한 세속인이었다. 그는 칼

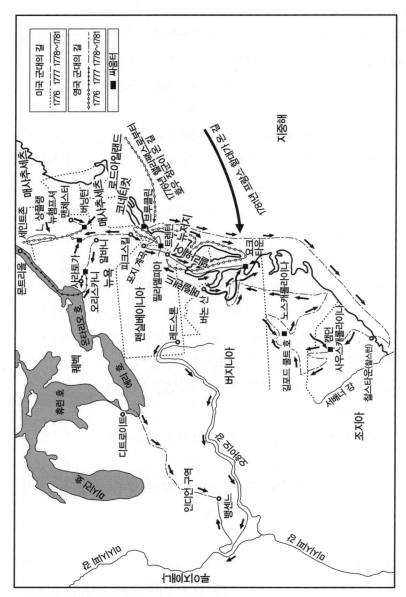

17세기 독립전쟁의 상황

턴 장군General Carleton을 밀어내고 자신이 원정군 사령관이 되고자 여러 인맥을 동원했는데, 더비Derby 백작의 양자에다 궁정에서 인기도 좋아 그 일에 성공했다.

그는 원정이 성공하리라고 굳게 믿었지만 문관이 직업군인을 능가할 수는 없었다. 항해는 매우 순탄했고 삼림을 통과하는 거리도 그리 멀지 않았다. 따라서 그는 7,000명의 병력과 600~700명의 인디언 보조부대로 편성한 군대면 충분하다고 생각했다. 야만적인 보조부대를 신뢰하지 않은 버고인은 출발에 앞서 인디언 부대를 모아놓고 세 시간이나 지루하게 연설을 했다. 군율을 엄중히 다루기 위해 살인, 두피 벗기기, 약탈을 금한다고 지시한 것이다. 후일 버크는 하원에서 이렇게 야유했다.

"우리의 젊은 사자 여러분, 인도적인 곰 여러분, 마음씨 고운 미국 승냥이 여러분, 전진하라! 그러나 여러분은 그리스도 신자이고 문명 사회의 일원인 이상 남자, 여자, 어린이가 다치지 않게 하라."

인디언은 놀라움과 실망을 금치 못하고 항의했다. 결국 그들은 정세가 악화되자 무기, 담요, 군량을 가지고 도망쳐버렸다. 사실 영국군은 그 전쟁을 군사 행진 정도로밖에 여기지 않았다. 심지어 몇몇 장교는 아내를 동반했고 버고인도 부하장교의 아내를 정부로 데리고 다녔다.

9. 처음에는 만사가 순조롭게 진행되었다. 버고인은 샹플랭 호수를 통과하는 노선을 제압하고자 타이콘데로가를 점령해 포로와 28문의 대포를 손에 넣었다. 이 성과는 국왕을 기쁘게 했고 그는 "나는 미국

인들을 해치웠다"라고 단언했다.

한편 버고인과 합류하기 위해 오스위고에서 진격해오던 센트레저 대령의 부대는 아메리카군의 저지를 받고 그대로 후퇴했다. 삼림지대로 들어선 버고인군도 광범위한 부대 행렬 때문에 적이든 아니든 덤벼드는 인디언의 약탈을 막느라 정신이 없었다. 더구나 농가가 거의 없는 미개척지에서는 병사에게 먹일 식량을 구하기가 어려웠다. 상황이 불안정하고 보급선이 길어지면서 1파운드(약 450그램)의 절인 고기를 그곳까지 가져오는데 영국 정부는 30파운드(약 5만 원)의 경비를 지출했다. 여기에다 얼마 되지 않는 그 지방의 주민이 영국군에게 적의를 품고 있었다.

한 달이 지나자 버고인군은 기아에 허덕였고 사기는 뚝 떨어졌다. 영국이 조금만 현명했더라면 버고인군은 좀 더 문명화된 마을이 있는 뉴잉글랜드를 향해 진격했을 것이다. 육군성의 명령은 분명 직선거리로 진격하라는 것이었다. 즉, 그들은 하우군과 합류하기 위해 알바니로 가라는 명령을 받았다. 불행히도 군율에 따라 명령을 고집한 버고인이 파멸의 길을 재촉하고 있을 때, 이를 무시한 하우는 부대를 거느리고 멀리 체사피크 만을 향해 해상에 있었다.

10. 얼마 지나지 않아 버고인은 절망에 빠져버렸다. 링컨 장군 General Lincoln이 이끄는 아메리카군이 캐나다로 퇴각하는 길을, 게이츠 장군의 부대가 뉴욕으로 가는 길을 차단했기 때문이다. 버고인군이 공격을 시작하자 게이츠 장군과 베네딕트 아널드는 결사적으로 반격했다. 할 수 없이 버고인은 새러토가에 진주하며 속수무책으로 운명

을 기다렸다. 식량은 떨어졌는데 그것을 보급할 방도가 없었다. 인디언들은 벌써 도망쳤고 독일인 용병들은 패전에 무관심했다.

10월 17일 결국 버고인은 항복했고 5,000명의 병사가 무기를 버렸다. 게이츠 장군은 그들을 군인으로 대우하며 보스턴에서 영국으로 귀항하는 허가를 받아주겠다고 약속했다. 하지만 대륙회의는 이를 거부했고 버고인의 군대는 오랫동안 도로변을 따라 내려가다가 나중에는 매사추세츠의 들판으로 사라져갔다.

훗날 평화를 회복했을 때 이 군대를 본국으로 돌려보내자는 운동이 일어났으나 그땐 이미 이 군대가 존재하지 않았다. 대부분의 병사가 개척자가 되었던 것이다. 아메리카 대륙은 적군으로 들어온 사람까지도 국민으로 만드는 엄청난 동화력을 지녔던 셈이다.

chapter 6

프랑스의 참전

France Enters the War

1. 영국 식민지의 반란을 주시하던 프랑스는 버고인 장군의 항복 소식을 듣고 큰 충격을 받았다. 프랑스는 수년 전 파리조약으로 영국에 굴복한 쓰라린 기억을 간직하고 있었다. 당시 영국은 자부심 강한 국가가 도저히 견뎌내기 힘든 한 조항을 설정하는 과오를 범했다. 그것은 프랑스 영토 내에 있는 됭케르크 요새Forts of Dunkirk의 방어시설을 철거하고 그곳에 영국 감독관을 주둔시킨다는 내용이었다.

프랑스에서는 직접적인 군사 행동을 하지 않으면서도 영국을 약화시킬 기회를 엿보고 있었다. 이 보복 감정은 궁정이나 국민보다 대신과 군인들에게 더 강렬했다. 그 무렵 지식인들은 영국에 심취해 있었고 특히 볼테르와 몽테스키외가 영국의 사상을 널리 퍼트리고 있었다. 지식인들은 런던으로 건너가 사상가로서 확고한 위치를 차지하려 애썼다. 르 투르뇌르Le Tourneur가 번역한 셰익스피어의 작품이 열광적인 찬사를 받기도 했다.

이처럼 표면적으로는 양국이 우호적인 것처럼 보였지만 사실 양국 정부는 전략적 적개심을 품고 조심스럽게 상대방의 허점을 노리고 있었다. 영국은 눈에 띄지 않게 코르시카Corsica(지중해 북부의 프랑스령 섬)의 반란을 선동했고, 프랑스의 재상 슈아죌은 런던에 폭동이 발생했다는 소식을 듣자 기쁨을 감추지 않고 말했다.

"내가 바라는 숫자만큼 영국인은 자신들의 목을 자르지 않았다."

1768년부터 아메리카에 혁명의 징조가 보이자 그는 매우 흐뭇해했다. 실은 아메리카에 있는 그의 정보원이 사태의 추이를 자세히 보고하고 있었다. 다른 한편으로 슈아죌은 비밀리에 무너졌던 프랑스 함대를 다시 일으켜 세웠다. 7년 전쟁 말기에 프랑스 해군은 47척의 전함과 파손당한 10척의 구축함밖에 없었으나 1771년에는 64척의 전함과 장비가 우수한 45척의 구축함을 구비했다. 해상권은 어느 틈에 영국에서 프랑스로 넘어가려 하고 있었다.

2. 루이 16세Louis XVI(1754~1793)가 왕위에 오르자 샤를 베르젠Charles Vergennes이 슈아죌의 뒤를 이어 재상이 되었다. 베르젠은 수재는 아니었으나 경험과 상식이 풍부할 뿐 아니라 조심성 있고 애국심이 강한 사람이었다. 정치가에게는 이것이면 충분하다. 그는 전쟁을 원치는 않았지만 영국을 약화시키는 것이 곧 프랑스가 강해지는 길이라 믿었고 영국 식민지의 반란은 당연히 원조해야 할 일이라고 단정했다.

이런 생각은 '전쟁은 나라를 망치게 한다'고 여기는 재무대신 안 로베르 자크 튀르고Anne Robert Jacques Turgot를 놀라게 했다. 젊은 국왕도 베르젠을 지지하지 않았다. 루이 16세는 조지 3세가 바라던 절대 전제군주로 그는 반란을 인정하지 않았다. 그뿐 아니라 프랑스는 외교 정책상 스페인과 화친조약을 맺고 있었고 스페인은 아메리카 식민지에 의존하고 있었으므로 식민지에서의 반란을 용인할 수 없었다. 스페인 사람들은 말했다.

"만일 프랑스가 영국의 속박에서 어떤 나라를 해방시키기 위해 어떤 희생이든 달게 받겠다면 왜 아일랜드의 가톨릭은 해방시키지 않는가?"

스페인 국왕 카를로스 3세Carlos III(1716~1788)는 군주에 반항하는 민중을 공공연하게 원조하는 것은 두 나라 왕국의 권위를 손상시킨다고 강조했다. 그러나 비밀리에 반란을 지원하고 무기를 공급하는 것은 그에게도 유리한 일이었다. 스페인 공사는 다음과 같이 보고했다.

"영국과 아메리카가 서로 쇠약해지는 것이 가장 바람직한 일이다."

이는 역사상 어느 시대에나 두 나라가 싸우고 있을 때 다른 나라 국민이 품는 소망이라 할 수 있다.

3. 베르젠의 계획은 전쟁을 피하면서 아메리카 식민지를 원조한다는 것이었다. 그렇다면 어떤 방안으로 추진할 것인가? 영국 대사 스토몬트 경Lord Stormont은 프랑스 정부의 이 모든 정황을 탐지하고 있었다. 그는 은밀하게 정보를 공급하되 들통 나면 영국 정부가 발뺌을 할 수 있을 만한 사람을 찾아야 했다. 마침 이 일을 하기에 꼭 알맞은 사람이 나타났다. 돈은 별로 없었으나 수완이 있고 용감하며 자유를 열렬히 지지하는 인물이었다. 그는 바로 천재적인 작가이자 직업적 모험가인 피에르 드 보마르셰Pierre de Beaumarchais(1732~1799, 프랑스의 극작가로

《세비야의 이발사》,《피가로의 결혼》 등의 작품이 있다—역자주)였다.

그는 런던에서 아서 리Arthur Lee라는 미국인을 만났는데 그는 자신이 아메리카에서 필요로 하는 물자를 구하고 있으며 대금으로는 담배, 기타 산물로 충분히 지불할 수 있다고 했다. 아서 리는 위험한 거짓말쟁이에다 사기꾼이었지만 그걸 몰랐던 보마르셰는 막대한 이익을 챙길 수 있으리라고 속단했다. 프랑스로 귀국한 그는 이 일을 베르젠에게 보고하고 '로드리그 오르타레즈Rodrigue Hortalez'라는 법인체를 설립하기로 했다. 여기에는 프랑스와 스페인 양국 정부가 100만 파운드씩 출자하고 상사는 이 자금으로 아메리카를 위해 군복, 대포, 탄약 등을 구입할 예정이었다. 작가 보마르셰가 소설처럼 스페인의 유력한 상인이 되어 멋지게 치장하고 포부르 뒤 탕플Faubourg du Temple의 호화로운 호텔에 투숙했을 때 얼마나 신이 났을지 상상이 가고도 남는다. 그런데 그의 삶은 말 그대로 어떤 무대의 희극보다 더 재미있는 희극이 되고 말았다.

영국 대사 스토몬트는 비밀 상인 보마르셰의 소문을 듣고 베르젠을 찾아가 프랑스가 영국의 적군을 지원하고 있느냐고 물었다. 베르젠은 냉정하고 침착하게 그런 문제는 없을 것이라고 대답했다.

4. 한편 미합중국 의회와 외국연락위원회(국무성과 같은 역할 담당)는 프랑스의 호의를 감지하고 이를 이용하려 했다. 물론 아직도 영국식 전통에서 벗어나지 못하고 영국의 적국과 동맹하는 것은 반역행위라고 여기는 대표도 몇 명 있었다. 더구나 프랑스인은 가톨릭교도에다 인디언과 한패가 아닌가. 하지만 필요성이 망설임을 물리쳤다. 군복, 무

기, 자금이 부족했던 아메리카는 코네티컷 대표 사일러스 딘Silas Deane
을 파견하기로 했다. 하필 외교관도 아니고 프랑스어도 모르는 그를
외교관으로 선정한 이유는 그가 식민지에서 부유하고 호화로운 생활
로 유명했으므로 프랑스 궁정에 가도 손색이 없으리라 판단했기 때
문이다.

사절단을 접견한 베르젠은 프랑스가 영국과 평화관계를 유지하고
있으므로 공적으로는 아무런 지원도 할 수 없으나 비공식적으로 이
뤄지는 거래는 일체 간섭하지 않겠다고 언급했다. 그리고 사일러스
딘에게 로드리그 오르타레즈 상사와 의논하라고 권했다. 즉, 프랑스
병기창이 아무리 그럴듯하게 위장해도 틀림없는 국왕의 무기인 우수
한 대포를 공급하는 보마르셰와 협상하라는 얘기였다. 신비에 싸인
이 상사는 비상한 활동으로 2만 5,000명의 병력이 무장하기에 충분
한 물자를 제공했지만 그 대금은 영영 지불받지 못했다. 불운한 보마
르셰는 이 사업에 양국 정부의 200만 파운드 외에 얼마 되지 않는 자
기 재산과 친지의 자금을 투자하고 그 대가로 담배를 요구했으나 아
무런 성과도 없었다. 그는 담배의 그림자조차 볼 수 없었다.

보마르셰의 채무자였던 아서 리는 대륙회의에서 이 물자는 지불이
필요치 않은 프랑스 정부의 증여물자이며 보마르셰의 청구는 영국
정부를 기만하기 위한 희극에 불과하다고 설명했다. 대륙회의는 그의
말을 그대로 믿었다. 보마르셰가 더욱 큰 소리로 애걸하면 할수록 아
메리카 측은 잘 알고 있다는 뜻의 웃음을 보이며 말했다.

"그렇겠지. 당신이 그렇게 말하지 않으면 안 될 사정과 우리가 여기
에 무관심한 척해야 한다는 것도 잘 알고 있다."

이것이야말로 정말 《피가로의 결혼》의 한 장면 같은 광경이었다. 이 오해는 보마르셰의 생전에 풀리지 않았고 그는 1799년 가난을 면하지 못한 채 사망했다. 36년이 지난 뒤에야 그의 자손이 온갖 고난 끝에 모든 법률가가 동의한 정당한 지불액의 일부만 간신히 받아냈다.

5. 독립을 선언한 후 대륙회의는 프랭클린, 제퍼슨, 딘을 프랑스 주재 공식대표단으로 임명했다. 그중 제퍼슨이 도중에 사퇴하고 아서 리가 그 자리를 대신했다. 프랭클린은 프랑스에 잘 알려져 있었던 터라 열광적인 환영을 받았다. 노인이 된 그는 예전 같은 활력은 없었지만 상인들이 항상 말하듯 팔다 남은 자투리도 사는 사람의 필요에 따라 요긴하게 써먹을 수 있는 법이라고 자부하고 있었다. 그는 통상조약, 차관 도입 그리고 협상하기에 가장 까다로운 항목인 동맹 체결이라는 훈령을 받고 있었다. 프랭클린은 말했다.

"한마디로 말해 내가 협상에서 받은 훈령은 '우리를 도와주시오. 그렇지만 우리는 당신에게 아무런 의무도 지지 않겠습니다'라는 것이다."

다행히 과학자로서의 명성과 철학자로서의 평판, 순박한 풍채, 기지에 빛나는 화술 등 그의 모든 명성이 그를 도왔다. 가엾은 리처드 (프랭클린의 별명—역자주)의 철학은 프랑스 시민계급의 철학과 서로 통했고 그의 번갯불 실험은 매우 유명했다. 카르몽텔Carmontelle은 프랭클린의 초상화 밑에 다음과 같이 기록했다.

"우리는 그가 폭군과 하나님의 무장을 해제하는 것을 보았다."

튀르고도 프랭클린을 찬양하기 위해 라틴어로 기록했다.

"그는 하늘로부터 천둥과 번개, 폭군으로부터 옥홀玉笏을 빼앗았다."

프랑스 과학원은 그를 회원으로 추대했고 그는 빠짐없이 모임에 출석했다. 그는 볼테르와도 만났는데 유명한 두 노인은 열광하는 대중 앞에서 서로 포옹했다. 영국 대사가 프랭클린이 본국에서 평판이 나빠 대사로서가 아니라 피신하려 프랑스에 와 있다는 낭설을 유포하려 애썼으나 실패했고, 궁정에서든 거리에서든 '위대한 프랭클린'의 이야기만 떠돌았다.

6. 그때는 마침 프랑스에서 단순하고 검소한 생활이 유행하고 있었고 프랭클린의 전설은 프랑스 대중의 감상적·지성적 요구에 꼭 들어맞았다. 사실 프랭클린은 검소하고 순박하다기보다는 수완이 능수능란한 사람이었다. 그는 어떻게 하면 자신에게 주어진 임무를 완수할 수 있는지 잘 알고 있었다. 가령 털모자와 안경의 평판이 좋았음을 알고 이후부터 어딜 가든 그것을 착용했다. 정부 대표와 회견할 때는 깜박 잊고 가발을 쓰지 않았는데, 그것이 오히려 더 효과가 있자 그 뒤로는 가발을 쓰지 않았다. 파리 시민에게 퀘이커교도로 알려진 그는 그렇지 않다는 것을 굳이 밝히지 않으려고 조심했다.

당시 파리에서는 고대 공화주의자가 인기를 끌고 있었고 미국인을 로마의 정치가 마르쿠스 포르시우스 카토Marcus Porcius Cato나 퀸투스 파비우스 막시무스Quintus Fabius Maximus 같은 존재로 보았다. 프랑스 국왕은 이론적으로는 전제적이었으나 현실적으로는 여론을 존중했다. 물론 그 여론은 파리와 베르사유에 있는 일부 사람들이 만든 것이었다. 그들에게는 투표권을 비롯해 아무런 권한도, 무기도 없었지만 대신들은 그들의 의견이 미치는 영향력을 무시하지 않았다. 그런 그들이 프랭클린을 우상화한 것이다.

젊은 귀족들은 이전에 볼테르와 루소Jean-Jacques Rousseau(1712~1778)에게 그랬듯 프랭클린을 숭배했다. 그 무렵 프랑스는 사상 문제로 들끓었고 사람들은 '병영에서는 독립을, 저택에서는 민주주의를, 댄스파티에서는 철학을, 규방에서는 논리를' 이야기하고 있었다. 프랑스인은 아메리카를 그들이 희망하고 기대하던 자유를 하나님께 약속받은 나라로 생각하고 있었다. 심지어 "뉴잉글랜드에는 고대 그리스보다 철학자가 많다"고까지 했고 대륙회의를 로마시대의 원로원으로 여겼다. 모든 청년이 반란군에 가담해 자유를 위해 싸우기를 열망했다. 당시 독일의 평론가 프리드리히 그림Friedrich Melchior von Grimm은 청년들이 자유를 위해서라면 이누이트Innuit든 호텐토트Hottentot든 상관없이 부모형제를 버리고 도우러 가겠다는 광적인 분위기에 사로잡혀 있었다고 말했다. 프랑스의 이런 정신적 상황과 국가의 정치적 요청이 베르젠의 행동을 결정했다.

7. 의용병이 속속 모여들었고 이들을 아메리카로 이끄는 동기는 매우 다양했다. 예를 들면 도의적인 동기, 영국에 대한 원한, 모험심, 원시림과 아름답고 재빠른 인디언 아가씨, 출세를 위한 기회 등이 있었다. 경솔하고 사려 깊지 못한 사일러스 딘은 누구든 신청만 하면 모조리 받아들였다. 1776년 말에는 지원자가 너무 많아 처치하기가 곤란할 정도였다. 그는 "아메리카로 가서 참전하겠다는 의용병 지원자가 날로 늘어나 즐거운 비명이라도 지르고 싶은 심정이다. 대부분 명

문가 출신이다"라고 말했다. 사무관이 쇄도하는 서류를 정리할 수조차 없는 지경이었는데 마침 프랑스에 도착한 프랭클린이 의용병 모집을 중지시켰다. 카이사르가 되고 싶어 하는 사람들에게 실망을 안겨준 그는 대단히 곤혹스런 일을 겪었다. 청년들은 거세게 항의했다.

"당신은 우리가 지원하기까지 개인적인 이해관계를 정리하는 데 얼마나 고통을 겪었는지 이해하지 못하고 있다."

사일러스 딘이 아무런 권한도 없이 임명한 사관들은 아메리카에 도착한 뒤 대륙회의로부터 냉대를 받았다. 미국인이 그들의 언어도 하지 못하는 유럽인의 지휘를 받기 싫어했기 때문이다. 열광적인 환영을 기대하던 의용병들은 냉대에 놀라움을 금하지 못했고 실망한 나머지 사임하기도 했다. 하지만 그중에서도 우수한 소질을 갖춘 사람들은 언제나 그렇듯 까다로운 편견을 극복하고 목적을 달성했다.

8. 젊은 마르퀴스 드 라파예트 후작Marquis de Lafayette(1757~1834, 프랑스 장군, 정치가—역자주)이 그 대표적인 사례다. 열아홉 살에 불과한 이 젊은 사관은 프랑스 2대 명문가 혈통과 관련된 인물이었다. 한쪽은 생가고 다른 한쪽은 처가였다. 그는 열여섯 살 때 노아이유Noailles 백작의 손녀이자 아이앵d'Ayen 공의 딸인 마리 프랑수아즈Marie Adrienne françoise de Noailles와 결혼했고 곧바로 베르사유 궁정에서 세도가 당당한 처가의 위세를 느꼈다. 장인이 그를 노아이유 연대의 사관으로 임명했던 것이다. 하지만 그는 재치보다 지식이 풍부한 편이라 궁정에서 총애를 받기에는 적당치 않은 것 같았다. 왕비는 그가 사냥터에서 겁이 많더라며 웃음을 터뜨렸다. 그는 자신에게 적합지 않은 그런 환경에서

벗어날 궁리를 했다. 훗날 제퍼슨은 그를 자신의 평판에 지나치게 집착하는 사람이라고 평했다. 아마 출발점에서 실패한 탓일 것이다.

그는 메츠Metz에서 영국 왕의 형제이자 정적인 글로스터Gloucester 공에게 아메리카 혁명의 전모를 자세히 들었다. 브로글리Broglie 백작과 젊은 라파예트는 정의가 식민지 편에 서 있다고 역설하는 글로스터 공의 얘기에 푹 빠져들었다. 브로글리 백작은 아메리카를 통해 영국에 복수할 생각이었는데 그는 사령관감으로는 둘도 없이 훌륭한 인물이었다. 라파예트는 노아이유 자작, 세구르Ségur 백작과 함께 사일러스 딘에게 종군 허가를 신청했다.

9. 사일러스 딘은 그때까지 그처럼 고귀한 가문 출신의 지원자를 접수한 일이 없었기에 깜짝 놀라며 그 소년에게 소장의 지위를 약속했다. 하지만 사위의 계획을 안 아이앵 공이 크게 노여움을 표시했다. 프랑스 정부도 표면상의 중립을 지키기 위해 유명한 가문 출신인 세 사람이 반란군에 가담하는 것을 허락하려 하지 않았다. 노아이유와 세구르는 정부의 명령에 따랐지만 라파예트는 달랐다. 그는 비밀리에 라 빅트와르호라고 명명한 배를 사들인 뒤 보르도로 탈출한 다음, 몇 명의 사관과 함께 스페인을 거쳐 아메리카로 건너갔다. 그는 임신 중이던 젊은 아내에게 편지를 남겼다.

"나를 사랑하려면 좋은 미국인이 되어주기를 바랍니다."

1777년 6월 54일간의 항해를 마치고 그는 사우스캐롤라이나의 조지타운에 상륙했다. 그곳에서 필라델피아로 간 그는 일행과 함께 독립기념관 앞의 거리에서 기다려야 했고 그를 단순히 모험가로만 생

미국 독립전쟁에 참가하고 삼부회 소집의 주창자였던 라파예트 후작

각한 한 대륙회의 대표에게 냉담한 대우를 받았다.

"우리는 당신들에게 아무것도 부탁한 일이 없다."

그처럼 기막힌 대접을 받은 많은 사관이 실망과 불만에 가득 차 프랑스로 돌아가기로 결정했다. 그러나 라파예트는 대륙회의에 서신을 보내 사상과 이념을 위해 스스로를 바친 이상 두 가지 사항을 요청할 권리는 있을 거라고 전제한 뒤, 봉급을 받지 않고 봉사하겠다는 것과 의용군의 병졸로 근무하겠다고 제안했다. 때마침 대륙회의는 프랭클린에게 아메리카의 앞날에 유리한 영향을 미칠 이 청년들을 정중히 대접하라는 서신을 받았고, 그는 곧 미합중국의 육군 소장으로 임명되었다. 그때 그는 스무 살도 채 되지 않았다.

10. 라파예트는 하우가 필라델피아를 향해 진군하고 있을 때 워싱턴과 합류했는데, 즉시 승부가 분명치 않던 브랜디와인 전투Battle of Brandywine에 참가해 열심히 싸우다가 부상을 당했다. 워싱턴은 필라델피아를 점령당한 후 거기서 그리 멀지 않은 포지 계곡Valley Forge에서 숙영했는데 라파예트도 그곳에 머물기로 했다. 워싱턴은 이 젊은 프랑스인이 마음에 들었고 그를 신임하는 데 그리 오랜 시간이 걸리지 않았다. 형제처럼 서로를 잘 이해했던 두 사람은 재주가 뛰어나지는 않았어도 둘 다 조심성 있고 품격이 몸에 배어 있었으며 무엇보다 명예를 존중했다.

라파예트보다 앞서 아메리카군에 지원한 외국인들은 사사건건 비판을 앞세웠기에 아메리카 사관들을 불쾌하게 만들었다. 그런데 라파예트는 몰골이 사나운 병사를 앞에 두고 평가를 해보라는 요청을 받았을 때 이렇게 말했다.

"나는 이곳에 배우러 왔지 가르치려고 온 것이 아니다."

이런 태도는 전황이 불리해질수록 많은 사람에게 칭찬을 받았다. 포지 계곡의 야영생활은 그야말로 비참했다. 많은 병졸이 군화가 없어서 맨발로 다니다가 흘린 피가 길을 물들이고 있었다. 때론 빵도 없었다. 아메리카 달러가 폭락하는 바람에 한 차 분량의 식량을 사는 데 한 차의 지폐가 필요할 정도였다. 많은 병졸이 탈주했고 잔류자 중에는 군복이 없는 병졸도 적지 않았다. 겨우 서른 명의 병졸밖에 없는 연대와 장교 한 사람뿐인 대대도 생겼다. 더구나 정치인들의 반목, 장군들의 음모, 군 청부업자들의 부정이 끊이지 않았다.

때로는 탁상공론에 빠진 전략가들이 워싱턴을 소극적이라며 비난하고 곧 전투를 개시하라고 재촉하는 등 워싱턴의 인내심을 극도로 자극한 일도 한두 번이 아니었다. 워싱턴을 총사령관으로 추천한 존 애덤스까지도 그를 비판했다. 그는 어느 회의석상에서 말했다.

"단기 결전과 용감한 전투를 위해 건배합시다."

워싱턴은 눈과 어둠으로 뒤덮인 황량한 산중턱을 지키면서 눈을 덮고 자는 것보다는 편안한 실내에서 난로를 쬐며 잔소리를 하는 편이 훨씬 쉬운 것이라고 준엄한 태도로 응수했다. 그런데 이젠 워싱턴까지도 군사적인 이유에서가 아니라 사기 문제로 승리를 의심하기 시작했다. 그 어느 때보다 단결이 중요한 시기에 불신과 시기가 병사들의 마음을 사로잡고 있었던 것이다. 워싱턴은 당파적 감정이 날로 심해지는 것에 슬퍼하면서 앞날이 암담하다고 토로했다. 하지만 얼마 지나지 않아 자신감을 회복하고 이렇게 역설했다.

"우리는 절대 절망하면 안 된다. 전세는 이전보다 많이 좋아졌다. 또다시 괴로운 때가 올지도 모르지만 만약 새로운 곤란이 생기면 또 새로운 노력을 다해 위급한 사태를 극복하면 된다."

11. 당시 대륙회의의 최대 관심사는 프랑스와 동맹조약을 체결하는 일이었다. 프랑스의 여론은 동맹을 지지하면서 베르젠의 우유부단한 태도를 비난했다. 그는 여전히 망설였고 식민지의 전세는 악화일

라파예트 후작과 조지 워싱턴

로였다. 프랭클린은 능란한 구변으로 전세를 해명하느라 진땀을 뺐다.

"하우가 필라델피아를 점령했다면서요?"

"아니, 필라델피아가 하우를 붙잡은 것이죠."

그러나 이런 말로 많은 사람의 신뢰를 얻기는 어려운 일이었다. 영국 대사 스토몬트는 이렇게 비웃었다.

"난 그런 엉터리 얘기에 대응하고 싶지 않다. 조만간 굉장한 소식이 들어올 것이다."

한편 스페인의 감정은 미국인에게 "그들이 희망을 잃지 않을 정도로 지원하자"는 것이었지 그 이상은 아니었다. 아메리카에서 날아오는 소식은 베르젠의 흥분을 급속히 가라앉혔다. 패전하는 아메리카군을 돕기 위해 영국과 전쟁을 하는 것은 현명한 일이 아니라고 생각했기 때문이다. 벤저민 프랭클린이란 인물은 대체 무엇인가? 아메리카가 승리하면 대사가 되겠지만 패하면 역적일 뿐이다.

그러던 중 버고인이 항복했다는 소식이 들어오면서 사태는 돌변했다. 이 소식은 1777년 11월 보스턴을 떠난 지 30일 만에 도착한 쌍돛 범선이 가져왔다. 프랭클린은 즉각 그 소식을 친지들과 보마르셰에게 알렸다. 보마르셰는 이 소식을 널리 퍼뜨리기 위해 정신없이 뛰어다니다 마차가 뒤집혀 팔이 빠지기도 했다. 〈런던타임스〉도 이 보도가 사실임을 인정하고 다음과 같이 발표했다.

"버고인 장군이 게이츠에게 항복했다."

승리한 장군임에도 반군이기에 장군의 칭호를 쓸 수 없었던 것이다. 이 승리를 계기로 베르젠은 결단을 내렸다. 여기엔 아메리카와 영국이 타협해 평화를 되찾을 기회를 주어서는 안 된다는 속셈이 깔려 있었다. 1777년 12월 17일 프랭클린은 루이 16세에게 미합중국의 독립을 승인하며 통상우호조약에 서명하겠다는 통보를 받았다. 동맹의 대가로 프랑스는 어떠한 요구도 하지 않았다. 프랑스는 이후에도 아메리카가 서운하게 생각할 만한 무언가를 요구한 적이 없으며 특히 영토 같은 것은 언급조차 하지 않았다. 유일한 조건은 조약을 체결할 양국이 단독 강화를 하지 않는다는 것뿐이었다. 그들이 완전히 양해할 수 있는 일이 아니면 아무것도 요구하지 않겠다는 것을 확인한 아메리카 대표는 다음과 같이 찬양했다.

"이것이야말로 진정 제왕의 인덕이다."

—

chapter 7

로샹보와 승리

Rochambeau and Victory

—

1. 영국으로서는 전쟁을 적극 밀어붙여 빨리 결말을 짓는 편이 유리했다. 그러나 조지 3세의 의도는 피트의 생각과 달랐다. 하우 장군이 포지 계곡에서 겨울을 보내던 워싱턴군을 소탕하는 것은 그리 어려운 일이 아니었다. 워싱턴군은 헐벗고 굶주린 1만 2,000명의 병사뿐이었는데 그중 5분의 1이 겨울을 나기 전에 탈주했다. 무엇 때문에 하우는 이들을 그대로 놓아두었을까? 아마 그가 신봉하던 자유당의 자유주의 사상, 벙커 힐의 쓰라린 경험, 혁명 운동이 자연 붕괴되기를 기대하는 마음 그리고 그가 사랑하는 여인이 있는 필라델피아를 떠나기 싫은 감정 등이 포지 계곡을 영국판 한니발의 카푸아Capua(기원전 3세기 한니발이 겨울철에 숙영한 이탈리아의 지명—역자주)로 만든 것 같다.

아메리카군은 정말로 간단히 소탕당할 수 있는 상황에 놓여 있었다. 대륙회의 권위는 땅에 떨어졌고 행정 계통은 마비 직전이었다. 웅변을 한다고 자원이 생기는 것도 아니고 타운미팅의 웅변가가 국가의 재정가도 아니었다. 아메리카 달러는 폭락했다. 몇몇 보수당원은 미국인이면서도 돈에 대한 욕심과 어느 정도는 신념에 따라 영국군에게 화약, 버터, 육류 등을 납품했다. 여기에다 모략과 중상이 얼마 남아 있지 않은 군대의 사기를 떨어뜨렸다. 특히 버고인을 격파한 뒤 승리에 도취된 게이츠 장군이 콘웨이와 공모해 워싱턴 제거를 시도했다. 소장을 기대하다 준장으로 임명된 토머스 콘웨이Thomas Conway는 어느 준장이든 품기 마련인 불만을 버리지 못하고 있었다.

그는 게이츠 장군을 위해 대륙회의의 로비에서 사람들을 설득했다. 워싱턴은 단 한 번 전투에서 이겼을 뿐이고 그것도 눈이 내리는 날 밤에 술에 취한 독일인을 때려눕힌 것뿐이라고 떠들어댔다. 워싱턴은 침착하고 위엄 있는 태도로 자신을 사령관 자리에서 몰아내려는 사람들과 맞섰고 결국 게이츠가 파면되었다. 처음에 콘웨이에게 호의적이었던 라파예트는 워싱턴에게 다음과 같은 서신을 보냈다.

"콘웨이가 지독한 야심가라는 것을 알았습니다. 그는 귀하에 대한 자신의 신뢰와 애정을 없애려고 갖은 수단을 다 썼습니다. (…) 만약 아메리카가 귀하를 잃었다면 누가 아메리카군을 6개월이나 결속시키고 지휘할 수 있었겠습니까."

사실 그대로였다. 역경과 의혹의 시기에 워싱턴은 곧 혁명 자체였고 그가 없었다면 혁명은 좌절되고 말았을 것이다.

2. 영국에서도 하우가 활발하게 움직이지 않는다는 비난이 일기 시작했다. 사람들은 "하우가 아니면 누구든 워싱턴을 격파할 수 있을 것이다"라거나 "워싱턴이 아니면 누구든 하우를 때려 부쉈을 것이다"

라고 말했다.

1778년 봄 하우는 런던으로 소환되었고 그 후임으로 헨리 클린턴이 아메리카로 왔다. 하우가 떠날 때 필라델피아의 보수당원들은 성대한 환송식을 열어주었다. 터키 복장을 한 사관들이 고대식 기마전을 하고 명예의 여신을 모신 개선문을 세웠으며 고전무용과 전원풍의 댄스파티가 열렸다. 전쟁은 여전히 교착 상태에 빠진 그대로였다.

헨리 클린턴은 하우와 달리 필라델피아의 환락에는 관심이 없었고 그곳에서 육군을 철수시켜 함대를 뉴욕으로 이동하기로 했다. 육군은 이번에는 육로를 택해 뉴저지를 횡단했다. 이때까지 전략적으로 이렇다 할 방책이 없던 워싱턴은 재빨리 영국군을 추격해 먼마우스에서 공격을 퍼부었으나 결정적인 전과는 올리지 못했다. 클린턴은 1만 명의 병력으로 뉴욕을 점령했고 워싱턴은 허드슨 강변에 있는 웨스트포인트에 사령부를 설치했다. 그곳에서 그는 클린턴의 군대를 감시하며 새로운 동맹군이 오기를 기다렸다.

3. 새로 제독으로 임명된 육군 출신 에스탱d'Estaing 백작이 인솔하는 프랑스 함대가 처음 아메리카에 도착했다. 그는 '굉장한 착상과 빈약한 실천력, 포부는 크고 행동은 작은' 그런 인물이었다. 더구나 그에게 주어진 명령은 막연했다. 그는 "아메리카에 유리하고 프랑스 육군에 영광이 될 작전을 세우라"는 것과 겨울 동안 서인도에 체류하라는 명령을 받았을 뿐이었다. 그는 아메리카군의 설리번 장군과 협의해 뉴포트를 점령하기 위한 작전을 펼쳤으나 실패했다. 연합군의 작전이 실패하자 흔히 그렇듯 프랑스군은 아메리카군을, 아메리카군은

프랑스군을 비난했다. 왕당파의 제5열(적과 내통하는 내부자)이 온갖 낭설을 퍼뜨리기 시작했다.

"프랑스인이 아메리카에 새 바스티유 감옥을 만든다, 영어 교육을 금지한다, 새뮤얼 애덤스는 부득이 프로테스탄트교도를 탄압하지 않을 수 없을 것이다, 가톨릭을 위해 성찬용 빵과 제복을 가득 실은 배가 보스턴에 도착했다."

그럴듯한 소문은 철없는 사람들을 들뜨게 만들었다. 동포의 도착을 그저 기쁘게만 생각하던 라파예트는 프랑스에 대한 오해를 풀려고 전력을 기울였으나 사실 그의 처지는 참 미묘했다. 프랑스 육군의 관점에서는 하급군인이자 도망자였지만 아메리카에서는 장군이요 영웅이었다. 그는 에스탱 백작에게 조심스럽게 말했다.

"귀하는 제가 장군이 된 것을 보고 기가 막히실 겁니다. 저 자신도 우습다고 생각합니다."

클린턴은 오랫동안 머뭇거리다가 남부에 가서 싸우기로 결정했다. 버고인이 항복한 북부는 꺼림칙했고 뉴잉글랜드는 적개심에 불타고 있음을 알고 있었기 때문이다. 다른 한편으로는 남부에서 뉴욕으로 도피한 보수당원들에게 사우스캐롤라이나, 노스캐롤라이나, 조지아에서는 대륙회의에 반기를 들기 위해 영국군이 도착하기만 고대한다는 말을 듣기도 했다. 사실 그 도피자들은 자신의 개인적인 반감을 지방 전체의 감정으로 과신했을 뿐이다. 콘월리스가 캠던에서 게이츠군을 대파했을 때 애국적인 시민들의 열렬한 유격전 때문에 영국군은 남부를 평정하지 못했다. 에스탱의 함대는 서인도로 떠난 후 아무리 기다려도 돌아오지 않았고 승리와 평화의 전망은 더 멀어진 것 같았다.

  4. 1779년 말 라파예트는 잠시 귀국 허가를 얻었다. 그는 아메리카 군의 패전과 에스탱 백작의 불리한 보고로 인해 식고 있던 프랑스의 관심을 다시 한 번 환기시키려 결심했던 것이다. 워싱턴은 라파예트가 군인보다는 홍보특사로서 더 효과가 있을 것이라 믿고 흔쾌히 그를 귀국시켰다. 그는 궁정에서 대환영을 받았고 왕비도 그를 만나 그가 열심히 '훌륭한 미국인' 이야기를 하는 것을 즐겁게 들어주었다. 라파예트의 출현과 그 업적에 대한 감동은 아메리카를 위해 훌륭한 선전을 해주었다.

  그는 모르파Maurepas 백작(루이 15세의 대신—역자주)과 베르젠에게 아메리카의 정세를 소상히 설명했다. 당시 프랑스 정부는 영국 침공을 위해 1779년 여름 동안 르아브르와 생말로에 함대를 집결하고 있었다. 이 계획은 실행하지 않았으나 프랑스 함대는 세계 도처의 해상에 있었으므로 라파예트가 아메리카를 위해 제안한 작전은 실행 가능한 일이었다. 그는 4,000~5,000명으로 편성한 군대를 아메리카로 파견할 것을 제안했다. 이에 대해 궁정에서는 두 가지 어려운 점이 있다고 말했다. 하나는 미국인이 단합되어 있지 않고 프랑스군을 환영하지도 않는다는 것이고, 다른 하나는 프랑스와 친밀하고 현재 영국과 전쟁 중인 스페인이 대식민지 제국을 보유한 까닭에 식민지의 반란을 용납하지 않는다는 것이었다.

  라파예트는 자신의 의견으로는 워싱턴은 완전히 신뢰할 만한 사람이며 자신이 지휘를 한다면 프랑스군이 환영받을 것이라고 답변

미국 독립전쟁에 참여해 독립군을 지원한 프랑스
원정군의 최고사령관 로샹보 백작

했다. 결국 그는 대신들을 설득해 워싱턴 마음대로 적절히 지휘할 수
있는 6,000명의 병사를 파견하겠다는 결정을 얻어냈다. 하지만 라파
예트는 너무 젊고 경험이 부족하다는 이유로 원정군 지휘는 로샹보
Rochambeau 백작에게 맡겼다. 라파예트는 워싱턴에게 이 소식을 빨리
보고하려고 원정군보다 먼저 출발했다. 때는 1780년 2월이었다.

5. "그의 시계는 언제나 늦게 간다"는 평을 듣던 해군 대신 사르틴
Sartines의 늑장 때문에 로샹보군은 출발하기까지 오랫동안 브레스트

항에서 지체했다. 로샹보가 기다리다 못해 기병을 제외한 5,500명의 병사만 거느리고 출발하려던 순간 비로소 수송선단이 도착했다. 그는 우수한 장비를 갖춘 2개 연대를 거느렸고 사관 중에는 몽모랑시, 퀴스틴, 샤르트르, 노아이유, 로장 등 프랑스 일류 명문가 출신의 인물들이 있었다.

1780년 7월 1일 수송선단은 순조롭게 로드아일랜드를 바라볼 수 있는 아메리카 해역에 당도했다. 뉴포트에 상륙한 프랑스군은 열렬한 환영을 받았다.

"모든 계급의 프랑스 장교는 프랑스적인 우아한 태도로 미국인에게 호감을 주었다."

사실 뉴포트 사람들은 그들이 지나친 호감을 줄까 봐 염려스러울 정도였다. 로장 공은 만나는 부인마다 몹시 정중하게 대한다는 평판이 자자했다. 그는 뉴포트에서 아름다운 청교도 부인이 있는 집에 유숙했는데, 그는 이런 여주인과 '마담 뒤 바리Madame du Barry(루이 15세의 마지막 정부)'를 분간할 줄 아는 멋쟁이였다.

단정한 군복과 격에 맞는 무장을 하고 물건 값을 금화로 지불하는 멋진 군인은 그들에게 신뢰와 위안뿐 아니라 커다란 희망까지 안겨주었다. 그러나 로샹보는 뉴포트에서 댄스를 하라고 부하장교들을 데려온 것이 아니었다. 에스탱 백작이 그러했듯 그는 무엇을 해야 하는지 자문을 구했다. 연락 담당을 맡고 있던 라파예트는 뉴욕을 점령하도록 권고했다. 로샹보는 새파란 청년에게 조언을 듣는 것을 아무렇지도 않게 생각했다. 그는 라파예트를 좋아했고 장군이 부하에게 하는 것이 아니라 아버지가 아들을 대하듯 말했다.

"네 정신이 온후한 만큼 네 판단도 건전할 것이다."

그것은 사실이었으나 절도 있는 일은 아니었다. 얼마 후 로샹보는 하트포드에서 워싱턴과 대면했는데 프랑스군 장군들은 워싱턴과 만나는 것을 몹시 기뻐했다. 순진하면서도 위엄이 있고 애수를 띤 듯한 표정과 태도가 매우 인상적인 워싱턴을 보고 그들은 '진짜 영웅'이라며 탄복했다. 라파예트의 통역으로 로샹보와 워싱턴 두 장군은 프랑스 국왕에게 증원을 요청하기로 합의를 보았다. 승리를 거두려면 3만 명의 병사와 해상권이 필요했던 것이다.

6. 워싱턴이 하트포드에서 돌아오자 걱정거리가 그를 기다리고 있었다. 아메리카군의 가장 중요한 전략적 요지는 웨스트포인트였는데, 이곳은 강변 양쪽의 벼랑 사이가 좁아 허드슨 강을 오르내리는 수로 운행을 제압하는 데 적절했다. 워싱턴은 이곳 수비를 베네딕트 아널드에게 맡겼다. 아널드는 정규군은 아니었으나 전쟁 초기부터 군사적인 통솔력이 탁월해 버고인을 격파하는 데 큰 공로를 세웠다. 워싱턴은 이처럼 우수한 군인이 배신하리라고는 상상조차 하지 못했다.

얼마 전 그는 대수롭지 않은 일로 군법재판을 받은 후 무죄 석방되었지만 대륙회의가 자신을 냉대했다고 생각해 원한을 품고 있었다. 그뿐 아니라 왕당파 동조자인 필라델피아의 여성과 결혼한 후 은밀히 영국 편으로 기울고 있었다. 그는 영국군 정보원 안드레 소령을 통해 클린턴과 함께 웨스트포인트를 점령하기로 밀약했다. 당시 그곳에는 강을 가로질러 굵은 쇠사슬을 매어놓았는데, 약속한 날짜에 그것을 수리한다는 핑계로 고리 하나를 슬쩍 빼놓을 참이었다. 보이지 않게 밧줄로 연결해놓으면 영국 함대가 통과하는 것은 일도 아니었던 것이다.

그런데 안드레 소령이 베네딕트 아널드와 만나 이런 약속을 끝내고 돌아가던 길에 아메리카군에 체포되었다. 그의 소지품에서는 아널드의 배반을 증명해주는 서류가 나왔다. 안드레는 간첩죄로 교살되고 사전에 통보를 받은 아널드는 도망쳐 클린턴군의 고문이 되었다. 그는 클린턴 장군에게 "귀하는 당장이라도 전쟁에서 이길 수 있다"고 자신 있게 말했는데 실제로 1781년 1월경에는 아메리카군이 틀림없이 패할 것만 같았다. 그 무렵 조지 로드니George Rodney (1719~1792)가 지휘하는 영국 함대가 아메리카를 완전히 봉쇄했고 아메리카군은 봉급, 의류, 식량 등이 전혀 없어서 사기가 엉망이었다. 로샹보는 다음과 같이 보고하면서 지원병과 전비를 보내줄 것을 간청했다.

"미국인은 힘을 완전히 소진하고 말았다."

7. 프랑스의 반응은 매우 관대했다. 1781년 5월 16일 콩코드호가 금화 600만 파운드를 싣고 와 워싱턴에게 전달한 덕분에 그는 그해의 봉급을 지불할 수 있었다. 더불어 그라스Grasse 제독이 대함대를 이끌고 서인도를 향해 출발했고, 워싱턴은 여름 동안 이 함대를 자기 뜻대로 사용할 수 있었다.

이제 전투에 대한 전반적인 작전계획을 긴급히 수립해야 했다. 이때 뉴욕을 식민지의 전략적 중심지로 본 뉴욕 공략을 제안했다. 하지만 로샹보는 오히려 콘월리스와의 대결을 택했다. 콘월리스는 남부에서 많은 희생을 치러가며 그린군을 공격하고 있었으나 아메리카군의 교묘한 작전, 활발한 기동력으로 결정적인 승리를 챙기지 못한 채 점점 기지를 떠나 내륙지방으로 말려들고 있었다.

콘월리스는 클린턴에게 계속 지원을 요청했지만 워싱턴이 뉴욕을 공격하리라고 본 클린턴은 콘월리스에게 버지니아 항구까지 후퇴해 해군의 보호를 받으라고 했다. 그런 다음 항구를 수비할 소부대만 남기고 뉴욕 수비를 늘리기 위해 이동하라고 명령했다. 영국군의 한 부대를 지휘하게 된 베네딕트 아널드는 두 장군에게 힘을 합해야 하며 서로 다른 방향으로 뛰는 말로는 마차를 멀리 움직일 수 없다고 역설했다. 콘월리스는 명령대로 약 7,000명의 병사를 체사피크 항으로 흘러드는 요크 강어귀의 요크타운 항구로 집결시켰다. 프랑스군은 뉴포트에서 뉴욕을 향해 진격 중이었고 클린턴은 더욱더 뉴욕이 공격 목표일 것이라고 생각했다.

8. 불행히도 클린턴의 예상은 빗나갔다. 프랑스군은 그라스 제독의 전 함대가 체사피크 만으로 오고 있다는 통보를 받았다. 그곳에서 함대가 상륙군을 지원할 수 있게 된 것이다. 요크타운의 방비는 뉴욕보다 허술했고 프랑스군과 아메리카군은 함께 버지니아로 진격하기 위해 뉴저지를 횡단했다. 그 지방은 아메리카의 역전용사에게는 눈에 익은 곳이었고, 워싱턴에게는 단 한 번이긴 하나 승리를 거둔 전선의 순례지였으며, 프랑스군에게는 단풍이 늘어선 전원 풍경을 보는 즐거운 원정이었다. 필라델피아에서 그들은 개선군 같은 환영을 받았다.

체사피크 만에는 28척의 전함이 도착해 1,000명의 병사가 상륙했는데 지휘관은 바로 라파예트였다. 로드니의 함대를 기다리고 있던 콘월리스 앞에 난데없이 그라스 제독이 나타난 것이다. 곧바로 1만 6,000명의 병사가 요크타운을 포위했다. 토머스 그레이브스Thomas Graves 제독의 함대는 체사피크 만에서 봉쇄선을 돌파하려 했으나 뉴포트에서 온 함대와 그라스 제독의 함대가 협공하는 바람에 대패하고 뉴욕으로 후퇴했다. 콘월리스에게 남은 유일한 기대는 클린턴군의 지원뿐이었다.

클린턴은 결정을 미루다가 10월 19일에야 출발했는데 그날은 바로 요크타운이 항복한 날이었다. 일부 역사가는 콘월리스가 탈출 작전을 쓰지 않았다고 비난하지만 그는 그 나름대로 할 말이 있었다.

"얼마 되지 않는 부대로 출격하는 것은 무익하고 비인도적인 처사라고 생각했다."

항복한 영국군은 승리자인 프랑스군과 아메리카군이 존경의 뜻으로 정숙하게 서 있는 대열 사이를 통과했다. 워싱턴과 로샹보는 용사를 욕보이지 않기 위해 이 의식에 민간인 참석은 허락하지 않았다. 콘월리스는 병상자 취급을 요청해 의식에 참석하지 않았다. 콘월리스의 대리 장군이 대검을 로샹보에게 바치려 하자 그는 정중한 태도로 워싱턴을 가리켰다. 사실 이 전투의 진정한 승리자는 그라스 제독이었다.

여하튼 이 이야기의 속편은 인생무상을 보여주는 좋은 사례로 남아 있다. 이 전쟁의 패전 장군 콘월리스는 고국에서 존경받는 인물이 되어 인도 총독, 아일랜드 총독을 역임하고 여생을 마쳤다. 반면 승리한 그라스 백작은 얼마 후 서인도에서 함대를 잃고 빈곤함과 오욕 속에서 세상을 떠났다.

chapter 8

평화공작

The Making of the Peace

1. 요크타운 점령은 평화를 안겨줄 만한 결정적인 사건은 아니었다. 강대국 영국이 이 전쟁에서 필요한 희생을 감수할 마음만 있다면 그들은 얼마든지 전쟁을 계속할 수 있었다. 그런데 영국의 여론이 이 전쟁을 반대하기 시작했다. 특히 대웅변가 채텀 경, 버크, 폭스 등이 전쟁 반대를 역설했다. 자유당은 워싱턴군을 '우리의 군대'라고 부름으로써 지원병들의 사기를 꺾었다. 정부는 존슨 박사와 에드워드 기번 Edward Gibbon에게 정부 시책을 계몽 선전하도록 위촉했으나 별다른 성과가 없었다.

상인들은 고객을 잃을 것을 염려하면서 평화를 희망했다. 결국 식민지가 독립하더라도 영국의 시장으로 남는 한 아무 상관도 없지 않은가? 상인들은 미국인에게 호소했다.

"영국을 때려눕혀도 좋으니 우리 물건만은 사도록 하라."

아메리카의 무장상선은 영국 무역에 큰 손해를 끼쳤고 또 계속 끼치고 있었다. 1777년 한 해 동안 그들은 무려 450척의 영국 상선을 나포했다. 개인 선주인 너대니얼 트레이시는 300만 달러가 넘는 물자를 약탈했다. 프랭클린에게 버고인의 항복을 알린 선원 존 폴 존스 John Paul Jones는 역전용사 같은 영예를 얻었다.

한편 대륙회의도 명예로운 평화라면 받아들여야 할 형편이었다. 1779년 대륙회의는 파리에 전권대사를 파견하기로 결정했으나 존 애덤스, 존 제이Jone Jay, 프랭클린, 세 명 중 누구를 선임하느냐를 놓고 시일을 끌고 있었다. 대륙회의의 관점에서 프랭클린은 예전처럼 인망이 없었고 평화회의에서 어업권 보장을 가장 중요시하는 뉴잉글랜드 지방의 대표들은 제이보다 존 애덤스를 신임했다. 결국 제이는 스페인 대사로서 마드리드로 가고 애덤스는 제이, 프랭클린과 협의해 평화 계획을 추진하도록 지시를 받았다.

어업권과 독립 외에도 미합중국의 서부 경계, 미시시피 강의 운항권, 왕당파에 대한 손해배상 등 어려운 문제가 많았다. 최후의 조항은 특히 복잡다단한 문제였다. 왜냐하면 영국으로서는 영국을 위해 모든 것을 버린 충성스런 신민을 모른 체할 수 없었고, 미국인에게는 왕당파야말로 재산을 몰수당해도 시원찮을 반역자였던 것이다.

2. 존 애덤스의 임명은 썩 좋은 결정은 아니었다. 애덤스는 교양과 성실성이라는 우수한 자질은 갖췄지만 성격이 외교관으로는 적합지 않았다.

"그는 자기 생각과 다른 것은 나쁜 것이고, 자신과 다르게 생각하는 사람은 나쁜 사람이라고 단정했다."

그는 프랑스의 매력, 예절, 재치 등을 평가하지 않았고 프랑스에서 난생처음 불안감을 느꼈다. 또한 그는 프랑스인이 자신을 완고하고 광신적인 사람으로 간주한다고 생각했다. 아무리 인격이 탁월해도 프랑스어를 한마디도 모르면 그것을 프랑스인에게 알리기는 어려웠다. 파리에서 그는 프랭클린의 명성을 듣고 놀라지 않을 수 없었으나 그렇다고 그를 갑자기 좋게 생각한 것은 아니었다.

"프랭클린은 편안한 것을 좋아하고 남과 다투기를 싫어하며 부득이한 경우가 아니면 자기 의견을 말하지 않는 사람이다. (…) 피할 수 없을 때만 결정적인 가부를 말하는 것이 그의 처세술이다."

반면 애덤스는 노골적으로 가부를 밝히는 것이 공화주의적이라고 믿었다. 미합중국이 프랑스의 도움을 많이 받고 있음을 인정하는 것은 그의 자존심이 허락하지 않았다. 그는 전쟁은 이미 끝났고 영국군이 패전한 것은 기후 때문이라며 프랑스군의 지원을 묵살했다. 프랭클린은 이렇게 썼다.

"나는 감사의 표시는 의무일 뿐 아니라 이해관계에서도 필요하다고 생각한다. 그런데 애덤스는 나와 달리 우리가 강력하다는 것을 내세우고 자존심과 자부심에 차 있어야 많은 원조를 얻는 데 효과적이라고 생각하는 것 같다."

애덤스는 누구에게나 아메리카는 프랑스로부터 아무런 도움도 받지 않았고, 프랑스는 아메리카에서 모든 것을 얻고 있다고 말했다. 로샹보가 아메리카를 떠날 때 애덤스는 프랑스의 군사 원조에 대해 무관심한 체하면서 아메리카는 자력으로 전쟁에서 충분히 이길 수 있었다고 말했다. 격분한 베르젠은 필라델피아 주재 대사 라 루제르La

Luzerne에게 현학적 언동, 오만, 허영으로 보아 애덤스는 교섭 상대로 적합지 않다고 통고했다. 애덤스도 자기 나름대로 프랑스와 프랑스인에게 혐오를 느끼며 말했다.

"그들은 도덕적인 사람들이 아니다."

그는 베르젠이 아메리카를 분할할 기반을 만들기 위해 왕당파를 지원한다고 의심했다. 베르젠은 프랭클린하고만 교섭하면서 할 수 있는 일을 다 했다. 만약 프랭클린이 아니었다면 아메리카와 프랑스의 동맹은 오래전에 결렬되었을 것이다. 애덤스는 파리를 떠나 네덜란드에서 차관을 교섭했다. 그런데 교섭이 실패로 돌아가자 베르젠은 애덤스에 대해 불만을 토로하면서도 대국적인 자세로 자신이 네덜란드에서 200만 파운드를 차입해 아메리카로 보내주었다.

3. 대륙회의는 프랭클린과 라 루제르에게 애덤스가 파리에서 평판이 나쁘다는 얘기를 듣고 제이, 로렌스, 제퍼슨 등 기타 위원들에게 너무 열렬한 이상과 완고한 성격이 빚어내는 그의 엉뚱한 행동을 견제하도록 당부했다. 그런데 로렌스는 영국군에 체포되었고 제퍼슨은 아메리카에 머물러 있었다. 애덤스는 격분했다.

"대륙회의의 주권이 프랑스 대사에게 굴복했다. 수치를 느껴라, 수치를. 이 범죄 기록에 대해 수치를 느끼고 꺼져라!"

대륙회의는 '우리의 관대한 동맹자 프랑스 왕의 정부와 모든 문제를 솔직하고 신뢰감 있게 교섭할 것, 평화와 휴전 문제는 프랑스의 양해 없이 교섭하지 말 것'이라는 훈령을 보냈다. 요컨대 위원들은 프랑스의 충고와 의견에 따르라는 것이었다. 프랑스 정부가 바라는 것은 단순히 평화뿐이었다. 프랑스는 그 전쟁에 과도한 경비가 들었고 여전히 들어가고 있는 중이라 재정이 악화되고 있었다. 프랑스는 영토적 야심도 없었다. 캐나다를 되찾겠다거나 캐나다를 아메리카에 합병시키겠다는 생각은 전혀 없었다. 그런데 프랑스는 지브롤터를 반환하지 않으면 평화를 승인하지 않겠다는 스페인과 공약을 맺고 있었다.

미합중국은 스페인에 이렇다 할 관심이 없었고 지브롤터 같은 것은 생각조차 하지 않았다. 아메리카의 관심사는 독립과 배상금, 캐나다 영유, 서부 국경 확정 그리고 어업권 보장 등이었다.

한편 영국은 요크타운을 점령당한 후 내부적으로 패전을 인정하고 있었다. 당시 조지 저메인은 다우닝가 10번지의 관저로 노스 수상에게 항복 소식을 알리러 갔다. 나중에 그는 한 친구와 이런 대화를 나눴다.

"수상은 그 보고를 어떻게 받으셨나?"

"어떻게라고? 마치 가슴팍으로 공을 받은 사람 같더군. 그는 양팔을 활짝 벌리고 '하나님 이제 만사는 끝장이 났습니다'라고 외치면서 잠시 관저 안을 이리저리 뛰어다니더군."

국왕은 요크타운을 잃었다고 자신의 정책이 변할 거라고 생각지는 말라고 했다. 불쌍하게도 국왕은 자신이 이런 말을 함으로써 멍청이의 표본을 보여주었다는 것도 모르고 있었다.

사실은 '움직일 수 없는 증거'였다. 1782년 영국 의회에서 평화안 동의가 단 한 표 차로 부결되자 노스 경의 내각은 자유당의 로킹엄 내각으로 바뀌었고 찰스 폭스가 외무대신에 취임했다.

4. 새 내각의 식민지 대신 셸번Shelburne 경은 프랭클린의 오랜 친구로 가장 자유주의적인 인물이었다. 민첩하고 예절 바른 프랭클린은 즉시 축사를 보냈고 두 사람 사이에 비밀 협상이 시작되었다. 영국은 아메리카에 영불 간의 파리조약을 존중한다면 독립을 허용하겠다고 제안했다. 프랭클린은 말했다.

"이것은 말하자면 우리 물건을 다시 사라는 제안이나 마찬가지다. 그리고 멋대로 매긴 대가를 프랑스에 넘겨씌우려는 것이라고밖에 생각할 수 없다."

영국은 잃게 된 자기 신하를 고객으로 붙잡는 평화를 희망했다. 프랭클린은 영국이 캐나다와 노바스코샤를 포기하면 양국이 더욱 완전하게 융화할 수 있을 거라고 암시했다. 이 문제에 대해 셸번은 확고한 태도를 밝혔다.

"캐나다가 욕심난다고? 배상으로 달라는 말인가? 우리는 배상이란 말은 들을 수 없네. (…) 미래에 있을 전쟁을 방지하려고 캐나다를 달라는 것인가? 그렇다면 더 좋은 방안이 있을 것일세. (…) 왕당파에 대한 배상 재원으로 달라는 것인가? 이 배상을 치르지 않는 한 독립은 없을 걸세."

1782년 5월 때마침 마드리드에서 도착한 제이가 이 협상에 참석해 독립선언을 공식적으로 승인하지 않는 한, 평화협상을 할 수 없다고 강경하게 나섰다. 그리고 1782년 12월 5일 국왕은 의회에서 독립을 승인했다. 그것은 국왕으로서는 참으로 발언하기 비통한 말이었다.

"연설이 그 구절에 이르렀을 때 내 음성이 작아지지 않았는가?"

얼마 후 셸번 경이 수상이 되고 스페인은 지브롤터에서, 그라스 제독의 함대는 서인도에서 패배하자 협상이 훨씬 수월해졌다. 프랑스가 지브롤터를 탈환하기까지는 평화를 받아들이지 않겠다고 스페인에게 한 약속이 정세 변화로 인해 저절로 해결된 것이다. 베르젠은 영국에 지브롤터와 플로리다를 교환하자고 제의했다가 거절당했다.

5. 남은 문제는 스페인을 만족시키는 일이었는데 아메리카는 스페인을 위해 무언가를 보상해야 했다. 아메리카에 많은 이해관계가 있었던 스페인은 자기 영토인 멕시코 옆에 미합중국이 탄생하는 것을 불안한 마음으로 주시하고 있었다. 아메리카 식민지가 독립하고 앨러게니 산맥과 미시시피 강 사이에 있는 광대한 지역이 그들에게 넘어가면 그곳은 어떻게 발전할 것인가? 아베니다Avenida 백작은 스페인 국왕에게 다음과 같이 보고했다.

"이 연방공화국은 아직은 강보에 싸인 젖먹이입니다. 하지만 앞으로 이 아이가 아메리카 대륙에서 가장 크고 두려운 거인이 될 날이 올 것입니다. 양심의 자유와 인구 증가를 받아들일 수 있는 광대한 토지는 신생 정부의 무기가 되어 모든 국가에서 농민과 기술자를 흡수할 것입니다. 우리에게는 섭섭한 일이지만 가까운 장래에 이곳에서 거대한 국가가 출현할 듯합니다."

베르젠도 인디언 보호구역을 분할해 영국과 스페인의 세력 아래에 두기를 원했다. 미합중국의 서부 국경을 미시시피 강으로 책정하려던 제이는 이것을 알고 불만을 품었다. 참을성 없는 제이는 베르젠이 영국과 교섭할 때 아메리카를 식민지로 표현했다고 분개했다. 베르젠은 이렇게 타일렀다.

"그게 무슨 상관이란 말인가? 나는 전통적으로 프랑스 왕이란 칭호를 계속 사용하는 영국 왕하고도 교섭하고 있지 않은가?"

제이는 베르젠을 신뢰하지 않았고 이는 그의 잘못이었다. 베르젠은 두 동맹국 스페인과 아메리카에 대한 프랑스의 공약과 프랑스 재상으로서의 임무를 조화시키려 진정으로 노력하고 있었다. 셸번은 언제나 아메리카와의 직접 협상을 원했고 그는 제이도 생각이 같다는 것을 알아차렸다. 프랭클린은 개별교섭을 하지 않겠다고 동맹국 프랑스와 약속했으므로 공약에 위배되는 직접협상을 신중히 사양했다. 애덤스는 영국보다 프랑스, 프랑스보다 프랭클린을 미워했기에 직접협상 쪽으로 기울었고 비밀리에 프랭클린을 설득해 직접협상을 하도록 납득시켰다.

6. 이제 아메리카의 독립 문제에 대해서는 아무런 이론異論이 없었다. 영국은 앨러게니 산맥에서 미시시피 강에 이르는 지역을 단념했다. 미시시피 강은 아메리카와 스페인의 경계가 되었고 영국과 아메리카는 이곳 수로를 이용할 권리를 부여받았다. 영국은 캐나다 영유를 재확인했으며 그 경계선도 막연하나마 결정했다. 아메리카는 뉴펀들랜드 연안과 세인트로렌스 만의 어업권을 보유했다. 또한 쌍방의 개인 채무는 그대로 보전되고 그 화폐가치대로 변동 없이 통화로 지불하기로 했다.

남은 문제는 왕당파에 관한 것뿐이었다. 영국은 왕당파의 국민으로서의 권리와 몰수한 재산 반환을 주장했지만 아메리카는 반대했다. 하지만 역사적인 선례가 있었다. 크롬웰도, 찰스 2세도 그의 정치적 반대파에 대한 특사를 거부하지 않았고 이 관대한 조치는 항상 좋은 결과를 가져왔다. 베르젠도 이전에 애덤스가 그 문제를 꺼냈을 때 전후에는 왕당파를 잘 보살피는 것이 좋을 것이라고 권했다가 그의 불만을 산 일이 있었다. 언제든 협조적이던 프랭클린도 이 문제만큼은 그렇지 않았다. 그는 이런 의문을 제기했다.

"정당한 절차를 밟아 왕당파에게 구입한 재산을 소유하고 있는 사람은 어떻게 할 것인가?"

그는 대륙회의의 재정이 고갈되어 병사의 봉급도 지불하지 못하는 판국에 왕당파들에게 배상을 한다는 것은 있을 수 없는 일이라고 지적했다. 최종적으로 프랭클린은 왕당파에 대한 조치는 각 주가 집행할 일이고 대륙회의는 이 문제에 아무런 권한이 없다고 역설했다. 셸번은 여전히 강경하게 배상을 주장했다. 그에게는 그것이 위신과 관계된 문제였던 것이다. 아직 뉴욕을 점령하고 있던 영국은 왕당파에게 전면적으로 배상을 하면 뉴욕을 반환하겠다고 제의했다. 그러나 위원들은 이미 독립을 승인받아 당연히 손에 들어올 물건에 대가를 지불할 수는 없다고 거절했다. 결국 평화 성립을 서둔 셸번은 아메리카가 이 배상 조치를 "각 주에 위임한다"고 간단히 약속한 것을 받아들였다. 이 약속은 영국도 잘 알고 있듯 공허한 것이었으나 이것으로 영국은 체면을 세웠던 것이다.

7. 이 예비조항에 조인한 뒤 누군가가 이를 베르젠에게 전해야 했다. 그리 유쾌하지 않은 이 임무는 프랭클린이 맡았다. 베르젠은 그를 환영하면서 심한 어조는 아니었으나 성급하게 조인을 서둔 것은 프

랑스 국왕에 대한 예절을 무시한 처사라고 책망했다. 프랭클린은 성심껏 해명하면서 그 조항들은 전문에서 강조하듯 어디까지나 예비적일 뿐이며 영불 간에 평화가 성립되기까지는 효력이 발생하지 않는다는 사실을 짚어주었다. 베르젠은 무례하다는 말 외에는 아무런 비난도 하지 않았다.

재미없는 일은 그다음에 일어났다. 프랭클린이 그 시점에 대륙회의의 고갈된 재정을 보완하기 위해 신규차관을 요청했던 것이다. 이번엔 점잖은 베르젠도 대노해 다른 곳에서 비밀협상을 해놓고 이쪽에서 융자를 신청하는 모순을 따졌다. 민첩하게 머리를 굴린 프랭클린은 곧 정성 어린 명문으로 편지를 보냈다.

"방금 영국이 우리 사이에 불화가 있음을 알고 기뻐한다는 말을 들었습니다."

영국이 프랑스와 아메리카 간의 불화를 기뻐한다는 것은 어느 정도 있을 수 있는 일이었다. 그는 프랑스에 예의를 지키지 못했음을 사과하면서 영국을 기쁘게 한 '작은 오해'를 비밀에 부치는 것이 좋겠다고 덧붙였다. 베르젠은 '작은 오해'를 잊기로 하고 500만 파운드의 차관을 승인함으로써 프랑스와 아메리카의 우호관계는 계속 유지되었다. 베르젠은 아메리카의 위원단을 보좌하기 위해 스페인과 영국과의 협상에 참석했고 아메리카가 조인하기 전에는 예비평화조약에 조인하지 않겠다는 호의를 보이기도 했다. 평화조약으로 프랑스는 생피에르 섬과 미클론 섬 및 인도와 아프리카에서 약간의 영토를 획득하고 스페인은 플로리다를 얻었다. 이것은 대단한 이득이 아니었고 전쟁으로 이득을 본 나라는 미합중국뿐이었다.

8. 영국군은 1783년 9월 평화조약이 조인될 때까지도 뉴욕을 점령하고 있었다. 이들은 뉴욕과 찰스턴에 집결한 왕당파가 한 명도 남지 않고 철수할 때까지 대기하고 있었던 것이다. 이들이야말로 이번 전쟁에서 가장 극심하게 피해를 본 희생자들이었다. 영국은 얼마 되지 않는 식민지를 잃었으나 왕당파는 모든 것을 잃었다. 드디어 1783년 11월 25일 마지막 영국 배가 그곳을 떠났다.

영국인은 아메리카의 미래가 매우 암담할 거라고 여기며 스스로를 위로했다. 그들은 아메리카가 대영제국에서 이탈한 것을 깊이 후회하면서 복귀를 자청할 것이라고 믿었다. 글로스터 교회의 감독목사 조시아 터커는 아메리카는 각 주의 이해관계, 풍속, 습관 등의 차이가 너무 커서 어떤 정부도 이들을 하나로 묶어 통치할 수 없을 것이라고 단언했다.

한편 버크는 프랭클린에게 다음과 같은 축사를 보냈다.

"나는 아메리카의 친구로서 귀하에게 축하의 뜻을 표한다. 나는 귀하를 영국의 적으로서가 아니라 인류의 벗으로서 신뢰한다."

—

chapter 9

결론 : 독립전쟁의 의의

Conclusion

—

1. 아메리카의 독립전쟁은 아메리카 못지않게 유럽에도 큰 변화를 일으켰다. 18세기의 영국 역사에서 가장 중대한 사건이 바스티유 감옥 점령이라면, 18세기의 유럽 역사에서 가장 중대한 사건은 필라델피아의 대륙회의라고 할 수 있다. 독립전쟁 이전까지 조지 3세와 장관들은 매수를 비롯한 온갖 회유 수단을 통해 영국의 전통적인 자유를 유린하고 나아가 의회를 억압해 절대 전제주의적인 통치체제를 수립하려 꿈꾸고 있었다. 그런데 아메리카에서의 탄압정책이 실패하자 영국 보수당은 실각하고 전쟁을 반대하던 자유당이 집권했다. 자유당의 버크와 피트는 선두에 서서 1688년(윌리엄 3세의 명예혁명)의 정치 원칙을 재확인하고 의회정치를 수호했다.

프랑스는 아메리카 독립전쟁에 막대한 전비를 지출함으로써 왕국 재정이 파탄 나고 이것이 왕정 몰락의 한 원인으로 작용했다. 신생 공화국 탄생, 권리헌장 등의 새로운 용어는 로샹보군 청년 사관들의 보고안과 함께 프랑스 대혁명의 선구자들에게 사상적 기반을 제공했다. 물론 프랑스는 이 사상을 아메리카와는 다르게 이해했는데, 이 사실은 1793년 혁명 또는 나폴레옹 시대에 명백히 볼 수 있었다. 여하튼 프랑스 왕정 말기에 프랑스인들이 이념과 사례를 미합중국에서 얻은 것만은 사실이다.

2. 전쟁 후 13개 식민지는 13개의 주가 되었다. 그러나 13개 주는 제각기 하나의 국가로 행세하면서 시기, 반목, 대립 등을 거듭했고 별다른 권한도 없는 연합회의가 엉성하게 각 주를 통합하고 있었다. 대부분의 주는 강력한 통합을 원치 않았다.

전쟁을 하던 몇 해 동안은 개별적인 욕구보다 전체를 위한 단결 의지가 강했다. 그리고 적군에 대항해 함께 싸웠다는 사실은 13주의 사람들에게 공통의 추억과 영예를 안겨주었다. 이번 전쟁은 북부와 남부, 동부와 서부의 사람들을 군대라는 하나의 집단 속에 융합시킴으로써 서로 이해하고 존경하게 만들었다. 심지어 전쟁이 아니었다면 만나지도 못했을 동떨어진 지방의 사람들끼리 결혼하는 사례까지 생겼다. 일례를 들면 보스턴에서 온 청교도들은 버지니아의 영국 국교도가 인간의 탈을 쓴 악마가 아님을 알게 되었다.

전쟁의 결과 중 가장 중요한 것은 독립 활동의 필요성 덕분에 세계적인 인물로 손색이 없는 아메리카의 지도자들이 등장했다는 사실이다. 이들은 모든 일을 신속하게 처리하는 한편 영국의 정치, 군사, 경제 등 모든 조직계통에서 갑자기 이탈한 탓에 배우고 이해하면서 일해야 했다. 난세에 영웅이 난다고 1783년 미합중국은 아직 하나의 국가가 아니었으나 이를 위한 인재들을 배출하고 있었다.

3. 아메리카 독립전쟁은 과연 정의롭기만 한 것이었을까? 이것은 영국이나 아메리카가 오랫동안 공정한 역사적 해답을 내리기가 곤란했던 문제다. 영국 역사가는 독립전쟁을 무모한 반란이라 하고 아메리카 역사가는 신성한 역사의 한 토막이라고 주장한다. 영국의 역사학자 폴라드는 말했다.

"그들은 이 시기를 인간의 타락이 없었던 아메리카의 황금시대라고 말한다. 워싱턴이 완전하리만큼 인도주의를 지켰고 하나님의 선민은 십계, 즉 권리헌장을 가지고 이집트의 속박에서 탈출했다고 하지만 이런 이론으로 사건의 본질을 평가할 수는 없다. 독립전쟁의 지도자를 종교계의 장로로 간주한다고 해서 사건이 정당화되는 것은 아니다. 다만 하나의 믿음을 보여줄 뿐이다."

실제로 현대의 아메리카 역사가들은 이러한 정치적 이원론을 인정하지 않는다. 그들은 영미 간의 투쟁을 선악의 대결로 여기지 않는다. 법 이론상 만약 독립이 1688년의 명예혁명 원리에 기초를 두었다면 이것은 보통선거제도 없이 선출한 의회의 지상권을 주장하는 것이므로 식민지의 반역은 정당성이 없다고 봐야 한다. 반면 중세기의 영국 사상, 즉 과세는 국내 각 주가 찬성하고 자연법에 합치되어야 한다는 원리에 기초를 둔 것이라면 아메리카의 독립은 정당하다고 할 수 있다. 왕당과 애국당 간에는 주장과 성격의 차이가 있었을 뿐 도덕적 가치의 차이는 없었다. 1776년에 궐기한 반란자가 해방자로서 역사적 영예를 얻게 된 것은 전쟁에 승리했기 때문이다.

4. 프랑스의 도움이 없었다면 아메리카의 승리는 불가능했을 것이다. 워싱턴도 여러 번이나 전쟁에서 이기지 못할 것이라고 생각했다. 상황이 나쁠 때도 워싱턴은 강한 용기를 보였지만 로샹보의 육군과 그라스 제독의 함대가 오지 않았다면 그는 역사상 전혀 다른 인물로 기록되었을지도 모른다. 프랑스 국왕의 지원은 이 전쟁에 프랑스 대혁명 같은 정치혁명 또는 러시아 혁명 같은 경제혁명이 아닌 독특한 특성을 부여했다.

대륙회의의 대표들은 자유를 수호하기 위해 싸웠다고 하지만 사실 그들은 이미 모든 자유를 누리고 있었다. 제퍼슨을 비롯한 몇 명만 진보적이고 인도적인 정치 수준을 지향했을 뿐이다. 그밖에 다른 사람, 즉 보스턴의 상인, 남부의 농장주, 새뮤얼 애덤스 같은 과격분자까지도 전쟁 종결 후 조지 3세 이전에 자신이 누렸던 정도의 자유만 희망했다. 그들은 선거권 확대, 노예해방 등은 꿈에도 생각지 않았다. 아메리카의 반란은 본국과의 거리, 번영, 광대한 토지로 인해 자주적 습관이 생긴 힘 있는 시민 집단이 본국 정부의 그 어떤 주권 행사도 받아들이기 싫어서 일으킨 것에 불과하다. 폴라드는 말했다.

"미국인은 본능적으로 국가의 주권에 반항하는 영어권 국민 중 일부로 간주해야 한다. 그들은 이런 태도를 순례자 조상시대부터 현대에 이르기까지, 때로는 실패하면서도 항상 유지해왔다."

5. 설령 이 시기에 아메리카가 독립 운동에 실패했더라도 언젠가 반란이 폭발해 승리를 거뒀을 것이다. 아메리카의 번영과 풍부한 자원은 모든 분야에서 이민자를 지속적으로 흡수했을 가능성이 크다.

통치자의 힘이 닿지 않는 변경의 미개척지에서는 특유의 활력으로 사람들이 수없이 늘어났을 테고, 또다시 전쟁이 시작되었을 때는 인구 증가로 승리할 확률이 높다.

물론 전쟁을 하지 않고 대영제국 안에서 완전히 독립한 자치령으로 남았을지도 모른다는 견해도 있다. 이 경우 대영제국 국력의 중심이 아메리카 대륙으로 이동했을 수도 있다. 이러한 해결은 워싱턴과 로샹보의 승리가 낳은 결과보다 나을 것이 없을 것이다.

요크타운이 함락된 날 위대한 무언가가 탄생했다. 특별한 이 대륙에서 구세계의 잔재와 질곡에서 해방된 인간성이 새로운 실험을 하는 기회 말이다. 순례자들은 구세계의 질곡을 그대로 가져왔고 유럽과의 감정적·사상적·정치적 유대는 아메리카의 진보를 지연시켰다. 독립으로 이 유대는 단절되었고 이는 새로운 실험을 보다 자유롭게, 보다 적절하게 진행하도록 해주었다.

독립전쟁이 없었다면 오늘날의 아메리카는 존재하지 않았을 것이다. 유럽의 식민지에서 벗어나 자유를 얻은 이 거대한 국가는 어느 때든 세계의 희망을 한 몸에 모을 존재였다. 이런 자유는 완전한 분리가 이뤄지지 않고는 얻을 수 없다. 현대사가 보여주듯 1776년 전투의 진정한 목적은 그리 대단한 것이 아니었다. 프랭클린이나 버크처럼 사리분별이 있는 사람들이 좀 더 주의를 기울였다면 대영제국을 설득해 전쟁과 분리를 피할 수 있었을 것이다. 그렇게 되었다면 이 귀중한 인간성 실험은 과거에 얽매여 왜곡되고, 그 시대에는 좋았을 수도 있는 지도자들의 성공이 현대의 우리에게는 유감스러운 결과를 가져왔을지도 모른다.

6. 독립전쟁은 몇 가지 근본적인 문제를 해결했다. 우선 승전은 '누가 아메리카를 통치할 것인가?'라는 문제에 아메리카가 스스로 통치하라는 해답을 주었다. 그럼 상속 권력이 새로운 대륙에서도 이전과 같은 역할을 할 수 있는가? 독립전쟁은 새로운 대륙에서는 문벌에 따른 귀족정치는 있을 수 없다고 가르쳤다.

그 외에도 여러 가지 문제가 남았다. 재벌, 중산계급, 일반대중 중 누가 아메리카를 통치할 것인가? 보수당의 철수로 재산가가 어느 정도 줄었으나 혁명으로 등장한 남부의 농장주와 북부의 상인들은 자신의 재산과 신망을 계속 유지했다. 일단 영국이 사라지면 미국인의 여러 집단이 대립하리라는 것은 빤한 일이었다. 귀족적이고 농업적인 남부의 문명, 귀족적이고 상업적인 북부의 문명 그리고 변경지대의 민주적인 문명이 제각기 자기의 이상을 이 새로운 사회에 널리 퍼뜨릴 것이 분명했다. 승리는 미합중국에 그들의 의향대로 여러 문제를 해결할 권리를 주었으나 미합중국은 문제를 해결할 수 없었다. 당시 누가 각 주의 견고한 통합을 믿었겠는가? 물론 패트릭 헨리는 틀림없이 이렇게 말했으리라.

"나는 버지니아인이 아니라 미국인이다."

이것은 어디까지나 예외적인 경우고 일반인은 그렇지 못했다. 볼티모어 시민은 자신을 메릴랜드 국민이라 생각했고 보스턴 시민은 매사추세츠 국민이라 생각했다. 그들은 영국과 대립하기 위해 결속했지만 이제는 다시 한 번 아메리카를 위해 단결해야 했다.

제3장

–

국가의 탄생

HISTOIRE DES ETATS-UNIS

___

chapter 1

중대한 시기

The Critical Period

___

1. 승리는 패전에 못지않게 국민의 저력을 측정하는 계기가 되기도 한다. 전시에 정치 지도자들에게 융숭한 대접을 받은 군 간부들은 평화가 오자 시기의 대상이 되어버렸다. 승리한 장군들에게는 군사적으로 막강한 힘이 있다. 그들이 개인적인 목적을 위해 무력을 행사하려 들면 어찌 해야 하는가?

당시 아메리카군의 사병들은 봉급 문제가 해결되지 않아 제대를 거부했다. 대륙회의는 장교에게 평생 월급의 절반을 지급하기로 약속했지만 사병은 수년 치 봉급이 밀려 있었고 그것을 청산할 방도도 막연했다. 불평불만을 쏟아내는 사람들은 말했다.

"이런 일은 우리가 공화제라 생기는 것이다. 요리사가 많아서 고깃국이 썩는 격이다."

워싱턴까지도 난동을 진압하기 위해 중재에 나서야 했다. 1783년 필라델피아에서 난동을 일으킨 한 무리의 군인이 대륙회의를 위협하자 회의는 프린스턴으로 이동했고 그곳 대학은 당황하고 있던 위원들을 공손히 맞아들였다. 프랑스와 아메리카의 퇴역 장교들이 신시내티Cincinnati협회라는 사회단체를 결성하자 위원들은 쿠데타를 두려워했고 특히 그 협회의 회원조직을 세습할 것이라는 말에 더욱더 불안을 느꼈다. 새뮤얼 애덤스는 새로운 형태의 이 '위험한 조직단체'를 의아하게 여겼다. 나중에 이런 불안이 공연한 기우였음을 알게 되지만 당시에는 정부가 무력했기 때문에 염려를 하는 것도 무리는 아니었다.

2. 1783년 12월 4일 워싱턴은 뉴욕에서 사령관직을 사퇴했다. 그는 술집에 모인 참모부의 장교들과 프랑스식으로 포옹을 하며 작별인사를 나누었다. 그들은 말없이 배까지 따라가 뉴욕 부둣가에 나란히 선 채 워싱턴이 뉴저지로 떠나는 것을 오랫동안 지켜봤다. 모두가 눈물을 흘렸다. 워싱턴은 말을 타고 회의가 열리던 아나폴리스에 출두해 장중하게 총사령관 직책을 내놓았다. 워싱턴이 참석한 모든 의식이 그러했듯 이번에도 위엄이 넘쳐흘렀다. 그는 보고서를 상세하고 정확하게 제출했지만 연설은 짧게 끝내고 군대를 연합회의에 일임했다.

며칠 후 고향인 마운트버넌에 도착한 그는 그곳에서 여생을 보내려는 겸허한 구상을 하고 있었다. 연합회의는 피트 요새의 무기와 군수품을 지키기 위한 25명, 웨스트포인트의 55명을 제외하고 전원 제대를 명령했다. 이때 군인의 봉급지불증서를 발행했는데 그 가치는 급속히 떨어졌고 일부 제대군인은 싼값에 팔아치웠다.

3. 이제 아메리카연합이 역사라는 대양에 배를 띄웠다. 어떻게 하면 침몰하지 않고 항해할 수 있을까? 과거에 페르시아인이 그리스에서 철수하자마자 그리스연맹이 분열했듯 일단 위기가 사라지면 아메리카연합도 분열하지 않을까? 13개 주는 아테네가 스파르타와 다르고 아르고스가 테베와 다르듯 제각기 다르게 보였다. 각 주를 결속하는 유대로는 연합규약만 있을 뿐이었다.

연합회의에서는 각 주가 한 표의 투표권을 가지고 있었고 3개 주가 반대하면 중요한 안건의 통과를 저지할 수 있었다. 제임스 매디슨 James Madison(1751~1836, 제4대 대통령—역자주)은 말했다.

"정치에 강제 관념이 필요한 것처럼 법률에는 제재 관념이 반드시 필요하다."

아메리카연합에는 사법권이 없었기 때문에 결정사항을 강제로 시행할 수 없었다. 의장이나 연합회의도 실질적인 권위가 없어서 국가에는 사실상 지도자가 없었다. 이론상으로 연합회의에는 지폐 발행, 차관 업무, 우편제도 창설, 인디언 문제와 주간 분쟁 조정 등에 대한 권한이 있었으나 실제로는 무력했다. 이런 상태는 각 주가 마음속에 은근히 숨기고 있던 희망과 일치했다. 버크는 미국인은 무슨 바람이 불든 전제주의 냄새만은 기막히게 잘 맡는다고 말했다. 보스턴의 선주들은 남부의 여러 주가 단합해 북부의 이익을 침해할 수 있는 이 의회가 강력한 권한을 쥐는 것을 원치 않았다. 버지니아의 농장주들도 양키 상인에 대해 같은 불안을 느끼고 있었다. 새로운 정부체제는 정통성을 확립하기 전에 자신의 실력을 실증해야만 했다. 전쟁에서 승리한 아메리카연합은 이제 평화시대에 살아남는 법을 익혀야 했다.

헌법제정회의에서 헌법초안 기초를 맡아 '미국 헌법
의 아버지'로 불리는 제임스 매디슨

4. 연합의회가 허약했기에 상호 간의 불안은 해소되었으나 오히려
많은 위험이 등장했다. 먼저 연합의회가 발행하는 대륙 달러Continental
Dollar 문제였다. 지폐를 발행한들 부동산을 소유한 각각의 주가 그에
대한 책임을 받아들이지 않는다면 그 돈에 무슨 가치가 있겠는가? 졸
지에 "대륙 지폐만도 못하다"는 말이 경멸을 뜻하는 유행어가 되었
다. 어느 이발소에서는 벽지를 사는 것보다 지폐로 도배하는 것이 더
싸게 들었다는 이야기도 있었다.

아메리카는 금으로 환산해 1억 400만 달러의 전비를 지출했는데

이는 부유한 국가라면 별것 아닌 액수였지만 아메리카에는 그것을 뒷받침할 담보가 전혀 없었다. 이러한 통화의 무정부 상태에다 아메리카 경제기구는 2세기 동안 대영제국에 의존하고 있었다. 이제 영국이 아메리카 상인을 외국인으로 대하면서 아메리카의 상공업은 몰락의 위기에 직면했다.

전시에 등장한 유치한 공업은 아직 성장할 만한 자본이 없었다. 연합하던 각 주는 서로 무역전쟁에 돌입해 뉴욕은 뉴저지에 대해 관세장벽을 만들었고, 코네티컷은 뉴욕에 대해 불매 조치를 공포했다. 심지어 같은 주 안에서도 계급 간의 이해대립이 심각했다. 채무자는 인플레이션을 바라고 채권자는 그렇지 않았다. 북부에서는 유력한 상인, 해운업자, 자유업에 종사하는 저명인사(존 애덤스 등) 그리고 신시내티협회 등이 합세해 동맹조직을 결성했다. 그들은 기본적으로 귀족계급이라 참정권에 재산의 제한이 있어야 한다고 믿었고 재산과 권력의 일체화를 바랐다. 이 점에서 북부의 문벌가들과 남부의 농장주들은 완전히 일치했다.

또 다른 무리는 개척지의 농민을 비롯해 패트릭 헨리, 새뮤얼 애덤스 등의 급진파로 구성되었다. 여기에 제퍼슨 같은 전원철학가가 가담해 국가를 구원하는 길은 번영하는 농민생활과 보통선거제도에 있다고 주장했다. 이들 민중당Populists과 농민당은 여러 주의 의회를 지배했고 강력한 중앙정부의 출현을 원하지 않았다.

5. 1786년 매사추세츠 서부에서 농민봉기가 일어나자 치안유지회 정도의 실력밖에 없던 연합의회는 크게 당황했지만, 이 사건이 오히

려 연합의회를 강화하는 데 결정적인 계기가 되었다. 당시 지방관리가 부당한 처우를 했다며 벙커 힐의 노병 대니엘 셰이즈Daniel Shays가 부채에 허덕이는 농민들의 선두에 서서 소규모 반란을 일으켰다. 그들은 지폐 발행을 요구하면서 자신들의 재산을 압류 및 공매하는 데 항의했다. 1,000~2,000명에 달하는 농민이 이 지도자의 뒤를 따라 재판소와 병기창을 습격했다. 그때 헨리 녹스Henry Knox 장군이 워싱턴에게 다음과 같은 서신을 보냈다.

"그들은 미합중국의 토지가 영국이 강탈하려는 것을 전 국민이 지켜낸 것이므로 전 국민의 공동재산이라고 주장한다. 이 소요 사태는 사리를 분별할 만한 뉴잉글랜드의 모든 재산가를 위협하고 있다. 우리는 정부를 개혁하고 강화하지 않으면 안 된다."

공포에 떨던 문벌가들은 민병을 모집해 난동을 진압했지만 이 사건은 이미 전국을 뒤흔들었다. 워싱턴은 각 주마다 불씨 하나만으로도 크게 타오를 만한 불평불만이 가득하다고 말했다. 마운트버넌에 있던 워싱턴은 이 소요가 '자유의 승리'에 상처를 입히자 비통한 감회를 금하지 못했다. 그는 말했다.

"아아, 하나님이시여! 왕당파가 아니고는 그 누가 이런 사건을 예상하며, 영국인이 아니고는 그 누가 예언할 수 있겠습니까?"

워싱턴은 민중의 난동이 혹여 영국이 선동한 것은 아닌지, 진실로 그들의 불만이 스스로 폭발한 것인지 심각하게 검토했다. 부자들은 말했다.

"무엇보다 중요한 것은 우리의 생명과 재산을 보호하는 일이다."

그런데 가난한 사람들도 궐기하면서 똑같은 말을 외쳤다. 제퍼슨은 셰이즈를 지지했고 그는 무자비한 채권자에게 항거하는 농민을 '위험한 무정부주의자'로 여기지 않았다. 그는 말했다.

"하나님은 우리가 반란 없이 20년간을 지내지 못하도록 만드셨다."

유식한 역설을 즐기는 정치가 제퍼슨은 자유라는 나무는 때로 애국자와 폭군의 피를 빨아먹어야 살 수 있다고 말했다.

6. 소위 '위험한 시기'라고 불리는 이때 잘되는 일이 하나도 없었다고 말한다면 그것은 사실과 다르다. 그렇지만 전후의 미국인은 근심거리만 보고 괴로워했다. 그들은 흥분을 참지 못하고 불평불만으로 마음을 해치고 있었다. 예를 들면 조약에는 모든 지역에서 영국인은 즉시 철수하도록 되어 있었지만 오하이오 요새 주변에는 여전히 영국인이 남아 있었다. 여기에는 그럴듯한 표면적인 이유도 있었지만 진정한 이유는 캐나다에 있는 영국 상인이 모피 거래를 포기하지 않으려는 데 있었다.

생산물을 시장으로 가져가야 했던 서부의 아메리카 농민들은 오대호와 세인트로렌스 강을 통과하려면 영국 영토를, 미시시피 강을 통과하려면 스페인 영토를 지나야 했기에 숨이 막힐 지경이었고 모든 외국인을 아메리카 대륙에서 내쫓고 싶어 했다.

7. 신생국가 시민들의 소망은 대체로 단순했다. 동부에서는 유럽 대륙과 분리되기를 바랐고 서부에서는 아메리카 대륙에서 마음대로 활동할 수 있는 자유를 원했다. 그러나 수출과 수입이 필요한 때 유럽과의 분리를 바라는 것은 모순적인 희망이었다. 그뿐 아니라 영국

과 스페인의 양해 없이 대륙이 발전하는 것은 불가능한 일이었다. 여기에다 프랑스와의 동맹조약을 파기하지 않고는 영국의 양해를 얻기는 힘들었다.

전후 친영파가 된 존 제이와 존 애덤스는 프랑스와의 동맹조약이 오히려 큰 부담일 뿐 아니라, 그 때문에 이해관계도 없는 전쟁에 말려들 위험도 있다고 생각했다. 존 애덤스는 다음과 같이 말했다.

"장차 일어날 유럽의 전쟁에서는 엄정 중립을 지키는 것이 가장 중요한 원칙이다. 만약 불행히도 중립에 예외를 만들어야 한다면 적어도 프랑스에 이익이 되게 해서는 안 된다."

애덤스가 프랑스를 배척하는 것은 감정 문제였으나 위그노파의 후손인 제이의 경우에는 '낭트 칙령Edict of Nantes'을 폐지한 프랑스에 대한 원한을 3대, 4대 후손에게 보복하는 셈이었다.

8. 존 애덤스가 미합중국 대사로 런던에 부임해 공식적으로 국왕을 알현했을 때 그는 혈통, 언어, 종교가 같은 두 나라가 "전과 같이 화합하고 화평한 분위기를 회복하길 바란다"고 말했다. 국왕이 미합중국의 동맹국 프랑스에 대한 그의 감정을 야유하자 그가 대답했다.

"폐하, 소인은 우리나라 외에는 애착을 보인 일이 없습니다."

국왕이 그의 말에 수긍했다.

"그렇다. 성실한 사람은 자기 나라밖에는 생각하지 않는 법이다."

존 애덤스는 프랑스에서 프랑스인을 미워했듯 영국에서도 곧 영국인을 미워하기 시작했다. 영국인은 그가 자부하는 만큼 그를 존경하지 않았고 신문은 다음과 같이 그를 조롱했다.

"아메리카에서 오신 대사님An Ambassador from America이라고? 빌어먹을, 묘하게도 머리글자가 같구나."

영국 정부는 연합의회를 멸시하면서 아메리카의 모든 주를 대표해 공약할 위치가 아니라고 생각했다. 외무성은 존 애덤스를 빈정댔다.

"아메리카에는 13명의 대사가 필요할 것이다."

마음속으로는 반역을 용서할 수 없었던 영국인은 미국인을 까다롭고 거칠게 대했다. 두 나라의 인연이 매우 깊었으므로 영국은 미합중국의 마음을 쉽게 붙잡을 수도 있었지만 푸대접으로 그 기회를 날려버렸다. 자존심과 긍지는 때로 양식과 자신의 이익까지도 무시하게 만든다.

9. 아메리카연합의 입장에서 가장 어려운 문제는 애팔래치아 산맥과 미시시피 강 사이에 있는 드넓은 서부지역을 분배하는 것이었다. 7개 주에는 특허장에 따라 서쪽으로 무한정 뻗어 나갈 권리가 있었기에 그대로 실행하기를 바랐다. 반면 그런 권리가 없는 주, 특히 메릴랜드 주는 항의를 제기했다. 메릴랜드 주는 만약 특권을 가진 소수의 주가 서부 영토를 전부 합병하면 연합의 균형이 파괴될 거라고 강조했다. 메릴랜드 주는 처음부터 북서부 지역을 공동소유로 해서 새로운 주를 창설할 만한 인구가 생길 때까지 연합의회에서 관리하자는 제안을 내놓았다. 메릴랜드 주는 이 방안을 채택할 때까지 연합규약에 조인할 수 없다고 버텼다.

1781년 뉴욕 주가 이 제안에 찬성했고 제퍼슨의 노력으로 버지니아를 비롯해 특권이 있던 주가 이를 따랐다. 이것은 매우 중요한 결정이었다. 만약 북서부 지역을 국가 소유로 하지 않고 인접한 몇 개 주가 개발했다면 그들은 균형을 파괴할 만큼 강대해져 다른 주를 위협했을 것이다.

광대한 지역을 공동 소유한다는 조건은 13개 주의 단합을 이끌어 내고 공동 의무를 느끼게 해 연합의회에 구체적인 권한을 안겨주었다. 덕분에 이때부터 아메리카연합의 국가적인 주권이 실제로 발동하기 시작했다. 이 문제를 제기했을 때 메릴랜드 주는 이기적이고 완고하다는 비판을 받았으나 사실은 그 작은 주가 특유의 완고성으로 한 대국의 기초를 세웠다고 할 수 있다.

10. 이 대지를 개척자에게 어떻게 분배해야 할 것인가? 1784년 제퍼슨은 '1784년 조령Ordinance of 1784'으로 알려진 계획안을 작성했다. 이는 서부지역을 16주로 나눈 다음 인구밀도가 일정 수에 달하면 이것을 연합의 일원으로 하되, 모두 공화체제를 채택하고 영원히 미합중국의 일부가 되어야 한다는 것이었다. 초안에는 1800년 이후 노예제도를 폐지하기로 했지만 이 조항은 삭제되었다. 제퍼슨은 이들 주에 실베니아Sylvania, 미시개니아Michigania, 메트로포타미아Metropotamia, 일리오노이아Illionoia 등의 이상한 이름을 붙였다. 당시에는 아메리카의 많은 도시가 흔히 이타카Ithaca, 시라쿠스Syracuse, 코린트Corinth, 스파르타Sparta 같은 고대 그리스의 도시명을 따르고 있었다.

이 조령은 통과되었으나 실행되지 못했고 1785년 토지 공매를 결정했다. 이때 전 북서부 지역을 6평방마일(15.54제곱킬로미터)의 블록지구인 군구township로 나누고 1군구를 36구로 구분했다. 각 군구에서는

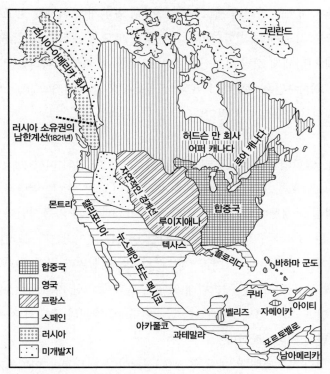

그린란드

러시아-아메리카 회사

러시아 소유권의
남한계선(1821년)

허드슨 만 회사
어퍼 캐나다
로어 캐나다

몬트리올

캘리포니아

자유인 경계선

루이지애나

합중국

뉴스페인 또는 멕시코

텍사스

플로리다

바하마 군도

쿠바

벨리즈   자메이카

아이티

아카풀코

과테말라

포르토벨로

남아메리카

	합중국
	영국
	프랑스
	스페인
	러시아
	미개발지

1800년 북아메리카의 영토 소유권

제16구인 1구를 공립학교 용지로 책정했다. 이 계획의 기본방침은 타당했지만 토지를 매각하려면 구매하는 사람에게 방어와 보호, 행정을 보장할 필요가 있었다. 1786년 3월 일부 시민이 보스턴에 모여 오하이오 합동회사를 설립한 후 연합 증권Continental Certificates으로 100만 달러를 지불하면서 광대한 토지 구매를 신청했다. 그들은 우수한 협상가이자 원외 정치운동가인 므낫세 커틀러Manasse Cutler 목사를 연합의회에 대표로 파견해 새로운 영토에 행정청 개설 허가를 받고자 했다. 커틀러 목사는 연합의회의 무관심한 태도에 개의치 않고 중요인물 몇 사람에게 정당한 보상을 주어 포섭한 후 회사가 바라는 권리를 확보하는 수완을 보였다. 1787년 그들은 150만 에이커(약 18억 평)의 토지를 회사 소유로 인가받았다.

11. 연합의회는 북서부지역에 잠정적으로 한 명의 지사(우연히 의회의 장인 세인트 클레어 장군이었다)와 세 명의 판사 그리고 공무원을 임명하고 이런 방침을 정했다. 1) 5,000 이상, 6만 이하의 남자 자유시민이 있는 지역은 의회를 구성해 자치를 실시할 권리를 부여받는다. 그러나 연합의회에 대표를 파견할 수는 없다. 2) 6만 이상의 인구가 생기면 주정부를 수립하고 이 주는 원래 있던 주들과 동일한 자격으로 연합에 가입할 수 있다. 3) 노예제도는 금지한다. 4) 정치와 종교의 자유, 배심재판제도를 보장한다.

이 '1787년 조령'은 매우 중요한 정책이었다. 덕분에 아메리카 대륙에서는 연합의 주장이 식민지 각 주의 주장을 제압할 수 있었다. 새로 연합에 가입한 모든 거주지역은 일정한 시험기간을 거쳐야 연합의 일원이 되었다. 어느 나라도 간단하게 합병할 수 있는 지역을 이처럼 관대한 방침으로 처리한 일은 없었다. 이 방침은 다른 식민지제국과는 판이하다. 새로운 주에는 기존의 주와 동일한 인종, 동일한 문화를 가진 사람들이 살았고 이것은 정복이라기보다 이식이라고 해야 마땅했다.

chapter 2

—

헌법

The Constitution

—

1. 아메리카 식민지의 독립혁명은 급진적인 민중이 주도하는 필연적인 실력 행사를 자유주의적이고 교양 있는 우수한 인물들이 이끌어 성취한 작품이라고 할 수 있다. 이 때문에 가끔은 사병들이 장교들을 위협하기도 했다. 데니스 브로건Denis Brogan은 자신이 저술한 《국민의 정부Government of the People》에서 다음과 같이 말하고 있다.

"흔히 '보스턴 티파티'라고 혼동하기 쉬운 이름으로 부르지만 아메리카의 독립은 어디까지나 혁명이었고, 여기에서 혁명에 으레 따르는 폭력, 선동, 기득권 무시, 원한과 탐욕을 채울 기회 등이 파생되었다."

혁명적 정신 상태에 따른 불안이 이어지자 이해관계 때문에 평온함, 계약 준수, 질서 재건을 원하던 상인, 금융업자, 채권자 등 많은 사람이 동요했다. 그때까지의 경험으로 보건대 연합규약으로 구성된 연합의회에 국가를 통치할 만한 힘이 없다는 것은 명백했다. 일반적으로 의회는 집행부에 대한 통솔력을 가질 수 있고 집행부는 집행자를 통해서만 운영되게 마련인데 연합의회에는 집행기관이 없었다. 워싱턴은 말했다.

"귀하들은 지금 매사추세츠의 난동을 진압하는 데 내 능력을 이용하고 싶어 하지만 이는 어디까지나 개인적인 권위지 정부가 아닙니다. 우리는 우리의 생명, 자유, 재산을 보호해줄 정부를 원합니다."

중앙정부가 절실히 필요했다. 그러나 각자 자기 주의 독립만 갈망하는 주들이 중앙정부를 승인하도록 하는 것은 어려운 일이었다. 몇몇 사람은 이런 문제점이 있음을 알면서도 중앙정부를 수립하려 노력했다. 그들은 전쟁을 일으키고 또 승리한 사람들이었다. 다른 한편으로 그들은 혁명을 고취하고 혁명을 일으키긴 했어도 혁명 활동에는 참여하지 않은 온건파였다. 그들은 초기에 혁명을 제지하려 했다. 혁명에 성공한 뒤 아메리카에서 온건파가 미합중국을 창설하고 나라를 통치했다는 사실은 다른 혁명에서 볼 수 없는 특이한 일이었다.

2. 헌법 제정 운동의 시발점은 한 지방 분쟁이었다. 1785년 버지니아와 메릴랜드의 대표위원이 포토맥 강의 수로 이용권에 관한 문제를 토의하기 위해 회의를 열었는데, 그들은 안전보장상 이 문제가 펜실베이니아와 델라웨어에도 관련이 있음을 깨달았다. 이에 따라 1786년 버지니아는 모든 주에 각 주의 통상 규제 및 기타 중요한 이해관계 조정을 위한 제도 설정을 연구 검토하고자 대표를 아나폴리스에 파견하자고 제안했다. 이때 겨우 다섯 개 주만 참가했는데 사정에 밝은 사람들은 불참한 주가 더 큰 계획을 준비하는 회의를 기대하고 있음을 알고 있었다. 사실 지도자들이 원하는 것은 중앙정부 개

편을 목적으로 하는 회의였다. 그간의 사정은 이후 에드먼드 랜돌프 Edmund Randolph가 연방회의 개회사에서 말한 바와 같다.

"이 연합은 헌법 지식이 아직 유치하던 때 구성한 것이다. (…) 각 주 사이에 발생하는 통상 관계 분규, 매사추세츠에서 발생한 것 같은 난동, 외국의 차관 상환 독촉, 조약 침해 등이 없고 (…) 주권 보장에만 열을 올린 각 주가 이익을 양보하려 하지 않을 때 구성했다. 하지만 이 연합은 외국인의 침략 방어를 보장할 수 없다."

이들은 치안이 혼란한 틈을 타 채무이행을 모면하려는 대중이 참여할 것을 두려워해 회의의 목적을 통상과 수로 이용권 문제로 위장했다. 그들은 성과를 거두지 못한 아나폴리스 회의가 정부 수립의 긴급성을 명시하고 연합규약을 수정할 긴급회의를 위한 예비회담이었다고 해명했다. 요컨대 그들의 목적은 헌법 제정이었으나 그렇게 말하면 놀랄 사람이 많을 것 같아 헌법 제정이란 용어를 피한 것이다.

  3. 다음 회의는 1787년 5월 필라델피아에서 개최되었고 제퍼슨이 말했듯 이 회의는 그야말로 대인물들의 모임이었다. 때마침 존 애덤스는 영국 대사, 제퍼슨은 프랑스 대사로 각기 유럽에 나가 있어 참석하지 못했다. 두 사람 외에 각 주는 가장 유력한 인물을 대표로 파견했다. 대표 55명 중 29명이 대학 출신이었고 나머지 26명은 워싱턴이나 프랭클린 정도의 관록을 갖춘 원로급 인물들이었다. 이때 워싱턴이 만장일치로 의장에 선출되었다. 의장석에 앉은 그의 풍채에서 풍기는 위엄은 의사 진행에 품격을 더했다. 그는 다음과 같은 말로 회의의 기조를 잡았다.

"만약 우리가 민중을 즐겁게 하고자 우리 자신이 용납할 수 없는 제안을 한다면 훗날 우리의 일을 변명할 수 없을 것이다. 우리는 현명하고 성실한 사람들이 잘 다듬어갈 수 있도록 기반을 만들어야 한다. 그리고 나머지 일은 하나님의 뜻에 맡길 수밖에 없다."

이 회의에 참석한 사람 중 가장 유능한 사람은 뉴욕 대표 알렉산더 해밀턴Alexander Hamilton(1755~1804)이었다. 하지만 그는 태도가 무뚝뚝하고 웅변가도 아니었으며 사상이 대중적이지도 않았다. 서인도 제도 태생인 그는 개척 생활에서 비롯된 미국인의 민주적인 감각을 이해할 만한 성격도 아니었다. 영국의 귀족정치를 열렬히 추앙하던 그는 각 주의 권리를 제한하더라도 중앙정부를 강화해야 한다는 연합통일론을 지지했다. "우리는 주의 특권을 타파해야 한다"고 말한 그는 모든 민병을 중앙정부가 총괄하고 채무를 일괄 통합 정리해 진정한 국가주권을 창설하려 시도했다.

그는 철저한 비관론자로 민중의 상식, 분별, 선의 등을 신뢰하지 않았다. 또한 그는 권력과 이익만 인간의 행동을 지배할 수 있으며, 정부도 재산과 권력을 가진 계급이 이를 유지하는 것이 유리하다고 생각할 때만 유지될 수 있다고 믿었다. 그는 다음과 같이 말했다.

"'민중의 소리는 곧 하나님의 소리'라는 격언이 옳다고 믿는 사람도 많으나 사실은 그렇지 않다. 민중은 거칠고 변덕스러우며 정당한 판단과 결정을 내리지 못한다."

그는 총명했기에 미국인이 공화체제 정부만 용납하리라는 것은 충분히 이해했으나 적어도 중앙정부만큼은 강력해야 한다고 생각했다.

미국 건국의 아버지 중 한 명으로 헌법 제정에 크게 공
헌한 알렉산더 해밀턴

4. 버지니아 대표 제임스 매디슨도 해밀턴 못지않게 인간성에 대해 비관적인 견해를 보였다. 그는 "사람들이 천사 같다면 정부라는 것이 전혀 필요치 않을 것이다"라고 말했다. 하지만 그는 해밀턴처럼 신랄한 언어를 쓰지 않으려고 조심했다. 그는 해밀턴보다 덕망이 높았고 '헌법의 아버지'라는 별명을 들을 만한 인물이었다. 흰 얼굴에 키가 작은 그는 박식했으나 수줍음이 많았고 기지가 넘쳤지만 다른 사람의 시선을 받으면 얼굴이 붉어졌다.

그는 연방제도에 관한 역사, 특히 그리스, 스위스, 네덜란드의 연방제도를 소상히 연구했고 워싱턴은 그를 높이 평가했다. 매디슨은 아무런 당파에도 가담하지 않아 과격파에게 기회주의자라는 비판을 받았지만 그의 명철한 사상과 온건한 태도, 매력적인 성격은 원만한 회의 진행에 큰 도움을 주었다.

그는 해밀턴과 마찬가지로 헌법의 근본 기능은 다수파의 압력으로부터 소수파를 보호하는 데 있다고 생각했다. 그리고 이 목적을 달성하는 데 효과적인 것은 오랫동안 시련을 거쳐온 제도, 즉 배심재판제도, 인신보호법Habeas Corpus Act, 잦은 선거 등이라고 믿었다. 그는 사람의 두뇌가 아무리 우수해도 여러 세기에 걸쳐 쌓아올린 업적을 몇 주일 동안 완성할 수는 없다고 봤다. 필라델피아 회의의 강점인 동시에 미덕은 외국과 아메리카 각 주에서 시험을 거쳐 확인된 방안들을 채택했다는 사실이다.

5. 《농민의 편지Letters from a Farmer》의 저자 존 디킨슨은 토론의 기본 방침을 명확히 규정했다.

"경험이 우리의 유일한 인도자여야 한다. 이론은 우리를 잘못 인도할 수 있다."

다른 많은 혁명회의와 달리 이 회의는 현실적이고 객관적이었다. 이 회의에 참석한 모든 사람에게는 각자 수호해야 할 커다란 경제적 이해관계가 있었다. 55명의 대표 중 소농이나 도시 노동자를 대변하는 사람은 한 명도 없었다. 현대인에게는 이것이 부당하고 부조리한 처사로 보일지 모르지만 당시에는 아무도 여기에 불만을 표시하지 않았다.

패트릭 헨리와 새뮤얼 애덤스는 참석하지 않았다. 이들 중에는 워싱턴을 포함해 14명이 지주였고 40명이 연합 채권자였으며 15명이 노예를 소유하고 있었다. 그렇다고 그들이 개인적인 이해관계에 따라 회의사항을 결정했다고 평가하는 것은 타당치 않다. 필라델피아에 모인 유력한 인물들은 그들이 단합해서 건설한 이 나라의 미래를 진정으로 염려했다. 자신들의 사명이 얼마나 중요한가를 잘 아는 그들의 가슴속에는 숭고한 종교적 감정마저 흐르고 있었다. 이 과업은 새롭고도 위대했으며 신중함과 엄정함을 필요로 했다.

건국의 아버지들은 신비함과 비밀을 유지할 수 있는 여건을 마련했다. 모든 회의는 비공개로 진행했고 각 대표는 토의 내용을 누설하지 않을 것을 맹세했다. 여든 살의 고령자인 프랭클린이 입을 다물지 못할까 싶어 매일 밤 두 명의 대표가 그의 집까지 동행하기도 했다. 경호병이 회의장 출입구를 지켰고 대표의 비서도 토의 중에는 입장할 수 없었다.

이런 절차는 회의 진행을 도왔고 성과도 보장했다. 물론 대표들 사이에 여러 번 격렬한 충돌이 빚어지면서 심각한 대립이 발생하기도 했다. 만약 이 논쟁이 외부에 공개되었다면 타협은 전혀 불가능했을 것이다. '미합중국 헌법Constitution of the United States'이라는 탁월한 작품은 지혜와 비밀의 결과물이었다.

6. 어느 연방이든 해결해야 할 첫 번째 문제는 큰 주와 작은 주 간의 대립관계를 조정하는 일이었다. 이때까지 연합의회에서는 각 주가 각자 한 표씩 결의권을 가지고 있었다. 큰 주는 이 방법이 부당하다면서 인구와 직접세에 비례한 결의권 배정을 요구했다. 이들은 버지

니아가 제출한 방안을 지지했다. 그것은 '2원제로 나눠 1원은 인구에 비례해 보통선거로 선출하고 나머지 1원은 각 주가 선출한다, 행정관과 사법관은 양원이 임명한다, 중앙정부는 각 주가 제정한 법률의 합헌성 여부를 판정하는 권한을 보유한다'는 것이었다.

작은 주는 뉴저지의 제안을 열렬히 지지했다. 이 방안은 연합규약의 결함을 대부분 그대로 계승하고 있었다. 즉 '의회는 1원제로 하되 각 주는 같은 수의 대표를 보유한다, 군 통수권 행사와 법률 심사를 제외하고 연방정부의 결정은 의회의 승인이 필요치 않다, 의회가 선임하는 위원회가 유일한 행정기관이며 사법부는 위원회가 임명한다'는 것이었다.

양쪽은 몇 주간 논쟁을 거듭했지만 결론을 내지 못했다. 펜실베이니아의 한 대표가 말했다.

"뉴저지에서 오신 분은 정말 솔직하게 말씀하셨습니다. (…) 저도 솔직히 말하지만 (…) 이런 원칙으로는 연방을 결성할 수 없습니다."

델라웨어의 한 대표가 외쳤다.

"여러분! 나는 여러분을 신뢰할 수 없습니다."

때마침 6월이라 날씨는 무더웠고 사람들의 신경은 굉장히 날카로웠다. 정세가 위태로워지자 프랭클린은 모든 사람의 감정을 진정시키기 위해 의사 진행에 들어가기에 앞서 기도를 올리게 했다. 신문은 회의 장소인 독립기념관을 '만장일치회관Unanimity Hall'이라고 비아냥댔다. 7월 중순이 되어 좀 시원해지자 이들은 간신히 코네티컷 주에서 제출한 절충안을 채택했다. 2원제 중 1원은 하원으로 하되 각 주는 인구비례로 대표를 보내고, 나머지 1원은 상원으로 하되 각 주는 크기에 관계없이 두 명씩 대표를 내기로 했다. 건국의 아버지들이 국가 건설을 시작할 대지를 마련한 셈이었다.

7. 미합중국 헌법은 근본적으로 민중의 지지를 얻기 위해 공화주의 정부를 창설할 필요성과 상류계급의 신임을 확보하고자 선동정치를 저지하려는 의도 사이에서 성립된 타협의 결실이다. 채택한 원안에는 양자의 권력이 균형을 이루고 있었다. 대통령은 영국으로 말하자면 국왕과 총리대신을 겸하는 것이므로 어떤 사람은 대통령 폐하라고 불러야 하는 것이 아니냐고 말했다. 해밀턴은 대통령을 종신제로 하자고 제안했으나 내심 국왕이란 칭호를 더 원했을 것이다. 그의 연설 초고가 남아 있는데 거기에 다음과 같은 말이 있다.

"만약 정부가 소수파의 수중에 들어가면 다수파에게 폭정을 할 것이고, 다수파가 지배하면 소수파를 억압할 것이다. 양쪽은 별개의 존재이므로 정부는 양쪽의 균형을 유지해야 한다. 양쪽이 분리되어 있다면 상호 간에 조절과 견제가 필요하다."

해밀턴은 군주정치가 합의될 가망이 없자 이의 없이 공화정부에 찬성했다. 초기의 대표들이 '대통령의 상징적 위치'에 대해 의견을 주고받을 때 회의장 밖에서 회의 결과를 주시하던 신랄한 비평가 패트릭 헨리는 이런 궁정식 인사치레를 조소했다. 사실 미합중국 대통령은 영국 국왕보다 더 큰 권한을 갖게 되었고 지금도 그러하다.

대통령은 선거인단에서 선출하며 선거인은 주 의원이 연방의회의 상하 양원과 같은 수를 선정했다. 초대 대통령으로 취임한 워싱턴은 대통령의 지위에 위대하고 가치 있는 권위를 부여하는 데 커다란 공헌을 했다. 한 명의 부통령도 대통령과 함께 선출하며 가장 많은 표를 얻은 후보자가 대통령, 차점자가 부통령이 되었다. 그밖에 모든 후보자가 선거인 과반수 표를 얻지 못할 때는 하원이 대통령을 결정한다, 대통령이 사망(또는 탄핵, 퇴임)할 경우에는 부통령이 대통령의 임무를 계승한다, 부통령이 상원 의장을 맡는다 등의 규정이 있었다.

건국의 아버지들은 상원이 영국의 추밀원Privy Council(영국의 정치·행정·사법 기관) 역할을 할 것으로 기대했고 내각제도에 대해서는 특별한 규정이 없었다. 하지만 현실은 기대와 차이가 있었다.

8. 양원은 국민을 대표했는데 일부 마음 약한 사람들은 상하 양원을 국민이 직접 선출하는 것을 꺼려했다. 매사추세츠의 대표 엘브리지 게리Elbridge Gerry는 말했다.

"국민은 사이비 애국자에게도 쉽게 속아 넘어가는 법이다."

하지만 해밀턴 같은 사람도 양원 중 적어도 하원만은 직접선거제로 할 것을 주장했다. 당시에 보통선거제도는 관심조차 없었다. 1787년 아메리카에는 어느 정도 재산을 소유한 사람이 많았기 때문에 재산에 따른 선거 자격 제한은 그다지 지장을 주지 않았다. 이미 2개 주에서는 재산에 따른 투표권 제한을 폐지했다.

건국의 아버지들이 선거 자격 제한론을 받아들인 이유는 아무것도 잃을 게 없는 무산계급은 엉뚱한 유혹에 빠지거나 선동에 넘어가기 십상이라고 생각했기 때문이다. 매디슨도 이런 생각에 동의했다. 그는 장차 보통선거제도 때문에 사유재산이 안전하게 보호받을 수 있을지 의심스럽다며 영국에서 만약 보통선거를 실시했다면 토지소유권이 위태로워지고 토지균등분배법이 통과되었을 거라고 말했다. 그는 그가 말한 '토지의 영구적 권익'의 보호를 고수했다. 새로운 헌법은 민중주권의 원칙을 인정했으나 인권을 총체적으로 보장하는 조항은 없었다. 미합중국에서 완전한 보통선거는 훗날 헌법 개정을 통해 이뤄졌다.

한편 영국의 귀족원House of Lords에 해당하는 상원의원 선출은 주의회가 맡았다. 각 주에서 선출하는 하원의원의 정원수를 결정할 때 노예 인구를 계산하느냐 마느냐에 대해서는 이론이 분분했다. 남부는 노예 인구를 계산하자고 했고 북부는 노예는 가옥이나 선박과 같은 재산이므로 인구의 일부로 계산할 수 없다고 반박했다. 로버트 패터슨Robert Patterson은 다음과 같이 역설했다.

"버지니아에는 한 사람이 소유한 노예 수만큼 투표하도록 되어 있는가? 흑인은 자기가 거주하는 주에서도 선거권이 없는데 어찌 중앙정부의 선거에만 유권자가 될 수 있는가?"

결국 타협안이 등장했다. 노예에게는 투표권이 없으나 각 주의 의원 정원수를 결정할 때 5분의 3까지를 인구로 계산한다는 것이었다. 이 타협안은 졸렬했으나 타협이란 언제든 감정 유화를 위한 것이지 지성 만족을 위한 것은 아니므로 졸렬하게 마련이다.

9. 건국의 아버지들은 영국 연방의 성공은 권력분립제도 때문이라고 생각했다. 그들은 신중히 고려한 끝에 행정부와 입법부를 완전히 분리했다. 또한 장관을 하원의원 중에서 선임하고 하원에 책임을 지우는 영국의 방식과 달리, 미합중국 대통령이 의회 밖에서 장관을

선임하고 그들은 의회에 출석하지 않으며 의회에 그들의 파면권을 주지 않는 관례를 마련했다. 4년 만에 대통령을 교체하고 하원의원은 2년 만에 바꾼다는 규정에 따라 행정부와 입법부 간에 2년간 대립이 생길 수도 있었다. 이 경우 대통령은 의회의 결정사항에 거부권을 행사할 수 있으나 하원은 3분의 2 표수로 대통령의 거부를 다시 부결할 수 있었다. 위기 시에는 이 방법에 많은 시일이 소요될 뿐 아니라 위험하기도 해서 실제로는 행정부가 우선 주도권을 행사했다.

헌법 해석 또는 주 법률의 합헌성에 관한 심의는 상원의 인준을 얻어 대통령이 임명한, 즉 과오가 없는 한 종신직인 대법관으로 구성된 대법원이 결심 판결을 내리게 했다. 사법권이 다수결의 정치를 규제하는 셈이다. 한마디로 '법의 말이 곧 하나님의 말'이 된 것이다. 이로써 선동적인 다수파에 대응하는 진정한 소수파를 옹호할 수 있었지만 후일 사법권의 횡포를 호소하는 일이 자주 발생했다. 의회도 연방재판소를 창설할 권한을 갖게 됨으로써 그때까지 연합규약에 결여된 처벌권을 획득했다. 끝으로 컬럼비아 특별구District of Columbia(일반적으로 워싱턴 D.C.라고 부름)라고 불리는 연방정부의 수도가 위치할 10마일 평방(반경 약 3킬로미터)의 토지를 의회가 선정하도록 결의했다.

10. 무엇보다 어려웠던 문제는 연방정부와 주정부 권한의 경계가 어디인가 하는 점이었다. 연방정부의 권한과 기능은 헌법에 명기했다. 즉 연방정부에는 국채상환과 국가방위를 위한 과세, 차관, 주간州間 또는 외국과의 통상 조정, 통화 주조, 우편제도 정비, 선전포고, 군대와 민병 징집 등의 권한이 있었다. 이처럼 명기한 사항 이외의 권한은 주

에 귀속되었다. 따라서 미합중국 의회와 영국 의회에는 많은 차이가 있었다.

영국 의회에는 성문헌법이나 명기된 권한의 제약을 받지 않고 정부 체제 변혁까지 포함해 모든 사항을 결정할 권한이 있었다. 즉, 의회는 국민 그 자체라고 할 수 있었다. 반면 미합중국 헌법은 의회나 의회가 소집한 국민의회의 3분의 2 표를 얻어 제출한 수정안과 이에 대한 주의 4분의 3 이상의 찬성이 없으면 헌법을 변경할 수 없었다. 각 주에서는 주의회나 특별히 소집한 의회가 찬성과 반대를 결정했다.

이러한 조치는 헌법 개정을 신중히 고려토록 했고 결국 헌법을 개정하는 일은 매우 드물었다. 만약 예기치 못한 변화가 발생하면 일정한 생활방식과 사상에 적응하도록 제정한 헌법의 부동성이 문제를 해결하는 데 걸림돌이 될 수 있지 않을까? 어쩌면 그럴지도 모른다. 하지만 건국의 아버지들은 의회의 횡포로부터 국가를 수호하기 위해 엄격한 헌법을 제정하려 시도했다. 국민은 그들 권한의 일부만 의회에 위탁한 셈이다. 국민에게는 대법원에 소청하는 길도 열려 있었다. 이 헌법은 미합중국 국민의 명의로 선포되었다.

"우리 미합중국 국민은 보다 완전한 연방 수립, 정의 확립, 국내 평화 보장, 공동 방위 정비, 국민복지 증진, 자신과 후손에 대한 자유수호 등을 위한 미합중국의 헌법을 제정하여 공포하는 바다."

11. 마지막 장면은 간소했으나 매우 감동적이었다. 한 명의 서기가 헌법안을 낭독하고 프랭클린이 서서 연설을 했는데, 목소리에 너무 힘이 없어서 제임스 윌슨이 연설원고를 대신 읽었다. 프랭클린은 헌

법 전체가 완벽하다고 생각하지 않으며 자신을 오류가 없는 완전한 사람이라고 생각하지도 않는다고 말했다. 또한 열정과 편견이 뒤섞인 회의에서 완벽한 헌법을 제정할 수는 없지만 그럼에도 불구하고 제정한 정부 조직이 완벽에 가깝다는 것을 생각하면 놀라움을 금할 수 없다고 했다. 그는 만장일치를 위해 전원에게 서명하기를 청했으나 몇 명은 기권했다.

한편 국민은 국민의 이름으로 공포된 헌법에 대해 전혀 알지 못했다. 이 헌법은 의회와 각 주의 헌법회의에 제출해 통과되어야 했고 여기저기에서 대립이 나타나기 시작했다. 국민은 연방파Federalists와 반연방파Antifederalists로 나뉘었다. 반연방파는 다음과 같이 강조했다.

"법률가, 학자, 부호들이 가난하고 무식한 국민에게 헌법이란 쓰디쓴 환약을 먹이기로 모의했다."

채권자단은 강력한 중앙정부를 환영하고 채무자들은 주에서 적극 지원해주기를 원했다. 1776년 혁명에서 가장 급진적이던 새뮤얼 애덤스와 패트릭 헨리는 헌법에 그다지 관심을 두지 않았다. 어떤 사람은 만약 일부 지역이 중앙정부로 넘어가면 그곳에 요새를 구축한 뒤 독재정치를 실시할 것이라고 염려했다.

펜실베이니아 주민은 헌법을 비준하는 쪽으로 기울었다. 매사추세츠에서는 지사 존 핸콕이 신경통으로 고생하는 중이었는데 그를 잘 아는 사람들은 "이 교활한 정치가는 민심의 동향을 파악할 때까지 신경통이 낫지 않을 것"이라고 빈정댔다. 워싱턴과 매디슨은 버지니아의 찬성을 얻는 데 다소 곤란을 겪었다. 해밀턴은 뉴욕 주 주민을 설득하기 위해 매디슨과 존 제이의 협조를 받아 논리 정연한 에세이들을 모은《연방주의자The Federalist》라는 책자를 출판했다. 노스캐롤라이나와 로드아일랜드는 마지막에 가서야 마지못해 비준했다. 리처드헨리 리 같은 중도파도 헌법의 우수성은 인정하지만 '국민의 대표'라는 제일 중요한 조항이 없다고 비난했다. 그는 다음과 같이 말했다.

"사려 깊은 사람은 이 헌법이 권력을 다수파에게서 소수파에게로이행하게 만든 것이라는 점을 이해할 수 있을 것이다."

그는 언젠가 자신의 이견을 해소해줄 헌법 개정 가능성을 예상하지못했다.

12. 제퍼슨은 프랑스에서 권리헌장을 첨부하지 않으면 완전한 헌법이라 볼 수 없다는 서신을 보내왔다. 그의 의견은 정당했다. 개인을당파 감정의 피해로부터 보호해야 하고 어떤 헌법이든 국민의 기본권리를 명기해야 한다는 것은 맞는 말이지만, 그래도 이 회의에서 제정한 헌법은 소중한 의미가 있었다. 헌법 기초자들은 주 헌법의 경험을 활용할 수 있었고 덕분에 연합규약과 이미 실증된 결함을 명백히평가해 실제 시험 결과를 이용했다. 이것의 성공은 그들이 명철했음을 분명히 보여준다. 그러나 미합중국의 유리한 여건과 비할 데 없는풍요가 성공의 주요 기반이었다는 사실도 간과할 수 없다.

모든 조건을 감안해도 근대에 이르기까지 150여 년의 경험상 권리헌장을 추가한 미합중국 헌법은 적절하고 효율적이었다. 또한 국민이필요를 인정할 때는 개정할 수 있는 절차까지 구비하고 있었다. 인간이 하는 일이란 완벽할 수 없지만 건국의 아버지들이 한 일은 당시의정세가 허용하는 범위 안에서 그야말로 완벽했다.

chapter 3

정당의 탄생

The Birth of Parties

---

1. 제1회 선거로 헌법을 제정한 인사들이 공직을 차지했다. 국민이 선출한 대통령 선거인은 만장일치로 워싱턴을 미합중국의 초대 대통령으로 선출했고 존 애덤스가 부통령이 되었다. 1789년 4월 워싱턴은 사저가 있는 마운트버넌에서 말을 타고 대통령 취임식을 거행할 뉴욕으로 향했다. 그가 트렌턴을 통과할 때 흰 옷을 입은 소녀들이 그가 지나가는 길가에 꽃을 뿌렸다. 뉴욕에서 그는 월가와 낫소가의 모퉁이에 있는 프랑스 건축가 피에르 랑팡이 개축한 연방관Federal Hall 발코니에 나타나 파도와 같은 군중의 갈채와 환호성을 받으며 뉴욕주 대법관이 바치는 성서에 엄숙히 선서했다.

여자들은 손수건을, 남자들은 모자를 흔들었다. 어려운 시기에 대통령이 된 그의 얼굴에는 긴장과 위엄이 가득 차 있었다. 그는 타고난 위엄 덕분에 오래도록 아메리카의 전통이 될 만한 모범적인 취임식을 올렸다. 이후 4년마다 선출되는 신임 대통령은 영국인이 국왕의 대관식을 대하듯 존경과 감격을 품고 모여드는 수많은 군중 앞에서 취임 선서를 하고 있다.

2. 대통령 워싱턴은 총사령관 워싱턴과 마찬가지로 규칙적인 생활을 하는 노력가였고 매사에 신중을 기했다. 책임을 져야 하는 중요한 서류는 특히 주의해서 읽고 결재하기 전에 깊이 생각했다. 대통령이란 관직은 새로운 것이었으므로 모든 조직의 사소한 절차까지도 매우 중요했다. 그는 곧 대통령이란 사람들과 너무 가까이하면 안 된다는 것을 깨달았다. 그는 이런저런 문제에 관한 의문점을 간추려 제이, 매디슨, 존 애덤스, 해밀턴에게 제시했다.

"대통령은 집무와 의례에서 그 존엄성을 유지하되 지나치게 거만하다거나 겸손하다는 말을 듣지 않을 정도로 공적 직위에 걸맞은 위신을 지켜야 한다. 이 점에 관해 귀하의 가식 없는 솔직한 의견을 듣고 싶다."

존 애덤스는 시종과 의전관을 거느리는 왕실의 의례준칙을 채택하라고 권했다. 즉, 대통령은 사적 생활은 간소해도 좋으나 공적 생활은 어디까지나 존경을 유지하기 위해 장엄하고 신비한 후광으로 둘러싸여야 한다고 말했다. 반면 해밀턴은 나라에 평등사상이 널리 퍼져 있으므로 사람들의 반감을 살 정도로 지나친 사치는 피해야 하며, 대통령은 초대를 받거나 국가의 중요한 기념행사 외에는 빈객을 초대하지 않는 것이 좋다고 충고했다.

대통령의 호칭을 워싱턴 씨Mr. Washington라고 할지, 경Sir이나 대통령 귀하Mr. President 혹은 대통령 각하President Excellency라고 할지도 의견이 분분했다. 일부 상원의원은 공식 칭호를 '자유의 수호자, 미합중국 대통령 각하His Highness the Protector of the Liberty, the President of the United States'로 하자고 제안했다. 한데 이것은 너무 크롬웰 같은 냄새가 난다는 말이 많았고 하원은 '미합중국 대통령The President of the United States'이라고 결정했다. 워싱턴은 여기에 만족한다며 다음과 같이 말했다.

"이 문제를 결정해서 기쁘다. 이 문제는 더 이상 거론하지 않길 바란다."

한편 부통령 존 애덤스는 자신이 대통령과 함께 상원에 참석할 경우 어떻게 처신해야 하는가를 두고 염려했다.

"그때 내가 어디에 앉으면 좋을지 상원의원 여러분이 생각해주기를 바란다."

로마의 두 집정관, 스파르타의 두 국왕처럼 대통령과 부통령을 나란히 앉게 하는 것이 헌법의 의도가 아니겠는가? 그렇다면 진홍색 우단 천개天蓋 아래에 대통령과 같은 크기의 의자에 앉아야 하지 않겠는가? 부통령의 호칭은? 어떤 사람이 '원만한His Rotundity'을 제시했으나 '명철한His Intelligence'이라고 하는 게 적절하다는 결정이 났다.

3. 헌법에는 내각제도에 관한 규정이 없었지만 대통령에게는 보좌관이 필요했다. 또 대통령은 각 행정부 장관과 협의하도록 되어 있었으나 당시에는 몇 개 되지 않았다. 국무장관 제퍼슨은 국내외 문제, 해밀턴은 재무, 헨리 녹스 장군은 군사를 담당했고 랜돌프는 검찰총장을 맡았다. 그밖에 새뮤얼 오스굿Samuel Osgood이 초대 우정장관이되었다.

이러한 '대통령의 동료들'과 영국의 내각 사이에는 아무런 공통점이 없었다. 영국의 총리대신은 동료 대신과 협의해야 했으나 대통령에게는 동료가 없고 그가 행정의 최고책임자였다. 만약 장관 전원이 대통령을 반대해도 대통령의 의견이 그들보다 우선했다. 워싱턴이 제퍼슨을 국무장관으로 임명하려 할 때 그는 아직 대사로서 프랑스에 머물고 있었다. 제퍼슨은 이 자리를 탐탁지 않게 여겼지만 수락하면서 다음과 같은 서한을 대통령에게 보냈다.

"관직이란 한 개인이 임의로 선택해서는 안 되는 자리입니다. 당신은 공공의 최대 이익을 위해 우리를 바로 세워야 합니다."

4. 대통령이 동료로 선택한 해밀턴과 제퍼슨은 서로 어긋나고 대립하는 정치 철학을 상징하는 대표주자다. 이 두 사람은 인간성부터 대조적이라 어느 역사가든 둘을 말할 때는 대비해서 묘사하지 않을 수 없었다.

해밀턴은 저항파, 제퍼슨은 행동파를 대표했다. 부유한 농장주로서 다수의 노예를 둔 제퍼슨은 민주주의자였고, 사생아에다 재산도 노예도 없는 해밀턴은 귀족주의자였다. 프랑스 혈통에다 프랑스식 논리를 갖춘 해밀턴은 영국의 전통을 찬미했고 프랑스 혈통이 아닌 제퍼슨은 드니 디드로Denis Diderot(1713~1784, 프랑스 계몽기의 철학자, 백과전서 편집자—역자주)와 루소를 숭배했다. 모든 귀족주의자가 그러하듯 해밀턴은 비관론자로 사람은 사람을 먹이로 삼는다고 믿었다. 모든 민주주의자가 그러하듯 제퍼슨은 낙관론자로 사람의 천성은 본래 선한데 사회가 타락시킨다고 믿었다.

해밀턴은 강력한 정부가 필요하다 생각했고 제퍼슨은 정부가 가급적 무력해야 한다고 봤다. 성격이 열렬하고 완고한 해밀턴은 무질서를 증오했고, 대범하면서도 친절한 제퍼슨은 다음과 같이 말했다.

"나는 때로 작은 소란이 있기를 바란다. 그것은 대기의 비바람 같은 자연의 조화다."

해밀턴은 '부자, 현자, 선한 자'의 통치를 희망했고 제퍼슨은 평범한 보통사람이 통치하는 사회를 원했다. 해밀턴은 민중을 '커다란 짐승'이라 보고 제퍼슨은 '생각하는 육체'라고 했다. 성질이 급해 약간 꼬여 있고 때론 횡포했던 해밀턴은 "사람은 이치를 따지는 동물이긴 하나 이성을 갖고 있지 않다"며 여론을 무시했고, 제퍼슨은 사람 자체뿐 아니라 여론까지 신뢰했다. 해밀턴은 미합중국을 공업국, 제퍼슨은 농업국으로 만들려고 했다. 해밀턴은 미합중국의 기반을 특권계급의 충성심, 제퍼슨은 대중의 애정에 두려고 했다. 제퍼슨은 출신 주의 독립에 애착을 보였고 해밀턴은 연방정부를 강화하기 위해 서슴지 않고 각 주를 약화시키려 했다.

가장 기묘한 것은 자신을 현실주의자라고 믿은 해밀턴은 낭만주의자였고, 자신을 이상주의자라고 믿은 제퍼슨은 현실주의자였다는 사실이다. 실제로 해밀턴은 은행가의 지지를 얻으려 애썼고 제퍼슨은 농민의 지지를 바랐다. 세상에는 은행가보다 농민의 수가 더 많은 것이 엄연한 현실이다.

5. 두 사람은 이념과 사상이 달랐을 뿐 아니라 외모와 태도도 그에 못지않게 판이했다. 해밀턴은 몸집이 작고 날씬하고 우아했으며 흰

명주양말을 신고 앞가슴에 레이스 주름을 붙인 상의를 입었다. 또 붉은 색이 감도는 금발에 가루를 뿌려 프랑스식으로 매고 다녔고 아름다운 푸른 눈이 매우 매력적이었다. 그는 어렸을 때부터 플루타르크 영웅전을 애독하며 세상에 이름을 떨칠 것을 꿈꿨다. 혁명 때는 병졸로 종군해 군대식 말투와 몸가짐을 익혔다. 사실 해밀턴은 아메리카군의 칼이 되기를 원했지만 워싱턴은 그를 '군대의 펜'으로 활용했다. 그는 약간 바람기가 있는 멋쟁이긴 했으나 열성적인 실무가였다. 그의 집념, 용기, 관용성만 보면 우두머리가 될 만했지만 거만한 성격이 걸림돌이었다. 우월감과 자신감이 너무 강해 사람들을 몹시 당황하게 만들던 그는 보스턴의 타운미팅 같은 모임에 참석한 적이 없었다. 그는 아메리카 사회가 자신에게 맞지 않다고 말했지만 사실은 그렇게 말하는 그가 아메리카 사회에 맞지 않았다.

이와 달리 제퍼슨은 옷도 제대로 입을 줄 모르고 행동도 어딘지 모르게 어색했다. 그의 눈동자는 또렷하지 않았는데 그의 친지들은 수줍어해서 그런다고 했고 그의 적은 성실하지 않기 때문이라고 평했다. 첫눈에는 호인으로 보여 싸움과 거리가 있을 것 같지만 사실 그는 대단한 고집쟁이였다. 그의 외가(어머니가 랜돌프가 출신)는 버지니아의 귀족이었으나 그는 개척 농민인 아버지의 정치이념을 계승했다. 청년기에 그는 서부 버지니아에서 지냈는데 그곳에서 아버지가 친구들과 토지를 개간하고 인디언과 맞서면서 자치 통치하는 걸 목격했다. 민주주의에 대한 그의 확고한 신념은 이 시기에 비롯된 것이었다.

해밀턴은 적수인 그를 멸시했으나 제퍼슨은 몬티첼로에 있는 저택의 벽난로 위에 해밀턴의 흉상을 놓아둘 만큼 그를 존경했다. 해밀턴은 비타협적이었고 무엇이든 자신이 일단 결정한 일은 관철하기 위해 물불 가리지 않고 돌진했다. 제퍼슨은 강풍을 만나면 배를 살리기 위해 돛을 내렸다. 해밀턴은 동지를 얻을 때도 자신의 실력만 믿었다. 제퍼슨은 끈질기게 비위를 맞추고 농락도 하면서 많은 사람에게 서신을 보냈고 자신을 도울 만한 사람이 있으면 어디든 돌아다니며 당 조직을 구축했다. 한마디로 해밀턴은 이론가이고 제퍼슨은 정치가였다.

6. 제퍼슨은 프랑스에 머무는 동안 헌법에 권리헌장이 빠졌다고 불만을 표시했다. 이 비난에 응하는 한편 주 비준회의에서 나온 제안을 기초로 매디슨은 제1회 의회에서 그 어떤 사회에도 없을 만큼 인간의 자유를 완전히 보장하는 일련의 수정안을 제출했다. 영국의 권리선언Declaration of Rights보다 광범위한 아메리카의 권리헌장Bill of Rights은 종교의 창시 및 포교 억제를 목적으로 하는 법안 제출을 금지해 완전한 종교의 자유를 확립했다. 그 외에 언론의 자유, 출판의 자유, 집회의 자유, 무기 휴대의 자유 등을 보장했다. 헌법과 더불어 매우 중요한 이 문서는 독재주의에 대한 효과적인 방패였다.

제1회 의회는 연방재판제도를 규정하는 사법법도 가결했다. 또 대법원 창설에는 전원 찬성했지만 그 하부조직으로 설치할 재판소는 많은 사람이 주립재판소만으로도 충분하다고 생각했다. 다른 사람들은 주립재판소가 지방 고유의 영향을 받기 쉬우므로 연방법령과 관련된 사건을 공정히 재판하기 위해 별도로 연방재판소를 설치하기로 결의했다.

7. 재무성에서 해밀턴이 처음 한 일은 의회에 제출할 보고서 형식의 정부 재정 재무상태표 작성이었다. 이 문서는 문체의 명확성과 합리성으로 오랫동안 하나의 표본이 되었다. 재무상태표에 따르면 연방정부는 외국에 약 1,200만 달러, 국내에 4,200만 달러의 부채가 있고 각 주의 채무총액은 2,100만 500달러였다. 해밀턴은 각 주의 채무를 포함해 모든 채무를 같은 액수의 국채와 교환해야 하며, 이는 공동의 목적을 달성하느라 발생한 것이므로 연방정부가 이자를 지불해야 한다고 주장했다.

그는 이렇게 계약을 존중해야 단시일 내에 신생 공화국의 신용이 쌓일 거라고 생각했다. 더불어 해밀턴은 입 밖으로 말하지는 않았지만 이로써 만족을 느낄 유산계급이 그들의 채무자인 연방정부를 적극 지지할 것이라고 내다봤다. 물론 이 재정 계획이 재원 없는 신생 국가에 너무 과중한 부담을 준다고 공공연히 비난하는 사람도 있었다.

실제로 이 계획의 정당성에는 어느 정도 문제가 있었다. 국내 채무는 대부분 군인에게 발급한 봉급지불증서였다. 이 증서는 군인들이 헐값으로 팔아치우는 바람에 가격이 폭락한 상태였다. 그런데 액면대로 상환한다는 소문이 퍼지기 시작하자 투기업자들이 말이나 마차를 타고 전국 각지를 돌아다니며 가급적 싼값에 사 모으려 정신이 없었다. 결국 채무를 액면대로 상환한다면 이익을 볼 사람은 군인이 아니라 투기업자였다. 해밀턴은 증서를 소유한 사람에게 이의를 제기하는 것을 허락하지 않았다. 그는 그 이유를 "매매거래를 보호하는 것은 공적 신용의 기본 요건이기 때문이다"라고 설명했다. 이는 재정정책으로는 타당할지 모르나 도의적으로는 부당한 일이었다.

해밀턴 자신은 성실했지만 그의 친지들은 그렇지 않았다. 당시 봉급지불증서 거래에 뛰어든 투기업자의 이익은 막대했다. 제퍼슨은 금융업자와 그 앞잡이들이 역마차와 쾌속범선을 갈아타면서 날뛰는 모습을 보고 공포와 의분에 가득 찬 어조로 말했다.

"그들은 온갖 수단을 써서 지불증서 소유자들이 액면대로 상환된다는 사실을 알기 전에 액면의 10~25퍼센트 헐값으로 사들이려고 날뛰었다. 그들은 이런 협잡으로 가난하고 무식한 사람들에게서 막대한 돈을 빼앗았다."

그리고 이렇게 덧붙였다.

"한 지도자의 교묘한 정책으로 부자가 된 사람들은 당연히 재산과 치부의 수단을 마련해준 사람의 당파가 되었다."

매디슨은 끝까지 봉급지불증서의 원래 소유자를 위해 투쟁했으나 성과를 거두지 못했다.

8. 주의 채무를 연방정부에 이관하는 문제는 굉장한 논란을 불러일으켰다. 의원들은 각자 자기 주의 채무총액을 염두에 두고 그에 대한 의견만 표명했다. 채무가 많은 주는 이 법안을 열렬히 지지했고, 실제로 전쟁에 아무런 지출도 하지 않은 주는 새로운 채무를 인수하는 데 별로 열의가 없었다. 사우스캐롤라이나는 황폐한 농장, 무너진 가옥 등 막대한 전쟁 피해를 강조했다. 별다른 피해가 없었던 메릴랜드는 사우스캐롤라이나에 점잖게 희생을 감수하길 바란다고 했고, 사우스캐롤라이나는 점잖은 것도 좋지만 손해를 본 것만은 그대로 있을 수 없다고 응수했다.

결국 분노와 혼란 속에서 표결을 실시했는데 해밀턴의 안이 31표 대 29표로 부결되었다. 책략가 해밀턴은 조용히 움직이기 시작했다. 두 표만 더 얻으면 그만이 아닌가. 두 표를 얻으려면 교환조건이 필요했고 그때 연방정부 수도의 소재지를 선정하는 절호의 조건이 있었다. 여러 주 중에서도 특히 펜실베이니아와 버지니아는 명예와 실리를 따져 수도를 자기 주로 끌어가려 하고 있었다. 그런데 펜실베이니아와 버지니아는 해밀턴의 재정 법안을 가장 열렬히 반대하는 중이었다.

　어느 날 제퍼슨과 저녁식사를 함께한 해밀턴이 은근히 거래를 제시했다. 버지니아 대표가 재정 법안에 찬성하면 대신 수도를 포토맥 강변으로 정하는 안에 북부가 찬성하도록 하겠다는 것이었다. 거래는 성립되었고 북부는 새로운 수도를 건설하기까지 임시 수도를 필라델피아에 두는 것으로 만족했다.

　정부 고관들은 어느 모로 보나 민주적이지 않은 필라델피아의 지방 사교계에 휩쓸렸다. 그곳은 아직도 영국풍이 짙었다. 사교계의 여왕은 부유하고 아름다운 빙엄 부인Mrs. Bingham이었는데, 오랫동안 유럽에서 살아온 그녀는 대화에 능했고 베르사유와 런던에서도 상류층 대접을 받았다. 프랑스의 공화주의자 자크 브리소Jacques Brissot(프랑스 공화정부의 외무대신—역자주)가 필라델피아를 방문했을 때 그는 빙엄 부인의 우아한 파티와 그녀가 연방당을 위해 노력하는 것을 보고 크게 감탄했다.

　드디어 1790년 8월 버지니아의 지지를 얻은 해밀턴의 법안이 모두 가결되었다. 국채의 이자를 지불하기 위해 그는 수입세, 주류 소비세,

서부의 토지 매각 등을 염두에 두고 있었다.

　9. 알렉산더 해밀턴은 아메리카에 영국을 표본으로 한 정치적 · 경제적 · 재무적인 조직을 구축하고 싶어 했다. 그 조직의 한 요소로 그는 잉글랜드 은행을 본떠 미합중국 은행을 설립하려 했다. 사실 기존의 개인은행을 정부가 지원하면 그만이므로 미합중국 은행이 반드시 필요한 것은 아니었다. 그러나 해밀턴은 상업자금과 앞으로 필요해질 공업자금을 국립은행에 의존할 경우 연방정부의 힘이 보다 강해질 거라고 생각해 이 계획을 추진했다.

　이 소식을 들은 사람들은 강하게 반발했다. 헌법에 명기된 연방정부의 권한에도 은행 설립 조항은 없었다. 그렇지만 헌법은 열거한 권한을 행사하는 데 필요한 모든 법률 제정을 미합중국 정부에 허용하고 있었다. 해밀턴은 국립은행이 상업 진흥을 위한 융자와 지폐 발행에 필요하다고 강조했다. 이는 헌법에 은행 설립을 명기하진 않았으나 권한에 포함되어 있다는 이론인데, 이는 매우 위험한 해석이었다. 왜냐하면 누구나 헌법을 원하는 대로 확대 해석할 수 있었기 때문이다. 제퍼슨은 이렇게 항변했다.

　"은행은 편리할지 모르나 성과가 분명치 않으므로 토론의 여지가 있다. 아무튼 꼭 필요하다고 단정할 수는 없다. 따라서 헌법에 위배되는 일이다."

　해밀턴파는 반박했다.

　"잠깐만! 필요라는 것이 반드시 불가결을 뜻하지는 않는다. 그것은 유용을 뜻한다."

워싱턴은 이 문구 논쟁에서 해밀턴을 지지하는 쪽으로 결재했고 1791년 2월 25일 1,000만 달러의 자본금으로 은행이 설립되었다. 재무성은 200만 달러를 출자하기로 했지만 현금이 없었다. 해밀턴은 이 문제를 아주 독특한 방식으로 해결했다. 그는 네덜란드 은행에서 가공어음을 그 은행의 어음으로 교환한 후 이것을 정부출자 발기인에게 지불했다. 잔액은 일반 시민이 출자했다. 은행을 설립한 뒤에는 재무성이 미합중국 은행에서 200만 달러를 차입해 가공어음을 회수했고 희극은 깨끗이 끝났다.

10. 그다음 해에 통화제도를 확립하면서 금에 따라 달러에 항구적인 공정가치가 정해졌고 여기에는 10진법을 채택했다. 동시에 은의 공정가치는 금의 15분의 1로 정했다. 이 제도는 건전하다고 볼 수 없었다. 금, 은의 비교가치가 변하지 않는다고 누가 장담할 수 있겠는가. 만약 가치가 변한다면 가치가 낮은 화폐가 가치가 높은 화폐를 몰아낼 터였다.

훗날 새로운 은광을 발견해 은화 가치가 하락했을 때 예상대로 이 문제가 폭발했다. 금화가 자취를 감추고 은화만 범람했던 것이다. 해밀턴은 늘 개인 중심적인 정치에 마음이 쏠려 있었기 때문에 재임 시 발행한 최초의 금화에 대통령의 초상을 각인하려 노력했다. 제퍼슨은 군주제 냄새를 풍긴다는 이유로 워싱턴의 당당한 옆얼굴 대신 날개를 벌린 천사를 금화에 각인하기로 했다.

11. 존 애덤스는 "미국인의 대립은 연방파와 반연방파에서 비롯되

었다고 한다. 그러나 인간의 대립은 인간 본연의 모습이며 독립전쟁 전부터 휘그당(자유당의 전신)과 토리당(보수당의 전신)도 맹렬히 대립하고 있었다"고 기록했다. 이것은 옳은 견해지만 아메리카의 혁명 기간 중에 토리당은 왕당파의 역할을 위해 보수성을 포기했고 이것이 토리당의 파멸을 초래했다. 혁명 후에는 정부의 권한을 확대하려는 사람은 연방당, 그에 반대하는 사람은 반연방당이라 불렸다. 그들이 연방정부에 적의를 품어서가 아니라 정부의 권한을 제한해야 한다고 주장했기 때문이다. 얼마 후 반연방당은 스스로 공화당Republicans이라고 이름을 바꿨다. 그들의 반대파를 군주정치주의자까지는 아니어도 특권자의 과두정치를 주장하는 사람들로 여겼던 것이다.

연방당은 자본가, 선주, 거상, 부유한 변호사 등을 옹호했고 해밀턴은 그들의 지지를 받았다. 공화당은 주로 농민, 농장주, 영세공업가 등을 대변했는데 해밀턴의 정책 중에서도 특히 은행 창설이 투기와 부정을 조장한다고 주장했다. 논쟁은 정치뿐 아니라 경제에도 미쳤다. 농업국 아메리카를 주장하는 사람들은 제퍼슨파였고, 공업국 아메리카의 기반을 마련하길 원하는 사람들은 해밀턴파였다. 남부와 서부에서는 제퍼슨파가 절대 다수였지만 해안 지방의 대도시는 해밀턴을 지지했다. 물론 이해관계를 떠나 연방당원인 농민, 공화당원인 상인도 있었다.

12. 개괄적으로 말해 공화당은 민주주의자, 연방당은 귀족주의자라고 할 수 있다. 더 정확히 말하자면 공화당은 권력자에 대항하는 민중을 대표하고 연방당은 유력한 인물들이 통솔하는 권력을 대표했다.

모든 자유국가에서는 이 두 가지 관념이 대립하게 마련이고 대립이 존재한다는 것은 그 국가가 건전하다는 것을 입증한다. 하지만 우리는 경험을 통해 양쪽이 정부 앞에서 협력하며 활동할 수 없다는 것을 알고 있다.

워싱턴은 대통령이란 당파를 초월해야 하며 보좌관을 자기 마음대로 선택할 수 있다고 생각했다. 해밀턴과 마음이 맞은 그는 종종 해밀턴에게 연설문 초고를 부탁했다. 워싱턴은 공적 신용을 다시 세운 것, 사업의 번영을 이끈 것 등 해밀턴이 이룬 성과를 위대하고 찬양할 만한 업적으로 평가했다.

제퍼슨은 번영보다 평등을 바랐고 철저하게 프랑스 철학에 물들어 있었다. 프랑스에서 혁명을 지지하는 클럽이나 단체가 조직되는 것을 보면서 그는 프랑스 혁명을 예감했다. 그 경험을 바탕으로 그는 인내심을 발휘해 갖은 방법과 수단으로 국내에 공화당을 조직하기 시작했다. 그는 만약 앞으로 공화당과 연방당의 투쟁이 농촌과 대도시의 투쟁으로 변모한다면 농업국인 아메리카에서는 공화당이 연방당을 제압할 것이라고 확신했다.

chapter 4

—

프랑스 대혁명

The French Revolution

—

1. 1789년 프랑스에서 놀랄 만한 소식이 날아들었다. 7월 14일 파리 시민이 봉기해 바스티유에 있는 왕실의 옛 성곽을 파괴하고 점령했다는 것이었다. 8월 4일 프랑스의 귀족들은 자진해서 전통적인 특권을 포기하겠다고 선언했다. 프랑스는 과연 아메리카처럼 절제 있는 혁명을 감행한 것일까? 신생 공화국의 사례가 오랜 역사를 자랑하는 왕국을 선도하는 데 이바지했을까? 프랭클린이 파리에 장기간 체류하고 그를 둘러싼 인기와 전설이 대단했다는 것, 로샹보군의 장교와 여행자들의 귀국담이 프랑스인 사이에 변혁에 대한 열정을 고취한 것은 어느 정도 수긍할 만한 사실이다. 미덕, 소박, 자유가 승리를 거둔 대륙이 등장했으니 이를 본뜨지 않을 수 없었을지도 모른다.

라파예트의 저택과 미국 대사 제퍼슨의 관사에서는 오랫동안 열렬한 토의가 벌어졌다. 8월 4일 밤 라파예트의 처남 노아이유 자작을 중심으로 유력한 귀족들이 집단 활동을 시작했다. 아메리카에서의 체험을 바탕으로 한 이들은 바스티유를 점령한 뒤 성곽의 열쇠를 '성문을 열게 한 것은 아메리카의 사상이다'라는 뜻으로 워싱턴에게 전달했다.

이들은 아메리카의 독립선언을 모방해 인권선언Declaration of Human Rights을 작성했다. 프랑스는 아메리카에 라파예트를 주었고 아메리카는 프랑스에 답례로 제퍼슨을 준 셈이었다. 제퍼슨은 파리의 친지들에게 이상은 급진적이어야 하지만 행동만큼은 신중해야 한다며, 이런 자세는 앵글로색슨 국가에는 익숙해도 라틴 국가에는 어려운 일이므로 특히 조심하라고 충고했다. 그는 프랑스 대신과 다음과 같은 문답을 교환했다.

"귀하는 프랭클린의 대리인입니까?"

"나는 후임자지 그의 대리인이 아닙니다. 아무도 그를 대리할 수는 없습니다."

이 말에는 그가 생각했던 것보다 더 큰 진실이 담겨 있었다.

2. 프랑스의 소식은 처음에 미국인을 열광케 했다. 그들의 뒤를 따라 정신적 후배가 된 프랑스의 젊은 혁명가들을 자랑으로 여겼다. 특히 프랭클린의 사망(1790년 4월 17일) 소식이 프랑스에 알려지자 카페 르 프로코프Cafe Le Procope(1686년에 문을 연 뒤 현존하는 유명한 파리의 카페—역자주)에서 애도의 표시로 검은 막을 치고 출입문에 '프랭클린이 세상을 떠났다'라고 써 붙였다는 말을 듣고 더욱 자랑스럽게 생각했다. 많은 사람이 프랑스 혁명도 미합중국 혁명과 마찬가지로 조만간 결말이 나고 혁명 지도자들이 통치하게 될 거라고 기대했다.

하지만 질서를 파괴하는 행동이 격심해지면서 사람들은 점점 불안감을 느꼈다. 여기에는 외국의 침입 위협이라는 분명한 구실이 있었지만 아메리카의 성직자들은 프랑스 성직자에 대한 학대에 항의했고, 모든 미국인은 프랑스에서 정식재판도 없이 무고한 시민을 학살하는 현실을 규탄했다. 학살을 피해 영국으로, 얼마 후에는 아메리카로 망명한 사람들은 신정권을 극구 비난했다. 아메리카 혁명을 옹호한 버크까지도 프랑스 혁명을 맹렬히 공격했다. 버크의 저서《프랑스 혁명에 대한 반성Reflections on the French Revolution》이 양식 있는 사람들 덕분에 3만 부나 팔려나갔다. 토머스 페인의《인권》은 부화뇌동하는 대중에게 10만 부가 팔렸다. 프랑스어를 전혀 몰랐음에도 국민의회의 의원이 된 페인은 버크가 폭동으로 생긴 희생을 동정하자 이렇게 조소했다.

"그는 날개깃만 동정하고 죽어가는 새는 잊고 있다."

페인의 이론은 프랑스 공화국은 민주정치체제이므로 모든 권리, 즉 법률을 부인할 권리까지 있다는 것이었다.

"전 국민이 하기로 결정한 것은 단행할 권리가 있다."

민중의 바람을 능가하는 헌법은 없다는 사상은 아메리카 건국 아버지들의 이념과 정반대로 이에 대해 강한 반론이 일었다. 젊은 변호사 존 퀸시 애덤스John Quincy Adams(존 애덤스의 아들—역자주)가 푸블리콜라Publicola(평판이 좋은 사람)라는 필명으로 페인의 이론에 철저히 반박했다. 그는 소수파의 권리에 대해 주의를 환기시켰다. 만약 다수파가 사회적이든 종교적이든 아무런 법률의 제약을 받지 않고 무절제하게 자신의 목적만 추구한다면 국민은 어떤 보호를 받을 것이며 인간의 권리는 무엇으로 보장할 것인가!

한편 푸블리콜라의 아버지 존 애덤스는 모든 민주정치를 규탄하는데 프랑스 혁명을 이용했다. 그는 민주정치란 오래 지속되는 것이 아님을 잊지 말라고 경고했다. 또한 민주정치는 곧 지치고 싫증이 나기 때문에 자멸할 수밖에 없다고 말했다.

3. 프랑스에 공포시대가 열리면서 아메리카는 둘로 분열되었다. 한 미국인은 프랑스 혁명이 프랑스 역사 위에 그러했듯 아메리카 역사 위에도 피비린내 나는 깊은 도랑을 파놓았다고 말했다. 아메리카 국민의 절반은 프랑스 혁명을 억압받던 민중과 폭군과의 투쟁이라 보고 폭군에 대항하는 민중의 편을 들었다. 나머지 절반은 유력한 인물과 일반대중, 종교와 무신론자의 투쟁이라 보고 유력자와 종교의 편을 들었다.

혁명군이 외국의 침공을 격퇴하자 아메리카 대중은 열광했다. 급진파 사이에 혁명 풍조가 퍼져나갔고 그들은 '시민 애덤스Citizen Adams', '시민 제퍼슨Citizen Jefferson'이라 불렸다. 프랑스의 클럽을 본떠 민주주의적 단체가 많이 등장했고 뉴욕의 국왕로King Street는 자유로Liberty Street로 이름이 바뀌었다.

한편 연방당은 자코뱅당Jacobin(프랑스 혁명기에 생겨난 과격 공화주의자 정당)의 만행을 널리 선전했다. 제퍼슨의 후임으로 파리 주재 미합중국 대사가 된 모리스Morris 지사는 루이 16세를 구원하기 위해 활약했고 그의 망명을 주선하려 했다. 당시 워싱턴은 신중하게 행동하라고 지시했다. "프랑스에 당신이 귀족을 지원하고 혁명을 반대한다는 소문이 돌고 있다."

아메리카에서는 각 계급은 물론 각 주 사이에도 충돌과 분열이 생겼다. 남부의 대다수는 영국에 대한 증오감 때문에 프랑스를 지지했다. 청교도주의와 친영국주의가 강한 뉴잉글랜드에서는 프랑스 혁명을 반대했다. 자코뱅이란 말은 지배계급 사이에서는 모욕적인 것이었으나 반대파에서는 찬양을 의미했다. 필라델피아에서는 군중이 연방주의의 선구자라 할 만한 빙엄 부인의 집 창 밑에서 혁명가 〈라 마르세예즈 La Marseillaise〉를 합창했다. 보스턴에서는 비콘가Beacon Street라는 이름을 싫어하는 사람들이 자코뱅가라고 표식을 바꾸었다. 찰스턴에서는 부유한 농장주들이 삼색 모자 휘장을 달았고 위그노의 후손들은 루이 16세의 처형을 경축함으로써 루이 14세에게 보복했다. 이런 충돌은 신프랑스 공화국의 외교사절로 미합중국에 부임한 에드몽 주네Edmond Genêt가 도착하자 더욱 가열되었다.

4. 혁명 전 '시민 주네Citizen Genêt(혁명기의 활약 덕분에 시민들이 붙여준 에드몽 주네의 별명)'는 왕궁의 관리였다. 외무성의 국장이던 그의 아버지는 프랭클린이나 존 애덤스와 친분이 있었다. 존 애덤스는 주네가 어렸을 때 자기 아들 퀸시와 함께 동물원에 데리고 간 적도 있었다. 시민 주네는 베르젠 외상 시대에 아버지의 직책을 계승했다. 당시 사태 변화와 환경에 따라 그의 정치사상은 변했고 혁명 사상의 열렬한 지지자로 유명해졌다.

시인 조엘 바로Joel Barlow와 함께 아메리카 문제에 관한 모임에서 최고 지도자인 페인이 주네를 아메리카로 파견할 생각을 했다. 주네는 왕비 마리 앙투아네트의 시녀 캉팡 부인의 조카뻘이었고 페인은 프랑스 국왕과 왕비의 아메리카 망명을 주선하는 데 진력했다. 만약 불행한 두 사람이 파리를 떠나지 못하면 사형당할 게 뻔한 일이었다. 페인은 사형 집행은 혁명에 호의적인 국가에까지도 불리한 인상을 주리라고 예견했다. 그는 사형 선고보다 국외 추방을 원했다.

결국 그의 노력은 수포로 돌아갔지만 주네는 예정대로 아메리카로 부임했다. 그의 사명은 1778년의 동맹조약을 이행하도록 촉구하는 것이었다. 이 조약은 전시에 아메리카는 서인도 방위를 지원하고 양국의 항구는 서로 자유로이 사용할 수 있다고 규정하고 있었다. 주네에게는 영국의 통상을 파괴할 무장선을 준비한 뒤 캐나다, 루이지애나, 플로리다를 탈환해 프랑스 식민지 제국의 재건을 시도해야 하는 임무도 있었다. 이것은 굉장히 방대한 계획이었으나 시민 주네는 조금도 망설이지 않았다.

5. 찰스턴에 상륙해 삼색 모자를 보고 위그노교도의 환대를 받은 주네는 정신을 차리지 못했다. 이 나라의 우상이 된 그는 새로운 독립전쟁에서 자신이 프랭클린의 역할을 하는 것이라 믿고 신임장을 제출하기도 전에 운동을 시작하고 말았다. 즉, 그는 모병사무소를 개설한 뒤 약탈에 사용할 선박을 사들이고 플로리다, 루이지애나 원정군을 편성하기 위해 아메리카군의 퇴역 장교를 고용했다. 이것은 칭송할 만한 열정이었으나 곧 예상치 않던 장애에 부딪혔다. 미합중국 국민의 일부는 그에게 전폭적으로 호의를 보였으나 정부는 그의 행동에 깜짝 놀랐던 것이다.

워싱턴은 영국과 프랑스의 전쟁에 중립을 희망했지만 이것은 그리 쉬운 일이 아니었다. 1778년 체결한 조약에 명백히 상호 협력을 규정했고 프랑스는 이미 그 의무를 다함으로써 아메리카를 승리의 길로 이끌었다. 워싱턴이 제퍼슨을 국무장관에 임명했을 때 귀국하던 그는 아메리카가 자기 차례에 와서 의무를 회피해서는 안 된다고 주장했다. 해밀턴과 그 일파는 "1778년 조약은 미합중국과 프랑스 국왕 사이에 체결한 것이며 국왕을 처단한 사람들에게는 외교 계승권을 주장할 권한이 없다"고 강조했다. 제퍼슨은 조약을 미합중국과 프랑스 왕조 간에 체결한 것이 아니라 아메리카 국민과 프랑스 국민 간에 체결한 것이라고 주장했다. 워싱턴은 조약이 유효하다 생각했고 이 점에 대해서는 제퍼슨과 의견이 같았다. 그렇지만 중립을 희망한다는 점에서는 해밀턴과 의견이 일치했다.

헌법에 따라 전쟁에 관한 결정이 의회의 권한에 속할 때 대통령이 독자적인 중립 선언을 할 수 있을까? 제퍼슨은 틀림없이 프랑스에 유리한 결과를 얻을 수 있을 거라 믿고 의회에서 결정하도록 요청했다. 해밀턴은 워싱턴을 설득해 미합중국 민중에게 전쟁에 관여하지 않기를 바란다는 성명을 발표하게 했다. 성명에는 중립이란 단어가 없었고 제퍼슨은 안심했다. 하지만 단어는 없었어도 내용은 사실상 중립 선언이었다.

6. 당연한 일이지만 주네는 격분했다. 우호적인 정부, 아니 동맹국 정부가 임무를 수행하려는 자신을 반대하리라고는 생각지도 못한 것이다. 제퍼슨은 대통령의 뜻을 받들어 주네의 활동을 금지하고, 그럴

수밖에 없는 국무장관의 입장과 시민 주네의 신뢰에 보답하려는 시민 제퍼슨의 미묘한 입장을 분별해서 행동하려고 노력했다. 주네는 대통령을 배제하고 아메리카 민중에게 직접 호소하겠다고 선언했다. 실제로 그는 필라델피아의 군중을 열광시키는 데 성공했다. 워싱턴이 참수당하는 모습을 보여주는 〈G. W.의 죽음The Death of G. W.〉이라는 판화도 출판했다.

존 애덤스를 비롯해 몇몇 사람은 주네가 일으킨 폭동이 정부의 직접적인 간섭을 유발해 프랑스와의 전쟁이 불가피해질지도 모른다며 불안해했다. 혁명을 강경히 반대하던 해밀턴은 이러한 불안을 대수롭지 않게 여겼다. 자신의 인기를 과신한 주네는 안하무인이었다.

"나는 쉴 새 없이 폭발하는 인기의 중심에 살고 있다. 늙은 워싱턴은 내 성공과 내 집에 모여드는 군중의 열광을 용납하지 않을 것이다."

그를 주빈으로 한 접시에 4달러짜리의 후원 만찬회가 열렸고 주네는 그 자리에서 당시 혁명가처럼 불린 〈사 이라Ça ira〉를 불렀다. 그는 아메리카 정부를 전복할 만한 힘이 있다고 믿고, 가는 곳마다 자코뱅 클럽을 조직했다. 물론 이것은 큰 착각이었다. 이미 공화당의 친지들까지도 그의 지나친 행동에 염증을 느끼고 불만을 표시했다.

"우리가 그를 버리지 않으면 우리까지 파탄에 말려들 것이다."

제퍼슨은 주네가 자기 입장을 매우 난처하게 만들었다고 탄식했다. 그는 "그들에게 '삼키기 어려운 알약'일지는 모르겠으나 이제 대통령의 불간섭 정책을 승인하지 않을 수 없게 되었다"고 말했다.

시민 주네가 순조롭게 무장선을 무장하는 동안 아메리카 정부는 프랑스 정부에 그의 소환을 요청해 1794년 승인을 얻었다. 후임자 시민

포세Citizen Fauchet는 주네의 체포 명령과 함께 프랑스에서 심문을 받도록 송환하라는 명령을 받고 아메리카에 도착했다. 워싱턴은 주네의 생명을 구하기 위해 그의 인도를 거부했다. 주네는 아메리카에 귀화해 뉴욕 지사의 딸과 결혼했다가 상처한 후 우정장관 오스굿의 딸과 재혼해 허드슨 강변의 부유한 지주로 지내다 1834년 세상을 떠났다.

7. 제퍼슨은 1793년 12월 국무장관직을 내놓고 정계에서 은퇴해 몬티첼로에 있는 자신의 농장으로 갔다. 이것은 어디까지나 표면적인 은퇴였다. 유능한 정당 지도자였던 제퍼슨은 시골에 은거하면서 장래의 승리를 준비했다. 그는 중요한 지방에는 빼놓지 않고 연락원을 두었고 적극적인 우정과 끊임없는 서신 왕래로 그들과의 유대를 유지했다. 또한 클럽과 위원회를 조직하고 정부의 행정 및 정책을 감시하면서 신랄하게 비판했다. 퇴임할 때 그는 아직도 지배적인 세력을 보유한 해밀턴이 '영국의 장화로 미국인의 엉덩이를 걷어차는'식의 열성을 바치는 꼴을 더 이상 참을 수가 없다고 말했다.

워싱턴도 영국과의 관계를 개선할 필요가 있다고 생각했다. 미합중국은 여러 가지 불만을 안고 있었다. 미합중국이 평화를 얻은 지 10년이 되었는데도 영국은 북서부의 요새에서 아직 철수하지 않았다. 캐나다의 일부 관리는 미합중국에 여전히 적의를 품고 국경지대 인디언을 선동하고 있었다. 이들은 영국이 프랑스와 전쟁 상태에 들어가자 중립국의 권리를 무시하고 프랑스와 사소한 관계라도 있는 미합중국 상선이면 모조리 화물을 압수했다. 이는 실질적으로 영국이 미합중국 선박의 화물을 압수하는 것이나 다름없었다. 뉴잉글랜드의 선주들은 격분을 참지 못하고 항의했다.

"중립국 선박의 화물은 신성불가침이어야 한다."

언제나 그렇듯 이론적인 주장은 실력 행사를 당하지 못하는 법이다. 심지어 아메리카 선원이 여러 구실로 영국으로 끌려가 강제로 영국 해군에 편입되기도 했다. 워싱턴은 영국과 협상할 필요가 있다 판단하고 대법원장 제이를 런던으로 파견했다. 그는 대단한 친영파로 프랑스라면 가톨릭파든 혁명파든 용납하지 않았다. 제이는 견식이나 열성은 부족하지 않았으나 아첨에 쉽게 넘어갔고 협상도 자신의 인물됨을 칭찬하는 말을 듣지 않고는 의사가 진행되지 않을 정도였다. 사람들은 그를 다음과 같이 평했다.

"누구에게나 약점이 있는 법이지만 제이의 약점은 제이 자신이다."

런던을 좋아하게 된 그는 2년 가까이 체류한 뒤 본국에서 공표하면 한바탕 소동을 일으킬 만한 불리한 조약을 가지고 귀국했다. 제이는 전시 밀수입에 대한 영국의 요구를 수락했다. 이 조약에는 검색의 권리, 아메리카 선원의 강제 징발, 그에 대한 손해 배상 등은 전혀 포함되지 않았다. 영국의 그렌빌이 승인한 것은 1796년 6월까지 아메리카의 북서부에서 철병하겠다는 것과 서인도에서 약간의 이권을 제공하겠다는 것뿐이었다. 이것은 영국 외교의 일방적인 승리로 영국에 굉장히 유리했기 때문에 오히려 위험해 보일 정도였다. 연방당은 제이 조약의 공표를 꺼렸고 이것을 비꼬아 그렌빌 조약이라고 불렀다. 상원에서는 이 조약을 비공개로 토의한 후 모든 조항의 인준을 거부했다. 해밀턴은 공적으로는 이 조약을 지지하지 않을 수 없었으나 사적으로는 "노망난 여인네가 저지른 실수"라고 욕설을 퍼부었다.

그러던 중 버지니아 출신의 상원의원이 이 사본을 신문 편집인에게 주는 바람에 세상에 공개되고 말았다. 곧 소란이 벌어졌고 군중은 제이의 허수아비를 사형에 처했다. 얼마 후 민중은 이것을 잊었고 오히려 어떤 사람은 이 조약이 그리 나쁜 것만은 아니라고 말했다. 그러나 공화당은 선거 때 이것을 끄집어내 연방당이 아메리카에 있는 프랑스 지지파를 프랑스의 적인 영국 세력의 이익을 위해 팔아먹은 것이라고 공격했다.

8. 제이가 런던에 체류하고 있을 때 아메리카의 앤서니 웨인Anthony Wayne 장군이 폴른팀버스 전투에서 인디언을 혹독하게 응징하고 지금의 톨레도 지방을 점령했다. 이보다 며칠 전 워싱턴은 해밀턴의 과세, 특히 주세에 반대하는 펜실베이니아의 농민 반란을 진압하기 위해 민병을 소집했다. 언제나 남아도는 옥수수와 호밀로 집에서 위스키를 양조하던 서부의 농민들은 과세에 항의했다. 그들이 먹고 남는 농산물을 처분하는 길은 이 방법밖에 없었다. 그들은 처음 겪는 과세를 거절했고 이것을 이전에 식민지 주민이 영국 의회에 반항했듯 정당한 행동으로 여겼다. 실제로 이 반란은 그와 성격이 동일했으며 단지 압제자가 바뀌었을 뿐이었다.

이 반란은 그리 과격하지도 오래 지속되지도 않았으나 워싱턴은 반란 진압 시범도 보이고 연방정부의 실력도 과시할 겸 강경 진압을 지시했다. 그는 피를 흘리지 않고 진압하는 데 성공했으나 공화당은 차기 선거 운동에서 이러한 농민의 불만을 이용했다.

1795년 1월 해밀턴이 사임했다. 그는 3,500달러의 연봉으로는 제대로 생활하기가 어려워 다시 변호사 사무를 시작했다. 또한 문필 활동, 선전 강연, 정책 토론 등을 계속했으나 근본적으로 그는 비관주의자였다. 민주사회에서 본질적으로 귀족이던 해밀턴은 자신이 건국한 국가에서 정신적으로 이방인이었고 그 자신과 친지들이 이룬 정부의 미래를 믿지 않았다. 그는 아메리카가 날이 갈수록 자신을 위한 사회가 아니라는 것이 분명해진다고 술회했다. 이것은 사실이었다. 분명 아메리카는 그를 위한 사회가 아니지만 현대 아메리카는 대부분 그가 만들어놓은 것이라고 해도 과언이 아니다.

chapter 5

___

연방주의의 쇠퇴
The Decline of Federalism

___

1. 1792년 워싱턴은 반대하는 사람 없이 대통령에 재선되었다. 하지만 1796년 대통령 선거에는 입후보를 거절했다. 원칙적으로 3기 연속 출마를 반대하기도 했지만 그보다는 반대당의 무례한 대우에 분개했기 때문이다. 처음에 그는 종교적인 수준의 존경을 받았으나 나중에는 지독한 욕설까지 들었다. 제퍼슨은 한 친지에게 보낸 서신에서 워싱턴을 '변절자'라 불렀고 "이 변절자는 전쟁터에서는 삼손이고 회의장에서는 솔로몬이었는데 영국이란 창녀에게 머리털을 잘렸다"라고 말했다. 어떤 사람들은 그에게 장군의 자격도 없고 그가 국가 재정을 낭비했다고 비난했다. 의회가 그에 대한 감사를 결의하려 할 때 질스Giles 의원은 대통령 감사는 개인 자격으로 하길 바라는 동시에 이런 아첨이 의회의 선례가 되지 않기를 희망한다고 말했다.

"나는 다른 사람들이 생각하는 것만큼 대통령을 생각하지 않는다는 것을 분명히 말해둔다."

워싱턴이 로마의 네로 황제나 극악범 또는 소매치기가 받을 만한 지독한 욕설과 공격을 당했다고 말하는 것도 무리가 아니다. 기력과 의욕을 잃은 워싱턴은 다시 대통령이 되느니 차라리 무덤으로 들어가는 편이 낫겠다고 말했다.

2. 워싱턴은 은퇴의 뜻을 감동적인 고별사를 통해 발표했다. 그 초고는 해밀턴이 작성했다고 알려져 있고 실제로 그가 도와준 것도 사실이지만 거기에 담긴 심정만큼은 워싱턴 자신의 것임에 틀림없다. 그는 국민에게 "당파 감정의 비참한 결과에 대해 엄정한 태도를 취할 것"을 경고했다. 외교정책에 관해서는 감정에 쏠리거나 국제 관계에서 감정적 언어를 사용하지 말도록 충고했다.

"선의와 우정의 자세로 모든 국가를 관찰하라. (…) 특정 나라에 대한 영구적이고 뿌리 깊은 증오나 열광적인 지지는 배제해야 한다. (…) 타국에 대해 습관적으로 증오 혹은 호의를 갖는 것은 노예근성에 가깝다. (…) 유럽은 우리와 아무 관계가 없거나 아주 인연이 먼 일련의 중대한 이해관계가 있을 뿐이다. (…) 유럽에는 언제나 정치적 변동이 있고 우호와 적대 관계에도 이합집산이 빈번하므로 그들과 인위적인 관련을 맺는 것은 아메리카로서는 현명한 일이 아니다."

3. 워싱턴이 스스로 대통령 선거에서 물러났기 때문에 필연적으로 존 애덤스가 연방당의 후보가 되었다. 해밀턴은 당수였으나 아직 젊고 인기가 없었으며 너무 도발적이라 대통령이 될 가망이 없었고 스스로도 그것을 잘 알고 있었다. 그뿐 아니라 선거인들은 그의 철저한

친영주의를 마음에 들어 하지 않았다. 반면 존 애덤스는 영국의 정치제도를 숭배하긴 했으나 반영주의자로 통했고 실제로 그는 반프랑스, 반유럽주의자인 동시에 자신감이 충만한 사람이었다. 더구나 공화당 측에서 허약하고 내성적인 매디슨이 입후보하지 않아 제퍼슨의 독무대가 되었다. 그는 종종 공직생활에 복귀할 생각이 없다고 말했지만 듣는 사람은 그 말의 진실성을 의심했다. 물론 그가 몬티첼로에서 은퇴 생활을 하고 있었던 것만은 사실이다.

애덤스는 대통령에 입후보하기로 했다. 그런데 대통령 선거인이 대통령과 부통령을 각각 선출하지 않고 두 명을 동시에 선출하는 이상한 선거방식으로 흉계와 모략을 조장했다. 애덤스를 싫어하는 해밀턴은 또 다른 연방당 후보 토머스 핑크니Thomas Pinkney가 당선되기를 바랐다. 제퍼슨과 같이 출마한 공화당 후보는 애런 버Aaron Burr였다. 그는 프린스턴 대학 총장의 아들이자 유명한 설교사 조너선 에드워즈의 손자로 혁명전쟁에 참전한 용사였다. 전후에는 변호사를 개업해 뉴욕 주 정계에서 굉장한 명성과 더불어 두각을 나타내고 있었다. 그는 대단히 매력적인 남자로 여성들의 인기를 독차지하는 바람에 뉴욕에서 태어난 사생아는 전부 그의 소생이란 소문이 돌고 있었다.

버는 뉴욕 주 선거에서 태머니 협회Tammany Society(퇴역 군인들이 조직한 공제조합)의 세력 기반을 이용하면 선거에 유리하다는 것을 처음 알아낸 사람이었다. 왕당파가 세인트 조지, 세인트 앤드루, 세인트 패트릭이라는 깃발 아래 모일 때 영국에 반대하는 '자유의 아들들'은 우스갯말로 '태머니의 아들들'이란 단체를 조직했다. 태머니는 유명한 인디언 추장으로 영국에 반대하는 이들이 그를 성서와 같은 반열로 치켜세운 것은 영국의 성서를 비아냥거리는 뜻에서였다. 이후 뉴욕의 태머니 협회는 유산계급을 반대하는 과격파 집단이 되었다.

애런 버는 연방당을 이기기 위해 이 조직을 이용했다. 선거 결과 버 30표, 핑크니 59표, 제퍼슨 68표, 애덤스 71표로 애덤스가 당선되었으나 표 차이가 너무 근소해 그는 마음이 편치 않았다. 핑크니를 선출하려던 해밀턴의 운동은 실패했다.

애덤스는 뉴잉글랜드의 친지들이 애덤스에게만 투표하고 다른 한 명의 투표는 기권하는 세심한 전략을 세운 덕분에 간신히 당선된 것이었다. 그는 노기를 감추지 못한 채 소리쳤다.

"제퍼슨 같은 사람, 더구나 핑크니라는 이름도 없는 작자가 내 머리 위를 걸어가리라고는 정말 생각지도 못했다."

4. 애덤스 시대는 상서롭지 못한 징조로 출발했다. 연방당의 본래 세력은 줄어들었고 공화당 출신인 부통령 제퍼슨은 연방당 정부의 침입자로 간주할 수밖에 없었다. 연방당 내에서도 애덤스는 해밀턴과 사이가 좋지 않았고 해밀턴은 여전히 막후 지도자였다.

애덤스는 워싱턴 집권 말기의 각료 세 명을 유임시켰다. 한데 그들은 거짓말하는 재간밖에 없는 보잘것없는 사람들이라는 평을 받고 있었다. 취임식 날 애덤스는 워싱턴이 기뻐하는 것을 보고 크게 감격했다.

"워싱턴은 내가 당선된 것을 기뻐하는 듯했다. 워싱턴이 내게 '나는 깨끗하게 그만두고 당신은 훌륭하게 취임했다. 누가 더 행복할까?'라고 말하는 것처럼 보였다."

애덤스는 그날 매우 만족했다. 그는 언제나 자신이 주인공인 의식에 커다란 만족을 느끼는 사람이었다. 물론 겨우 세 표 차이라는 것이 그의 기쁨을 망쳐놓긴 했지만 말이다. 연방당의 협조를 얻지 못하고 정당 간의 대립도 극복하지 못한 채 워싱턴이 바라는 대로 전국적인 지지를 얻는 대통령이 되지 못한다면? 그는 각료들이 그를 신뢰하지 않고 심지어 국무장관이 그에 대해 이렇게 말한다는 것을 전혀 상상조차 하지 못하고 있었다.

"애덤스는 허영심이 강하고 변덕쟁이며 사리를 분별할 줄 모른다. 그는 스스로 생각하는 것보다 훨씬 더 재간이 없는 사람이다."

5. 이것은 정당한 비평이 아니었다. 애덤스는 대단히 총명하고 자존심이 강했으며 국가를 위해 성실히 봉사했다. 그런데 캘빈주의 교리와 정치 경험이 빚어낸 사상 탓에 인간성에 대해 비관적인 견해를 보였다. 그는 사람을 움직이는 것은 이상이 아니라 사리사욕이라고 믿었다. 또한 그는 인간의 평등을 믿지 않았다. 민주주의는 프랑스, 로마, 영국에서 그 정체를 명백히 드러냈듯 그 안에 귀족주의를 내포한다고 단언했다.

"대중에게 권력을 주면 그들의 욕구에 한정이 없을 것이며 새로 생긴 이 귀족계급은 지금껏 받은 대우보다 한층 더 가혹한 보복 행동을 감행할 것이다."

신임 대통령의 의견은 공화국이란 중용의 길을 택해야 하며 언제든 인간사회를 위협하는 전제주의와 무정부주의 사이의 중도를 고수해야 한다는 것이었다. 한마디로 말해 애덤스는 현실주의자였다. 그는 부유하고 권력을 쥔 소수파와 가난하고 행동적인 다수파를 똑같이 두려워했다. 특히 그는 정치가의 임무는 탐욕과 사리사욕으로부터 국가를 수호하는 데 있다고 강조했다. 이것은 정치적으로 타당한 자세였으나 대중을 납득시킬 수는 없었다. 따라서 그에게는 진정한 지지자가 거의 없었다.

6. 애덤스는 취임하자마자 프랑스와의 관계에서 중대한 위기에 직면했다. 모리스 지사 후임으로 파리 주재 대사가 된 제임스 먼로James Monroe(1758~1831, 제5대 대통령—역자주)는 국민의회에서 환영을 받으며 미합중국은 프랑스 혁명에 동정과 이해를 보낸다고 따뜻한 인사를 했다. 국무성은 중립정책에 어긋나는 담화를 책망하고 그를 소환했다. 이 사건은 그렇지 않아도 악명 높은 제이 조약 때문에 분노하고 있던 프랑스에서 한층 더 심각한 소동을 불러일으켰다.

1796년 12월 먼로의 후임으로 찰스 핑크니Charles Pinkney가 파리에 도착하자 프랑스 내각은 인준을 거부하고 프랑스 공해에서 적지 않은 아메리카 선박을 나포했다. 이것은 비공식적이긴 하나 사실상의 외교단절이었다. 평화를 바란 애덤스는 버지니아 출신의 존 마셜John Marshall, 매사추세츠 출신의 엘브리지 게리 그리고 핑크니를 프랑스에 특사로 파견했다. 다른 한편으로 연방당은 대 프랑스 전쟁 준비, 즉 함선 건조, 군대 편성을 건의했다.

세 명의 특사가 파리에 도착하자 외무대신 샤를 모리스 드 탈레랑 Charles Maurice de Talleyrand은 집정부가 미합중국 때문에 곤란을 겪고 있어 아마 인준해주지 않을 거라며 그 대신 얼마 지나지 않아 실권자가 찾아갈 거라고 귀띔해주었다. 그는 공문서에 이들 실권자를 XYZ로 기입했으나 그들은 오팅게르, 벨라미, 오트발이었다. 그들은 집권당이 우의의 표시로 약간의 선물을 받지 않고는 사절단을 접견하지 않을 것이라고 처음에는 넌지시, 나중에는 터놓고 암시했다. 선물 액수는 25만 달러로 정했고 장차 성립될 차관과는 무관한 공여라고 했다. 세 명의 아메리카 사절단은 분명하게 대답했다.

"싫다. 단돈 6펜스라도 그런 짓은 못하겠다."

미합중국에 XYZ 사건이 유포되었을 때 이 말은 영웅적인 표현으로 바뀌어 있었다.

"우리는 국방을 위해서는 몇 백만 달러라도 내겠으나 상납금으로는 단 한 푼도 못 내겠다."

7. XYZ 사건은 당연히 아메리카의 분노를 자아냈다. 연방당은 더욱 열렬히 전쟁을 주장했고 해밀턴은 집정부 쪽에서 먼저 선전포고를 하리라고 믿었다. 제퍼슨파는 전 프랑스가 부정한 시민 몇몇에 대해 책임질 이유는 없다고 해명했다. 아메리카는 다급히 해군성을 창설했고 함대 건조에 관한 긴급명령이 내려졌다. 이로써 1778년에 체결한 동맹조약은 폐기되었다.

육군 군단의 편성을 위임받은 의회는 은거 중인 워싱턴을 총사령관으로 추대했다. 애덤스는 노장군과 함께 자신의 생각대로 작전을 수행하려 워싱턴의 단호한 의지 그리고 세심한 신중성과 대립하게 되었다. 장군은 연로했으나 타인의 간섭을 용서하지 않았다. 그는 해밀턴, 핑크니, 헨리 녹스, 헨리 리를 적임자로 생각하고 소장으로 임

두 차례 대통령을 역임한 제임스 먼로   제4대 국무장관 및 대법원장 존 마셜

명했다. 그런데 해밀턴 임명이 그의 정적과 애덤스를 격분케 했고 이런 개인적 대립은 연방당을 약화시켰다. 해밀턴은 이 전쟁이 아메리카를 통일하고 제퍼슨파를 국가의 적으로 내몰며, 아메리카를 프랑스의 세력에서 구출할 거라 믿고 더욱더 프랑스와의 전쟁을 열망했다.

하지만 정치 감각이 예민한 제퍼슨은 이 위험한 함정을 깨닫고 비밀리에 탈레랑에게 전쟁이 발발하면 아메리카 내에 영국 세력이 강화될 거라는 경고 서신을 전달했다. 그의 뜻을 이해한 탈레랑은 진지한 노력을 기울여 평화를 유지하는 데 성공했다. 애덤스 역시 무슨 일이 있더라도 전쟁만은 피하려고 프랑스로 신임대사를 급파했다.

대통령이 해밀턴을 비롯해 각료들과 의논하지 않는 바람에 두 사람

사이는 더욱 나빠졌다. 반프랑스파에게 남은 희망은 집정부와 나폴레옹 장군이 유럽군에게 격파당하는 것뿐이었다. 한데 나폴레옹이 마렝고 전투에서 승리하면서 이 희망은 무너졌고 아메리카는 1800년 9월 30일 프랑스와 통상조약을 체결하고 분쟁을 해소했다. 애덤스는 만년에 이르러 자기 묘석에 다음과 같은 비명을 써주기를 바란다고 말했다.

대법원장은 "1800년 프랑스와의 평화조약을 체결하는 책임을 완수한 존 애덤스, 이곳에 잠들어 있다."

8. 1798년 위기가 절정에 달했을 때, 연방당은 전시에 국가의 권한을 강화하는 여러 가지 법령을 채택했다. 아메리카 시민권을 얻는 데 필요한 거주기간을 종전의 5년에서 14년으로 연장한 귀화법, 위험해 보이는 외국인을 추방할 수 있는 권한을 대통령에게 부여하는 외국인법, 대통령과 정부의 법률 집행을 방해하거나 서신·언론·출판으로 허위 또는 명예를 훼손을 발표하며 반란을 선동하는 사람을 처벌하는 치안유지법 등을 제정한 것이다. 외국인에 대한 일반 시민의 반감과 일부 망명자들의 혁명 활동이 이런 법령을 제정하게 만든 것이었다. 아메리카가 원한을 품고 입국하는 외국인으로 곤란을 당하는 바람에 무고한 외국인까지 분풀이를 당하게 된 셈이었다. 프랑스 집정관이 프랑스국립학회 대표의 입국사증을 요구했을 때 애덤스는 이렇게 답변했다.

"아메리카에는 이미 너무 많은 프랑스 철학자가 있습니다. 나는 학회가 세계를 분열시키고 사회를 어지럽힌다고 생각하며 또 그렇게 의심하고 있습니다."

심지어 영국의 화학자 조지프 프리스틀리Joseph Priestley는 연구실에서 증류기를 가지고 국가와 교회를 분리하고 있다는 비난을 받을 정도였다. 해밀턴은 자유의 나라가 관용을 상실하는 꼴을 그대로 묵과할 수 없었다.

"우리는 전제정치를 따라서는 안 된다. 활력은 폭력과는 다르다."

하지만 그의 연방당 동지들은 폭력을 행사한 사람의 머리 위로 폭력의 결과가 떨어지게 마련이라는 것을 잊고 있었다. 그들은 정적을 자코뱅당 같은 무신론자, 무정부주의자라고 비난했고 제퍼슨이 정권을 잡으면 뉴잉글랜드 사람들은 모조리 단두대감이라고 위협했다. 또한 그들은 새로 제정한 법률을 악용해 정적을 체포 구속했는데 이 지나친 행동이 당을 파멸의 길로 몰아넣었다.

9. 다수당이 아닌 공화당은 의회에서 연방당의 법안 통과를 저지할 방도가 없었다. 공화당이 유력한 주에서는 이들 법령을 헌법 위반이라고 선언했다. 버지니아와 켄터키 양쪽 주는 연방정부가 권력을 과도하게 강화할 경우 연방정부의 법률을 무효화할 수 있는 주의 권리를 확인하는 결의를 채택했다. 그러나 외국인법에 대한 이 결의는 부당했다. 이민 관련 사항은 연방정부 소관이었기 때문이다. 반면 치안유지법은 헌법이 보장하는 자유를 침해하는 것이었다. 사실인즉 이 항의는 1800년도 선거에서 공화당의 승리를 가져온 선거 운동의 유력한 무기가 되었다. 가장 효과적인 선거 운동은 바로 각 주의 시기심에 호소하는 것이었다. 버지니아에서는 사람들이 '연방당 공포시대'

라고까지 말할 정도였다. 연방당은 자유국가에서는 당쟁이 불가피하며 이것이 합법적인 범위 안에서 진행되는 한 오히려 국가를 위해 유익하다는 것을 이해하지 못했다. 그들은 정적을 근절하려 하기보다 공존, 공영하는 것을 배워야 했다. 이를 위해서는 풍부한 정치적 경험이 필요한데 오직 시간만이 신생 공화국에 이런 교훈을 줄 수 있었다.

10. 애덤스는 워싱턴과 마찬가지로 1800년 선거에서도 틀림없이 대통령으로 재선되리라 믿고 있었다. 물론 그렇게 생각하는 사람은 그 혼자뿐이었다. 그는 자기 당의 지도자들과 분란을 일으켰고 해밀턴은 그를 배신자로 여기고 있었다.

연방당은 전국에서 인기를 잃어갔고 반대로 제퍼슨은 강력한 조직으로 여론을 지배했다. 연방당의 조직 분열이 어부지리 격으로 공화당에 유리하게 작용한 것이다. 해밀턴은 애덤스가 당의 후보로 지명되는 것을 저지하려 혼신의 힘을 다했으나 실패했다. 이어 치열한 선거 운동이 전개되었고 해밀턴의 한 무리는 몬티첼로의 농촌 신사인 제퍼슨에게 입에 칼을 문 무신론자이자 공포정치가라며 중상모략도 서슴지 않았다. 연방당은 어이없게도 공화당이 이기면 뉴잉글랜드 사람들의 집은 모조리 불에 타고 젊은 여성은 능욕당하며 부부는 생이별을 한다고 선전했다.

선거 결과 제퍼슨과 버가 똑같이 73표, 애덤스는 65표가 나왔다. 이런 경우 헌법은 의회에서 대통령을 선출하도록 규정했고 의회는 연방당이 지배하고 있었다. 버는 자기보다 연장자고 국민이 대통령이 되기를 원하는 유명한 선배를 위해 사퇴하는 것이 마땅한 일이었다.

아무튼 제퍼슨보다 버를 더 두려워하던 해밀턴의 영향력으로 결선투
표에서 36표 차로 제퍼슨이 당선되었다. 이런 경쟁은 누구에게나 무
의미하게 여겨졌기에 곧 헌법을 개정해 대통령과 부통령 선거를 따
로 하는 조치를 취했다.

　워싱턴이 만들어놓은 관례를 무시하고 패배에 분개한 애덤스는 제
퍼슨을 환영하지 않았고 취임식에도 참석하지 않았다. 미합중국 대통
령으로서 후임자를 미워한 사람이 그 하나뿐은 아니었지만 그는 유
일하게 감정을 솔직히 표현한 사람이었다.

chapter 6

—

제퍼슨 시대

The Time of Jefferson

—

1. 일부 역사가는 제퍼슨의 당선을 제2의 아메리카 혁명이라고 부른다. 이는 다소 과장된 표현이긴 하지만 제퍼슨의 취임과 더불어 새로운 정치사상이 현실화한 것만은 사실이다. 워싱턴과 애덤스는 자유를 신봉했으나 민주주의에 대해서는 그렇지 않았다. 반면 제퍼슨은 아메리카의 민중을 신뢰했다. 그는 개척지에서 '이웃을 사랑하고 그들의 사랑을 받아온' 개척자이자 농민이던 부모 밑에서 성장한 인물이다. 그런 환경 속에서 그는 미합중국의 정치에 관해 세 가지 이념을 습득했고 이를 철저히 고수했다.

첫째, 지방 분권 정치가 가장 바람직하다는 신념이다. 그는 주를 희생하면서 중앙정부를 강화하는 것은 일종의 위장된 군주주의라고 생각했다. 개인적인 이해관계가 개입된 사소한 문제는 정체를 파악하기 어려운 방대한 문제와 달라서 지방정부가 처리하는 편이 정확하다고 판단한 것이다. 그는 다음과 같이 말했다.

"우리나라는 굉장히 넓고 크기 때문에 하나의 정부가 모든 문제를 처리하는 것은 불가능하다. 아무리 좋은 정부일지라도 관리들이 유권자와 멀리 떨어져 있는 상태에서 민중에게 필요한 여러 문제를 소상하게 관리 및 감독할 수 없다. 또한 같은 사정으로 유권자가 정부를 감시할 수도 없으므로 관리의 부정, 부패, 재정 낭비 등을 조장하게 된다."

둘째, 농촌문화가 도시문화보다 우수하다는 생각이다. 그는 "하나님이 선택하신 사람이 있다면 바로 땅을 일구는 사람들이다. (…) 농민 대중이 도덕적으로 부패한 사례는 동서고금을 통틀어 들어본 일이 없다"라고 강조했다.

셋째, 헌법으로 규정한 대법원의 권한에 대한 불안이다. 그는 "내 커다란 걱정거리는 연방사법제도다. 이 기구는 지구의 인력처럼 소리 없이 움직이며 한 걸음씩 지반을 굳힌 뒤 그들을 지지하는 계급을 위해 음흉한 수법으로 정부를 삼켜버릴 것이다"라고 말했다. 그는 국민이 가져야 할 영구적인 권한에서 빼앗은 권력은 무엇이든 부당한 찬탈이라고 판단했다.

2. 신임 대통령은 전임자와 신조는 달랐으나 마찬가지로 교양 있고 온화했다. 18세기적 철학가이자 19세기적 정치가인 그는 정치가로서의 직책에다 철학가로서의 장점을 교묘히 가미했다. 가문, 풍채, 교양 등으로 보면 귀족적이었으나 때로는 게으름뱅이처럼 평민적이고 검소한 모습을 보였다. 한 번은 뒤축이 다 해진 침실용 슬리퍼를 신은 채 영국 대사를 접견해 상대를 놀라게 한 일도 있었다. 사실 이

것은 무관심 때문이 아니라 영국인에 대한 감정과 그의 자존심을 표명하려는 의도였다. 동시에 그 이야기가 널리 퍼져 유권자에게 유리한 영향을 미칠 것을 미리 계산한 일이었다.

그는 편지를 쓸 때 유력한 사람이든 미천한 사람이든 표현에 차별을 두지 않는다고 말했다. 이것은 사실이었으나 이런 말을 할 필요가 있음을 아는 그는 보통 수완이 아니었다. 그는 자신이 공평한 사람이라는 것을 알리기 위해 몹시 애썼다. 언뜻 그는 냉정한 사람처럼 보였지만 성품이 따뜻하고 열정적이었다. 그는 이렇게 말했다.

"나는 하나님의 제단 앞에서 인간의 정신에 가해지는 모든 학정에 끝까지 대항하겠다고 맹세했다."

그는 부유한 사람, 권력을 가진 사람, 거만한 사람을 신임하지 않았다. 그보다는 미천한 사람이나 농부와 노동자에게 애정을 느꼈다. 권력자들은 그런 그에게 보복하기 위해 그가 부통령으로서 필라델피아에 있을 때 그를 환영하지 않았다. 하지만 그는 사람들을 만나는 것을 몹시 좋아했다. 유머감각은 다소 부족했으나 총명하고 취미가 다양했으며 지식욕도 대단했다. 그의 지식은 백과사전식, 그것도 초보적인 백과사전이었고 착오도 적지 않았다. 과학에 대해서는 별다른 지식이 없었으며 그리스어, 라틴어, 프랑스어를 조금씩 알고 있었다. 그는 배 안에 머물던 19일 동안 《돈키호테Don Quixote》를 교재로 스페인어를 공부한 것을 자랑스럽게 여겼다.

특이한 기계에 열중한 그의 취미 덕분에 몬티첼로의 저택에는 여러 종류의 기계가 가득 설치되어 있다. 집의 입구 천장에는 풍향계를 설치했고 평형추가 문을 여닫았으며, 도르래 장치로 술병이 지하창고에서 식탁까지 오도록 설계되었다. 여기에다 그는 미적 감각까지 뛰어나 매우 아름다운 몬티첼로의 저택을 직접 설계했다. 훗날 그는 곡선으로 처리한 벽돌 건물인 버지니아 대학을 설계했는데 이것은 아메리카에서뿐 아니라 세계적으로도 아름다운 건물 중 하나로 평가받고 있다.

새로 만들거나 고치는 것을 좋아한 그는 심지어 복음서까지도 개정하려 했고 그 4부를 하나의 연속되는 이야기로 만들려고 시도했다. 그는 웅변가도 군인도 아니었지만 대중에게 인기가 대단히 많아서 해밀턴은 물론 워싱턴까지도 매우 놀라게 했다. 그가 대중을 신뢰한다는 것을 대중이 본능적으로 인식하지 않았나 싶다. 인간성으로 볼 때 제퍼슨은 낙천적이고 애덤스는 비관적이었다. 이것이 아메리카 국민이 제퍼슨에게 투표한 이유였을 것이다.

3. 프랑스 건축가 랑팡은 포토맥 강변에 건설할 새로운 연방 수도의 설계를 완성했다. 그의 웅대하고 질서정연한 건설 계획에는 의사당, 화려한 대통령 관저, 간선도로, 광장 그리고 기념비 등이 갖춰져 있었다. 그러나 1800년만 해도 현재의 워싱턴 지역은 진흙 벌판이었고 의사당도 완성되지 않았으며 얼마 되지 않는 흑인의 판잣집밖에 없었다.

그렇지만 대통령 취임식을 이곳에서 거행하기로 했기에 제퍼슨은 3월 4일을 며칠 앞두고 평소와 다름없는 홀가분한 기분으로 수도 워싱턴에 도착해 콘래드 여관에 투숙했다. 취임식 날 그는 '국내에서 생산한 천으로 만든' 양복을 입고 걸어서 의사당에 들어섰다. 제퍼슨을 싫어하는 애덤스파의 대법원장 존 마셜이 성서에 대한 선서를 집행했다. 대통령이 취임사를 낭독하자 그가 막시밀리앙 로베스피에르 Maximilien Robespierre(공포정치가)나 장 폴 마라Jean Paul Marat(프랑스의 혁명가)와 같은 사상을 품고 있을 거라고 여겨 미리 두려워하던 상류계급은 그의 유화적인 연설을 듣고 마음을 놓았다. 그는 모든 사람은 법률을 준수하고 공동복지를 위해 일해야 하며 다음과 같은 신성한 원칙을 잊어서는 안 된다고 강조했다.

"다수의 의사는 모든 경우에 존중받되 반드시 정당하고 합법적이어야 하며 소수도 같은 법률로 보호받는 균등한 권리를 누린다."

그리고 그는 이렇게 부연했다.

"의견의 차이가 이념의 차이를 의미하는 것은 아니다. (…) 우리는 각자 다른 이름으로 불리지만 우리는 같은 이념을 가진 형제다. 즉, 우리 모두가 공화주의자고 연방주의자다."

4. 그의 말이 정확히 무엇을 뜻하는지 양당에서 논의를 거듭했으나 분명치가 않다. 아마 전 국민이 왕정보다는 공화제, 무질서보다는 연방정부를 지지한다는 말이었을 것이다.

다음으로 그는 모든 사람에게 관용을 베풀어 연방에 적의를 품고 있는 사람들까지도 관대하게 처우하고 또 모든 이에게 균등한 법률, 출판의 자유, 사상의 자유를 보장하겠다고 말했다. 더불어 각 주의 권리 옹호를 지원하고 각국과의 평화적인 통상과 성실한 수교를 보장하며 어떤 나라와도 영속적인 동맹을 체결하지 않겠다고 선언했다.

"민중에 의한 정부는 신뢰할 수 없다는 말을 종종 듣는데, 그러면 민중에 의하지 않는 정부는 신뢰할 수 있다는 말인가? 인간을 통치하는 왕으로 변장한 천사라도 발견했단 말인가? 이 문제는 역사가 판단할 일이다."

그는 좋은 정부란 사람들이 자기사업을 자유롭게 영위하도록 하는 정부라고 말했다. 그뿐 아니라 국채 상환을 위해 불필요한 정부 인력을 정리하고 전쟁을 회피하길 바란다고 역설했다. 또한 그는 근검절약하는 간소한 정부를 원하며 국채를 갚기 위해 가능한 한 모든 분야에서 절약할 것이고, 당원들을 만족시키려고 관리와 봉급의 액수를 늘리는 일은 하지 않겠다고 약속했다.

5. 취임식이 끝나자 그는 걸어서 콘래드 여관으로 돌아왔다. 그때 이미 내각을 구상했는지 그는 곧바로 국무장관으로 매디슨을 임명했다. 두 사람 모두 버지니아 출신으로 제퍼슨은 아버지 같은 애정으로 매디슨을 후원했다. 사실 두 사람은 나이 차이가 그리 많지 않았다. 제퍼슨은 쉰여덟 살, 매디슨은 쉰 살이었다. 대통령은 키가 크고 건장했으나 국무장관은 키가 작고 허약했다. 재무장관에는 앨버트 갤러틴Albert Gallatin을 임명했다. 그는 귀화한 제네바 사람으로 스탈 부인 Madame de Staël(프랑스 작가이자 프랑스 재상 자크 네케르의 딸―역자주)과 영국 은행가 베어링의 친지였다.

갤러틴은 하원의원에 당선되었고 재무와 관련해 천재적인 능력을 발휘했다. 한데 그의 프랑스 사투리가 심해서 바다를 건너온 자크 네케르Jacques Necker(프랑스 재정가, 정치가―역자주)처럼 연설을 알아듣기가 몹시 힘들었다. 하지만 그의 명석한 두뇌는 이러한 결점을 상쇄하고도 남왔다.

민주공화당의 최대 관심사는 연방당이 제정한 법령을 무효화하는 데 있었다. 잠정적이던 치안유지법은 폐기하고 귀화법은 거주기간을 14년에서 5년으로 다시 돌려놓았다. 특히 위스키 주세를 철폐하면서 변경지대 농민들이 기뻐했고 제퍼슨은 한층 더 인기를 얻었다. 갤러틴은 연방정부 세입을 연 1,060만 달러로 책정하고 육해군의 경비를 절약하면 세출은 350만 달러면 족하므로 700만 달러의 국채를 상환할 수 있다는 예산을 편성했다.

몇 주일 후 제퍼슨은 자신이 궁전이라고 빈정대던 대통령 관저에 입주했다. 전 대통령 부인 에비게일 애덤스가 미장이를 불러 벽 공사를 하는 동안 준공식은 마쳤지만 아직도 미완성이었고 계단도 없었다. 제퍼슨은 대통령 초대연의 의전 절차를 폐지했다. 손님들은 자유롭게 마음대로 자리를 잡았다. 그는 "사람은 완전히 평등하며 동포든 외국인이든 귀족이든 평민이든 동등하게 대우해야 한다"고 말했다. 개중에는 재빠른 하원의원에게 의자를 빼앗겨 화를 낸 외국 대사들도 있었다. 그래도 식사는 버지니아식 호화판이었고 접대는 남부식으로 끊임없이 융숭했으며 오가는 대화에도 활기가 넘쳐흘렀다. 제퍼슨은 홀아비라 매력적인 국무장관 부인 돌리 매디슨Dolly Madison 여사가 대통령 부인의 역할을 대신했다.

6. "우리는 모두가 공화주의자고 연방주의자다"라는 말은 연설 문구로는 듣기 좋지만 현실적으로는 당파 감정에 주의할 필요가 있었다. 공화당 당원들은 관직을 요구했지만 퇴임 직전까지 공석을 몽땅

연방당원으로 충원한 애덤스의 소위 '야반 임명Midnight Nominations, 임기 말 인사' 때문에 제퍼슨은 인사 문제를 자유롭게 결정할 수가 없었다. 그는 탄식을 금치 못했다.

"관리들은 어지간히 죽지도 않고 퇴직도 하지 않는다."

여당 간부들은 전원 교체를 원했으나 유화정책을 선언한 제퍼슨으로서는 매우 곤란한 일이었다. 불평객들은 투덜댔다.

"제퍼슨의 방침은 관리를 그대로 둠으로써 북부를 회유하는 한편 남부의 지지로 정치를 해나가려는 것이다."

여당의 압력이 지나치게 강경해지자 제퍼슨은 헌법이 부여한 권한에 따라 신념을 가지고 일하는 것이 죄라면 무고한 관리들을 파면하지 않을 수 없었다. 이것이 아메리카 정치의 고질이 된 최초의 정당원 관직 임명이었다. 단지 제퍼슨은 이것을 신중하게 행사했을 뿐이다.

7. 제퍼슨 치하에서 가장 큰 업적은 루이지애나의 편입이다. 오늘날 루이지애나 주보다 훨씬 넓은 이 영토는 미시시피 강 유역의 대부분을 차지했으며 1763년 프랑스가 스페인에 넘겨준 땅이다. 스페인은 아메리카에 미시시피 강의 수로 이용권과 뉴올리언스에 상품을 출하할 권리를 허용하고 있었다. 이 두 가지 권리는 오하이오 강 유역에 사는 미국인에게 불가결한 것이었고 북부의 농민에게도 하천이 유일한 통상로였다.

1802년 비밀조약으로 스페인이 토스카나와의 교환조건으로 루이지애나를 프랑스에 반환했다는 사실을 안 서부의 농민들은 몹시 불안해했다. 영예의 절정에 있던 나폴레옹이 힘없는 스페인보다 위험한 이웃이라고 생각한 미국인은 당연히 불안할 수밖에 없었다. 아메리카의 사정을 잘 알고 있던 탈레랑은 제1집정관 나폴레옹에게 프랑스의 식민지 제국 재건을 권유했다. 미시시피 강 유역을 통해 루이지애나와 캐나다의 유대를 확보한 뒤, 가능하면 캐나다를 탈환해 1763년의 파리조약을 폐기하려는 심산이었다.

프랑스는 이 계획을 준비하기 위한 기지를 건설하고자 샤를 르클레르Charles Leclerc를 산토도밍고에 파견했다. 그곳에서는 흑인 투생 루베르튀르Toussaint L'Ouverture가 프랑스를 무시하고 독재정치를 하고 있었다. 르클레르 장군은 이 흑인 나폴레옹을 타도했으나 그 자신도 황열병으로 사망하고 군대도 많은 손해를 보았다. 제퍼슨은 프랑스에 우호적이었으나 만약 프랑스가 미시시피 강어귀를 점령한다면 미합중국은 어쩔 수 없이 영국에 지원을 요청해야 한다는 것을 깨달았다.

그는 루이지애나와 서부 플로리다를 사들일 결심을 하고 제임스 먼로와 주 프랑스 대사 로버트 리빙스턴에게 프랑스와 협상하라고 지시했다. 프랑스가 거절하면 뉴올리언스만이라도, 그것이 어려우면 미시시피 강 좌안 지방을, 그마저도 안 되면 미시시피 강의 수로 이용권과 강변에 창고를 설치할 수 있는 영구적 권리를 얻도록 했다. 만약 모든 일이 실패하면 먼로와 리빙스턴은 곧장 영국으로 출발해 협상하라고 이야기해뒀다.

8. "뉴올리언스를 사겠다고? 왜 뉴올리언스만을? 루이지애나 전부가 필요치 않은가?"

탈레랑이 이렇게 말했을 때 아메리카의 두 사절은 놀라지 않을 수

1803년 미국과 프랑스의 루이지애나 매입 협정

없었다. 때마침 프랑스는 기후 문제로 산토도밍고 원정 계획이 실패로 돌아가자 식민지 재건 계획을 포기한 참이었다. 영국과 전쟁을 시작하려던 중대한 시점이라 제1집정관 나폴레옹은 자금이 필요했고 또한 아메리카 대륙에서는 해상권을 장악한 영국이 모든 점에서 유리했으므로 군대를 파견하느라 본국이 약화되는 것을 원치 않았다.

비록 잠시 동안이긴 했어도 기막힌 순간에 세일 기간이 생겼고 결국 아메리카는 제국이라고 부를 만한 이 광대한 지역을 6,000만 프랑에 사들였다. 제퍼슨의 입장에서 이것은 참으로 기묘한 모험이었다. 긴축주의자에다 법률에 민감한 그가 대통령의 권한만으로 해밀턴이 간신히 의회의 동의를 얻어 여러 주의 채무를 인수한 금액의 무려 4분의 3에 해당하는 금액을 덥석 지출한 것이 아닌가. 더구나 헌법에 엄격한 그가 헌법에 열거된 대통령의 권한에 없는 일, 즉 외국 영토를 취득하고 그곳 주민에게 아메리카의 시민권을 주는 일을 독단적으로 감행한 것이다. 그는 자신의 결정이 비합법적이라는 사실을 알고 있었다. 그러나 그는 아메리카의 미래가 이 협상에 달려 있음을 자신 있게 내다보았다.

루이지애나를 얻음으로써 아메리카의 영토는 두 배 이상 커졌고 미시시피 강을 자유롭게 이용하는 것은 물론 서부의 경제적 발전까지 확보했다. 그뿐 아니라 군사적인 안전보장까지 강화할 수 있었다. 더구나 루이지애나의 서부 경계가 모호한 상태라 거의 전 대륙이 아메리카의 소유나 다름없었다.

제퍼슨은 비준에 앞서 대통령이 합법적으로 처결할 수 있도록 헌법을 개정하려 했으나 먼로와 리빙스턴이 급히 끝내도록 재촉했다. 탈레랑의 마음이 언제 변할지 모르기 때문이었다. 그는 서명했고 상원은 이를 사후에 비준했다.

9. 미합중국을 대륙적인 강국으로 키운 것은 토머스 제퍼슨이라고 말하는 사람도 있다. 그는 루이지애나를 사들인 뒤 처음으로 육로를 통해 탐험대를 태평양 연안으로 파견했다. 서해안은 이미 스페인, 영국, 러시아의 항해자가 여러 차례 왕래했다. 1792년 로버트 그레이 Robert Gray 선장이 발견한 컬럼비아 강이 고산지대에서 바다로 흐르고 있다는 것은 알려져 있었다. 오리건이란 이름은 컬럼비아 강을 발견하기 전에 이미 기록되어 있었다.

제퍼슨은 1783년부터 국왕의 특허장을 통해 초기 식민지 주민이 부여받은 '해안부터 해안까지'라는 권리에 따라 서부지역, 즉 미시시피 강변부터 태평양까지 탐험대를 파견할 꿈을 꾸었다. 그러나 당시에는 필요한 자금을 구할 수가 없었다. 그는 대통령으로 재임하던 1830년 문화사업비 명목으로 2,500달러의 예산을 확보했다. 이 괴상한 명목은 똑같이 그 지역의 탐험을 준비하던 영국의 눈을 속이기 위한 조치였다.

이 탐험은 메리웨더 루이스Meriwether Lewis와 윌리엄 클라크William Clark라는 두 젊은이가 맡았다. 루이스는 제퍼슨의 비서로 제퍼슨은 그의 용기, 불굴의 의지, 인디언에 관한 지식 그리고 성실성을 인정하고 있었다. 원시 상태 그대로를 경험해야 하는 이 여행은 상상을 초월할 만큼 모험적이었다. 두 사람은 미주리 강을 거슬러 올라가 로키산맥을 횡단했고 컬럼비아 강을 따라 내려간 뒤 강어귀에서 태평양의 파도 소리를 들었다. 이 탐험은 훗날 이 지방에 대한 아메리카의 영유권을 주장하는 데 중요한 역할을 했다.

10. 제퍼슨의 위대한 성공은 자신의 신조를 스스로 포기하면서 달성한 것이라는 기록도 있다. 비록 소규모 전쟁이었으나 이 평화론자가 아메리카에서 4,000마일이나 떨어진 먼 곳에서 전쟁을 감행해 승리를 거둔 일도 있다.

중세기 말부터 북아프리카의 해적은 자위력이 부족한 선박을 위협해 강제로 공물을 징수하고 있었다. 아메리카가 독립을 선언한 후 영국 함대가 미합중국의 선박 경호를 그만두자 바버리 지방의 회교도 무장선이 아메리카 선박을 무자비하게 다뤘다. 이것을 막으려면 모로

코의 술탄, 알제의 대령, 튀니스의 대령 그리고 트리폴리의 사령관에게 공물을 바치는 수밖에 없었다. 이 방법은 굴욕적인 데다 매년 액수가 올라갔기 때문에 대단히 불리했다. 아메리카는 이 액수가 200만 달러에 이르자 더 이상 참을 수 없었다.

제퍼슨은 트리폴리의 사령관을 제압하기 위해 지중해로 소함대를 파견했다. 당시 순양함 필라델피아호가 좌초되면서 사관과 수병이 해적에게 포로로 잡혀 노예가 되기도 했다. 스티븐 디케이터Stephen Decatur 대위는 군함에서 탈출한 뒤 군함을 트리폴리에 넘기지 않으려고 폭파해버렸다. 그런 다음 육상 원정군을 편성해 튀니스 주재 아메리카 영사의 안내로 데르나를 점령했다(이를 기념하기 위해 보스턴에는 지금도 '데르나'라는 거리가 있다). 트리폴리의 사령관은 공포에 떨면서 강화를 요청했다. 아메리카 해군은 이때 보여준 위대한 활동과 용기로 처음 유럽 해군의 존경을 받았고 스스로의 실력도 신뢰하게 되었다.

11. 루이지애나 문제는 아직 결말이 나지 않았다. 뉴올리언스에 있는 프랑스인과 스페인인 2세들은 루이지내아가 주州로 승인된 것으로 여겼고 제퍼슨도 이념상 이민족이 외부 권력의 압박을 받는 일은 허용하면 안 된다고 생각했다. 그런데 의회가 루이지애나의 주 가입을 거부하고 준주로 설정하면서 그 지방의 불만이 대단했다.

한편 제퍼슨은 웨스트플로리다와 텍사스도 루이지애나에 포함되었다고 생각했는데 스페인과 프랑스는 이를 부인했다. 지루한 협상이 이어지면서 공화당의 순수파까지 불만을 표시했다. 당원 중 한 명이자 웅변가이고 매우 공격적인 로어노크 출신의 존 랜돌프가 제퍼슨을 규탄했고, 애런 버는 제퍼슨이 멕시코나 플로리다에 개인 제국을 건립하려 한다며 엄청난 낭설을 퍼뜨렸다.

1805년부터 애런 버는 부통령이 아니었다. 재치 있고 독설가로 유명했던 그는 수년간 상당한 정치적 야심을 품었으나 1800년 선거에서 실패했다. 그는 제퍼슨과 사이가 나쁘기도 했고 부통령이란 지위가 신통치 않다는 것을 알고 나서 뉴욕 주지사로 출마해 정계에 복귀하려 했지만 해밀턴이 그를 위험한 인물로 여겨 반대하는 바람에 좌절되었다. 그는 해밀턴에게 결투를 신청했고 고의로 그를 살해했다. 한 야심가의 권총이 천부적 재질과 진정한 용기가 있던 한 인물의 생명을 앗아간 것이다. 해밀턴은 18세기의 아메리카를 완전히 이해했다고 볼 수는 없어도 19세기의 아메리카를 위해 지대한 공헌을 했다. 그는 아내와 아이들을 빈곤 속에 남겨둔 채 세상을 떠났다. 거의 살인이나 다름없는 이 결투로 인해 애런 버의 정치 생명은 끝장이 났다.

국내에서 정치적 미래가 사라지자 그는 자포자기하는 심정으로 파렴치한 음모를 꾸몄다. 우선 영국에 아메리카 서부지역을 분할 점유할 계획을 100만 달러에 팔겠다고 제안했고, 이어 스페인에서도 비슷한 수법으로 금품을 뜯어내려 했다. 이후 제임스 윌킨슨James Wilkinson 장군과 함께 멕시코를 침공할 음모를 꾸미던 그는 윌킨슨 장군이 고발하는 바람에 투옥되었다. 애런 버는 배심재판을 받고 무죄로 석방되었다. 대법원장 존 마셜이 이 사건에는 반역죄가 적용되지 않는다고 웅변했기 때문이다.

버는 매국노는 아니었지만 정치생활이 완전히 끝장나면서 유럽으로 망명했다. 그는 유럽에서 잠시 타고난 기지와 여성들의 도움으로

생활하다가 귀국한 뒤 재산가인 미망인과 결혼해 이전처럼 번창하는
변호사가 되었다.

12. 그 무렵 나폴레옹과 대영제국은 세계 제패를 둘러싸고 경쟁했
는데 이 대전쟁은 지구상의 모든 해양을 뒤흔들었다. 영국은 부족한
수병을 보충하기 위해 징발을 자행했다. 모든 해상에서 배를 멈추게
하고 선내를 뒤진 뒤 영국, 스코틀랜드, 아일랜드, 웨일스 출신의 선
원을 발견하기만 하면 납치해서 강제로 해군에 편입시켰다. 얼마 지
나지 않아 그들은 아메리카 선박에도 같은 조치를 취하기 시작했다.
영국 함대에서 도주한 몇몇 수병이 아메리카의 위조여권을 소지하고
있던 것은 사실이었으나 많은 아메리카 선원을 무리하게 영국인, 아
일랜드인이라고 뒤집어씌워 강제로 끌고 간 것도 사실이었다. 국무성
이 영국 외무성에 항의하면 외무성은 해당자가 없다거나 해상에 있
다 혹은 사망했다고 답변했다.
  그러다가 영국 순양함 레오파드호가 아메리카 순양함 체사피크호
에 탈주병 수색을 구실로 멈추라는 명령을 내렸을 때 중대한 사태가
발생했다. 함장이 거부하자 레오파드호는 포문을 열었고 이때 세 명
이 사망하고 18명이 부상을 당했다. 1807년의 평화 시에 아메리카 국
기를 불법적으로 모욕한 이 사건은 거국적인 분노를 불러일으켰다.
체사피크호 사건에 대한 분노는 아메리카의 모든 당파를 결속시켰다.
훗날 제퍼슨은 이렇게 말했다.
  "체사피크호 사건은 내 손아귀에 전쟁을 쥐어주었다. 내가 손을 벌
리기만 하면 전쟁이 터지게 되어 있었다."

그러나 제퍼슨은 전쟁을 원치 않았다. 그가 발표한 성명서의 논조가 너무 신중해서 성미 급한 존 랜돌프는 오히려 사과문 같은 인상을 풍긴다고 비난했다. 해상 사태는 중립국들에게 많은 피해를 주고 있었고 영국 추밀원령은 유럽 항구와의 모든 통상을 금지했다. 나폴레옹 칙령(1806년 베를린, 1807년 밀라노에서 반포)은 영국과의 통상을 금지하고 영국 혹은 영국 식민지에서 입항하는 모든 선박을 압류하겠다고 선포했다. 영국의 추밀원령과 나폴레옹의 칙령 사이에 끼어 곤란한 상황에서도 양키의 선주들이 번영한 것은 칭찬받을 만한 그들의 수완 덕택이었다.

13. 제퍼슨은 자신이 '평화적 강제'라고 명명한 방법에 따라 아메리카에 대한 존경을 유지할 수 있을 거라고 믿었다. 그는 이 모순적인 묘한 표현으로 통상관계 단절이라는 방안을 암시한 것이다. 그는 순진하게도 영국과 프랑스에 대해 이런 견해를 밝혔다.

"우리나라 상품은 그들에게 꼭 필요한 것이므로 가격만 공정하면 기꺼이 구매할 것이다."

존 랜돌프는 여당이었지만 이 '미적지근한milk and water bill' 정책을 공격했다.

"유럽에서 가장 옹졸한 나라의 감정을 살피고 동태를 엿보는 수치스러운 일이다."

모든 사실이 랜돌프의 견해가 정당하다는 것을 입증했다. 협상을 위해 런던으로 간 먼로는 아무런 성과도 거두지 못했다. 모든 외국 무역에 대한 아메리카의 출항정지령(1807년 12월 12일 발포)은 프랑스와 영국보다 아메리카에 막대한 피해를 주었다. 그뿐 아니라 아메리카의 선주들은 이 법령을 무시했다. 해상 운임이 비쌌기 때문에 그들은 어떠한 위험도 개의치 않았다. 그러다가 1808년 바욘 칙령으로 프랑스 항구에 계류 중인 아메리카 선박을 모조리 나포하라는 명령이 떨어졌다. 나폴레옹은 비아냥댔다.

"이 선박들은 미국인의 소유가 아니다. 그들이 미국인이라면 출항정지령을 지켰을 게 아닌가. 따라서 위장한 영국의 선박일 것이다."

14. 연방당의 선주들은 언제까지 우리가 워싱턴에 있는 협잡꾼 농촌평화주의자 때문에 희생을 당해야 하느냐고 반문하기 시작했다. 아메리카는 런던과 파리에 영국 추밀원령과 프랑스 칙령을 해제하면 출항정지령을 폐지하겠다고 선언했다. 영국 외상 조지 캐닝George Canning은 "국왕 폐하는 아메리카 국민을 고생시키는 출항정지령이 해제된 것을 보고 기뻐하실 것이다"라고 정중하게 놀려대면서 추밀원령은 해제하지 않았다.

뉴잉글랜드에서는 격분이 드디어 난동을 일으킬 정도에 달했고 타운미팅에서는 주 분리론까지 거론됐다. 결국 그의 후임자 제임스 매디슨이 대통령에 취임하기 3일 전인 1809년 3월 제퍼슨은 굴복했다. 출항정지령을 폐지한 것이다.

그의 임기 처음 4년간은 루이지애나 매수를 비롯해 찬란한 업적이 많았으나 그다음 4년 동안에는 이렇다 할 성과가 없었다. 존 랜돌프는 이것을 성서에 있는 살찐 암소 다음의 살 빠진 암소 이야기에 비유했다. 임기가 끝날 무렵에는 그도 전쟁을 회피할 자신을 잃고 있었다. 그는 한 친구에게 보낸 서신에서 자신의 소신을 밝혔다.

"큰 바다의 고래는 자신이 만든 고독에 지쳐 정직한 태도로 돌아오고 그의 형제뻘인 대륙의 도적은 우리처럼 그 포도가 시다는 것을 알게 될 것이다. (…) 사람은 일생에 한 번 전쟁을 하는 것으로 족하다. 당신과 나는 전쟁을 한 번 경험했고 그 경험이 또 한 번의 전쟁을 하려는 마음을 가라앉혀주었다. 그러나 전쟁이 꼭 필요하다면 우리는 노병이긴 해도 아마 다른 사람들과 같이 무엇이든 보탬이 되고자 전쟁에 참가할 것이다."

그는 당의 통솔을 맡길 후계자로 선택한 매디슨이 대통령직을 계승하자 매우 기쁘게 생각했다. 제퍼슨은 쇠사슬에서 풀려난 죄수도 권력이란 수갑에서 해방되었을 때의 안도감은 느낄 수 없을 것이라고 말했다.

—

패전의 고통

War's Labour Lost

—

1. 매디슨은 탁월한 헌법 전문가로 민첩하고 성실했으며 제퍼슨보다 유식한 데다 청년 시절부터 비범한 재능을 보였다. 다만 그는 허약한 탓에 독립전쟁에 참가하지 못했고 성격이 소극적이었다. 그는 소년 시절부터 단명할 거라며 스스로 체념했지만 뜻밖에도 여든다섯 살까지 장수했다.

키가 작고 푸른 눈에 금발인 그는 늘 검은색 양복을 입었고 머리는 가루를 뿌려 뒤로 땋아 내렸다. 친구들은 독서와 저술을 좋아하는 그를 존경하고 사랑했지만 대중에게는 그리 알려지지 않았다. 사적으로는 재치 있는 말도 잘하고 프랑수아 라블레François Rabelaise(프랑스 풍자 작가—역자주)식으로 재미있는 면도 있었으나 모르는 사람에게는 멋없이 보였고 추문 따위는 아예 생각할 수조차 없을 정도였다.

그는 아내와 제퍼슨이 아니었다면 절대 대통령이 될 수 없었을 테고 설령 되었다고 해도 유지하지 못했을 것이다. 마흔세 살 때 그는 젊고 어여쁜 미망인 돌리 토드Dolley Todd와 결혼했는데 그녀는 남편과 달리 정치 방면에 대단한 수완이 있었다. 모녀가 경영하는 하숙집에 살던 활동가 애런 버가 매디슨을 '작지만 위대한 사람'이라 소개했고 두 사람은 곧 결혼했다.

매디슨이 국무장관으로 있을 때 그녀는 남편의 정치적 앞날을 다지기 위해 여러 차례 상·하원의원들에게 호화로운 잔치를 베풀었는데, 당시 소문으로는 얼마나 굉장한 연회였던지 그해 상원의원 사망률이 높아졌다는 얘기까지 돌았다고 한다.

대통령 취임식에서 매디슨은 몹시 떨었고 말소리도 전혀 알아들을 수가 없었다. 더욱이 그는 별로 말이 없었지만 제퍼슨은 아주 기분 좋은 표정이었다. 식후의 연회에서 대통령 부인이 된 돌리 매디슨은 길게 끌리는 새하얀 드레스, 진주목걸이, 프랑스제 모자, 극락조 깃털장식 등을 몸에 걸치고 여왕 같은 위엄을 풍겼다. 하지만 매디슨은 몹시 지친 듯 보였다. 그가 핏기 없는 얼굴로 어쩔 줄 몰라 하자 누군가가 "진심으로 당신에게 앉을 자리를 마련해드렸으면 합니다"라고 말했다. 매디슨은 천성인 우울한 유머조로 "나도 그랬으면 합니다"라고 대답하고 한마디 덧붙였다.

"솔직히 말하자면 나는 잠자리에 들고 싶습니다."

2. 당시 공화당은 외교정책과 출항정지령으로 인해 분열된 상태라 매디슨은 내각을 조직하기가 몹시 어려웠다. 그는 재무장관에 갤러틴을 유임했으나 국무장관에는 로버트 스미스Robert Smith를 임명하지 않을 수 없었다. 대통령은 그를 싫어했는데 예상대로 그는 취임하자마

자 외교적 실패를 저질렀다.

국무성과 영국 대사 데이비드 어스킨David Erskine은 '미합중국은 영국과의 통상을 재개하고 영국은 추밀원령을 합중국에 적용하지 않겠다'는 협정을 맺었다. 이 협정 성립을 새 대통령의 성공으로 받아들인 전 국민이 그를 찬양했다. 그러나 이것은 어스킨의 월권행위였고 외무대신 조지 캐닝은 이를 부인했다. 추밀원령이 그대로 지속되면서 매디슨은 불쾌한 기분으로 다시 출항정지령을 내렸다.

설상가상으로 어스킨이 소환되고 외교계에서 잔인하고 거만하기로 이름난 앤드루 잭슨이 후임 대사가 되었다. 워싱턴에서도 그는 안하무인에다 비협조적이라 온후한 매디슨까지도 그와 협상하기를 거절할 정도였다. 그도 곧 소환되었다.

선박이 또다시 항내에 묶이면서 양키 선주들은 계속 항의했고 의회는 새로운 대책을 모색해야만 했다. 모든 통상을 허용하되 전제조건으로 프랑스든 영국이든 어느 한편이 적대명령을 철회하면 나머지 나라와는 통상을 그만두겠다는 것이었다. 말하자면 먼저 굴복한 편에 유리하도록 조치를 취하는 셈이었다. 나폴레옹은 이것을 재빨리 받아들여 곧 베를린과 밀라노 칙령을 취소하겠다고 아메리카 정부에 통고했다.

존 퀸시 애덤스는 '이것은 우리를 영국과의 전쟁으로 몰아넣을 함정'이 될 거라고 예상했는데 이는 당연한 견해였다. 매디슨은 이미 발표한 성명을 그대로 실행하지 않을 수 없었고 또다시 영국과의 통상은 금지되었다. 이는 전쟁이 일어날 수 있음을 뜻했다. 대통령은 국가방위정책을 수립하도록 의회에 요청했으나 의회는 적국에 대한 대비보다 가까이 있을 다음 선거를 더 중요하게 생각해 정부 시책에 반대했다. 매디슨은 국무장관 로버트 스미스를 영국 사정에 정통하고 평화를 지지하는 먼로와 교체했다.

3. 아메리카 해군은 굴욕적인 체사피크호 사건을 몹시 분하게 여겨 복수할 기회를 엿보고 있었다. 순양함 프레지던트호에 승선해 뉴욕 근해를 경비하던 함장 로저스는 영국 함정과 만나자 징발한 수병을 수색하기 위해 포격을 가했다. 이때 그는 아홉 명을 사살하고 26명에게 부상을 입힘으로써 보복을 했다. 승부는 이제 원점이 된 셈이었다. 갑자기 영국의 태도가 누그러져 체사피크호에서 징발한 수병 중 생존자 두 명을 송환하고 사망자에게는 유가족에게 손해배상을 지불할 것을 통보했다.

시절은 때마침 선거철이었고 어떤 방법으로든 전쟁을 시작하려는 주전론자War Hawks 의원들이 당선되었다. 그들에게는 나름대로 그만한 이유가 있었다. 변경지대에 있는 주에서 선출된 그들은 영미 간의 분쟁이 영토를 확장할 절호의 기회라고 생각했다.

북서부에는 아직도 해결해야 할 문제가 많았다. 가장 큰 문제는 모피 무역과 인디언이었다. 인디언은 여전히 아메리카 농민을 공격했는데 그들은 영국이 무기를 공급한다고 믿고 있었다. 여기에다 이 기회에 잘하면 캐나다도 점령할 수 있을 거라고 생각했다.

남부 출신 의원들은 미시시피 강과 멕시코 만의 해안지대를 수비하려면 플로리다 합병이 필요하다고 봤다. 나폴레옹이 스페인을 정복하자 그들은 스페인 식민지도 스페인 정권에서 해방된 것이라고 여겼다. 그들은 "천지신명이 플로리다와 미합중국의 통합을 명령한 것이다"라고 말했다. 그때 소규모 반란을 계기로 플로리다가 스스로 미합중국으로 편입되었지만 매디슨은 자진해서 수중에 들어온 이 지역을 받아들이는 데 주저했다. 그러나 여론이 그를 압도하면서 거부할 수가 없었다.

   4. 이 여론의 일부를 구성하던 서부는 무시할 수 없을 만큼 성장하고 있었다. 북서부 조령을 발표한 후 세 개의 서부 주, 즉 켄터키, 테네시, 오하이오가 연방에 가입했다. 그 외에도 몇 개 주가 성장 중에 있었고 사람들은 끊임없이 서부로 이주했다. 덕분에 신시내티, 클리블랜드, 피츠버그 등 신흥도시가 발전했다.

   수많은 뗏목 배가 이주하는 가족과 간소한 살림살이를 싣고 오하이오 강을 내려갔다. 그들은 토지회사의 광고를 보고 구입한 토지에 정착하기 위해 떠나는 것이었다. 그중에는 인간사회의 전위대로서 자유로운 땅에서 생활하려는 대니얼 분Daniel Boone 같은 사람도 있었다. 그는 1769년 켄터키의 초원을 찾아 노스캐롤라이나를 떠난 뒤 미주리 강변을 거쳐 멀리 캔자스까지 갔다. 그러나 서부에 분 같은 사람만 있었던 것은 아니다. 농장주와 토지 투기업자가 그들을 뒤따랐다. 1810년에는 켄터키, 테네시, 오하이오 주 등에 정착하는 사람들이 생겼고 그들은 오두막 대신 어엿한 집을 짓고 도시를 건설했으며 교회를 세우거나 학교기금을 모았다.

   서부에도 두 개의 새로운 정치적 움직임이 나타나기 시작했다. 하나는 개척지 최전선에 생긴 오하이오의 민주주의로 제퍼슨의 민주주

의보다 더 철저한 평등을 주장하고 야성적이며 활력이 넘치는 집단
이었다. 이들을 이끈 이들은 가루를 뿌린 가발을 벗어버리고 짧게 깎
은 머리에 너구리 가죽 모자를 쓴 사람들이었다. 다른 하나는 신흥도
시에서 무한한 희망과 야심을 품고 발전하던 자주적이고 개인주의적
인 중산계급이었다.

두 집단에게는 하나의 공통적인 희망이 있었다. 그들은 언제나 더
많은 토지, 다시 말해 농장주는 개간할 토지를, 중산계급은 판매시장
과 투기 대상인 토지를 갈망했다. 그런데 토지를 얻기 위해 서부로 돌
진하려면 인디언과 대결해야 했다. 그들은 인디언의 배후에 무장을
돕고 반항을 선동하는 캐나다 지방의 영국인이 있다고 믿었다. 참다
못한 모든 서부인은 전쟁을 하는 한이 있더라도 국토 확장을 추진해
야 한다고 주장했다. 그중에서도 가장 용감한 사람들은 "캐나다로! 캐
나다로!"라는 출전 함성을 드높이 외쳤다. 그들은 그곳으로 가면 무제
한으로 처녀지를 얻으리라 확신했고 이 희망에 사로잡혀 정신을 차
리지 못했다. 그들은 처녀지를 정복하기 위해 다시 한 번 대영제국을
침범할 준비를 했다.

5. 켄터키 출신인 서른네 살의 하원의장 헨리 클레이Henry Clay는 매
력적인 모습과 웅변에 능한 적극적인 국가주의자로 호전정책의 일인
자로 꼽혔다. 그는 남부의 사우스캐롤라이나 출신인 하원의원 존 캘
훈John Calhoun 같은 굉장한 웅변가를 동지로 두었다. 클레이가 "캐나
다로!" 하고 외치면 그는 "플로리다로!"라고 응수했다. 그러나 남부와
서부의 주전론자가 아무리 흥분해도 연방당과 시민은 대부분 이 선

동에 반대했다. 그들은 영국에 별다른 불만이 없었다. 영국이 인디언에게 무기를 공급한다는 증거도 없고 수병 징발 사건은 이미 사과했으니 피장파장이며, 영국에서 도망친 수병이 아메리카 군함에도 있지 않느냐고 말했다.

캐나다 정복은 그 자체가 중대한 계획이었고 양키는 이를 여러 번 시도했다가 실패한 쓰라린 경험이 있었다. 하지만 젊은 호전파들은 승리를 의심하지 않았고 헨리 클레이는 이렇게 강조했다.

"켄터키의 민병만으로도 충분히 몬트리올과 캐나다를 정복할 수 있다."

캘훈은 4주일이면 정복할 수 있다고 장담했다.

"인디언의 반란을 선동하는 횃불을 끄는 것쯤은 문제가 아니다."

변경지대 사람들에게 인디언은 현실적인 위험을 내포한 두려운 존재였다. 이미 폰티액 시대에 유력한 추장 테쿰세Tecumseh와 그의 형제 예언자Prophet는 상당수 부족을 결속하는 데 성공했다. 인디언 지방지사 윌리엄 헨리 해리슨William Henry Harrison(1773~1841, 제9대 대통령—역자 주) 장군은 1811년 11월 7일, 티페카누에서 인디언 부족을 격파한 뒤 그들이 영국제 소총으로 무장하고 있음을 발견했다. 이 소식은 주전론자들을 열광케 했다. 인디언에게 삼형제가 살해당한 한 하원의원이 통렬하게 영국을 규탄했다.

"모든 기회를 이용해 야만인과 공모하고 그들을 선동해 우리의 아녀자를 찢어죽인 배후 세력."

대통령 매디슨은 오랫동안 숙고한 뒤 기어코 주전론자에게 굴복했다. 그의 정적들은 재빨리 매디슨이 굴복한 것은 재선이 다가오고 있고 클레이와 캘훈이 통솔하는 젊은 당원들의 지지 없이는 재선이 불가능하다는 것을 알기 때문이라고 비판했다. 대통령이 의회에 선전교서를 전달한 것은 1812년 7월 1일이었다. 교서 내용은 영국의 범행일람표에 지나지 않았고 맨 처음 조항으로 수병 징발이 올라 있었다. 이 불만은 이미 지나간 얘기였지만 7월 18일 선전포고를 발표했다. 워싱턴에서 이런 결정을 내렸다는 것을 전혀 모르는 영국 수상은 5일후 추밀원령을 철폐했다. 이로써 전쟁 구실이 될 만한 이유는 대부분사라졌지만 전투는 시작되었다.

6. 한편 나폴레옹은 곧 영국을 정복할 것처럼 보였고 영국의 사태는 몹시 위급했다. 노동자는 실업으로 난동을 일으켰고 농민도 폭동직전에 있었다. 거인이 비틀거리는 상태에서 아메리카는 육해군의 준비도 없이 전쟁에 돌입했다. 병력은 7,000명 미만에다 지휘계통은 엉망이었고 참모본부도 없었으며 영국의 대함대에 비해 군함이 16척밖에 없었다.

재정 상태도 좋지 않았다. 미합중국 은행은 특허장이 갱신되지 않아 그 이전 해에 이미 폐업한 상태였다. 재무장관 갤러틴은 전국적으로 세금에 대한 불평이 높아지던 참이라 증세하기보다 지폐 발행과차관으로 전비를 충당하기로 했다. 그러나 국내에서 가장 부유한 북부지방이 전쟁에 반대했기 때문에 차관을 얻는 것이 쉽지 않았다. 그는 6퍼센트 국채를 액면의 80퍼센트 이하로 발행했고 그것도 65퍼센트로 하락한 지폐로 불입했다.

국민의 사기도 말이 아니었다. 뉴잉글랜드 사람들은 영국이 세계의 자유를 수호하기 위해 나폴레옹과 대전하는 시점에 영국을 공격하는 것은 큰 잘못이라고 생각했다. 그들은 아메리카의 수병이 스스로 불만을 느끼지 않는데 그들의 명예를 회복하겠다고 서부의 농민이 궐기했다는 사실을 의아하게 여겼다. 전쟁의 주요 구실이 체사피크호 사건이라면 그것은 1807년에 발생했고 이미 해결했는데 1812년에 무엇 때문에 그것을 이유로 선전포고를 하는지 도저히 이해할 수 없었던 것이다.

솔직히 말하자면 진정한 이유는 따로 있었다. 수병의 권리를 들고 나왔지만 사실 헨리 클레이는 개척자들의 요망을 염두에 두었다. 이 전쟁은 지역적인 이해관계에서 비롯된 것이었고 매디슨은 남부와 서부의 지역적인 다수표 덕택에 예상대로 선거에서 재선되었다.

7. 이 전쟁은 두 교전국이 평화적인 해결을 모색할 시점에 선포되었다. 아메리카 측은 영국에 아메리카 선박의 징발을 중지하라고 요구했고 영국은 사실상 여기에 응할 용의가 있었으나 원칙상으로는 이렇게 고집했다.

"이때까지 실시해오던 관행을 포기할 수는 없다."

현실과 원칙을 구별하는 것은 미묘하고 무익한 일이다. 뉴잉글랜드의 선주들은 해군의 호위가 필요치 않다고 했지만 주전론자들은 그들을 비겁자라고 비난하면서 그들의 의사를 무시하고 무장호위에 나섰다.

캐나다를 향한 진격은 비참한 실패로 끝났다. 캐나다의 병력은 4개 연대의 정규군과 소수의 민병 그리고 인디언 보조부대에 불과했다.

인구도 아메리카 700만 명에 비해 캐나다는 겨우 50만 명이 고작이었다. 그러나 미합중국에도 평소의 태만으로 게으른 소수의 정규군만 있을 뿐이었다. 뉴잉글랜드의 민병은 '매디슨의 전쟁'에 참전하기를 거부했다. 뉴욕의 민병은 국경까지만 진격한 채 국토는 방위하겠으나 캐나다는 침공하지 않겠다고 버텼다. 그들은 나이아가라 건너편에서 아메리카군이 패전하는 것을 뻔히 보면서도 지원하지 않았다. 마지못해 포문을 열어도 그것은 '장군 막사 쏘아 맞추기' 같은 장난식이었다. 마치 캐나다군이 아메리카에 침입한 듯 보이는 순간도 있었다. 결국 영국군이 디트로이트를 점령했다.

8. 아메리카는 해상에서의 승전으로 겨우 체면을 회복했다. 런던 사람들이 건달패와 해적이 탄 몇 개 되지 않는 '전나무 배'라고 우습게 여기던 아메리카 군함 컨스티투션호, 유나이티드스테이츠호, 프레지던트호가 예상 외로 세계 첨단의 화력을 자랑하는 영국 함대에 막대한 타격을 안겨주었다. 아메리카에서는 '전나무 배'를 두고두고 자랑했다. 당시 트리폴리의 영웅 디케이터 장군이 영국 군함 한 척을 나포했다. 아메리카의 무장선들이 어찌나 물자를 약탈했던지 영국의 보험회사가 영국해협을 횡단하는 보험료를 15퍼센트 인상할 것을 요구할 정도였다.

아무리 막대한 전과가 있었더라도 이것으로 승부를 결정할 수는 없었다. 그런데 북부의 오대호 지역에서 보다 더 결정적인 해상 전투가 벌어졌다. 호수를 지배하는 것은 무인지대의 교통선과 물자공급을 확보하는 데 절실히 필요했다. 아메리카군의 청년 장군 올리버 해저드

페리Oliver Hazard Perry가 이리 호에서 1개 함대를 편성해 1813년 9월 결정적인 승리를 거두었다. 이로써 해리슨 장군은 디트로이트를 탈환하고 테쿰세의 인디언을 축출해 북부 국경지대를 확보했다.

9. 영국의 전력이 유럽에 집중되어 있는 한 이 전쟁은 아메리카에게 유리했다. 그러나 1814년 나폴레옹이 패배하면서 영국은 아메리카의 병력을 늘려 적극적인 작전을 전개했다. 당시 이들은 세 방면으로 미합중국을 침공할 계획을 세웠다. 나이아가라, 샹플랭, 뉴올리언스가 그것이었다.

북부에서는 런디스 레인Lundy's Lane에서 충분한 훈련을 받은 아메리카군의 신예부대가 잘 싸웠다. 샹플랭에서도 아메리카 해군의 맥도나우 사령관이 영국 함대를 결정적으로 격파하고 침입을 저지했다. 이 방면은 예부터 잘 알려진 허드슨 강변으로 뉴욕이 공격당할 수 있는 매우 위험한 침입로였다. 이 패전에 보복하기 위해 영국은 대서양에서 아메리카 수도를 습격하는 데 성공했다. 불과 수척의 포함砲艦이 워싱턴 시를 간신히 방비하고 있었다.

보르도에서 도착한 4,000~5,000명의 작은 원정부대가 체사피크 항에 상륙한 뒤 육로로 워싱턴 시를 향해 진격했다. 매디슨은 민병을 소집했지만 겨우 10분의 1도 안 되는 인원이 모였을 뿐이었다. 이들을 수도에서 7마일(약 11킬로미터) 떨어진 블래던스버그에 급히 집결시켰지만 실전 경험이 있는 사람은 몇 명 되지 않았다. 교전을 하자마자 민병은 풍비박산이 났고 워싱턴을 향해 퇴각했다. 영국군은 탄약이 부족해 로켓탄을 쏘았는데 아메리카군들은 그 때문에 패전했다고 변명했다. 이것은 총탄보다 피해는 적었으나 심리적 효과는 대단했다.

  퇴각으로 끝난 아메리카 민병의 패전은 블래던스버그 전투라 하지 않고 '블래던스버그 경주'라고 부른다. 400명의 수병이 적군을 지연시켜 민병은 몰살을 면했지만 워싱턴 시를 방위할 수는 없었다. 매디슨 대통령 부처와 각료들은 황급히 포토맥 강을 건너 피난을 떠났는데, 이때 매디슨 부인은 은수저와 길버트 스튜어트가 그린 조지 워싱턴의 초상화를 가지고 떠났다고 한다. 영국군의 조지 콕번George Cockburn 제독은 대통령의 식사가 아직 따뜻한 것을 보고 그것을 먹었다. 다음 날 그는 시내의 공공건물을 모조리 불태우고 미국인이 토론토의 요크 의사당을 불 지른 보복이라고 말했다. 버지니아의 농촌으로 피신한 매디슨은 민중에게 재난의 책임자라는 모욕을 받았으나 태연했다. 훗날 대통령이 워싱턴으로 돌아와 황폐한 '궁전'을 수리하고 새로 백색 도장을 하면서 백악관White House이라 부르게 되었는데, 이것은 훨씬 후에야 공식 명칭으로 자리 잡았다.

  10. 이 전쟁으로 뉴잉글랜드에는 예상치 않은 여러 결과가 나타났다. 우선 출항정지령은 공업 발달을 촉진했다. 1805년 국내 면방적 방추 수는 4,500개였는데 1815년에는 13만 개에 달했다. 여기에다 수많은 무장선이 1,300척 이상의 선박을 나포해 선주들을 부유하게 만들었다. 군납업자는 식량과 가죽을 고가로 캐나다의 영국군에게까지 납품했다.

  그러나 '매디슨의 전쟁'은 여전히 양키에게 인기가 없었다. 서부의 연방 가입이 연방의 균형을 파괴해 동부 여러 주의 연방에 대한 충성심을 잃게 했다고 말하는 사람도 있었다. 동부의 여러 주는 연방에서 이탈하거나 새로운 법률을 제정하도록 요구할 수밖에 없었다. 매사추세츠 주의회는 대회를 개최하자며 기타 뉴잉글랜드 주를 하트퍼드에 초빙했다.

매디슨은 분리안이 성립될 것 같아 몹시 염려했지만 그들의 책동은 더 이상 진전되지 않았다. 온건한 연방당원들이 회의를 주도해 헌법 개정을 제안하는 것으로 끝냈기 때문이다. 예를 들면 대통령은 같은 주에서 계속 선출하지 못한다는 조항이 있었다. 이것은 대통령의 출신지인 버지니아와 매디슨에 대한 직접적인 공격이었으나 이 선동은 얼마 지나지 않아 사라졌다.

11. 영국의 뉴올리언스 원정은 싱겁고 불명예스러운 것이었다. 테네시에는 이상한 경력을 가진 앤드루 잭슨Andrew Jackson(1767~1845, 제7대 대통령—역자주) 장군이 있었다. 테네시의 민병대 소장이던 그는 마흔다섯 살이 될 때까지 전쟁을 경험하지 못했다. 그러다가 처음에는 인디언, 그다음에는 영국군과의 전쟁 기회를 맞아 이 서툰 민병대원은 굉장한 전과를 올렸다.

1814년 12월 8,000~9,000명의 영국군 정예부대가 에드워드 파켄엄Edward Pakenham 장군의 지휘 아래 루이지애나에 상륙했다. 영국군은 뉴올리언스를 간단히 점령할 수 있으리라 믿었다. 그러나 남부군 사령관 잭슨 소장은 신병을 징집하고 참호를 구축해 1815년 1월 8일의 전투를 마치 벙커 힐 전투처럼 용감하게 치러냈다. 파켄엄은 전사하고 영국군 부상자가 약 2,000명에 달했다. 이로써 원정 계획은 완전히 좌절되고 '늙은 호두나무Old Hickory'라는 별명을 얻은 잭슨은 전국적으로 유명해졌다. 이 승리를 하기 15일 전에 이미 강화를 체결했지만 그는 이것을 전혀 몰랐다. 아무튼 이 승리는 미국인에게 자부심을 안겨주었고 그들은 오랫동안 이 전쟁을 '제2차 독립전쟁'이라고 불렀다.

12. 이 전쟁의 특이한 점은 선전포고를 하던 날부터 평화 교섭을 시작해 전쟁이 끝날 때까지 이것이 이어졌다는 사실이다. 러시아 황제까지 교섭에 참여했다. 나폴레옹의 침략을 받고 있던 러시아는 영국이 유럽 전선에서 이탈할 것을 염려하고 있었다.

드디어 1814년 말 아메리카 사절단이 영국 대표와 겐트에서 만났다. 아메리카 대표는 존 퀸시 애덤스였는데 그는 청교도 이상으로 청교도적이었고, 프로테스탄트 이상으로 프로테스탄트적이었으며 뉴잉글랜드의 권위를 옹호하는 완강한 대표선수였다. 그밖에 서부의 멋쟁이 해리, 주전론자의 우두머리이자 영토 확장의 기사 헨리 클레이, 솔직하고 협조적인 스위스인 갤러틴, 존 퀸시 애덤스가 기사라고 부르는 델라웨어 주 출신의 제임스 바야드James Bayard 그리고 로드아일랜드 출신의 조너선 러셀Jonathan Russell이 있었다.

애덤스는 초저녁에 자고 헨리 클레이는 새벽에야 잠자리에 들었다. 애덤스는 낸터킷과 기타 지역의 어부를 대신해 뉴펀들랜드의 어업권을 확보하려 했고, 미시시피 문제에는 별로 관심을 보이지 않았다. 반면 헨리 클레이는 뉴펀들랜드를 포기하더라도 미시시피만은 확보해야 한다고 고집했다. 아메리카 대표들은 수병 징발을 정지하라는 요구에만 의견일치를 보였다.

영국 대표는 전원이 아메리카의 요구를 거부했다. 영국 측은 아메리카에 뉴펀들랜드의 어업권을 포기할 것, 북서부의 광대한 지역에 인디언 보호구역을 설정할 것, 현존 영토를 기초로 하는 국경선을 확인할 것 등을 요구했다. 헨리 클레이는 인디언에게 영토를 분양하는 일에 절대 동의할 수 없다고 단호히 거부했고, 애덤스는 어업권을 위해 생명을 내걸고라도 투쟁하겠다고 강경히 맞섰다. 국경 문제에 관한 두 사람의 주장은 전쟁 전 상태를 재확인하자는 것이었고 교섭은 거의 가능성이 없어 보였다. 그런데 아메리카에서의 전쟁을 승리로 이끌기 위해 영국 정부가 파견하려던 아서 웰링턴Arthur Wellington 장군이 현명하게도 오대호 지방을 장악하지 않고는 별로 신통한 방책이 없노라고 대답했다. 장군의 신중한 태도는 영국 정부에 유익한 교훈을 주어 영토 획득 의지를 버리게 했다.

"다시는 인디언을 정치적으로 이용하지 않을 것이다. 어민의 권익은 종전대로 인정한다. 해상 중립권 문제는 위험을 내포하고 있으니 불문에 부친다. 미시시피 문제는 별로 말할 것이 없다."

이상이 협상의 내용이었다. 아메리카 측으로서는 거부할 이유가 전혀 없었으므로 1814년 크리스마스 전야에 조인을 마쳤다. 영국 대표는 아메리카 대표를 만찬에 초대해 로스트비프와 포도푸딩을 대접했다. 그리고 오케스트라가 영국 국가God save the King와 아메리카 국가 Yankee Doodle를 연주했다. 그날 밤 양국 위원들을 친근하게 만든 감상적인 기분만이 아마 이 의견일치의 유일한 진실이었을 것이다. 그렇다고 책망할 일은 아니었다. 수병 징발 문제는 19세기 동안 완전히 사라졌다. 나폴레옹이 실각한 후에는 그럴 필요가 없었고 함대 생활도 이전처럼 고생스럽지 않아 함대를 지원병만으로도 유지할 수 있었다. 굳이 정치가들이 논의하지 않아도 여러 가지 문제가 정리 수순을 밟았다.

13. 국가 간 반응도 개인과 마찬가지로 예견하기 어렵다. 1812년의 전쟁은 상상할 수조차 없을 만큼 어리석고 성과가 없는 충돌이었다. 그 원인은 해상의 자유를 확보하려는 결의에 있었는데, 사실은 이 문제를 언급하지도 않은 평화조약으로 전쟁이 끝나버렸다. 이 전쟁으로 아메리카가 완전히 양분되면서 매디슨은 주가 이탈하지나 않을까 염려했다. 그러나 그 유명한 하트퍼드 회의는 분리에 관해 아무런 요구도 하지 않고 해산할 만큼 연방의 결속력이 강하다는 것을 보여주었다. 이처럼 급격한 사태 변화를 불러온 것은 평화조약을 조인한 지 15일 후에 한 민병 출신 장군이 거둔 승리였다.

정치란 결코 수월한 기술이 아니다. 정치는 경제적 번영으로 행복감과 정치적 도취감에 빠질 수 있는 짧은 시기에만 수월하다. 미합중국은 이제 그 행복한 시기에 발을 들여놓으려던 참이었다.

chapter 8

화평시대

The Era of Good Feeling

1. 겐트에서 성립된 평화조약은 하나의 세계가 종말을 고하는 시기와 일치한다. 아메리카의 19세기도 유럽과 마찬가지로 1815년부터 시작된 것이다. 18세기에는 인간에 대한 추상적인 원리가 전 국민을 해밀턴파와 제퍼슨파로 갈라놓았다. 1815년 이후에는 아무도 보편적인 인간이나 천부의 권리 같은 것에 관심을 기울이지 않았다. 서양의 여러 나라가 국가주의 시대로 돌입하고 있었다. 18세기에 아메리카 국민은 친영파와 친불파로 뚜렷이 대립했으나 1815년 이후에는 자기 나라만 생각했다.

　유럽이 정치학에 관해 논쟁을 벌이는 동안 미국인은 관심을 보이지 않았다. 켄터키 혹은 오하이오의 주민이 유럽 국가들 간에 발생하는 왕가 분쟁이나 식민지 야망에 관심을 가질 수는 없었다. 미합중국은 어느 때보다 자주독립국가라는 사실을 실감했다. 전쟁 기간 동안 동부에는 공업이 발달했고 남부는 면화 재배로 번영을 회복했다. 서부에서는 광대한 토지가 개발을 기다리고 있었다. 전국적인 번영으로 국가의 단결이 더욱 견고해졌다. 이것은 매디슨 대통령 치하에서 국무장관을 지낸 제임스 먼로가 두 차례 대통령에 당선되었다는 사실이 확실히 증명한다.

1816년 먼로는 매사추세츠, 코네티컷, 델라웨어의 세 주만 빼놓고 나머지 전 주의 지지를 얻어 대통령에 당선되었고 1820년에는 한 표를 제외한 만장일치로 재선되었다. 이 한 표도 워싱턴만 만장일치로 선출된 유일한 대통령이란 것을 역사적 사실로 남기기 위해 고의적으로 조작한 것이었다. 전국적인 일치단합은 당파적·지역적 투쟁을 겪고 난 뒤에 나타나게 마련인가? 수개월 동안은 모두들 그렇게 생각했다.

2. 사실 먼로는 국민의 일치단합이라는 특혜를 받을 만한 인물이었다. 그도 제퍼슨과 매디슨처럼 버지니아 출신이었으나 동부도 서부도 그를 반대하지 않았다. 제퍼슨은 그를 다음과 같이 평했다.

"그는 가장 성실한 사람이 그의 마음속을 샅샅이 들여다볼지라도 단 하나의 오점도 찾아낼 수 없는 그런 사람이다."

양심적이고 신중한 그는 명주바지와 넓은 혁대, 무도화 같은 가벼운 신을 착용하는 구식 차림을 고수했다. 애덤스는 그를 이렇게 평했다.

"밤중에도 그는 등불 밑에서 자연과 국가 간의 법칙을 연구하는 사람이다."

화창하게 맑은 날 취임식을 한 먼로는 취임식에서 이런 말을 강조했다.

"현재 같은 행복한 상태 그리고 전국에 넘쳐흐르는 여론의 일치."

이때부터 미국인은 서로를 사랑했다. 적어도 그렇게 보였다. 정치적 설계도 이제 지역적이 아니라 전국적이었고 나아가 국가주의적이었다. 1만 명의 병력을 자랑하는 육군도 편성해 두 명의 소장이 지휘를 맡았는데, 그중 한 명이 유명한 앤드루 잭슨이었다. 해군은 새로건조한 전함을 보강했다. 특히 서부 출신 의원들이 자신의 이념을 버리고 이전에 반대하던 알렉산더 해밀턴의 정책을 환영했다. 다시 말해 중앙정부 활동을 긍정하고 제2차 미합중국 은행(제1차 미합중국 은행의 특허장은 1811년 만기 실효되었다)을 재건했다.

그들은 동부의 공업을 육성하기 위해 보호관세를 가결하고 수송 수단이 빈약한 서부를 개발하고자 국내 전체 주를 연계해 통합했다. 더불어 토지 구매자의 이익 증진을 위해 도로와 운하 건설 계획을 추진했다. 이에 따라 연방당으로 변모한 공화당은 종전부터 계승해온 영국식 식민지 체제를 그들이 말하는 미합중국식 체제로 바꿨다. 그에 관한 해석은 매우 단순했다. 그것은 이제부터 미합중국은 자급자족할 수 있고 또 그렇게 해야 한다는 것이었다. 뉴잉글랜드는 남부와 서부에서 필요로 하는 공업제품을 생산하고, 남부는 동부 공업지대에서 농산물 시장을 확보하게 될 터였다. 당시 이러한 미합중국식 체제는 전 국민의 환영을 받았다. 먼로가 이전에 연방당의 지지 기반이던 곳을 방문했을 때 그곳 사람들은 그를 따뜻하게 환영해 옛날의 원한을 깨끗이 잊었음을 보여주었다. 보스턴의 한 신문은 이 여행을 '화평시대의 첫걸음'이라고 보도했다. 이 말은 대통령을 기쁘게 했고 그는 이 말을 여러 번 인용했다.

3. 물론 미합중국식 체제가 전국을 만족시킬 거라는 생각은 아름다운 꿈에 지나지 않았다. 지역적인 이해관계 대립은 많은 분야에서 여전히 해소되지 않은 채 남아 있었다. 남부와 동부는 신생 서부 주들과 교역을 시작하기 위해 서로 경합했다. 서부로 통하는 미시시피 강은 자연이 마련해준 유일한 통로였다. 19세기 초 미국인이 수년을 두고 연구해온 증기선이 채산이 맞자 이 강의 효용은 크게 높아졌다.

1807년 로버트 풀턴Robert Fulton은 증기선으로 허드슨 강을 통해 뉴욕 주의 알바니까지 150마일(약 241킬로미터)을 33시간 만에 거슬러 올라가는 데 성공해 많은 사람을 놀라게 했다. 이것은 혁명적인 사건이었다. 그때까지 뉴올리언스와 피츠버그를 연결하는 미시시피 강과 오하이오 강을 운행하는 데 사용한 선박은 막대한 비용을 들여 배를 끌고 가는 방법으로 상류까지 거슬러 올라갔다. 여기에는 3~4개월이 걸렸고 선임은 1인당 160달러였다. 그런데 증기선이 나타나 상류로 거뜬히 올라가게 되자 선임은 30달러로 뚝 떨어졌다. 1825년에는 오하이오 강과 미시시피 강에 125척의 증기선이 오갔고 이것은 물에 뜬 일종의 호화판 호텔이라 할 만했다.

동부의 항구가 뉴올리언스와 대항하려면 오대호와 직접 연결되는 수로를 개설하는 방법밖에 없었다. 그러면 북부지방의 통상 장악이 가능했다. 신생 주의 이 긴급한 문제를 해결하기 위해 이리 호의 버펄로와 허드슨 강변의 알바니 사이에 이리 운하를 건설했다. 이것은 뉴욕 주가 시공을 맡아 1825년에 개통식을 올렸다. 당시 클린턴 지사는 이리 호의 물 한 통을 엄숙하게 뉴욕 항 바닷물에 부어 두 곳의 물 결연을 상징했다. 운하의 효용이 높아지면서 뉴욕과 버펄로 간의 화물 수송비가 톤당 100달러에서 5달러로 떨어졌고, 여행 일수는 20일에서 8일로 단축되었다.

디트로이트와 뉴욕 간 이리 호 교역의 중심지가 된 버펄로는 굉장한 번영을 누렸다. 유티카, 시러큐스, 로체스터, 버펄로, 클리블랜드, 디트로이트, 시카고 등 여러 도시가 호경기를 맞았다. 또한 이 운하는 북부 국경의 방위 강화에 큰 도움을 주었다. 이 성공을 보고 동해안의 여러 항구가 운하를 건설해 뉴욕과 경쟁하려 했지만 모두가 성공할 수는 없었다. 새로운 교통수단인 철도와 경쟁하게 되었기 때문이다.

4. 먼로 대통령은 버지니아 출신을 국무장관으로 선임하지 않겠다고 굳게 결심했다. 동부와 서부가 버지니아의 장관직 세습을 비난할까 염려스러웠던 것이다. 자신이 국무장관에 임명되리라고 기대했던 헨리 클레이는 존 퀸시 애덤스가 임명되자 감정이 많이 상했다. 하지만 그것은 현명한 인선이었다. 존 퀸시 애덤스는 청교도적인 강직함, 애덤스가 출신이라는 자부심, 유럽에 관한 해박한 지식을 갖춘 인물이었다. 나아가 그에게는 국가주의 시대의 아메리카를 대표하기에 적절한 자격이 있었고 영국과의 관계도 무난한 편이었다.

1812년이 지나자 폭풍우는 가시고 맑은 하늘이 열렸다. 캐나다와 아메리카의 국경은 로키산맥까지 북위 49도선으로 정해졌고 오리건 지방은 향후 10년간 공동 통치하기로 했다. 스페인과는 아직도 해결해야 할 복잡한 문제가 남아 있었다. 스페인은 여전히 명목상 플로리다의 주권을 보유하고 있었다. 그러나 스페인은 유럽에서도 국력이 쇠퇴해 아메리카의 식민지에서 질서를 유지할 능력을 거의 상실한 상태였다. 플로리다가 도망노예의 은신처이고 아메리카의 손이 미치지 않는다는 것을 안 인디언은 조지아를 약탈의 근거지로 삼았다.

그런데 잭슨 장군이 세미놀족 인디언을 토벌하다가 스페인령 플로리다까지 진격하는 일이 발생했다. 그곳에서 그는 인디언의 공범인 영국인 두 명을 교수형에 처했고 스페인은 강력하게 항의했다. 먼로와 관리들은 마음속으로는 잭슨을 지지했으나 의회의 승인 없이 국경을 침범하는 바람에 전쟁이 발발할 것을 걱정했다. 먼로는 프랑스 대사 이드 드 뇌빌Hyde de Neuville의 협조를 얻어 강경하고도 유화적인 자세로 유리하게 해결하는 데 성공했다. 존 퀸시 애덤스는 스페인에 이렇게 제안했다.

"자기 집을 잘 단속하시오. 그렇게 못하겠거든 우리에게 팔아넘기시오."

스페인 국왕 페르난도 7세Fernando VII(1784~1833)는 드디어 플로리다와 오리건 지방에 대한 영유권을 미합중국에 500만 달러에 팔기로 했다. 그날 밤 존 퀸시 애덤스는 '좋은 선물을 내려주신' 하나님께 감사를 올렸다.

5. 남북 아메리카에 널리 걸쳐 있는 스페인 식민지 제국은 붕괴 직전에 놓여 있었다. 나폴레옹이 스페인을 점령하고 있는 동안 남아메리카는 사실상 자유를 누렸다. 남아메리카는 미합중국이나 영국과 직접 교역을 했다. 스페인인이 남아메리카의 교역을 독점하는 것에 불만을 느끼던 영국은 남아메리카 대륙에 자유주의와 분리 사상을 전파하는 데 진력했다.

그러나 1814년 스페인 국왕 페르난도 7세가 복위하자 독립이라는 꿈은 끝장이 났다. 1816년 스페인 국왕은 제국의 대부분을 회복했다. 하지만 호세 데 산 마르틴José de San Martín, 시몬 볼리바르Simón Bolívar, 베르나르도 오히긴스Bernardo O'Higgins 등은 국왕에 반항해 무장 항거한 후 베네수엘라, 칠레, 라플라타에 공화국을 수립했다. 헨리 클레이를 비롯해 많은 미국인이 이 건국을 열렬히 환영하며 '1,800만 명의 민중이 쇠사슬을 끊고 자유를 얻으려 투쟁하는 굉장한 광경'을 주시했다.

한편 신성동맹을 결성한 후 베로나 회의(1822)에서 식민지를 재정복하려는 스페인을 지원하기로 합의한 유럽의 국왕들은 공포를 느끼며 정세를 관망하고 있었다.

6. 애덤스는 스페인이 남아메리카에서 주권을 회복할지라도 두려울 것이 없었다. 여러 세기 동안 스페인은 평화로운 이웃으로 지내왔기 때문이다. 반면 만약 스페인이 식민지를 상실하고 보다 강력한 다른 나라가 남아메리카 대륙의 주인이 되면 위험할 거라며 염려했다.

이런 정세를 불안하게 여기던 러시아 황제가 미합중국에 신성동맹에 가입할 것을 권했다. 애덤스는 단호히 거절했다.

"유럽과 미합중국의 안녕을 위해 유럽과 합중국의 정치 계통은 가급적 분리해서 별개의 존재로 두는 것이 좋다."

하지만 알래스카를 점령한 러시아는 아메리카 대륙 서해안에 식민지를 세울 계획이었다. 영국도 서해안에 은밀히 야심을 품었고 이것이 미합중국을 불안하게 했다. 존 퀸시 애덤스가 영국 대사에게 말했다.

"영국은 '인도는 내 것'이라고 말했다. 아프리카도 그렇다고 했고 계속해서 무엇이든 닥치는 대로 내 것이라고 주장하려 한다. (…) 내가 볼 때 지구상에 사람이 살 수 있는 곳 중에서 영국이 내 것이라고 하지 않는 토지는 하나도 없을 것이다."

영국과 미합중국은 스페인의 지원에 대한 보답으로 쿠바를 프랑스에 양도한 사실을 못마땅하게 여겼다. 그뿐 아니라 영국은 남아메리카 시장을 잃지 않으려 했고 신성동맹의 정책에도 별로 호의를 보이지 않았다. 1823년 영국 외상 캐닝은 앵글로색슨 두 나라 국민은 스페인의 전 식민지를 영유할 의도가 없지만 어떤 특정 국가에 이양하는 것에 무관심할 수는 없다는 공동성명을 발표하자고 미합중국에 제안했다. 존 퀸시 애덤스는 그 제안에 찬성하지 않았다. 그 일이 미합중국을 또다시 유럽 진영에 묶어둘 거라고 봤기 때문이다. 그는 먼로에게 건의해 이 성명을 미합중국 단독으로 선언하는 데 성공했다.

7. 1823년 12월 2일 먼로는 외교교서를 의회로 송달했다. 이것이 바로 '먼로주의'라고 부르는 원칙인데 그 내용은 거의 다 애덤스가 주창한 것이다. 1) 이제부터 유럽 열강은 아메리카 대륙을 식민지를 획득하는 무대로 생각하지 않아야 한다. 2) 미합중국은 유럽 열강의 어떠한 전쟁에도 관여하지 않는다. 3) 동시에 아메리카 대륙에서 발생하는 모든 사건에 무관심할 수 없으며 군주제 국가가 이 대륙에 그와 동일한 정치체제를 수립하려는 것을 미합중국에 대한 위협으로 간주한다. 4) 유럽 열강이 이미 보유한 식민지를 박탈하려는 행동에 관여

하지 않는다. 5) 남아메리카의 몇몇 공화국의 독립을 방해하려는 어떠한 간섭도 미합중국에 대한 적대행위로 간주한다.

이 원칙에는 침략적인 성격이 조금도 내포되어 있지 않다. 타국이 남아메리카에 간섭하지 말라는 것은 미합중국 자신도 남아메리카를 합병하지 않겠다는 것을 암시한다. 존 퀸시 애덤스와 먼로의 입장에서 이것은 '주의' 선언이 아니라 당시의 상황을 분명히 재확인하는 성명이었다. 이 문서가 미합중국 외교정책의 헌장이 된 것은 훗날의 일이었다.

8. 먼로주의는 주州라는 여러 별들을 하나의 별자리인 국가로 결속하려는 국가주의의 일환이기도 했다. 그리고 '대법원은 헌법의 수호자이자 해석자'라는 마셜의 방침은 중앙정부의 힘을 강화해주었다. 존 애덤스가 1801년 대법원장으로 임명한 존 마셜은 34년간 강직한 성격과 명민한 지성으로 대법원을 맡았다. 인품이 순박한 그는 제퍼슨과 마찬가지로 서부 버지니아(두 사람은 사촌형제다)에서 태어났으나 정치사상은 서로 많이 달랐다.

제퍼슨은 루소를 읽었고 마셜은 청년 시절에 주로 알렉산더 포프 Alexander Pope(영국 고전주의파 시인—역자주)의 영향을 받았다. 그는 지역주의와 지역이 중앙에서 멀어지는 것을 방지하고자 연방 강화를 중시하고 대법원을 대통령과 의회보다 우월한 통치기관으로 만들려 했다. 헌법은 대법원에 법률 시행을 감시하는 감시자 역할을 부여했다. 그렇다면 주의회 또는 연방의회의 법률이 헌법에 위배될 때 대법원은 어떻게 조치할 것인가? 그 법률의 무효를 선언하고 시행을 금지할 권한이 있는가? 물론 그렇게 할 권리가 있고 또 그렇게 해야 할 의무가 있다는 것이 마셜의 주장이었다. '법률심사권'이라는 이름으로 불리는 이 이론은 대법원에 무한한 권한을 부여했다. 이것이 제3의 정치 기구를 만들었고 대통령은 이러한 권한을 행사하는 대법관을 선정할 때 신중을 기하지 않을 수 없었다.

제퍼슨과 마셜 간에는 오랫동안 격렬한 경쟁이 벌어졌다. 그런데 그 결과를 놓고 보면 두 사람의 경쟁이 미합중국에 대단히 유익했음을 알 수 있다. 두 사람은 서로 상대방의 권한을 견제했고 그러는 동안 사태를 수습하는 지혜를 발휘했던 것이다.

9. 두 사람이 처음 충돌한 것은 윌리엄 마버리William Marbury 대 제임스 매디슨 사건이었는데 이 사건으로 마셜은 대법원의 우월성을 확신했다. 마버리는 존 애덤스가 한밤중에 임명한 사람으로 본래 컬럼비아 지구의 치안판사였다. 그런데 국무장관 매디슨이 마버리의 임명을 승인하지 않았고, 마버리는 1789년에 제정한 법원구성법을 내세워 항의했다. 마셜은 1789년에 제정한 법원구성법에 저촉되는 사항은 위헌이라고 판시했다.

"헌법에 위배되는 입법사항은 법률일 수 없다. 사법기관의 의무는 엄연히 무엇이 법률인가 하는 점을 결정하는 것이다."

이런 견해에 불안감을 느낀 제퍼슨은 마셜을 제압하고자 대법관 중 한 명인 새뮤얼 체이스Samuel Chase를 탄핵했지만 상원의 승인을 얻지 못해 실패했다. 마셜은 제퍼슨이 퇴임한 후에도 매디슨과 먼로 두 대통령 시절에 걸쳐 오랫동안 그 자리를 지켰다. 그는 초대 대법원장으로서 위대한 과업을 완수했고 아메리카의 헌법이 준종교적 권위를 갖게 된 것은 어디까지나 그의 공적이었다.

매컬로크McCulloch 대 메릴랜드 사건은 메릴랜드 주가 미합중국 은행의 볼티모어 지점에서 발행한 은행권에 과세할 권리의 유무를 판정한 사건이었다. 마셜은 주에서 통과한 법률일지라도 연방헌법에 위배되면 대법원에서 무효 선언을 할 수 있다고 판시했다. 다시 말해 중앙정부는 여러 주가 창립한 것도, 그 지원으로 존재하는 것도 아니고 국민이 직접 수립한 것이므로 이보다 상위에는 아무것도 존재할 수 없다고 판정했다.

끝으로 다트머스 대학 이사회 대 우드워드 사건은 이 대학 최초의 특허장을 수정하려는 뉴햄프셔 주를 누르고 계약의 신의를 지지한 것이었다. 이것은 다수의 사립재단을 입법권의 남용으로부터 보호했다는 점에서 중요한 판례라고 할 수 있다. 마셜은 만년에 아메리카에서 제일가는 보수주의자라는 말을 들었다. 그는 오랜 생애를 통해 법률 준수는 모든 자유의 기초라는 것을 이 나라에 가르쳤던 것이다.

10. 친화적이고 국가주의적인 그리고 통일로 가던 시대에 이 나라에 커다란 분열을 일으킬 불씨가 하나 있었으니, 그것은 바로 노예제도였다. 공화국을 건립할 무렵에는 이 제도가 사라질 것처럼 보였다. 그때까지 남부에서 수출품으로 생산하던 쌀, 담배 등은 이제 유리한 상품이 아니었다. 많은 대농장이 휴한지로 폐농을 하는 상황이라 노예는 일을 하고 싶어도 일자리가 없었다. 당시 자유주의적인 농장주는 노예제도 폐지를 모색하고 있었다.

미합중국에서는 무엇 때문에 목화 재배가 채산이 맞지 않았을까? 18세기 말 영국에서 기계로 다량의 목화를 방적 및 직조하는 방법을 발명했다. 사실 남부의 기후는 목화 재배에 적합했으나 섬유에서 종자를 분리하는 조면 작업에 많은 시간과 경비가 들어 생산가가 엄청나게 높았다. 노예 한 명이 하루에 겨우 1파운드의 목화를 처리할 정도였다. 따라서 1793년 무렵 농장에서는 아무 일도 하지 않고 허송세월을 보내고 있었다.

매사추세츠 주 웨스트보로에 살던 엘리 휘트니Eli Whitney라는 학생이 방학을 맞아 남부에 왔다가 이 이야기를 듣고 기계를 하나 고안했다. 그것을 자신이 묵고 있던 그린가의 집 관리인에게 설명하자 그는 모형을 제작해보라고 했다. 결국 모형기계가 탄생했고 이것은 한 사람이 손으로 하는 분량의 50배를 조면했다. 이 간단한 발명품으로 목화 재배는 또다시 유리한 농사로 바뀌어 놀라운 속도로 발전했다. 1791년 미합중국은 목화 20만 파운드(약 90톤)를 수출했는데 1810년에는 9,300만 파운드(4만 2,000톤)에 달했다.

목화 재배로 노예 노동은 다시 활발해졌다. 목화 재배에는 단순 작업을 하는 막벌이 일꾼이 1년 내내 필요했다. 목화나무는 키가 작기 때문에 노예를 감독하기도 매우 쉬웠다. 이때부터 노예의 수가 급격히 증가했고(1790년 75만 700명이던 것이 1860년 400만 명으로 늘었다) 노예의 시세도 높아졌다. 휘트니의 발명 이전에는 상급 흑인 한 명이 300달러였는데 이후 1830년에는 한 명의 평균가격이 약 800달러였다. 1860년에는 1,800달러라는 최고가격을 기록했다. 남부의 농장주에게는 노예가 막대한 가치를 지닌 재산이었을 뿐 아니라 부자들의 필수조건이기도 했다. 사우스캐롤라이나와 조지아에서는 목화 왕이 정치와 경제를 좌우하기도 했다.

11. 북부의 주들은 노예제도를 배척하는 것을 넘어 사실상 금지했다. 특히 공화국 수립 초기에 남부가 투표권도 없는 흑인 인구 덕분에 의회에서 20석을 확보한 것을 불쾌하게 생각했다. 이후로 노예주와 자유주와의 균형을 유지하기 위해 새로운 주를 승인할 때는 많은 주의를 기울였다. 자유주 오하이오와 버몬트는 켄터키와 테네시로 균형을 잡았다. 이 노예주와 자유주 사이의 경계선은 이전에 영국의 측량사 찰스 메이슨Charles Mason과 제레미어 딕슨Jeremiah Dixon이 확정한 것으로 펜실베이니아와 메릴랜드를 가르고 오하이오 강을 따라 서쪽으로 뻗어 있다.

루이지애나를 사들일 때 농장주들은 노예들도 그곳으로 이송했다. 이에 따라 점차 새로운 주가 노예주 아니면 자유주로 승인을 받았지만 양자의 균형만은 유지되었다. 양측에서 서로 상대방이 상원에서 과반수를 차지하는 것을 억제했기 때문이다. 미주리 지방이 주가 될 차례가 되었을 때 그곳에는 이미 노예를 사역하는 농장이 존재했다. 뉴욕의 제임스 탈머지James Talmadge는 그곳에서 신규 노예를 받지 않고 노예의 자손은 자유민으로 처우한다는 조건으로 연방 가입을 승인하자고 제안했다. 남부는 이 제안에 반대했다. 북부의 연방당 원로들은 이 문제에 지역감정을 자극하고 당파 투쟁을 야기할 위험이 잠재해 있음을 감지했다. 제퍼슨은 크게 걱정하면서 말했다.

"깊은 밤중에 울려대는 화재 경보처럼 이 중대한 문제는 내 잠을

깨워놓았고 나는 두려움에 질리고 말았다. 나는 그것을 연방의 조종弔
鐘으로 생각했다."

　너무 빨리 조종 소리를 들었다고 할 수도 있으나 여하튼 제퍼슨이
다가오는 중대한 위험을 예감한 것만은 사실이었다. 가까스로 일시적
인 타협이 이뤄졌다. 메인 주(때마침 매사추세츠 주에서 분리했다)가 자유주로,
미주리 주가 노예주로 승인받음으로써 간신히 연방과 상원에서 균형
을 유지했다. 또한 루이지애나 지방에서는 미주리를 제외하고 36도
30분 이북에서는 이후부터 노예제도를 금지하도록 합의를 보았다.
하지만 이것은 일시적인 화평에 불과했고 조만간 불화가 올 차례라
는 것을 누구나 예견할 수 있었다.

chapter 9

불화시대

The Era of Ill Feeling

1. 선의善意가 반드시 선정善政을 낳는 것은 아니다. 역대 대통령의 출신지인 버지니아의 매력으로 만사는 평온했고 연방당이 쇠퇴하면서 당파 대립이 사라져 아메리카 정계는 외관상 행복에 도취한 채 잠들어 있었다. 제퍼슨은 매디슨을 매디슨은 먼로를 대를 잇듯 끌어올렸고 먼로는 존 퀸시 애덤스를 국무장관에 임명했다. 안정된 군주정치의 왕위 계승처럼 두 번이나 규칙적으로 국무장관이 대통령으로 승격한 것이다.

이렇듯 남부와 동부가 차례대로 대통령에 취임하자 서부가 불만을 품었다. 계속 발달해온 서부는 이제 전 국토의 3분의 1 이상을 차지하게 되었고, 그들은 보스턴이나 버지니아 출신의 총명하고 학식 있는 사람보다 서부에서 단련된 정력적이고 민주적인 사람이 통치하기를 열망했다. 먼로가 재선에 성공했을 때의 만장일치는 표면적인 현상에 불과했다. 사람은 어떤 형태로든 서로 대립하지 않고는 지낼 수 없는 특성을 지녔기에 정당 대립이 사라지자 통치계급 사이에 불화가 생겼다. 재무장관 윌리엄 크로퍼드William Crawford가 먼로를 향해 단장을 휘두르며 "이 돼먹지 못한 늙은 악당아!"라고 윽박지르자 대통령이 이를 막기 위해 부젓가락을 들었다는 이야기가 떠돌 정도였다. 사실 이런 사건은 화평시대에도 있었다.

2. 1824년도 대통령 선거가 가까워지자 존 퀸시 애덤스는 백악관에 추파를 던지기 시작했다. 그에게 대통령 자격이 있을까? 그는 애덤스가 출신으로 존 애덤스 대통령의 아들이고 현재 먼로 대통령의 신임을 얻어 국무장관이 되었는데, 앞으로 하나님의 은총을 받을 수 있지 않을까? 정당 대립은 사라졌고 이제 문제는 인물이었다. 그는 체구가 작았고 대머리에다 풍채가 어수룩했다. 또한 공적으로는 소심하면서도 성미가 급하고 연설도 신통치 않았으나 사적으로는 너그러운 편이었다. 동료 관계에서는 냉정하고 의심이 많았으며 빈틈이 없었지만 가정에서는 애정이 넘치고 검소한 생활을 했다.

지나치게 성실해 보이는 그는 사람에 대한 비평이 너무 신랄해 겉보기엔 재미가 없었으나 깊이 사귀어보면 나라를 사랑하고 확고한 신념과 화산 같은 열정이 있는 인물이었다. 그는 아침 5시에 일어나 성서를 읽고 《일리아스Ilias》를 조금 번역한 뒤 포토맥 강에서 수영을 하고 돌아와 아침식사 전에 신문을 보았다. 글 쓰는 재능을 자랑으로 알고 계속 일기를 쓴 그는 장 드 라 퐁텐Jean de La Fontaine의 우화에 심취해 말 위에서도 그것을 암송할 정도였다. 과거에 그의 아버지가 그랬듯 그도 자신의 교양에 도취돼 보잘것없는 사람이 대통령 후보로서 자신과 경합하는 것을 몹시 불쾌하게 생각했다.

3. 이번 선거에서는 각 지방이 일치해서 추천하기보다 지방마다 제각각 마음에 드는 사람을 내세우기를 희망했다. 동부는 전국에서 제일가는 선동적인 웅변가 대니얼 웹스터Daniel Webster를 자랑으로 삼았다.

서부는 버지니아에서 태어나 켄터키 주에서 성장하고 워싱턴에서 주 대표로 활약한 헨리 클레이를 우상으로 삼았다. 클레이의 인기는 대단했고 그도 자신의 매력에 스스로 도취되어 있었다. 그는 타인을 기쁘게 해주는 사람으로 논쟁 중에도 마음속으로 타협할 방안을 미리 모색했다. 초기에는 제퍼슨파의 평화론자였으나 얼마 후에는 열렬한 애국자가 되었고 1812년 전쟁 때는 적극적인 확장론자였다. 1824년 그는 서부에 도로, 운하, 보조금 등을 지원해줄 수 있는 강력한 중앙 정부가 출현하기를 요망했다. 매력적이고 설득력이 비상한 그는 탁월한 민중의 지도자로 명성이 높았으나 민중을 어디로 끌고 가야 할지 확실한 방향을 모르고 있었다.

남부에는 두 명의 인물이 있었다. 한 명은 조지아 출신인 크로퍼드로 그는 약 10년간 내각에 있었고 훌륭한 풍채에 '명성 중의 명성'을 누렸다. 또 한 명은 보다 더 유력한 존 캘훈이었다. 사우스캐롤라이나 출신인 그는 금욕적인 농장주로 생김새가 수척하고 성질이 조급하며 유머감각은 없었으나 활동력만큼은 대단했다. 그는 소위 '목화 지대 Cotton Belt'로 불리는 신 남부를 대표했는데 이 지방은 제퍼슨의 출신지인 버지니아보다 더 거칠고 현실주의적이었다. 그의 침울한 푸른 눈과 모가 난 야윈 얼굴은 맹렬한 행동파로 보이게 했고 1822년 무렵 그의 정책은 헨리 클레이와 비슷했다.

4. 이번 대통령 선거의 다크호스는 앤드루 잭슨 장군이었다. 그는 뉴올리언스 등 여러 전투의 영웅으로 출신지인 테네시 주에서는 이미 2년 전부터 그의 출마를 권유하고 있었다. 잭슨이 주목할 만한 인물인 것은 사실이었으나 어떤 사람은 그를 위대한 민주주의자라 했고 또 어떤 사람은 그를 독재적인 선동가라고 평했다. 그의 일생은 참으로 기구했다. 그는 스코틀랜드계로 캘훈과 같은 사우스캐롤라이나 태생이고 신개척지 왁스호 마을에서 소년 시절을 보냈다. 아버지는 그가 출생하기 전에 사망했고 어머니도 어렸을 때 세상을 떠났다.

머리칼이 붉은 그는 진취적이고 쾌활했으며 싸움을 잘했다. 그는 먹고살기 위해 마구상馬具商에서 일을 거들다가 열여섯 살 때 자신이 간신히 읽고 쓰게 된 형편에 학교를 세웠다. 스무 살이 되자 자칭 변호사 행세를 했으나 법률에 관해 아는 것이 별로 없었다. 스물한 살 때는 테네시의 변경지대 내슈빌에서 지방검사로 임명되었다. 이것은 잘못된 인선이 아니었다. 변경지대에서는 검사가 범인을 스스로 체포하지 않으면 안 되었기 때문이다. 그곳에서는 힘이 따르지 않는 법률은 무력한 존재였다. 잭슨은 용감하고 우수한 기수 겸 사수였는데 내슈빌에서는 그것이 우수한 검사의 자격이었다. 그는 많은 사람에게 존경을 받았다.

얼마 지나지 않아 잭슨은 소방대와 민병대 그리고 군대의 지휘를 맡았다. 그에게는 결투, 맹렬한 욕설, 분노 등 무서운 일면도 있었으나 다른 한편으로 성서를 열심히 읽었고 위엄과 품위가 있는 남부인의 품격도 갖추고 있었다. 그는 낭만적인 연애 신봉자로 남편의 버림을 받은 레이첼 로바즈Rachel Robards라는 불행한 여인과 결혼했다. 결혼한 후에야 그는 비로소 아내의 이혼이 법적으로 완결되지 않았음을 알았다. 본의 아니게 죄를 범하는 생활을 했던 셈이다. 그에게 이것은 대단한 재난이었다.

5. 부주의로 인해 뜻하지 않게 간통을 범한 이들 부부는 내슈빌의 웃음거리가 되었고, 잭슨의 무서운 권총도 이 소문을 막을 수가 없었다. 이혼을 정식으로 완결한 후 잭슨은 다시 한 번 결혼식을 올렸다. 이번에는 합법적이었으나 이 이야기는 그의 정치 경력에 커다란 상처를 주었다. 그는 하원의원, 상원의원, 장군으로 출세하면서도 이 모욕에 대해 항상 주의를 게을리 하지 않았다. 이 때문에 그가 테네시에서 제일가는 명사수이자 부호 찰스 디킨슨을 살해했다는 사실은 모두가 알고 있는 일이었다. 이것이 그가 살아온 과거의 전부지만 이 사건은 끝내 그에게 낙인을 찍고 말았다.

그는 사교성이 좋아 사람의 마음을 금세 끌어당겼다. 훤칠한 키, 회색 곱슬머리, 푸른 눈동자, 군인다운 험한 얼굴에 비해 그의 인상은 부드럽고 좋았다. 철자법은 제멋대로이고 문법도 형편없었지만 그의 용기, 성실, 민중에 대한 깊은 애정으로 그는 여전히 빛나는 존재였다. "나는 민중의 도의와 양식을 신뢰한다"라는 그의 말이 보여주듯 그는 대중의 인기를 얻는 법을 잘 알고 있었다. 대통령 출마를 권유받았을 때 그는 "안 된다. 나는 내게 무엇이 알맞은가를 잘 알고 있다.

나는 사람들을 거친 방법으로 이끌 수는 있으나 대통령에는 어울리지 않는다"라고 말했다.

하지만 그는 어떤 인기 있는 인물도 전국적인 지지를 받지 못하고 있음을 감지했다. 애덤스에게는 동지, 클레이에게는 신조 그리고 크로퍼드에게는 인기가 부족했다. 잭슨에게 부족한 것은 무엇일까? 그때까지 양원 의원의 비공식 모임인 킹 코커스King Caucus(소수의 정당 지도부)가 선거 절차를 준비하고 후보자를 선정했다. 이제 지배계급의 킹 코커스에 싫증이 난 여론은 그것을 폐지하자고 요구했다. 1824년 킹 코커스는 크로퍼드를 선정했는데 이것은 크로퍼드의 패배를 결정적인 것으로 만들고 말았다.

6. 존 퀸시 애덤스는 잭슨을 위험한 경쟁자로 간주하긴 했지만 개인적으로는 그를 좋아했다. 선거에 앞서 그는 잭슨을 주빈으로 하는 무도회를 베풀었다. 키가 크고 얼굴에 살이 없는 장군과 작은 키에 비대한 국무장관 사이에 낀 애덤스 부인은 흡사 돈키호테와 산초 판자에게 영접을 받고 있는 것 같았다. 난생처음 무도화를 신어본 잭슨은 밤새 애덤스 부인에게 정중하게 응대했다. 두 경쟁자는 사이가 매우 원만해 보였다.

투표 결과 테네시 주의 앤드루 잭슨이 99표, 매사추세츠 주의 존 퀸시 애덤스가 84표, 조지아 주의 크로퍼드가 41표 그리고 켄터키 주의 헨리 클레이가 37표였다. 아무도 과반수를 얻지 못해 하원이 대통령을 선출해야 했는데 클레이가 사퇴했다. 과연 누구를 위한 사퇴인가? 그의 선택에 따라 대통령 선거의 방향이 좌우될 수 있었다. 클레이는 어제까지만 해도 경쟁자였던 사람들이 이제 친구라며 굽실대는 것을 보고 스스로 웃음을 금치 못했다. 사실 그는 자신의 미래와 그가 머릿속에 그리는 아메리카식 체제를 위해 오래전부터 애덤스와 밀약을 한 상태였다.

하원의 투표 결과 존 퀸시 애덤스에 13주, 잭슨에 7주, 크로퍼드에 4주가 찬성했다. 뉴욕 주의 단 한 표가 존 퀸시 애덤스에게로 왔고 덕분에 과반수 득표가 가능했다. 그 한 표는 바로 스티븐 반 렌셀러 Stephen Van Rensselaer의 것이었다. 성실하긴 하지만 주관이 없는 이 노인은 투표함이 자기 앞에 왔을 때 하나님이 영감을 내려주시도록 탁자 끝을 붙잡은 두 손 사이에 머리를 숙이고 기도를 했다. 그런 뒤 눈을 떴을 때 가장 먼저 눈에 띈 것이 바닥에 떨어져 있던 존 퀸시 애덤스의 투표용지였다. 그는 이것을 하나님의 계시라고 믿고 이 투표용지를 투표함에 넣었다. 애덤스는 당선됐으나 완전한 승리라고 할 수는 없었다. 적어도 국민의 3분의 2가 그에게 적의를 품고 있었기 때문이다. 이런 상황은 그의 통치가 용이하지 않으리라는 것을 암시했다.

7. 처음에 잭슨은 자신의 낙선을 좋은 뜻으로 해석하고 당선이 결정된 날 밤 애덤스를 찾아가 정중하게 축사를 전했다. 장군의 동지들은 사기를 당한 것이며 애덤스와 클레이 간에 불미스런 거래가 있었다고 주장했다. 잭슨은 그걸 믿으려 하지 않았다. 그런데 애덤스가 서툴게도 클레이를 국무장관에 임명하려 하자 일제히 비난과 공격이 폭발했다. 잭슨파는 이것이 바로 '더러운 거래'가 아니고 무엇이냐고 따졌다. 사실 부정한 흥정은 없었다. 존 퀸시 애덤스는 '가장 어리석

고 정직한 사람'일 뿐이었다. 크로퍼드 일당은 물론 잭슨파도 애덤스와 동일하게, 아니 그 이상의 거래를 클레이에게 제안했던 것이다. 그러나 아무도 이런 사정은 캐내려 하지 않았고 유독 애덤스만 죄가 있는 것처럼 공격했다. 이때부터 잭슨은 그와 사이가 틀어졌고 굉장한 증오심을 느끼며 그를 못살게 굴었다. 심지어 전 국민이 대통령을 싫어했다. 애덤스는 당시 정치가 중에서 가장 심술궂고 말재간이 좋았던 존 랜돌프를 푸블리우스 오비디우스Publius Ovidius의 시구에 비유해 혹평했다.

> 얼굴색은 회색에다 몸은 야위었고
> 가슴은 쓸개즙으로 검푸르며
> 혀는 독으로 가득 차 있다.

그러자 지독한 사나이 랜돌프가 '아메리카의 스튜어트가'라고 불리는 애덤스 왕조를 향해 과감한 투쟁을 전개했다. 그는 말했다.

"나는 존 1세를 때려눕히고자 비천한 신분으로 태어났고 이번에는 하나님의 은총으로 존 2세를 타도할 수 있게 되기를 기원한다. 대통령의 임기인 4년은 자식이 애비의 후광을 입는 마지막 사례가 될 것이다. 존 퀸시 애덤스가 양키 속에 끼지도 못할 너절한 인간이라는 것은 마치 제임스 매디슨이 버지니아인 축에 들지 못하는 것과 같다."

헨리 클레이에 대해서는 보다 더 신랄했다.

"이 물건은 빛나는 재주를 가졌으나 썩었다. 달빛 아래에서 썩은 고등어가 빛을 번쩍이다 악취를 풍기고, 악취를 풍기다 번쩍이는 것과 같다."

애덤스와 클레이의 제휴를 '브리필과 블랙 조지Blifil and Black George(영국 사실주의 소설가의 작품인《Tom John's a Foundling》의 주인공—역자주)의 제휴'라고 부른 것도 랜돌프였다. 불화의 시대는 드디어 오고야 말았다.

8. 다수의 지지도 대중의 인기도 없이 더구나 대중이 좋아하는 사람을 적대시하면서 일국의 정치를 이끄는 것은 절망스러운 일이다. 여기에다 애덤스는 타협 능력이 졸렬해서 사태를 더 곤란하게 만들었다. 그는 정당인들의 관료 임명을 시인하지 않고 국가의 이익을 위해 관리를 한자리에 오래 근무하게 해야 한다며 반대파 당원의 직위를 자파에게 주는 것을 거절했다. 이 점에서 그는 대단히 강경해(어떤 의미에서는 참으로 훌륭한 일이었다) 부정한 관리까지도 파면할 수 없을 정도였다.

그 결과 대통령은 의회와 대치했고 그의 모든 계획은 실패로 돌아갔다. 그는 국가주의적인 정책 수행, 헌법의 자유 해석 용인, 서부의 요망사항인 도로와 운하 건설, 주립대학교와 국립기상대 창설, 대륙개발 촉진, 미합중국 은행 육성, 수입세를 통한 산업 보호 등의 정부 시책으로 미합중국의 자급체제를 완비하려 노력했다. 이러한 미합중국식 체제는 본래 전국적인 지지를 받았는데 애덤스가 실행하려 하니 반발이 일어났다. 심지어 지역적 대립 감정이 다시 나타날 조짐을 보이면서 국가적인 계획을 방해했다.

아마 공업이 대규모로 발달하던 동북부만 애덤스를 지지했을 것이다. 남부는 금세 떨어져나가 얼마 후에는 노골적으로 대립했다. 그리고 서부의 세력을 쥔 잭슨을 지지하겠다고 제의했다. 사실 클레이는 애덤스를 위해 서부의 지지를 얻을 수 있다고 생각했다. 그런데 과거에 제퍼슨파이던 캘훈, 크로퍼드 그리고 뉴욕 주의 마틴 밴 뷰런Martin Van Buren(1782~1862, 제8대 대통령—역자주) 등 여러 사람이 서부의 지지를 얻을 사람은 클레이가 아니라 잭슨이라는 것을 깨닫고 그를 중심으로 결속했다. 잭슨은 서부를 좌우하는 소농을 대상으로 선거 운동을 전개했다. 그는 채무자의 눈에 악당으로 보이는 미합중국 은행을 공격했다. 또한 민중에게 버지니아나 매사추세츠의 소위 귀족들은 이때까지 정부를 그들의 가족 혹은 소유물처럼 취급했으나 이제는 민주주의자가 통치하는 민주주의의 시대라고 역설했다.

그가 이끄는 정당은 민주공화당Democratic-Republican, 애덤스와 클레이가 이끄는 정당은 국민공화당National-Republican이라 불렀다. 미합중국에서 과거에 있던 연방당과 반영방당의 대립이 서부가 참여하면서 새로운 이름으로 재현된 것이다. 해밀턴과 제퍼슨이 클레이와 잭슨으로 환생한 셈이다. 원래 해밀턴형과 제퍼슨형은 영원히 존재할 인간 유형이다.

9. 1828년을 겨냥한 잭슨의 선거 운동은 애덤스가 당선된 다음 해부터 시작되었다. 완벽한 조직을 구성한 이들은 3년에 걸쳐 전국적으로 위원회, 신문, 연회 등을 통해 운동을 추진했다. 잭슨은 도처에서 동지를 발견했다. 그는 오하이오 강변에서 여전히 개척정신으로 살아가는 사람들, 귀족주의에 분개하는 동부 해안지방의 사람들, '아메리카는 앨러게니 산맥의 서쪽에서부터 시작된다'고 생각하는 사람들을 만났다. 조지아 주는 토지 문제 분쟁에서 인디언을 지지했다고 애

덤스를 공격했고, 남부는 전반적으로 대통령이 주권을 침범했다고 그를 비난했다. 동부도 직공과 봉급생활자들은 지방정부로부터 부당한 처우를 받고 있다며 잭슨의 민주주의를 지지했다. 존 퀸시 애덤스에게 그의 이념은 야심에 따라 좌우되고 그의 정책은 출세할 기회에 따라 바뀐다는 평을 듣던 모략가 밴 뷰런은 잭슨이 뉴욕 주의 표를 쥐고 있는 자신과 제휴하면 틀림없이 당선될 것이라고 확신했다.

10. 애덤스를 두 번 다시 당선시키지 않겠다는 정적들의 공동작전으로 애덤스는 어느 대통령보다 어려운 정치생활을 했다. 의회는 국민이 선출하는 대통령 직접선거를 제정하기 위해 헌법 개정을 논의했다. 그 진행 중에 국민의 의사에 반하여 대통령이 되었다는 존 퀸시 애덤스의 사례가 듣기 거북할 정도로 여러 번 거론되었다.

남부는 대통령이 범아메리카 회의에 미합중국 대표를 파견했다고 맹렬히 비난했다. 이 회의는 독립한 지 얼마 되지 않는 남아메리카 공화국들의 모임으로 먼로주의에 따라 독립이 보장된 남아메리카가 미합중국의 참석을 권유했다. 남부는 이들이 노예제도에 반대를 표명했다고 불만이었는데 쿠바와 푸에르토리코에서 노예를 해방했다는 소식을 듣고 더 크게 불만을 터뜨렸다. 더욱이 흑인 공화국인 아이티의 독립을 승인할지도 모른다며 경계심을 보였다. 만약 워싱턴에 흑인 외교관이 나타나면 흑인 폭동을 크게 자극할 거라고 생각한 것이다. 상원은 근소한 차이로 파나마에 대표를 파견할 것을 승인했다.

대통령의 별것 아닌 행동까지도 반대파의 눈에는 죄악으로 보였다. 백악관에서 당구대를 구입했는데 미운 털이 박힌 애덤스 때문에 낭비라는 비난을 받았다. 1825년 라파예트가 진심으로 사랑하던 아메리카를 방문했을 때 애덤스는 그와 프랑스어로 대화를 나눴는데 그의 비아메리카적, 즉 유럽적 교양이 말썽이 되었다. 그가 라파예트에게 혁명당파를 멀리하라고 충고한 것을 알았다면 무슨 말이 터져나왔을지 모를 일이었다. 라파예트는 이제 나이가 예순여덟 살이 되었으니 혁명은 젊은이에게 맡기고 라그랑주에서 조용히 여생을 보내겠다고 대답했다. 그러나 재 밑에서도 불씨는 여전히 살아 있었다.

1826년 7월 4일 독립선언 제50주년 기념일에 대통령의 부친 존 애덤스와 토머스 제퍼슨이 같은 날 별세했다. 존 퀸시 애덤스는 일기에 다음과 같이 기록했다.

"제퍼슨의 죽음이 시간과 상황에서 내 부친과 우연히 일치한 것은 하나님의 은총이 깊고 크다는 명백한 증거다. 나는 비천한 몸으로서 우주의 지배자이신 하나님께 감사의 묵도를 올린다."

이번 일은 정말로 하나님이 깊으신 뜻으로 섭리를 내리셨다고 인정하지 않을 수 없었다. 오래전에 화해한 두 경쟁자가 같은 날 거의 같은 시간에 사망했다는 것은 틀림없이 숭고한 일이었다.

11. 부친의 사망도 그에게 쉴 틈을 주지 않았다. 관세 문제가 새로운 공격을 불러일으킨 것이다. 1812년 전쟁 이후 영국이 시작 단계에 있는 아메리카 공업을 억누르기 위해 손해를 무릅쓰고 수출을 강행했으므로 아메리카의 상품을 보호하기 위해 수입세를 부과하는 것은 타당한 정책이었다. 당시 북부에는 각종 공장이 있었고 남부도 공장을 건설할 것을 예상하고 관세에 합의했다. 그런데 남부의 태도가 표

변했다. 남부는 목화를 수출하고 면제품은 영국에서 수입해야 했으므로 관세에 반대한 것이다. 서부는 관세 수입을 서부의 대규모 공공사업에 지출할 것을 바라고 관세에 찬성했다.

잭슨을 지지하는 양쪽 지역의 이러한 태도 차이는 앞으로 그가 대통령으로 입후보했을 때 곤란한 문제로 작용할 터였다. 서부뿐 아니라 그를 지지하기로 약속한 펜실베이니아와 뉴욕도 관세에 찬성했다. 반면 캘훈이 잭슨에게 떠맡긴 남부는 관세에 반대했다. 도대체 어떻게 해야 할 것인가? 무엇이라고 말해야 할 것인가? 노련한 정치가 밴 뷰런은 잭슨에게 아무 말도 하지 말라고 권고했다. 의회 내의 잭슨 지지파는 어느 쪽에 찬성해야 좋을지 모르고 있었다. 관세에 반대하면 뉴욕 주를 놓치고 찬성하면 남부를 잃는다. 약삭빠른 밴 뷰런은 정부안보다 높은 세율로 다른 물품과 함께 원자재에도 관세를 부과해 동부 스스로 이 안을 거부하도록 하자고 건의했다. 뉴잉글랜드는 전처럼 의류품을 고가로 판매하려면 원료인 양모를 가급적 싸게 구입해야 했다.

결과적으로 이 책략은 실패했다. 뉴잉글랜드는 이 법률이 불합리하다고 생각했지만 관세에 대해서는 감정적인 집념을 가지고 찬성했다. 동시에 남부와 서부는 동부에 대한 앙심에다 정치적 전략상 찬성했고 결국 이 관세법안은 통과되었다. 남부는 분노를 터트렸고 찰스턴에서는 반기를 내걸었다. 캘훈은 국민 조세의 3분의 2를 남부가 지불하도록 강요하는 이 '더러운 관세'에 항의했다. 이전에 켄터키와 버지니아의 결의사항에서 선언한 이후 헌법상 '계약' 또는 주권 이론으로까지 발전한 국법 무효 선언을 또다시 외치는 남부인도 나타났다.

12. 남부의 격분 때문에 대통령 선거 결과를 예측하기가 어렵지 않았다. 이론상으로는 공화당 일당밖에 없었으나 애덤스와 클레이가 이끄는 국민공화당은 관세, 대규모 공공사업, 헌법의 자유 해석을 주장했고 캘훈과 잭슨이 통솔하는 민주공화당은 주들의 권익을 옹호하면서 관세에 반대했다. 선거 운동은 참으로 치열했다. 잭슨은 정치가들을 대놓고 공격하면서 자신이 정치가로서 가장 노련하다는 것을 입증했다.

애덤스는 잭슨파의 무자비한 모략을 규탄했으나 애덤스의 지지자들도 마찬가지로 잭슨을 잔인하게 공격했다. 그들은 잭슨의 싸움과 결투를 상기시키기 위해 희생자의 이름을 써 붙인 관을 메고 돌아다니기도 했다. 그들은 잭슨을 술주정뱅이, 노름꾼, 암살자, 싸움꾼이라고 선전했다. 또한 사생활까지 들춰내 이른바 '간통 사건'으로 비난했다. 애덤스파의 신문은 간통 부부를 백악관의 주인으로 삼을 수는 없다고 대서특필했다. 또한 미합중국 대통령이 권총을 들고 상원으로 뛰어들어 정적을 사살하는 것을 보겠느냐고 떠들어댔다. 이 중상모략의 진정한 의도는 성격이 격렬한 잭슨을 격분시켜 자멸하게 만드는데 있었다.

이것이 함정이라는 것을 재빨리 깨달은 잭슨은 자제했다. 군중은 "잭슨 만세!"를 부르짖었고 토론과 상관없이 그들의 영웅을 선택했다. 클레이는 자기 주인이 켄터키에서까지도 패배할 것임을 직감했다. 결과는 잭슨이 178표, 애덤스 83표로 압도적인 잭슨의 승리였다. 뉴잉글랜드만 대통령에게 충실했던 것이다. 잭슨을 지지한 캘훈은 부통령이 되었다.

그런데 선거 다음 날 새 대통령 부인이 갑자기 심장마비로 사망했다. 잭슨은 애덤스파의 신문기자가 발설한 중상 때문에 심리적 고통으로 사망했다고 말했고 또 그렇게 믿고 있었다. 노 용사가 반려자의 시신을 애틋하게 내려다보고 있을 때, 백악관에서는 존 퀸시 애덤스가 고별인사차 찾아온 인디언 추장 레드 재킷Red Jacket을 수심이 가득 찬 표정으로 접견하고 있었다. 레드 재킷이 말했다.

"우리 두 사람은 이제 과거의 사람이 되었습니다. 얼마 지나지 않아 하나님께서 부르시게 될 것입니다."

애덤스는 그날 일기에 다음과 같이 기록했다.

"나는 그렇다고 했다. 그리고 저 세상이 이 세상보다 좋기를 바란다고 대답했다."

아내의 죽음이 애덤스 때문이라고 생각한 잭슨은 워싱턴에 도착해서도 전임자에 대한 관례적 인사 방문을 거부했고, 결과적으로 존 퀸시 애덤스도 부친과 마찬가지로 후임자의 취임식에 참석하지 않았다.

—

chapter 10

변모

The Transformation

—

1. 앤드루 잭슨은 원인이 아니라 결과였다. 그가 대통령 재임 중에 아메리카의 민주주의를 발전시킨 것이 아니라 1790년부터 1830년에 이르는 동안 아메리카의 민주주의가 크게 변모했기 때문에 그가 대통령으로 당선된 것이었다. 그 40년 동안 미합중국의 인구는 400만 명에서 1,200만 명으로 세 배 늘었고 영토도 갑절로 확장되었다. 캘훈은 1817년에 이렇게 기록하고 있다.

"우리의 국토는 광대하며 급속히 성장하고 있다. 무서울 정도로 말이다."

정부에 정말로 불안감을 안겨준 커다란 문제는 따로 있었다. 서부에 이민의 물결이 끊임없이 범람하면서 계속 새로운 주가 생겼고 국내 정치세력의 균형은 10년마다 변했다. 뉴잉글랜드의 비관론자들은 서부로 향하는 대량 이동을 보고 당황한 나머지 이제 자기들의 주는 황폐하고 쇠락해 거리에 잡초만 우거질 것이라고 걱정했다. 알렉시스

토크빌Alexis Tocqueville은 그의 저서에서 다음과 같이 말했다.

"보통 사람들은 아메리카의 미개지를 매년 신세계 해안지대에 도착하는 유럽인이 개척했고, 미국인은 조상이 물려준 땅에서 번영하고 있다고 생각하지만 이는 커다란 착각이다. 미합중국에 상륙한 유럽인은 친지도 자금도 없기 때문에 살기 위해 우선 노동을 해야 하므로 대서양 해안지방에 펼쳐진 공업지대를 넘어 서부로 가는 일이 대단히 드물다. 자금이나 신용 없이 미개지를 개척할 수는 없다. 산림 속으로 뛰어들기 전에 먼저 새로운 혹독한 기후에 맞도록 육체를 단련해야 한다. 따라서 출생한 산천을 버리고 광대한 자기 토지를 얻기 위해 먼 곳으로 매일같이 떠나는 사람은 미국인이다."

중서부를 미국인이 개척했다는 사실은 미합중국 역사에서 특기할 만한 일이다. 그것은 이 나라의 단결을 확고하게 만들었다. 뉴잉글랜드의 청교도들이 지닌 장점과 단점이 오하이오와 일리노이에 이식되고 서부 정신과 모험주의가 오래된 아메리카 정신에 접목된 것이다.

2. 경제적·정치적 위기로 동부의 경기가 침체되자 모험정신이 강한 수천 가족이 오하이오 강 유역으로 출발했다. 그들은 식량을 마련해 말 또는 포장마차로 피츠버그까지 갔고 물자가 모자라면 도중에 농가에서 사들였다. 자금이 좀 있고 배를 부릴 줄 아는 사람은 피츠버그에서 톤당 5실링으로 뗏목 배를 사서 가족과 살림살이를 싣고 물이 불어나는 때 물줄기를 타고 편안하게 목적지에 당도했다. 가난한 사람 또는 배를 부릴 자신이 없는 사람은 뱃삯을 내고 남의 배에 자리를 빌렸다. 당시에 나뭇가지로 만든 오두막집, 어린아이들, 돼지, 닭,

건초, 농기구 등을 싣고 내려가는 수백 척의 뗏목 배를 볼 수 있었다. 많은 농가가 뉴잉글랜드에서 그대로 미시시피 평원으로 이식된 것이다. 투덜거리고 울어대는 시끄러운 가족과 가축에 둘러싸인 착한 아메리카 농민은 약속된 토지로 배를 타고 이주할 수 있었다. 그곳에 닿으면 자기 배 위에 있는 오두막집과 강변 사이에 발판 하나만 놓으면 그만이었다.

3. 처음 몇 주일의 고생은 이루 다 말할 수 없었다. 이민자들이 구입한 토지는 거의 언제나 삼림 가운데 있었기 때문에 가족은 배에서 잤고 남자들은 나무를 잘랐다. 이웃의 힘찬 팔과 도끼는 하나도 빼놓지 않고 새로 이사 온 사람을 위해 동원되었다. 새로 온 사람들을 돕기 위해 한 집에서 한 사람씩 자원하는 것이 관례였다. 이처럼 이웃 간의 친절과 호의는 서부사회의 뛰어난 특색이었다.

토지 개간이 끝나면 주부들은 우선 채소밭을 가꾸기 시작했고 5주일 후 푸성귀로 반찬을 만들었다. 집은 껍질만 벗겨낸 통나무집으로 햇빛, 공기, 연기가 모두 잘 통했고 조립도 매우 빨랐다. 장롱은 없고 대신 들소가죽 끈에 전 가족의 옷을 걸어두었다. 침대, 의자, 탁자 등은 숲 속에서 만들어왔다. 뗏목 배는 풀어서 판자로 쓰고 살림도구는 어느 것이든 말할 수 없이 귀했다. 처음엔 상점이 멀리 떨어져 있어 큰맘 먹고 떠나야 했다. 여자들은 옷을 만들기 위해 양털을 손으로 뽑고 짰는데 재주 있는 사람은 무늬를 넣어 짜기도 했다. 손으로 짠 옷감과 담요는 두껍고 오래 쓸 수 있었다.

시간이 좀 더 지나면서 행상인이 찾아왔고 인구가 늘어 영업이 되자 재빠른 장사꾼이 들어와 잡화상을 열었다. 이곳은 무엇이든 다 파는 상점이라 바늘, 닻, 해시계, 벽시계, 실, 레이스, 위스키, 식초 등이 있었다. 어떤 사람이 신발을 사려고 했는데 신발이 없자 가게 주인이 진(술)은 있는데 어떠냐고 묻고 또 어떤 사람은 아내에게 보온물통, 다리미, 빨랫솔을 사오라는 말을 듣고 갔다가 없어서 대신 뻐꾸기시계를 사가는 그런 상황이었다.

매매는 물물교환으로 화폐는 거의 사용하지 않았다. 따라서 사고판다는 말은 없고 사람들은 '거래trade'라는 말을 사용했다. 농민은 밀가루, 옥수수, 사과, 베이컨을 가지고 와서 냄비, 유리그릇을 가지고 갔는데 대충 볼티모어나 필라델피아의 세 배 값이었고 외상거래가 성행했다. 장사꾼들은 1년에 두 번 뉴올리언스에 있는 상품을 수로로 수송해오거나 자신이 직접 가져와서 막대한 이익을 남겼다. 그런 다음 현금으로 필라델피아에서 다시 사들인 후 서부로 출발했다. 이러한 이동 상인들은 대단히 광범위한 지역, 때로는 6,000마일(약 9,656킬로미터) 정도를 배 또는 포장마차로 돌아다니면서 막대한 재산을 일궜다.

4. 아메리카의 변경은 유럽에서 말하는 두 나라 사이의 국경과는 전혀 달랐다. 아메리카에서 그것은 '인간의 파도 끝에 물거품으로 이루어진 언저리'를 의미했다. 이런 곳에는 사람이 1평방마일(약 78만 평)당 두 명이 살았다. 그곳에서 소위 개척자형 인물이 장단점을 키워나갔던 것이다.

서부 사람은 대체로 거칠고 낙관적이며 독립적이었다. 서부에서 평등이란 이념이 아니라 살아 있는 현실이었고 늘 인디언과 삼림을 상대로 싸우는 일상생활은 모험소설 그대로였다. 이들은 대부분 아내와 몇 개의 의자, 한 권의 성서, 한 자루의 소총을 빼면 순전히 자기 손으로 모든 것을 일궈야 했다. 그 과정에서 그들은 마을이 발전하고 도시가 들어서며 주가 탄생하는 것을 직접 지켜보았다. 그중 누군가는 치안판사가 되고 또 누구는 군판사가 되며 어떤 사람은 주의회 의원이 되었던 것이다. 데이비드 크로켓David Crockett은 법률을 공부한 일 없이 재판을 집행했으나 성실과 상식으로 우수한 재판관이 되었다.

결과적으로 인간의 의지에 대한 적극적인 신뢰와 무한한 미래의 희망이 생겼다. "다른 나라는 역사서에 의존하지만 아메리카는 예언서에 의존한다"는 말은 서부 정신을 표현하는 가장 적절한 문구다. 서부에서는 모든 투기를 허용했고 모든 야망이 합법적이었으며 동화를 실현할 기회가 있었다. 이때까지 밀림지대였던 토지에 문명이 산불같이 빠르게 퍼져나갔다. 이런 일은 세계에서 아무도 보지 못했던 놀랄 만한 볼거리였다. 이 비약적인 발전을 목격한 한 프랑스 여행자는 슬픈 심정으로 "아메리카는 발전하고 있는데 유럽은 몰락하고 있다"고 기록했다.

5. 동부와 남부도 급속히 변화했다. 동부에서 가장 중요한 문제는 제반 공업을 발달시켜 신생 주들과의 통상을 독점하는 것이었다. 방적과 방직에 증기기관을 가장 먼저 이용한 나라는 영국이었다. 영국은 이것을 독점하려고 오랫동안 그 방면의 기술자와 노동자의 해외 이주를 금지했다. 하지만 이런 기밀이 오래 유지되기는 어렵다. 장기간에 걸친 해외시찰에서 돌아온 보스턴 출신의 프랜시스 캐벗 로웰

Francis Cabot Lowell이 매사추세츠에 공장을 건설했고, 이 공장에서 방적과 직포 공정이 일괄 작업으로 이루어졌다.

1812년 전쟁은 아메리카 공업계에 무한한 자극을 주었다. 즉 영국과의 관계가 단절되고 상업자금 수요가 줄어들자 이것이 공업에 투자된 것이다. 그야말로 '공업의 독립전쟁'이었다. 로웰은 친척인 패트릭 트레이시 잭슨Patrick Tracy Jackson과 함께 자기 이름을 본떠 로웰이라 명명한 면직 도시를 세웠다. 얼마 후 로웰 시와 보스턴 시를 연결하는 철도가 부설되었으니 잭슨은 아메리카 최초의 철도 건설에 크게 기여한 셈이다. 1817년 프랑스인 메를르 도비뉴Merle d'Aubigne는 누보 루비에르Nouveau-Louviers라는 흑색과 청색의 아름다운 옷감 생산 공정을 사진으로 보고 크게 감탄했다.

1840년에는 10만 명 이상의 노동자가 공장에서 일을 했다. 당시 석탄과 철광이 서로 가까운 위치에서 발견되어 제철 공업이 급속도로 발전했고 난로와 못을 대량으로 생산했다. 더불어 통조림 공장과 제화 공장도 발전했다.

식민지 시대에는 남부가 북부보다 부유했지만 이제 북부의 도시는 번영하고 남부의 도시는 쇠퇴했다. 남부의 농장주는 북부의 은행가에게 융자를 요청했고 그들은 북부가 제정한 관세 때문에 빈곤해졌다고 북부를 비난했다.

6. 공업 발전은 노동 문제를 야기했다. 이전까지 유일한 노동 문제는 일할 노동자를 구하는 것이었다. 작은 공장에서는 노동시간이 농사일처럼 분명하게 정해져 있지 않았다. 점심시간에 잠깐 쉬는 것 외

에는 아침부터 밤까지 노동이 이어졌다. 초기에는 모두가 이런 상태였다.

1839년 로웰에서는 많은 여자와 어린이를 고용했는데 그들은 일주일에 6일, 매일 12시간씩 노동을 했다. 도시가 급속히 발전했으므로 주택 문제는 비참할 정도였다. 1820년 겨우 수백 명밖에 없던 로웰 시는 1840년에 인구가 2만 명에 달했다. 수공업 시대의 직공은 반농 생활을 했으므로 작긴 했어도 자기 집에서 살았고 채소밭도 있었다. 그러나 동력기계의 직공은 도시의 판잣집에 살았고 생활수준도 과거만 못했다. 공장 확장에만 열중한 공장주들은 노동자에게 그리 관심을 두지 않았다. 노동자들은 너무 피곤해서 단결을 시도할 여유조차 없었고 법원은 노동자의 집단 활동에 제약을 가했다. 임금 인상을 요구하기 위해 합의하는 것조차 '음모'로 취급받았다. 노동자에게 묵인되는 유일한 단체는 자선단체뿐이었다.

영국의 자선가 리처드 오웬Richard Owen은 1825년 인디애나 주 뉴하모니에 협동조합을 설립하려다 실패했다. 1825년 이후에는 노동협회라는 노동조합이 많이 등장했다. 1828년 처음으로 필라델피아 전 도시의 노동자를 망라한 노동조합이 결성되었고, 1834년에는 전국연맹을 결정하자는 제안이 나왔다. 노동조합 세력은 잭슨이 대통령에 당선되는 데 결정적인 공헌을 했다. 하루 10시간 노동을 요구하는 운동이 시작되었고 잭슨은 먼저 주립공장의 노동시간을 제한했다.

7. 남부는 남부 특유의 문제로 인해 1830년부터 1865년까지 아메리카 역사의 주류가 되었다. 사실 남부는 오랫동안 버지니아의 사상

적 영향을 받아왔다. 하지만 흑토지대에 부를 안겨준 목화 재배가 놀랄 만큼 발전하자 버지니아 주의 고매하고 우아한 인도주의적 박애 정신은 사우스캐롤라이나 주 노예 농장주의 씩씩하고 거친 현실주의로 바뀌었다. 18세기 말에 소멸할 뻔하던 노예제도는 10년 후 농장주에게 꼭 필요한 것이 되었다.

언제나 그렇듯 농장주들은 현실적으로 필요한 제도를 이론적으로 정당화할 구실을 찾아냈다. 즉, 남부의 사상가는 이론적으로는 노예제도를 바탕으로 한 그리스적 민주주의 모델을 옹호하고, 현실적으로는 그 독특한 제도를 지키기 위해 서부와 동맹을 맺었다. 그들은 북부가 노예제도를 비난하면 한층 더 이것을 옹호했다. 자신도 비난받을 만한 짓을 하고 있으면서 남을 도덕적으로 비난하는 것처럼 사람을 격분하게 하는 것도 없다. 그들은 미성년 노동자를 고용하는 북부 사람들에게 어찌 남부의 노예를 고발할 권리가 있느냐고 반박했다.

8. 아메리카 체제는 단순히 경제 자급만을 위한 계획이 아니었다. 교육과 문학도 점차 순수한 아메리카적 성격을 띠기 시작했다. 변경에는 학교가 거의 없었고 많은 어린이가 앤드루 잭슨처럼 독학을 했다. 나중에 미합중국의 대통령이 된 앤드루 잭슨은 결혼할 때까지 글을 깨치지 못했다. 이런 이유로 아메리카의 변경지대 사람들은 오래된 문화를 멸시하면서 지적 독립을 꿈꾸었다. 여기에다 1812년 전쟁은 영국에 대한 분노를 유발하고, 나폴레옹 전쟁은 미합중국과 프랑스의 우호관계를 단절시켰다. 서부는 버지니아나 뉴잉글랜드와 달라 감각적으로 이미 구대륙의 자손이 아니었다.

미시시피 평원지방의 유머감각은 유럽에서 금기시하는 주제까지 받아들였다. 말하자면 아메리카는 지적 해방을 자각했다. 1826년 철학자 찰스 에버렛Charles Everett은 말했다.

"문명 발달에서 독립 선언 이후의 50년이 식민지로 종속하던 5세기보다 뒤지지 않는다."

유럽에서 온 사람들, 예를 들어 토크빌 같은 사람은 이런 견해를 시인하고 정치에 관해 배울 점을 찾아 아메리카로 왔다. 물론 그와 반대되는 견해도 있었다. 시드니 스미스Sidney Smith(영국의 목사, 저술가―역자주)는 이렇게 물었다.

"아메리카는 독립 이후 30~40년간 과학, 예술, 문학 등에 전혀 기여한 바가 없다. 지구상에서 누가 미국인의 저서를 읽었는가? 누가 미국인의 연극, 회화, 조각을 감상하고 있는가?"

하지만 기지가 풍부한 사람이 흔히 그렇듯 시드니 스미스도 사실을 제대로 파악하지 못하고 있었다. 실제로는 지구상에서 여러 사람이 《모히칸족의 최후The Last of the Mohicans》를 읽었던 것이다. 이 소설의 작가 제임스 쿠퍼James Cooper의 작품은 세계의 독자에게 환영받고 있었다. 그의 작품과 주인공 레더 스타킹Leather-Stocking이나 호크아이Hawkeye 등이 서사시적이고 낭만적인 성격을 보여주었기 때문이다. 그는 영국식을 본떠 소설 《경계Precaution》를 쓰면서 내심 주저하기도 했다. 이후 자신감을 얻어 계속 소설을 썼는데 다음 작품 《스파이The Spy》는 아메리카 문학의 독립선언이라는 말까지 들었다.

또 한 사람 뉴욕 출신인 워싱턴 어빙Washington Irving은 영국의 최고 풍자작가에 필적할 만한 문필가로 아메리카적 작가의 전형을 유럽에 보여주었다. 당시 역동적인 금융도시 뉴욕이 이 나라의 지적 활동에 참여했다는 사실 자체가 새로운 아메리카의 탄생을 상징했다.

"20년 동안 잠을 잔 뒤 식민지로 돌아온 노인 립 밴 윙클Rip van Winkle(어빙 소설의 주인공)이 느끼는 당혹감은 식민지 시대의 정신을 그대로 간직한 사람이 새로운 질서에 부딪혔을 때의 놀라움과 같았다."

요컨대 아메리카는 아메리카적으로 변해가고 있었다.

chapter 11

—

결론: 새로운 시대의 도래

Conclusion

—

1. 패뉴일 홀Faneuil Hall에서 고인이 된 존 애덤스와 제퍼슨을 기리는 추도사를 통해 대니얼 웹스터는 다음과 같이 말했다.

"아메리카와 함께, 아메리카에서 인류사회의 새로운 시대가 열렸다는 사실은 감히 태양과 싸우려는 사람이 아니고는 아무도 부인하지 못할 것이다. 이 시대의 특색은 자유로운 대의정치, 완전한 종교의 자유, 발달한 국내 교통, 새로이 보급된 확고부동한 자유토론 정신, 지역사회에의 비약적인 교육기관 보급 등으로 이는 모두 과거에 보거나 듣지 못했던 것들이다."

자부심이 넘쳐흐르는 이 주장은 과연 정당한가? 잭슨의 당선으로 미합중국 정부가 전 국민을 대표하게 된 것만은 사실이다. 잭슨 이전에는 정부의 실권이 자유주의적이며 자비심 많은 귀족정치를 표방하는 소수 특권계급에 있었다. 그러나 서부 사람들은 자선이 아니라 권리를 원했다. 연방당은 이미 루이지애나를 차지했을 때부터 이런 변화를 경계해야 한다고 인식했는데 그들의 견해는 옳았다. 서부의 발전이 연방당 파멸과 낡은 지배계급의 몰락을 불러왔기 때문이다. 사실 헨리 클레이는 새로운 통치계급을 만들고 일종의 간섭정치를 통한 이득을 내세워 대중의 인기를 모으려 했다. 그러나 잭슨을 선택한 서부는 클레이와 완전히 절연했고 그 순간부터 미시시피의 평원은 '민주주의의 평원'이 되었다. 서부에서는 이미 극히 일부를 제외하고 재산에 따르는 선거 자격 제한을 철폐하고 있었다. 동부도 이 선례를 따르지 않을 수 없었다. 서부가 보통선거제도의 전국적인 보급을 촉진한 것이다.

2. 의회의 지도자들은 오랫동안 대통령 후보를 선정하는 권한을 쥐고 있었다. 각 정당의 지도자들은 비공개적으로 협의회를 열어 후보자의 자격을 토의했다. 그러다가 점차 대중이 선거에 참여하면서 당 대회에서 유력한 후보자를 선택하는 관례가 생겼다. 이렇게 선출 방법이 바뀌자 지명 후보자의 유형도 달라졌다. 협의회 시대에는 애덤스나 매디슨처럼 학식이 풍부한 사람이 유리했으나 당 대회 제도에서는 전국적으로 이름이 알려져 있거나 알릴 수 있는 서민의 영웅이 유리했다. 어떤 때는 당내에서 유력한 세 명의 후보자가 경쟁하다가 엉뚱하게도 대단치 않은 제3자가 선출되는 경우도 있었다.

잭슨의 당선은 대통령이 의회에 의존하던 시대에 종말을 고하고 민중의 여론에 의존하는 새로운 시대를 열었다. 워싱턴 대통령처럼 특별한 경우를 제외하면 미합중국 대통령이 명실공히 전 국민을 대표한 것은 잭슨 시대부터였다. 이러한 상황 변화는 대통령에게 헌법에 명시되지 않은 거대한 권능, 즉 강력한 실천력이 있는 행정권을 부여했다. 그러나 대통령 선거가 국민 생활과 불가분한 중대한 행사가 되고 4년 중 2년이란 긴 시일을 두고 국민이 관심을 기울여야 한다는 것은 한편으로는 위험한 일이기도 했다.

3. 서부가 아메리카에서 그 비중이 막중해진 이유는 무엇일까? 이는 국가의 장래가 서부에 달려 있었고 이 사실을 잘 아는 남부와 동부 두 지방이 서로 서부의 협조를 구했기 때문이다. 1812~1821년에 서부의 다섯 개 주가 새롭게 연방에 가입했다. 더불어 서부는 상원의원 열 명이 늘었고 앞으로 계속 의원 수가 증가할 것이 확실했다.

1820년에 시작된 남부와 서부 간의 협조는 중간에 잠깐 단절되었을 뿐 24년간 민주공화당 정권을 유지하는 데 지대한 공헌을 했다. 하지만 협조는 결국 깨졌고 노예제도로 남부가 고립되는 사이 서부는 점차 공업화하는 동부와 가까워졌다. 서부와 남부의 협조가 지속된 기간에는 채무자를 보호하고 특권계급을 억제하는 서부의 농민 본위 민주주의적 정치사상이 지배적인 위상을 점했다. 한 영국 역사가는 당시의 아메리카 정세를 다음과 같이 생각하면 이해하기 쉽다고 말했다.

"아메리카 대서양 연안에 영국이, 앨러게니 산맥의 서쪽에 캐나다와 오스트레일리아가 위치하면서 이들이 한 국가를 구성하고 각기 그들의 정책을 토대로 지배권을 계승했다."

잭슨 시대에는 이 지배권이 서부에 있었고 이는 13개 주로 구성된 모국을 지배한 셈이었다.

4. 웹스터는 '완전한 신앙의 자유'를 자랑삼아 말했는데 이것은 사실인가? 그런 방향으로 많은 진보가 있었던 것은 사실이다. 뉴잉글랜드에는 관습상의 종파 차별이 여전히 남아 있었으나 정치적 영향은 거의 사라졌다. 제임스 로웰James Rowell은 말했다.

"프로테스탄트주의는 이제 성숙했기 때문에 더 이상 항의protest를 하지 않았다."

윌리엄 채닝William Channing 박사가 이끄는 유니테리언파Unitarians는 합리적인 낙천주의로 캘빈파의 염세주의와 대립했다. 남부에서는 감독파교회가 장로교와 감리교의 침투로 중립화되었다. 서부에서는 각종 분파의 창설자, 이동 설교사, 오두막집 집회 등이 성황을 이뤘다. 이때 종파가 다수 공존하면서 종교적 관용이 생기기도 했다. 동부는 복음을 전도하기 위해 다퉈가며 대학을 창설했고 전국적으로 그리스도교가 절대적으로 우세했다. 일부는 정말로 믿어서 교인임을 표명했고 나머지 사람들은 믿지 않는다고 하기가 두려워서 교인으로 자처했다. 적어도 외견상 신앙의 일치는 국민의 단결과 과감한 정치적 모험을 비교적 원만하게 진행하는 전통을 견고하게 해주었다.

5. 잭슨의 정치 슬로건은 '민중에 의한 통치'였다. 이것은 이전에 제퍼슨의 슬로건이기도 했다. 제퍼슨이 말한 민중은 영국의 민중과 마찬가지로 정치에 익숙한 소수파가 통치하는 것이지만, 잭슨의 민중은 스스로를 위해 자기 마음에 드는 지도자를 선택하는 것이었다. 이런 의도를 실현할 수 있을까? 토크빌은 아메리카의 민중이 번영하고 자유로우며 행복하다는 점을 들어 긍정적인 판단을 내렸다.

그렇다면 이러한 성공의 원인은 무엇일까? 일부는 드넓은 처녀 대륙과 남아도는 비옥한 농토 때문이라고 생각했다. 그러나 여건이 동일했음에도 다른 나라에서 같은 성과를 올리지 못한 일이 있으므로 아메리카의 성공은 여건뿐 아니라 그들의 우수한 법률과 엄격한 도덕에서 비롯된 것이라고 덧붙였다. 일찍이 몽테스키외는 군주정치의 원동력이 명예심에 있다면 민주정치는 도의심에 있다고 말했다. 민중의 투표로 정권이 교체되는 상황에서 국민은 경솔한 결정을 하지 않도록 주의하고, 집권자는 특권의식을 버리고 준엄한 여론에 따라 절제 있는 행동을 해야 한다.

'경이로운 나라'에 사는 미국인은 당연히 '기업적이고 모험적이며 창의적인' 기질을 지니게 되었다. 모든 정치 활동에 필요한 속도 조정기 역할은 가정생활, 여성 그리고 종교가 담당했다. 청교도주의는 엄격한 양심을 조성했고 사람들은 자신과 이웃에 성실했다. 여성은 존경을 받았으며 그들은 깊고 건전한 영향력을 발휘했다. 성직자는 정부와의 온갖 대립을 회피했을 뿐 아니라 전력을 다해 정부를 지원했다.

6. 건국의 아버지들이 만든 미합중국 법률의 우수성은 시간이 갈수록 더욱 뚜렷해졌다. 헌법을 시행하고 보니 이것이 정부의 우수한 문서임이 증명된 것이다. 헌법은 국민의 주권을 보호하는 한편 강력하고 영속성 있는 행정권을 창조했다. 연방 방식은 연방정부가 '대공화국의 실력과 소공화국의 안전 보장'을 동시에 향유하게 해주었다. 사법권은 존 마셜의 덕택으로 다수의 요망을 거부하지 않고 그 활동

을 조정, 지도, 견제하는 기능을 보유했다. 대지주의 귀족정치는 사라졌고 남부를 제외하고 전반적으로 실시하는 보통선거제도로는 부유한 사람이 불리했으므로 경제계에서 정치가가 나오기는 어려웠다. 관습법을 시행하던 이 나라에서는 일반 시민이 법률을 해석하기가 어려웠던 만큼 당연히 변호사가 유리한 정치적 지위를 차지했다. 그 결과는 그리 나쁘지 않았다. 선거에 출마한 변호사는 당선을 위해 유권자에게 감언이설로 아첨했으나 당선 이후에는 직업의식 때문에 법률을 존중했다. 존경받는 판정자인 법관은 헌법을 정당보다 상위에 놓고 정당의 무절제한 활동을 견제했다.

7. '자유질의 정신과 자유토론 존중'이 아메리카의 자랑이라고 한 웹스터의 말은 타당했다. 미국인은 앵글로색슨 조상에게서 지방행정 기관과 의회의 공개토론에 관한 운용 방식을 상속받았다. 작은 촌락, 자선단체 또는 클럽에서도 영국에서 국내 안정 유지에 공헌한 전통적인 규칙을 따랐다. 아메리카 시민의 교양은 깊지도 넓지도 않았으며 인도주의에는 거의 무관심했다. 유럽의 역사에 관한 지식도 별로 없었지만 자기 나라의 정치에 대해서는 놀랄 만한 판단력, 의욕 그리고 깊은 관심을 보였다.

그러나 미국인에게도 결점이 있었다. 끊임없는 창조라는 흥미로운 경기를 위해 계획과 야심에 너무 열중한 나머지 그들은 거기에서 파생되는 피해를 미처 생각지 못했다. 서부는 자신들의 토지와 사냥터를 빼앗긴 인디언의 불행, 남부는 노예제도의 고통, 동부는 공장의 비참한 노동조건에 대해 무감각했다. 모든 사태에도 불구하고 그들이

50년간 성취한 업적은 놀랄 만하고 유럽에서 쇄도한 이민자는 신대륙의 생활이 구대륙보다 행복하다는 것을 증명했다. 웹스터가 1830년 전후의 아메리카에서 정치적 평등이라는 인간관계의 신시대가 창조되었다고 말한 것은 타당하다. 그렇다면 이것은 영속할 것인가? 이민자들이 버리고 온 유럽의 계급정치 대신 새로운 형식의 계급정치가 생기는 것은 아닐까? 이 질문에 대한 해답은 경험으로 터득하는 수밖에 없었다.

여하튼 반백의 곱슬머리와 빛나는 왕관을 쓰고 연로한 잭슨이 테네시에서 말을 타고 백악관에 당도했을 때 이제 구원받았다는 행복감과 함께 희망으로 가득한 위대한 모험, 미개발의 자원이 넘쳐흐르는 광대한 대륙이 만인에게 부여한 기회 균등 등으로 이뤄진 아메리카 정신은 사람들을 매료시켰다.

제4장

—

성장기에 따르는 고통

HISTOIRE DES ETATS-UNIS

—

chapter 1

앤드루 잭슨의 시정

The Reign of Andrew Jackson

—

1. 처음으로 버지니아 출신도 아니고 애덤스 가문도 아닌 한 인물이 전 국민의 축복을 받으며 백악관으로 들어섰다. 취임식 전야에 그를 숭배하고 추종하던 많은 사람이 수도 워싱턴으로 모여들었다. 남부와 서부의 모든 주는 빠짐없이 축하사절단을 파견했다. 선거 운동의 대가로 한자리를 요구하러 온 사람도 있었으나 대개는 잭슨을 직접 보고 경의의 박수를 보내기 위해 모여든 사람들이었다. 덤덤한 모습, 훤칠한 체격, 역전의 용사다운 위엄이 서린 잘생긴 얼굴은 대단한 매력을 풍겼다.

잭슨과 관계된 것이라면 무엇이든 미워하던 대법원장 마셜이 선서를 진행하는 가운데 그가 성서에 입술을 대는 순간 우레와 같은 군중의 환호성이 울려 퍼졌다. 군중은 떼를 지어 대통령을 향해 몰려들었다. 이들은 정치가와 목동, 상류 부인과 세탁부, 백인과 흑인이 뒤섞인 군중으로 대통령의 뒤를 따라 백악관 안의 접견실로 향했다. 그 뒤는 이루 말할 수 없는 난장판이었다. 식탁의 음식은 약탈을 당한 듯 깨끗이 사라지고 급사들은 사람에 밀려 땅에 쓰러졌으며 의자는 진흙 발에 짓밟혔다. 그곳에서 빠져나와 몸을 피하려 애쓰는 노영웅 잭슨에게 너무도 많은 사람이 악수의 손을 내밀었다. 겁에 질려 창문으로 뛰어내린 부인들도 있었다. 실내에 들어온 사람들을 밖으로 유도하기 위해 정원 잔디밭에 오렌지 펀치 쟁반을 내놓기도 했다. 난장판 잔치가 끝난 백악관은 흡사 야만족의 약탈을 당한 로마 궁전의 모습을 방불케 했다.

"수천 달러에 달하는 사기 식기와 유리 기물의 파편, 코피를 쏟은 많은 사람이 대단했던 소란의 규모를 말해주었다."

이 광경을 목격한 해리슨 스미스Harrison Smith 부인은 이것을 프랑스 대혁명 때 튀일르리 궁전을 약탈한 군중과 같다고 말했다. 그러나 그렇게 비교하는 것은 잘못이다. 백악관의 군중이 지나치게 열광적이긴 했지만 반란자가 아니라 그의 지지자들이었고 잭슨 자신도 마음속으로 조금도 불쾌하게 여기지 않았기 때문이다.

2. 잭슨은 부유한 자유주의자가 일정한 거리를 두고 민중을 사랑하는 식이 아니라, 친구와 같이 스스럼없이 민중을 사랑했다. 가난한 집안에서 자란 그는 가난한 사람들이 어떤 경우에 굴욕과 원한을 느끼는지 잘 알고 있었다. 그래서 그는 서부 소농의 대표자이자 동부 노동자의 대표자이기도 했다.

동부 해안의 공업지대에서는 1812년 전쟁 이후 무산계급들의 집단 이민이 날로 증가하고 있었다. 뉴욕, 필라델피아, 피츠버그 등에서는 노동계급 유권자들이 모두 잭슨파가 되었다. 이들 무산계급과 마찬가지로 잭슨도 기업의 독과점에 따르는 불평등, 금융업자의 부당한 이익을 증오했다. 개척자이자 개척자를 위한 변호사로서 오랫동안 일해온 그는 동부와 서부를 농락하던 진상을 소상히 알고 있었다. 시장을 지배한 보스턴과 필라델피아의 상인들은 테네시의 산물을 최저가격으로 사들였고 매사추세츠와 펜실베이니아의 상품을 최고가격으로 판매했다. 잭슨은 자기의 임무 중 하나가 이런 폭리를 취할 수 없도록 하는 데 있다고 생각했다.

3. 신임 대통령은 당선에 커다란 공을 세운 밴 뷰런을 국무장관에 임명했다. 천성이 정치가인 밴 뷰런은 철학가, 정치가, 사교가 그리고 선거 운동의 대가였다. 우아한 풍채와 언변, 기지, 조예가 깊고 평판이 높은 일화를 곁들이는 화술, 친근하면서도 뼈 있는 야유를 잘하는 그는 아메리카의 탈레랑이라는 별명을 얻고 있었다. 그의 친구들은 그를 '꼬마 밴' 또는 '작은 마술사'라고 부르며 존경했다. 그의 정적들은 그를 팔방미인이라고 비난했으나 사실은 그렇지 않았다.

대중은 잭슨을 사랑했지만 밴 뷰런에게는 본능적인 사랑을 느끼지 않았다. 하지만 밴 뷰런은 자신이 미국인 중 잭슨 다음가는 인물로 가장 사려 깊고 신중한 사람이라 믿었고 또 그렇게 되기를 바랐다. 그는 국무장관 자리를 곧바로 수락했으나 각원이 될 사람들의 명단을 보고 그것을 후회했다. 잭슨의 각원 선임은 졸렬했고 '가장 우둔한 내각'이란 비난을 받았다. 그뿐 아니라 밴 뷰런과 그보다 못한 존 이턴 John Eaton 외에는 진정으로 대통령을 보좌할 만한 사람이 없었다. 모든 중요한 문제에 관해 잭슨은 정적들이 '주방 내각Kitchen Cabinet'이라 부르던 사람들과 협의할 수밖에 없었다. 그중에는 애모스 켄들Amos Kendall처럼 테네시에서 따라온 신문기자들, 대통령 선거사무장을 지낸 윌리엄 루이스William Lewis 소령 등 사적인 친구가 많았다. 루이스는 지도자에게 으레 있어야 할 절대적인 심복 역할을 하면서 대통령의 열정적이긴 하나 치졸한 연설 원고를 세련된 문장으로 손질했다. 얼마 지나지 않아 워싱턴에는 주방 내각이 대통령을 지배하고, 나아가 대통령을 통해 국가를 지배한다는 풍설이 떠돌았다. 실상은 그렇지 않았다. 잭슨은 강철 같은 의지의 소유자로 자기 뜻을 굽힌 적이 없었다.

4. 잭슨의 지지자들은 관직을 얻기를 기대했으나 전에 어느 대통령이 말한 대로 관리란 여간해서 죽지도 않고 그만두지도 않았다. 잭슨은 그리스 신화에 나오는 '아우게이아스의 외양간 청소'처럼 관료들을 대폭 경질함으로써 여당에 반대하는 상당수의 사람들을 정리했다. 그때 지난 정권에서 관직을 얻은 612명 중 250명을 파면했다. 그리고 아무런 거리낌 없이 600명에 달하는 우체국장을 교체했다. 그는 직위에는 이권이 따르며 우체국장과 세관감시원 같은 간단한 직책에도 경험이 필요하다는 상식을 인정하지 않았다. 반대를 하는 사람에게 그는 "우리의 자유를 영원히 보장하는 데는 관직의 윤번 교대제가 필요하다"고 말했다.

'전리품은 승자의 것'이라는 유명한 표어는 흔히 잭슨이 처음 사용한 것으로 알려져 있지만, 실제로는 뉴욕 주 상원의원 윌리엄 마시

William Marcy의 말이었다. 물론 잭슨도 선거 운동의 대가로 관직을 주어서는 안 된다고 생각하지 않았다. 만약 선임 관리들이 계속 전 정권에 충성을 다한다면 그들에게 새로운 정책 집행을 어떻게 위탁하겠는가? 특히 금권정치를 타도하려 한 잭슨은 금권정치가들이 앉혀놓은 관리들을 축출해야 한다고 생각했다. 그는 개척지에서 아무런 경험도 없는 사람들이 교장, 판사, 사법관리가 되어 일을 잘해낸 사실을 몸소 체험한 사람이었다. 그는 사람은 어떤 직위에든 적응할 수 있고 애덤스나 클레이의 패거리보다는 자신을 신뢰하는 동지들이 더 훌륭한 우체국장이 될 수 있다고 진심으로 믿었다.

5. 선거 운동 기간에는 대통령과 부통령의 사이가 좋았다. 부통령 캘훈은 차기 선거(1832)에서 자신이 잭슨에 이어 대통령이 될 거라 믿었고 이 희망이 괴로운 현재의 심정을 달래주었다. 그러나 대통령의 측근이 잭슨의 재출마 계획을 세우는 데다 그다음에는 밴 뷰런이 물망에 오르는 것을 알고 몹시 불안해했다. 이후로 이 '작은 마술사'의 마술적 수완이 그에게 악몽처럼 들러붙어 두 사람 사이는 원만하지 못했다.

잭슨과 캘훈의 사이를 이간질하는 일은 밴 뷰런 지지자들이 노리는 주요 목표였다. 특히 '페기 오닐 이턴Peggy O'Neale Eaton' 사건이 여기에 큰 도움을 주었다. 전에 상원의원이었고 이번에 육군장관이 된 이턴은 페기 오닐과 결혼했는데 그녀는 여관 주인의 딸로 그 여관에 잭슨이 이턴과 함께 유숙한 일이 있었다. 워싱턴의 상류 부인들은 페기 오닐을 상대하려 하지 않았고, 그녀가 첫 남편이 살아 있을 때부터 이턴의 정부였다는 소문을 퍼뜨렸다. 각료 부인들도 그녀와 교제하기를 거부했지만 잭슨은 그녀를 감쌌다. 천성적으로 의협심이 강한 그는 이런 추문은 모두 사교계의 계급의식 때문이라고 간주했다. 그는 각료 부인들에게 동료 간의 반목을 일소하도록 요청했으나 뜻대로 되지 않았다. 부통령 캘훈의 부인이 가장 앞장서서 반대했기 때문이다. 이 사건으로 인해 캘훈에 대한 잭슨의 증오감은 더욱 악화되었다.

한편 독신이던 밴 뷰런은 이턴 부부를 정중히 대접해 이 사건에서 잭슨의 편이 되어주었다. 내각의 대립이 수습하기 어려워지자 밴 뷰런은 이 기회를 잡아 교묘히 사의를 표명했고, 이는 대통령에게 내각을 대폭 개편할 기회를 주었다. 다음 대통령을 노린 이 '작은 마술사'는 잭슨이 대통령 출마를 염두에 둔 사람을 내각에 두기 싫어한다는 것을 이미 눈치 채고 있었다. 잭슨은 밴 뷰런을 영국 대사로 임명했다. 뷰런에게 백악관으로 가는 길이 저절로 열린 셈이었다.

6. 잭슨과 캘훈 사이를 완전히 갈라놓은 것은 페기 이턴 사건보다 더 심각한 정치적 대립이었다. 헌법 제정 이래 최대 논쟁점은 주정부와 연방정부에 관한 문제였다. 주가 연방의회에서 제정한 법률 시행을 거부할 수 있는가? 주가 연방정부 정책을 승인하지 않을 때 연방에서 분리될 수 있는가? 탈퇴가 합법적이란 견해는 '매디슨의 전쟁 (1821)'이 북부 여러 주의 반대를 받을 때 북부의 많은 주가 지지했고, 관세 분쟁에 반대했을 때 사우스캐롤라이나 주가 지지했다. 미합중국 부통령 캘훈은 스스로 무효선언이란 원칙을 내세워 이 견해에 찬동했다. 연방은 원래 주권이 있는 주의 동의로 수립되었으므로 주에는

연방의회가 제정한 법령의 합법 여부를 결정할 권리가 있다는 것인데, 이것은 분명 위험한 원칙이었다.

애국자이자 국가주의자인 잭슨은 이것을 맹렬히 공격했다. 반면 '분리주의의 화신'인 캘훈은 열렬한 주권 지지자였다. 그는 자기 묘비에 '무효선언'이란 글자를 새겨주길 바란다고 말하기도 했다. 캘훈을 추종하는 남부의 여러 주는 서부의 주들도 지지해줄 것을 기대했다. 동부의 주들은 연방정부가 서부에 있는 개발 가능한 토지를 염가로 불하하는 데 반대했다. 사람들이 서부로 이주하면 동부의 인구가 줄고 결국 공업 노동자의 수도 줄어들기 때문이다. 동부와 서부의 불화는 캘훈 일파에게 서부와 어떤 유리한 제휴를 모색하게 만들었다. 가령 서부는 남부의 관세 반대 운동을 지지하고 남부는 서부의 동부 반대 운동을 지지하는 공동전선이 있었다.

7. 주권 논쟁의 절정은 상원의 헌법 해석을 놓고 상반된 의견을 보인 유명한 웅변가 로버트 헤인Robert Hayne 대 웹스터 간에 오고간 토론이었다. 동부 출신인 대니얼 웹스터는 큰 머리, 죽음처럼 검고 날카로운 눈매, 필요에 따라 천둥같이 울려 나오는 음성을 소유한 유능한 변호사로 정계에 등장한 초기에는 주권 옹호파의 중심인물이었다. 그러다가 변화하는 여론에 따라 동료인 뉴잉글랜드 출신들과 함께 분리를 반대하는 국권주의자가 되었다. 재능만큼 야망이 거대했던 그는 친지에게 "나는 서른이 됐는데도 해놓은 게 아무것도 없다. 알렉산드로스는 그 나이에 세계를 정복했는데 나는 벌써 마흔이 되었다"라고 말했다. 이런 자부심이 때로 그의 웅변을 과장과 과격으로 몰고 가긴

했지만 그는 청중을 선동해 감동의 최고조에 이르게 하는 비결을 알고 있었다.

그의 적수 로버트 헤인은 언변에서는 그보다 약간 뒤떨어졌으나 두뇌는 보다 명민했다. 두 사람은 서로 연달아 연설을 했는데 그럴 때면 청중이 쇄도해 상원 문 앞에 행렬을 이룰 정도였다. 헤인은 뉴잉글랜드를 지역주의라고 비난했고 웹스터는 당당하게 반론을 펼쳤다.

"대통령 각하, 저는 매사추세츠를 찬양하려는 것이 아닙니다. 매사추세츠는 그것을 원치도 않습니다. 우리의 눈앞에 모든 것이 명백히 존재하고 있습니다. 잘 보시고 각하께서 친히 판단하기를 바랍니다. 그곳에는 역사가 있고 사람들은 그 역사를 잘 알고 있습니다. 보스턴, 콩코드, 렉싱턴, 벙커 힐 등이 그곳에 있고 빛나는 그 이름들은 영원히 그곳에 머물 것입니다."

그의 연설 주제는 항상 연방 옹호였다. 이를 위해 그는 이런 말을 했다.

"미합중국 헌법은 연방과 주 사이의 권력을 분리하는 데 전력해왔다. 만약 의문이 생기면 대법원이 해결할 것이고 이 기관에만 판결권이 있다. 주에는 연방이 제정한 어떠한 법률도 거부할 권한이 없고 어떤 주든 단 한 번이라도 감히 이런 일을 범한다면 연방은 존재할 수 없다."

8. 그의 연설 중 다음의 한 구절은 지금까지 명문의 표본으로 꼽히고 있다.

"원컨대 임종을 맞아 햇살이 쏟아지는 하늘을 마지막으로 우러러볼 때, 과거에 빛나던 연방이 지금은 산산조각 나 오욕에 더럽혀진 파편에 태양이 비치는 것을 보지 않았으면 한다. 또 그 태양이 분열과 불화로 서로 다투는 각 주에, 더구나 내란으로 분열되고 동포의 피로 물든 대지를 비추는 것을 보고 싶지 않다. 임종을 맞아 허공을 헤매며 가물거리는 눈으로 보고 싶은 것은 세계에 널리 알려진 존경받는 국기, 거기 그려진 표장과 전승기념표가 옛 영광을 알려주는 국기, 희미하거나 더럽혀진 적도 없고 빛을 잃은 별도 없는 화려한 미합중국의 국기다. 거기에는 '이 모든 것이 무슨 가치가 있는가?' 하는 쓸데없는 의문이나 '우선은 자유를, 연방은 그다음에'라는 어리석은 표어 같은 것은 없다. 해상, 육상, 전 세계 어디서 불어오는 바람으로도 펄럭이며 광대한 국토에서 빛나고 그 활기찬 광채가 도처에서 미국인의 심정에 꼭 들어맞는 친애감을 북돋워주는 모습이 보고 싶은 것이다. 그 감정은 '자유와 연방은 공존하며 언제까지나 변치 않는 하나로 분리될 수 없다'는 정신의 발로여야 한다."

9. 그러나 웅변만으로 경제 문제를 해결할 수는 없었다. 남부는 관세 문제에 불만을 보였는데 이는 무리한 것이 아니었다. 면화 생산이 늘어나면 가격이 떨어졌지만 북부 기업가의 요구에 따라 관세가 계속 인상돼 수입하는 공업생산품의 가격은 상승했다. 목이 졸리는 듯한 느낌을 받은 농장주들은 반란을 일으키겠다고 위협했다. 남부는 만약 북부와 서부가 남부를 착취하기 위해 연방정부를 이용한다면 이런 법률에 무효선언을 하고 연방에서 탈퇴하겠다고 밝혔다.

캘훈은 다음과 같이 말했다.

"미합중국의 대통령은 로마의 선례에 따라 한 사람은 북부에서 또 한 사람은 남부에서 선출해 두 사람의 집정관을 두는 편이 낫겠다."

잭슨은 이 소리 없는 반란을 진압하기로 마음먹었다. 1830년 4월 대통령과 부통령이 제퍼슨의 탄생기념 축하연에 나란히 참석했다. 건배를 할 때 잭슨이 일어서서 캘훈의 눈을 똑바로 노려보며 큰 소리로 말했다.

"우리의 연방을 위해 건배합시다. 연방은 수호해야 합니다."

이 장면을 목격한 아이작 히엘Isaac Hiel은 이런 기록을 남겼다.

"사우스캐롤라이나에 계엄령이 선포되고 캘훈을 그 자리에서 체포하라는 명령이 떨어졌다 해도 그처럼 삼엄하지는 않았을 것이다."

축하연 분위기는 완전히 박살이 났다. 대통령은 더 이상 한마디도 하지 않고 일어서서 자기 잔을 높이 들었다. 캘훈은 다른 사람들과 함께 일어섰지만 손이 떨려서 호박색 술을 엎질렀다. 잭슨은 입을 다문 채 태연히 서 있었고 건배에는 응답의 말이 없었다. 캘훈은 모든 사람이 앉기를 기다렸다가 천천히 다소 머뭇거리는 말투로 두 번째 건배를 자청했다.

"연방을 위하여! 다음은 귀중한 우리의 자유를 위하여!"

그리고 잠시 주저한 뒤 이렇게 덧붙였다.

"자유는 각 주의 권리를 존중하고 연방의 이익과 의무를 균등히 분담함으로써 이루어진다는 것을 모두가 잊어서는 안 된다."

캘훈이 이처럼 용기를 내 재치를 부렸지만 대통령은 그에게 많은 영향력을 행사할 수 있었기에 그를 이용하기로 결심했다.

10. 잭슨이 분리를 주장하는 이들의 의도를 제압하려 한 것은 누구나 잘 알고 있었다. 그는 이론적인 범위 안에서 전개되는 활발한 토론은 환영했다. 하지만 다음의 말은 그의 속마음을 잘 보여주었다.

"미합중국의 법률을 무시해 한 방울의 피라도 흘리게 만든다면 나는 내 손으로 잡은 최초의 사람을 눈에 띄는 첫 번째 나무에 매달아 교수하겠다."

이 말을 들은 한 상원의원이 말했다.

"잭슨이 교수형을 말할 때는 이미 밧줄을 찾고 있는 것이다."

그럼에도 불구하고 캘훈과 그의 동지들은 물러서기 어려운 처지에 있었다. 1832년 잭슨이 새로운 보호관세법에 서명하자 사우스캐롤라이나 주의회는 이를 무효라고 주장하면서 주와 주 공무원 그리고 주민을 구속할 수 없다고 선언했다. 만약 연방정부가 이를 폭력으로 강행하면 사우스캐롤라이나는 연방과의 모든 관계에서 이탈해 독립주가 될 것이라고 말했다. 사람들은 이미 '남부연맹의 초대 대통령 캘훈'이라는 표지에 놀라고 있었다.

11. 잭슨이 협박을 받고 그대로 내버려둘 사람은 아니었다. 그는 해군에 명령해 일부 함대를 찰스턴으로 파견하도록 했다. 더불어 그는 요새를 강화하고 "하나님께 맹세코" 법을 수호하겠다고 선언했다. 사우스캐롤라이나의 무효선언에 대항해 대통령의 강경한 성명을 발표한 것이다. 그는 거듭 강조했다.

"어떠한 주든 미합중국의 법률에 무효선언을 할 권한이 있다는 견해는 연방의 존립과 양립할 수 없다. 이는 분명 미합중국 헌법에 명기된 조항에 저촉되며 (…) 그뿐 아니라 연방을 수립한 위대한 목적에 위배된다."

이때부터 이 나라는 점차 내란을 향해 달려갔다. 다음 대통령 자리를 노리던 영리한 밴 뷰런도 이 대립이 민주당을 분열시키고 자신의 정치적 입지에 좋지 않은 영향을 끼치리라고는 예견하지 못했다. 헨리 클레이는 잭슨을 그 빛나는 자리에서 밀어내는 것을 미안하게 생각할 사람은 아니었으나 가급적 자기 나름대로의 미합중국식 체제를 유지하려 애썼다. 캘훈도 무기를 들고 일어설 생각까지는 없었고 밴 뷰런도 당연히 타협점을 발견하려 노력했다.

국면 수습에 능란한 헨리 클레이는 향후 10년간 관세율을 단계적으로 낮출 것을 규정하는 새로운 법률을 제정하는 데 성공했다. 남부는 이것을 환영했고 쌍방은 이것을 서로 자파의 승리로 간주했다. 이는 타협안을 잘 구성했다는 것을 증명한다. 잭슨은 헨리 클레이와 달리 타협이란 말에 호감을 보이지 않았고 이것으로는 해결을 연기한 것일 뿐이라고 생각했다. 그는 한 친지에게 "관세 문제는 하나의 구실에 지나지 않으며 그들의 진정한 목적은 남부연방을 만들려는 것이고 다음 구실로는 노예제도일 것이다"라는 편지를 보낸 적이 있다.

—

chapter 2

작은 마술사의 영광과 몰락

The Grandeur and Decline of the Little Magician

—

1. 1832년 잭슨은 재선에 성공했고 밴 뷰런이 부통령으로 선출되었다. 잭슨의 적수 헨리 클레이는 우수한 조정자이긴 했으나 동시에 가장 졸렬한 대통령 후보자였다. 그는 어리석게도 미합중국 은행 문제를 선거 구호로 들고 나와 잭슨에게 당선의 선물을 바쳤다. 잭슨은 미합중국 은행을 공격 대상으로 삼았다. 니컬러스 비들Nicholas Biddle이 관장하던 미합중국 은행은 국가 발전에 많은 공헌을 했지만 잭슨의 지지파로 부채를 짊어진 농민과 기타 많은 유권자의 눈에는 이 은행이 채권자이자 그들의 정적인 자본가의 이익을 대표하는 것으로 보였다.

은행의 주권은 거의 전부가 동부의 공업가 혹은 외국 은행가의 수중에 있었다. 여기에다 미합중국 은행은 지점(25개 지점이 있었다)을 통해 지방은행과 경합했고 심지어 이를 흡수하려고 했다. 그뿐 아니라 채무자를 너무 가혹하게 다뤄 농민들의 불만이 컸고 인플레이션을 반대해 토지 투기업자들의 반감마저 사고 있었다.

  2. 미합중국 은행은 업무를 정확하고 신중하게 처리했기 때문에 사기업이라면 완벽한 경영이라 할 수 있었으나 공공기관이기에 오히려 비난의 대상이 되었다. 이들이 공격 목표가 된 이유는 잭슨과 그의 동조자들에게 이 은행이 가장 악질적인 범죄를 저지르는 것으로 보였기 때문이다. 즉, 이 은행은 잭슨의 반대파를 지원하고 있었다.

  은행가가 정치적 유혹을 물리치기란 매우 어려우며 바로 이것이 은행가를 파멸의 길로 몰아넣는다. 무엇보다 이들은 자유를 열망하는 국가에서 국가가 지지하는 정책을 금전으로 파괴하려 든다. 미합중국 은행의 '의도대로 움직이는' 의회가 그 독점 기한 연장을 가결하자 잭슨은 거부권을 행사했다. 그의 지지자들은 이것을 성 게오르기우스St. Georgius가 용을 퇴치한 일격에 비유하면서 환호성을 질렀다.

  민주당은 대니얼 웹스터가 은행으로부터 3만 2,000달러의 돈을 받았다고 폭로했지만 그는 아무런 반박도 하지 않았다. 그는 은행의 법률고문이었으므로 이런 금전 거래가 있을 법도 했으나 별다른 관계가 없는 의원들마저 50만 달러에 가까운 돈을 은행으로부터 받고 있었다. 또 일부 신문 발행인들도 특혜 대부를 통해 농락당하고 있었다.

  사실 폭로는 클레이에게 치명타를 안겨주었다. 잭슨은 선거민의 요망에 따라 미합중국 은행을 분쇄하는 것이 승리의 길이라 보고 은행에서 정부 자금을 인출해 임의로 선정한 몇몇 은행에 예치하기로 했다. 의회가 이 조치에 항의했으나 잭슨의 오랜 동지이자 상원의원인 토머스 벤턴Thomas Benton이 의회 공작을 담당해 난국을 타개했다.

1836년에 미합중국 은행의 면허기간이 만료되었지만 아무도 감히 경신을 제안하지 못했다.

3. 잭슨의 대통령직 제2기는 빛나는 번영으로 유명하다. 당시 토지, 가옥, 면화, 노예 등 모든 물가가 상승했다. 이 호황에는 인구 증가, 새로운 농토 개발, 도시 발전 등이 번영의 요소로 작용했다. 하지만 그 이면에는 위험을 내포한 상황도 펼쳐졌다. 가령 지폐 발행권을 갖고 있던 주립은행은 철저한 감독을 받지 않았고 아무 지불보증도 없는 거액의 지폐를 토지 투기업자에게 대부했다. 토지 투기업자들은 이 차입금을 토지가격 상승분으로 갚을 생각이었다. 그러나 이 비생산적인 투자에는 이자를 지불할 만한 소득이 없었다.

정부의 토지 매각 수입은 1836년 2,000만 달러 이상으로 증가했다. 많은 외국의 투자가들이 계속적인 물가상승에 매력을 느끼는 것은 물론, 아메리카 시장에 관한 정보에 어두워 철도와 운하의 주식을 실질가치보다 월등히 비싼 가격으로 지나치게 대량 구입했다. 한마디로 대규모 경제위기가 다가올 여러 가지 조건이 움트고 있었다.

하지만 당시에는 다가올 위기를 예견하는 사람이 거의 없었고 아메리카는 태평한 마음으로 외형적인 번영에 취해 있었다. 그도 그럴 것이 국채를 전액 상환하고 각 주에 분배할 수 있을 만한 잉여금까지 갖추고 있었다. 잭슨은 임기를 인플레이션이라는 외형상의 번영 속에서 끝마쳤다. 그럼에도 불구하고 1836년, 즉 임기의 마지막 순간에 그는 재정고문의 권고에 따라 모든 정부기관에 차후 경화나 현금 지불이 아니고는 토지 매각을 금지한다는 '정화유통령Specie Circular'을 공포했다. 이것은 다가올 폭풍우 중 최초의 바람이었으나 대통령 선거로 시끄럽던 그해에 이 징조는 사람들의 주목을 받지 못했다.

4. 1836년도 대통령 선거를 맞아 전국은 다시 한 번 양쪽으로 분열되었다. 밴 뷰런을 대통령 후보로 내세운 잭슨파 민주당과 국민공화당에 기타 잭슨 반대파를 통합한 휘그당으로 갈라진 것이다. 휘그당이라고 부른 이유는 1688년 영국 휘그당의 경우처럼 '찬탈자의 정권'과 투쟁한다는 명분을 내세웠기 때문이다. 한데 영국의 휘그당은 민심을 잃은 국왕의 정부와 싸웠으나 아메리카의 휘그당은 자신들보다 인기가 좋은 정부를 공격했다.

잭슨 집권기에는 적어도 대통령의 권한이 의회와 동등하고 '대통령 한 사람만 의원인 제3의회'가 존재하는 것 같은 인상마저 주었다. 민중의 신임을 얻은 잭슨이 과감하게 의회에 도전해 자유로이 거부권을 행사했던 것이다. 미합중국 대통령이 의회보다 다수의 국민을 대표한다는 명성을 얻게 된 것은 잭슨에게서 비롯되었다. 이런 일은 건국의 아버지들이 의도한 바는 아니었으나 워싱턴과 제퍼슨, 잭슨은 점차 대통령이 의회의 제약 아래 있는 '민중의 왕'이란 권능을 확보했다.

잭슨은 비록 일시적이긴 했으나 직접 헨리 클레이의 미합중국식 체제에 종지부를 찍고 미합중국 은행을 압살함으로써 아메리카의 정책을 완전히 수정했다. 여기에다 그는 자신의 후계자를 지명할 만한 역량까지 확보했다. 휘그당의 지도자 웹스터와 클레이는 밴 뷰런보다 유능하고 대중에게도 널리 알려져 있었으나 밴 뷰런은 잭슨이 지명한 후보자였고 그것으로 충분했다. 밴 뷰런은 예상대로 당선되었다.

취임식 당일 군중의 환호를 받은 사람은 잘 손질한 빨간 곱슬머리의 키 작은 밴 뷰런이 아니라 백발을 나부낀 잭슨 전 대통령이었다.

5. 밴 뷰런의 통치는 작은 마술사란 별명에 걸맞게 유능할 것이라는 기대를 받았으나 사실은 견습생 정도의 솜씨에 불과했다. 잭슨은 그의 친구에게 위기를 잔뜩 떠안은 국가를 남기고 사라졌다. 보증 없는 은행권, 살 사람이 없는 토지, 주민 없는 도시, 교통이 두절된 운하, 가치 없는 저당권, 억지로 올려놓은 물가, 필수품의 부당한 가격 상승 등 바람이 휙 불면 날아가 버릴 종이 집으로 가려놓은 문제가 너무 많았다.

얼마 지나지 않아 수확 감소, 무역 적자, 잭슨의 정화유통령, 때마침 발생한 영국의 경제파탄 등으로 결국 1837년 최대의 경제공황이 닥치고 말았다. 물가상승에 항의하는 민중의 집회가 거의 폭동 수준으로 곳곳에서 열렸다. 대중은 예금을 찾기 위해 은행으로 몰려들었고 은행 문을 두드리며 외쳤다.

"돈을 내놔! 돈을 내놔!"

치안 유지를 위해 뉴욕에서는 군대를 동원했고 여론은 정부의 책임을 추궁했다. 로마의 자유를 유린한 카이사르-폼페이-크라수스Caesar-Pompey-Crassus의 삼두정치와 마찬가지로 잭슨-밴 뷰런-벤턴의 삼두정치가 아메리카의 번영을 파괴했다는 소문이 나돌기 시작했다. 더구나 은행의 부실 경영이 이 재난에 박차를 가했다. 대다수 은행이 지폐를 남발했지만 은행 경영자들에게 난국을 타개할 만한 능력이 없었기에 많은 은행이 파산했다. 이에 따라 통화 부족 현상이 발생하자 상점들은 인쇄한 상품권으로 통화의 역할을 보충했다. 상품권에는 예를 들면 '본권은 소 혓바닥 하나와 크래커 두 개에 유효'라고 적혀 있었다.

실업가들은 대통령이 위기를 수습하기 위한 대책을 강구하지 않는다고 공격했다. 그의 정적들은 기뻐하면서 이 비난에 합세했다. 밴 뷰런은 조금도 동요하지 않고 제의해오는 모든 방안이 오히려 위기를 가중할 뿐이라고 주장했다.

"정부가 지폐의 가치를 뒷받침할 책임도 없고 노동 없는 가치 생산이라는 망상을 지지할 수도 없다."

그는 개개인이 스스로를 구제하기 위해 노력하는 것만이 보다 빨리 위기를 극복하는 유일한 길이라고 믿었다. 이런 관망 정책에 대해 경제계는 크게 분노했다. 밴 뷰런은 정부 자금을 은행에 예치해 인플레이션을 조장하기보다 독립된 금고에 위탁하고 모든 정부 지불은 금 또는 은화로 시행할 것이라고 말했다. 이 정책은 합리적이었으나 '방법'만으로 민심을 수습할 수 있는 것은 아니었다. 밴 뷰런은 이때까지 민중에게 사랑받은 적도 없었지만 이제 완전히 증오의 대상이 되고 말았다. 경제공황으로 재선의 희망은 사라졌다.

불황기에 정치를 담당하는 정당은 언제나 파멸하게 마련이다. 시기를 기다린 대통령의 정책은 현명했을지도 모르지만 휘그당은 그것을 무능의 소치라고 몰아붙였다. 또한 휘그당은 대통령 선거에서 승리할 방법을 철저히 연구했다. 협의회 선출이 아니라 민중이 선택하는 시대다 보니 의회의 노련한 지도자보다 대중에게 널리 알려진 인물, 이름이 선거구호와 발음상 조화를 이루는 인물, 가급적 경력이나 성격이 독특한 인물이 유망한 후보자로 떠올랐다. 후보자가 소위 특권계급이 아니면 더욱 바람직했다. 잭슨의 경우 그의 특색 있는 대중적 매력이 그를 성공으로 이끈 것이다.

휘그당은 잭슨 같은 인물을 찾아내야 했다. 특히 군인 출신이 인기가 있었던 터라 노병을 물색하던 휘그당은 윌리엄 헨리 해리슨 장군을 발견했다. 위대한 장군과는 좀 거리가 있었지만 그는 과거에 인디언을 티페카누에서 대파한 일이 있었다. '티페카누'라는 말은 발음도 좋고 좀 특이한 인상을 풍겼다. 티페카누라고 해서 안 될 것은 없지 않은가? 해리슨 장군이 휘그당의 대통령 후보로 지명되자 헨리 클레이는 크게 실망했다. 그는 분명 해리슨보다 유능한 인물이었으나 이것이 오히려 당원들의 호감을 얻지 못한 원인이었다. 남부의 지지를 받기 위해 휘그당은 버지니아 출신인 존 타일러John Tyler를 부통령 후보로 지명했다. 그는 주의 권리를 고집하는 나이 많은 민주당원으로 주견은 없으나 선거 운동에 유능했기에 휘그당의 선거사무장이 그를 쓸모 있는 활동가로 인정해 발탁한 것이었다.

"티페카누와 타일러를!"

이 듣기 좋은 선거구호는 삽시간에 전국에 울려 퍼졌다.

6. 이번 선거전은 드라마라기보다 오페레타에 가까운 희극이었다. 휘그당은 유권자에게 해리슨은 순박하고 건전한 민중의 한 사람이고, 밴 뷰런은 백악관을 호화롭고 타락한 장소로 만든 방종한 금권정치가라는 인상을 주기 위해 노력했다. 밴 뷰런이 외출할 때 우아한 복장을 했던 것은 사실이지만 그들은 대통령이 빅토리아 여왕Queen Victoria(1819~1901)이 애용하는 향수와 향유를 사용한다는 거짓말을 퍼

뜨렸다. 여기에 밴 뷰런이 백악관에 당구대를 들여놓고 금 식기로 식사하며 은잔으로 술을 마시고 푹신한 의자를 애용하는 등 많은 죄를 범하고 있다고 비난했다. 사실 그는 가난한 가정에서 자랐고 반면 해리슨은 2,000에이커(약 250만 평)나 되는 토지를 가진 부농 출신이었다.

하지만 이런 경우 사실은 그리 중요치 않다. 밴 뷰런에게 우호적이던 한 신문이 해리슨에게 질문을 했다가 생각지도 않던 큰 실수를 저지르고 말았다.

"그에게 연간 한 통의 독한 사과술과 2,000달러를 주면 그는 대통령직을 그만두고 여생을 통나무집에서 보낼 것이다."

해리슨의 선거 운동자들은 상대방이 생각 없이 저질러놓은 좋은 기회를 약삭빠르게 역이용했다. 그들은 선거 운동 기간 내내 '독한 사과술과 통나무집'이란 말을 두고두고 써먹었다. 그들에게 우호적인 신문은 신이 나서 떠들어댔다.

"통나무집에 경의를 표하도록 궁전을 철저하게 교육하자?"

덫 사냥꾼의 오두막과 유지들이 유권자를 대접하는 사과술 통을 실은 수레가 전국을 누볐다. 유권자들은 신이 나서 해리슨은 올리고 밴 뷰런은 깎아내리는 데 목청을 드높였고, 군중은 선거 행렬을 따라다니며 노래를 불렀다.

티페카누와 타일러를!
밴 뷰런은 김빠진 사나이다!
티페카누와 타일러로
밴 뷰런의 쓸개를 뚫어버리자!

또는

잘 있거라 밴 뷰런이란 친구야,
당신은 이제 우리 편이 아니다.
이번 배의 사공은
나이든 티페카누에게 맡겨보자!

이렇게 사리분별 없이 열광적인 선거는 여태까지 없었다. 곤경에
허덕이던 국민은 무엇이든 변화가 오기를 바랐다. 솔솔 불어오는 산
들바람까지도 변화를 속삭였고 사람들은 모두 갈아보자고 외쳐댔다.
보스턴 시가에서는 밴 뷰런과 그의 동료들의 인형을 실은 수레가 이
런 표어를 달고 행진했다.
"이들에게 정권을 맡겨보았다. 이제는 몰아내야겠다!"
도처에 '휘그당 환영'이란 깃발이 나부꼈고 휘그당은 선거 연설에
서도 강한 이미지를 심어주었다. 연사가 "티페카누를!" 하고 외치면
청중은 "타일러를!" 하고 응수했다. 이 운동 방법은 굉장히 효과적이
었고 결국 티페카누의 해리슨과 타일러가 나란히 당선되었다. 존 퀸
시 애덤스는 일기에 "대통령에 당선되는 가장 확실한 길은 군대 근무
경력에다 선동적인 선전구호를 결부시키는 데 있다는 사실을 증명해
준 선거였다"라고 비꼬았다. 이후 반세기 동안 모든 대통령 후보자는
자신이 '민중의 아들'이란 사실을 입증하기에 골몰했다. 대니얼 웹스
터는 언젠가 자신이 통나무집에서 태어나지 않았다는 것을 공개적으
로 해명한 후 그의 형제자매들은 틀림없이 통나무집에서 출생했다고

강조했다. 그리고 자신이 만약 이 빈한한 경력을 부끄러워하는 기색을 조금이라도 보인다면 자신과 자기 자손의 이름이 인류의 기억에서 영원히 말살되어도 좋다고 덧붙였다.

7. 1841년 3월 4일 해리슨 대통령은 취임식을 거행했다. 그는 위대한 인물은 아니었으나 연륜 덕분에 큰 일에 비교적 익숙했다. 휘그당의 지도자 클레이와 웹스터는 잭슨보다 덜 까다로워 보이는 이 노병을 다루는 데 그리 힘이 들지 않으리라고 생각했다. 웹스터는 정계의 선배가 으레 해줘야 한다는 태도로 대통령이 몹시 바쁠 거라며 취임 연설의 원고 작성을 자청했다. 그러나 티페카누 씨는 벌써 다 준비했다고 대답했다. 과연 그는 고전을 본떠 장엄한 취임연설 원고를 작성했으나 생뚱맞게 로마의 집정관, 개선, 로마의 경관 등 잡다한 낱말을 의미도 없이 나열해놓았다. 해리슨의 친지들이 나서서 웹스터에게 원고 손질을 부탁하라고 간청했고 결국 이런 뒷이야기가 생겼다.

원고 손질을 마치고 만찬에 늦게 도착한 웹스터와 그 집 여주인이 이야기를 나눴다.

"별고 없었지요?"

"마담, 내가 방금 하고 온 일을 알면 그런 말은 못할 겁니다. 나는 막 로마의 집정관 17명을 죽이고 오는 길입니다."

그런데 취임한 지 한 달 후 대통령은 로마 집정관을 따라 사망하고 말았다. 그는 폐렴으로 세상을 떠남으로써 휘그당에 많은 손실을 끼쳤다. 클레이는 티페카누 씨의 배후에서 백악관의 실질적인 주인으로 행세하며 미합중국 은행의 공공 토목사업 계획, 관세 등을 부활시켜 잭슨의 정책을 완전히 뒤엎을 계획이었다. 하지만 해리슨의 사망으로 휘그당의 정강에 완전히 반대하는 민주당 출신의 타일러에게 정권이 넘어가자 클레이를 비롯한 휘그당의 낭패는 이만저만이 아니었다.

8. '타일러가 미합중국 대통령이 되는 것은 합법적인가?' 하는 문제가 공공연히 논의되었다. 헌법은 대통령이 사망하면 그 권리와 의무를 부통령에게 이행한다고만 간단히 규정하고 있었다. 이것은 새로운 대통령 선거가 있을 때까지의 임시조치로 받아들여졌다. 이 해석은 부통령이 반드시 대통령 적격자는 아니라는 이유로 볼 때 타당한 일이었다. 가령 어떤 정치가에게는 부통령 지위가 노고에 대한 포상이었고 또 다른 사람에게는 지역적 타협에 따른 소산이었다. 요컨대 이것은 국가의 최고지도자를 선출하는 타당한 방법이 아니었다.

하지만 타일러는 대통령 승계를 요구했고 그의 신념대로 관철했다. 타일러를 만나고 온 존 퀸시 애덤스는 일기에 이렇게 기록하고 있다.

"타일러는 미합중국 대통령이라 자칭하며 대통령서리, 부통령이라고 하지 않았는데 과연 어느 것이 옳은 것일까?"

아무튼 미합중국에 여당이 없는 대통령, 민주당원과 반목하는 고립된 민주당원, 휘그당의 모든 법안을 거부하는 휘그당 출신 대통령이 탄생했다. 그 결과 무수한 거부권(은행 설립 거부, 공공 토목사업 거부)이 행사되고 각료 전원이 사임하기에 이르렀다. 단, 웹스터만은 예외였다. 그는 주미 대사 애슈버턴 경Lord Ashburton과의 교섭을 완결하기 위해 유임한 것이었다.

9. 영미 간에는 분쟁의 원인이 될 만한 문제가 산적해 있었다. 그중 메인Maine 주와의 국경 문제는 1842년 체결한 웹스터-애슈버턴 조약으로 해결했지만 오리건 문제는 미해결 상태였다. 서북부에 위치한 이 지방은 아메리카, 영국, 러시아 등이 서로 차지하려 야심을 품고 있었다. 1824년 러시아령 알래스카의 남부 국경은 북위 54도 40분까지로 책정되고 그 이남은 잠정적으로 영미 양국이 공동 관리하기로 했다. 루이스와 클라크 시대 이후 많은 총과 덫 사냥꾼이 이 지방으로 모여들었다. 그들은 캐나다에서 왔거나 미합중국에서 해상을 돌아 혹은 대륙을 횡단해서 이곳으로 들어왔다. 1811년 독일의 월도프 출신인 소고기 상인의 아들로 뉴욕에서 모피무역상으로 성공한 존 제이콥 애스터Johann Jacob Astor의 배가 남아메리카 케이프혼을 회항해 컬럼비아 강변에 닻을 내렸다. 그로부터 그곳에 애스토리아 시가 건설되기 시작했고, 다음 해에 동부에서 육로로 온 탐험대가 컬럼비아 강에 도달했다. 애스터는 이 강변을 따라 수많은 초소를 건설해 빠른 통나무배로 연락을 취할 수 있게 했다. 당시 애스터와 캐나다인 사이에 모피전쟁이라고 표현할 만한 사태가 벌어졌다. 18세기 때와 마찬가지로 삼림의 방랑자들은 새로운 토지 그리고 인디언족과의 우호관계를 위해 서로 경합했다.

10. 그 무렵 태평양을 향해 몇 개의 길이 뚫려 있었다. 북서부의 오리건로는 미주리 강변의 인디펜던스Independence를 출발해 로키산맥과 블루 산맥을 횡단하는 길로 애스토리아까지 닿아 있었다. 1841년부터는 가축을 끌거나 포장마차를 타고 대륙을 횡단하는 모험적인

개척자의 행렬이 잇달았다. 산악지대, 인디언, 이리떼 그리고 기아와 싸워야 하는 이 여정은 대단히 험난했다. 몇몇 사람은 산중에서 아사했고 심지어 사람고기를 먹은 흔적까지 있었다.

1842년 북서부의 미국인들은 회의를 열고 조상을 본떠 다음과 같은 협약을 기초했다.

"우리 오리건 지방의 민중은 서로를 보호하고 상호 간의 평화를 유지하기 위해 미합중국 정부가 이 지방에 사법권을 확장할 때까지 다음과 같은 규칙을 채택할 것을 결의한다."

그런데 2년 전인 1842년 웹스터-애슈버턴 조약은 이 지방을 계속해서 영미 양국이 공동 관리하기로 약정했다. 이 조약의 조인이 끝나자 웹스터는 직위에서 물러났고 이것으로 휘그당의 승리를 상징하는 최후의 흔적마저 자취를 감추고 말았다.

chapter 3

남부의 특수제도

The South's Peculiar Institution

1. 미시시피 강 유역의 드넓은 평야를 불과 20~30년 만에 가득 메운 사람의 물결이 점차 전 대륙으로 범람할 것은 뻔한 일이었다. 멕시코도 스페인도 이 파도를 제지할 힘이 없었다. 따라서 미합중국의 확장 문제는 인근 국가보다 오히려 국내에서 저항을 받았다. 신규 영토 합병 문제는 국가를 좀먹는 악성종양 같은 노예문제와 관련되었기 때문이다. 미주리 주를 제외한 루이지애나 지방 북위 30도 30분 이북의 노예제도를 금지한다는 미주리 협정은 일시적인 해결책에 불과했고 깊은 곳에 뿌리박힌 병은 그대로 남아 있었다.

19세기에 들어서자 이 문제는 한층 더 심각해졌다. 18세기에 남부의 많은 저명인사들이 편의상 노예제도를 묵인했으나 원칙적으로는 이 제도에 반대했다. 노예 소유자였던 워싱턴과 제퍼슨도 노예제도에 반대했고 존 랜돌프는 자신의 노예를 해방시켰다. 그러나 이론은 흔히 개인적인 이익에 따라 무의식적으로 왜곡된다. 18세기 말에 이르러 남부의 이익과 이론을 동시에 변모시킨 사건이 발생했다. 그것은 엘리 휘트니가 발명한 조면기가 출현한 것이다.

2. 조면기 덕분에 면화는 남부의 유일한 주요 산물로 자리 잡았다. 면화 재배는 많은 노예를 부리게 했을 뿐 아니라 이들을 반드시 필요한 존재로 만들었다. 그때까지 노예제도에는 노예의 작업에 감독이 필요하다는 점, 노예들이 우둔하고 적응력이 떨어진다는 점 등의 경제적인 결점이 있었다. 하지만 면화 재배는 일이 쉬웠고 조면 기계가 등장하면서 1년 내내 작업할 수 있다는 이점을 제공했다. 여기에다 목화 나무는 키가 작아 감독하기가 수월했다.

노예 부양비는 연평균 약 20달러로 자유노동자보다 훨씬 저렴했다. 그러다 보니 1800년 이래 노예 수가 20년마다 곱절로 늘어 1850년에는 320만 명을 넘었다. 더불어 노예의 시세가 올라 1780년에는 젊고 건장한 흑인 남자가 1인당 200달러였고 1818년에는 1,000달러, 1860년에는 1,200~1,800달러에 달했다. 이것은 '일을 잘하는 일류 노예'의 값이고 평균가격은 이보다 낮았다. 1850년에는 노예 인구의 총가격이 약 25억 달러로 평가되었다.

단일 작물을 연작하면 농토가 황폐해져 토지가격이 급속히 떨어졌기 때문에 남부에서 노예는 최대 자산이었다. 1808년 이후 노예 수입이 금지되면서 노예의 시세는 더욱 높아졌다. 이에 따라 남부의 주민은 노예제도를 옹호하기 위해 점차 강력한 공동전선을 펴기 시작했다.

3. 사람은 자기에게 유리한 것에 대해 도의적인 변명을 꾸며낸다. 조만간 노예제도를 옹호하는 변명가나 이론가가 나타날 게 뻔했다. 아니나 다를까. 독일에서 불평등 현상이 사회의 기본 형태라는 철학을 공부하고 돌아온 윌리엄앤메리 대학William and Mary College의 토머스 듀Thomas Dew 교수가 목소리를 높였다.

"최고의 능력과 지식을 갖춘 인간, 즉 최고의 힘을 지닌 인간이 열등한 인간을 지배하고 이용하는 것은 자연의 법칙이자 신의 섭리다. 동물 간에 약육강식이 성행하듯 인간이 인간을 노예로 사역하는 것은 자연의 섭리다."

사우스캐롤라이나의 윌리엄 하퍼William Harper라는 또 다른 변명가는 《노예제도 연구Memoir on Slavery》라는 책을 출판했다. 그는 인간이 노예를 사역하는 것은 별로 나쁜 일이 아니라며 이렇게 주장했다.

"노예란 성실하게 일한다고 해서 실질적으로 사회적 지위가 향상될 희망이 있는 것도 아니고, 또 태만하다고 해서 그 이상 압제를 받거나 부양 상태가 나빠지는 것도 아니다. (…) 북부 사회에서는 미혼 여성이 아이를 낳으면 추방당한다. 그러나 노예는 그렇지 않다. 태어난 아이는 짐이 아니라 주인의 소득으로서 환영받는다. 노예 간의 난잡한 행동은 결과로 보면 육체가 허약한 것보다 오히려 나은 일이다."

물론 하퍼는 제퍼슨과 생각이 같지 않았다. 그는 인간은 태어날 때부터 자유롭거나 평등하지 않고 법률은 이러한 차별을 없애기 위해서가 아니라 이를 유지하기 위해 존재하며, 꼭 해야 하는 고역이 있으면 노예 인간이 반드시 필요하다고 주장했다. 미합중국의 부통령인 캘훈까지도 노예제도를 기반으로 한 그리스 민주주의는 전 서방세계의 모범이었다는 이론을 공공연히 지지했다.

"나는 노예제도를 지지한다. (…) 일부 사회가 다른 사회의 노동으로 생활할 수 있지 않으면 부유한 문명사회는 존재할 수 없다."

제퍼슨 시대에는 노예제도를 묵인했으나 캘훈 시대에는 그것이 찬양을 받았다.

4. 농장주들은 이 흐뭇한 역설을 기꺼이 받아들였다. 때마침 남부에서는 월터 스코트Walter Scott의 작품을 애독하고 기사도 정신이 높아지는 시기를 맞이하고 있었다. 북부 양키의 야수성에 대항해 남부는 낭만적인 중세 봉건시대의 이미지를 띠고 있었다.

남부 사회의 상류계급은 100명 이상의 노예를 소유한 대지주로 구성되었다. 약 1,800명에 달하는 이들은 빈객 환대, 명예심, 부인에 대한 예절 및 존경 등을 특색으로 하는 사회를 구성했다. 그 아래 계급으로 50명 이상의 노예를 소유한 약 6,000명의 지주가 있고, 10명 이상을 소유한 약 5만 2,000명이 그 밑에 있었다. 마지막으로 한 명에서 아홉 명의 노예를 소유한 약 25만 5,000명의 지주가 있었다.

영국의 중산계급이 귀족의 권위와 특권을 동경하듯 이들 중소 목화 재벌들은 상류계급 농장주의 화려한 생활을 동경하며 자기들이 사는 지방을 사랑하고 양키를 미워했다. 흑인들까지도 그런 주인과 가족 그리고 그들의 대저택에 존경과 애정을 느꼈다. 남부 사회에서는 교회도 노예제도의 비참한 실태에 눈을 감았고 세칭 도덕가들도 농장주들이 아름다운 혼혈소녀를 정부로 삼는 것을 웃어넘겼다.

"구약성서의 창세기에 따르면 노아는 햄의 피부가 검은색인 자식들을 영원히 풀리지 않는 노예로 만들지 않았던가? 이리하여 창조주의 뜻이 이스라엘의 족장들을 통해 나타난 것이 아니었던가?"

이런 말까지 널리 퍼져나갔다. 면화 재배에 적합한 지대는 사우스캐롤라이나부터 조지아와 앨라배마를 넘어 미시시피 강변에까지 이르렀다. 이 지대에서는 목화가 제왕이었고 신흥 재벌들은 유서 깊은 남부지방의 우아한 귀족생활을 모방하려 애썼다. 이에 따라 미시시피 강변에는 목련과 참나무로 둘러싸인 화려한 저택이 세워졌다. 버지니아는 목화지대가 아니었으나 그 지방이 담배와 주류, 노예 시장 구실을 하고 있었기 때문에 그들의 이해관계는 노예제도와 일치했다. 나아가 유능한 정치가들이 남부 전체에 노예제도를 지지하는 여론을 일으키는 데 성공했다.

5. 습관이란 으레 감수성을 마비시키는 법이다. 농장주들은 이제 노예제도의 처참한 현실에 북부의 공장주들이 아동 노동을 대하는 정도밖에 관심을 두지 않았다. 그들은 남부의 '특수 제도'에 대해 타 지방에서 비난하는 것을 알고 속으로 약간 꺼리는 한편 분노를 터트리기도 했다. 자신이 탄생한 지방에 관해 타 지방 사람처럼 공정한 판단을 내리는 것은 어려운 일이었다.

사실 상당수의 농장주가 자기 소유의 흑인을 사랑했고 그들을 교육시키려 노력했다. 토머스 대브니Thomas Dabney는 "일주일에 엿새를 일하는 것보다 닷새 반을 일하는 것이 더 능률적이다"라며 토요일 오후부터 쉬게 했다. 또한 매년 최고 성적을 올린 노예에게 상을 주었다. 또 다른 농장주들은 온정과 미덕의 표본이라 생각하며 관리인에게 이렇게 지시했다.

"처벌은 너무 잔인하거나 부당해서는 안 된다. 화풀이를 하거나 악의를 담아 노예를 때리는 것은 야비하고 비인도적인 일이다. (…) 나는 흑인을 위해 복음을 전하고 싶다. (…) 설교는 일요일에 시행할 것이다. (…) 내게 의지하는 사람들에게 영혼의 안정을 주는 것은 내 의무다."

어떤 지주는 다음과 같은 기록을 남겼다.

"나는 비용을 아끼지 않고 플루트 연주자를 고용해 토요일 밤 늦게까지 흑인들을 위해 연주하게 한다. (…) 설교사도 고용했다."

또 한 사람은 말했다.

"아픈 흑인은 특별히 간호해주어야 한다. (…) 만약 흑인이 죽으면 매장하는 데 한 시간을 써야 한다. (…) 이때 일을 중단해야 하며 농장의 모든 흑인이 장례에 참석해야 한다."

그러나 외국에서 온 방문객들은 이 특수 제도에 공감하지 않았다. 가죽채찍을 사용하는 것도 사실이었고 백인에 대한 흑인의 증언을 인정하지 않아 부당한 처벌을 피할 길이 없었다. 한 영국인은 이렇게 기록했다.

"내가 본 모든 흑인은 영양부족 상태였고 옷이나 주거가 비참할 정도였다. (…) 그들의 죄라면 백인 죄수보다 피부색이 검다는 것뿐인데 흑인의 대우는 옥에 갇힌 백인 죄수보다 열악했다."

사실은 흑인 중에도 백인들처럼 계급이 있었다. 주인집에서 태어나 그 집 아이들과 함께 자란 흑인 하인들은 개화되었고 대우도 좋았다. 도시의 노예에게도 어느 정도 자유가 있었고 때론 주인을 떠나 자기 일을 할 권리도 누렸다. 농업 노예가 가장 비참했고 다른 두 계급의 흑인들마저 그들을 하대했다. 간혹 농업 노예의 생활수준이 북부의 공장 노동자보다 좋았던 때도 있었다. 하지만 북부에서는 이런 말을 듣고 믿으려 하지 않았다.

6. 북부에서는 노예제도에 대한 평판이 갈수록 악화되었다. 자신의 이해관계와 도의성이 일치했기 때문이다. 뉴잉글랜드의 소농가는 다양한 영농을 하고 있어서 노예를 사용할 수 없었다. 그들은 선거권이 없는 노예 인구를 기초로 남부에 배정한 하원의원 정원을 대단히 부당하게 여겼다. 50명의 노예를 소유한 지주는 혼자 31표를 가질 수 있었다. 이 규정은 사실상 비합리적이고 불쾌한 일이기도 했다.

아일랜드, 스코틀랜드, 독일에서 새로 건너온 이민자들은 노예제도란 시대에 뒤떨어진 야만적인 제도라고 생각했다. 북부는 노예주가 이 나라를 제압하는 일이 없도록 해야겠다고 굳게 결심했다. 새로운 주가 연방에 가입할 때마다 북부와 남부는 서로 충돌했다. 미주리가 노예주로 연방에 가입하려 했을 때 북부는 세력 균형을 유지하기 위해 메인 주를 자유주로 가입시킬 것을 요구했다. 대립의 양상은 날이 갈수록 험악해졌다.

1820년까지는 남부에서 노예제도에 반대하는 언행을 할 수도 있었다. 자금을 모아 노예를 산 뒤 아프리카로 송환하는 단체까지 있었다. 한데 1820년 이후에는 목화 재배자의 압력, 경제적인 필요성, 특히 북부의 비난에 따른 분노 때문에 노예제도 반대 의견을 내는 게 위험한 일이 되고 말았다.

7. 노예제도와 관련해 북부는 노예제도 반대자와 노예 폐지론자로 뚜렷이 나뉘었다. 노예제도 반대자는 노예제도 확대를 반대했고 폐지론자는 아예 전체 노예해방을 요구했다. 1820년 뉴저지의 벤저민 런디Benjamin Lundy라는 퀘이커교도가 점진적인 노예해방을 위한 운동을 처음 전개했다. 그는 도보로 여러 주를 돌며 도처에서 여성들이 그와 함께 독서회, 여성 클럽 또는 강습회라는 이름으로 노예제도 반대 단체를 조직했다. 1820년 벤저민 런디는 보스턴 출신의 젊은 인쇄업자 윌리엄 로이드 개리슨William Lloyd Garrison을 만나 철저히 가르쳤는데 이 제자는 스승보다 더 급진적인 반대 운동을 추진했다. 개리슨은 동지 아이작 냅Isaac Knapp의 협조로 모든 노예의 즉시 해방을 요구하는 신문 〈해방자Liberator〉을 발행하여 기사를 직접 쓰고 조판, 인쇄까지 맡아 진행했다. 그는 강직하고 불같이 강렬한 문체로 기사를 썼다. "이 문제는 조용히 생각하거나 말하거나 쓸 문제가 아니다. 절대로 아니다! 절대로! 자기 집에 불이 붙은 사람이 '불이야!' 하고 외치는데 조용히 하라고 할 수 있는가? (…) 나는 진리처럼 냉혹하고 정의처럼 타협하지 않을 것이다. (…) 국민의 무관심은 모든 동상이 받침대에서 뛰어내려오고 죽은 사람의 부활을 재촉할 정도로 말이 아니다."

8. 불운하게도 개리슨이 운동을 시작했을 때 마침 버지니아 주에서 흑인이 60명의 백인을 학살하는 사건이 발생했다. 더구나 이 폭동의 주모자인 노예 냇 터너Nat Turner가 노예 폐지론자의 글을 읽었고 특히 〈해방자〉가 그를 선동한 것으로 밝혀졌다. 이로써 대단히 준엄한 법률이 등장했고 흑인은 노예와 자유인을 막론하고 한층 강화된

제재를 받았다. 매사추세츠 주에서도 양식이 있는 사람들은 개리슨의 문장이 지나치게 과격하다며 받아들이지 않았다. 개리슨 자신도 남부보다 북부에서 더 맹렬한 반대에 부딪쳤다고 말했다. 그는 보스턴의 길거리에서도 방해를 받았다. 저명한 노예제도 반대자 찰스 섬너 Charles Sumner는 다음과 같이 술회했다.

"노예제도 반대 운동에서 보스턴의 노예 폐지론자들은 이것에 반대하는 사람들보다 더 많은 피해를 끼쳤다."

강경한 비타협성은 정의를 위한 운동에 찬물을 끼었었다. 대니얼 웹스터도 노예제도에 반대했는데 그들의 반대는 지극히 합리적이었다. 그는 남부에 몇 마디의 과격한 말로는 해결할 수 없는 정치적·경제적 문제가 있음을 인정했다. 수백만 명의 흑인을 백인사회의 중심지로 끌고 온 것은 분명 불행한 일이지만 그들은 이미 그곳에 존재하고 있다. 이는 개탄이나 비난만으로는 해결할 수 없는 중대한 문제다. 어쨌든 목화는 심고 거둬야 하므로 그는 남부의 노예제도는 "재난일 뿐 죄악은 아니다"라고 생각했다. 나아가 만약 흑인을 해방시켜야 한다면 농장주에게 보상할 방법을 강구해야 한다고 말했다. 이러한 신중론은 순수 폐지론자를 격분케 했다. 적어도 모든 종류의 재산을 자유롭게 향유할 권리를 보장하는 헌법만큼은 존중해야 하지 않느냐는 논조에 개리슨은 "헌법은 악마와의 계약이자 지옥과의 협정에 지나지 않는다"고 반박하며 헌법 사본을 공개적으로 불태웠다. 이는 극적인 행동이긴 했지만 분명 현명한 처사는 아니었다. 한번은 보스턴의 군중이 개리슨을 광장의 느티나무에 매달아 교수하려 했는데 시장이 말려서 간신히 생명을 건졌다.

9. 폐지론자의 폭력 운동에 찬동하지 않은 상당수의 북부인도 아메리카 시민으로서 자신의 권리는 고수했다. 1836년 남부 출신 의원들이 하원에서 노예제도와 관련된 어떠한 제안도 접수를 금지한다는 법안, 세칭 '함구령Gag Rule'을 통과시키려 할 때 전 대통령이자 당시 하원의원이던 존 퀸시 애덤스는 모든 수단을 동원해 청원의 자유를 위해 싸웠다. 그는 다음과 같이 강조했다.

"나는 이 법안이 미합중국 헌법의 하원 조례와 내 선거구 유권자들의 권리를 직접 침해한다고 생각한다."

반대자들은 그를 제명하고 옥에 집어넣어야 한다고 소란을 피웠다. 하지만 그는 고령자였고 전 대통령으로서 존경도 받고 있었기에 옥에 갇히지는 않았다. 이처럼 믿기 힘든 광적인 흥분은 분노에 들끓는 민심을 반영했고 쌍방 간에 내란이 일어날 듯한 분위기가 감돌았다. 심지어 노예 문제만 아니었다면 보다 간단히 넘어갔을 다른 문제까지도 어려움에 빠졌다.

국토 확장은 앞으로도 계속 있을 것이고 이는 많은 사람에게 당연한 소망이었다. 그러면 새로운 영토는 노예주인가, 자유주인가? 주 가입으로 상원의 절대다수에 변동이 생기는 것은 아닐까? 결국 당파 의식이 국민감정을 압도하고 말았다.

—

chapter 4

천명의 계시

Manifest Destiny

—

1. 아메리카 개척자의 특징은 끊임없이 주인 없는 처녀지를 향해 전진하는 강력한 의욕이었다. 유럽에서도 같은 욕구를 품은 몇몇 사람이 식민지를 정복하고 제국을 건설했다. 아메리카에서는 '정복'이나 '제국'이란 말이 호감을 사지 못했다. 미국인은 스스로 전 대륙을 점유하고 개발하는 일이 '천명의 계시'라고 생각했다. 영국 역사가 폴라드 교수는 이렇게 말했다.

"어떤 섬의 백성은 그 섬이 아무리 좁아도 그 안에 가둬두면서, 다른 백성에게는 한없이 광대한 대륙 전체를 정복하도록 허용한다는 것은 이치에 맞지 않는 천명이다."

그러나 미국인의 생각은 달랐다. 서부의 확장주의자들은 합병한 지역의 주민을 평등한 위치에서 연방에 가입시키려 했고, 더구나 그 지역에는 사람이 거의 거주하지 않았으므로 전혀 양심에 꺼리는 일이 없었다. 아메리카를 '곤궁한 몇몇 미개인을 위한 사냥 금지 구역'으로 보존할 수 있을 것인가? 남부의 확장주의자들은 의회 내에 자신들의 세력을 유지하기 위해 새로운 노예주의 탄생을 바랐다. 그들은 서부가 그들에게 협조해 노예제도를 지지하기를 바랐으나 밀과 강냉이 농사에 전념하던 서부는 여전히 확장주의자이긴 했어도 노예제도를 지지하지는 않았다. 북부와 동부의 일부 시민은 내심 반확장주의자였으나 이는 도덕적 이유에서가 아니라 상원의 세력 균형을 뒤집을지도 모를 새로운 주의 창설을 두려워했기 때문이다.

2. 서부의 농민도, 남부의 목화 농장주도 토지를 원했다. 대체 토지를 어디서 어떻게 구할 것인가? 캐나다 쪽으로는 길이 없었다. 영국을 공격하는 것은 실속도 없을뿐더러 위험한 일이라는 것은 경험이 말해주었다. 반면 남부와 서부에는 광대한 스페인 제국이 있었는데 그곳은 너무 취약해서 마치 침범하길 기다리는 듯 보였다.

텍사스와 멕시코의 광대하고 비옥한 지역은 테네시, 미시시피, 루이지애나의 개척자를 유혹하고 있었다. 그 지방에는 주민이 거의 없었다. 19세기 초 몇몇 미국인이 스페인의 허가도 없이 그곳으로 이주했다. 그리고 1821년 모지스 오스틴Moses Austin이 스페인 당국에 미국인 300가족의 이주 허가를 신청했다. 얼마 지나지 않아 그는 사망했고 그의 아들 스티븐 오스틴Stephen Austin이 사업을 계승했다. 독립혁명 후 멕시코는 스티븐 오스틴에게 거주지에 정착할 수 있는 허가를 내주었다. 성문화된 이 조건은 토지 소유자는 가톨릭교도여야 한다는 것과 멕시코의 법률을 지키며 자치를 시행해야 한다는 것뿐이었다. 사실 영국계 미국인 중에는 가톨릭교도가 거의 없었지만 양심의 가책을 그리 느끼지 않던 이주자들은 필요한 증명서를 얻는 데 드는 10분 동안만 가톨릭교도 행세를 하면 그만이었으므로 그렇게 우물쭈물 넘어갔다. 이것만 끝나면 수년간 한 사람의 스페인 관원도 만나지 않고 살 수 있었다.

텍사스의 농토는 가톨릭교도인 척할 가치가 있을 만큼 비옥했다. 이주자에게는 1인당 177에이커의 경작지(4,428에이커의 목초지), 세금 면제 특전, 풍부한 사냥감 그리고 심기만 하면 얼마든지 거둘 수 있는 옥수수 등의 이득이 보장되었다. 1830년경 텍사스에는 2만 명 이상의 미국인이 거주했고 그중 일부는 노예를 거느렸다. 본국에서 노예제도를 폐지한 멕시코인은 그들의 영토에 노예제도가 재현되는 것을 불쾌하게 생각했다. 반면 미국인은 멕시코 당국이 그들에게 스페인어 사용을 강요하고 이민을 금지하며 아메리카 상품에 관세를 부과하려 한다고 불평했다. 1827년 존 퀸시 애덤스는 100만 달러로 텍사스를 구매하겠다고 제의했다가 거절당했고 이후 잭슨도 같은 제의를 했다가 거부당했다.

3. 1834년 안토니오 로페스 데 산타 안나Antonio Lopez de Santa Anna라는 군인이 멕시코 정부를 장악했다. 그는 가톨릭과 노예제도에 관한 멕시코의 법률을 위반하는 아메리카 이주자들을 처벌하지 않은 채 방치해온 것을 알고 크게 분노했다. 그가 텍사스에 군정을 실시해 멕시코 정부의 권위를 세우려 하자 텍사스 주민은 그의 정책이 너무 가혹하다며 반발했다. 그들은 자기들이 멕시코 영토 내에 거주한다는 사실은 시인했으나 스페인은 과거 100년간 겨우 3,000명의 이주민을

정착시켰을 뿐이고 미국인 인구는 이미 상당수에 이르렀다며 강경하게 권리를 주장했다.

그들은 멕시코 정부 치하에서 벗어나 독립주로 자립할 것을 선언하기로 했다. 애초에 그들은 멕시코와 텍사스가 서로를 위해 완전 분리되는 것은 단지 시간문제라고 여겼다. 1836년 드디어 그 기회가 찾아왔다. 부대를 거느린 산타 안나가 샌안토니오로 진격해 텍사스인 한 분대를 참혹히 살육한 것이다. 샌안토니오에서는 주민과 사병이 알라모 예배당, 수도원 그리고 수녀원으로 구성된 전도소를 지키고 있었다. 당시 약 180명의 텍사스인이 4,000명 정도의 멕시코인을 상대로 13일 동안 영웅적인 방어전을 펼쳤다. 방어군이 대부분 전사한 뒤 진지는 함락되었고 최후까지 살아남은 다섯 명도 점령 직후 산타 안나의 명령으로 학살당했다.

이후 "알라모를 잊지 말라!"는 말은 텍사스의 구호가 되었다. 복수를 위해 한 부대를 편성한 텍사스인 샘 휴스턴Sam Houston 장군은 1836년 샌재신토San Jacinto에서 산타 안나군을 완전히 격파했다. 포로가 된 산타 안나는 텍사스의 독립을 허용했으나 멕시코 정부는 무력행사로 이뤄진 조인에 승인하기를 거부했다. 어쨌든 텍사스는 법률적으로 사실상 공화국이 되었고 샘 휴스턴을 대통령으로 선출했다. 휴스턴은 앤드루 잭슨의 오랜 친구로 사람들이 추종할 만큼 훌륭한 인품을 지니고 있었다.

4. 텍사스의 국기는 별 하나를 그린 것이었는데 이것은 아메리카의 성좌에 가입하려는 그들의 소망을 표시한 것이었다. 스스로를 미

국인이라 부른 그들은 미합중국에 합병되기를 원했다. 워싱턴의 정치인들은 이런 움직임에 호감과 찬의를 표했지만 실력행사로 영토를 합병하는 일은 그동안 미합중국이 삼가던 일이었다. 그뿐 아니라 노예제도 반대자에게는 기후와 농토로 보아 노예 사역에 적합한 이 드넓은 영토를 획득하는 것이 대단히 위험해 보였다.

텍사스의 합병을 지지하는 진영은 미합중국의 천명을 믿는 서부의 확장주의자, 텍사스인을 유망한 동맹자로 믿는 남부의 노예 소유자, 토지 투기업자, 합병만 되면 상환하겠다는 텍사스 공채의 소유자 들이었다. 밴 뷰런의 임기(1836~1840) 중에는 텍사스 합병에 대한 논의가 없었다. 밴 뷰런은 동부인으로 노예제도에 반대했고 또 그에게는 처리해야 할 문제가 산적해 있었다. 그런데 남부인 타일러가 뜻하지 않게 대통령이 되고 노예제도 반대자였던 웹스터가 국무장관을 사임하자, 텍사스 합병 문제가 중요한 안건으로 떠올랐다.

한편 영국은 합병을 저지하려 했다. 아메리카의 관세제도 때문에 많은 불편을 겪던 영국인은 텍사스를 속국으로 삼으면 아메리카에서 독립된 시장과 목화 생산지를 얻을 수 있을 거라고 계산했다. 그뿐 아니라 멕시코 공채를 대량으로 갖고 있던 영국인은 채무자가 전쟁에 말려드는 것을 달갑게 여기지 않았다. 결국 영국 정부는 평화 정책을 권했다.

영국은 멕시코에 이제 텍사스를 수복할 기회는 없으며 최선은 멕시코와 미합중국 사이에 완충국을 설정하는 것이라고 역설했다. 그리고 텍사스에는 합병보다 독립이 상책이고 영국은 독립한 텍사스를 원조할 의사가 있음을 시사했다. 텍사스의 대통령 휴스턴은 영국 외무성의 감언에 귀를 기울였다. 그는 이미 미합중국에 합병을 제의했다가 실패한 상황이었다. 존 퀸시 애덤스는 만약 텍사스를 합병하면 내란이 일어날지도 모른다고 걱정했다. 그러면 왜 텍사스는 목화 재배에 투자하겠다는 영국을 따르지 않았을까? 휴스턴은 그의 친구 앤드루 잭슨에게 다음과 같은 서한을 전달했다.

"텍사스는 속으로 미합중국을 은근히 사랑하고 있다. 텍사스가 첫날밤의 신부처럼 치장하고 가까이 하려는데 신랑이 너무 냉정하게 굴면 다른 신랑감이 경쟁자로 나타날 것이다."

5. 웹스터의 후임인 에이벨 업셔Abel Upshur가 사망한 후 캘훈이 국무장관이 되었다. 그는 말할 것도 없이 극단적인 남부인이자 노예제도 지지자, 확장주의자였다. 취임하자마자 그는 멕시코 대사에게 멕시코 정부는 텍사스의 평화 합병과 매수 중 어느 편을 택하겠느냐고 물었다. 회답은 여전히 합병은 전쟁을 뜻한다는 것이었다. 하지만 텍사스 편입을 남부 세력을 증강하는 수단으로 간주한 캘훈은 1844년 4월 텍사스와 합병조약을 체결했다. 당시 상원은 인준을 거부했고 그해에는 마침 대통령 선거가 있었다.

합병 문제는 선거 운동의 최대 논점이었다. '오리건 재점령'과 '텍사스 재합병'을 동시에 요구하는 선거구호는 남부와 서부에서 좋은 미끼였다. 이 구호는 텍사스와 오리건이 이미 합법적으로 미합중국 소속임을 시사했다.

휘그당의 후보자는 오랜 정치 경력에다 조정과 타협의 명수이며 매력적인 헨리 클레이였다. 만사를 우호적인 분위기로 처리하려는 그의 취향은 성격이 약해서가 아니라 지성인으로서 겸손에서 우러나는 것이었다. 언제든 가능한 한 명예로운 타협을 촉구하는 데 진력하겠다고 말한 그는 심지어 인생도 죽음과의 오랜 타협이라고 생각했다. 그는 이렇게 덧붙였다.

"입법부, 정부, 사회는 모두 서로의 양보 정신, 온정, 예절이란 원칙에 의존한다. 스스로 초인이라 생각하는 사람에게는 타협이란 있을 수 없으므로 논의의 대상이 아니지만, 인간적인 정의가 모든 문제의 기본이라고 생각하는 사람은 타협을 경시하지 않아야 한다."

불행히도 긴박한 시기에는 은근한 예절이 실효를 거두지 못하는 법이다. 이에 따라 클레이는 합병과 노예제도 문제를 논하지 않았고 이런 모호한 태도에 여야 모두가 불만을 터트렸다.

6. 합병반대론자인 밴 뷰런이 민주당 지명대회에서 당 규약에 따르는 3분의 2 이상의 표를 얻지 못하는 바람에 제임스 포크James Polk(1795~1849, 제11대 대통령—역자주)가 대통령 후보로 선출되었다. 테네시주 출신인 포크는 전혀 알려지지 않은 인물로 열렬한 확장주의자였다. 휘그당조차 포크가 대체 누구냐고 물어볼 정도였다. 그는 테네시 주지사를 역임했으나 이것만으로는 많은 사람에게 알려질 수 없었다. 클레이 부자는 이런 대화를 나눴다.

"아버지, 누가 되었나 맞혀보세요."

"캐스냐?"

"아뇨."

"앤더슨이냐?"

"아뇨."

"그렇다면 도대체 누구란 말이냐?"

"포크예요."

"야단났다. 이거 큰일인데."

클레이의 아버지가 야단났다고 한 이유는 포크가 말은 신중해도 행동이 도전적이라는 것을 알고 있었기 때문이다. 포크는 당시 일반적인 풍조이던 허영을 싫어했고 그의 아내는 백악관에서 댄스를 하는 것조차 금지할 정도로 열렬한 장로교 신자였다. 한마디로 포크는 전혀 유머감각이 없는 사람이었다.

그러나 때론 빛나는 업적을 쌓은 사람보다 수수하고 견실한 대통령이 필요한 법이다. 대통령 후보일 때 포크는 매사추세츠 주 대의원 조지 밴크로프트George Bancroft에게 말했다.

"4대 정강이 내 정책의 전부가 될 것이다. 관세 인하, 재정 독립, 오리건 문제 해결 그리고 캘리포니아 편입이 그것이다."

이것은 4년의 임기를 다 바쳐야 할 만한 정책이었다. 한편 헨리 클레이 후보는 거짓말인 줄 알면서도 다음과 같이 외쳤다.

"노예제도 문제와 합병 문제는 서로 아무런 관련이 없다."

그러나 노예제도 폐지를 주장하는 제3당, 즉 자유당이 결성되면서 클레이의 표를 잠식하는 바람에 포크가 대통령으로 당선되었다. 헨리 클레이 부부는 눈물을 흘렸고 클레이의 아내는 탄식하며 말했다.

"여보, 이 배은망덕한 사람들은 당신이 살아 있는 동안은 절대로 당신이 위대하다는 것을 몰라줄 거예요."

클레이는 자신을 지지하는 사람들의 무능을 개탄했다.

"만약 두 사람의 헨리 클레이가 있었다면 한 사람의 클레이가 또 한 사람의 클레이를 대통령으로 만들었을 것이다."

퇴임을 앞둔 타일러 대통령은 선거공약에 따라 1845년 2월 텍사스 합병안에 대해 의회의 승인을 얻어냈다. 이 보도는 텍사스에서 그때까지 볼 수 없었던 열광적인 환영을 받았고 그해가 저물어갈 무렵 텍사스는 아메리카 연방에서 가장 넓은 주가 되었다.

7. 포크는 대통령에 취임하자마자 공약을 실행하기 위해 오리건 합병에 나섰다. 오리건이란 대체 어디까지를 말하는 것일까? 가장 열광적인 적극론자는 멀리 러시아령인 알래스카(북위 54도 40분)와의 국경까지를 요구했다. 약간 이성적인 온건론자는 캐나다도 태평양에 항구를 가져야 한다는 점을 감안해 49도까지를 생각했다. 포크는 영국의 존재를 무시했다.

"영국 놈들을 다룰 때는 그놈의 눈알을 똑바로 뚫어지게 쏘아보아야 한다."

그는 강경한 태도가 평화를 유지하는 최선의 길이라고 생각했다. 민주당은 이렇게 외쳤다.

"54도 40분, 아니면 전쟁이 있을 뿐이다."

그렇지만 멕시코와 영국을 상대로 동시에 전쟁을 치를 수는 없었다. 오랜 협상을 거듭한 끝에 영국과 조약을 체결했고 북위 49도를 국경선으로 정했다. 그것은 공정한 해결이었지만 멕시코 영토 문제가 남아 있었다. 어떤 미국인도 영국과의 전쟁은 원하지 않았으나 멕시코와의 전쟁은 그렇지 않았다. 멕시코는 적어도 법적으로는 텍사스의 합병을 인정하지 않았지만 현실적으로는 텍사스가 독립을 선언한 이후 그 지역을 재정복하려 하지 않았다.

포크는 존 슬라이델John Slidell을 멕시코에 파견해 텍사스 문제 해결뿐 아니라 뉴멕시코, 혹시 가능하다면 캘리포니아까지 매수를 제의하라는 임무를 맡겼다. 자존심을 내세운 멕시코 정부는 슬라이델을 만나지 않았고 재커리 테일러Zachary Taylor 장군은 리오그란데 강변의 진지를 점령하라는 명령을 받았다. 포크는 즉각 의회에 선전포고 교서를 보내려 했으나 국무장관 제임스 뷰캐넌James Buchanan이 멕시코 측에서 먼저 군사행동을 취할 때까지 기다리도록 건의했다.

1846년 4월 멕시코군이 리오그란데 강을 건너오면서 기마대의 소전투가 벌어졌고 전사자가 발생했다. 포크는 교서를 의회에 전달했다. "이제 인내의 술잔은 비었다. (…) 멕시코는 우리의 영토를 침범하고 미국인의 피를 미국 땅 위에 흐르게 했다."

1846년 5월 12일 의회는 선전포고를 가결했고 멕시코공화국의 도발로 미국은 전쟁에 돌입했다.

8. 이 전쟁의 진짜 목적은 캘리포니아 정복에 있었다. 포크 대통령은 이것을 숨기려 하지 않았고 그의 이런 냉소적인 태도는 이해할 만한 것이었다. 이 넓은 지역에는 멕시코인이라기보다 스페인인이라고 해야 할 6,000~7,000명의 주민이 살고 있었다. 온화한 기후와 비옥한 농토에 끌린 소수의 미국인도 그곳에 정착했다. 언젠가 캘리포니아는 어쩔 수 없이 미합중국 수중으로 들어올 거라고 여기는 것도 무리는 아니었다.

휘그당은 그 열매가 저절로 떨어지기를 기다렸지만 포크는 그렇지 않았다. 태평양의 아메리카 함대는 1845년에 이미 멕시코에 선전포고를 하면 즉각 캘리포니아의 전 항구를 점령하라는 명령을 받았다. 1846년 1월 필립 커니Philip Kearny 장군은 500명의 멕시코인을 포함한 1,800명과 함께 캘리포니아 정복에 나섰는데, 그가 도착했을 때는 벌써 점령이 끝나 있었다. 아메리카 해군이 몬터레이에 상륙해 있었던 것이다.

때마침 탐험가인 아메리카 장교 존 프리먼트John Fremont가 로키산 중에 있었다. 프랑스 이민자의 아들인 프리먼트는 이전에 장 니콜레와 함께 미시시피와 미주리 지방을 답사한 적이 있었다. 이후 야망에 가득 찬 프리먼트는 다른 탐험대를 거느리고 로키산맥을 헤쳐 들어갔다. 그는 로맨틱한 결혼으로 국내에서 제일가는 사교계에 발을 들여놓을 수 있었다. 비밀리에 민주당 지도자 토머스 하트 벤턴Thomas Hart Benton 상원의원 딸과 결혼했던 것이다. 상원의원은 이 결혼을 취소하려 애썼으나 그의 딸은 성서에 있는 룻의 말대로 대답했다.

"님 가시는 곳으로 저는 따라가렵니다."

이 헌신적인 애정 앞에서는 아무리 상원의원이라 해도 굴복하지 않을 수 없었다. 그런데 그는 점차 사위를 마음에 들어 했고 프리먼트는 유력한 장인과 소수 병사의 지원을 받아 캘리포니아 임시정부의 수반으로 추대되었다. 3차에 걸쳐 사상자가 한 명도 발생하지 않은 희극적인 전투를 치른 후 그는 캘리포니아 전역을 손에 넣었다.

현지에 도착한 커니 장군은 멕시코인 그리고 프리먼트와 충돌했다. 그때까지 모든 일을 자기 마음대로 하는 것에 재미를 붙인 선머슴 프리먼트가 저항했기 때문이다. 커니는 그를 항명죄로 군법회의에 회부했고 프리먼트는 유죄 선고를 받았다. 그는 포크가 지시한 사면령을 거절하고 직위를 내놓았다. 대단치도 않은 이 사건은 다음과 같은 정치적인 결과를 초래했다. 오랜 친구이던 벤턴과 포크가 서로 등을 돌렸고 프리먼트는 이 사건을 계기로 캘리포니아 주 출신의 상원의원이 되었다. 그 후 그는 1856년 선거에서 대통령 후보로 지명되었다.

9. 한편 재커리 테일러 장군은 순조롭게 멕시코로 진격해 민주당을 당황하게 했다. 승리 그 자체는 환영할 만한 일이었으나 테일러 장군이 문젯거리였다. 수수한 옷차림에 텁석부리 수염을 기른 그는 '무엇이든 못하는 게 없는 억센 늙은이Old Rough and Ready'라는 별명으로 불렸고 부하들에게 존경받는 용감한 장군이었다. 잭슨 장군처럼 특색이 있던 그는 휘그당이 두말없이 대통령감으로 떠받들고도 남을 만한 인물이었다.

이런 사정을 신중히 검토한 포크는 재빨리 윙필드 스코트Wingfield Scott 장군을 베라크루스로 보냈다. 그는 테일러와 마찬가지로 휘그당원이었으나 교만하고 귀족적이라 별로 인기가 없었다. 스코트는 테일러가 자기보다 먼저 성공하기 전에 멕시코시티를 점령하려고 서둘렀다. 하지만 운수가 사나웠는지 테일러는 부에나비스타Buena Vista에서, 스코트는 멕시코시티 성문에서 동시에 승리를 거뒀다. 이 전쟁에서 유명해진 장교들 중에는 제퍼슨 데이비스Jefferson Davis 대령, 로버트 리Robert Lee 대위, 조지 매클레런George McClellan 대위, 그리고 율리시스 그랜트Ulysses Grant(1822~1885, 제18대 대통령―역자주) 중위 등이 있었다.

1847년 9월 17일 스코트 장군이 아메리카 군대를 사열하는 가운데 미합중국은 '몬테주마 궁전'을 점령했다. 1848년 체결한 '과달루페 이달고 조약Treaty of Guadalupe Hidalgo'에 따라 멕시코는 1,500만 달러의 배상을 받고 리오그란데 강을 경계로 뉴멕시코와 상부 캘리포니아를 할양할 것을 승인했다. 이것은 합병이 아니라 말하자면 강제 매수였다. 열광적인 확장주의자들은 멕시코 전체를 점령하길 원했으나 대통령은 이를 거부했고 상원은 통례적인 격렬한 토론을 거친 후 조약을 비준했다. 포크는 재임 시에 100만 평방마일에 달하는 영토를 확장했고 휘그당은 두 사람의 대통령 후보를 얻었다. 이제 남은 문제는 두 대립 세력 간의 균형을 깨트리지 않고 정복주를 동화시키는 일이었다.

—

chapter 5

최후의 타협

The Last Compromise

—

1. 이제 미합중국이 점유한 광대한 영토에는 미국인이든 스페인인이든 백인 정착민은 얼마 되지 않았다. 교통이 몹시 불편했기 때문이다. 동부와의 거리도 엄청나게 멀어 마차 여행도 힘겨웠다. 도중에 높은 산맥과 넓은 사막이 있고 동부에서 쫓겨나 조상 전래의 토지를 빼앗긴 인디언까지 중서부 평원에 있어서 이주자들은 습격에 대비해 강력한 마차 대열을 편성해야 했다. 용맹스럽고 잔인한 인디언들은 들소 사냥을 해서 생활했고 스페인인이 방목해 자연 번식한 야생마를 길들였다. 그들은 용맹성, 능숙한 기술, 당연히 가질 만한 분노 그리고 지리에 익숙한 능력의 강적이었다. 그럼에도 불구하고 많은 마차 대열이 위험을 무릅쓰고 태평양으로 통하는 몇 개의 길을 헤치고 나아갔다. 무엇보다 색다른 이야깃거리는 몰몬교Mormon 교단이 사막의 한가운데에 유타 주를 건설한 일이었다.

2. 이 교단의 창시자이자 예언자인 버몬트 출신의 조셉 스미스 Joseph Smith(1805~1844)에 따르면, 열다섯 살 때 기도 중에 천사가 고대 주민에게 내린 그리스도의 계시를 새긴 신성한 황금판 책자의 소재를 그에게 알려주었다고 한다. 천사의 인도를 받은 스미스는 그 황금판을 발견했고 마술 안경의 힘을 빌려 그것을 해독했다고 한다. 그는 그것을 쓴 예언자의 이름을 따서 《몰몬의 교본Book of Mormon》을 출판했는데, 이것은 몰몬교회와 말일성도교회의 성전이 되었다.

조셉 스미스를 중심으로 1830년 무렵에는 신도가 3,000명이 넘었고 스미스는 때때로 신의 계시를 받았다. 그중 하나는 그에게 새로 예루살렘을 건설하라는 계시였다. 처음에 그는 미주리를 성도로 생각했지만 몰몬교를 이단자로 생각하는 그 지방 사람들의 뜻과 맞지 않아 할 수 없이 오하이오로 이주했다. 하지만 또다시 일리노이로 옮겨가 그곳에 '나부Nauvoo'라는 도시를 건설했다.

1843년 조셉 스미스는 신도의 가장에게 고대 이스라엘 민족의 제도에 따라 일부다처제를 실천하도록 명령하라는 묵시를 받았다. 이 중혼제도는 몰몬교도와 가까이에 사는 주민들을 격분케 했고 맹렬한 반격 운동이 일어나면서 조셉 스미스는 암살당했다. 그의 뒤를 이은 정력적인 지도자 브링햄 영Bringham Young은 박해받는 신도들을 사막지대로 인도했다. 당시 1만 5,000명의 몰몬교도가 3,000대의 포장마차를 타고 길을 떠났다. 온갖 고난 끝에 브링햄 영은 눈 쌓인 봉우리로 이뤄진 산맥에 둘러싸여 햇빛에 반짝이는 새하얀 호수, 즉 염호鹽湖를 발견했다. 그곳이야말로 새로운 예루살렘을 건설할 땅이라고 믿은 그는 그 사해로 들어오는 강을 요르단 강이라 명명하고 '솔트레이크

시티Salt Lake City'를 건설했다.

우수한 자질을 갖춘 몰몬교도들은 불모지에서 수많은 고통을 겪으면서도 주도면밀하게 국가를 조직했다. 얼마 지나지 않아 태평양으로 향하는 이민 행렬이 그들에게 번영을 가져다주었다. 솔트레이크시티가 이민자에게 휴식과 물자를 제공하는 요지였기 때문이다. 1850년 유타는 준주로 편입했으나 그들은 오랫동안 그들의 법률 외에는 아무것도 인정하지 않는 신권정치를 시행했다. 1896년 유타 주는 연방에 가입하면서 일부다처제를 폐지했고 오늘날 그들은 완전한 신교 자유의 모범이 되고 있다.

3. 오리건, 캘리포니아, 뉴멕시코, 유타 등 드넓은 영토 획득으로 국토가 확장되자 또다시 노예제도 지지파와 반대파 사이에 새로운 논쟁이 벌어졌다. 양쪽 진영은 서로 연방정부 지배를 둘러싸고 투쟁을 벌였다. 노예제도 지지파는 이미 인구 비례로 선출하는 하원에서 소수파로 전락했다. 노예제도 지지파는 1787년도 타협안으로 노예 인구의 5분의 3을 가산했어도 열세를 면치 못했던 것이다. 그러나 인구와 관계없이 각 주에서 두 명의 대표를 선출하는 상원의 숫자를 양쪽이 동일하게 유지하는 한 그 세력을 유지할 수 있었다.

1846년 멕시코와 강화조약을 맺었다는 보도가 전해지자 그날 북부의 공화당원 데이비드 윌모트David Wilmot는 멕시코에서 획득한 모든 영토에서 노예제도를 영원히 추방해야 한다는 법안을 제출했다. 하원에서는 윌모트의 제안을 가결했으나 상원에서 부결되었다. 남부는 오리건에서 노예제도를 금지하면 안 된다는 제안으로 대립했지만 이

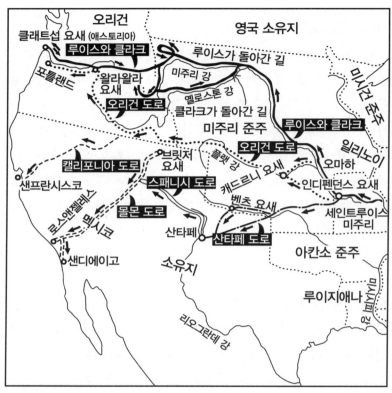

서부에서 세인트루이스까지의 도로

번에는 이 제안이 부결되었다. 오리건처럼 추위가 극심한 지방에서는 노예 노동을 이용하려 해도 할 수 없는 형편이었으므로 이 제안 자체가 비합리적이었다.

　한편 멕시코에서 획득한 영토에서는 당연히 노예제도 문제가 불거졌고 그 해결이 시급했다. 해결안으로는 전면금지(윌모트의 안으로 캘훈과 그 일파의 안이다), **미주리 타협선**(북위 30도 30분 선을 경계로 이남은 노예지역, 이북은 자유지역으로 한다), 나아가 국민주권주의에 따라 주 스스로 주민투표로 결정한다는 내용이 논쟁 대상으로 떠올랐다.

4. 이 문제가 1848년의 대통령 선거를 판가름할 거라는 견해는 벌써부터 널리 알려져 있었다. 포크는 내슈빌에 있는 농장에서 은퇴 생활을 하겠다며 입후보를 사퇴했다. 그는 다음과 같이 말했다.

"나는 하인 노릇을 그만두고 상전이 되겠다."

남부에서의 득표를 자신한 민주당은 북부인 미시건 출신의 루이스 캐스Lewis Cass를 대통령 후보로 지명했다. 서부에서의 득표에 자신이 있던 휘그당은 멕시코 전쟁의 영웅이자 남부인인 재커리 테일러를 지명했다. 그들은 올드 잭Old Zac을 내세워 티페카누 선거전을 재현할 생각이었다.

테일러는 루이지애나에서 노예를 부리긴 했지만 양식과 도의심이 있는 사람이라 노예제도를 정당한 것으로 여기지는 않았다. 그러나 노예제도에 반대하는 북부 출신 휘그당원 중 일부는 노예 소유자인 테일러가 불안했던지 전 자유당원을 규합해 '자유토지, 자유언론, 자유노동 및 자유인민'을 주장하고 노예제도 확대를 반대하는 '자유토지파Free-Soilers'당을 조직했다. 자유토지파는 과거의 자유당 같은 노예제도 폐지론자는 아니었다. 그들은 남부의 이탈을 두려워했고 무엇보다 연방을 유지하고 싶어 했기 때문이다. 다만 그들은 노예제도를 지방으로 한정한 뒤 점차 약화시킬 계획이었다. 자유토지파의 후보자는 밴 뷰런이었다. 오래전에 은퇴한 그는 마치 처음 나선 인물처럼 신선한 인상을 회복하고 있었다. 그는 당선되지 못했지만 그의 세력이 미치는 뉴욕에서 민주당 후보 캐스의 표를 많이 빼앗아 테일러의 당선을 가능케 했다.

5. 1848년 새로운 사태가 발생하면서 캘리포니아에 커다란 변화가 일어났다. 캘리포니아는 미국인이 점령했을 때는 안락하고 예절이 분명하며 남녀 간에 애정이 꽃피는 스페인 풍토를 유지했다. 머리에 레이스 너울을 쓴 아름다운 여인들이 지주 저택에서 커니군 장교들과 희희낙락했고 성가대의 합창이 안뜰에서 울려오는 기타 소리와 화음을 빚어내고 있었다. 이 매력적인 정서는 좀처럼 변할 것 같지 않았다.

그런데 어느 날 새크라멘토 강 인근에 작은 땅을 가진 스위스 출신의 개척자 존 서터John Sutter 대위의 일꾼인 마셜이 서터의 물방앗간 물줄기에서 금을 발견했다. 그것을 샌프란시스코로 보내 분석한 결과 틀림없는 순금으로 판명이 났다. 삽시간에 새크라멘토 계곡은 세계에서 제일가는 금광지대라는 소문이 퍼져나갔다. 50년간 적어도 20억 달러어치의 금이 캘리포니아 광산에서 생산될 거라는 풍설도 나돌았다.

이 소식이 동부로 전해지면서 소위 '골드러시Gold rush'가 시작되었다. 1849년 한 해에만 캘리포니아 인구는 6,000명에서 8만 5,000명으로 늘어났다. 그전까지 한 어촌에 지나지 않던 샌프란시스코는 몇 년간 인구 5만이 넘는 도시가 되었고, 얼마 후에는 20만의 대도시로 발전했다.

하지만 교통은 여전히 불편했다. 어떤 사람은 해로로 남미의 케이프혼을 돌아서 왔고, 또 어떤 사람은 파나마 지협을 넘는 육로와 해로를 거쳐 모여들었다. 그리고 그보다 더 많은 사람이 오리건과 유타를 거치는 산길을 통해 찾아왔다. 도중에 수천 명이 피로와 기아, 험난한 산맥, 인디언에게 희생되었지만 무덤으로 뒤덮인 길을 지나 끝내 목적지에 도달한 사람들도 적지 않았다.

이들 가난한 사람들은 체로 모래를 받치면 몇 주일 안에 큰 부자가 될 수 있을 거라고 생각했다. 그러나 실상은 달랐다. 한 사람이 부자가 되려면 100여 명이 간신히 입에 풀칠을 해가며 뼈가 부서져라 일해야 하는 형편이었다. 광산 주변에서는 다른 장사치들이 더 번창했다. 신개척지에는 모든 것이 부족했기 때문에 세탁소, 석수장이, 창녀등이 불티가 났다. 선술집과 도박장이 금광보다 더 이익이 많았다. 대륙횡단의 위험을 겪어낸 그들은 강인하고 난폭하기가 이만저만이 아니어서 신도 악마도 두려워하지 않았다. 흉기를 들고 싸우는 일은 너무 흔해서 아무도 그것을 거들떠보지 않았다. 사법제도 부재로 곤란을 겪던 선량한 시민들은 경찰력의 필요성을 절감했고 결국 샌프란시스코에 자경단을 창설했다. 이들의 제재 방법은 좀 가혹했지만 성과는 있었다.

1849년 일단의 개척자와 금광업자가 몬트레이에 모였다. 이들은 미국인, 프랑스인, 영국인, 멕시코인, 중국인 등 여러 나라 사람들이었으나 한 가지 공통적인 생각을 하고 있었다. 그것은 바로 정부가 필요하다는 것이었다. 미합중국은 이곳을 획득한 후 준주로도 편입시키기 않았고 군대가 스페인 치안판사의 도움을 받아 적당히 관리하고 있었다. 몬트레이 대회에서 사람들은 헌법을 제정했으나 노예제도를 인정하는 조항은 없었다. 현실적으로 캘리포니아에는 노예가 없었던 것이다. 뒤이어 아직 연방 가입을 승인받지 못했으나 주 의원과 지사를 선출했다.

6. 1849년 의회가 개회되자 캘리포니아를 자유주로 승인하자는 문제에 대해 격렬한 논쟁이 벌어졌다. 캘리포니아 가입안에서 노예제도 지지파는 치명적인 패배를 당할 형편이었다. 그들은 1820년에 제정한 타협안의 규정에 따라 캘리포니아를 2개 주로 분할할 것이라 예상하고, 36도 30분 이남에서는 노예제도를 용인할 것으로 생각했다. 그들은 만약 캘리포니아를 자유주로 승인하면 상원에서 자유주가 과반수를 차지하게 될 것을 두려워했다. 어떤 대책을 강구해야 할 것인가?

어떤 사람은 쿠바 합병을, 일부에서는 유타와 뉴멕시코 두 준주를 노예주로 만들 것을 구상했다. 그러나 흥분한 노예제도 지지자들은 그 어떤 정책에도 만족하지 않았다. 이 사태는 당파 감정이 강압적인 집념으로 바뀔 때 역사상 흔히 볼 수 있는 하나의 실례에 불과하다. 노예제도 폐지론자의 비난으로 남부의 명예는 타격을 받았다. 캘훈은 그의 딸에게 다음과 같은 편지를 보냈다.

"남부는 너무도 오랫동안 북부의 모욕을 받아왔다."

조지아의 한 상원의원은 국민 전체의 피의 대가로 정복한 영토에서 북부가 노예 소유자를 축출하려 책동한다면 남부는 서슴지 않고 연방에서 탈퇴하겠다는 소신을 발표했다. 테일러 대통령은 이전에 잭슨 대통령이 말했듯 설혹 자신이 군대를 지휘하는 한이 있더라도 연방을 수호하겠다고 답변했다. 노인이 된 헨리 클레이는 최종 타협안을 성립시키기 위해 젊은 시절의 뛰어나게 빛나던 설득력 있는 웅변을 토로했다. 부쩍 수척해진 그는 기운 없는 목소리였지만 열정을 다해 국내 평화를 수호하자고 호소했다. 북부에는 추상적인 원칙에 관한 무익하고 공격적인 발언을 하지 말도록 요청하고, 남부에는 북부나 중서부 어느 한쪽과 충돌하지 않고 연방에서 탈퇴할 수 있으리라는 생각은 하지 말라고 간청했다. 중서부 미시시피 평원의 주민들은 미시시피 강의 자유로운 수로 이용권을 얻기 위해 처음에는 스페인, 그다음에는 프랑스 그리고 영국과 싸웠는데 남부의 독립으로 이 통로가 또다시 속박받는 걸 묵인하지는 않을 것이라고 밝혔다.

7. 헨리 클레이의 타협안은 다음과 같았다. 1) 캘리포니아를 자유주로 승인한다. 2) 멕시코에서 획득한 기타 영토에는 노예제도 문제를 주민의 자유재량에 맡기는 준 주정부를 조직한다. 3) 텍사스에는 서부 경계지방에서 줄어든 토지의 대가로 1,000만 달러를 보상한다. 4) 보다 효율적인 법률을 제정해 남부가 도망노예를 체포하는 데 협조한다. 5) 수도 워싱턴이 있는 컬럼비아 지구에서는 노예매매(노예제도가 아니다)를 금지한다.

클레이의 변함없는 따뜻한 마음에서 나온 이 제안은, 인간성의 약점에 대한 연민과 공정하고 명예로운 해결책을 찾으려는 열의의 결과였다. 클레이의 오랜 친구이자 또 다른 정계 원로인 캘훈이 답변에 나섰다. 쇠약하긴 했으나 아직 빛나는 눈매를 잃지 않은 캘훈은 죽음에 임박한 사람이었다. 후두결핵으로 연설을 할 수 없어 그의 연설문은 다른 사람이 대독했다. 움푹 들어간 눈 위로 아무렇게나 늘어진 백발, 까만 외투를 걸친 수척한 몸은 흡사 귀신같았다.

"남부는 공격당했고 중상과 약탈에 시달렸다. 북부는 남부의 권리를 돌려주어야 한다. 새 영토에서의 평등한 권리, 도망노예 전원 체포, 노예제도 반대 운동 중지 등이 최소한의 화해조건이다. 이것을 수용하지 않으면 각 주를 결속시키는 유대는 끊어지고 말 것이다."

3월 7일 연방옹호파의 거물급 일인자 웹스터가 연단에 올랐다. 그도 연로했으나 태도에는 아직 활기가 넘쳐흘렀다.

"나는 오늘 연방을 수호하기 위해 발언하는 것이다. 내 주장을 조용히 들어주기를 바란다."

노예제도에 대한 공격 연설을 기대하던 많은 사람이 실망했다. 웹스터도 타협을 위해 클레이의 제안을 지지했던 것이다. 노예제도 폐지론자들은 대통령이 되려는 욕망이 그를 이렇게 만들었고, 과거에는 우리의 우상이었으나 이제는 보기 싫은 치졸한 사람이 되었다고 비난했다. 정당인은 그들의 계획이 좌절되면 무조건 비열한 동기에서 이뤄진 것이라고 비난하기를 좋아한다. 당시의 상황으로 보아 웹스터는 대단한 용기를 발휘한 것이었다. 극단적인 폐지론을 펼친 사람은 뉴욕 주 출신의 윌리엄 슈어드William Seward 상원의원이었다.

당시에는 테일러 대통령의 영향력이 강했는데 어쩌면 대통령은 타협안을 거절했을지도 모른다. 그런데 그때 테일러가 사망하고 부통령 밀러드 필모어Millard Fillmore(1800~1884, 제13대 대통령—역자주)가 계승하면서 합의가 이루어져 클레이의 타협안이 통과되었다. 이 타협안의 작성자인 헨리 클레이와 캘훈 그리고 웹스터도 얼마 후 모두 세상을 떠났다. 1826년 위대한 선구자 시대가 종말을 고한 데 이어 제2세 시대도 1852년 막을 내리고 말았다.

chapter 6

—

타협의 실패

The Failure of the Compromise

—

1. 양쪽 진영의 현명한 사람들은 1850년에 제정한 타협안이 분열된 국민의 적개심을 해소해주기를 희망했으나 불행히도 그것은 3년이란 짧은 유예기간을 거친 후 파탄 날 운명이었다. 가장 위험한 조항은 '도망노예 단속법Fugitive Slave Law'이었다. 이 법령 집행은 노예제도의 폐단 중에서도 가장 참혹한 일면을 드러냄으로써 종래의 정치적 대립이 감정적 반발로 바뀌었다.

이 법령은 연방 공무원에게 도망노예를 체포할 의무를 부과했고 일반 시민에게도 가련한 도망자를 수색하는 데 협조하도록 요구했다. 그뿐 아니라 수색 중인 도망노예를 모르고 도와주어도 처벌당하도록 규정하고 있었다. 도망노예를 체포하는 데는 증거를 제시할 필요가 없었고 흑인의 증언은 법적으로 효력이 없었으며 배심재판을 받을 권리도 없었다. 이 노골적인 차별조치에 온건한 사람들까지도 의문을 느끼고 있었다. 어느 누가 동정심을 느끼지 않겠는가?

어느 날 일리노이 주 게일스버그에 지쳐 늘어진 반나체의 흑인노예 한 명이 아사 직전의 모습으로 당도했다. 그는 미주리의 농장에서 다른 흑인노예 다섯 명과 함께 도망쳤다고 말했다. 그중 두 명은 살해당했고 세 명은 다시 붙잡혔다고 했다. 이 작은 마을의 유지들은 도망자를 숨겨주고 도망노예의 천국인 캐나다로 보낼 준비를 서둘렀으며 마을에서 마을로 자발적인 구호조직이 생겨났다. 한 흑인을 숨겨준 집이 있으면 그는 다음 도망자에게 연락했고 이 집은 '비밀 지하철도의 정류장'이 되었다. 이 이름은 도망노예를 뒤쫓다가 별안간 노예가 자취도 없이 사라지자 농장주가 놀라서 떠들어낸 말에서 비롯되었다. 그 농장주는 "그놈은 지하철도로 빨려 들어간 게 틀림없다"고 외쳤다고 한다. 그때만 해도 철도란 말이 신기해서 멋있게 느꼈던 것이다. 지하철도에는 역장과 차장까지 있었고 여객은 물론 도망노예들이었다. 중앙조직은 없고 각 정거장은 다음 정거장밖에 알지 못했기에 경찰 수색이 몹시 곤란했다.

2. 도망노예의 수가 그리 많지 않아 남부의 손해는 크지 않았지만 이 조직은 북부를 분격케 했다. 뉴잉글랜드에서는 백인 시민이 추적자를 몸으로 저지해 흑인을 보호했는데 그는 지방 형무소 사용을 거절하고 항의집회를 열었다. 보스턴에서는 번스라는 흑인이 군중의 반대에도 불구하고 체포되자 그의 자유를 위해 시민들이 기부금을 모았다. 노예 주인이 1,300달러를 요구하자 잠깐 사이에 그 금액이 모였다. 그러나 매사추세츠의 검찰총장은 이곳에서는 노예매매를 허용하지 않는다는 합법적인 이유를 내세워 이 거래를 완곡히 금지했다.

얼마 후 번스가 버지니아로 돌아가자 북부 사람들은 그의 자유를 사주었다.

도망노예의 운명을 동정적으로 쓴 《톰 아저씨의 오두막집Uncle Tom's Cabin》이란 소설이 나오면서 북부의 의분은 더욱 강렬해졌다. 이 소설의 저자인 조합교회 목사 라이먼 비처Lyman Beecher의 딸 해리엇 비처 스토Harriet Beecher Stowe는 신시내티에 살고 있었다. 이 도시는 오하이오 강을 사이에 두고 노예주와 인접해 있었다. 그녀는 노예의 옷을 벗겨 테이블 위에 세워놓고 구매자들이 소나 말을 고르듯 흑인을 대하는 것을 보았고, '지하철도'의 차장이던 그녀의 아버지는 도망노예 단속법에 심한 의분을 느끼고 있었다. 신앙심이 강한 그녀는 작품을 통해 영생하는 영혼이 있는 인간을 사고파는 것은 비그리스도교적이라고 강조했다.

그녀는 가급적 객관적으로 쓰려고 애썼으나 남부 사람들은 그 묘사가 거짓이고 왜곡되었다고 생각했다. 하지만 일반 사회에서는 진실임을 인정했으며 이 소설은 22개 국어로 번역되었다. 이 작품은 저자가 희망하던 것보다 훨씬 더 여론 조성에 도움을 주었다. 훗날 에이브러햄 링컨Abraham Lincoln(1809~1865, 제16대 대통령—역자주)은 스토와 만난 자리에서 "큰 전쟁을 일으킨 작은 부인"이라며 그녀에게 진정한 경의를 표했다.

3. 1852년 민주당의 지명 후보자 프랭클린 피어스Franklin Pierce (1804~1869, 제14대 대통령—역자주)가 절대다수로 대통령에 당선되었다. 그는 이름이 전혀 알려져 있지 않은 사람이었으나 남부의 농장주와 농부,

실업가의 화해를 끌어낼 만한 인물이었다. 휘그당은 다시 한 번 전쟁 영웅 윈필드 스코트 장군을 후보로 내세웠지만 해리슨 같은 성과를 거두지 못했다. 좋은 기회가 늘 내게만 오는 것은 아니다.

피어스의 당선은 노예제도 반대 여론이 여전히 치열하긴 해도 대다수 국민은 아직도 1850년의 타협안에 충실하다는 것을 증명해주었다. 당시는 호황기라 돈을 번 유권자들이 무엇보다 국내 평화를 바랐던 것이다. 금은 광산을 연달아 발견해 물가가 상승했고 중서부의 비옥한 토지개발이 사람들을 놀라게 했으며 남부는 목화 재배로 단단히 재미를 보고 있었다. 아메리카는 1848년의 독일 혁명과 아일랜드의 기근으로 고국을 떠난 많은 이민자를 수용했다.

호황에 들뜬 이 나라는 손가락 하나 까딱하지 않고 쇄도하는 새로운 사람들을 흡수했다. 노예 소유자는 투쟁을 멈추지 않고 쿠바 합병을 요구했지만 이 일은 여전히 지지부진했다. 포크 대통령이 쿠바를 매수하겠다고 스페인에 제의했으나 스페인은 쿠바를 다른 나라 손에 넘기느니 차라리 바닷속으로 가라앉는 것을 보는 편이 낫다고 응수했다. 그러자 로페즈라는 모험가가 몇몇 청년을 거느리고 뉴올리언스에서 쿠바로 넘어가 그곳을 무력으로 점령하려다가 붙잡혀 총살을 당했다.

피어스는 루이지애나 출신인 합병주의자 솔즈를 마드리드 주재 대사로 파견했다. 로페즈를 라파예트에 비유한 솔즈는 벨기에에서 주영 대사, 주불 대사와 함께 삼자회담을 한 후 쿠바가 천명으로 영유권을 맡게 된 아메리카 연방에 마땅히 귀속해야 한다는 취지로 몹시 비외교적인 '오스텐도 선언Ostendo Manifesto'을 작성했다. 스페인은 당연히

노예해방에 큰 역할을 한 해리엇 비처 스토와 에이브러햄 링컨

항의했다. 국무장관은 이 선언을 승인하지 않았으나 노예제도 지지파 신문은 다음과 같이 주장했다.

"스페인이 우리에게 쿠바를 팔지 않겠다면 그것을 빼앗을 수밖에."

이 나라의 열풍은 점점 더 강렬해졌다.

4. 《톰 아저씨의 오두막집》의 영향으로 생긴 감상적인 분위기와 도의적인 비난은 남부를 자극했고 그들을 도전적으로 변하게 했다.

"눈동자만큼이나 소중하게 생각하는 노예제도를 우리는 가급적 평화적으로, 부득이하다면 전쟁을 해서라도 유지할 것이다."

민주당에는 남부와 서부의 동맹을 이끌어낼 가능성이 있는 정책이 있었다. 이 정책의 성공은 제퍼슨이나 잭슨처럼 양쪽 지역의 이해관계를 합치시킬 기반을 마련해줄 정치가의 출현 여부에 달려 있었다. 이 점을 통찰한 사람이 일리노이 주 출신 상원의원 스티븐 더글러스 Stephen Douglas였다. 사람들이 '작은 거인'이라고 부른 그는 강인하고 뚱뚱하며 용기와 재능을 갖춰 '남부인의 사상을 지닌 북부인'이라는 말을 듣고 있었다. 사실인즉 더글러스에게는 아무런 이념도 없었으며 기민하고 야심적이긴 했지만 비교적 관대한 정치가였다. 그는 뻔뻔하게도 백인과 흑인의 모든 분쟁에서는 백인 편을 들고, 흑인과 악어의 분쟁에서는 흑인 편을 들겠다고 말하기를 서슴지 않았다.

더글러스는 서부가 텍사스와 네브래스카의 비옥한 토지를 개발하려 한다는 것을 알고 있었다. 이것을 서부에 보장하는 동시에 무슨 책략이든 짜내 남부를 만족시킬 수만 있다면 그는 대통령이 될 기회를 얻을 수 있었다. 어떻게 하면 이 목적을 달성할 수 있을까? 우선 1820년의 타협안을 무효화해서 남부에 새로운 노예주를 만들 희망을 주고, 서부에는 태평양으로 통하는 철도와 새로운 토지를 제공한다면 얼마든지 가능성이 있었다. 자신의 거주지 시카고에 많은 재산을 축적한 더글러스는 시카고를 철도 종착역으로 하리라고 내심 계획하고 있었다.

이런 사정에 따라 1854년 새로 2개 준주를 조직하고 주민에게 스스로 노예제도의 가부를 결정할 자유를 주는 '캔자스-네브래스카 법 Kansas-Nebraska Act'을 마련했다. 캔자스와 네브래스카는 30도 36분 선이북에 위치했으므로 1820년에 제정한 미주리 타협안은 이것으로 폐기되는 셈이었다. 네브래스카 개발은 미주리 주민의 표를 흡수하는 동시에 시카고에 대륙횡단 철도가 놓이도록 해주었다. 그리고 캔자스 개발은 남부에 새로운 노예주를 얻을 기회를 제공했다.

5. 입법자는 대체로 상상력이 부족하다. 일반적으로 그들은 추상적인 법률이 어떤 구체적인 결과를 초래할지 예견하지 못한다. 캔자스의 미래를 주민이 결정하는 법률이 생기면서 양당은 자파 사람들이 캔자스를 개발했으면 하는 희망을 드러냈다. 노예제도를 반대하는 사람들은 반네브래스카 민주당Anti-Nebraska Democrats이라는 이름 아래 신념이 같은 개척자의 캔자스 이주를 권장하는 회사까지 설립했다. 시카고에서는 더글러스에 대한 비난이 심해 이론異論이 분분한 회의가 자정이 넘어서도 끝나지 않았다. 사회를 보던 그가 작정하고 끝장을 내야 할 정도였다.

"이제 날이 새 일요일이 되었네. 나는 지금 교회로 갈 테니 자네들은 마귀한테나 가보게."

미주리의 많은 노예 소유자가 투표권을 얻기 위해 캔자스로 이주했다. 앨라배마의 한 농장주는 노예의 일부를 판 돈으로 300명의 무장한 남부인을 캔자스로 파견했다. 코네티컷 주의 교회에서는 신도들이 캔자스에 사는 북부인에게 무기를 공급하기 위해 기부금을 냈다. 헨리 워드 비처Henry Ward Beecher라는 브루클린의 목사는 교회 단상에서 노예 소유자에게는 성서보다 소총이 더 큰 설득력이 있다고 말했다. 당시 '비처의 성서'란 말은 총기를 뜻했다. 캔자스의 농민들은 총을 어깨에 메고 밭을 갈았다.

얼마 후 캔자스 지방에는 두 개의 정부가 수립되어 교전 상태에 들어갔다. 노예제도 지지자들은 로렌스(현재 캔자스 대학 소재지) 시에 방화한 후 약탈까지 자행했다. 폐지론자 중 한 명인 존 브라운John Brown은 다섯 아들을 거느리고 그의 일당과 함께 노예 소유자들을 무자비하게 사살했다. 여러 가지 직업을 전전하다가 쉰 살에 열광적인 노예제도 폐지론자가 된 브라운은 노예해방을 자신의 사명이라 믿고 있었다. 그는 경건한 사람이었으나 자신이 신의 복수를 대행한다고 믿었기에 살인에도 가책을 느끼지 않았으며 폭력은 폭력을 낳았다.

쌍방은 서로 거짓과 낭설을 퍼트렸다. 폐지론자 측 신문들은 남부의 농장주들이 모두 노예를 구타함으로써 가학성 쾌락을 즐긴다는 식으로 보도했다. 물론 이것은 거짓이었다. 또한 노예 소유자들의 말대로라면 캔자스에서는 노예 없이는 생활할 수 없다고 했다. 이런 허무맹랑한 사실은 없었다.

사람들 간의 대결이 으레 그렇듯 이 문제도 당사자들이 사실을 냉정하게 검토하기만 하면 곧 해결할 수 있었다. 캔자스 전역에 200명 이상의 노예는 없었고 현실적으로 그다지 긴급한 사건도 없었다. 그러나 아무도 사실에 관심을 두지 않았다. 실제로 '캔자스의 상처', '유혈의 캔자스'라는 말은 단순히 선거구호에 불과했다.

6. 1856년도 대통령 선거에서 양당은 어느 때보다 선명한 선거공약을 필요로 했다. 사람들은 속으로 무척 혼란스러워했다. 클레이와 웹스터 같은 지도자를 잃은 휘그당은 노예 폐지론자의 활동으로 북부 휘그당과 남부 휘그당으로 분열되었다. 민주당은 노예제도를 지지했으나 서부와 북부에 있는 자유주의적인 민주당원은 당의 이런 태

도를 용납하지 않았다. 불평을 품은 사람들은 결국 몇몇 소규모 정당을 새로 결성했다.

그중 순아메리카 국민당Native American, 부지당Know-Nothing Party(비밀 조직으로 당원이 심문받을 때는 '나는 아무것도 모른다'고 답변하라고 지시해서 생긴 이름이다) 등은 특히 외국인 이민자의 세력 확대에 반대했다. 뉴잉글랜드의 청교도들은 아일랜드인과 독일인의 이민을 가톨릭과 무산계급의 침입이라고 여기면서 몹시 경계했다. 휘그당의 자유토지파는 폐지론자는 아니었으나 노예제도 확대만을 반대하는 비교적 온건한 사람들이었다. 이들 자유토지파와 민주당 이탈자 등 노예제도를 반대하는 사람들의 열기가 확 타오르게 하려면 도덕적인 의분의 불꽃이 필요했다.

그러던 중 '유혈의 캔자스'와 노예 소유자의 잔학 행위 보고가 드디어 촉매제 역할을 했다. 이에 따라 1854년 여러 가지 이질분자로 구성된 합동정당 공화당이 탄생했다. 이것은 제퍼슨 지지파들이 사용하던 이름에서 따온 것으로, 당 강령으로는 '당원은 정치와 경제에 관한 모든 이견을 일시적으로 보류하고 노예제도 확대를 저지하되 이 투쟁의 결말을 보기까지 진심으로 일치단결해 행동하자'는 결의를 채택했다.

7. 공화당은 후보자로 일찍이 캘리포니아 정복에 커다란 공을 세운 존 프리먼트를 지명했다. 민주당은 캔자스 사건의 주동자로 낙인찍힌 더글러스를 교묘히 피하고, 펜실베이니아의 표를 쥐고 있지만 별다른 특징이 없는 노인 제임스 뷰캐넌을 후보자로 지명했다.

공화당의 격렬한 선거 운동은 가장 보수적인 휘그당을 놀라게 했다. 임기가 얼마 남지 않은 피어스 대통령은 민주당의 승리는 캔자스의 평화 유지에 달려 있음을 알고 유화정책을 실시했다. 공화당은 여기에 반대하면서 정부가 캔자스의 상처를 선거가 끝날 때까지 방임하려 한다고 비난했다. 피어스의 온건정책 덕분에 1856년도 선거에서 민주당의 뷰캐넌이 무난히 당선되었다. 공화당도 몇몇 우수한 웅변가 특히 일리노이 주의 변호사 에이브러햄 링컨의 힘으로 상당히 많은 득표를 올렸다. 그다음 1860년도 선거에서 남부가 약간의 과오만 범해준다면 승리는 공화당으로 넘어올 수 있었다.

최초의 과오는 대법원에서 이뤄졌는데 그것은 유명한 '드레드 스코트Dred Scott(미국의 흑인 노예) 사건' 판결이었다. 드레드 스코트는 주인을 따라 북부 자유준주에서 살다가 다시 미주리 주로 끌려간 미주리 출신의 흑인 노예였다. 몇 해 지나서 주인이 사망하자 그는 전에 자유지역에 살았으므로 사실상 노예 신분에서 해방되었다는 이유로 자유를 얻기 위해 주인의 미망인에게 소송을 제기했다. 사실인즉 드레드 스코트는 문맹이었고 소송을 제기할 능력도 없었으나 노예제도 반대자들이 소송 일체를 맡아 해주었다. 미주리 법원은 드레드 스코트가 미국 시민이 아니라는 이유로 소송 접수를 거부했고 제소를 받은 대법원도 드레드 스코트에 대한 법원의 결정을 재확인해주었다. 메릴랜드 출신인 대법원장 로저 태니Roger Taney는 헌법은 백인만을 위해 제정한 것으로 흑인에게는 아무 권리가 없으며 그들은 일종의 자산이라 연방정부는 그들에게 권한을 행사할 수 없다는 견해를 발표했다. 그뿐 아니라 태니는 의회가 준주에서 노예제도를 금지할 권한이 없다는 점을 들어 1820년의 타협안도 헌법에 위배된다고 선언했다.

8. 헌법이 백인의 권리만 보장한다는 말은 놀라지 않을 수 없는 명제였다. 헌법 제정에 서명한 많은 사람이 흑인에게도 공민권을 인정하는 주에 속해 있었기 때문이다. 하지만 남부의 극단론자들은 이 판결에 만세를 불렀다. 이제 헌법은 준주가 연방의회나 준주의회와 협의하지 않고도 노예제도를 실시할 수 있고, 준주가 연방의 공동재산이므로 각 지방에서 관습과 생활양식을 도입할 권리가 있다고 보고 그 권리를 보장했다.

이 견해는 준주의 주권을 인정하던 더글러스의 주장과 대립하는 것으로 노예제도 확장에 반대하는 공화당에게는 치명적인 선고였다. 하지만 결과적으로 이 판결은 공화당에 큰 도움을 주었다. 판결에 집행력이 없었기 때문이다. 대다수 주민이 노예제도를 반대하는 주에서는 그것을 강행할 수 없었다. 그리고 극단적인 노예제도 지지는 내란을 초래할 뿐이었다.

일리노이 주 상원의원을 선출할 때 더글러스와 링컨이 경합하면서 보다 합리적인 두 가지 견해가 뚜렷한 정책으로 떠올랐다. 두 사람은 명성에서 현격한 차이가 있었다. 더글러스는 상원의원이자 당 지도자였고 대통령이 될 가능성이 있는 인물이었다. 반면 링컨은 마흔아홉 살인데도 하원의원에 지나지 않았다. 그러나 그가 변호사로 일하던 일리노이 주에서 그는 성실성, 양식, 유머, 논리적인 이론, 건장한 체구로 유명했다. 몸의 움직임은 어색했어도 건장한 체구는 놀랄 만한 힘을 발휘했다. 가령 울타리 기둥을 자르기 위해 도끼를 휘두르던 긴 팔로 그는 그 지방 사람들을 괴롭히는 깡패를 때려눕혔다. 하지만 마음이 착한 사람을 사랑한 링컨은 그 자신도 그런 사람이라 깡패들과도 친구가 되었다.

9. 가난한 개척자의 아들로 태어나 어려서 어머니를 잃고 초보적인 교육밖에 받지 못한 링컨은 숱한 고생을 한 사람이었다. 성년이 되었을 때 그는 읽기, 쓰기, 간단한 비례법 외에는 아무것도 몰랐고 학교에 다녀본 일도 없었다. 그런데 아버지가 재혼을 하면서 새엄마가 《이솝 우화집》,《로빈슨 크루소》,《천로역정》,《아라비안나이트》 등을 가져왔고 링컨은 이것을 되풀이해서 읽어 거의 외우다시피 했다.

이후 그는 파슨 윔스Parson Weems가 쓴 《조지 워싱턴의 생애》,《스코트 독본》(월터 스코트의 작품집), 키케로와 데모스테네스의 연설집 그리고 셰익스피어의 작품 중에서 영웅들의 행적을 읽었다. 그의 우수한 영어 산문체는 독서에서 비롯된 것이다. 하지만 이 능력은 훗날 링컨이 성공해서 본연의 재질을 발휘할 때까지는 겉으로 드러나지 않았다.

사회 진출 초기 링컨은 명석하고 화술에 능한 연설가에 지나지 않았다. 미사여구를 즐긴 웹스터와 달리 그는 가벼운 유머를 즐겼고 그의 이야기는 그가 좋아한 이솝 이야기를 닮았다. 그의 또 다른 애독서는 유클리드Euclid의 《기하학 원론》이었는데 그의 논조가 간단명료하고 정확한 것은 이 책 덕분이라 할 수 있다.

비록 가정생활은 가난하고 불행했으나 그는 몽상에 잠기는 것으로 위안을 삼았다. 그는 이상한 유머를 구사하는가 하면 우울증에 걸린 듯 기분이 푹 가라앉았다가 갑자기 의기양양한 웅변조가 되살아나는 등 태도 변화가 잦았다. 1850년 무렵 변호사 사무실을 개업한 그는 정계를 은퇴했다가 1854년 노예제도 논쟁을 계기로 다시 소란한 정계에 뛰어들었다.

10. 신중한 현실주의자 링컨은 열광적인 폐지론자가 아니었다. 노예 소유자의 곤란한 입장을 이해한 그는 그들을 증오하지 않았다. 1858년 6월 링컨은 더글러스에게 대항해 상원의원 선거에 출마할 것을 발표하는 연설에서 혼자 조용히 사색을 거듭해 얻은 결론을 용감히 공표했다. 그는 과거 5년간 노예제도 문제를 온건하게 처리하려 애썼지만 소요가 그치기는커녕 더 격화되었다고 전제하면서 다음과 같이 주장했다.

"이 분쟁은 큰 위기를 극복하기 전에는 끝나지 않을 것이다. 집을 둘로 쪼개면 그 집은 서 있을 수 없다. 연방정부가 반은 노예주, 반은 자유주인 상태를 언제까지나 유지할 수는 없을 것이다. 그렇다고 연방이 해체되기를 바라거나 연방이란 집이 무너질 거라고 생각하지는 않으며 분열이 끝나기를 기대한다. 연방은 전부가 노예주가 되거나 그렇지 않으면 자유주가 되어야 한다."

11. 링컨은 더글러스에게 일리노이 주 내의 여러 도시에서 일련의 노예제도 문제를 토론하는 입회 연설회를 열자고 제안했다. 더글러스는 승낙했고 7회에 걸친 토론회는 그때까지 보지 못한 굉장한 행사로 치러졌다. 게일스버그에서는 인근의 모든 농부가 거리에 모여 시위를 했다. 심지어 가장행렬까지 등장해 사람들의 이목을 끌었다. 마차에는 악대, 연방 32개 주를 상징하는 32명의 미녀, 캔자스라는 명찰을 달은 까만 옷을 입은 슬픈 표정의 인물 그리고 '성실한 링컨Honest Abe'

에게 경의를 표하려는 뜻으로 울타리의 가로대를 자르고 있는 젊은 이들이 타고 있었다.

녹스 대학 캠퍼스에 차린 연단 주위에서는 더글러스의 지지자들이 '작은 거인 만세!'라는 깃발을 들고 있었다. 연단은 순식간에 가족을 데리고 나온 셔츠 바람의 농사꾼으로 둘러싸였다. 두 주인공이 도착하자 청중은 너무 뚜렷하게 차이가 나는 둘의 겉모습에 깜짝 놀랐다. 작달막한 키에 근사한 고급양복을 걸친 더글러스의 심술궂은 표정은 부유한 권력을 상징했다. 반면 지친 표정, 몸에 맞지 않는 구겨진 양복, 기형적으로 긴 팔, 어설픈 태도, 머릿속이 걱정으로 시달리는 듯한 링컨은 그 반대편을 상징했다. 청중의 한 사람이 다음과 같은 기록을 남겼다.

"일단 입을 열자 그의 어설픈 태도는 단박에 사라졌고 그는 자신만만하고 세련된 자세로 돌변했다."

두 사람의 정치적 입장은 매우 분명했다. 더글러스는 노예제도에 대해 주나 준주 주민의 자의적인 결정이 옳다고 말했다. 그와 달리 링컨은 연방의회가 결정할 권한을 가져야 한다고 주장했다. 링컨의 작전은 더글러스가 스콧의 판결에 대해 그의 견해를 밝히도록 추궁하는 데 있었다. 이것은 매우 현명한 작전이었다. 그가 대법원의 판결을 승인하지 않으면 남부의 과격파와 불화를 초래할 것이고, 만약 승인하면 일리노이 주의 온건한 민주당원의 반감을 사는 한편 그 자신의 이념과도 모순되기 때문이다. 한데 교활한 더글러스는 철저하게 자신을 방어했다.

"노예제도는 주의 경찰력을 빌리지 않으면 어느 주에서든 하루가 아니라 한 시간도 존속할 수 없다."

요컨대 지방자치만 필요하다는 얘기였다. 링컨은 노예제도를 도덕적으로 용인하거나 신설 준주로 확장하는 것을 받아들일 생각이 없었으나, 어떤 대가를 치르더라도 연방만큼은 옹호할 계획이었다.

12. 일리노이 주의 유권자는 근소한 차이로 더글러스를 선출했다. 그러나 더글러스는 링컨에게 몰려 할 수 없이 취한 모호한 입장으로 남부 민주당원의 원한을 사는 바람에 대통령이 될 기회를 영영 놓치고 말았다. 열광적인 노예제도 지지자들이 요구한 것은 연방 법률로 노예제도를 합법화하는 것이었다. 이에 대해 더글러스는 북부의 민주당원을 비롯해 중서부의 민주당원까지도 절대 동의하지 않을 거라고 대답했는데, 이것은 타당한 견해였다.

화해는 도저히 성립될 것 같지 않았고 얼마 지나지 않아 존 브라운이 새롭게 공격을 시작하자 노예제도 분쟁은 정치적 영역에서 벗어나 군사적 행동으로 나아가려는 징조가 보이기 시작했다. 존 브라운의 기세는 캔자스에서 대단한 성공을 거둔 후 바야흐로 절정에 달하고 있었다. 1859년 그는 노예해방을 위해 사적인 전투를 개시할 결심을 굳혔다. 무장부대와 함께 남부로 진격해 노예를 데려온 뒤 이들을 추적하는 모든 이에게서 그들을 보호하려는 것이었다.

우선 그는 버지니아 주의 작은 마을 하퍼스 페리를 공격해 정부 소관인 병기고를 점령했다. 하지만 로버트 리 휘하의 해병대가 존 브라운과 그 일당의 완강한 방어선을 돌파하고 병기고를 탈환했다. 포로가 된 존 브라운은 버지니아 주 배심재판소에서 사형선고를 받고 교수형을 당했다. 그는 아들에게 다음과 같은 유서를 남겼다.

"나는 이 순간 하나님과 인도주의를 위한 내 증언이 될 행적을 지금까지 내가 해온 것처럼 내 피로써 봉인하고 있다. 이것이 내가 숭고한 이념을 개선하기 위해 평생 정성과 노력을 다해 관철하려 진력해온 것보다 더 크게 공헌하는 것이라 믿으며 나는 내 죽음의 시기와 방법을 하나님께 맡길 것이다."

교수형을 선고한 법정에 대해 그는 이렇게 말했다.

"이 법정이 신의 정당성을 인정하리라 생각한다. 신은 자신이 바라는 바를 남에게 베풀라고 가르치고 있다. 나는 이 가르침에 따라 행동하려 노력했다. 만약 정의를 관철하는 데 꼭 필요하다면 나는 서슴지 않고 내 생명을 포기할 것이고 나아가 내 피와 내 자식들의 피 그리고 사악하고 잔인하고 부정한 법령으로 권리를 유린당하는 수백만 노예의 피를 흘리도록 하겠다."

그의 죽음이 영웅적이었다는 것은 의심할 여지가 없다. 그의 행동에 비난받을 점이 있다고 해서 그의 명예를 실추시키지는 못할 것이다. 훗날 철학자 랠프 월도 에머슨Ralf Waldo Emerson은 존 브라운을 진실한 선의에 가득 찬 위대한 이상주의자라고 평가했다. 물론 그의 피해자들은 그렇지 않았지만 폐지론자의 눈에는 그가 신성한 해방자로 보였다. 다음의 유명한 노래가 만들어진 것도 이때였다.

존 브라운의 시신은 무덤 속에서 썩어가고 있으나
그의 영혼은 계속 전진하고 있다.

남부에서의 폭력 찬양은 흑인 폭동, 백인 학살이란 공포를 조성했고 1860년의 대통령 선거는 이러한 공포 분위기 속에서 치러졌다.

13. 1860년 선거가 남부에 어떤 의미였는지 정확히 이해하는 것은 매우 중요한 일이다. 이제 남부는 자신들이 북부와 완전히 다르다고 생각했다. 또한 남부는 다른 원칙 위에 세운 문명을 수호했고 북부가 필요로 하는 관세에 반대했다. 남부는 전원적이고 농업 위주인데 반해 북부는 도시적이고 공업 위주였다. 그리고 남부는 북부가 지지하는 은행가에게 적의를 품고 있었다. 신설된 철도의 태반이 북부에 있거나 북부를 위한 것이었다. 공장에 매력을 느끼고 노예제도에 반대하는 이민자는 북부에 몰렸고, 북부의 인구가 남부보다 빨리 증가하면서 남북 간 실력 차이가 현저해졌다.

그렇다면 남부에는 관습과 생활양식을 유지하기 위한 어떤 합법적인 수단이 있었을까? 연방의회일까? 머지않아 북부가 상하 의원에서 남부보다 많은 의석을 차지하리라는 것은 자명한 일이었다. 대법원은 어떠할까? 대법원의 대법관은 대통령이 임명하는데 계속 남부에 호의적이지 않은 대통령이 선출되는 바람에 이제 대법원도 북부에 유리하게 구성되었다. 결국 남부 사람들의 최후 방파제는 대통령뿐이었다. 그러니 그들이 불안해하는 것도 무리는 아니었다.

14. 민주당은 단일후보를 내지 못했다. 북부의 분파는 더글러스를 지명하고 남부에서는 켄터키의 존 브레킨리지John Breckinridge를 지명했다. 민주당의 표가 갈라졌으므로 공화당 후보의 당선은 거의 확실

했다. 시카고에서 공화당 지명대회가 열렸는데 공화당의 가장 유명하고 노련한 정치가는 상원의원 슈어드였다. 그는 틀림없이 자신이 지명받을 것이라고 확신했다. 서부의 대의원들은 서부 출신인 링컨을 열렬하게 지지했고 호전적인 코만치족이 전투라도 치르듯 환호성을 외쳤다. 청중의 한 사람이 말했다.

"오하이오 주에서 도살당하는 모든 돼지가 한꺼번에 비명을 질러도 이만큼 시끄럽지는 않았을 것이다."

공화당의 참모들은 링컨을 지명하면 형세가 불리한 인디애나 주나 일리노이 주에서 승리를 확보할 수 있음을 알았다. 북부에서도 그의 민주적인 소박성과 꾸밈없는 웅변이 과거에 잭슨을 지지한 유권자의 인기까지 끌 수 있을 것으로 보았다. 결국 링컨이 지명을 받았다.

"살면서 이렇게 소란스러운 일은 처음이다."

슈어드는 대단히 낙심했으나 곧 링컨을 지지하겠다고 밝혔다. 그 외에 입헌연방당(휘그당의 보수파와 부지당)이 테네시 주의 존 벨John Bell을 지명했다. 당시 연방은 18개의 자유주와 15개의 노예주로 구성되어 있었는데 링컨은 모든 자유주의 지지를 얻어 대통령에 당선되었다. 그는 유권자 표수에서는 소수였으나 대통령 선거인 인원수에서는 다수를 얻었다. 그는 남부에서 불과 2만 4,000표밖에 얻지 못했다. 남부의 9개 주에서는 한 사람의 반대도 없이 전원 일치로 링컨에게 반대표를 던졌다. 국민은 말 그대로 링컨이라는 도끼에 두 조각이 났고 백악관으로 배달되는 편지는 대통령의 생명을 노리고 있다는 협박뿐이었다.

chapter 7

남북전쟁을 향하여

Towards Civil War

—

1. 북부와 남부 두 지역은 이해관계 대립보다 연방에 대한 충성 및 감정의 대립이 더 컸다. 양쪽에는 아직까지 신봉해온 사상의 가치에 대해 절대적인 신념이 있었다. 남부인은 긴 세월 동안 이어 내려온 우월한 사회를 유지하려고 전력을 다했다. 그들은 노예해방은 있을 수 없는 일이며 노예제도를 비난하는 것은 일종의 위선행위라고 생각했다. 그렇다고 그들이 흑인에게 악감정을 갖고 있었던 것은 아니며 오히려 그 반대였다. 민족 단위가 될 만한 다수의 흑인이 백인 국가 중심부에 있으니 그들이 사는 길은 노예제도밖에 없다고 여겼을 뿐이다. 그들은 흑인이 나타나면 구경거리가 되는 매사추세츠와 흑인이 백인보다 많은 지역도 있던 남부는 문제를 보는 시각이 전혀 다르다고 말했다.

그러나 노예를 학대한다는 신문기사의 영향을 받은 북부인의 눈에는 귀족생활을 하는 노예 소유자가 폭군으로 보였고, 흑인 희생자를 구출하는 것은 그들의 신성한 의무라고 생각했다. 뉴잉글랜드의 노동 자들은 노예노동에 따른 저임금이 장차 백인의 노임을 떨어뜨릴 우려가 있다는 공화당 연설자의 경제이론에 깊은 감명을 받았다. 폐지론자 섬너는 채찍을 가진 농장주와 기계를 가진 공장주의 제휴 문제를 논의한 바 있다. 공정한 사람들은 흑인의 불행에 관해 그릇된 낭설이 유포되는 것을 우려했다.

사실 북부에서도 즉각적인 노예해방을 지지하는 사람은 별로 없었다. 노예해방을 위해서는 헌법 개정과 주의 4분의 3 이상의 찬성이 필요했으나 모든 정세로 보아 그것은 불가능한 일이었다. 만약 남부가 초연했더라면 얼마 지나지 않아 이런 대립적인 열기가 식었을지도 모를 일이다. 그러나 어떤 이성도 증오의 감정을 억제하지는 못한다. 지역감정은 동포애의 유대를 파괴했고 1860년도 대통령 선거는 그 적대감을 구체적으로 드러냈다. 남부인에게 링컨은 큰 덩치에 긴 팔, 촌티 나는 태도, 소매가 짧은 프록코트를 입은 이상한 사람으로 보였고 도저히 국가 지도자로 여겨지지 않았다. 사우스캐롤라이나의 농장주들은 독립 초기에 조상들이 이룬 신사들의 공화국을 재건하길 은근히 바라고 있었다. 그들은 "링컨에 반항하는 것이 곧 하나님에 순종하는 것이다"라고 말할 정도였다. 이때부터 연방을 탈퇴하려는 계획이 분명해졌고 시시각각 위급한 사태가 다가오고 있었다. 어떤 수단을 강구해야 할 것인가?

2. 정부는 먼저 각지에 산재한 요새의 방비를 강화하고 남부의 연방행정기관을 지키기 위한 방어조치를 취해야 했다. 그런데 링컨은

3월 4일에야 취임할 예정이었고 퇴임할 대통령 뷰캐넌은 공포에 떨며 아무 일도 하지 못했다. 당시 다음과 같은 이야기가 떠돌았다.

"그는 눈물을 흘리며 하나님께 기도만 했다. 국가원수로서 이런 바보는 처음 보았다."

가엾은 뷰캐넌은 바보는 아니었으나 국가가 강력한 지도자를 필요로 하는 위기상황에서 그는 성실하고 허약한 노인에 지나지 않았다. 힘이 부족한 그는 책임감에 짓눌려버린 것이다. 슈어드는 자기 아내에게 이런 편지를 보냈다.

"뷰캐넌은 대통령이란 한 사람도 반대하지 않을 때만 법을 집행할 수 있고, 주는 언제든 원하기만 하면 연방에서 탈퇴할 수 있다는 것을 스스로 증명해보이고 있소."

찰스턴 항 입구에 있던 연방정부 관할의 요새 지휘관 로버트 앤더슨Robert Anderson 소령은 증원을 요청했다가 뜻을 이루지 못하자 방어에 보다 유리한 섬터 요새Fort Sumter에 전 병력을 집결하기로 했다. 사우스캐롤라이나가 이에 항의하자 뷰캐넌은 앤더슨에게 철수 명령을 내리겠다고 남부에 약속했고, 그다음 날에는 북부에 앤더슨을 그대로 섬터 요새에 주둔시키고 증원하겠다고 약속했다. 당시 병사와 보급물자를 실은 기선을 찰스턴으로 보냈는데 뜻밖에도 남군이 발포를 했다. 이것이 최초의 포화였다. 남군은 이미 섬터 요새를 포격하기 위해 해안에 포대를 구축한 상태였다. 재무장관 존 딕스John Dix는 부하에게 미합중국 국기를 공격하는 자가 있거든 누구든 당장 그 자리에서 죽여버리라고 전보를 쳤다. 그의 단호한 태도는 북부를 기쁘게 했다.

3. 타협은 불가능했을까? 변화라면 그것은 노예제도를 폐지하겠다고 약속한 사람이 대통령에 당선된 것뿐이다. 그 이상도 이하도 아니었다. 하지만 그는 한 걸음 더 나아가려 하지 않았는가? 그는 누군가가 노예 문제를 질문하면 "내 의견은 지금까지 공적으로 발표했으니 내 연설집을 읽어보라"고 대답했다. 이렇게 말하기도 했다.

"남부의 용감한 사람들에게 나는 몇 십 번이고 기꺼이 연설하겠다. (…) 그러나 북부에도 남부에도 좋지 않은 사람이 있고 그들이 새로운 문젯거리를 열심히 찾기 때문에 곤란하다."

남부인은 그들이 연방에 머물러 있는 한 그들의 정치적 지위는 절망적이라고 믿었다. 세 개의 자유주(캘리포니아, 미네소타, 오리건) 승인은 세력 균형을 깨뜨렸고 남부의 극단론자들은 연방에서 탈퇴하면 막대한 이익이 생긴다고 주장했다. 즉 남부인에게 알맞도록 생활양식을 자유롭게 조정할 수 있고, 남부인의 이해관계와 아무 상관도 없는 사람들을 위해 실시하는 관세법에서 해방되므로 유럽과의 무역이 호전될 것이며, 아프리카에서 더 많은 노예를 수입하면 노임도 상승하지 않을 것이라고 말했다. 또한 그들은 전쟁을 두려워하는 남부의 온건파에게 전쟁은 일어나지 않을 것이고 분리는 우호적인 기반 위에서 성립될 거라고 강조했다. 북부는 남부의 면화와 공업제품 시장을 필요로 하니 분리를 기정사실로 인정할 것이며 결국 영국도 동일한 이유로 남부를 지지할 것이라는 주장이었다.

북부에서도 분리를 불가피한 일로 보는 사람이 적지 않았다. 그들은 원래 연방을 각 주가 투표로 결정했듯 분리도 투표로 결정할 수 있는 단순한 것에 지나지 않는다는 의견에 찬성했다. 남부에 2억 달러나 융자해준 뉴잉글랜드의 자본가들은 평화를 희망했다. 보스턴 시에서는 주의회 원로들이 존 브라운을 기념하는 집회에 반대하는 항의를 했다. 사우스캐롤라이나가 단독으로 최초의 연방 분리 선언을 감행했을 때 올리버 웬델 홈스Oliver Wendel Holmes가 만든 〈누이동생 캐롤라이나에 대한 오빠 조나단(미국의 별명)의 탄식Jonathan's Lament for Sister Carolina〉이란 노래에는 별로 험악한 문구가 없었다.

그녀는 가고야 말았다
우리를 두고 떠났다
열정과 긍지를 간직한 우리를 버리고
울분과 분노에 떠는 누이동생이여
또다시 만날 때까지 안녕

그는 이 부정한 누이동생이 집으로 돌아오기만 하면 모든 것을 용서하겠다고 약속했다. 뷰캐넌은 더욱 울부짖으며 기도를 올리기에 여념이 없었다. 켄터키 주 상원의원 존 크리텐던John Crittenden은 헨리 클레이의 수법을 본떠 새로운 타협안을 제안했다. 그러나 타협 시기는 이미 지나간 지 오래였다. 북부의 한 하원의원이 장난삼아 다음의 헌법개정안을 제안함으로써 최후의 노력도 이제 전혀 효과가 없음을 실증했다.

"어느 정당이든 대통령 선거에 패배했을 때는 언제든 반란을 일으키고 무기를 들 수 있다."

요컨대 이것이 분리주의 이론의 요지였다.

4. 남부는 아무것도 받아들이려 하지 않았다. 제퍼슨 데이비스 같은 열렬한 노예제도 지지자도 링컨에게 통치할 기회를 주려 했으나 지방 정치가들은 흥분하여 이성을 잃었다. 그들은 이렇게 주장했다. "우리는 연방 안에 있을 때보다 밖으로 나올 때 더 유리한 조건에 놓인다."

1861년 초 미시시피, 플로리다, 앨라배마, 조지아 그리고 루이지애나가 사우스캐롤라이나와 같은 행동을 취했다. 텍사스도 원로인 샘 휴스턴의 간절한 요청을 물리치고 그들의 뒤를 따랐다. 버지니아, 노스캐롤라이나, 아칸소, 테네시는 머뭇거렸다. 버지니아에게 연방 탈퇴는 참으로 가슴 아픈 일이었다. 어찌 보면 버지니아가 연방을 창설한 셈이었고 초기에는 대통령을 계속해서 배출했기 때문이다. 그러나 버지니아는 남부에 대한 충성심을 버리지 않았고 주 경제의 일부는 노예 거래에 의존했다.

그해 2월 탈퇴한 일곱 개 주 중에서 여섯 개 주가 앨라배마에서 대회를 열고 '남부동맹 정부Confederate States of America'를 수립했다. 그들은 제퍼슨 데이비스를 대통령으로 선출했다. 웨스트포인트 육군사관학교 출신인 그는 농장주로 멕시코 전쟁에 참전한 퇴역 대령이었으며 오랫동안 가장 열렬한 주권 옹호자였다. 그는 켄터키에서 농부의 아들로 태어났는데 형인 조셉 데이비스가 농장주로 성공해 동생의 교육비를 대주었다. 제퍼슨과 조셉 형제는 독서를 즐겼고 미시시피 강변에 각자 지은 아름답고 깨끗한 저택을 서로 방문하면서 장시간 정치 문제를 토의했다. 두 번째 결혼을 통해 그 지방의 상류사회에 진입한 제퍼슨은 그 사회를 사랑하고 찬미했다.

잘생긴 얼굴, 위엄 있는 목소리, 뛰어난 지성은 그의 성공을 보장해 주었다. 그는 용기와 성실이란 좋은 성품은 지녔으나 남부동맹의 대통령이 되었을 때는 이미 초로에 접어들어 기력이 쇠했고 안면신경통과 눈병 때문에 신경질적이었다. 그는 원래 군인인 데다 피어스 대통령 밑에서 육군장관을 지냈기에 민간인으로서는 위험할 정도로 끈질기게 군사 행동에 관여했다. 사실 대통령보다 장군으로 추대되길 기대한 그는 정원에서 장미꽃을 자르다가 대통령에 선출되었다는 통보를 받았을 때 놀라움을 금치 못했다. 그는 몽고메리에서 장중하고 조리 있게 취임연설을 했다.

"하나님과 우리의 순결한 마음 그리고 정의라는 힘에 자신감과 최선을 더해 우리의 권리를 수호하도록 노력하겠다."

이 무렵 링컨은 부임하기 위해 워싱턴으로 향하는 중이었는데 도중에 낙관적인 연설을 하여 동지들을 분노하게 만들었다. 그는 이 위기는 사람들이 조작한 것이지 실제로 존재하지 않는다고 역설했다. 그는 전쟁을 회피하려는 의도를 숨기지 않았다.

"부득이 정부가 손대야 하지 않는 한 유혈사태는 없을 것이다."

3월 4일 취임식이 거행되었는데 링컨을 암살하려는 계획이 발각되면서 대통령의 신변을 엄중히 경호했다. 링컨이 침착성을 잃고 모자와 단장을 손에 쥔 채 어쩔 줄 몰라 하자 연설을 시작하려 할 때 연단 가까이에 있던 정적 더글러스가 그것을 받아주었다.

5. 링컨은 다음과 같은 취임연설을 했다.

　북부에도 남부에도 나중은 어떻게 되든 연방을 탈퇴하려고 기회를 엿보는 사람, 또한 그러기 위한 구실이면 무엇이든 환영하는 사람이 있다는 사실에 대해 나는 긍정도 부정도 하지 않겠습니다. 여기에 그런 사람이 있더라도 나는 그에게 한마디 말도 할 필요를 느끼지 않습니다. 그렇지만 진정으로 연방을 사랑하는 사람에게는 터놓고 얘기하고 싶습니다. 전국의 동포 여러분! 조용히 이 중대한 문제를 잘 생각해주기를 바랍니다. 가치 있는 것은 세월이 간다고 해서 없어지는 게 아닙니다. 불만을 품고 있는 동포 여러분! 내란 발발의 열쇠는 내 손에 있는 것이 아니라 여러분의 손에 있습니다. 정부는 여러분을 공격할 생각이 없습니다. 여러분이 진격해오지 않는 한 전투는 없을 것입니다. 여러분은 하나님께 연방정부를 파괴하겠다는 선서를 바치지 않았지만 나는 '정부를 유지하고 수호하고 방위하겠다'는 선서를 하나님께 바친 사람입니다. (…) 우리는 적이 아니라 친구입니다. 우리가 적이 되어서는 안 됩니다. 격분이 끓어오르는 일이 있더라도 애정의 유대를 끊어서는 안 됩니다. 옛 전쟁터와 애국자의 무덤, 이 넓은 국토에 존재하는 모든 이의 마음과 가정에까지 연결된 신비로운 선율의 기억은 기필코 생명의 수호신을 길잡이로 해서 연방을 찬미하는 합창을 더욱 드높일 것입니다.

링컨 가까이에 있던 사람들은 그의 생명을 노리는 위험을 경계하고 있었다. 살아서 백악관에 들어갈 수 없을 것이라는 협박장이 수백 통이나 날아왔기 때문이다. 끝내 권총은 발사되지 않았다.

6. 군중은 키가 크고 굵은 뼈대에 울퉁불퉁하고 튼튼한 몸집과 마음씨 좋은 사티로스Satyros(반인반수의 신—역자주)처럼 생긴 얼굴에 거인 헤라클레스 같은 슬픈 듯 깊은 눈동자를 물끄러미 쳐다보았다. 그에게는 강인한 정력과 성실한 인품을 풍기는 특별한 인상이 서려 있었다. 또한 시골티가 나는 풍채로 사람들을 놀라게 하는 한편 확실한 성실성으로 사람들에게 안도감을 주었다. 사람들은 무엇 때문에 그를 선출했을까? 그가 유능한 정치가였기 때문일까? 그가 임명한 내각에서 적어도 국무장관 슈어드, 재무장관 체이스, 육군장관 사이먼 캐머런 Simon Cameron은 수완에서 자기들이 링컨보다 우월하며 대통령을 자기 마음대로 움직일 수 있는 촌사람으로 여겼다.

하지만 대통령의 풍채에는 각료들에게 없는 웅대한 기상과 고상한 성품이 뚜렷이 나타났다. 그가 지식에 해박했기 때문일까? 아니다. 그보다는 그가 읽은 몇 권의 유명한 고전이 완전히 그의 살과 피가 되었기 때문이다. 그와 이야기를 나눠본 사람들은 그가 재미있고 농담을 잘하는 이웃집 아저씨 같은 사람이라는 것을 알고 놀랐다. 그는 속담 인용을 좋아했고 때론 음담에 가까운 이야기도 서슴지 않았다. 시인 월트 휘트먼Walt Whitman은 링컨을 이 나라의 비극에다 희극이라기보다는 웃음거리를 입힌 사람이라고 표현했다. 그것은 사실이었다. 또한 그에게는 장엄한 사상을 명쾌하게 표현하는 특기도 있었다. 때로 기회주의자로 불린 그는 실제로 언제든 타협이 가장 중요하다고 생각하는 사람이었다.

"대통령 각하, 무엇이 각하의 의견을 바꾸게 했습니까?"

"나는 어제보다 오늘 좀 더 현명해지지 않는 사람은 존경하지 않습니다."

그는 도의적인 분노를 느꼈을 때 외에는 '아니오'라는 말을 하지 않았다. 언젠가 그는 자신이 마음 약한 여자로 태어났다면 어땠을까 하는 생각을 하고 소름이 끼쳤었는데, 못생긴 얼굴이 정절을 지키게 해주었으리라 생각하고 안심했다는 말을 한 적이 있다. 그는 이런 말도 했다.

"내 정책은 정책을 미리 세우지 않는 것이다."

7. 그의 힘은 어디에서 나온 것일까? 역사가 존 로스롭 모틀리John Lothop Motley는 그를 정직함, 노련함, 순박함, 현명함, 쾌활함 그리고 용기를 가지고 때론 실수하지만 그 실수를 거쳐 옳다고 믿는 대로 전진하는 위대한 아메리카의 평민이라고 평가했다. 그는 자신이 민중의 한 명이란 것을 자랑스러워했다.

"나는 노예가 되고 싶지 않다. 노예의 주인이 되고 싶지도 않다. 이것이 민주주의에 대한 내 생각이다."

평범한 사람, 평범한 것들을 사랑한 그는 이렇게 말했다.

"하나님도 평범한 민중을 사랑하실 것이다. 왜냐하면 하나님은 이런 사람들을 더 많이 만드셨으니까."

그는 아메리카 국민성의 가장 빛나는 장점을 몸소 구현한 인물로 타고난 자애성과 따뜻한 동정심을 지니고 있었다. 대다수의 양키와 달리 그는 남부인을 증오하지도 않았다. 그는 남부인을 가리켜 '우리의 옛 친구이며 경쟁자'라 불렀고 그들의 난처한 입장을 이해했다. 남부에 대한 그의 정책은 강경하면서도 온화했다. 그는 노예제도 확대를 억제하고 점차 소유자에게 보상금을 주어 노예해방을 실현하려 했으며 무엇보다 연방을 수호할 생각이었다. 이 점에서 그의 신념은 확고부동했고 필요하다면 서슴지 않고 강경한 결단을 내렸다.

"노예를 해방시키지 않고 연방을 수호할 수 있다면 그렇게 할 것이고, 노예를 해방시켜야 연방을 수호할 수 있다고 해도 그렇게 할 것이며, 일부 노예만 해방시키고 나머지를 그대로 두어야 연방을 수호할 수 있다면 그렇게 하겠다."

링컨의 모든 성명처럼 이 말에서 우리는 그의 순박성과 그를 위대한 인물로 만든 타협, 고집이 조화를 이룬 결정을 볼 수 있다.

8. 연방 수호를 위해서는 더 이상의 주가 탈퇴하지 않도록 방지하는 것이 무엇보다 중요했다. 노예준주와 자유준주의 경계에 사는 사람들은 그들의 거취를 분명히 하지 않았다. 링컨은 이들 주를 연방 쪽으로 포섭하기 위해 미주리와 메릴랜드 출신의 인물을 각료로 임명했다. 섬터 요새에 대한 소극적인 자세도 거취가 분명치 않은 주의 감정을 악화시킬까 염려했기 때문으로 보인다. 남부인은 그를 조소했다.

"링컨은 하나님을 자기편으로 모시려 하지만 그에게는 켄터키가 더 필요할 것이다."

결국 그는 결정을 내리지 않을 수 없었다. 앤더슨 소령이 증원 없이는 더 이상 배겨낼 수 없었기 때문이다. 어떤 대책을 세워야 할 것인가? 섬터 요새에서 후퇴하고 이 후퇴는 전 정권의 무관심 때문이라고 비난함으로써 사태를 회피할 것인가? 이것은 패배를 자인하는 꼴이다. 그러면 기다릴 것인가? 이것은 앤더슨이 위기에 처하도록 내버려둔다는 것을 뜻한다. 링컨은 각료들의 권고를 물리치고 보급물자를 수송하기로 결정했다. 그러자 4월 12일 남부동맹 정부가 선수를 쳐서 요새를 포격하기 시작했다. 다음 날 요새는 화염에 휩싸였고 앤더슨은 항복했다. 요새에는 성조기 대신 남부동맹의 성봉기가 높이 휘날렸다. 14일 앤더슨은 국기를 앞세우고 군악대의 군가 〈양키 두들 Yankee Doodle〉의 연주에 맞춰 보무도 당당하게 요새에서 후퇴했다.

15일 링컨은 7만 5,000명의 민병을 3개월간 복무하도록 징집한다는 포고를 발표했다. 사실 워싱턴에서는 그를 둘러싼 공기가 매우 소란스러웠다. 수도는 남부에 마음이 기울어진 버지니아인의 것이었고 관청은 그들의 적인 북부인이 차지하고 있었다. 그런데 섬터 요새가 점령당하면서 전 북부인은 대통령을 중심으로 단결했다. 남부동맹 정부가 연방의 국기를 포격하면서 모든 당파의 결속을 이끌어낸 것이다. 민주당 출신인 전 대통령 피어스와 뷰캐넌은 링컨을 지지한다는 성명을 발표했다. 더글러스는 이렇게 말했다.

"이번 전쟁에 중립이란 없다. 애국자 아니면 반역자다."

남부도 섬터 요새를 점령한 후 같은 말을 했다.

"하나님은 우리 편이시다."

누군가가 물었다.

"왜요?"

"말할 것도 없지 않나요? 하나님은 양키를 싫어하니까요. 하나님이 현명하다는 것을 당신은 모르세요?"

버지니아, 테네시, 아칸소, 노스캐롤라이나도 탈퇴파에 가담했고 버지니아의 리치먼드 시를 남부동맹의 수도로 정했다. 흑인들은 내심 커다란 변화를 기대했으나 초기에는 평소와 다름없이 행동했다. 네 개의 노예주인 델라웨어, 메릴랜드, 켄터키, 미주리는 심각한 내부 갈등을 겪은 후 연방에 머물기로 했다.

9. 지리적으로는 남북으로 나뉘었으나 남군에도 다수의 북부인이 있었고 북군에도 남부인이 있었다. 많은 가족이 양파로 갈라졌다. 링컨 부인의 형제 세 명도 남부를 위해 싸우다 전사했다. 링컨이 연방군 총사령관으로 은근히 지목하고 있던 로버트 리 장군은 뜻밖에도 남군의 제일 지휘관이 되었다. 리 장군은 고결한 인격자로 자기 소유의 노예를 대부분 해방시켰을 정도로 노예제도에 호감을 보이지 않았다. 그는 연방 탈퇴를 옳은 일로 여기지 않았지만 어디까지나 그는 버지니아인이었다.

"나는 내가 태어난 주, 내 친족, 내 자식 그리고 내 집을 향해 주먹을 들 수는 없다."

그는 조지 워싱턴을 모범적이고 이상적인 인물로 숭배했는데 그 워싱턴도 위대한 버지니아인이었다. 그는 연방과 싸우지 않기를 바랐으나 버지니아군 사령관에 추대되었을 때 취임하는 것이 당연한 의무라고 생각했다. 사실상 그를 빼놓고는 그만한 적격자가 없었다. 그는 천재적인 군사 지식, 인내심, 겸양, 지성 그리고 한결같은 관용성을 갖춘 인물이었다. 그의 약점이라면 부하들이 죽거나 다치는 것을 회피하는 것이었는데 때론 이것이 그의 과오로 남았다. 물론 이것은 어디까지나 그의 높은 인덕에서 우러나온 약점이었다.

북부에서는 초기에 민중의 열광적인 기상이 대단했다. 지원병들은

"리치먼드로 가자!"고 외치면서 국기를 향해 모여들었다. 반면 워싱턴에 있던 정부는 불안에 떨고 있었다. 버지니아가 탈퇴한 후 남부동맹의 성봉기가 포토맥 강 건너편 언덕에 휘날렸고 링컨은 남부동맹의 군함이 포토맥 강에 나타날 것이라고 예견했다. 워싱턴의 주민들은 대부분 시내를 떠났다. 대통령은 북군이 도착하기를 고대하며 집무실에서 비통한 표정으로 우왕좌왕하고 있었다.

"왜 오지 않는 것일까?"

그는 이 말을 몇 번이나 되풀이했다. 결국 그들은 왔고 매사추세츠 연대가 남부를 동정하던 볼티모어 시를 통과할 때 공격을 받으면서 피비린내 나는 전투가 여러 번 벌어졌다. 그러나 매사추세츠와 뉴욕에서 다른 연대가 배로 도착했고 4월 25일에는 비록 소부대이긴 했지만 워싱턴의 펜실베이니아가街를 〈존 브라운의 시신John Brown's Body〉이라는 군가를 부르며 행진함으로써 수도는 위기를 모면했다.

chapter 8

남북전쟁 I

The Civil War I

—

1. 서로 대립 중인 남부와 북부를 비교해보면 다음과 같았다.

북부의 인구는 2,200~2,300만 명이었고 남부에는 약 550만 명의 백인과 400만 명에 가까운 흑인 노예가 있었다. 전쟁에 참가한 인원에 대해서는 역사가에 따라 숫자가 다르다. 남부 출신의 역사가들은 남부동맹은 60만 명, 연방 측은 250만 명을 전선에 동원했다고 한다. 그러나 토머스 리버모어Thomas Livermore 대령은 《남북전쟁의 병력 동원 및 사상자》라는 저서에서 종군 인원은 연방 측이 1,556,678명, 남부동맹 측이 1,082,119명이라고 계산하고 있다. 병적부에는 단기 징집, 등록 갱신 등으로 동일 병사가 중복 기록되는 경우도 있어서 인원 계산이 곤란했다고 한다. 물자, 철도, 은행예금 등으로 보면 북부가 남부보다 압도적으로 우세했다. 전쟁 초기에는 쌍방 모두 무기를 비롯한 군수물자 생산이 빈약했다. 처음 14개월간 연방정부는 국내에서 3만, 유럽에서 7만 6,000정에 달하는 소총을 구입했다. 남부와 북부는 서로 무기를 생산하는 주요 국가에 정보원과 대리인을 두고 있었다. 하지만 수송 수단이 없으면 무기를 구입해도 허사였다. 이 점에서 많은 배와 단련된 선원을 뜻대로 움직일 수 있는 북부가 훨씬 유리했다. 여러 가지 점으로 보아 물질적인 여건은 북부가 우세했다.

2. 남부의 병사들은 북부의 병사보다 여러 스포츠에 경험이 많았고 이는 군사 활동에서 일종의 예비 훈련이나 다름없었다. 농장주들은 우수한 명기수인 동시에 명사수였다. 웨스트포인트를 졸업한 로버트 리, 존스턴, 잭슨 등 몇몇 유능한 장교는 남부 출신으로 처음부터 동맹군의 탁월한 지휘관이 될 운명이었다. 북부의 핵심을 이루는 민병은 이렇다 할 훈련을 받지 못했다. 장교는 대부분 일반 시민이었고 우선 하급장교에 임명했다가 주지사가 높은 계급으로 승진시킨 것이었다. 그중 몇몇은 우수한 군인이 되었으나 실력을 보이는 데 많은 시일이 필요했다. 주아브Zuaves, 튀르코Turcos 등 프랑스식 알제리 보병연대를 본뜬 몇몇 보병연대는 규율 있는 행동보다 화려한 제복으로 유명했다. 연방군 사령관은 유명한 윙필드 스코트 장군이었는데 나이든 그는 질병으로 기진맥진한 폐인에 가까웠다.

스코트는 1812년 전쟁과 멕시코 전쟁에서는 유능한 군인이었으나 1862년에 맞이한 이 전쟁에서는 병상에 누워 있었다. 그럴 만한 전쟁이 아니었음에도 불구하고 1861년 전쟁이 시작되자 많은 사람들이 며칠이면 끝날 것으로 생각했다. 링컨조차 3개월이란 기간을 예상하고 지원병을 7,000명밖에 소집하지 않았다. 하지만 스코트는 우수한 장군과 30만 명의 병사로 3년 안에 승리한다면 굉장한 성공이라고 말했고 그는 그만큼 현명한 군인이었다. 남부는 수비 태세를 유지하면 그만이었기 때문에 남부동맹은 연방정부에 이렇게 선언했다.

"우리가 평화롭게 살도록 해주면 그만일 뿐 그 이상 북부에 아무것도 요구하지 않는다."

북부는 공세를 취하지 않을 수 없었다. 남부는 초기에 일시적인 우세를 보였으나 북부는 보다 강력한 전쟁 능력을 갖추고 있었다. '문제는 남부의 자원이 언제까지 버티느냐, 북부가 자신의 자원을 활용하는 데 얼마나 시일이 걸리느냐'에 달려 있었다.

3. 북부의 전략 목표는 무엇인가? 남부 전역을 정복하는 것인가? 그것은 불가능한 일이었다. 이 지방을 점령하는 데는 상당한 대군이 필요했다. 대군을 징집, 훈련, 보급하는 것은 상상조차 할 수 없는 일이었다. 수도 리치먼드를 점령하는 것은 어떨까? 리치먼드는 경계선에서 그리 멀지 않았으므로 작전이 손쉬울 것 같았지만 바꿔 말하면 워싱턴의 조건도 똑같다고 할 수 있었다. 그뿐 아니라 리치먼드 점령은 중요하긴 해도 수도가 된 지 얼마 되지 않아 그것으로 남부의 항복을 기대할 수는 없었다.

남부동맹의 진짜 급소는 수송로를 지배하는 몇몇 요지였다. 남부의 주들은 주요 농산물 생산이 빈약했기에 식량을 대부분 오하이오 강 이북의 여러 주에서 수입했고 남부의 원료용 농산물을 외국에 수출해 군수물자, 무기, 탄약, 의약품, 기타 공업제품을 수입했다. 서부와의 교통에는 세 개의 철도가 있었는데 이 철도는 각각 멤피스, 빅스버그, 뉴올리언스 지점에서 미시시피 강을 건너고 있었다. 이 세 도시를 점령하면, 즉 오하이오 강과 미시시피 강 유역을 침공해 남부동맹을 양단하고 해양까지 봉쇄한다면 승리를 확보할 수 있었다.

하지만 북부는 훨씬 이후까지 이 작전을 착안하지 못했다. 1861년의 연방군 작전 계획은 다음과 같았다. 우선 신병을 징집해 훈련시킬 것, 워싱턴을 지키고 리치먼드를 점령할 것, 유력한 남부인이 다수 거주하는 켄터키 주와 미주리 주를 확보할 것, 무엇보다 남부의 항구를 봉쇄할 것 등이었다. 독립전쟁 때와 마찬가지로 군대 이동은 거리 관계와 보급 문제 때문에 육로보다 해로가 용이했다.

4. 워싱턴에서는 벌써 3만 명의 지원병이 술렁거리며 "리치먼드를 치자!"고 외쳐댔다. 그들의 열망을 억제하기는 매우 곤란한 일이었다. 군 지휘관들은 훈련을 위한 유예기간을 요청했으나 정부는 여론에 휘말려 다음과 같이 말했다.

"우리가 훈련이 부족한 것은 확실한 사실이다. 그러나 저쪽도 훈련이 부족하기는 우리와 마찬가지다."

스코트도 할 수 없이 굴복해 버지니아로 진격할 준비를 서둘렀다. 서부 방면으로는 패터슨 장군이 셰넌도어 강 유역으로 갔고, 동부 방면에서는 어빈 맥도웰Irvin MacDowell 장군이 3만 명의 육군을 거느리고 남부를 향해 포토맥 강을 건넜다. 동맹군은 워싱턴에서 남서방으로 약 30마일에 있는 불런 강변에 포진하고 매너서스에서 철도 교차점을 방위했다. 군대는 흡사 소풍을 가듯 출격했고 승리를 의심하는 사람은 별로 없었다. 상하 양원 의원은 "하나님이 그들 수중에 필리스틴Philistines(유대인의 적—역자주)을 인도하시는 것"을 보겠다는 기대를 품고 부대의 뒤를 따랐다. 반란군은 이제 산산조각이 날 판이었고 쌍안경까지 가져온 한 귀부인은 들떠서 말했다.

"우리는 내일 리치먼드로 들어갈 거죠?"

적지 않은 농부가 아내와 음식을 가득 담은 광주리를 마차에 싣고 전쟁을 구경하겠다고 모여들었다. 서로 훈련이 부족한 양군으로서는 수비를 하는 편이 유리했다. 그런데 셰넌도어 강 골짜기에서 남부동맹군의 지원병이 나타나자마자 북군은 패전했고 곧 걷잡을 수 없는 혼란에 빠져 후퇴하기 시작했다. 마차와 기마가 줄을 지어 달렸고 구경꾼들은 뒤도 돌아보지 못한 채 내달렸다. 기병은 군도를 휘두르며 "돌아가라, 우리는 싸움에 졌다"라고 외쳤다. 워싱턴 거리는 대열을 잃은 연대 병사로 꽉 찼고 술집이란 술집은 흙투성이, 피투성이 군인으로 자리가 없었다. 만약 남군이 패주병을 추격했다면 워싱턴을 점령할 수도 있었을 것이다. 스코트뿐 아니라 링컨까지도 어떻게 하면 좋을지 갈피를 못 잡고 있었다. 그러나 북군이 패전으로 혼란에 빠졌듯 남군도 승리로 질서를 잃었기에 불런 전투에서는 피차 결정적인 전과를 올리지 못했다.

5. 개전 초기 북군은 찬양할 만큼 끈끈하게 단결했지만 패전하면서 불화가 생기기 시작했다. 불런 전투 이후 의회는 링컨을 거듭 비난했다. 링컨은 버지니아와 서부 방면에서 전과를 올린 서른세 살의 젊은 장군 조지 매클레런을 불러 포토맥 군사령관으로 임명했다. 5개월 후 링컨은 그를 육군 총사령관으로 승진시켰다. 이는 대담한 발탁이었으나 많은 사람이 적절한 인사 조치라며 기대를 걸었다. 재능이 비

상한 매클레런은 웨스트포인트 출신으로 고전적인 병서에 조예가 깊었고 멕시코 전쟁에서 빛나는 전공을 세웠다. 또한 크림 전쟁을 참관하기 위해 유럽에 파견되어 근대전을 다소 경험하기도 했다. 퇴역한 후 철도회사 부사장으로서 비범한 수완을 발휘한 그는 빈틈이 없었고 근면했다.

"그는 해야 할 일을 잘 알 뿐 아니라 그 일을 할 수 있는 사람이 자기뿐이라는 것을 여러 사람에게 납득시키는 재주까지 있었다."

그는 작은 키에 한 손을 늘 저고리 주머니에 집어넣는 버릇이 있었고 문학을 좋아했다. 하지만 그에게는 인격이 부족했다. 허영심이 강했고 툭하면 '내 군대'란 말을 썼으며 대통령을 경멸했다. 심지어 대통령을 부속실에서 한 시간이나 기다리게 하는 모욕까지 주기도 했다. 매클레런은 신중하다 못해 우유부단할 정도였고 준비에만 열중할 뿐 행동에는 무능했다. 그는 대통령에게 거듭 말했다.

"나를 너무 조급히 다루지 않기를 바랍니다."

링컨은 그를 높이 평가했으므로 마음 내키는 대로 하게 내버려두었고, 자신이 총사령관으로서 능력을 갖추기 위해 전술 서적을 읽는 데 최선을 다했다.

6. 서부 방면 사령관은 전 대통령 후보이자 캘리포니아의 영웅이던 프리먼트 장군으로 그는 금광 소유자인 부자 토머스 하트 벤턴의 사위였다. 그는 이런 배경을 믿고 방종하게 구는 인물이었다. 사령부에 설치한 세인트루이스에서의 호화생활, 신변을 떠나지 않고 늘 붙어 있는 외국인 장교 그리고 무엇보다 가혹한 포고 때문에 평판이 좋

지 않았다. 그는 미주리 주에 계엄령을 선포한 뒤 모든 무장 반란자는 발견 즉시 총살하고 재산을 몰수하며 소유 노예는 해방시킨다고 발표했다. 이처럼 그는 관할 지구에서 미합중국 대통령도 감히 하지 못한 일, 즉 노예제도 폐지를 단행했다. 링컨은 프리먼트의 포고를 읽고 격분했다.

"당신이 포고한 대로 한 사람이라도 사살할 경우 남부동맹 측에서도 그들에게 잡힌 아군의 우수한 병사들을 사살할 것이다. 그러면 한 사람에 한 사람이란 식으로 그칠 줄 모르고 살상이 이어질 것이다."

또한 미주리 주의 노예해방은 켄터키 주의 노예 소유자들을 전부 반란군 진영에 가담시킬 우려가 있었다. 링컨과 프리먼트 사이에는 심각한 의견 대립이 발생했다. 링컨은 끝까지 냉정하고 위엄 있는 태도를 지켰지만, 프리먼트는 자신의 포고가 승리의 첩경이라며 철회를 거부했다. 그는 자신의 아내인 거만하고 과격한 제시 프리먼트를 링컨에게 보냈다. 그녀는 엉뚱한 일을 꾸며 백악관에 큰 소동을 일으켰고 대통령에 대한 여론 악화를 도모했다. 더불어 극단론자들은 전쟁이 과격한 방향으로 흐르도록 선동했다.

한편 링컨은 쌍방이 원한을 억제하도록 힘썼고 어쩔 수 없이 충돌하더라도 격렬하고 무자비한 혁명전으로 변질되는 것을 방지하려고 온갖 노력을 다했다.

7. 무능한 육군장관 캐머런이 극에 달한 부정과 부패를 방관하자 링컨은 육군장관을 에드윈 스탠턴Edwin Stanton으로 교체했다. 그는 신뢰할 만한 사람이었으나 대인관계가 원만치 못했다. 링컨 대통령이

다음과 같이 말한 적도 있었다.

"스탠턴이 나를 바보라고 하지 않던가요? 그가 그렇게 말했다면 나는 정말 바보일 것입니다. 왜냐하면 그는 언제나 옳으니까요."

육군장관에 관해 불평과 결점이 없고 장점만 있는 사람을 다시 구하자는 말이 들려오자 대통령이 말했다.

"나는 그런 사람을 만나본 일이 없소. 나는 그런 사람을 모르오. 그런 사람이 있다면 꼭 만나보고 싶소."

링컨은 취임 초기보다 훨씬 상태가 좋았고 위기 상황에서 냉정과 분별을 보여주었다.

불런 전투 후 포토맥 강변은 평온했다. 양쪽 군 모두 대군을 편성하기에 바빴던 것이다. 지원병이 떼를 지어 모여들었고 양쪽 군대는 무장을 전적으로 유럽에 의존했다. 북부는 베어링브러더스Baring Brothers 회사를 통해 영국에서 무기를 구입했다. 그런데 연방정부가 계획을 제대로 세우지 못하는 바람에 오하이오, 코네티컷, 매사추세츠 각 주가 제각각 서로 연락도 하지 않은 채 주문을 했다. 벨기에의 모든 공장은 남부를 위해 무기를 생산했다.

화물을 받아들이려면 항구가 필요했는데 전통적으로 선주들의 연고지는 북부에 유리한 위치에 있었다. 덕분에 북부는 남부에 비해 10 대 1로 우세한 함대를 거느렸다. 그러나 남부도 그에 못지않게 대담하고 교묘하게 움직였다. 전쟁 초기 남부인은 노픽에 있는 해군 조선소를 점령하고 구축함 메리맥Merrimac호의 선체를 확보했다. 남부인은 나폴레옹 3세Napoleon III(1808~1873)가 크림 전쟁 때 창안한 대로 선체를 철판으로 싸고 대포를 장착했다. 다행히 북부는 철갑 판으로 무장하고 '뗏목 위의 치즈상자'로 불린 회전포대가 있는 모니터Moniter 호로 대항할 수 있었다. 이것은 유명한 스웨덴의 기사 존 에릭슨John Ericsson이 건조한 것이었다.

8. 남북은 모두 영국의 외교적 지원을 기대했다. 북부는 영국의 프로테스탄트 교회가 노예제도에 반대하는 입장을 취할 것으로 기대했다. 남부는 면화를 원하는 랭커셔의 공장주와 노동자가 결속해 남부동맹 정부를 원조해주기를 바랐다. 처음에는 영국이 남부를 동정하는 듯 보였다. 서로의 계급 유대 감정으로 영국의 귀족들이 남부의 농장주를 동정했던 것이다. 자유주의적인 노예제도 반대파들에게는 북부의 태도가 모호해 보였다. 링컨은 무엇 때문에 전쟁을 하는가? 그는 자신이 노예제도 폐지론자는 아니라고 선언했다. 그는 어떤 원칙을 내세워 연방을 부인하고 탈퇴한 주를 재결합하려는 것인가? 자유주의자로 알려진 윌리엄 글래드스톤William Gladstone까지도 "제퍼슨 데이비스와 기타 남부의 지도자들이 육군을 창설했고 함대를 건조하고 있을 뿐 아니라 그보다 더 중요한 국가를 창건했다"고 찬양했다. 존 러셀John Russell 외상은 국민에게 남부는 고객이고 북부는 경쟁자라는 것을 상기시켰다.

북부 해군이 남부의 항구를 봉쇄하자 대단한 소동이 일어났다. 그중에서 가장 중대한 것은 트렌트Trent호 사건이었다. 이 영국 배는 공해에서 연방 함선의 정지 명령을 받았고 유럽으로 가려던 남부동맹의 사절 두 명이 포로로 잡혔다. 이 행동은 국제법 위반으로 영국 내에 분노를 불러일으켰고 러셀은 최후통첩까지 기초할 정도였다. 이때 영미전쟁 발발을 피할 수 있었던 것은 빅토리아 여왕과 그의 남편이던 앨버트 공 덕분이었는데 앨버트 공은 각서의 일부 문구를 수정했다. 사절은 석방되어 여행을 계속했지만 링컨이 노예제도 문제에 강경한 태도를 보이자 점차 영국의 여론은 북부를 지지하는 방향으로 바뀌기 시작했다.

9. 매클레런 장군은 참으로 이상한 사람이었다. 그는 이 대륙에서 편성할 수 있는 최대 육군을 보유하고 있었다. 정부는 그에게 원하는 모든 무기, 군복, 수송수단을 제공했다. 그런데 그는 꼼짝도 하지 않고 언제든 적군이 더 우세하고 더 완전하게 무장하고 있다고 믿었다. 링컨은 점차 그에게 불안을 느꼈다. 싸우지 않는 군대가 규율과 사기를 유지하는 것은 불가능한 일이었다. 대통령은 아무 행동도 하지 않으면 전쟁의 전반적인 상황이 위태로워질 것이라고 경고한 다음 이렇게 덧붙였다.

"만약 매클레런이 군대를 필요로 하지 않는다면 내가 그 군대를 빌렸으면 좋겠는데"

앞서 매클레런이 수개월간이나 공격하려고 준비해온 불런 진지를 남군의 조셉 존스턴 장군이 별안간 아무런 방해도 받지 않고 포기한 채 남방으로 철수하자 매클레런에 대한 국민의 분노는 폭발하고 말았다. 여론은 급속히 악화되었고 최소한 적군을 추격했어야 한다는 비난이 비등했다. 그러나 매클레런은 리치먼드는 정면 공격으로는 점령할 수 없으니 요크 강과 제임스 강 사이에 있는 반도로 북상하겠다고 말했다. 이때 대함대로 약 10만 명의 군대를 해상으로 수송했으나 몇 개의 수송선이 메리맥호의 포격으로 격침되었다. 한때는 이 기묘한 철갑함이 해상권을 차지하지 않을까 하는 불안감마저 나돌았다. 그때 소형 모니터호가 용감하게 반격을 가했다. 난장이와 거인의 결투 같은 이 이상한 전투로 쌍방 모두 원형을 알아볼 수 없을 만큼 피해를 보았다. 양쪽 배는 교전 중 다섯 차례나 접촉한 상황에서 사격을 감행했다. 수병들의 얼굴은 화약으로 새까맣게 변했다. 전투는 무승부로 끝났으나 이로써 철갑판이 포화에 상당한 저항력이 있다는 사실을 증명되었다. 전 세계 해군은 이 교훈을 중시했고 더불어 목조선 시대는 종말을 고했다.

10. 반도에서의 전투는 한 장군이 용기가 없어 패전한 사례의 고전적인 표본이었다. 매클레런이 요크타운의 참호선에 육박했을 때 적의 수비 병력은 그의 3분의 1에도 미치지 못했다. 그런데도 그는 전혀 공격하지 않았다. 그는 참호 속에 들어앉아 링컨에게 서신을 보냈다. "하루도 한 시간도 허비하지 않고 방어를 위한 거대한 토목공사를 했는데도 외견상 아무것도 하지 않고 있다는 오해를 사는 모양이니 선처해주시기 바랍니다."

남군의 장군들은 그를 조소했다. 매클레런을 빼고 누구라도 서슴지 않고 공격했을 것이다. 그러나 그는 아내에게 후세에 남을 만한 자신의 용기와 결단성을 자찬하는 편지를 쓰는 일로 이 중요한 기회를 놓치고 말았다. 당시 제퍼슨 데이비스의 군사고문이던 리 장군은 대담한 견제 활동으로 북군이 진지에서 움직이지 못하도록 하려고 '넘사벽 잭슨Stonewall Jackson'이라 불리던 유능한 부관 토머스 잭슨을 셰넌도어 계곡으로 보냈다. 잭슨은 적군을 닥치는 대로 소탕하고 포로 3,000명과 2만 5,000달러에 달하는 보급물자를 노획해 6월 리치먼드에 주둔하던 리 장군의 본대와 합류했다. 매클레런은 이 공격으로 리 장군이 적어도 20만 대군을 거느리고 있으리라고 추정했다. 그렇지 않고서야 잭슨을 따로 파견할 수는 없었을 것이라고 판단한 것이다. 그는 리 장군이 자신의 우유부단한 성격을 샅샅이 파악해 작전을 짰다는 것을 전혀 몰랐다.

드디어 리치먼드의 전방에서 소위 '7일 전쟁The Seven Day's Battle'이란 혈투가 벌어져 리 장군은 2만 명 이상의 사상자와 실종자를 냈고 매클레런 장군은 약 1만 6,000명의 사상자가 발생했다. 이때 매클레런은 또 한 번 리치먼드를 점령할 기회가 있었지만 후퇴 명령을 내려 다수의 무기와 차량을 남군에게 남긴 채 철수했다. 이 우유부단한 장군이 대육군을 포토맥 강변까지 끌고 돌아왔을 때 그는 사령관 지위에서 해임되었다.

후임 사령관도 변변치 않아 제2차 불런 전투에서 패했고 남군에게 메릴랜드로 침입할 길을 터주고 말았다. 이 때문에 매클레런이 재임명되어 앤티텀에서 리 장군을 저지했다. 승리한 날 밤 링컨은 다음과 같은 전보를 띄웠다.

"귀하의 부하에게 신의 축복이 있기를 빈다. 될 수 있는 대로 반란군을 격퇴하기 바란다."

그러나 매클레런은 그런 결단성 있는 행동을 할 성격이 아니었다. 그가 또 한 번 아내에게 다음과 같은 서신을 쓰는 동안 리 장군은 무사히 철수했다.

"대통령에게 격렬하고 강경한 서한을 보냈다. 그가 내 권고를 따른 다면 국가는 구원받을 것이다."

참다못한 링컨은 끈질기게 그를 지지하는 사람들이 그가 이번 전쟁에 결정적인 승리를 얻을 순간에 있다고 강경하게 주장했음에도 그를 영원히 축출해버렸다.

11. 앤티텀의 전투로 남군의 침공을 저지하면서 북군은 열세에서 다소 벗어났다. 그 무렵 링컨은 매우 곤란한 처지에 놓여 있었다. 그를 둘러싸고 있던 사람들이 남군을 격파할 수 없을 거라 생각하고 있었던 것이다. 영국과 프랑스 정부도 같은 의견이었고 리 장군이 볼티모어를 점령하면 남부동맹을 승인하려 하고 있었다. 프랑스에서는 나폴레옹 3세가 자신이 지지하는 페르디난드 막시밀리안Ferdinand Maximilian 황제에게 멕시코의 왕위를 주고자 남부와 우호관계를 수립하려 했다. 이에 따라 남부동맹의 주 프랑스 대사인 존 슬라이델에게 남부의 입장을 이해한다고 말했다. 그뿐 아니라 나폴레옹 3세는 그의 친지인 보르도의 조선업자 루시앙 아르망에게 남부동맹을 위해 순양함 2척, 군함 4척을 건조할 것을 비밀리에 인가했다. 그 후 북군의 승리가 확실해지자 그는 배의 인도를 금지했다. 이 사건은 다른 사건과 함께 프랑스의 조선업자를 파산하게 만들었다.

영국의 경우에는 노예해방이 여론을 역전시킬 유일한 방법이었다. 그러나 링컨이 노예해방을 결정하는 데는 오랜 시일을 걸렸다. 그는 이 전쟁을 평화협상으로 마무리할 생각이라 미비한 조치로 노예 소유자를 자극하고 싶어 하지 않았다. 사실상 북군 점령 지역에서 노예는 해방되었고 그들은 군에 속하는 노무부대로 편입되었다. 그러나 링컨은 항상 노예제도는 연방 수호와 관련될 경우에만 중요할 뿐이며 연방에 소속된 노예주의 형편도 고려해야 한다고 강조했다. 나아가 슈어드는 링컨에게 노예해방은 전쟁에서 승리한 후 시행해야 한다고 건의했다.

앤티텀 전투 이후인 1862년 9월 링컨은 각료 전원을 소집한 자리에서 그들과 협의하지 않고 행동을 개시하겠다고 말했다. 그는 메릴랜드를 수복하는 대로 노예를 해방시키겠다고 다짐했다. 하나님께서 맡으신 일은 이미 다 이루었으니 이제 링컨 자신에게 주어진 일을 시행해야 했다. 그는 의회와 협의하거나 연방에 잔류한 여러 주에 계획을 알릴 생각이 없었고 대통령이 적지에서 총사령관으로서 행사할 수 있는 권한으로 처리하려 한 것이다. 그리고 그는 1863년 1월 1일부터 연방에 반역한 주에 거주하는 모든 노예는 영구히 자유이며 연방정부는 그들의 자유를 승인한다는 예비선언을 공표했다.

12. 1월 1일 링컨은 획기적인 노예해방 선언에 서명하며 말했다.
"나는 이 문서에 서명했을 때만큼 확신을 가지고 내 권리를 행사한 적이 없었다."

기쁨에 들뜬 각료들은 장난삼아 서로를 노예 폐지론자라고 불렀다. 며칠 후 제퍼슨 데이비스는 남부동맹 의회에 전달하는 교서를 통해 다음과 같이 반박했다.

"인류 역사상 가장 저주받아야 할 법령에 서명한 사람들에 대한 우리의 증오는 그 법령이 내포하는 실현 가능성 없는 무기력한 희망을 경멸함으로써 풀어졌다."

선언의 결과는 놀라울 정도였다. 재산과 사회 양식이 소멸될 것을 우려한 남부가 한층 더 죽음을 무릅쓰고 싸우겠다고 뭉치는 것은 당연한 일이었다. 북부도 이 법령으로 각오를 새로이 할 것이라고 예측했으나 사실은 그렇지 않았다. 폐지론자들은 그들의 이념에 대한 때늦은 추종이라고 생각했고 북부의 민주당원들은 정치적인 제스처라고 비난했다. 오로지 노예만 자유를 처음 호흡하면서 흥분을 느꼈다. 여류시인이며 혁신주의자인 줄리아 워드 호Julia Ward Howe는 〈공화국의 전쟁 찬가The Battle Hymn of the Republic〉를 작사했다.

내 눈은 주님이 오시는 영광을 보았다

주님은 노여움에 가득 찬 포도로 빚은 술을 밟아내신다

주님은 필살의 벽력과 신검으로 내리치셨다

주님의 섭리는 끊임없이 전진한다

chapter 9

남북전쟁 Ⅱ

The Civil War Ⅱ : The West

1. 동부전선의 작전 목표는 리치먼드였고 서부전선의 목표는 미시시피 강 유역을 점령하는 것이었다. 북군의 위대한 장군 율리시스 그랜트, 필립 헨리 셰리던Philip Henry Sheridan 그리고 로저 셔먼이 그들의 진가를 발휘한 것은 서부전선에서였다. 그랜트는 평화 시에는 군부에서 냉대를 받고 전시에는 뜻하지 않게 실력을 인정받은 군인 중 한 사람이었다. 그는 웨스트포인트 육군사관학교를 졸업했으나 행실이 바르지 않다는 평판만 남겼을 뿐이다. 사실 그는 멕시코에서의 한 전투 이후 음주 문제로 해직당했다. 그러나 그의 가족은 그가 가끔 실수하기도 하지만 훌륭한 젊은이라고 믿었다. 그랜트는 농사도 짓고 창고 관리인, 가죽 판매인 등 여러 가지 직업에 종사했으나 성공하지 못했다.

　남북전쟁이 시작되자 지원 입대해 일리노이 연대의 대령으로 임명된 그는 수차에 걸친 전투에서 승리를 거둔 후 준장으로 진급했다. 그의 부친은 이렇게 말했다.

"조심해라, 율리시스야. 이제 너는 장군이다. 이것은 굉장한 지위야. 놓치지 않도록 해라."

1862년 2월 그는 컴벌랜드 강변에 있는 도넬슨 요새Fort Donelson를 점령해 북군이 켄터키 주를 확보할 수 있게 했다. 그때 남군이 항복 조건을 문의하자 그의 대답은 '무조건 항복'이었다. 이 단호한 회답은 전 국민의 관심을 끌었고 이때부터 그는 '무조건 항복 그랜트'라는 이름으로 불렸다. 그의 참모장교들은 그가 승리한 진짜 비결을 잘 이해할 수 없다고 말했다. 때로 그는 한동안 무기력한 상태에 빠졌는데 그러다가 깨어나면 즉시 명확한 결단을 내리고 비상한 정력을 발휘해 실천에 옮겼다.

링컨은 지난날 프리먼트 장군이 미주리에서 발표한 포고와는 다른 그랜트 장군의 켄터키에서의 포고에 특별한 관심을 기울였다. 그랜트의 포고문은 다음과 같았다.

"나는 여러분에게 적으로서가 아니라 친구로서, 같은 시민으로서 온 것이다. (…) 의견 차이는 문제 삼지 않겠다. 나는 오직 무장한 반도와 그의 방조자 및 교사자만 상대할 것이다."

군의 관례를 무시하고 입대해 장군이 된 데다 수차 승리를 거둔 뒤 몇몇 장군이 극심하게 시기하는 바람에 그는 오랫동안 많은 괴로움을 당했다. 그가 얼마 되지 않는 포함과 중서부 출신 병사로 편성한 군대를 이끌고 막대한 손해를 무릅쓰면서 실로 전투에서 승리했을 때 반대자들이 대통령에게 그의 파면을 요구했다. 그때 링컨이 말했다.

"나는 이 사람 없이는 일을 할 수가 없다. 그는 싸우는 사람이니까."

그의 음주에 관한 이야기가 나오자 대통령은 다음과 같이 대답했다.

"그랜트가 술을 마신다면 그 술의 이름을 알고 싶군. 다른 장군들에게도 같은 통의 술을 먹이고 싶단 말이야."

1863년 가을, 그랜트는 소장으로 승진해 미시시피군 사령관으로 임명되었다.

2. 남동부와 남서부 간의 군대 및 물자 수송을 담당하는 미시시피 강의 세 개 도하 지점 중 멤피스와 뉴올리언스는 1862년 후반기에 이미 북군의 수중에 들어와 있었다. 뉴올리언스는 4월 말 미시시피 강 소함대 사령관 데이비드 패러거트David Farragut 대령의 지휘로 맹렬히 공격해 함락시켰다. 그 후 북군은 닥치는 대로 불 지르고 파괴하면서 미시시피 강을 거슬러 올라갔다. 남부인이 북군 양키의 잔인한 만행을 비난하는 것은 당연한 일이었다. 많은 병사가 남부동맹의 민가를 약탈하고 벽에 걸린 그림을 찢어버리고 서류를 태우고 심지어 가옥에 불을 질렀다. 내란이란 언제든 감정을 격렬하게 격화시키는 것이라 북군의 장교들까지도 '탈퇴한 주의 더러운 계집'에 대해 털끝만큼도 동정하지 않았다.

뉴올리언스를 잃은 남군이 서부에서 식량과 신병을 보급받을 통로는 오로지 빅스버그뿐이었다. 만약 그랜트가 빅스버그를 점령하면 남부동맹 정부는 서부의 주들과 완전히 차단될 상황이었다. 이는 전략상으로는 간단했으나 전술적으로는 매우 어려운 작전이었다. 고원에 자리 잡은 견고한 요새 빅스버그는 미시시피 강의 지브롤터라고 할 수 있었다. 그곳은 정면, 북방, 동방으로는 공격이 불가능했다. 정기적으로 제방을 넘어 범람하는 강물은 요새 주위에 어떠한 군대도 건너갈 수 없는 넓은 늪을 만들었다. 공격이 가능한 유일한 길은 빅스버그의 남방뿐이었다. 이곳에서 셔먼은 약 3만 2,000명의 병사를 거느리고 그랜트군과 합류했다.

남군과 북군의 병력은 거의 비등했으나 남군은 분산되어 있었다. 그랜트는 내선작전內線作戰(외부에서 공격하는 적에 대항해 중앙에 위치해서 상대하는 작전)의 이점을 이용해 탁월한 전술로 우선 미시시피 주의 잭슨을 격파한 뒤 후방의 안전이 보장되자 빅스버그 포위작전을 시작했다. 남군에는 이렇다 할 대비책이 없었다. 남군의 수송 능력으로는 후방에서 그랜트를 공격할 새로운 병력을 파견할 수 없었기 때문이다. 곧 갱도, 반대갱도, 돌격, 침공 등 고전적인 공방전이 벌어졌고 마침내 9월 4일 빅스버그가 항복함으로써 전투는 끝났다.

그랜트는 3만 1,000명의 포로, 170문의 대포, 5만 정의 소총을 얻었다. 그는 관대하게 패전자들을 욕보이지 않도록 부하들에게 지시했고 서로 적대시하며 싸웠던 청색과 회색 군복의 양군 병사들은 다정하게 지냈다. 농성하던 남군은 승리자를 그들의 진지 안으로 환영했고 포위를 푼 북군은 남군의 포격 효과를 소상히 관찰 검토할 수 있었다. 그랜트는 포로를 석방하고 남서부 출신의 포로들을 고향으로 돌려보냈다. 빅스버그 점령은 북군에게 미시시피 강의 지배권을 확보하게 해주었다는 점에서 가장 중요한 승리였다.

3. 항복하기 전날, 즉 1863년 7월 3일 남군은 또 한 번 커다란 패전을 당했다. 버지니아 전투의 영웅 로버트 리 장군은 빅스버그 요새에 대한 압박을 약화하고 보급로를 확보할 목적으로 펜실베이니아로 진

격했다. 그는 볼티모어, 필라델피아 혹은 워싱턴을 점령하면 다음 두 가지 일에 성공할 것이라고 내다보았다. 그것은 국내에서는 빅스버그의 포위를 풀고 대외적으로는 유럽이 남부동맹을 승인할 거라는 전망이었다. 사실 이것은 매우 대담한 작전이었다. 왜냐하면 리치먼드를 무방비 상태로 방치해야 했기 때문이다. 어떤 사람이 말했다.

"만약 장군이 계시지 않는 동안 북군이 리치먼드를 점령하면 어떻게 합니까?"

리가 대답했다.

"그때는 손에 쥐고 있는 여왕 패를 바꾸면 될 테지."

그는 셰넌도어 계곡으로 진격했고 처음에는 만사가 순조롭게 진행되었다. 남군은 펜실베이니아에 있는 모든 말을 징발하고 소, 돼지, 닭을 식량으로 조달했으나 가옥에는 손을 대지 않았다. 링컨은 남군의 진격을 저지하기 위해 조지 고든 미드George Gorden Meade 장군을 파견했다. 양군은 게티스버그 부근에서 만났는데 리 장군의 병력은 약 7만 5,000명, 미드 장군은 8만 8,000명이었다. 공격과 방어를 임의로 할 수 있는 지형을 차지한 리는 공격해 들어갔다. 부하 장교들에게 "이제야말로 우리의 전투 실력을 양키들에게 보여주게 되었다"라고 말한 그는 연전연승의 기록을 자랑하는 자기 군대를 무적이라 믿고 있었다.

사흘째 되던 날 조지 피케트George pickett가 거느린 버지니아 군대는 청색기를 따라 이때까지 보지 못했던 용감한 공격을 감행했다. 그러나 언덕에 도달하기도 전에 북군의 포화로 많은 병사가 쓰러졌다. 사상자가 너무 많아 리는 포토맥 강을 향해 후퇴하라는 명령을 내리지 않을 수 없었다. 미드 장군은 이를 추격해 리군을 격파할 수도 있었지만 그도 매클레런처럼 조심성이 지나쳐 우유부단한 장군이었다. 그는 링컨의 끈질긴 주장에도 불구하고 적군이 무사히 패주하는 것을 방관했다. 링컨은 무릎을 치면서 개탄했다.

"우리 군대는 승리를 손바닥 위에 놓고 있으면서도 꼭 쥐지를 않았다. (…) 우리는 무던히 애를 써서 땅에 많은 곡식을 심어놓고 그것이 무르익었을 때 거둬들이려 하지 않았다."

패전의 책임은 리 장군의 부관인 리처드 이웰Richard Ewell과 제임스 롱스트리트James Longstreet에게 있었지만 항상 관대하던 리 장군은 두 사람을 옹호하고 스스로 책임을 졌다. 부대가 전멸당한 캐드머스 윌콕스Cadmus Wilcox 장군이 눈물을 흘리며 패배를 알리자 리는 이렇게 말했다.

"눈물을 거두게. 모두가 내 책임일세. 패전한 것은 나야. 남은 일을 처리하도록 나를 좀 도와주게."

4. 링컨이 고대 그리스의 페리클레스와 데모스테네스의 연설에 견줄 만한 유명한 연설을 한 곳이 바로 많은 전사자가 묻힌 게티스버그의 전쟁터였다.

87년 전 우리의 조상들은 '자유롭게 태어난 모든 사람은 평등하게 창조되었다'는 명제를 신봉하면서 이 대륙 위에 새로운 국가를 창건했습니다. 지금 우리는 이 나라, 다시 말해 자유와 평등을 위해 이룩한 나라가 오랫동안 존속할 수 있느냐 없느냐 하는 시련을 받아 커다란 내란을 치르고 있습니다. 우리는 이 전쟁의 위대한 전쟁터에 모여 있습니다. 우리는 이 나라를 존속시키기 위해 스스로 생명을 버린 사람들에게 이 전쟁터의 일부를 최후의 안식처로 바치기 위해 여기에 모인 것입니다. 우리가 수행하려는 이 과업은 어디까지나 정당하고 적절한 것입니다. 그러나 넓은 의미로 본다면 우리는 이 땅을 기증하거나 신에게 봉납하거나 성역으로 만들 수 없습니다. 이곳에서 싸워 살아남았거나 전사한 용감한 사람들만 이 땅을 신성하게 할 뿐, 아무리 꾸며도 우리의 힘은 도저히 이에 미치지 못합니다. 세상 사람들은 우리가 지금 여기서 주고받는 말에 주의를 기울이지도, 오랫동안 기억하지도 않을 것입니다. 그러나 용사들이 여기에 남긴 행적만은 영원히 잊히지 않을 것입니다. 이곳에서 싸운 그들이 존귀하게 추진해온, 아직 끝나지 않은 과업에 모든 것을 바쳐야 할 사람은 살아남은 우리입니다. 즉, 우리 앞에 남은 대업에 스스로를 바쳐야 할 사람은 여기 모여 있는 우리입니다. 명예로운 전사자가 숭고한 목적을 위해 최후의 충성을 다한 고귀한 희생정신을 계승함으로써 우리는 전사자의 죽음이 헛되지 않게 하는 데 굳은 결의를 바쳐야 합니다. 더불어 신의 가호 아래 이 나라에 새로운 자유를 탄생시키고 국민의, 국민에 의한, 국민을 위한 정부가 지상에서 소멸치 않도록 위대한 과업에 몸을 바쳐야 할 것입니다.

5. 게티스버그 전투 이후 리는 휘하 부대를 간신히 수습했으나 남군의 상황은 매우 위급했다. 빅스버그를 잃은 남부동맹의 동부 주들은 서부 주, 즉 아칸소, 루이지애나, 텍사스와 완전히 격리되었다. 또한 해상 봉쇄로 남부동맹은 유럽과도 연결될 수 없었다. 이제 남부는 나날이 압박해오는 공격자들에게 포위되고 말았다. 북부 해군이 항만

을 봉쇄하는 바람에 남부는 식량, 옷, 군수품, 무기 등 모든 물자가 바닥났고 시민이든 군인이든 모두가 고통이 심했다.

남부에 남은 단 하나의 희망은 북부가 전쟁에 염증을 느끼는 것뿐이었다. 기대할 만한 이유가 없었던 것도 아니다. 링컨도 전쟁도 점점 인기가 떨어지고 있던 참이었다. 초기에 북부에서는 많은 지원병이 군기 아래로 모여들었다. 그런데 1863년이 가까워지자 지원병 수가 줄어들어 많은 주가 징집을 위해 장려금을 내야 하는 지경에 이르렀다. 장려금에 이끌려 모집한 병사는 질이 좋지 않았고 오히려 징병제도가 더 나았다. 이에 따라 다소 예외도 있었지만 스무 살부터 마흔다섯 살까지 모든 건강한 남자가 등록되었다. 설령 추첨으로 선발되더라도 300달러를 지불하면 징집을 면해주었고 대리인을 보낼 권리도 있었다.

이런 비민주적인 방법은 대중의 분노를 불러일으켰다. 그들은 "빈민의 피로 강행하는 부자를 위한 전쟁"이라고 외쳤다. 소상인들은 버지니아까지 가서 싸우는데 은행가는 업무를 계속하게 하는 제도에 대해 특히 뉴욕과 아일랜드 출신의 민주당원들이 반기를 들었다. 1863년 여름 동안 폭동이 빈발했고 많은 사람이 불만을 터뜨렸다.

"돼먹지 못한 징병제도와 전쟁을 집어치워라!"

군중은 병무사무소에 난입해 이렇게 외치며 불을 질렀다.

"돈 있는 놈들을 때려눕혀라!"

그들은 민가와 교회에도 불을 질렀다. 나아가 길거리에 방어벽을 세우고 공무원들의 통행을 막은 후 그들을 구타하고 전신줄을 끊는 등 난동과 반란의 기세까지 보였다. 군중은 노예해방을 위해 싸우는 이번 전쟁의 책임이 노예들에게 있다며 30명에 달하는 흑인을 죽이기도 했다. 포토맥군과 웨스트포인트 사관학교에서 2,000명의 군인이 출동해 군중을 향해 발포하면서 남부의 희망은 한층 더 부풀어 올랐다.

6. 1863년 가을 동안 그랜트 장군은 승승장구를 이어갔다. 의회는 그를 복권시켜 육군 중장이란 계급을 주고 전국 총사령관으로 임명했다. 1864년 3월 8일 그랜트는 생전 처음 워싱턴에 나타났다. 그러나 그는 입장이 상당히 곤란한 상황이었다. 육군장관 에드윈 스탠턴이 자신에게 군통솔권이 있다고 주장했기 때문이다. 그 와중에도 대단한 겁쟁이 스탠턴은 그저 워싱턴의 수비만 생각하고 있었다. 반면 그랜트는 공격이 최선의 방어라는 원칙에 따라 리치먼드로 진격할 것을 원했다. 링컨도 이때까지 공격에 실패해온 리치먼드를 점령하도록 요구했고 그랜트는 작전 성공을 확신했다. 북군에는 역전 용사로 편성한 군대와 완전한 보급 계통이 있었고 셔먼, 셰리던, 토머스 장군이 그랜트 장군과 마찬가지로 공격 정신에 불타고 있어 사기가 드높았다. 정면 공격은 많은 희생을 치를 수도 있었지만 북군은 막대한 인적 보급원이 있었기에 충분히 보충이 가능했다. 1864년 봄 북부의 적인 버지니아를 격파하고 리치먼드를 공략하려는 전투 작전의 막이 올랐다.

7. 셔먼 장군은 조지아로 진격해 남부와 리치먼드 간의 교통을 차단하는 작전을 담당했다. 셔먼과 그랜트가 리 장군과 대적해 양면 작

전에 성공하면 전쟁은 끝나는 셈이었다. 셔먼의 경력도 그랜트에 못지않게 기구했다. 그는 퇴역 장교로 은행 지점을 경영하다가 루이지애나의 군인 양성소를 주관했다. 전쟁 중에 그는 명확한 이념과 확고한 의지를 갖춘 지휘관으로서 두각을 나타냈다. 1864년 9월 그는 4개월에 걸친 고전 끝에 애틀랜타 시를 점령했다. 점령지역을 수비하느라 병력이 분산되기를 원치 않은 그는 주민들에게 극도로 엄격한 군율을 시행했고 적군이 숨어 있을 만한 곳은 모조리 불태워 주민을 추방했다. 그는 다음과 같이 말했다.

"만약 주민들이 내 혹독한 처사를 비난한다면 전쟁은 어디까지나 전쟁이라고 대답할 수밖에 없다. (…) 그들이 평화를 원한다면 먼저 그들과 그의 가족이 전쟁을 그만두어야 할 것이다."

해안지대를 향해 진군할 때 그는 도중에 장애물과 철도를 파괴했으며 부락마다 잿더미로 만들어 사람들에게 오랫동안 잊을 수 없는 무서운 기억을 남겨놓았다. 당시 자기 손으로 양키의 목을 졸라 죽였으면 속이 시원하겠다고 말하는 남부 여성이 한두 명이 아니었다. 적중에서의 행군은 누가 봐도 지극히 위험했으나 셔먼은 주민들이 사기도 떨어져 있고 무장도 하지 않았다는 것을 잘 알고 있었다. 사실 그의 진군을 방해하는 사람은 아무도 없었다. 날씨는 매우 좋았고 군악대는 신나게 〈존 브라운의 시신〉을 연주했다. 병사들은 군악에 맞춰 "영광, 영광, 할렐루야!"라고 열광적으로 노래를 불렀다. 고조된 승리감이 병사들의 행진을 빠르게 했다. 흑인들은 그들이 지나가는 것을 보기 위해 모여들었고 주님의 천사가 도착했다고 기뻐했다.

8. 링컨은 1864년 재차 입후보했다. 4년 동안 그는 성품이 많이 원숙해졌고 대중은 소탈한 성격과 유머 그리고 국민에 대한 애정 때문에 그를 좋아했다. 판단력이 있는 사람들은 그가 굉장히 어려운 상황에서도 자신의 의무를 다했음을 잘 알고 있었다. 미국의 소설가 너대니얼 호손Nathaniel Hawthorne은 이런 시국에서 누구보다 '에이브 아저씨Uncle Abe(링컨의 애칭)' 같은 사람이 국가 지도자가 되어야 한다는 작품을 남겼다. 대통령 비서 존 헤이John Hay는 다음과 같은 글을 남겼다.

"대통령은 지금 가장 컨디션이 좋다. 나는 요즘처럼 그가 차분하고 부지런하게 일하는 것을 본 적이 없다. 그는 전쟁 지휘, 연설 준비, 외교 문제 처리, 연방 재건 계획 수립 등을 동시에 추진하고 있다. 그가 이때까지 내각을 통솔하는 데 어떤 독재적인 권위를 행사했는지 모르겠지만 그가 결정한 중요한 사항에 이렇다 할 비난은 전혀 없었다. 나는 이 나라의 번영을 위해 전쟁이 끝날 때까지 링컨이 대통령 자리에 머물러 있어야 한다는 생각을 더욱 다졌다. 이 나라에서 그만큼 현명하고 인자하고 그러면서도 강인한 사람은 없다."

평화파는 링컨을 반대하고 나섰다. 그는 총사령관의 권한을 남용했고 의회의 결의도 없이 인신보호율(불법 구금을 방지하고 인권 보장의 구체적 절차를 명시한 법률)을 정지했으며 군법회의 불법 판결을 인준했다는 비난을 받았다. 오하이오 주 출신의 민주당원 클레멘트 밸런디감은 그를 링컨이라 부르지 않고 독재자 카이사르라고 불렀다. 일부 사람들은 평화 운동을 선동한 정치범을 석방하라고 대통령에게 강요했다. 링컨은 개탄을 금할 수가 없었다.

"나는 아무것도 모르는 탈주병을 총살하지 않으면 안 되는 처지에 있는데, 탈주하라고 교사한 교활한 선동자는 머리카락 하나 다쳐서는 안 된다는 말인가?"

그는 당내에서도 연방 모든 주의 노예를 즉시 석방하라는 급진론자의 공격을 받았다. 1864년도 민주당 전국대회는 뉴욕 로스차일드가의 대리인인 어거스트 벨몬트August Belmont의 주선으로 시카고에서 열렸다. 평화론자와 전쟁지지자로 당이 양분되는 바람에 정강을 통일하기는 곤란했다. 결국 민주당은 적대 행위 중지를 주장하는 선언을 발표하고 유명한 매클레런 장군을 후보자로 지명했다. 그는 지명을 수락했으나 정강은 승인할 수 없다는 서신을 민주당 전국위원회에 전달했다. 이런저런 오해에서 비롯된 혼선과 그해 여름의 승전으로 대통령 선거인단의 표결은 212표 대 21표로 링컨을 선출했다. 전쟁지지자인 민주당원 앤드루 존슨Andrew Johnson(1808~1875, 제17대 대통령—역자 주)이 부통령으로 선출되었다. 링컨의 당선은 승리만큼이나 좋은 성과를 얻게 해주었다. 자멸하지 않는 한 패전할 염려가 없는 북부가 전쟁을 계속하기로 결정한 이상 북부의 승리는 확고했다.

9. 셔먼은 캐롤라이나로 진격하면서 조지아에서 감행한 것 이상으로 철저히 파괴했다. 그의 부하 사병들은 이제 약탈의 명수가 될 정도였다. 그들은 장롱 속 물건까지 모조리 들어내고 남부 부인들의 옷감을 자기 아내에게 보냈으며 피아노를 때려 부수고 책을 불태웠다. 이것은 오랜 전쟁에 시달리면서 생긴 증오감이 빚어낸 광란 상태라고밖에 할 수 없었다.

군사적 관점에서 이들은 그랜트군과 합류하는 것이 목적이었으나

링컨이 암살당하자 뒤를 이어 대통령이 된
앤드루 존슨

그랜트는 이들을 기다리고 있지 않았다. 1864년 봄 윌더니스, 스포
트실베니아, 콜드하버의 전투를 치른 후 그랜트는 제임스 강을 건너
6월에 피터스버그 포위를 개시했다. 여름부터 겨울까지 팽팽한 전쟁
을 거듭한 그랜트는 1865년 3월 맹렬한 공격을 퍼부었다. 리 장군이
병력으로는 우세했으나 4월 2일 수도를 포기하고 제퍼슨 데이비스에
게 리치먼드에서 철수하도록 권고했다. 남부동맹 정부는 패주했다.
 1865년 6월 5일 점령한 수도 리치먼드에 입성한 링컨은 몇 마디 우
호적인 말을 했다. 그는 흑인들에게 그들을 해방시키기 위해 찾아온

구세주 같은 환영을 받았고 흑인들은 확실히는 모르지만 뭔가 기적이 일어나기를 기대했다. 리 장군은 퇴각하는 동안 셰리던 기병대의 추격을 받고 드디어 포위되었다. 4월 7일 그랜트는 리 장군에게 이런 서한을 전달했다.

"장군, 지난주의 전투 결과로 더 이상의 항전은 무익하다는 것을 아셨을 겁니다."

리는 무익한 유혈을 피하기 위해 항복 조건을 알고 싶다고 회답했다. 당시 리 장군에게는 탄약도 식량도 없었다. 4월 9일 두 장군은 애포매톡스에서 만났고 이 회담은 역사상 유명한 일화 중 하나로 남아 있다. 두 사람의 겉모습은 굉장히 대조적이었다. 리는 수려한 용모에 새 군복을 차려입고 버지니아 주가 증정한 화려한 군도를 차고 있었다. 반면 그랜트는 병사의 군복을 아무렇게나 볼품없이 걸치고 있었다. 두 사람은 모두 전쟁의 정치적 측면에는 관심을 보이지 않았다. 그들은 다 같이 그리스도교 신자이자 신사였고 위대한 군인으로서 서로 용감히 싸웠다. 또한 두 사람은 똑같이 괴로움을 이겨내야 했다. 리는 항복해야 하는 괴로움을, 그랜트는 적군의 비통한 모습을 지켜봐야 하는 괴로움을 겪었다.

휴전 조건은 관대했다. 남군 병사들은 선서를 한 후 석방되어 귀가하도록 했으며 말까지 가져갈 수 있었다. 그랜트는 이렇게 말했다.

"그들은 봄갈이에 말이 필요할 것이다."

리 장군은 부하들이 굶주리고 있음을 털어놓으며 식량 보급을 요청했고 그랜트는 2만 5,000명분의 군량을 보냈다. 두 장군이 회담 내내 변함없이 보여준 위엄, 인정, 순박함은 사람들을 탄복하게 했다. 신앙

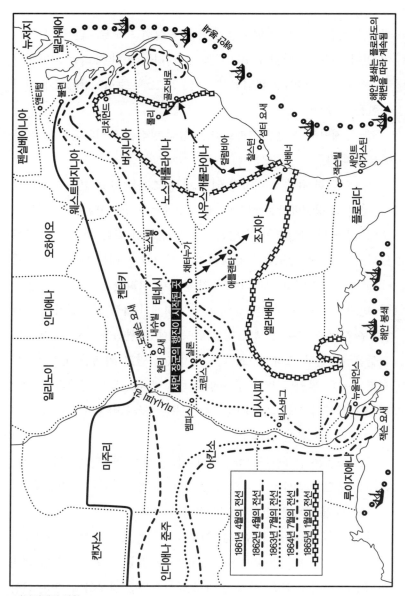

해안 봉쇄는 플로리다로의 해변을 따라 계속됨

뉴욕 항

뉴저지

델라웨어

펜실베이니아

엔티럼

블린

웨스트버지니아

리치먼드

버지니아

오하이오

럴리

노스캐롤라이나

윌리

컬럼비아

사우스캐롤라이나

철스턴

콜즈버로

섬터 요새

서배너

조지아

앤틀랜타

엘러배마

채터누가

인디애나

켄터키

테네시

도널슨 요새

헨리 요새

내슈빌

실로

녹스빌

셔먼 장군의 행진이 시작된 곳

일리노이

미주리

미시시피

코린스

빅스버그

멤피스

해안 봉쇄

플로리다

세인트

아거스틴

잭슨빌

루이지애나

뉴올리언스

잭슨 요새

아칸소

인디애나 준주

캔자스

범례	
1861년 4월의 전선	——
1862년 4월의 전선	-·-·-
1863년 7월의 전선	·······
1864년 7월의 전선	—·—·—
1865년 1월의 전선	□□□□

남북전쟁의 상황

심이 두터운 리 장군은 하나님이 인간사회의 사건을 사람의 지식으로는 헤아릴 수 없는 결과로 이끈다는 것을 믿고 패배를 깨끗이 받아들였다.

10. 이것으로 전쟁이 끝났다. 남군은 무장을 해제한 후 북군의 처분만 기다렸고 전쟁이 시작된 섬터 요새에는 다시 성조기가 휘날렸다. 전날 육군 소장으로 승진한 로버트 앤더슨 전 소령이 말했다.

"나는 살아남아 오늘의 경사를 보게 된 것을 진심으로 행복하게 생각한다."

북부는 어떤 평화조건을 제기할 것인가? 물론 링컨이 관여하는 한 문제는 없을 것이다. 그는 굴욕을 주는 일 없이 사태를 수습할 생각이었다. 그는 두 가지 사항, 즉 연방 존속과 노예제도 폐지를 포함하는 평화조약만 마련되면 언제든 서명할 마음의 준비를 하고 있었다. 그랜트는 대통령의 방침에 찬성했고 전쟁 중에 그토록 가혹했던 셔먼까지도 승전 후에는 관대한 태도를 보였다. 이들은 제퍼슨 데이비스가 국외로 망명하기를 원했지만 병사들은 이런 노래를 부르고 있었다.

"제퍼슨 데이비스의 목을 시어빠진 사과가 열리는 나무를 골라서 매달자!"

링컨과 그랜트는 그를 교수할 뜻이 없었고 당장은 이렇다 할 방도가 없어서 투옥을 했다. 남부를 동정하는 것은 당연한 일이었다. 남부는 너무도 극심한 고난을 겪었다. 남부의 귀부인들은 영원히 찾아오지 않을 승리를 위해 모든 것을 바쳤다. 그들의 집은 잿더미가 되었고 농장은 황폐해졌으며 아들들은 전사했다. 물론 과격한 폐지론자들은 가혹한 대가를 요구했고 죄를 지었으면 벌을 받아야 한다는 주장을 끝내 굽히지 않았다. 이런 사람들과 그들에게 희생당할지도 모를 사람들 사이에 한 사람이 온몸으로 방벽이 되어 굳건히 서 있었다. 그가 바로 링컨이었다.

그런데 1865년 4월 14일 대통령 부처가 포드 극장에서 연극을 보던 중 암살자의 총탄이 링컨의 생명을 앗아갔다. 반미치광이 배우로 광신적인 분리주의자 존 윌크스 부스John Wilkes Booth가 대통령을 암살한 것이다. 그날은 그리스도 수난의 날인 성 금요일이었다. 그날 아침 링컨은 각료들에게 다음과 같은 이야기를 했다.

"이상한 꿈을 꾸었다. 뭐라 형용할 수 없는 이상한 배에 탄 것 같았는데 그 배는 캄캄해서 어딘지 알 수 없는 육지를 향해 쏜살같이 달리고 있었다. 나는 이런 꿈을 중대한 사건이나 대승리가 있기 전에도 꿔본 일이 있다. 앤티텀, 스톤 강, 게티스버그, 빅스버그의 승리가 있기 전에도 같은 꿈을 꿨다."

승리인가? 아니다. 링컨의 죽음은 승리가 아니었다. 전 국민에게 이 사건은 무서운 패배였다. 그랜트는 이렇게 개탄했다.

"비보를 받았을 때 나를 엄습한 감정을 어떻게 형용할 수가 없다. 나는 그의 선량한 마음과 전 국민이 다시 한 번 평등하고 완전한 시민권을 되찾는 것을 그가 무엇보다 보고 싶어 했음을 잘 알고 있다. 나는 그의 사망으로 연방 재건이 말할 수 없이 늦어질 것이라고 생각했다."

—

chapter 10

결론: 연방의 승리와 사회 발전

Conclusion

—

1. 자유와 연방은 하나이며 나눌 수 없다는 말은 유명한 건배사다. 그 후부터 자유와 연방은 위기에 처한 일이 없었다. 국가의 통일 문제는 재론되지 않겠지만 그 위대한 소득은 피를 흘리는 전쟁을 치르고야 얻을 수 있었다. 헨리 클레이식 일련의 타협안으로 이런 성과를 얻을 수 있지 않았을까? 내란은 피할 수 없었을까? 한 미국인은 다음과 같이 기록했다.

"만약 양측의 악질적인 선동분자들을 마차에 태워 강물에 쓸어 넣었다면 남부와 북부의 수많은 선량한 시민이 온건한 중도적인 해결책, 예컨대 소유자에게 보상금을 치르고 점진적으로 노예를 해방시키는 정책을 채택했을지도 모른다. 그러나 온건한 해결이란 온건한 민중을 전제로 이뤄지며 인간관계에서 상식은 단지 보조역할을 하는데 지나지 않는다. 국가도 개인과 마찬가지로 지나친 흥분과 열정을 겪는 법이다. 북부와 남부 모두 전쟁이라는 재판을 겪기 전에는 이성의 판단을 받아들이지 않았을 것이다."

2. 연방의 승리는 중요한 상황을 연출했다. 미합중국은 리오그란데부터 캐나다 국경까지 그리고 멕시코부터 오리건까지 광대한 대륙을 점유했으나 남북 간의 잠재적인 분쟁으로 개발이 지연되고 있었다. 당시 이 지역은 여전히 인구가 희소한 소수의 부락이 서로 흩어져 있었다. 전쟁 후 이 지역은 이념과 사상을 불문하고 누구에게나 자유롭게 개방되었다. 염려할 만한 충돌은 없었다. 남부인의 가슴에는 깊은 상처가 남아 있었고 그들은 양키라면 사소한 일에도 쉽사리 격분했다. 적개심에 불타는 북부의 과격파는 소리 높여 남부에 대한 보복을 요구했다. 그러나 군사적인 분쟁이 재발하지 않는 한 감정이란 시간과 더불어 진정되는 법이고 북부와 남부 사이의 실력 차이로 분쟁이 재발할 수는 없었다. 더욱이 1862년에 의회를 통과한 자작농법 Homestead Act이 개척과 정착을 손쉽게 했다. 이 법령에 따라 각 세대주나 21세 이상의 시민은 최저 5년간 토지를 경작하는 조건만으로 공유지 160에이커(약 20만 평)를 무상으로 제공받았다. 결국 오랜 서부의 꿈이 이뤄지면서 이주가 쇄도했다. 전후시대가 전 대륙의 개발시대가 되리라는 징조가 속속 드러나기 시작했다.

3. 남북전쟁은 미국사에서 봉건시대에 종지부를 찍었다. 미합중국은 유럽의 봉건시대에 있었던 제후 간의 투쟁이나 중앙집권적인 전제군주 정치에 대한 집단적인 반항 같은 것은 겪지 않았지만 각 주들 간의 대립 항쟁이 그와 비슷한 역할을 했다. 북부의 승리는 주의 이탈

과 무효선언 권리에 관한 캘훈의 이론을 뒤엎었다. 링컨은 아르망 리슐리외처럼 중앙정부의 권한을 확고하게 만들었다. 남부는 이제 연방탈퇴 논쟁을 영원히 되풀이하지 않기로 동의했다. 그러나 이것은 앞으로 주권 지지자가 과도한 중앙집권에 대해 당연한 권리로서 항의하는 것까지 견제하지는 않았다. 오랫동안 민주당은 연방정부에 대항해 주의 권리를 옹호하는 대표선수 역할을 맡았다. 물론 이 자세는 민주당이 정권을 장악하지 못한 사실 때문에 가능했다. 민주당이 정권을 차지했을 때, 특히 큰 전쟁을 수행하는 책임을 맡았을 때는 그들도 공화당의 집권체제와 마찬가지로 중앙정부의 권한을 강화하려는 유혹을 물리칠 수 없었다. 필요는 이념을 만들어내게 마련이다.

4. 1830년부터 1860년에 이르는 시기는 낭만시대, 즉 지식과 감상으로 도피한 시기였다. 당시 미합중국의 자유주의자들은 인간의 완전성과 사회 진보를 확신했다. 지금까지도 믿고 있지만 뉴잉글랜드에서는 독일 철학과 프랑스 관념론의 접촉으로 선험주의라는 지성 운동이 탄생했다. 뉴잉글랜드에서는 처음엔 17세기의 캘비니즘 때문에 그다음에는 18세기의 합리주의로 인해 200년간 신비주의가 억압당했다. 19세기 중엽 에머슨, 헨리 소로Henry Thoreau, 아모스 브론슨 올컷Amos Bronson Alcott 그리고 너대니얼 호손 등이 도덕적이고 전통적인 신비주의로 사람들에게 감동을 안겨주었다. 이들 중 몇몇은 보스턴에서 가까운 아름다운 촌락 콩코드에 모여 살았다. 이들은 정치 문제에 거의 관심이 없었다. 에머슨은 당시 유물론을 비판했으나 비판가가 반드시 개혁자인 것은 아니다. 처음에 에머슨은 노예 문제 논쟁에 말

려들기를 몹시 꺼려했다.

"나는 흑인들과는 전혀 다른 노예, 즉 억압된 정신과 구속된 사상을 해방시켜야 한다."

캔자스-네브래스카 논쟁이 벌어졌을 때는 달랐다. 도망노예 단속법이 통과되자 그는 다음과 같이 말했다.

"19세기에 글자를 아는 사람들의 손에 의해 더러운 법률이 만들어졌다. 나는 하나님께 맹세컨대 이것을 준수하지 않을 것이다."

소로는 자연 속에서 진정한 인생의 가치를 탐구했다. 사람의 속박에서 자신을 철저하게 해방시킨 그는 말했다.

"대지를 향락하라. 그러나 그것을 소유하지 말라. 우리는 먼저 인간이 되어야 한다. 그런 다음 국민이 되어야 한다."

개인주의 경향을 탈피하려 한 조지 리프리 목사, 너대니얼 호손, 반세기 먼저 태어난 듯한 열렬한 여권신장론자 마거릿 풀러Margaret Fuller 그리고 '말썽 많은 천사장' 올컷 등은 수년간 브룩크 농장에서 프랑수아 푸리에François Fourier(프랑스 사회주의자—역자주)식 공산주의적 사회생활을 시도했다. 이 실험은 처음엔 성공하는 듯했으나 1846년 화재로 건물이 소실되자 제도마저 소멸되었다. 젊은 헨리 애덤스는 '우주란 살아 있는 에머슨처럼 실존한다'는 사실을 하는 수 없이 인정했고, 월트 휘트먼은 미합중국 자신이 위대한 시라는 것을 깨달았다. 병적이고 비인간적인 천재 에드거 앨런 포Edgar Allan Poe가 화학반응 같은 방법으로 시를, 수리적이고 얼음덩어리 같은 탐미적 소설을 창작하던 시기도 이때였다. 한편 1853년 무렵 마크 트웨인Mark Twain(1835~1910)은 미시시피 강에서 도선사 수련을 했다. 그는 남북전쟁 막바지에 누구

《톰 소여의 모험》, 《왕자와 거지》 등의 명
작을 남긴 마크 트웨인

보다 순수한 미합중국 문학의 진정한 희망을 대표했다.

　5. 마크 트웨인은 더 이상 유럽 작가에게 교본을 구하지 않았다. 반
대로 그는 구시대를 풍자하는 데 성공했다. 이 풍자가 미합중국 독자
들의 열광적인 환영을 받았다는 사실은 주목할 만한 일이다. 1860년
이후 유럽과 미합중국을 매놓은 탯줄이 끊긴 듯했다. 이 젊은 나라는
해양에서 등을 돌리고 드넓은 평지, 끝없는 초원 쪽으로 방향을 잡았
다. 전후 수년간 전쟁 분위기에 사로잡혀 있던 미합중국에서는 많은
장군이 대통령이 되었고 제대군인은 연금명부에 올랐다. 대통령 선
거가 있을 때면 링컨이나 그랜트 장군, 셔먼 장군의 부하 사병들이 피

묻은 셔츠를 뒤흔들었다.

미합중국은 새로운 국토 개발에 몰두한 이후의 수십 년간 유럽에 거의 관심을 두지 않았다. 1815년까지만 해도 미합중국은 유럽의 분쟁에 많은 관심이 있었다. 1815년부터 1860년까지 유럽의 분쟁은 미합중국이 대륙에서 영토를 확장하는 데 도움을 주었다. 만약 영국, 프랑스, 스페인이 서로 대립하지 않았다면 신생 국가 미합중국이 그처럼 강대해지도록 방임하지는 않았을 것이다. 그들 간의 질투심이 그들의 약점이었다. 미합중국의 군사력을 입증한 남북전쟁 이후 먼로주의는 하나의 소망이 아니라 현실적인 방책이 되었다. 그러나 이 신생 강국이 유럽 열강과 전쟁으로 맞붙는 데는 아직도 30년 이상의 세월이 필요했다.

1870년 무렵 미합중국은 마치 사춘기 소년처럼 완전히 자기 자신에게만 몰두했고 매일매일 성장했다. 모험 정신이 있는 사람들이 투쟁으로 빼앗아 씨를 뿌릴 변경지대가 있는 한 미합중국은 외부 세계에 관여하려 하지 않았다. 최후의 변경지대가 사라지는 그날부터 미합중국은 주위를 돌아보기 시작할 테고 그때부터 국제사회에 발을 들여놓을 것이었다.

제5장

—

유복한 시대

HISTOIRE DES ETATS-UNIS

—

chapter 1

재건

Reconstruction

—

1. 미합중국 대통령이 임기 중에 사망하면 원래 대통령으로 선출되지 않은 인물이 국가 원수가 되어 예기치 않던 사태가 벌어진다. 이런 일이 때론 의외의 행운을 가져오기도 했고 예기치 않게 대통령이 된 사람이 전임자보다 우수한 경우도 있었다. 물론 난처한 경우도 적지 않았다. 링컨의 암살 비보를 들은 남부동맹의 지도자들은 하나같이 탄식을 금치 못했다.

"하나님, 우리를 구원하시옵소서. 이것이 사실이라면 남부에 이보다 더 큰 타격은 없을 것입니다."

분명 앤드루 존슨은 링컨과 비교할 수 없는 인물로 전후 문제를 수습할 능력이 훨씬 부족해 보였다. 그렇다고 대통령 자격이 전혀 없다고 할 만한 인물은 아니었다. 노스캐롤라이나의 가난한 집안에서 태어난 그는 어려서 아버지를 잃고 열 살 때 양복점 견습공이 되었다가 테네시로 도망친 뒤 양복점을 개업했고 열아홉 살 때 결혼했다. 그는 아내에게 읽고 쓰는 것을 배웠는데 그 의욕이 대단해 사람을 사서 큰 소리로 책을 읽게 하고는 바느질을 했다. 사업이 잘되어 서른네 살 때는 상당한 재산과 노예까지 거느렸다. 그가 읽은 책들은 주로 연설집이었고 덕분에 힘찬 웅변가가 되었다. 그 후 정치생활을 시작한 그는 서서히 영광의 계단을 한 발 한 발 올라갔다. 그를 만나본 찰스 디킨스Charles Dickens는 "그는 용모가 독특하고 누구나 틀림없이 한자리할 인물로 인정할 만했다"고 그의 인상을 평했다.

2. 그의 정치적 입장은 매우 복잡했다. 가난한 백인 계급 출신인 그는 노예제도로 형성된 부유한 농장주를 혐오했다. 그의 반대파 중 한 사람은 "존슨이 뱀이라면 풀숲에 숨어 있다가 부잣집 아이들의 발뒤꿈치를 물었을 것"이라고 말했다. 그러나 존슨의 정치 경력은 남부 민주당에서 구축한 것이었고 그는 노예제도에 강력하게 반대한 일이 없었다. 이런 이유로 연방당이라고 자칭한 공화당의 전당대회는 그를 부통령으로 지명했다. 연방을 지지하는 남부 사람을 정부 측에 포섭하려고 그를 링컨의 러닝메이트로 선출한 것이다.

제2인자로서는 그도 적격자였으나 최고 지도자로서는 책략이 부족했고 때론 격분을 참지 못하고 난폭하게 굴어 가뜩이나 복잡한 당시의 통치를 더욱 어렵게 만들었다. 물론 존슨은 생김새보다는 선량한 사람이었다. 그는 성실하고 준법정신이 강했으며 국가에 헌신적이었다. 이념 같은 것은 없었지만 그것을 존중할 줄은 알았다. 그는 처음부터 공화당원은 아니었으므로 그의 정적이 비난했듯 당을 배신한 것은 아니었다. 또한 그를 적대시하던 신문이 그를 주정뱅이라고 비난했지만 그것도 사실이 아니었다. 오히려 그와는 정반대였다. 부통령으로 취임선서를 하던 날 안색이 좋지 않아 기운을 북돋우기 위해 한 잔 마신 브랜디와 술에 익숙지 않은 위의 불쾌한 반응이 낳은 오해에 불과했다. 여하튼 정적의 악의에 찬 중상과 그 자신의 수완 부족으로 그의 임기는 비극이 되고 말았다.

3. 비록 승리를 챙겼지만 링컨이 남기고 간 정세는 위험천만했다. 흑인은 이제 노예가 아니고 연방 결속이 확고해졌다는 두 가지 문제만 해결된 듯 보였다. 이 소극적인 결과만으로는 모든 문제를 완전히 해결했다고 할 수 없었다. 해방된 노예 처리와 승자와 패자로 구성된 연방 운영 같은 심각한 문제가 남아 있었다. 대부분의 남부 주에는 합법적인 주정부가 존재하지 않았고 연방군이 무정부 상태를 간신히 지탱하고 있었다.

다 떨어진 회색 군복을 입은 채 제대한 군인이 고향에 돌아와 만난 것은 불타버린 가옥과 농장, 황폐한 도시, 황무지로 변한 농장 등 가슴 아픈 폐허뿐이었다. 그토록 아름답던 집에 남아 있는 것이라곤 굴뚝밖에 없었다. 과거에 부유한 생활을 하던 부인들이 자식을 위해 구걸을 했고, 농장주들은 당밀과 꽃을 이전에 자기 노예이던 흑인들에게 팔고 있었다. 대단치도 않은 간단한 물건조차 구할 수 없었으며 강냉이 자루로 실꾸리를 만들 정도였다. 길에는 잡초가 우거져 있었다.

흑인은 자신들에게 어떤 일이 일어났는지 명확히 이해하지 못했고 이제 정부가 그들에게 농토와 가축을 분양해주리라고 기대했다. 그들은 농장 안을 서성거리거나 연방의 막사로 기어들어가 그들에게 무슨 기적 같은 소식이라도 얻을 수 있지 않을까 바라고 있었다. 농장주 사이에는 양키에 대한 반감이 극심했고 부인들의 감정은 한층 더 격했다. 극도의 증오심 때문에 협조 같은 것은 도저히 기대할 수 없었다. 1865년 카를 슈르츠Carl Schurz는 그가 관찰한 결과를 털어놓았다.

"아직까지도 남부 주민에게는 국가 관념이 완전히 결여되어 있다."

그들은 서로 단결하지 못했다. 북군에 참가한 한 버지니아 출신 병사는 고향에서 배척당했다. 집이 테네시에 있는 남군 병사는 감히 귀향할 마음조차 먹지 못했다.

4. 북부에서는 복수심에 불타는 급진파들이 반역자 처벌, 재산 몰수, 주모자 사형 등을 요구했다. 그중에서도 가장 극렬한 사람은 얼굴색이 창백하고 성질이 잔인한 예순세 살의 새디어스 스티븐스Thaddeus Stevens였다. 젊은 흑인들이 들어주는 들것을 타고 의사당에 나타나곤 했던 그는 리디아 스미스라는 젊은 혼혈 흑인 여자와 동거한다는 소문이 돌고 있었다. 그는 탈레랑의 사생아라는 풍설이 있었던 만큼 탈레랑처럼 기지와 해학에 뛰어났지만 연구심과 관용성은 전혀 없었다. 그는 직업화한 광신적인 과격분자로 반잭슨파, 그다음에는 반프리메이슨파 그리고 반남부파를 전전했다. 그런 경력을 밟아오는 동안 유일하게 남은 특징은 잔인성뿐이었다. 어떤 과격한 수단을 행사하려 할 때 양심의 가책을 느낀다고 말하는 사람이 있으면 그는 즉석에서 쏘아붙였다.

"양심이라고? 양심은 악마에게 맡기고 당의 방침대로 하는 거야."

스티븐스는 존슨을 미워했다. 누가 그에게 "그는 자력으로 출세한 사람이란 것을 알아두게"라고 말하자 그가 대답했다.

"그 말을 듣고 안심했네. 조물주가 그따위 인간을 창조했다는 책임을 면할 수 있으니."

그에게 승리의 중요한 의미는 패자를 능욕하는 즐거움에 있었다. 이것은 링컨의 온건한 태도나 '만인에 대한 박애심'과는 거리가 먼 것이었다.

자신을 기독교도라 부르고 기독교도라 믿어 의심치 않던 목사들까지도 곤궁함에 허덕이는 남부인을 냉정하게 방관했다. 남부 출신으로 북군에 가담해 테네시 주지사가 된 윌리엄 브라운로William Brownlow는 말했다.

"연방에 반역한 사람들의 묘지보다는 흑인의 묘지에 묻어주기를 바란다. 나는 죽은 후에도 반역한 백인이 있는 지옥보다는 흑인이 있는 천국으로 갔으면 한다."

급진파의 희망은 이 나라가 입은 상처에 붕대를 감고 통일을 회복하는 것이 아니라 남부의 거만한 소수 지배계급을 모욕하고 그들이 그들의 압제에 허덕이던 흑인의 지배를 받는 것을 보는 것이었다.

5. 이것은 링컨이 전후 문제를 처리하려던 방식이 분명 아니었다. 링컨의 구상은 전시에도 테네시, 아칸소, 루이지애나에 적용한 일이 있었기 때문에 널리 알려져 있었다. 그 계획은 어느 주든 1860년도 선거 때 등록한 유권자의 10퍼센트가 노예해방을 승인하고 연방에 충성을 서약한 뒤 정부를 수립하면 언제든 이를 주정부로 인준하고 군정을 해제하며, 연방의회는 이 새로운 주에서 선출된 상하의원

의 인준을 행사할 권한을 보유한다는 것이었다. 링컨은 반란에 가담한 사람 중 주모자를 제외하고 모두에게 사면령을 내렸고 주모자들도 사형시키거나 투옥하려 하지 않았다. 그는 이들이 국외로 망명하거나 사면 청원을 제출하게 하여 청원을 허락할 작정이었다. 본래 남부 주민은 이 절차를 통해 공민권을 회복할 수 있었다. 링컨은 어제의 과오보다 내일의 충성에 더 관심이 많았다.

그런데 이 현명하고 관대한 태도에 의회의 급진파들은 분노를 터트렸다. 그들은 '반역자에 대한 유화정책'이라고 욕설을 퍼부었다. 만약 링컨이 살아 있었다면 이 열광자들의 맹렬한 반대에 부딪쳤을 것이다. 존슨이 대통령을 승계하자 그들은 처음에 안도했다. 존슨은 평소에 '썩어빠진 위험한 귀족정치'라며 남부를 공격했고 대장원을 몰수한 후 소농장으로 분할해 성실한 경작자에게 공매해야 한다고 말했기 때문이다.

하지만 정권을 잡은 존슨은 그런 복수정책이 위험하다는 것을 깨달았다. 1865년 5월 그는 반란자들에 대한 대사면을 공포했다. 물론 그때는 링컨의 암살로 일반인들이 분격하고 있던 상황이라 링컨이 희망한 것만큼 완전하지는 않았지만, 사면 조건에 들어맞지 않는 사람에게도 사면 청원 권리를 주어 거의 모든 사람이 사면을 받았다. 존슨은 백악관에서 온종일 청원자를 면접했고 그 옆의 한 젊은 관원이 지키는 탁자 위에는 사면장이 잔뜩 쌓여 있었다.

제퍼슨 데이비스는 먼로 요새에 갇혀 있었다. 얼마 후 그의 부인은 유력한 공화당원이자 저명한 언론인 호러스 그릴리Horace Greeley에게 남편의 사면을 주선해주기를 부탁했다. 그는 기꺼이 과거의 적이고 남부동맹의 전 대통령이던 데이비스의 신원보증인이 되어주었다. 이 관대한 행동으로 그의 인기는 약간 추락했다. 데이비스는 곧 자유의 몸이 되어 캐나다를 거쳐 유럽으로 옮겨갔고 이후 아메리카로 돌아와 자신이 경험한 대사건에 관해 회고록을 저술하면서 여생을 보냈다. 숲 속의 은신처로 들어가려던 리 장군은 워싱턴 대학(현 워싱턴앤리 대학)의 총장으로 취임해 버지니아 출신 청년들에게 모범적인 미국인이 되도록 가르쳤다. 나중에 이를 알게 된 스티븐스는 굉장히 분노했다. 리 장군은 다음과 같은 기록을 남겼다.

"나는 이 나라를 부흥시키고 평화와 협조를 재건하기 위해 일치단결하는 것이 만인의 의무라고 확신한다."

6. 흑인 문제는 노예해방으로 해결될 만한 간단한 일이 아니었다. 1860년 남부에는 약 400만 명의 흑인이 있었다. 그중 약 26만 명은 자유 신분이었고 18만 6,000명 정도는 연방군에 복무했으며 30만 명은 여러 주에서 점차 해방되고 있었다. 요컨대 상당수의 유색인종이 자유를 연습하고 있었다. 그런데 농장에 매여 살아온 나머지 300만 명의 흑인은 별안간 자력으로 생활 방도를 구해야만 했다. 그들에게는 상전과 함께 집도 신분도 생활수단도 동시에 없어지고 말았다. 해방 직후 그들의 태반이 농장에 남아 있었다. 주인은 흑인들을 모아놓고 이제는 자유의 몸이라고 선언했지만 그들은 이렇게 대답했다.

"주인님, 우리는 주인님과 함께 여기서 살고 싶습니다."

그대로 두었다면 농장주와 신자유인은 어떻게 해서든 타협해서 잘 지냈을지도 모를 일이었다. 흑인은 대부분 천성적으로 마음이 착했고 인정이 많은 편이었다. 하지만 선동자들이 이 불행한 대중 속을 돌아다니며 주인에게서 떠나 노역을 거부하고 백인을 괴롭히고 백인 교회를 접수해 독립을 실증해야 한다고 선동했다. 농장주도 하나님 앞에서 만인이 평등하다는 것을 부인할 수 없었다. 그럼에도 불구하고 처음에는 리치먼드에서 한 흑인이 백인 사이에 끼어 성체성사를 받으려고 무릎을 꿇었을 때 주위에 있던 백인들이 몸을 피했다. 때마침 평소와 다름없는 위엄을 보이며 그 흑인 옆에 있어 준 사람이 리 장군이었고 이후 모두가 이 선례를 따랐다. 흑인을 위한 극소수 학교가 문을 열자 곧 향학열에 불타는 흑인들로 만원을 이뤘다.

그 밖에 많은 흑인이 연방정부가 북부 급진파의 구호대로 산타클로스를 대신해 한 사람 앞에 '40에이커(약 5만 평)의 농토와 한 필의 노새'를 줄 것이라고 기대했다. 사실 이 구호는 북부에서 들어온 선동자들이 자신의 목적을 위해 흑인을 이용한 데 지나지 않았다. 그들이 원한 것은 흑인들의 투표였고 표를 확보하기 위해 구호만으로 그들을 이용하려 한 것이다.

7. 1865년 여름 존슨은 의회의 폐회기를 이용해 링컨의 계획을 실행하려 했다. 그는 몇 개의 남부 주에 재건 지사Reconstruction governor를 임명하고 그들의 관리 아래 분리 조건 폐기, 전시채무 무효화, 제13차 헌법조정안(미합중국 및 미합중국 법률이 관할하는 지역에서는 노예제도와 당사자에게 합법적으로 선고된 형벌을 제외하고 본인의 의사가 아닌 타인의 의사에 따른 노역은 존재할 수 없다) 비준을 위한 회의를 소집하도록 했다. 1865년 12월 이 절차를 밟아 재건한 남부동맹의 각 주가 선출한 상하의원이 워싱턴에 참석했을 때,

연방의회는 그들을 소위 '존슨 정부'라 야유하며 인준하기를 거부했다. 의원의 신임장을 심사할 권한이 있던 양원이 그 권한을 행사한 것이다.

사실 '존슨 정부'는 흑인 문제를 남부식으로 해결하려 했다. 남부는 자신들의 패배와 노예해방은 인정했지만 지금 당장 백인과 흑인이 동등한 지위를 누리는 것은 인정하지 않으려 했다. 그들은 백인이 흑인보다 더 일찍 문화를 창조했고 개화와 함께 점진적으로 특권을 획득한 것이라고 자신했다. 대부분의 남부 주에서는 재산, 생명, 자유 보호에 관해 흑인에게도 백인과 동등한 권리가 있다고 인정했지만 사회적 차별 대우는 여전히 이어졌다. 가령 '흑인 단속법Black Codes'이 백인과 흑인의 결혼을 금지했고 학교교육에서는 흑인 차별을 원칙적으로 인정했다. 불량자 단속법은 무식자인 흑인에게 벌금을 부과했으며 벌금을 지불하지 못하면 강제노동으로 보상하게 되어 있었다. 남부의 백인들은 설령 흑인과의 평등을 용인하더라도 그들이 정신적 성장 과정을 밟아야 한다고 생각했다. 의회의 급진파는 이러한 조치에 격분해 남부가 명목만 바꾸었을 뿐 노예제도를 부활하려 한다고 공박했다.

8. 의회는 임시 해결책으로 흑인에게 백인과 동등한 공민권을 부여하는 '공민권 법안Civil Rights Bill'을 제정하고 신자유민 관리국을 존속시키기로 했다. 신자유민 관리국은 1865년 3월 1년 기한부로 구성한 관서로 흑인의 구호 문제와 취업 알선, 교육과 재판 그리고 반역자에게 몰수한 재산 운용 등에 관한 사무를 보았다. 즉, 신자유민 관리

국은 흑인의 보호자로 흑인은 국가의 피후견인인 셈이었다. 이 처우는 흑인 단속법에 비해 자유로웠기 때문에 보다 유능한 사람이 운영했다면 좋은 성과를 거둘 수 있었을 것이다. 그러나 이것은 탐욕스럽고 행실이 바르지 못한 관리들이 관리했고 남부 사람들은 개탄하지 않을 수 없었다.

"그저 한 사람만이라도 정직한 사람이 있었으면."

그래도 한 가지 문제, 즉 노동계약 문제만큼은 이 관서와 농장주가 협조했다. 백인 고용주와 흑인 노동자는 서로 법적인 고용 관계를 명문화할 필요가 있었다. 당시 흑인들은 계약이라면 무조건 자유라는 개념과 위배되는 것으로 여기고 모든 계약을 두려워했다. 아무튼 점차 한 조직 계통이 탄생했다. 이것은 농장을 소구역으로 분할해 각 지구에 '크라퍼Cropper'라는 소작인을 두되 농장은 소유자 또는 관리인이 지배하는 단일조직으로 존속하는 것이었다.

9. 존슨에게 모든 기대를 걸고 있던 의회의 급진파는 그의 유화정책에 격분했다. 스티븐스는 극렬하게 웅변을 토하며 연방에서 탈퇴해 모든 공민권을 상실한 남부의 여러 주를 점령지로 취급하자고 주장했다. 남북전쟁의 원인은 주가 연방에서 탈퇴할 수 없다는 데 있었으므로 스티븐스의 이 주장은 모순적이었다. 스티븐스 일당은 남부동맹에 가입한 사람들의 공민권을 박탈하고 흑인의 이익을 위해 그들의 재산을 몰수할 것을 요구했다. 그들은 미국 헌법을 "아무 소용도 없는 휴지조각"이라고 말했다.

상원의 급진파 지도자였던 찰스 섬너는 이상주의를 주장했으나 본심은 자기 당의 장기집권을 확보하기 위해 흑인 투표를 획득하는 것에 있었다. 링컨은 글을 알고 연방군에 참전한 흑인에게만 투표권을 부여하는 제안에 찬성했는데 이것이 가장 적절하고 합리적인 것이었다. 급진파들은 문맹인 흑인에게도 투표권을 부여하자고 주장했다. 1866년 6월 그들은 각 주의 승인을 얻기 위해 제14차 헌법수정안을 제출했다. 그 내용은 다음과 같은 네 가지 항목이었다. 1) 흑인에게 국적과 공민권을 부여한다. 2) 흑인 남자의 투표권을 인정하지 않는 주에는 이에 비례해 연방의회의 의원수를 감원한다. 3) 정부에 반항해 난동이나 반역에 관여한 사람은 모든 공직에서 추방한다. 4) 남부동맹의 전시채무는 무효임을 선언한다.

존슨은 의회의 급진파가 제출한 법안에 모조리 반대해 거부권을 행사했다. 급진파는 전국 각지에서 존슨을 비난했고 그의 연설을 방해하면서 갖은 악랄한 방법을 자행했다. 나아가 그들은 15명의 위원으로 구성된 '합동재건위원회Joint Committee on Reconstruction'를 조직해 행정부의 권한을 찬탈하려 했다. 재건이 일종의 혁명으로 변질된 것이다.

10. 제14차 헌법수정안은 1866년에 주의 4분의 3의 승인을 얻지 못했다. 전 남부동맹 중에서는 테네시 주만 찬성했다. 이전에 노예주였던 델라웨어, 메릴랜드, 켄터키는 연방에서 탈퇴하지 않은 주였으나 이 수정안에 반대했다. 그 반대에 분격한 급진파는 절대 다수를 무기로 대통령이 거부권을 행사했음에도 불구하고 크롬웰의 방법을 본떠 아직 재건하지 못한 남부의 주들을 다섯 개의 군관구로 분할해 다

섯 명의 육군 소장이 통치하는 법안을 통과시켰다. 그리고 이 주에서
는 반역자가 아닌 백인과 흑인이 선출해 구성한 의회가 흑인에게는
참정권을 주되 반역한 백인에게는 주지 않는다는 주 헌법을 제정하
기로 했다. 이에 따라 결정된 신규 유권자와 연방의회가 표결하고 인
준이 끝나면 새 주의회가 제14차 헌법수정안을 비준한다는 순서였
다. 급진파가 소기의 성과를 거두리라는 것은 의심할 여지가 없었다.
연방의회 의석을 차지할 권리가 있는 남부의 대표자는 이렇게 재건
한 남부에서 선출된 의원뿐이었다. 스티븐스는 말했다.

"패자의 미래에 관한 조건은 승자의 의사에 달려 있다. 남부가 연방
에 가입하려면 새 주나 점령지역으로서 하는 수밖에 없다."

이 얼마나 모순적인 이론인가. 남북전쟁의 최대 목적은 '연방은 하
나의 부동적인 존재로 분리가 불가능하다'는 것을 입증하는 데 있었
다. 그런데 급진파는 분리를 기정사실로 인정하면서 연방으로의 복귀
승인을 마치 일종의 특혜라도 베푸는 것처럼 행동하고 있었다.

11. 독재란 예외 없이 규탄해야 마땅하지만 군인의 독재가 정치가
의 독재보다 다소 선량한 때도 있다. 남부는 '북부가 파견한 군관구
사령관'에게 불평도 많았지만 급진파 정치가보다 덜 위험하다는 것
을 알았다. 사령관의 태도가 너무 온건하다며 의회가 분개한 일도 있
었다. 군관구에는 아무런 행정기구도 없었으므로 사령관이 모든 관직
을 임명했는데, 남부의 백인들은 흑인과 흑인 지지자보다 의회가 일
방적으로 임명한 사령관을 환영했다.

한 떼의 바람잡이가 재점령 지역으로 모여들어 별안간 유권자가 된

흑인을 악용함으로써 단단히 한몫을 보려고 날뛰었다. 북부와 동부에서 탐욕스럽고 천박한 행상인, 직업적인 선거 브로커가 카펫 백(Carpet bag, 카펫 천으로 만든 여행 가방으로 바람잡이Carpet-bagger란 말이 이때 생겼다) 하나만 들고 쏟아져 들어와 마음대로 헌법제정회의를 조작했다. 이때 남부 사회의 밑바닥에 있던 사기꾼들도 그들과 합세해 한몫을 보았다. 이 작자들이 과거의 반역자에 대한 증오감을 선동하는 바람에 흑인들은 원한이 아니라 무지로 인해 선동자들에게 협력했다. 그들이 처음 한 책동은 흑인이 아닌 사람, 급진파가 아닌 사람의 투표권을 박탈하도록 선거인명부를 뜯어고치는 일이었다. 1867년 10월 제1차 선거인명부 개정에 따라 전 남부동맹 여러 주에서는 70만 3,000명의 흑인 유권자와 62만 7,000명의 백인 유권자가 등록했다. 노스캐롤라이나, 텍사스, 버지니아를 제외한 남부 여러 주에는 흑인과 협잡꾼이 과반수를 차지하는 헌법회의가 들어섰다. 앨라배마에서는 흑인 의원 중 문자를 아는 사람이 단 두 사람밖에 없었다. 결국 상상할 수도 없는 놀라운 법안들이 통과되었다. 사령관들은 바람잡이의 비행을 시정하려 최선을 다했으나 주의회 의원이 취임하자 물러날 수밖에 없었다. 심지어 대법원조차 헌법을 우습게 아는 급진파 때문에 무력할 정도였다.

12. 급진파가 남부에 복수를 자행하는 데 유일한 방해물은 여전히 대통령 존슨이었다. 급진파는 외쳤다.

"그를 탄핵하자! 그를 축출하자! 그렇지 않으면 청색 군복(연방군) 군대가 해치울 것이다."

어떤 광신자는 그의 목을 자르라고 떠들기까지 했다. 존슨은 이렇게 응수했다.

"그들은 내 목을 벨 수 있을 것이다. 내 목이 사라지거든 아메리카 국민이 내 증인이 되어주길 바란다. 그들이 한 사람의 순교자만으로는 만족할 수 없을까?"

의회는 가능한 방법을 다 써서 그를 공격했다. '관직 보장법Tenure of Office Act'은 상원의 동의 없이는 대통령이 각료를 경질할 수 없게 한 것이었다. 또한 헌법의 규정을 무시하고 의회는 존슨에게서 군의 최고 지휘권을 박탈했다. 의회가 대통령을 미워한 이유는 전시에 대통령이 행사하는 행정상의 권한이 막강한 데다 그가 그들의 급진적인 법안에 반대했기 때문이다. 존슨은 자기 원칙에 어긋나는 일을 조금도 하지 않았음에도 배신자라는 말을 들었다.

급진파의 동조자 육군장관 스탠턴은 대통령이 관직 보장법을 무시하고 자신을 파면할 것으로 예측했고, 그러면 헌법 제1조 3항 6절을 적용해 대통령을 탄핵할 수 있으리라고 기대했다. 과연 2월 21일 존슨은 스탠턴을 파면했고 3일 후 하원은 126 대 47 표로 대통령 탄핵을 가결했다. 이것은 헌법의 탄핵 조항을 적용한 최초의 사건이었다. 최고재판소가 된 상원에 11항목의 고발장이 들어왔으나 그중 약간이라도 중요한 항목은 관직 보장법 위반뿐이었다. 이들이 편파적으로 심리를 진행하자 여론이 존슨을 지지하는 쪽으로 바뀌기 시작했다. 워싱턴 시 전체가 물 끓듯 흥분했지만 존슨은 조금도 동요하지 않았다.

죽음이 임박해 병석에 누워 있던 스티븐스는 흑인 하인의 부축으로 간신히 의사당에 출석해 상원에서 직접 고발 연설을 했다. 하지만 공소 사실은 빈약했다. 그들은 유죄판결을 얻기 위해 믿지 못할 온갖 수단을 동원했다. 스티븐스 일당의 연설에 따르면 존슨은 악마의 화신이었다. 복도에서는 바람잡이들의 주동으로 대통령을 반대하는 방청인의 소란한 시위가 있었다. 그러나 재판장인 대법원장 샐먼 체이스 Salmon Chase는 재판관으로서의 태도만 견지할 뿐 정당원으로서의 행동은 취하지 않았다. 민주당 상원의원은 당연히 면책에 찬성했다. 일곱 명의 공화당 상원의원이 여기에 가담했는데 그중 몇몇은 양식이 있었고 그 외의 사람은 대통령이 실격하면 상원의장, 즉 웨이드가 대통령직을 승계하는 것을 싫어했기 때문이었다. 공화당 표가 분산되면서 존슨의 무죄가 확정되자 스티븐스가 외쳤다.

"이 나라는 이제 지옥으로 떨어졌다."

상원의 표결은 임기가 끝나가고 재선 가망성이 전혀 없던 존슨을 위해서가 아니라 헌법 보전과 행정부 독립을 위한 중요한 성과라고 볼 수 있다.

chapter 2

—

새로운 남부

The new South

—

1. 북부의 유권자들은 노예들에게 투표권만 주면 그들도 당장 자기들과 마찬가지로 정치적 능력을 가지리라고 단순하게 생각했다. 불행히도 이것은 커다란 착각이었다. 사실 그들도 수세기에 걸친 문명의 성과로 발전해온 것이 아닌가. 아프리카에서 건너온 흑인들이 농장생활을 하면서 인간적으로 개화된 것만은 틀림없는 사실이다. 그러나 흑인들은 대부분 정이 많고 단순했다. 그중에는 훗날 여러 분야에서 지식과 재능을 발휘한 사람들도 있었으나 대다수는 여전히 남에게 속기 쉬웠고 유령과 마술을 믿는 부두Voodoo교에 빠져 교묘한 선동에 간단히 넘어갔다. 북부가 승리한 후부터 흑인은 양키, 연방 군인, 경찰, 신자유민 관리국 등을 숭상했다. 그들은 이 새로운 하나님에게 도대체 무엇을 기대하고 있었던가?

그들은 자신이 놓인 상황을 명확히 알지 못하고 막연한 희망만 품고 있었다. 이제 고된 농장으로 불러내던 종소리는 울리지 않고 지긋

지긋한 농장 감독은 쫓겨나겠지? 한 주에 한 번씩은 큰 거리로 나다 닐 수 있고 적어도 노새 한 마리는 지급받겠지? 일부 농장주는 흑인의 환심을 사기 위해 제대군인을 감독으로 채용했으나 그들은 목화 재배 지식이 없어 실패를 맛보았다. 한 농장주가 남부를 여행 중이던 카를 슈르츠에게 말했다.

"흑인 녀석들은 뼈아픈 육체적 고통을 가하지 않으면 부려먹을 수가 없습니다."

이 말을 듣고 슈르츠가 깜짝 놀라며 말했다.

"남부에서는 흑인이란 백인을 위해 목화, 쌀, 사탕수수를 재배할 목적으로 이 세상에 태어난 존재이고, 그들이 다른 사람처럼 자기 나름대로 행복을 추구한다는 것을 도저히 받아들일 수 없다는 견해가 상식처럼 통용되는 것 같다."

2. 흑인의 표는 소수의 바람잡이와 협잡꾼의 수중에서 놀아났다. 북부의 급진파들은 1862년 '아메리카 연맹동맹Union Leagues of America'을 조직해 연방을 수호하겠다는 서약을 했다. 전후에 이 동맹은 흑인 유권자에게 이상한 의식을 치르게 한 뒤 그들을 가입시켰다. 의식은 깜깜한 어둠 속에서 쇠사슬 소리를 들으며 선서를 하는 것인데 이 의식은 동맹원이 정치적 지조를 굳게 지키도록 하기 위한 것이었다. 이들은 민주당의 집회에 참석하지 않을 것, 동맹 출신 후보자에게만 투표할 것을 서약했다.

이것은 공화당의 강력한 선거 무기였고 공화당은 바람잡이와 흑인을 조종해 남부의 여러 주에 임의대로 주 정부를 수립했다. 선거 때는 모든 흑인의 투표권을 엄격하게 조사하는 한편 민주당이 다시 정권을 잡으면 노예제도가 부활할 거라고 선전했다. 그 결과 문맹자가 의원, 주지사, 심지어 판사에까지 선출되는 엄청난 사태가 벌어졌다. 주의회의 회의 진행은 엉망진창인 희극 그 자체였다. 돌아가는 정세로 보아 남부의 재건을 방해하는 최악의 요소는 흑인이 아니라 백인 협잡꾼이라는 것이 가장 공정한 견해였다. 흑인 역사가 윌리엄 두보이스William DuBois는 이런 혼란을 비난 혹은 비판하는 것은 당연한 일이지만, 흑인 유권자에게만 비판을 가하는 것은 진실을 왜곡하는 일이라고 말했다. 책임이 누구에게 있든 남부는 이러한 통치 아래서는 존재할 수 없었다.

3. '재건이 필요한 여러 주'의 재정 상태는 매우 비관적이었다. 주의원들은 자기 멋대로 결의해 술을 마시고 순금 타구唾具를 만들어 나눠 가졌으며 모든 것을 무료로 제공하는 화려한 식당까지 차렸다. 당시 루이지애나는 5,400만 달러의 적자를 냈고 노스캐롤라이나는 1,600만 달러에서 4,200만 달러로 적자가 늘어났으며, 앨라배마는 3,200만 달러의 적자를 짊어졌다. 공평을 기하자면 같은 시기에 북부에서도 비슷한 비행이 있었다. 그때는 정계가 온통 부패한 시절이라 재건 정부만 죄인은 아니었다는 얘기다.

한편 흑인 교육을 위한 노력이 펼쳐졌는데 흑인의 향학열은 감동할 정도로 진지했다. 그런데 불행히도 북부의 급진파가 설립한 학교는 태반이 인종적 증오심을 조장하는 온상이 되었다. 1865년 링컨은 전쟁의 상처에서 빨리 벗어나는 것과 더불어 흑인 중에서 우수한 사람은 백인의 동의를 얻어 점진적으로 공민권을 갖게 되기를 희망했다. 그러나 1868년에 실시한 '재건'의 결과 때문에 남부의 백인들은 힘을 되찾으면 전 흑인의 투표권을 박탈하겠다는 굳은 결의를 했다. 흑인들은 지나치게 열광적인 백인 협잡꾼들의 제물이 되었다. 공화당의 책동으로 남부에서는 오랫동안 정치 활동이 내리막길을 걸었고 이는 남부가 민주당에 신앙적 충성을 바치게 하는 결과를 초래했다.

4. 1868년부터 1870년 사이에 '재건이 필요한 여러 주'는 제15차 헌법수정안을 비준했다. 이 수정 조항은 미합중국의 어느 주도 인종, 피부색 혹은 이전에 노예복무를 했다는 이유로 선거권을 부정하는 것을 금지했다. 탈퇴했던 주는 1870년까지 모두 연방으로 복귀했지만 남부는 법적으로 수락한 이 조항을 비밀리에 파기할 궁리를 했다. 개인이든 집단이든 합법적인 모든 보장 수단이 절망적이라고 느껴질 때는 법에 대한 신뢰를 포기하고 자위 수단을 찾게 마련이다. 남부 전역에 걸쳐 비밀 결사가 조직되었다. 그중에서 테네시의 소도시 풀라스키에서 탄생한 쿠클럭스클랜Ku Klux Klan(일명 KKK단)과 흰 동백 기사단Knights of White Camellia이 가장 유명했다.

남부동맹의 청년들은 소일 삼아 키클로스Kyklos(그리스어로 집단이란 뜻)를 창립했다. 그들은 밤이면 수의로 몸을 감싸 유령으로 분장한 후 흑인들을 놀라게 하며 즐거워했다. 다른 도시에서도 이것을 쓸 만한 방법으로 여겼고 점차 유령제국이 남부 전역으로 확대되었다. 이들은 최고 우두머리를 그랜드 위저드Grand Wizard(대마왕—역자주)라 불렀고 각 주는 그랜드 드래곤Grand Dragon(대용왕—역자주)이 지배했으며 그 회원은 악마Ghoul 또는 유령Spectre이라 불렀다. 그들은 밤중에 길고 하얀 수의를 입고 백포로 덮은 말을 타고 다녔다. 그리고 옷 속에서 뼈가 덜그럭거리는 소리 내기, 장대에 해골을 얹어 들고 다니기, 묘지에서 묘석에 걸터앉기 등의 괴상한 행동으로 흑인들에게 겁을 주었다. 때로는 유령이 흑인이 사는 집에 찾아가 마실 것을 달라고 해서 물을 세 통이나 마신 후(물은 옷 속에 숨겨둔 가죽 주머니에 부었다) "지옥은 너무 더워"라고 중얼거리며 흑인에게 아메리카 연방동맹에 가입하지 않겠다는 맹세를 하라고 협박했다. 흑인들은 그대로 복종했다. 대다수 흑인이 공포에 질려 투표장에 나가지 못했기 때문에 오랫동안 폭력을 행사할 필요도 없었다. 흰 동백 기사단의 본부는 뉴올리언스에 있었고 그들의 목적은 백인의 우월성을 유지하는 데 있었으나 동시에 "모든 흑인의 합법적인 권리는 존중한다"라고 분명히 밝혔다.

5. 클랜의 과격분자는 극렬행동으로 그들 스스로를 죽였고 북부에서는 과격분자가 급진주의를 망쳤다. 이런 운동이 위험한 폭력을 낳자 드디어 연방정부가 나섰다. 한 조사에 따르면 클랜 회원 전원은 장총을 휴대하도록 명령을 받았다는 사실이 드러났다. 그들에 대한 고발장에는 다음과 같은 기록이 있다.

"이것은 우리의 모든 아프리카계 동포를 위태롭게 하는 일이다."

클랜은 기소되고 대마왕 네이선 포레스트Nathan Forrest 장군은 클랜 회원의 해산을 명령했다. 1871년 제정한 쿠클럭스 법은 클랜 회원의 활동을 제압하기 위해 연방군대를 소집할 것을 허용했다. 그러나 남부에서는 벌써 백인이 승리를 거두었고 다수파였던 급진파 세력이 급속도로 쇠퇴했다.

1875년 대사령으로 전 반역자의 대다수가 정치적 권리를 회복했다. 그들은 흑인들의 투표를 방해했으나 그것은 비난받을 만한 폭력이 아니라 비밀리에 감행하는 협박으로 이루어졌다. 민주당은 서서히 남부 전역을 다시 점령했다. 1875년에는 사우스캐롤라이나, 루이지애나, 플로리다만 급진파의 지배 아래에 남아 있었다. 북부에서는 공화당이 남북전쟁의 기억을 환기시키기 위해 '피 묻은 셔츠'를 흔들어 선거에서 승리했다. 그러나 남부의 유권자들은 연방군 간섭에 싫증을 냈고 재건 정부의 광적인 행동을 비난했다. 1877년 연방군이 완전히 철수하면서 바람잡이들은 근절되었고 백인의 지배권이 견고해졌다.

6. 전후 가장 긴급한 것은 경제 문제였지만 연방의회는 먼저 정치 문제를 성급히 해결하려 애쓰는 잘못을 저질렀다. 대농장주들은 혁명 후의 프랑스 귀족처럼, 아니 그 이상으로 철저하게 몰락했다. 더불어 농장주와 노예 사이에 맺어졌던 오랜 인간관계는 끊어졌다. 농장은 어떻게 경작할 것이며 또 신자유민은 어떻게 살아가야 할 것인가? 일반적으로 시행한 방법은 수확한 작물을 분배하는 것이었다. 대농장을 소지구로 분할해 소작인 가족에게 빌려주되 지주는 필요한 모든 물건을 미리 빌려주어야 했다. 즉, 지주는 집을 지어주고 농구와 비료, 종자를 대주었다. 대신 지주는 수확의 3분의 2를 차지했다.

불행하게도 지주의 태반은 은행에서 영농자금을 융자해야 했고 채무가 농사를 압박했다. 은행은 담보로 환금이 용이한 담배나 목화 같은 단일 경작물을 원했으며 특히 남부에서는 쌀과 사탕수수 재배를 강요했다. 1880년까지는 강냉이와 밀이 남부 농업에서 중요한 위치를 차지하지 않았다.

그런데 재건한 남부에서는 다각적인 경작과 목축을 겸한 소농 및 소작인이 생기는 대신 흑인보다 못한 빈농계급으로 몰락한 백인들이 늘어났다. 이 농업혁명으로 오랫동안 이익을 본 사람은 은행가와 부동산업자뿐이었다. 전후에 몰락한 농장주가 '가난한 백인poor whites'의 수를 더욱 늘렸다. 앨라배마의 모래땅, 조지아의 소나무만 앙상하게 서 있는 불모지에서 빈곤에 허덕이는 사람들이 간신히 목숨을 이어갔다. 그들은 낙오자crackers 또는 촌뜨기hillbilly로 불렸다. 이들 '가난한 백인'은 지금도 존재하며 어스킨 콜드웰Erskine Caldwell은 그의 작품 《타바코 로드Tobacco Road》와 《신의 작은 땅God's Little Acre》에서 그들의 생활을 생생하게 묘사했다.

7. 남북전쟁의 패배도 남부인이 가슴 깊이 품고 있던 그 독특한 문화에 대한 애착과 이를 보존하려는 굳은 의지를 파괴하지는 못했다. 오히려 그들에 대한 박해는 애향심을 더욱 자극하고 보다 확대했다. 남북전쟁 전에는 모두 버지니아인, 사우스캐롤라이나인, 테네시인이라고 불렸지만 전후에는 남부southern라는 형용사에 정확한 의미가 생겼다. 애포매톡스의 항복 후에도 많은 사람이 재건하지 않은 또는 재건할 수 없는 '남부인'임을 자랑으로 삼았고 굳게 단결해 애써 지켜온 그들의 독특한 사회를 차분히 유지했다. 심지어 북부에서 온 사람이 남부에서 이웃과 의좋게 지내려면 북부적인 감정 표현을 억제해야 했다.

이런 정신 상태가 빚어낸 결과 중 하나는 불행히도 인종적인 감정이었다. 1880년부터 1900년 사이의 흑인에 대한 대우는 1840년부터 1880년 사이에 볼 수 있던 대우보다 악화되었다. 흑인들의 지위를 이전대로 눌러두려는 그들의 끈질긴 의지 때문에 무서운 사형이 발생하기도 했다. 20세기 접어들어서야 감정적 폭행이 점차 완화되고 사형도 많이 줄어들었다. 그러나 흑인대학을 졸업한 유식한 흑인도 여전히 곤궁한 생활을 면할 도리가 없었다. 흑인 또는 흑백 혼혈인은 아무리 교양이 풍부하고 예의범절이 바르더라도 남부에서 백인과 같은 객차를 타거나 같은 호텔에 묵을 수 없었다. 결과적으로 특별히 사명감을 느끼거나 뜻이 있는 사람들을 제외하고 상류계급에 속하는 흑인은 모두 북부로 이주했고, 남부에는 흑인 지도자와 무산계급만 남았다. 이 사태는 문제 해결을 더욱 어렵게 만들었는데 여전히 이 문제는 쌍방에게 오랜 인내를 요구했다.

8. 전후 남부에서 생긴 또 다른 애향심 현상으로 남부에 공업이 발달했다. 북부에 대항해 평화적인 경쟁을 하려면 과거 북부에 풍부했던 무기를 갖출 필요가 있었다. 그뿐 아니라 농업 노동자로 전락해 흑인과 생존경쟁을 해야 하는 '가난한 백인'들을 구제하기 위해서라도 공장을 건설할 필요가 있었다. 남부에는 석탄, 철광석, 동 등의 매장량이 풍부했고 덕분에 많은 광산 노동자가 생겼다. 목화 재배는 면직공업 발달에 유리했으며 더럼 지역에서는 담배 관련 공업이 중요한 산업으로 자리 잡았다.

남부의 공업 조건은 기후 관계, 농업 본위의 전통, 과다한 철도 운임 그리고 북부를 위한 관세제도 등으로 인해 불리한 것이 사실이었다. 그러나 남부의 공장은 저임금과 농장제도의 풍속이라 할 수 있는 특이한 온정주의의 혜택을 입었다. 미국 역사가들은 활발하게 공업화에 성공한 남부를 뉴사우스New South(새로운 남부)라고 불렀다. 사실 새로운 남부는 옛 남부의 진수를 보존하기 위한 목적으로 계획하고 창조한 것이었다. 이것은 그들의 열정적인 감정을 표현하는 하나의 방도였던 것이다. 이 열렬한 감정은 30년에 걸친 한 세대 동안 남부를 그들의 지도자를 충실하게 따르는 일단의 노병으로 만들었고 오늘날까지도 남부의 진수를 지키려는 노력의 근원이 되고 있다.

1. 전후에 북부도 남부처럼 '재건'이라 할 만한 완전한 변화를 꾀했다. 존슨 시대의 아메리카는 여러 면에서 잭슨 시대를 방불케 했다. 경제적인 부를 창출한 것도 18세기와 마찬가지로 여전히 상업과 해운업이었다. 북부의 신흥재벌 애스터, 고엘렛, 비크먼, 라인랜더 가문도 전 시대의 반 렌셀러, 스쿼러 가문처럼 토지에 투자해 광대한 농장을 소유했다.

공업은 아직 개인이 세운 가족기업 단계를 벗어나지 못해 아버지가 경영하다가 그 아들에게 넘겨주는 식이었다. 1860년 이후에는 회사 조직도 생겼으나 대단한 활동은 없었다. 그중에서 가장 규모가 컸던 것은 50개의 소기업을 통합해 창설한 서부연합 전신회사Western Union Telegraph Company였다. 일부 제조업은 여전히 하청업자가 가정의 부인들에게 일거리를 주면 그들이 자기 집에서 재봉하는 식의 수공업 단계를 탈피하지 못하고 있었다. 대부분의 광물자원은 손대지 못한 상

태였다. 1859년에는 펜실베이니아에서 석유를 발견했으나 개발 전망
은 요원했다.

대도시에서는 마차가 유일한 시내 교통기관이었다. 1860년 미주리
주의 세인트조지프와 캘리포니아 주 새크라멘토 간의 우편물을 급행
역마로 수송하는 '포니 익스프레스Pony Express'가 등장했을 때 미국인
들은 참신한 발상이라고 감탄했다. 이들의 통상 소요시간은 열흘이었
고 기수는 역마다 말을 갈아타고 달렸다. 이것은 굉장한 구경거리였
지만 이 기업은 적자에 허덕이다가 얼마 지나지 않아 철도와 전신에
그 자리를 물려주었다. 1865년부터 1900년에 이르는 시기에 세계는
카이사르 시대부터 워싱턴 시대에 이르는 시기보다 훨씬 더 많은 변
화를 이뤘다.

2. 전쟁은 북부 경제에 혼란을 가져오는 동시에 경제를 활성화하
기도 했다. 군대에 무기, 옷, 군화 등을 보급하기 위해 생산량 증대가
필요했기 때문이다. 은행가와 생산업자는 서로 융자 업무로 협력했고
군대에 식량을 원활히 공급하기 위해 경작기계를 이용하는 것은 물
론 육류 통조림업을 창설했다.

평화를 되찾았을 때 농업 경작기계는 미주리, 아이오와, 네브래스
카, 캔자스에 여전히 남아 있는 광대한 처녀지 개발에 투입되었다. 제
대군인은 신개척지에 필요한 용감하고 단련된 인력을 공급했다. 이때
무엇보다 중요한 문제는 교통수단 개선이었다. 이러한 여건은 또 다
른 유형의 개척자인 철도건설업자를 탄생시켰다.

초기의 미합중국 철도건설 사업은 비교적 소극적이었다. 처음에는

동력원으로 동물을 사용했는데 궤도를 부설한 주목적은 마찰을 줄여 말이 보다 많은 화물을 끌도록 하는 데 있었다. 최초의 증기기관차는 그다지 성공적이라고 할 수 없었다. 그것은 여행자들이 석탄가루를 뒤집어쓰게 만들었고 철도 주변에서는 가축이 놀라 날뛰었다. 또 농민들은 불똥 때문에 건초더미에 불이 붙었다고 분개했다. 한동안은 운하가 철도보다 더 좋아 보였고 대중도 선박여행이 편리하다고 말했다. 그래도 소규모 회사가 근접한 두 도시 사이(하트퍼드와 뉴헤이븐, 볼티모어와 워싱턴)에 철도를 부설했다. 조직적인 도로망이 갖춰지지 않아 근거리 여행을 할 때도 기차를 여러 번 갈아타거나 중간에 도보, 마차, 배로 얼마간 가야 하는 형편이었다. 1860년 무렵 미합중국에서는 많은 회사가 약 3만 마일의 철도를 운영하고 있었다. 수운水運의 대동맥, 강의 아버지인 미시시피 강은 여전히 내륙교통에서 절대적인 위치를 차지했다. 서부의 통상은 전부 미시시피 강을 통해 이뤄질 정도였다.

3. 남북전쟁이 이 강의 운행을 봉쇄하자 갑자기 서부와 동부를 연결하는 철도가 크게 각광을 받았다. 시카고와 세인트루이스는 철도 덕분에 최대 상업 중심지가 되었다. 점차 각 간선이 계통적으로 통합되어 전후에는 다섯 개의 주요 노선(뉴욕 센트럴, 펜실베이니아, 이리, 볼티모어와 오하이오, 그랜드 트렁크 로드)이 동서 간의 교통 패권을 다퉜다.

1867년 조지 풀먼George Pullman이 자신의 이름을 딴 침대차를 고안했다. 또한 식당차가 등장해 식사를 하느라 역 식당에 장시간 정차하지 않아도 되었다. 나아가 주철 궤도 대신 강철 궤도를 사용했다. 경제 발전이 매우 빨라 1880년에 9만 3,000마일이던 노선이 1890년에는 16만 7,000마일에 달했다. 영국의 역사가 필립 게달라Philip Guedalla는 1865년부터 1890년에 이르는 미합중국의 구체적인 역사는 교통의 역사라고 말했다. 이 시기에는 미합중국 대통령의 이름보다 철도회사 사장의 이름이 더 유명했다. 특히 대규모 철도망을 지배하기 위해 코모도어 밴더빌트Commodore Vanderbilt, 제이 굴드Jay Gould, 대니얼 드류Daniel Drew, 제임스 힐James Hill 등의 철도업자는 물론 은행가 존 모건John Morgan과 어거스트 벨몬트August Belmont 사이에 치열한 경쟁이 벌어졌다. 더불어 이 시대에는 관세전쟁이 있었고 필라델피아와 뉴욕이 시카고와의 교역을 위해 경합하기도 했다.

코넬리어스 밴더빌트Cornelius Vanderbilt는 천재적인 수탈 재벌의 일인자였다. 그는 국내의 많은 철도를 통합함으로써 거대한 이익을 독차지했다. 물론 이 통합이 미합중국의 교통 발달에 크게 기여한 것도 사실이었다. 가난한 집안에서 태어난 밴더빌트는 스태튼아일랜드와 뉴욕 간의 도선업으로 처음 재산을 모았다. 그는 대규모 선박업을 경영했기 때문에 '코모도어'란 별명으로 불렸고 이후 철도에 관여했다.

이들 재벌은 뉴욕 센트럴이라는 통합 철도 계통을 완성했는데 당시 선의의 시민에게 피해를 주는 경제적 술책도 서슴지 않고 자행했다. 이리 철도는 금융계의 악랄한 투기가들에게 알맞은 활동무대를 제공했다. 대니얼 드류는 뉴욕 주 의원과 공모해 금시장을 뒤덮을 만한 비상식적인 법률을 통과시키는 데 성공했다. 한 가지 예를 들면 주의회는 그에게 계열회사를 통합해 그 주식을 이리 철도주와 교환할 수 있는 합병 절차를 승인해주었다. 결국 그는 아무런 위험도 없이 거대한 주식 교환거래로 막대한 이익을 얻었다. 이 부정거래에 관여한 이리 철도회사의 중역들은 구속당할 염려가 있을 때마다 여러 차례나 뉴 저지로 피신했다. 어느 사건에서든 분쟁이 끝나면 관계자인 드류, 밴 더빌트, 굴드, 제임스 피스크James Fisk 등은 모든 것을 공공의 부담으로 전가한 후 화해했다.

4. 이 시대에 가장 수지맞는 사업은 대륙횡단 철도였다. 1862년 의회는 네브래스카 주 오마하에서 서쪽으로 가는 유니언 퍼시픽Union Pacific과 캘리포니아 주에서 동쪽으로 가는 센트럴 퍼시픽Central Pacific 의 두 선 건설을 허가했다. 그리고 1862년 두 철도가 유타 주 오그덴 근방에서 접속했다. 인디언과의 충돌, 험악한 지세, 열악한 노동조건 등을 극복하고 드넓은 황야를 횡단하는 데 성공한 것은 참으로 놀랄 만한 일이었다.

때론 노동자를 무장시키거나 군대의 호위를 받기도 했다. 교량 가 설반은 레일 부설반보다 훨씬 더 전방으로 나가 공사를 했다. 유니언 퍼시픽은 다수의 아일랜드인을 고용했고 센트럴 퍼시픽은 주로 중국 인을 고용했다. 양쪽의 공사 구간이 가까워지면서 서로 맹렬한 열전 이 벌어졌다. 결국 두 선은 접속했고 쌍방의 기관사는 서로 상대방의 기관차에 샴페인을 터트렸다. 그때 목사는 기도를 올렸고 금과 은으 로 만든 레일용 못을 마지막 침목에 힘차게 박았다.

연방정부는 공사에 막대한 경비를 투자했다. 정부는 준공한 노선에 1마일(약 1.6킬로미터)당 1만 6,000달러를 지출했고 노선 사용권과 부대 용지 소유권까지 인가했다. 가령 유니언 퍼시픽은 총면적 약 2,000만 에이커에 달하는 토지를 취득했고 대륙 개발은 투자의 100배가 넘는 이윤을 안겨준 굉장한 사업이었다.

5. 링컨이 암살될 때만 해도 로키산맥에서 미네소타, 아이오와, 미주리, 아칸소에 이르는 드넓은 지역은 아직도 '변방'의 성격을 띠고 있었다. 이곳에 산재한 여러 도시, 즉 솔트레이크시티와 덴버 그리고 로키산맥 너머에 있는 새크라멘토, 샌프란시스코, 포틀랜드, 시애틀 등은 이전에 영국이나 프랑스가 건설한 요새 같은 전초기지에 불과했다. 그곳에서 조금만 외곽으로 나가도 들소가 뛰어다니는 대초원이 나타났다. 1865년에는 수백만 마리에 달하는 거대한 동물이 떼 지어 살고 있었다. 하지만 사냥꾼들이 조직적으로 도살하는 바람에 몇 해 지나지 않아 거의 멸종되고 말았다. 버펄로 빌Buffalo Bill이란 별명으로 불린 윌리엄 코디William Cody 대위는 버펄로 사냥에서 꽤 유명한 인물이었다. 그는 포니 익스프레스의 기수로 유니언 퍼시픽 철도를 건설하는 동안 노동자들에게 들소고기를 공급하면서 유력한 식량 조달업자가 되었다. 훗날 그는 최초로 '서부 황야쇼Wild West Show'단을 조직해 야생마와 새 깃털 장식을 한 인디언을 구경거리로 삼아 유럽 전역을 순회했다. 들소 멸종은 들소에게서 식량, 주거용 천막 그리고 가죽을 얻어 생활하던 인디언의 삶을 완전히 박살냈다. 먹을 것을 빼앗기고 백인 목축업자와 농민에게 토지를 약탈당한 인디언은 할 수 없이 저항전을 시도했으나 결국 희망 없는 투쟁에 그쳐버렸다.

6. 인디언은 매우 해결하기 힘든 문제 중 하나였다. 남북전쟁 막바지 무렵 미국 내에는 약 29만 4,000명의 원주민이 있었다. 이들 부족

은 대부분 미합중국 정부에 귀순했다. 처음에 그들은 일정한 토지 소유권을 인정하겠다는 미합중국 정부를 믿고 조약을 체결했다. 얼마 지나지 않아 백인이 그들의 소유지를 통행할 권리를 요구하자 그들은 승인했다. 그다음에는 목축업자와 농민이 나타나 그들에게 소유지를 매도하라고 강요했다. 거절할 경우 백인들은 그들을 학살했다. 1871년 오리건에서는 백인이 짐승을 잡듯 개를 몰아 인디언을 굴속으로 몰아넣고 남녀노소 할 것 없이 모조리 학살했다. 인디언들이 복수심에 불타는 것은 당연한 일이었다.

그들은 인디언에 대한 육군성과 내무성의 오랜 의견 대립을 이용했다. 인디언의 저항이 짐승이 줄어들었기 때문이라고 본 내무성은 그들에게 들소를 사냥할 소총을 안겨주었다. 그다음 해 봄, 인디언은 그 소총으로 역마차 호위대의 요새를 습격했다. 인디언의 행동이 위험한 정도에 이르자 내무성은 육군성에 사태 수습을 의뢰했다. 육군성은 내무성의 감상적인 태도를 비난했고 정부는 부득이 2만 5,000명의 상비군을 인디언 구역에 배치했다. 군대란 언제나 실전을 바라며 만사를 전투로 해결하기를 좋아한다. 셰리던 장군은 이렇게 말했다.

"죽은 인디언만 선량한 인디언이다."

셔먼 장군도 다음과 같이 말했다.

"우리는 끈질기고 다부지게 수족Sioux에 대항해 싸워야 한다. 그리고 필요하다면 남녀노소를 불문하고 모두 몰살시켜야 한다."

반면 내무성은 여전히 관대하게 조치하도록 권고했다.

7. 1868년부터 1876년까지 적개심에 불타던 두 추장 시팅 불Sitting

Bull(앉은 황소)과 크레이지 호스Crazy Horse(성난 말)는 연방군에 대항해 승리를 거두었고 연방군은 케니 요새와 리노 요새를 포기했다. 1876년 6월 수족은 조지 커스터George Custer 대령 휘하의 연대를 기습해 그의 부하 사병을 전원 살육했다. 이후 시팅 불은 캐나다로 망명했다.

1887년 도스 법Dawes Act 제정으로 인디언에게 소유지를 할당함으로써 그들에 대한 행정 문제를 어느 정도 개선했다. 1901년에는 다섯 부족의 인디언들이 귀순해 미합중국의 공민권을 얻었다. 1924년 의회는 미합중국 내에서 출생한 모든 인디언은 미국 국민이라는 법안을 최종적으로 제정했다. 근대까지도 인디언은 대부분 부락제도 아래 생활했으며 토지도 공유했다. 그런데 적지 않은 백인이 부유한 인디언 부족에 들어가기 위해 인디언 여자와 결혼했다. 예컨대 오클라호마에 광대한 유전지대를 소유한 오세이지족Osages에 이런 백인이 꽤 있었다. 비교적 양호한 위생 상태 덕분에 인디언 인구는 계속 증가했지만 대부분 혼혈이라 대륙의 옛 주인이 백인 속에 용해되는 것은 시간문제에 불과했다.

8. 남북전쟁 이전에는 들소가 집소와 비슷하다는 사실이 의미하는 경제적 중요성에 주목한 개척자가 거의 없었다. 그러나 들짐승을 넉넉히 먹여온 대초원의 풀을 가축도 먹을 수 있다는 사실은 누구나 알고 있었다. 대초원을 제일 먼저 개발한 사람들은 남부에서 가축을 끌고 온 카우보이였다. 텍사스와 멕시코에서는 스페인 식민 시절부터 소를 길렀으나 시장이 없어 소 값이 형편없었다. 당시 소는 방목 상태에 있었고 반은 야생적이었다. 고기나 가죽이 필요할 때면 언제든 황

소새끼를 잡으면 그만이었다. 멕시코인과 텍사스인은 말을 잘 탔고 밧줄을 던져 소를 잡은 뒤 송아지에게 낙인을 찍는 재주가 비상했다. 한 무리의 소떼에게 낙인을 찍은 소 임자는 소들을 겨울 내내 놓아먹이다가 다음 해 봄 소재를 알아냈다.

북방에 드넓은 신개척지가 생기자 목축업자들은 그곳이 남부보다 목초 사정이 좋고 시장도 가까이에 있음을 알고 북방으로 이동하기 시작했다. 일단 그들의 목표는 철도 주변 일대를 차지하는 것이었다. 그러면 철도를 이용해 소를 시카고, 세인트루이스, 캔자스시티, 오마하 등에 있는 소고기 통조림 공장에 팔 수 있었던 것이다. 텍사스에서 캔자스와 네브래스카에 이르는 장거리 오솔길에는 곧 끊임없이 북상하는 소떼에 짓밟혀 깊은 도랑이 생겼다. 얼마 후 중서부 사람들은 긴 장화에 양산도 되고 우비도 되는 챙이 넓은 모자, 빨간 스카프를 착용하고 권총과 밧줄을 가진 사람을 보면 그들이 소떼를 몰고 다니는 카우보이라는 것을 금세 알아차렸다.

1880년 철조망이 등장하면서 가축 사육법에 커다란 변화가 생겼다. 당시 철조망 가격은 비교적 저렴했고 목축업자는 값싼 비용으로 목장의 울타리를 만들었다. 나아가 부유한 목축업자는 공유지를 점유하기 시작했다. 한때 남부에서 목화 왕이 군림했듯 서부에서는 목축업자인 '초원의 여왕'이 군림했다. 이 무렵 농민은 인구가 과밀한 유럽에서 건너온 이민자가 대부분이었고 이들은 농지법 덕분에 미시시피 강 건너로 파도처럼 퍼져나갔다. 그들이 그곳에서 본 것은 과거에 경작하던 것과 전혀 다른 생소한 토지였다. 더구나 대초원에는 수목이 없어서 철조망을 발명하기 전까지 울타리를 둘러 세울 방법이 없었다. 여기에다 비가 넉넉하게 오지 않는 지방이라 건조지 농법이라는 새로운 기술을 습득해야만 했다.

농민들이 이 대초원을 정복했을 때 변경지대 개척도 막을 내렸다. 더불어 아메리카 건설을 추진해오던 커다란 힘이 사라졌다. 자유지가 존재하는 한 가난한 사람도 부자의 비위를 맞추지 않고 넉넉히 살아갈 수 있었다. 개척시대에는 좋은 정부란 국민에게 가급적 간섭하지 않는 정부라고 믿었다. 그런데 1840년 이후 자유지가 사라지자 아메리카의 새로운 무산계급은 부득이 도시에 정착했고 이제 노동자의 안정이 중요한 문제로 등장했다.

9. 새로운 서부에 가장 먼저 정착한 사람들은 광부로 그들은 캘리포니아에 일시적인 번영을 불러왔다. 콜로라도, 애리조나, 아이다호, 몬태나, 네바다, 와이오밍 등에는 동·은·납·금광을 중심으로 소부락이 발전했고 특히 네바다 주에서는 콤스톡Comstock 광산이 20년간 3억 달러에 달하는 은을 생산했다. 새로운 광맥을 찾으면 삽시간에 수백 개의 천막으로 이뤄진 소부락이 생겼는데 이 사막지대에는 벼락 백만장자들이 득실댔다. 더불어 음식점, 여관, 바, 도박장이 문을 열었고 창녀들이 모여들면서 빠르게 도시가 세워졌다.

농부들은 광부들에게 농산물을 팔기 위해 주변에 밭을 일궜다. 그러다가 광맥이 사라지면 부락도 사라지고 광부가 떠나버려 농부만 남았다. 덴버 부근에는 지난날 번영했지만 한때 완전히 폐허가 된 '센트럴시티'라는 유령도시가 있었다.

광산 열기가 한창이던 시기에 새로운 주가 몇 개 탄생했다. 네브래

스카 주는 1864년, 콜로라도 주는 1867년에 승인을 얻었다. 아이다
호, 다코타, 워싱턴 등의 준주는 철도와 함께 발전해 승인을 신청했
다. 노스다코타, 사우스다코타, 워싱턴, 몬태나 등은 1879년 그리고
와이오밍과 아이다호는 1890년에 주로 승인받아 상원에서 서부의 세
력이 확고부동해졌다. 이런 변화는 다소 위험을 안고 있었다. 소수파
인 신생 서부가 미합중국의 외교정책을 좌우할 만큼 영향력을 갖게
되었던 것이다.

   10. 미국인은 결국 변방의 끝까지 도달했지만 변경으로 진출하던
개척정신만은 사라지지 않았다. 이 정신은 벽에 부딪친 반동으로 동
부로 되돌아가 새로운 형식의 개척자를 창조했다. 즉, 대은행가와 대
기업가가 개척자의 진취적이고 과감한 개인주의를 계승해 끈기와 인
내를 보여주었다.

   대륙 개발 시대에는 기업에 따르는 폐단에 대해 아무런 불편도 느
끼지 않았다. 잭슨 시대 사람들은 혁명이 성행하던 1848년의 유럽 사
람들처럼 진보라는 낭만주의에 사로잡혀 있었고, 그들은 보다 더 자
유롭고 민주적이며 여유 있는 아메리카를 꿈꾸었다. 1870년에도 사
람들은 여전히 낭만적이었으나 그 낭만주의는 어디까지나 사업과 관
련된 것이었다. 그들은 공장, 기업체, 도시 등 모든 것이 나날이 거대
하고 부유하게 성장하는 세계를 꿈꾸었다. 이 꿈을 실현하기 위해 국
가의 자원을 우려내는 것쯤은 조금도 주저하지 않았다. 이에 따라 철
도 재벌처럼 목축 재벌도 국유지를 잠식했다. 이때는 사업가 의원들
이 실크해트 속이나 손질을 잘한 수염 속에 잔인하고 무자비한 이기

주의를 숨기고 활보하던 시대였다.

　마크 트웨인은 이 시대를 '도금시대Gilded Age'라고 불렀다. 제퍼슨의 황금시대와는 전혀 다른 시대였다. 고상한 취미와 교양, 버지니아의 화려한 저택시대는 이미 지나간 지 오래였다. 1880년의 저택 내부는 모조품으로 가득했고 너절한 그림만 걸려 있었다. 1억 달러의 재산을 축적한 최초의 거부 코모도어 밴더빌트가 일생을 두고 읽었다는 단 한 권의 책은《천로역정》인데 그것도 일흔 살이 넘어서야 읽었다고 한다.

　11. 도금시대에는 실리주의적인 모사꾼들이 정치에서 주로 한 가지 문제에만 관심을 기울였다. 그것은 어떻게 하면 헌법, 의회, 주정부 그리고 시청을 자신의 이익을 위해 이용할 수 있는가 하는 문제였다. 유혹은 크고 규제는 허술했기에 사업가가 자신을 도울 수 있는 위치에 있는 정치가에게 이익의 일부를 제공하는 것은 얼마든지 가능한 일이었다. 뉴욕 시 같은 도시에서는 새로 시민권을 얻은 유권자가 3분의 2나 되었는데 그들은 시의 재정에 대해 아무것도 몰랐다. 이런 상황이라 시 예산을 마음대로 주물러 수백만 달러를 분배 착복한 트위드 도당Tweed Ring(뉴욕 시의회를 지배한 윌리엄 트위드 일당─역자주) 같은 사건도 발생했다.

　각 주 의원들의 소행도 별로 나을 게 없었다. 연방의회마저 대사업가의 이익을 대표해 선출된 의원으로 가득 차 있었다. 이 시대에 미합중국의 첫째가는 위험 요소는 파렴치였다. 헨리 애덤스는 앞날이 염려된 나머지 다음과 같이 기록했다.

"미합중국의 상원의원과 정치가에 대한 대단치 않은 풍자도 대중의 웃음과 갈채를 받는다. 부자와 가난한 자가 다 같이 그들 자신의 하원의원을 모욕하고 있다. 일반 사회는 자신의 잘못된 투표로 생긴 실패를 공허하고 무의미한 냉소로 대한다."

아메리카의 민주주의는 실패한 것인가? 그렇지 않다. 다만 아메리카의 민주주의가 너무 빨리 성장하는 바람에 법률과 도덕이 뒤따르지 못했을 뿐이다. 아메리카의 민주주의가 자제력 회복 능력과 새로운 환경에 적응할 능력이 있다는 사실은 역사가 실증하고 있다. 하지만 아메리카는 그 이전에 몇 번이나 곤란한 시기를 극복해야만 했다.

—

chapter 4

그랜트의 시정

Grant's Administration

—

1. 1868년도 대통령 선거는 미합중국 국민에게 매우 중요한 선거였다. 공화당은 흑인의 투표권을 확보함으로써 연방정부에서 당권을 강화할 기회였고, 은행가와 사업가는 '대륙 개발 계획'과 관련해 유리한 보조금을 착복할 기회였다. 그리고 민주당은 패전 후의 평화 회복, 일부 주의 주권 회복, 흑인의 투표권 박탈, 관세 철폐 운동의 기회로 여겼다.

언뜻 공화당이 민주당보다 훨씬 우세한 듯했다. 공화당은 승전과 자본을 쥐고 있었고 순교자 에이브러햄 링컨 대통령의 후광까지 있었다. 금전과 덕망을 한 몸에 겸비하는 것은 극히 드문 일인데 이번에는 공화당이 그 두 가지를 갖고 있었다. 적어도 공화당과 집권층은 그렇게 생각했다.

링컨의 선혈은 북부의 대단치 않은 사람까지도 신성하게 만드는 효력이 있었다. 공화당의 정강은 무엇보다 재건 정책 수행이 급선무라는 것이었다. 그런데 당시에는 그에 못지않게 중요한 또 하나의 문제, 즉 전시채권 상환 문제가 있었다. 전시채권 상환을 금으로 할 것인가, 아니면 지폐로 할 것인가? 채권자인 공화당 측 은행가들은 금으로 받길 바랐고 민주당 측 농민들은 금보다 지폐 지불이 공정하다고 생각했다.

민주당 후보는 덕망과 수단에서 누구에게도 뒤지지 않는 뉴욕 주지사 출신의 호레이쇼 시모어Horatio Seymour였다. 공화당은 전당대회에서 그랜트 장군을 대통령 후보로 지명했다. 그는 유명한 장군이었고 빛나는 전승 기록도 있었지만 자기가 공화당원이라는 사실조차 똑똑히 인식하지 못할 정도로 정치 경험이 없는 사람이었다. 사실 그는 투표할 때 민주당에 표를 던지기도 했다.

2. "위대한 군인도 정치에는 어린애일 수 있다." 그랜트는 말할 수 없이 순박하고 성품이 선했기 때문에 사람을 잘 믿는 편이었다. 수많은 전공을 세운 그는 국가가 자신에게 혜택을 입었다는 의식을 버리지 못했다. 더불어 대통령이란 지위는 그에게 책임을 부과한 것이 아니라 국가가 보상으로 제공한 것이라고 생각했다. 헌법이나 대통령의 의무에 대해서는 완전히 백지였고 또 알려고 애쓰지도 않았다. 무엇보다 그는 전쟁 때문에 지칠 대로 지쳐 있었다.

물론 그는 때때로 번쩍이는 의욕을 보이면서 천성인 성실성을 드러냈지만, 곧 다시 방심한 상태로 돌아가 마음먹은 일을 뒤집기 일쑤였다. 헨리 애덤스는 이렇게 기록하고 있다.

"그의 생각은 마치 탈레랑식의 복잡한 두뇌에서 쏟아져 나오는 것

같아서 그의 사고 과정을 추적하는 것은 도저히 불가능했다. 때론 대체 이 일을 생각해본 적이 있었을까 싶을 정도의 과오를 저지르기도 했다."

애덤스는 진화론에 따라 워싱턴 이후 그랜트가 나타나는 것이 필연적이라면 이것만으로도 다윈을 반박하는 데 충분하다고 혹평했다.

전쟁 이후 국민에게 후한 대접을 받는 나쁜 버릇이 생긴 그랜트 장군은 매우 고귀한 선물만 존경의 표시로 알았고 그것을 태연하게 받았다. 보낸 쪽에서는 당연히 이득이 걸린 부정한 계획을 추진하고자 미리 길을 닦는 작업이었다. 한 사업가 패거리는 그에게 6만 5,000달러에 달하는 서가를, 또 한 패거리는 훌륭한 한 쌍의 경마용 말을 선물했다. 그뿐 아니라 저택을 비롯해 부인에게는 캐시미어 목도리를, 아들에게는 고급 장난감을 선사하기도 했다.

평생 가난하게 살아온 그랜트는 화려하고 사치스런 생활을 간절히 바라고 있었다. 어느 증권업자가 그를 요트에 초대해 고급 시가를 대접했을 때 그 안락한 분위기는 위험하게도 그의 마음을 호화생활로 잡아끌었다. 그는 미합중국이 그에게 대통령 지위를 선물하는 것은 당연한 일이라는 듯 행동했다. 북부의 유권자들도 그와 같은 생각을 하고 있었다. 1868년도 대통령 선거는 유권자가 정강을 보고 투표한 것이 아니라 언론인 앨런 네빈스Allan Nevins가 말했듯 불멸의 신화, 국민의 영웅에게 표를 던진 것이었다.

사람들은 부르기 쉬운 그랜트란 이름에 친근감을 느꼈고 하층에 속하는 노동자, 농민, 날품팔이꾼들은 난생처음 투표를 통해 미래의 희망을 품었다. 4년간의 공포와 열광을 겪은 후 간신히 얻은 희망이나 마찬가지였다. 그들은 말하자면 빅스버그와 애포매톡스에서의 승리에 투표한 것이었다.

그랜트는 불과 30만 표 차로 당선되었다. 여기에는 흑인의 70만 표도 들어 있었기 때문에 공화당은 군사적 승리에도 불구하고 지배권이 불안정하다는 사실을 깨닫고 경계심을 보였다. 결과적으로 공화당은 재건법을 한층 더 강력하게 추진할 결의를 다졌다.

3. 대통령이 무능했기 때문에 국무장관 선정이 중요한 문제로 떠올랐다. 존슨 때는 슈어드가 이 어려운 직책을 맡아 뚜렷한 업적을 남겼다. 그는 나폴레옹 3세의 멕시코 간섭을 전쟁 없이 해결하는 데 성공했고 1867년 러시아를 설득해 알래스카를 양도받았다. 그랜트에게 슈어드의 후임으로 유명한 역사가 존 모틀리를 추천하자 그는 불쾌한 표정으로 거절했다.

"안 돼. 그는 가운데 가르마를 타고 외눈 안경을 쓰고 있지 않은가?"

결국 그 자리는 해밀턴 피시Hamilton Fish가 차지했다. 대통령이 그를 여러 번 애먹였지만 그는 원만하게 직책을 수행했다. 대통령은 각료들과 의논도 하지 않고 산토도밍고Santo Domingo공화국을 합병하려는 협상을 진행했고, 대통령의 비서 오빌 배브콕 대령은 권한도 분명치 않은 혁명 정부와 150만 달러로 합의를 보았다. 대통령이 기막혀 하는 각료들에게 아무렇지도 않게 경과보고를 하자 해밀턴 피시는 사임하겠다고 말했다. 그랜트는 천진난만한 태도로 유임을 간청했다.

"나는 당신이 필요해. 내 아내도 당신의 아내를 필요로 하고."

해밀턴 피시의 아내는 사교 방면에 조예가 깊어서 외교 의례에서 영부인의 조언자 역할을 하고 있었다. 하지만 이 사건 후 그랜트는 수단 좋고 물욕이 강한 사람들에게 말려들면 무슨 짓을 할지 모른다는 허점을 드러냈다. 그나마 앨라배마호 사건은 적절히 조치했다. 이것은 영국과 미합중국이 오랫동안 해결하지 못한 분쟁으로 남북전쟁 때 영국이 중립을 위반하는 바람에 남부동맹의 순양함 앨라배마호가 미국에 끼친 손해배상을 영국에 요구한 사건이었다. 워싱턴 조약 (1871)에 따라 양국은 이 문제의 판정을 제네바에서 여는 중재재판에 위임하기로 합의했다. 다음 해에 중재재판은 영국에 1,550만 달러의 배상금을 지불하라는 판결을 내렸고 영국은 곧바로 지불을 끝냈다. 이것은 국제 친선의 좋은 선례가 되었다.

4. 도적들이 사방팔방으로 우글거렸다. 남북전쟁 이후 통화제도 혼란, 화폐 가치 불안정 그리고 재건이란 이름으로 자행되는 부조리로 인해 사기꾼이 계속 늘어나고 있었다. 그중 몇 사람에게는 강탈이 곧 부귀영화의 길이었고 불운한 사람에게는 옥에 갇히는 길이었다. 대통령의 측근조차 초연하지 못했다. 대통령의 비서 배브콕도 위스키 부정 사건에 한몫 끼었다.

그랜트의 처남 아벨 코빈Abel Corbin은 굴드와 피스크의 유명한 금 투기 사건에 가담했다. 증권시장의 투기업자이자 몇몇 철도회사의 사장인 제이 굴드는 친지 제임스 피스크와 공모해 책략을 추진했다. 그것은 시장에 나오는 금을 매점한 후 금 생산량을 뛰어넘는 새로운 매입계약을 맺고 현물 인도를 요구하면 금 가격이 급등하리라는 책략이었다. 금값이 오르면 물가가 하락하고 물가가 하락하면 농민들이 공황 상태에 빠져 밀을 판매할 것이었다. 이 경우 굴드는 밀을 자기 철도로 수송함으로써 돈을 벌어 금값 상승과 함께 일거양득의 폭리를 취할 수 있었다.

이것은 기막힌 묘안이었으나 실행에 옮기는 데 한 가지 위험이 있었다. 6억 달러에 달하는 금을 보유한 재무성이 금을 시장에 방출하면 묘안이 수포로 돌아갈 수 있었다. 굴드와 피스크는 이 위험을 봉쇄하는 데 가장 유력해 보이는 대통령의 처남 코빈을 끌어들였다. 도적놈끼리는 서로 배가 잘 맞았고 코빈은 공범자에게 그랜트 누님도 자신과 함께 투기를 하고 있으니 대통령이 잘 보아줄 거라고 그럴싸하게 말했다. 사실 대통령 부처는 이에 대해 아무것도 모르고 있었다. 나중에 이것을 알게 된 두 사람은 격분했고 대통령은 재무성에 금값 인하를 조작하라고 명령했다. 금 가격은 '암흑의 금요일Black Friday'이라 불리는 1869년 9월 22일 보기 좋게 폭락했다. 제이 굴드는 미리 위험을 알아차리고 투자한 돈을 뽑아내 거래를 마무리했다. 그러나 이것을 모르고 있던 동업자 피스크는 파산했다. 전 국민은 흉악한 협잡꾼들의 백악관 출입을 막지 못하는 대통령의 무능을 통탄했다.

5. 공화당에서도 많은 선량한 시민이 잠재된 부정부패와 재건 정책의 불안정에 점차 불안감을 느끼기 시작했고 결국 당내에 개혁파가 나타났다. 지도자는 독일에서 망명한 자유주의자로 역사학자인 상원의원 카를 슈르츠, 매사추세츠의 명문가 출신인 찰스 프랜시스 애덤스Charles Francis Adams, 〈하퍼스 위클리Harper's Weekly〉의 주간인 G. H. 커티스G. H. Curtis 등이었다. 개혁파는 바람잡이들이 수립한 주정부의

방패 노릇을 하는 연방군 철수, '부익부 빈익빈'을 초래한 관세 절감, 관공리를 선거 운동의 대가가 아니라 공개적인 시험 성적으로 임명할 것 등을 주장했다.

대다수 국민이 개혁파를 지지했으므로 이들이 유력한 후보자를 지명하기만 하면 1872년도 선거에서 그랜트의 재선을 저지할 수 있었을 것이다. 개혁파는 오랫동안 갑론을박을 거듭한 끝에 간신히 대통령 후보로 뉴욕 시에서 발행하는 〈트리뷴Tribune〉의 발행자 호레이스 그릴리Horace Greeley를 지명했다. 그는 성실하고 유능한 인물이었고 '긴 머리의 남자와 짧은 머리의 여자'로 구성된 전국의 개혁자 집단은 그를 구세주로 생각했다. 그릴리는 열렬한 노예제도 반대자였으나 앞서 말했듯 제퍼슨 데이비스 부인이 남편의 사면을 위해 보증을 서달라고 했을 때 서명한 일이 있었다.

불행하게도 광신자들은 위대한 관용과 배신을 판별할 줄 몰랐다. 급진적 재건주의자들은 이 사건을 내세워 그릴리를 배신자라고 비난했다. 대통령 선거에서 민주당원은 오히려 그랜트를 반대하는 뜻에서 그릴리를 지지했지만 동지였던 공화당원들은 그를 냉대했다. 그릴리는 이렇게 말했다.

"어찌나 호되게 당했던지 내가 대통령 후보인지 형무소 후보인지 분간할 수가 없었다."

그랜트가 압도적인 표로 재선되었고 그릴리는 선거가 끝난 지 한 달 만에 사망했다. 정의의 심판은 이 세상에서 행해지는 게 아닌 모양이었다.

6. 그랜트 제2기는 제1기와 마찬가지로 부정부패로 얼룩진 통치였다. 가장 규모가 컸던 크레디트 모빌리에Credit Mobilier 부정 사건에는 부통령 스카일러 콜팩스Schuyler Colfax마저 관련되어 있었다. 유니언 퍼시픽 철도회사의 설립자들은 건설 중인 철도를 두 번이나 담보물로 제공하고 연방정부에서 2,700만 달러를 융자받았다. 그 후 그들은 자기네 철도회사에서 일부 노선을 건설하는 소규모 독점기업 크레디트 모빌리에에 같은 재산을 첫 번째 담보물로 약정했다. 훗날 경리 전문가가 조사한 결과 유니언 퍼시픽 철도회사가 크레디트 모빌리에에 지불한 공사비는 실제 비용보다 두세 배 많았다. 간단히 말해 크레디트 모빌리에는 몇몇 특정인에게 800퍼센트를 배당하기 위해 정부와 유니언 퍼시픽 철도회사 쌍방에서 막대한 금액을 착복한 것이다. 오로지 탐욕을 위해 꾸민 이 교묘한 협잡은 여론의 맹렬한 공격을 받았다.

수익자들은 상투적인 수단으로 유력한 인사를 이 계획에 가담하게 해 자신을 보호하려 했다. 매사추세츠 출신 하원의원 오크스 에임스Oakes Ames는 크레디트 모빌리에의 주식이 다이아몬드 광산주만큼 유리하다는 것을 의원들에게 은밀히 선전하는 일을 맡았다. 부통령 콜팩스는 진상을 전혀 모르고 이 선전에 걸려든 사람이다. 1872년 증인으로 소환된 에임스가 많은 사람의 서명을 받은 수첩을 공개했을 때 부통령이 무관하다고 불문에 부칠 수는 없었다. 대통령은 곧바로 그에게 서신을 보내 그가 이 사건과 무관하다는 것을 믿는다고 위로했다. 그랜트는 자기 친지들은 부정을 범할 수 없는 사람들이며 설령 범했더라도 자발적으로 한 것이라고 생각하지 않는 사람이었다.

7. 이 사건이 마무리될 무렵 아메리카 금융계에 회오리가 몰아닥쳤다. 주기적인 경제위기가 발생한 것이다. 당시 사람들은 구매력과 생산량의 균형을 조정하는 것은 불가능하다고 생각했다. 사실은 아무도 조정을 시도하지 않았다.

호경기일 때는 기업이 성장하고 물가와 급료가 상승하며 여신도 확대된다. 그런데 확대된 여신이 현물가치를 상회할 경우 시장 균형이 무너지면서 경제계는 사소한 충격으로도 파탄날 수 있는 상황에 처한다. 바로 그런 위험이 다가오고 있었다.

1873년 유럽은 미합중국의 증권 구입을 중지했다. 남북전쟁 때 북군에 융자해준 일로 유명한 제이 쿡 은행Jay Cook's Bank이 지불을 정지했기 때문이다. 이 사건으로 사업계는 큰 혼란에 빠졌다. 대중은 제이 쿡 은행이 잉글랜드 은행만큼 견실하다고 믿고 있었다. 은행이 파산한 다음 날 증권시장은 몇 시간 만에 무너지고 말았다. 많은 공장이 문을 닫았고 대도시에는 수만 명의 실직자가 거리에 넘쳤다. 파산이 1874년에는 6,000건, 1875년에는 8,000건, 1876년에는 9,000건에 이르렀고 자살 건수도 급증했다. 사회 전반적으로 신용 관리가 신경 쇠약을 불러일으켰고 100에이커의 농지를 담보로 제공해도 100달러조차 빌릴 수 없었다.

1876년의 대통령 선거가 임박해도 위기는 여전히 계속되고 있었다. 결국 대통령 선거는 현실에 대한 불만이 팽배한 가운데 치러졌고, 남부에 대항해 '피 묻은 셔츠'만 휘두르면 이긴다는 안이한 선거는 종말을 고했다.

—

chapter 5

부패와 무질서

Abuses and Disorders

—

1. 1873년의 경제 공황기에 가장 타격을 받은 사람들은 농민이었다. 그러니 농민의 불만이 가장 격심한 것은 당연한 일이었다. 사실 정부는 투기업자들에게 국가 재산을 무상으로 분양하고 있었다. 철도 재벌이 돈 한 푼 내지 않고 드넓은 토지를 차지하는데, 가난한 개척자들은 메마른 토지에 얼마 되지 않는 돈이나마 대가를 지불하자 농민은 분개하지 않을 수 없었다. 더구나 철도를 위한 막대한 무상양도로 개척할 수 있는 토지는 점점 줄어들었다.

평원지대에 새로 정착한 농민은 수출 작물을 경작하지 않으면 안 될 형편이었다. 그러나 얼마 지나지 않아 임금이 저렴한 유럽 시장과 경쟁해야 했고 높은 관세, 선적 운임, 여러 부과금 등으로 불리한 입장에 놓이고 말았다. 이들의 이해관계는 사업가나 은행가와는 전혀 달랐다. 농업 관계자들이 요구한 것은 인플레이션 정책, 저운임, 정부 공공투자 축소, 중개업자 배제 등이었다.

초기에는 철도가 농민의 편인 듯했다. 철도 덕분에 농촌은 도시 중심부와 연결되었고 농산물의 장거리 수송이 가능했다. 하지만 나중에 농민들은 금융기관과의 부정거래, 부당 운임 조작, 철도 사채 소유자 파산 등으로 철도에 격렬한 적의를 품었다.

2. 1867년 농민들이 스스로를 지키기 위해 단결하지 않으면 안 된다고 주장하는 사람이 나타났다. 그는 연방정부 관리 올리버 켈리 Oliver Kelley였다. 남부에서 조사 사무를 담당하던 그는 농민의 곤궁과 그들이 여러 가지 정보로부터 고립되어 있음을 알았다. 그는 '농업후원회Patrons of Husbandry'를 창립했는데 이것은 프리메이슨을 본뜬 일종의 공제조합으로 농민공제조합Grange이라는 지방 지부도 거느렸다. 이론상으로는 모든 주에 지방 지부를 설치해야 했으나 켈리는 사업자금이 부족해 우표를 살 돈조차 없을 때도 있었다. 그야말로 이들은 빈곤을 기반으로 하여 설립된 단체였다.

이런 어려움에도 불구하고 1873년에는 회원수가 80만 명에 이르러 정치적 성격을 드러냈고 조합이 지지하는 상당수 후보자가 여러 주에서 지방의원으로 당선되었다. 나아가 이들은 철도회사를 상대로 투쟁을 벌여 적절한 운임을 책정하도록 하는 데 성공했다. 1873년의 공황 이후에는 이 운동의 일부를 지폐 제도 유지를 요구하는 지폐당 Greenbackers에 위임했다. 채무에 발목이 잡힌 농민으로서는 채권자에게 당연히 반발할 만했다. 달러의 구매가치가 떨어지면 밀 가격이 상승해 채무를 줄일 수 있었다.

1876년도 대통령 선거에서 지폐당은 독자적인 정당을 조직했는데 몇몇 주에서는 기존 정당이 경계해야 할 만큼 유력했다. 인디애나의 한 공화당원은 이런 기록을 남겼다.

"지난번 선거 운동에서는 피 묻은 셔츠와 선거자금으로 인디애나가 우리의 것이 되었다. (…) 이번에는 통화 문제와 보조금 폐지 문제로 지고 말았다."

3. 1876년도 선거는 아메리카 역사상 가장 특기할 만했다. 공화당 후보자로는 메인 주의 제임스 블레인James Blaine이 지명될 가능성이 컸는데, 그는 우아한 태도와 매력적인 말솜씨로 인기가 대단했다. 자신을 지지하는 많은 대의원과 함께 대회장에 도착한 그는 틀림없이 자신이 지명될 거라고 생각했다. 그런데 뜻밖에도 반대파가 오래 묵은 그의 추문을 들춰내 그를 공격했다. 그것은 그와 전혀 관계가 없다고 할 수 없는 사건이었다. 사실 그는 부정을 저지를 만한 사람은 아니었지만 금전 문제가 깔끔하지 않았다. 그는 옳지 않은 온갖 돈 쓰는 방법과 몇 가지 좋지 않은 돈 버는 방법을 알고 있었다. 더구나 불운하게도 대회 전날 밤 일사병에 걸려 사망했다는 낭설이 유포되었다.

결국 그는 기회를 놓쳤고 공화당은 오하이오 주지사 러더퍼드 헤이스Rutherford Hayes(1822~1893, 제19대 대통령—역자주)를 지명했다. 그는 턱수염을 기른 존경할 만한 퇴역 장군이었다. 그는 모든 국민이 훈련받은 병사 같기를 바랐지만 실제로는 제멋대로 구는 사람들이라는 것을 알고 비애를 느꼈다. 민주당은 또 다른 훌륭한 인물인 뉴욕 주지사 새뮤얼 틸던Samuel Tilden을 지명했다. 이번 선거에서는 '성실성'에 투표자의 관심이 쏠렸지만 여전히 악마의 손이 움직이고 있었다.

블레인은 지명받는 데 실패했으나 공화당에 유명한 선거구호 '흑인 해방', '총을 쏘듯 표를 던져라!'를 제공했다. 그는 아직도 피 묻은 셔츠의 효력을 믿었던 것이다. 남부에서는 폭행, 부정, 혼란이 난무하는 가운데 선거가 무질서하게 진행되었다. 당선 확정에는 185표가 필요했고 민주당의 틸던이 184표를 얻었을 때 모두 그가 당선될 거라고 생각했다. 하지만 플로리다, 루이지애나, 사우스캐롤라이나 주의 집계 보고와 오리건의 한 표가 의심스럽다며 의회에서 장기간 토론이 이어졌다.

4. 루이지애나와 플로리다의 선거관리인은 공화당원이었다. 그들은 유혹적인 약속을 받고 교묘하게 구실을 만들어 두 군데 주에서 헤이스를 당선시키는 데 필요한 만큼 틸던의 표를 없애버렸다. 민주당은 결사적으로 항의했다. 법적으로 보든 여론으로 보든 틸던의 당선이 확실했기 때문이다. 그러나 오랫동안 정부기관과 유대를 맺어온 공화당은 전력을 다해 혼란을 부추기면서 기어코 패배를 승리로 뒤집어놓았다. 헌법에 이런 사태에 관한 규정이 없었기 때문에 의회는 선거위원회를 구성하는 법안을 통과시켰다. 선거위원회는 하원위원 다섯 명, 상원위원 다섯 명, 대법관 다섯 명으로 구성하되 일단 대법관으로 임명된 네 명이 나머지 한 명을 지명하기로 했다. 처음에는 그 지명자가 무소속이었는데 그는 일리노이 주 상원의원으로 선출되어 취임을 거절했다. 결국 공화당의 브래들리 판사가 후임으로 지명되었고 선거위원회에서 과반수를 차지한 공화당은 비난을 무릅쓰고 선거를 승리로 결정지었다.

이 결정은 대통령 취임식을 이틀 앞둔 3월 2일 내려졌다. 헤이스는 조작된 당선을 수락했으나 양심의 가책을 피할 수 없었던지 자신 없는 모습이었다.

5. 민주당이 헤이스가 대통령이 되는 해괴한 조작 과정을 묵인한 것은 미합중국 국민이 그만큼 정부를 신뢰하고 존중했다는 증거로 볼 수 있다. 헤이스는 남부 정치인들에게 한 가지 약속을 했는데 그 때문에 그는 심한 곤란을 겪었다. 그는 그들이 자신을 지지한다면 협잡꾼들을 지원하는 연방군을 철수시키겠다고 했고 이는 남부의 백인 지배가 부활한다는 의미나 마찬가지였다. 이렇게 공화당 대통령 헤이스가 민주당 대통령이라도 감히 할 수 없는 일을 해치움으로써 사실상 남북전쟁은 마무리되었다. 헤이스의 명령에 따라 연방군이 철수하자 바로 그날부터 흑인은 남부에서 사실상 선거권을 상실했다.

남부의 일부에서는 제15차 헌법 수정 조항에 저촉되지 않는 조건을 붙였지만, 사실은 흑인의 투표권을 박탈했고(투표자는 문자를 이해하고 조부가 투표한 경력이 있는 사람에 한한다고 되어 있었다. 여기에 해당하는 흑인은 없었다) 흑인이 투표소에 들어가는 것을 저지했으며 나중에는 협박하기까지 했다. 대부분의 공화당원은 헌법을 엄격히 준수할 필요가 있다고 주장했으나 남부에는 백인만으로 구성된 민주당 조직이 전권을 장악했다. 과거 남부동맹이던 10개 주로 구성된 이 조직은 '솔리드 사우스Solid South(결속한 남부)'라고 불렸다.

이때부터 남부의 백인이 민주당에 투표하지 않는 것은 부당한 일이자 상상조차 할 수 없는 일이 되고 말았다. 남북전쟁 이후 대통령직과 인연이 없었던 민주당은 여러 정치적 지위와 권력을 단념할 수밖에 없었다. 그래도 민주당에만 투표하는 관행은 여전히 남아 있었고 남부에서는 공화당에 투표하는 백인을 배신자로 간주했다.

6. 헤이스 대통령은 유능한 행정가로 가능한 한 공평무사를 위해 애썼으나 그의 임기는 매우 험난했다. 공화당 당원들 자체가 그런 식으로 당선된 대통령을 좋아하지 않았고 그가 너무 정직하고 신중하다며 그를 '헤이스 할머니'라고 불렀다. 특히 그들은 대통령이 남부동맹 사람들을 우체국장으로 임명하자 그를 중죄인처럼 규탄했다. 한 당원이 말했다.

"그는 사람들이 무엇을 바라는지 전혀 모르는 위인이다."

하지만 그는 어떻게 하는 것이 가장 현명한가는 알고 있었고 여러 가지 곤란한 문제를 잘 해결해 나갔다. 당시 중국의 저임금 노동자 입국으로 캘리포니아 노동자들이 동요하자 그는 중국 정부와 협의해 입국 제한 협정을 체결하는 데 성공했다. 1877년 피츠버그와 시카고에서 방화와 유혈 등 난동을 자행하는 동맹파업이 발생했을 때는 민병대를 소집해 질서를 회복했다. 그는 일기에 다음과 같이 기록했다.

"파업을 무력으로 진압했다. 이제 진정한 구제책이 필요하다. 노동자를 교육시키고 자본가에게 합법적인 통제를 가해 피해를 줄이거나 없앨 적절한 일반 정책이 없을까?"

이제 아메리카가 해결해야 할 문제는 바로 이것이었다.

7. 헤이스는 은광업자들과 싸웠다. 1870년대에 유럽 국가들은 금

본위 제도를 채택했는데 때마침 네바다에서 엄청난 은광이 발견돼 은 생산량이 열 배 이상으로 늘어났다. 그때까지는 전체 생산량을 은 세공업자가 소비했기 때문에 1873년 의회가 은화 주조 중지를 결정할 때 아무런 반대가 없었다. 그런데 은 세공업자가 대량생산되는 은을 소비하지 못하자 은 생산자들은 과거처럼 1 대 16의 비율로 은화를 임의로 주조할 것을 요구했다. 정부는 블랜드-앨리슨 법Bland-Alison Act을 제정해 매월 200만 내지 400만 달러에 해당하는 은을 사들였다. 그래도 금에 비해 은의 가치는 현저히 하락했는데 1880년에는 은 1달러의 시세가 금 달러로 88.5센트까지 떨어졌다. 상식이 있는 사람들은 실질적인 가치가 없는 통화를 국민이나 외국인에게 강요하는 것은 부당한 일이라고 생각했다. 그렇지만 부당하다는 것이 열광주의와 이기주의를 제지할 수는 없었다.

8. 헤이스는 성실한 인물이자 유능한 행정가였기 때문에 마땅히 재선되어야 했다. 그러나 그의 성실성은 유권자 조종을 목적으로 하는 크고 작은 당 기관과 충돌했다. 그 당의 하부구조는 지방 조직이었다. 각 도시에는 보스가 있었고 이들은 관직과 이민을 미끼로 투표를 좌우했다. 가령 뉴욕 시의 태머니홀Tammany Hall은 민주당 기관의 본부였다. 매년 언어도 법률도 모르는 채 수천 명의 이민자가 도착하는 대도시에서 태머니홀은 온갖 봉사를 제공했다. 이민자가 도착하자마자 태머니는 자기들 사업체 안에서 직장을 구해주고 귀화 수속을 도와주면서 투표해줄 것만 요구할 뿐 아무런 보수도 바라지 않았다. 이 조직은 불행한 사람들에게 원조를 제공하고 있었으므로 유익하고 정당

한 존재였다. 이 조직이 제공하는 조그만 봉사는 프랑스 국회의원들이 유권자에게 하는 일과 비슷했다.

물론 폐단도 있었다. 계속해서 급속히 발전하는 도시에 전등 시설, 교통기관, 경찰 조직 확장 등이 필요했던 것이다. 이런 사업은 언제든 당 기관과 관계가 있는 사람에게 돈벌이 기회를 주게 마련이었다. 정치는 많은 바람잡이에게 막대한 부를 얻게 해주는 쉬운 방편이었다. 양대 정당 중 어느 쪽이든 줄을 잘 대기만 하면 시내 전차의 이권, 도로포장 또는 시영市營 건축의 공사 계약을 따낼 수 있었다. 때로 정당의 선거기구는 개인적 이해관계의 대리인 역할을 했다.

9. 이러한 거래는 이념이나 정책과 아무 관계도 없는 일이라 두 정당이 서로 손대기가 쉬웠다. 이론상으로 공화당은 연방 중심주의로 공업을 지원하고 민주당은 주권 강화주의로 농업을 옹호한다고 되어 있었다. 그러나 남북전쟁은 지지 세력 분포에 변화를 일으켰다. 서부의 농민은 링컨을 추모하는 마음에서 공화당을 지지했다. 노예제도에 대한 투쟁 때문에 공화당은 지식계급의 지지도 약간 얻었다. 공화당은 국내 각 지방을 대부분 완전히 지배했고 "공화당원이 아닌 사람은 이상한 환자다"라고 할 정도였다.

민주당은 선거에서 공화당과 비슷한 표를 얻었으나 득표 성격을 보면 민주당은 조직 면에서 열세였다. 민주당은 소수의 집합체에 지나지 않았던 것이다. 남부인은 전쟁의 기억 때문에, 아일랜드계 가톨릭교도들은 프로테스탄트의 다수파를 반대하기 위해, 독일인은 금주법을 주장하는 앵글로색슨의 청교도로 인해 맥주를 마시지 못하게 될

까 염려하여 제각각 민주당에 투표했다. 이념과 정책에 대해 본격적인 논쟁이 없을 때는 이해관계가 정강을 좌우하는 법이다. 뉴욕 주에서는 거만한 로스코 콘클링Roscoe Conkling을 무조건 추종해 '나도 플래트Me Too Platt'라는 별명으로 불린 속물 토머스 플래트Thomas Platt가 뉴욕 항의 세무관 체스터 아서Chester Arthur와 결탁해 모든 일을 자기들 뜻대로 처리했다. 아서는 자기 친지들을 위해 필요도 없는 관직을 늘려서 정부 재정을 낭비했다. 헤이스는 그를 파면했고 대통령 당선에 기여한 만큼 그에 따른 특혜가 있어야 할 것으로 기대하던 당 기관은 증오와 분노를 참지 못했다.

10. 1880년 공화당은 충성파Stalwarts와 비충성파Half Breeds로 분열되었다. 충성파, 다시 말해 강경파는 당원의 관직 임용, 당원의 당 기금 강제 모금, 고율관세 정책, 흑인의 투표권과 당 기관 강화 등을 주장했다. 비충성파, 즉 온건파는 당에 대한 최선이 반드시 모든 것에 대한 최선은 아니라고 주장했다. 강경파는 호화로운 외국여행에서 돌아와 여전히 기분이 들떠 있던 그랜트를 세 번째로 출마시키려 했다.

온건파는 블레인이나 재무장관 존 셔먼John Sherman을 후보로 생각하고 있었다. 그런데 전당대회에서 사소한 동기로 분위기가 급변한 이들은 "그랜트를 타도할 수 있다면 무엇이든 좋다"라고 외치며 오하이오 주 출신의 무명 장군 제임스 가필드James Garfield(1831~1881, 제20대 대통령—역자주)를 지명했다. 그런 다음 강경파의 불만을 무마하고자 강경파의 체스터 아서를 부통령으로 추대했다. 그는 이전에 헤이스가 파면한 세무관이었다.

가필드가 당선되자 당 기관의 실력자 로스코 콘클링과 '나도 플래트'는 격분을 참지 못하고 상원의원을 그만두었다. 그런데 취임한 지 4개월 후 반쯤 미친 광신자이자 실의에 빠져 있던 무직자 찰스 기토 Charles Guiteau가 이렇게 외치면서 대통령을 저격했다.

"나는 강경파 중의 강경파다. 이제는 아서가 대통령이다."

가필드는 병석에서 몇 달을 신음하다 결국 사망했고 부통령 체스터 아서가 백악관의 주인이 되었다. 이는 대통령에게 사고가 발생했을 때 부통령을 법정 후계인으로 규정하는 법이 국민에게 어떤 영향을 미치는가를 시험할 수 있는 두 번째 사건이었다. 그런데 이번 돌발 사건은 국민에게 기쁨을 안겨주었다. 누구나 당만을 위한 인물이라고 생각했던 체스터 아서가 대통령으로서 정직하고 성실하며 온건한 사람이란 사실을 실증했기 때문이다.

chapter 6

—

그로버 클리블랜드와 그의 시대

Grover Cleveland and His Time

—

1. 25년간이나 이 나라의 주인공으로 군림한 공화당의 통치 성과는 찬양할 만큼 빛나는 것은 아니었다. 복수 정책으로 남부의 증오를 샀고 관료들의 부정부패로 대중의 신뢰를 잃었다. 공화당은 사업계와 남북전쟁에 참전한 제대군인의 지지를 받긴 했지만 민주당과의 세력 차이가 근소했고 말단조직도 취약했다.

당내에서도 주요 인물들이 개혁을 바라고 있었다. 1884년 공화당 전당대회에서 인기가 좋았던 제임스 블레인이 대통령 후보로 지명되자 개혁파는 놀라움과 격분을 참지 못했다. 당시 블레인은 사랑도 가장 많이 받고 미움도 많이 받는 사람이었다. 그의 아내는 다음과 같은 글을 남겼다.

"집에 있을 때 늘 자상하고 편안하게 해주던 그이가 그립다."

그는 정치가의, 정치가에 의한 그리고 정치가를 위한 정부를 주장하는 자타가 공인하는 정계의 일인자였다. 태도만큼은 분명 대단한 사람이라고 할 수 있었다. 그는 하원의장과 상원의원을 비롯해 가필드 대통령의 국무장관을 역임했고 교우관계를 이용해 돈벌이도 했다. 그에게는 정적의 어깨를 가장 정다운 사람처럼 얼싸안는 재간도 있었다. 사실인지 아닌지는 잘 모르겠지만 그는 부정을 감싸줄 뿐 아니라 자신도 거기에 한몫 끼기를 서슴지 않는다는 소문이 자자했다. '읽고 난 뒤에 태워버릴 것'이라는 추신이 붙은 위험한 메모를 곧잘 보냈다는 얘기도 있다. 악명 높은 로스코 콘클링까지도 자신이 마치 성인이나 청렴한 사람인 양 "나는 범죄행위에 관여하지 않겠다"고 블레인의 선거 운동을 거절할 정도였다. 이것은 옳은 일이 아니었으나 당의 유력한 지도자들 중에는 그가 싫어서 만약 민주당 후보가 성실하기만 하다면 그에게 투표하겠다는 사람이 적지 않았다. 이처럼 뚜렷한 배신자들을 비꼬아 인디언 말로 대추장을 뜻하는 머그웜프Mugwumps라고 불렀다. 민주당이 그로버 클리블랜드Grover Cleveland(1837~1908, 제22, 24대 대통령—역자주)를 지명하자 머그웜프들은 속으로 만족스러워했다.

2. 그로버 클리블랜드는 뛰어난 재능은 없었으나 용감하고 정력적인 인물로 교양과 양식을 갖춘 성실한 인격자였다. 식품점 점원으로 일하던 그는 열여덟 살 때 우연히 버펄로에 사는 숙부를 만나러 갔다가 그곳의 법률사무소에서 근무하게 되었다. 그 후 군 보안관으로 일하다 성실성과 과감한 용기가 많은 사람의 주목을 받으면서 버펄로 시장으로 선출되었고 뉴욕 주지사까지 올라갔다. 언젠가 그는 다음과 같이 말했는데 이것은 사실이었다.

남북전쟁 이후 민주당 후보로는 최초로 대통령에 당선된 그로버 클리블랜드

"나는 내 스스로 관직을 추구한 일이 없다."

그는 두 가지 요직을 역임하는 동안 가장 부패한 사업가, 가장 교활한 정치가와 맞설 능력을 갖췄음을 입증했다. 그는 '거부 시장'이라는 별명에 걸맞게 과묵했고 솔직하기까지 해서 많은 동지를 얻었다. 그는 이렇게 말했다.

"사람들은 정치를 하려면 권모술수를 써야 한다고 말한다. 그런 사람들을 보라, 과연 그렇지 않은 나만큼 출세했는가?"

그는 학식이 풍부하진 않았으나 뜻 깊은 말을 남겼다.

"공직은 대중에게 신탁을 받은 것이다. (…) 그러나 이것은 우리가 처한 현실적인 여건이지 이론이 아니다."

공화당에 대한 유권자의 반대가 거세지고 그로버 클리블랜드가 개혁파의 지도자로 추대되자, 정적들이 그의 사생활을 들춰내 그를 매장하려 했다. 버펄로에 그의 사생아가 있었기 때문이다. 그의 동지들이 뭐라고 응수해야 하는지 물었을 때 그가 대답했다.

"무엇이든 진실대로 말하시오."

공화당은 신이 나서 떠들어댔다.

"엄마! 엄마! 아빠는 어디 있어요? 백악관에 계신단다. 하하하!"

민주당은 다음과 같이 맞섰다.

"읽고 나서 불태워라, 제임스 블레인! 읽고 나서 불태워라, 제임스 블레인!"

선거 운동이 막바지에 이르렀을 무렵 승패는 아일랜드계의 가톨릭교도가 세력을 떨치던 뉴욕 주에 달려 있었다. 이때 공화당 지지자인 프로테스탄트 목사가 "민주당은 럼주, 가톨릭과 반역의 한패거리"라는 실언을 했다. 이 말은 곧 금주 반대파, 가톨릭교도, 남부인에 대한 공격이었다. 민주당은 무의식중에 터져나온 실언을 끈질기고 재치 있게 역이용해 기어코 뉴욕 주를 그로버 클리블랜드의 선물로 만들었다. 클리블랜드가 공화당의 인기 있는 블레인을 누르고 대통령에 당선된 것이다. 아름다운 블레인 부인은 이런 기록을 남겼다.

"내게는 엄청난 충격이었습니다. 꼭 당선될 것이라고 생각했는데."

한편 클리블랜드는 알바니의 뉴욕 주지사실에서 집무 중에 당선 통지를 받고 말했다.

"그래, 하던 일이나 끝냅시다."

그는 의사당에서 거행한 취임식에서 원고 없이 장중한 연설을 하고 얼마 후 대학을 갓 졸업한 젊은 여성과 결혼했다. 그의 결혼생활은 행복했고 용기에 대한 보상으로 만사가 잘 풀리는 것 같았다. 대통령은 말했다.

"나는 가끔 백악관에서 잠을 자다가 깨어나 이게 모두 꿈은 아닌가 싶어 멍해지곤 한다."

3. 클리블랜드는 관료 제도를 개혁해 대부분의 관직에 정당원을 임명하던 관행을 없앨 생각이었다. 그런데 그를 지원한 머그웜프들은 현직자들을 파면하지 않도록 간청했고 그가 소속한 굶주린 민주당은 관직을 요구했다. 교활한 어떤 사람이 대통령에게 말했다.

"정치란 포커가 아니라 미국인의 승부라는 사실을 간과하면 안 됩니다. 포커를 할 때도 개혁 운동부터 시작하는 사람은 없습니다."

그가 현직 공화당원을 그대로 유임시키겠다고 말하자 민주당 동지들은 "패자에게 전리품을 주다니"라며 빈정거렸다. 그는 부득이 많은 양보를 했지만 시험 성적으로 임명하는 1만 2,000개의 관직을 신설하는 데 성공했다.

그는 연금 낭비도 시정할 계획이었다. 남북전쟁 이후 북군 제대군인조합GAR, Grand Army of the Republic이 등장해 정치적 압력을 행사하기 시작했다. GAR의 간부들은 클리블랜드를 지지한 대가로 부당한 연금 지불을 보장하게 하려는 움직임을 보였다. 1879년 자격심사를 통과한 사람에게는 제대한 일자부터 연금을 지급한다는 '연금 지불에 관한 법령'을 제정했고, 1885년에 32만 5,000명의 연금 수령자가 생겼다. 의회는 연금국에서 지급을 거절당한 사람들을 위해 개별 연금법을 제정했는데, 1887년에는 반드시 전방 전선이 아니더라도 3개월 이상 군대에 복무한 사람으로 생계수단이 없는 자에게 연금을 지급하도록 결정했다. 클리블랜드는 이 법안과 허위 신청이 상당수에 달하는 개인 연금안에 거부권을 행사했다.

GAR은 클리블랜드가 남북전쟁에 참가한 경력이 없고 더구나 옛 남부동맹주들에게 그들의 군기를 반환하겠다는 제의를 하자 몹시 격분했다. 결국 그는 남북전쟁 연금을 둘러싼 부정을 일소하지는 못했다. 그가 대통령직을 떠난 후인 1890년 의회는 일반연금법을 제정했고 연금 수령자는 배로 늘어났다. 1912년에는 연금 해당자가 80만 명 이상이나 등록했다. 전쟁이 끝난 후 시일이 경과하면 할수록 연금 해당자의 숫자는 늘어만 갔다.

4. 대통령이 취임하자 머그웜프의 지도자 카를 슈르츠가 백악관에 들러 대통령을 만났다. 대통령은 그에게 "당면한 제일 긴급한 문제가 무엇입니까?"라고 물었다. 그가 관세 문제라고 대답하자 대통령은 다음과 같이 말했다.

"부끄러운 얘기지만 나는 관세 문제에 대해 전혀 모릅니다."

그는 곧바로 이 문제를 연구하기 시작했다. 남북전쟁 중에 강행한 고율관세는 이제 필요 없어 보였다. '전쟁이 낳은 아이'라고 할 수 있는 산업계도 이제 성장해서 자립한 이상 그것을 보호한다는 명목으로 고율관세를 계속 정당화할 수는 없었다. 여기에다 정부 재정이 튼튼해 예산집행에서 잉여금이 발생했기 때문에 관세수입이 없어도 무리가 따르지 않았다. 클리블랜드는 '세입에 필요한 액수만 관세하는' 정책으로 보호관세정책을 개혁하기로 했다. 이 정책은 생산업자와 의회의 분노를 샀는데, 의회는 잉여금을 지방의 특별보조금과 연금을 지급하는 데 쓰려고 계획 중이었다.

이처럼 각 방면의 반감이 과열되면서 클리블랜드는 1888년 대통령 선거에서 무명의 공화당원 벤저민 해리슨Benjamin Harrison(1833~1901, 제23대 대통령—역자주)에게 패배했다. 해리슨은 교양은 있었지만 대통령 후보로서 내세울 만한 자격이라고는 부친이 하원의원이었고 조부가 대통령 티페카누, 증조부가 독립선언 서명자의 한 사람이었다는 사실뿐이었다. 제2대 해리슨 장군은 남북전쟁에 참전해 여단장을 지낸 훌륭한 군인이었다. 그는 대통령에 당선되었다는 통지를 받고 큰 소리로 외쳤다고 한다.

"하나님이 우리 가문에 승리를 내리셨다."

이 말을 듣고 공화당의 재정 책임자로 선거자금을 조달하느라 애쓴 백화점 경영자 존 워너메이커John Wanamaker는 크게 화를 냈다. 해리슨 대통령은 소극적이고 신중한 데다 냉정했기 때문에 그다지 인기가 없었다. 그는 모든 사사로운 관계를 무시하려고 굳게 결심했지만 그도 전임 대통령들처럼 당 기관에 굴복하지 않을 수 없었고 잉여금을 지방의 특별보조금과 연금 지급으로 지출했다. 우편장관으로 임명된 워너메이커는 우편 사무는 개선하지 않고 예상했던 대로 자신의 정계 동지들에게 많은 우체국장 자리를 나눠주었다. 해리슨 정부는 연금에 대해 다음과 같은 견해를 내세워 심사기준을 대폭 완화했다.

"제대군인의 권리를 약국의 저울로 계량할 수는 없다."

5. 해리슨의 임기 중에 등장한 가장 중요한 법안은 1890년의 셔먼 반트러스트법Sherman Anti-Trust Act이다. 목적은 생산업자와 은행가의 개인주의 및 세력이 위험할 정도에 이르러 그들을 통제하려는 데 있었다. 아메리카의 공업은 30~40년 만에 굉장한 규모로 발전했다. 19세기 초 제퍼슨은 이 나라가 전원과 농업의 나라가 될 것이라고 생각했지만 실제로는 도시와 공업의 나라가 되었다. 1890년에는 아메리카의 공업 생산량이 전 유럽국가의 총생산량을 능가할 것이라는 전망이 나오기도 했다. 이러한 승리의 요인은 무엇인가? 그것은 아메리카에 모든 이점이 있었기 때문이다. 아메리카에는 석탄, 철, 석유 그리고 기타 10종류에 달하는 비철금속이 풍부했고 수자원도 엄청났다. 여기에다 매년 유럽에서 엄청난 노동력이 유입되었고 아메리카 자체가 공산품에 대해 관세장벽이 없는 광대한 시장을 제공했다.

우수한 발명가도 배출했다. 로버트 풀턴Robert Fulton은 증기선, 새뮤얼 모스Samuel Morse는 전신, 토머스 에디슨Thomas Edison은 전등, 알렉산더 벨Alexander Bell은 전화, 크리스토퍼 숄스Christopher Sholes와 찰스 글라이던Charles Glidden은 타이프라이터, 사이러스 맥코믹Cyrus McCormick은 농업용 기계, 헨리 포드Henry Ford는 자동차, 오빌 라이트Orville Wright와 윌버 라이트Wilbur Wright 형제는 비행기를 발명했다.

드디어 아메리카에는 무거운 전통에 억눌리지 않고 성공을 향해 모험에 나서는 많은 대사업가가 속출했다. 몇 십 년 사이 아메리카의 전 국토에 공장이 빽빽하게 들어섰다.

6. 특히 금속공업 분야에서 사업 통합이 급속히 이루어졌다. 노동

자 출신의 앤드루 카네기Andrew Carnegie는 뛰어난 지식과 능력을 발휘해 서른 살 전에 막대한 재산을 축적했다. 1865년 그는 레일(철궤), 철교, 기관차 등 철강업에 전념하기로 결심했다. 아메리카에서는 올리버 켈리, 영국에서는 헨리 베세머Henry Besemer가 제철 과정에서 공기를 주입하면 철이 강철로 변한다는 사실을 발견했을 때 카네기는 이를 곧바로 실제 작업에 도입했다. 펜실베이니아 철도회사에서 자금을 지원받은 그는 철강업계를 주름잡았고 코크스 왕인 헨리 클레이 프릭Henry Clay Frick과 협력해 오대호의 증기선, 광산, 항만, 철도 등 관계 사업까지 장악했다.

카네기의 힘으로 미합중국은 1890년까지의 철강 생산량이 영국을 능가했다. 그러나 카네기는 철강업에서 독점적 위치를 차지하지는 못했다. 실력이 뛰어난 경쟁상대가 늘어나자 노년에 이른 그는 가격경쟁에서 위협을 느꼈다. 결국 사업에 지쳐 은퇴를 결심한 카네기는 자신의 이름을 영원히 남길 재단을 설립하기 위해 전 재산을 처분했다. 1901년 은행가 존 모건이 설립한 회사에 그의 전 사업체를 매도한 것이다. 모건은 많은 강철업체를 통합해 4억 달러의 자본금을 가진 유에스스틸United States Steel을 설립했고 이로써 철강 트러스트가 탄생했다.

7. '트러스트'란 말은 처음에 운영을 담당하는 수탁회사에 주권을 위임하는 회사 집단을 가리켰지만, 점차 경쟁을 배제하기 위한 목적으로 추진하는 기업합동이라는 의미로 쓰였다. 유에스스틸에 앞서 이미 이런 기업합동이 성행하고 있었다. 존 록펠러John Rockefeller는 스탠더드오일Standard Oil를 설립한 후 점진적으로 모든 경쟁상대를 흡수했

다. 2대 통조림회사 스위프트Swift와 아머Armour도 제휴했고 마이어 구겐하임Meyer Guggenheim은 구리 트러스트를 창설했다. 사탕 트러스트, 위스키 트러스트, 니켈 트러스트도 있었다.

이러한 기업합동은 과연 소비자에게 유리했을까? 트러스트 측에서는 소비자에게 유리하다고 주장했다. 그들은 큰 공장의 대량생산은 생산비를 절감하므로 판매가를 낮춘다고 말했지만 반드시 그렇지는 않았다. 경쟁이 사라진 트러스트가 판매가를 내리지 않고 생산비만 절감함으로써 막대한 이윤을 챙기는 것을 방지할 방법이 없을까? 또한 이전에 수공업자가 한 가지 일에 일생을 바쳐 얻은 결실과 달리 펜을 한 번 움직여 마음대로 치부할 수 있게 허용하는 것은 잘못된 일이 아닐까? 여론이 점점 트러스트에 의혹을 품기 시작했다. 어떻게 하면 트러스트를 통제할 수 있을까? 회사는 임의대로 아무 주에나 설립할 수 있었고 그 회사는 전국에서 영업활동을 했음에도 불구하고 설립지의 주법만 준수하면 그만이었다. 즉, 회사를 아무런 제한도 없는 주에 설립해놓고 자기 마음대로 전국적인 활동을 할 수 있었다.

그들은 모든 경쟁을 배제하기 위해 전력을 다했다. 예를 들면 철도회사에서 화물 수송비의 리베이트rebate(어떤 가격으로 일단 판 후 일정비율의 금액을 산 사람에게 돌려주는 제도─역자주)를 의례적으로 받고 있었다. 만약 어느 주가 엄격한 규제를 가하면 트러스트는 정당한 법적 절차 없이 개인의 재산을 침범할 수 없다는 제14차 헌법 수정안을 내세워 그 규제를 모면했다. 원래 흑인 해방을 위한 이 수정 조항은 흑인에게는 아무 이익도 주지 않았고 오히려 사유재산을 보호하기 위해 기민하게 움직인 법률가가 대법원의 지지 속에서 교묘히 활용했다.

8. 1887년 의회는 여러 주 사이의 통상을 규제하는 법안을 제정했고, 뒤이어 전국적인 기업체를 통제하기 위해 주간통상위원회Interstate Commerce Committee를 창설했다. 하지만 실효를 거두기까지는 오랜 시일이 필요했다. 1890년에 제정한 셔먼 반트러스트법을 보면 다음과 같다. 1) 각 주간 또는 외국과의 통상을 제한하기 위한 계약, 통합, 음모는 불법이다. 2) 어떠한 상업 분야든 독점을 시도하는 사람은 유죄다.

이 법률의 명백한 의도는 연방재판소가 이 문제에 관여하도록 하는 데 있었다. 의회에는 헌법의 규정에 따라 주간 통상을 규제할 권리가 있었기 때문이다. 한데 셔먼 반트러스트법은 무엇이 위반 행위인지 구체적으로 명시하지 않아 집행에 어려움이 많았다. 아무튼 당시에는 무슨 조치든 있어야 하는 상황이었다.

한편 남북전쟁 이후 사업계를 지배하던 적극적이고 탐욕적인 개인주의도 그 나름대로 성과를 냈다. 이 나라의 상업 발전은 아마 이런 적극적인 정신 덕택이었을 것이다. 그렇다면 모든 사업이 소수자에게 통합되어 경쟁이 자취를 감추고 단일 트러스트가 각종 산업을 지배한다면 새로운 아메리카를 건설한 진취적이고 과감한 정신은 어떻게 될까? 일반 대중에게는 어떤 대비 수단이 있을까? 언젠가 경제계의 소수 유력자가 정치적 자유까지 위협할 우려는 없을까? 양대 정당의 개혁파들은 이러한 의문에 휩싸이기 시작했다.

—

chapter 7

황금 십자가

Upon a Cross of Gold

—

1. 1890년을 맞이한 아메리카는 부유하긴 했지만 불만으로 가득한 나라였다. 대중 속에는 막연한 반감이 물결치고 있었다. 어찌 된 일일까? 이미 변방 끝까지 사람이 정착해 개척지는 완전히 사라졌고 좋은 농토는 귀해졌는데 농민과 노동자는 부강해진 국가로부터 제대로 혜택을 받지 못했기 때문이다. 또한 농산물 가격은 하락했음에도 공산품 가격은 관세 때문에 상승했고 새로운 이민자는 초기 이민자보다 아메리카에 동화하기 힘든 부류들이었다. 1880년까지는 대다수 이민자가 앵글로색슨계, 아일랜드인, 독일인, 스칸디나비아인이었다. 그런데 1880년 이후 특히 1890년부터 1910년에 걸쳐 유럽의 남부와 남서부, 폴란드 등에서 수백만 세대의 이민자가 홍수처럼 밀어닥쳤다. 이들은 이미 때가 늦어 자유 농토를 얻을 수 없었고 부득이 도시에 정착해 외국인 지역을 형성하면서 오랫동안 그들의 습관을 유지했다. 그리고 현지 사정에 어두운 그들은 생계를 유지하느라 저임금을 그

대로 받아들였다. 결국 아메리카의 노동자들은 계속 유입되는 새로운 경쟁자들 때문에 고생을 면할 길이 없었다. 드디어 그들은 일정한 임금을 유지하기 위해 조직을 만들기 시작했다.

2. 당시의 상황으로는 전 세계 노동계급 중 미합중국의 노동자가 제일 강력한 노동조합의 보호를 받아야 했지만, 실은 노동조합을 조직하는 데 가장 많은 제약을 받고 있었다. 그러한 제약 중 하나는 끊임없이 밀려드는 이민자였고 영어를 모르는 이들은 노동조합의 설득을 이해하지 못하는 데다 당장 무슨 일이든 해야 하는 긴박한 처지에 있었다. 또 하나는 연방제도의 특성 때문이었다. 가령 어느 주에서 노동자가 사업주에게 유리한 조건을 요구하면 그 사업주는 보다 자유로운 주로 공장을 옮길 수 있었다. 여기에다 여론과 사법기관도 노동자 단체를 조직하는 데 반대했다. 셔먼 반트러스트법은 오랫동안 사법부가 '노동자의 반란'이라 부른 노동 운동을 탄압하는 무기로 쓰였다.

그럼에도 불구하고 노동조합은 서서히 발전했다. 모든 종류의 노동자를 대상으로 한 노동기사단Knights of Labor은 이윤 분배를 주장했다. 1881년 네덜란드 출신인 담배공장 노동자 새뮤얼 곰퍼스Samuel Gompers가 유럽의 노동조합제도를 연구한 후 미국노동총연맹AFL, American Federation of Labor을 조직했다. 이 연맹은 영국의 노동조합과 동일한 사업 목적으로 조직된 단체였다. 그들은 신중하고 기민하게 비폭력적으로 움직였고 처음에 반감을 보이던 일반 대중은 점차 이들을 신뢰하기 시작했다. 급진적이거나 혁명적인 노동단체는 1905년 세계독립노동자조합The Independent Workers of the World이 조직될 때까지는 산발적이었고 세력도 대단치 않았다.

  3. 노동자보다 더 심각한 불만을 안고 있던 계층은 농민이었다. 농산물 가격이 하락하면서 농민은 채무 이자도 지불하지 못하는 형편이었다. 비록 농민공제조합은 자취를 감췄지만 그 정신만은 살아 있었고, 텍사스의 점쟁이 메리 리어스는 농민을 이렇게 선동했다.

  "강냉이 대신 지옥의 악마를 심도록 하라!"

  중서부의 농토는 대부분 담보로 잡힌 상태라 긴박한 정세는 잭슨 시대와 같았다. 신생 주들은 차입금으로 주의 재정을 충당했고 투기업자는 땅값을 시가보다 훨씬 높이 올려놓았다. 채무에 허덕이는 서부는 이 재난이 채권자인 동부의 책임이라고 규탄하면서 농산물 가격 상승을 위해 통화 발행을 늘리라고 요구했다. 서부 개척자들의 불만은 충분히 이해할 만했다. 그들은 대초원과 사막을 넘어와 황무지였던 토지에서 수확물을 거뒀지만 그에 대한 보상은 빈곤뿐이었다.

  1890년 무렵 그들은 노동총연맹과 제휴해 민중당People's Party 혹은 인민당Populists이라는 정당을 결성했다. 그리고 1891년 신시내티에서 전당대회를 열고 은화의 자유로운 주조, 국립은행 폐쇄, 소득세법 개정, 철도 국유화 그리고 보통선거를 통한 상원의원 선출 등을 골자로 하는 정강을 채택했다. 이어 1892년도 대통령 선거 후보자로 제임스 위버James Weaver를 지명했다. 그는 100만 표를 얻었고 몇몇 주에서 승리를 거두었다. 이처럼 제3당이 이례적으로 다수표를 얻은 것은 일반 대중 사이에 그만큼 불만이 가득하다는 것을 의미했다. 양대 정당은 이미 널리 알려진 클리블랜드와 해리슨을 지명했고 클리블랜드가 당선되었다.

4. 최악의 경제위기가 다가오고 있었다. 그 대표적인 징후로 철도와 도시 건설이 중단되고 상품 소비는 부진했으며 실업자 수가 급증했다. 여기에다 민주당은 은화 주조 문제로 분열되어 동부의 민주당원은 금본위를 지지했고 남부와 서부의 민주당원은 은본위를 지지했다. 이 문제는 공업 민주주의와 농업 민주주의, 채무자와 채권자, 인플레이션과 디플레이션 사이에서 오랫동안 논쟁의 초점이 되었다. 그러나 1890년대의 인플레이션 옹호자는 이미 지폐주의자가 아니었다. 그들은 금과 은 두 가지 본위제를 주장했다. 그 이유는 화폐가치를 금 공급량에만 의존하는 것은 위험하고 영국이 전 세계에 단일 금본위제를 강요한다는 인상을 풍기고 있으며, 서부의 어느 주에서 다량의 은을 생산하고 있었기 때문이다. 특히 빈곤한 광부, 농민, 노동자는 은을 구세주로 여겼다.

많은 사람이 통화제도를 놓고 국제적인 성격을 띤 논쟁을 벌였다. 우리는 왜 영국이 선정한 금속을 우리의 화폐로 인정해야 하는가? 일부 시민은 화폐제도를 계급 문제로 인식하기도 했다. 그들은 은은 대중의 화폐이고 금은 백만장자의 화폐라고 말했다. 단일 금본위주의자는 만약 미합중국 정부가 금과 은 두 가지 본위제를 채택해서 16 대 1이란 고정환율로 은을 금으로 교환해주는데 다른 국가들이 여기에 동조하지 않으면 금 유출이 야기될 거라고 주장했다. 클리블랜드는 금본위제에 찬동했고 브로건은 다음과 같이 논평했다.

"그는 관세와 제퍼슨 데이비스의 죄상에 관한 견해를 제외하고는 공화당과 다를 바 없는 동부 민주당원이다.”

클리블랜드는 메인스트리트Main Street(중산계급—역자주)와 월스트리트
중 어느 쪽을 만족시켜야 할지 결정해야 했다. 그는 당내 농업 지지파와
의 반대를 무릅쓰고 월스트리트를 택했다. 한마디로 정통파 경제학
설을 택한 것이다. 정부가 보유한 금으로 은을 매입하도록 규제하던
셔먼은 의회에 수매법 폐기를 요청했다. 은을 생산하는 7개 주의 상
원의원이 반대했지만 그는 기존 방침대로 추진했다. 그래도 금이 국
외로 유출되자 클리블랜드는 국채를 발행했지만 구입하려는 사람이
없어서 월 스트리트로 눈을 돌리지 않을 수 없었다. 당시 모건이 금
6,200만 달러를 재무부에 지불하고 4퍼센트 이자의 국채를 인수하는
데 동의했다. 그때부터 금의 일부가 외국에서 되돌아와 정세는 호전
되었으나 그의 정적들은 국채 구입 조건이 은행가에게 지나치게 유
리하다고 비난했다. 대통령은 정부가 모건을 만난 것은 대단한 행운
이라고 반박했다. 이후 클리블랜드는 대중에게 존슨 대통령 이래 가
장 혹독한 증오를 받았다. 금과 은본위제를 원하던 사람들은 그를 ‘샤
일록’, ‘흡혈귀’, ‘월스트리트의 꼭두각시’라고 불렀다. 빗발처럼 퍼붓
는 욕설을 받으면서도 클리블랜드는 근엄하고 태연했다.

5. 빈번하게 발생하는 노사분쟁으로 그는 더욱더 곤경에 빠지고
말았다. 1893년 말 경제위기는 임금 하락, 파산, 실업자 범람이 일상
적으로 나타나면서 절정에 달했다. 당시 오하이오의 상인 제이콥 콕
시Jacob Coxey가 주도하는 일단의 실업자가 워싱턴으로 행진했다. 콕
시는 5억 달러의 국채를 발행해 실업자에게 일자리를 주기 위한 도로

공사를 실시하도록 의회에 건의했다. 오하이오 주의 민중은 5월 1일을 기해 민중의 항의를 의회에 제출하기로 했다. 그 세력은 대단치 않았으나 신문은 이를 대대적으로 보도했고 콕시는 의사당의 잔디밭을 무단으로 드나들었다는 이유로 구속되었다. 워싱턴에서 야영을 하던 그들은 해산명령을 받았고 정부는 그들에게 무료승차권을 배부했다.

1894년 여름 시카고의 풀맨 자동차 공장에서 동맹 파업이 일어났다. 경제위기를 이유로 4,000명에 달하는 사무원과 근로자를 해직하고 남아 있는 종업원의 급료를 삭감했기 때문이다. 회사에 많은 적립금이 있음을 알고 있던 종업원들은 회사가 직접교섭을 회피하리라 예상하고 이 문제를 중재재판에 회부할 것을 제의했다. 회사 측이 이것마저 거절하자 사회주의자 유진 뎁스Eugene Debs가 회장으로 있는 철도노동조합은 풀맨 회사가 제작한 차량 운전을 거부했고 곧 정거장과 철도도 점거했다. 민주당원으로 인민당 소속인 일리노이 주지사 존 앨트겔드John Altgeld는 파업자 측을 동정해 간섭하기를 거절했다.

클리블랜드는 동맹파업이 난동을 유발한다고 판단해 파업자 측이 미합중국의 우편물 수송을 방해한다는 명분을 내세워 시카고로 연방군을 파견했다. 앨트겔드 지사는 대통령의 조치가 민주당의 신조인 주권 존중에 위배된다고 항의했다. 뎁스는 전 노동단체에 총파업을 호소했으나 노동총연맹은 회의를 소집한 후 호응하지 않겠다고 결의했다. 그는 이 파업 사건에서 무죄를 선고를 받았으나 법정모독죄로 6개월의 금고형을 받았다. 클리블랜드는 파업을 저지하는 데는 성공했지만 그의 인기는 전보다 훨씬 더 떨어졌다. 민주당 내부에서도 클리블랜드가 공화당의 정책을 추종하고 "정부가 자본가에게 매춘 봉사를 하게 했다"고 그를 통렬히 비판했다.

   6. 금본위에 집착하고 파업을 강제로 저지한 클리블랜드는 하와이 군도를 합법적인 주인인 원주민의 여왕에게 반환하겠다고 제의했다. 이 여왕은 해리슨 대통령 때 미합중국의 지원을 받고 있던 백인 임시 정부가 폐위한 바 있다. 클리블랜드는 여왕이 미국인을 향한 보복 행동을 중지하면 복위시키겠다고 제안한 것이다. 그러나 여왕은 만족할 만한 행동을 취하지 않았고 1898년 7월 하와이 군도는 드디어 미합중국에 합병되었다. 클리블랜드는 언제나 작은 나라도 존중하며 권력보다 정의를 앞세운다는 미합중국의 전통적인 원칙을 강조했다. 이것 역시 대통령을 공격하는 빌미를 제공했다.

   한편 베네수엘라와 영국령 기아나Guiana와의 국경 문제에서 영국이 양보하지 않자 그는 임기 중에 처음으로 박수받을 만한 조치를 취했다. 베네수엘라는 이 문제를 미합중국에 호소했고 국무성은 먼로주의를 내세워 영국에 항의했다. 하지만 영국 수상 로버트 세실Robert Cecil(1830~1903)은 다른 국가의 일에 관여하지 않는 게 좋을 것이라고 대답했다. 클리블랜드는 베네수엘라의 국경 문제 조정을 위해 위원단을 현지에 파견하겠다는 결정을 내리고 경비 지출을 요청하는 교서를 의회에 제출했다. 이것은 영국과의 전쟁도 두려워하지 않는다는 결의를 뜻했다. 영국의 여론은 전쟁을 반대했고 하원 역시 무력 발동에 반대했다. 이때 영국의 입장이 유리하다는 것을 알고 있던 양식 있는 로버트 세실 수상은 미국의 조정을 수락했다. 실제로 영국의 주장은 전부는 아니어도 거의 그대로 승인받았다.

7. 1896년 임기가 끝날 때까지 클리블랜드는 계속해서 대중의 증오를 받았다. 하지만 대중의 증오는 언제든 표면적인 현상에 지나지 않으며 깊은 판단에서 나오는 것이 아니다. 클리블랜드는 폭풍우 속에서도 굳건히 서 있는 바위처럼 위대한 정치가이자 강력한 지도자였다. 임종할 때 그는 말했다.

"나는 항상 잘해보려고 애를 썼는데."

그에게는 이 말을 할 자격이 있었다. 정적들은 그에게 '고집 각하'라는 별명을 붙였고 민주당은 그의 후임으로 민중의 뜻을 받아들일 만한 사람을 물색했다. 그 인물이 바로 윌리엄 제닝스 브라이언William Jennings Bryan이었다. 클리블랜드는 다음과 같이 말한 바 있다.

"국민이 국가에 봉사하는 것이지 국가가 국민에게 봉사하는 것은 아니다."

반면 브라이언은 정부를 기꺼이 대중의 뜻에 내맡기겠다고 말했다. 그는 일리노이 주 출생으로 네브래스카 주에서 평범한 변호사 생활을 했다. 선천적인 웅변가에다 용모가 단정한 그는 1890년 2년 전까지만 해도 공화당 지역이던 곳에서 7,000표라는 많은 차로 의회에 진출했다. 그는 의회에서 관세와 은 문제에 관한 연설로 주목을 끌었다.

1894년 그는 은화 자유주 조정책이란 복음을 전도하면서 미시시피의 골짜기를 달렸다. 이야기의 골자는 민주당은 대중 편에 서야지 '자본을 가진 나태한 사람' 편에 서면 안 된다는 것이었다. 그는 우아한 태도, 단정한 품행, 성실한 인격으로 군중에게 굉장한 인기를 얻었다. 특히 그는 1896년도 민주당 전당대회에 네브래스카 주 대의원으로 참석해 전체 대의원에게 깊은 감명을 주었다.

"나는 자유만큼이나 신성한 대의를 얘기하러 이 자리에 왔습니다. 나는 우리가 마땅히 해야 할 일에 대해 말하고자 합니다."

그는 자신도 미처 모르고 있었지만 훌륭한 배우이자 미사여구를 구사하는 웅변가였다. 열광적인 인기를 누린 그의 연설에는 대중의 생각에 꼭 들어맞는 호소력이 있었다. 그는 선구자 찬양, 영국에 대한 도전, 순교자 추모 등을 빼놓지 않고 역설했다. 그는 이렇게 결론지었다.

"이 나라 그리고 전 세계 생산 노동자의 선두에 서 있는 우리, 상인과 노동자의 지지를 받는 우리는 금본위제를 주장하는 사람들에게 '노동자의 이마를 가시 돋친 관으로 찌르지 말라! 황금의 십자가 위에 인류를 못 박지 말라!'는 말로 반박해야 한다."

한 시간 동안 박수갈채가 이어졌고 네브래스카 주기 앞에 정렬한 전 대의원은 각 주기를 기울여 경의를 표했다. 결국 브라이언은 민주당 대통령 후보로 지명되었고 인민당도 그를 지지하겠다고 나섰다. 브라이언이 그들의 정강을 차용한 데다 그를 대신할 만한 사람이 없었던 것이다. 공화당의 은본위파도 그를 지지했으나 민주당의 금본위파는 이탈했다. 뉴욕 주 상원의원 데이비드 힐David Hill은 브라이언에 대한 배척 여부를 묻는 말에 이렇게 대답했다.

"나는 언제까지나 민주당원이다."

이 말은 대다수 민주당원의 감정을 대표했다.

8. '젊은 웅변가' 브라이언은 나이가 서른여섯 살이었는데 그의 추종자들은 그를 '새로운 링컨', '네브래스카의 사자'라고 치켜세웠다. 공화당의 금본위파는 예비역 장교이자 직업정치가로 학식이 풍부하

고 풍채도 좋은 오하이오 주의 윌리엄 매킨리William McKinley(1843~1901, 제25대 대통령—역자주) 소령을 지명했다. 마자majah라는 별명으로 불린 매킨리 소령은 15세기 이탈리아의 성직자 같은 얼굴을 하고 있었다. 아일랜드 대주교는 "그는 훌륭한 신부가 될 만한 사람이다"라고 말했다. 주지사로 있을 때 그는 유능한 조정자, 너그러운 이웃, 모든 사람의 친구로서 사랑을 받았다.

오하이오 주의 부유한 사업가로 광산, 유전, 시내 철도 등을 소유한 '마크 아저씨' 마커스 한나Marcus Hanna는 매킨리를 존경했고 정계에 많은 자금을 투자하려 했다. 그는 매킨리를 백악관의 주인으로 만들 결심을 굳혔다. 우선 그를 위해 공화당의 지명을 받은 후 그를 전국적으로 선전할 작전을 개시했다. 선거 슬로건은 생활수준 향상을 뜻하는 '매킨리의 푸짐한 도시락'이었다. 한나는 경제계와 보험업계에서 선거자금을 기부받았고 은행에서 자본금에 따라 일정액의 찬조금을 갹출하는 데 성공했다. 그는 400만 달러를 조달했는데 사람들은 600만 달러에서 1,000만 달러의 선거자금을 조달했을 것이라고 말했다. 그는 1,800명의 찬조 연설자를 고용했고 많은 대기업체가 종업원들에게 매킨리에 투표하도록 지시했다.

민주당은 은 광산업자에게 기부를 받았으나 공화당 선거자금의 10분의 1도 되지 않는 액수였다. 브라이언은 대서양 해안부터 태평양에 이르기까지 전국에서 유세를 했고 14주간 600회의 연설을 했다. 이 '통화제도 전쟁'은 1860년에 있었던 링컨의 선거전 이래 가장 치열한 대통령 선거전이었다. 브라이언의 십자군 같은 전국 유세는 일반 국민에게 깊은 인상을 주었다. 그의 주장이 옳든 그르든 그는 대단한 웅변가였고 태도도 점잖았다.

그의 주제 중 하나는 말할 것도 없이 은본위론이었다. 국제관계를 계산하는 은행가들이 은본위에 반대한다고 해서 아메리카가 무엇 때문에 은행가의 명령에 따라야 하는가? 동부에 축적된 금이 서부에서 풍부하게 생산하는 은보다 왜 우월하다는 것인가? 그는 전당대회 연설에서 다음과 같이 말했다.

"대도시는 금본위제도를 찬성한다. 나는 대도시가 광대하고 비옥한 대초원지대에 의존한다고 생각한다. 대도시를 모조리 불태워도 농토만 있으면 대도시는 마술처럼 재건될 것이다. 그러나 우리의 농장을 파괴한다면 전국 각 도시의 길거리에는 잡초만 무성할 것이다."

결국 매킨리가 많은 표 차로 당선되었다. 금과 공업이 은과 농업을 제압한 것이다. 브라이언은 605만 표를 얻었지만 이번 선거는 인민주의에 종말을 고했다. 동부 사업가의 눈에는 서부 출신자를 당의 지도자로 택한 민주당이 저속하게 보였지만, 이것은 훗날 민주당이 대중정당으로 성장하는 계기가 되었다.

chapter 8

세계무대에 진입한 아메리카

America Enters the World

—

1. 매킨리 대통령은 완벽하다고 할 만큼 결점이 없는 인물이었다. 그는 성실, 겸손, 친절 그리고 관대했을 뿐 아니라 민중이 원하는 바를 잘 알고 있었다. 어떤 미국인이 말했다.

"그는 신성한 마음으로 투표함의 동향을 따랐다. 그에게는 다소 꺼림칙한 정책도 그럴듯한 도의적인 명분을 내세워 모르는 척하고 그것을 성실하게 처리하는 재주가 있었다."

여섯 명의 상원의원이 각각 자기 사람을 위해 관직을 부탁하러 갔을 때 그는 한 사람 한 사람에게 그들이 추천한 사람이 임명되리라는 희망을 주어 돌려보냈다. 그러나 그는 이미 마음속으로 여섯 명 외의 다른 사람을 채용할 생각을 굳히고 있었다. 영국의 정치가 리처드 워윅Richard Warwick이 왕을 만들어냈듯 대통령을 만들어낸 오하이오 주의 마커스 한나는 '개선한 금권정치'의 워싱턴 주재 대사 격으로 곁에서 매킨리를 감시했다. 상원의원 한나와 대통령 매킨리는 둘 다 외교 문제 분쟁에 말려들길 원치 않았다. 두 사람이 관심을 기울인 문제는 경제 번영, 관세 유지, 금본위제 실시 등이었다. 그러나 격렬한 대립을 야기한 이 문제들도 예상 외로 빨리 관심에서 멀어졌다.

1896년 많은 사람이 은본위제를 위해 투쟁할 준비를 했다. 그런데 마침 유콘 준주의 클론다이크와 남아프리카에서 금광이 발견돼 금 가격이 하락하고 물가가 상승했다. 중서부에서는 풍작을 맞이한 데다 농산물이 비싸게 팔리면서 여론의 관심이 다른 쪽으로 옮겨갔다.

2. 미합중국 시민은 오랫동안 유럽 열강의 제국주의를 크게 멸시해왔다. 물론 미합중국도 '신의 계시'라며 영토를 확장하긴 했지만 이 점령지는 곧 연방의 주로 편입되었지 식민지로 받아들이지는 않았다. 그리고 헌법은 어떤 경우에도 국기를 따랐다. 1890년 들어 변방지대가 사라지자 일부 미국인은 '신의 계시'를 태평양 해안에서 정지시키면 안 된다는 생각을 했다. 위대한 역사가이자 전략가인 앨프리드 세이어 머핸Alfred Thayer Mahan 해군대령은 저서를 통해 해군과 해군기지가 국가 발전에 미치는 중요성을 설파했다.

매사추세츠 주 상원의원 헨리 캐벗 로지Henry Cabot Lodge는 "리오그란데 강에서 북극해양까지는 하나의 국기, 즉 하나의 국가만 존재해야 한다"는 주장의 논문을 발표했다. 그는 태평양과 대서양을 연결하는 운하를 굴착할 필요가 있으며 이 운하와 태평양 방면의 통상을 보호하기 위해 하와이 군도를 지배하고 서인도에 적어도 한 개 기지를 확보하는 것이 긴요하다고 주장했다. 그리고 이 양키 피크로콜은 "니카라과 운하를 건설하면 쿠바가 우리에게 필요해진다"라고 계속 주장했다.

매킨리 시대에는 이러한 의견이 국수주의적인 신문을 통해 널리 전파되었다. 이 의견은 소수의 제국주의자뿐 아니라 일반 대중, 심지어 상류층 단체인 미국혁명여성회Daughters of the America Revolution까지도 환영했다. 소수의 자유주의적인 지식인과 평화주의자만 이 주장에 반대했다. 물론 자유주의자와 제국주의자의 열정이 하나가 될 수도 있다. 가령 큰 나라의 압제를 받는 작은 나라를 지원하는 경우가 그렇다. 미국인은 온정적이고 돈키호테의 성격에 공감하는 사람들이었고 그들은 국제무대에서 돈키호테의 역할을 하는 것에 만족했다. 한데 그들이 이 배역을 세르반테스의 나라인 스페인에서 연기해야 하는 것은 다소 아이러니컬한 일이었다.

3. 아메리카 대륙과 가까운 거리에 위치한 쿠바 문제는 미합중국 행정부의 관심사였다. 미합중국은 그 섬에서 사탕과 담배를 수입하는 등 이해관계가 컸지만 스페인의 주권을 인정해 여러 번의 쿠바 혁명에도 공공연히 간섭한 적이 없었다. 미합중국에서 남북 간의 분쟁이 이어지는 동안 쿠바 문제는 이해관계보다 미합중국 자신의 정치적 정세에 따라 다르게 받아들여졌다.

1868년 쿠바에서 혁명이 일어났을 때 북부에서 많은 동정을 표시했고 뉴욕 시에 쿠바 국기를 게양했다. 당시 북부는 남부의 반란을 진압하고 정부의 권위를 강화하던 때라 서로 같은 입장에서 반란을 진압하려는 스페인 정부의 주권을 존중했다.

1895년 쿠바에 새로운 혁명이 일어났다. 이 혁명은 미합중국의 관세정책으로 쿠바의 농장주가 타격을 받으면서 노임을 삭감하는 바람에 일어났는데 스페인의 발레리아노 웨일러Valeriano Weyler 장군이 무자비한 방법으로 진압했다. 그가 설치한 강제수용소에서 수천 명에 달하는 부녀자와 어린이가 사망했다고 전해졌다. 일부 신문은 스페인의 만행을 대대적으로 보도하고 새로 나온 담배 광고를 취급하듯 전쟁을 선동했다. 어떤 신문사는 개전 여부를 걸고 300만 달러의 내기를 걸었다.

쿠바인의 독립을 위한 열망은 전제 군주정치를 적대시하는 아메리카의 자유주의자들을 기쁘게 했다. 클리블랜드 정부는 스페인에 쿠바의 자치를 허용하도록 권고했으나 군사적 개입을 선동하는 신문사의 활동만은 강경하게 억제했다.

4. 1897년까지 계속된 쿠바의 무정부 상태는 현지에 농장이 있던 미국인들을 불안과 혼란에 빠뜨렸다. 감금과 심한 학대를 받았던 것이다. 스페인은 반란으로 발생한 손해 배상을 거부했다.

매킨리는 캐나다와 영국의 관계처럼 쿠바에 사실상 독립을 허용하고 스페인이 명예 종주권을 보유하게 함으로써 해결하고자 했다. 자유주의자 프락세데스 마테오 사가스타Praxedes Mateo Sagasta가 스페인 정권을 장악하고 웨일러 장군이 소환되자 아메리카의 끈질긴 노력이 결실을 보는 듯했다. 그런데 1898년 2월 느닷없이 새로운 사건이 발생했다. 워싱턴 주재 스페인 대사 드퓨 드 롬Depuy de Lome은 친지에게 매킨리가 우유부단하고 기회주의적인 정치가라는 내용의 서신을 보냈다. 이 서신이 허스트계 〈뉴욕 저널〉에 게재되면서 드퓨 드 롬 대사는 사임했고 순양함 메인호가 미합중국 시민을 보호하기 위해 쿠바로 떠났다.

전쟁을 반대한 상원의원 한나는 이 조치는 불붙은 성냥개비를 장난삼아 석유통에 던지는 것처럼 위험하다며 반발했다. 사태는 그의 의견이 옳다는 것을 증명해주었다. 1898년 2월 15일 메인호가 폭발사고로 침몰하면서 승무원의 태반이 사망했고 폭발 원인은 우발적인 사고라고만 발표되었다. 정부의 모략 행위, 개인의 범행, 전쟁을 유발하려는 폭도들의 계획적인 범행 등 적지 않은 허위사실이 유포되었으나 진상은 알 수 없었다.

미합중국의 여론은 스페인 정부에 책임이 있다고 주장했다. 그때까지 "알라모를 잊지 말라!"고 하던 스페인에 대한 구호가 이제는 "메인호를 잊지 말라!"로 변했다. 전쟁을 원치 않은 스페인 정부는 협상을 시도했고 조사와 조정을 제의하면서 교황의 중재를 희망했다. 그뿐 아니라 쿠바의 자치도 허용하겠다고 밝혔다. 매킨리는 이 문제를 강경하게 다루지 않으면 당이 분열될 것이라고 염려해 의회에 선전포고를 요청했다. 4월 19일 의회는 미합중국과 스페인이 전쟁 상태에 들어갔다고 선언했다. 한나 상원의원은 마음이 편치 않았다.

5. 훗날 존 헤이 국무장관은 "굉장히 신나는 작은 전쟁이었다"고 기록했다. 그는 학식과 구변을 갖추고 매력 있는 당대의 우수한 외교관으로 황금률(성서 구절)과 먼로주의를 모두 준수하려 애쓰는 사람이었다. 그 전쟁은 아무런 피해 없이 일방적인 승리를 안겨주었고 전국은 하나가 되어 열광했다. 민주당과 공화당, 북부와 남부가 하나의 공동

목표를 달성하기 위해 단결했던 것이다. 남부의 한 퇴역 장군은 남부의 화합을 고취하는 애국적인 노래를 지었다.

그는 회색 군복을 벗었다.
연방군의 청색 군복을 입기 위해

일부 국민은 제국주의적인 전쟁이었지만 필요한 것이라 했고 또 일부는 이상주의적인 전쟁이라고 생각했다. 이 전쟁은 불행하게 억압된 이웃을 해방시키는 신성한 행동으로 받아들여졌다. 아무도 신속한 승리를 의심하지 않았고 당시의 정세를 봐도 이 전망은 당연했다. 잘 훈련받고 제대로 무장한 미합중국 해군은 실전에 임해 그 우수성을 실증했다. 반면 육군 병력은 8만 명에 불과했고 징집된 12만 5,000명의 지원병에게는 무기와 군복을 지급하기도 어려운 형편이었다. 그러나 병력에서 우세한 스페인도 장비가 열등했고 지휘 계통도 엉망이었다. 1만 7,000명밖에 되지 않는 아메리카 원정군은 샌디에이고 항에서 스페인 함대를 격파한 해군의 지원을 받아 쿠바를 점령했다. 원정군 중에는 러푸 라이더스Rough Riders(의용기병대) 연대를 지휘하기 위해 해군차관을 사임한 사람이 있었는데, 상당한 명성을 얻은 그는 바로 시어도어 루스벨트Theodore Roosevelt(1858~1919, 제26대 대통령—역자주)였다.

태평양에서는 듀이 제독이 소함대를 이끌고 마닐라 항에 나타나 독일 제독의 시기와 영국 제독의 호의에 찬 눈앞에서 사병 하나 잃지 않고 스페인 함대를 격파했다. 그러나 필리핀 혁명가 에밀리오 아기날도Emilo Aguinaldo가 지휘하는 필리핀 반란군의 지원을 얻어 마닐라

시를 점령한 것은 강화조약을 체결한 후인 8월 13일이었다. 스페인령 푸에르토리코 섬 점령에는 저항이 거의 없었고 어느 풍자가는 이 원정을 가리켜 거창한 소풍 또는 달구경이라고 불렀다.

6. 스페인은 파리에서 강화조약에 조인했으나 조건이 매우 가혹했다. 쿠바를 포기하고 푸에르토리코, 괌, 필리핀을 미합중국에 200만 달러에 할양해야 했는데 이것은 스페인 제국의 종말을 의미했다. 아메리카에 처음 서방 문명을 전해준 스페인이 그 아메리카에 자신들의 최후의 영토를 잃는다는 것은 자존심 강한 국민에게 매우 뼈저린 일이었다.

미합중국에서는 이 승리가 심각한 사상적 문제를 제기했다. 때마침 영국에서는 시인 러디어드 키플링Rudyard Kipling이 제국주의 정책을 정당화하고 백인이 권력이라는 중책을 짊어지게 된 것을 찬미했다. 자유주의적인 많은 미국인이 소위 '백인의 중책'이 적색, 흑색, 황색 종에 대한 중압이 될 우려가 있다고 생각했다. 1898년 11월 찰스 프랜시스 애덤스와 카를 슈르츠는 보스턴에 반제국주의자 연맹을 창설했는데 주요 강령은 식민지 점유 반대였다.

쿠바의 경우에는 이 원칙이 관철되었고 레너드 우드Leonard Wood 장군은 제헌회의가 헌법을 제정할 때까지만 쿠바에 주둔했다. 그러나 쿠바는 다음의 조항을 약정해야 했다.

"미합중국의 승인 없이 주권에 관한 어떠한 협정도 체결할 수 없고 미합중국이 요망하는 해군기지를 양도 또는 대여한다. 제3국의 공격을 받았을 때는 미합중국 정부의 개입을 수락한다. 정상적인 세입 예산으로 그 이자를 지불할 수 없는 차관 도입을 하지 않는다."

푸에르토리코에서도 원만한 합의가 이뤄져 1900년 주민은 하원의
원을 선출할 권한을 얻었고 미합중국 대통령은 위원회와 총독을 임
명했다. 1917년 푸에르토리코 주민이 미국 국민이 되면서 위원회는
선거를 통한 상원으로 대치되었고 총독만 미합중국이 임명했다. 현재
푸에르토리코 주민 중 일부는 연방의 주로 통합되길 원하고 또 일부
는 독립을 희망하고 있다.

7. 필리핀 문제는 한층 더 복잡했다. 만약 미국이 먼 거리에 있는
영토를 보유한다면 틀림없이 식민지 제국이 되는 셈이었고 많은 미
국인이 여기에 반대했다. 반면 일부에서는 강화조약에 규정한 금액을
지불하면 양심에 거리낄 것이 없지 않느냐고 생각했다. 국무장관 존
헤이는 다음과 같은 기록을 남겼다.

"내 마음속에 있는 단 한 가지 문제는 필리핀에서 언제 철수할 것인
가 하는 수습책뿐이다."

아기날도를 수반으로 하는 필리핀 정부는 3~4만 명의 병력으로 오
티스 장군이 1만 5,000명의 병사로 점령하고 있던 마닐라를 포위했
다. 한데 도중에 필리핀인 사이에 분열이 생겼고 아기날도는 모략으
로 체포되었다. 이후 필리핀은 하와이와의 중간 지점에 있던 원정군
이 진격하던 도중에 점령한 괌과 함께 미합중국의 영토가 될 것처럼
보였다.

그런데 점령은 했어도 동화되지 않은 지역의 통치에 관해 헌법에
규정된 것은 아무것도 없었다. 오로지 대통령만 총사령관으로서 통치

권을 갖고 있을 뿐이었다. 대통령은 군인, 선원, 대학총장으로 구성된 위원회를 만들어 자신을 보좌하게 하고 얼마 후 온후한 거인 윌리엄 하워드 태프트William Howard Taft(1857~1930, 제27대 대통령—역자주)를 문관 총독으로 임명했는데 그는 양식과 겸양으로 놀랄 만한 업적을 이뤄냈다. 미국인은 필리핀인을 동화하는 데 성공했고 1941년 전쟁이 일어나자 1944년에 완전 독립을 허용하겠다는 관대한 의도를 밝혔다.

8. 1900년에는 제국주의에 관한 논쟁이 치열했다. 교수, 철학자, 작가 등 많은 사람이 만약 미국이 진부한 유럽의 여러 나라처럼 식민지 획득에 관심을 기울이면 숭고한 미국 정신을 잃을 거라고 염려했다. 마크 트웨인은 대통령에게 이대로 계속 가면 장차 미국의 성조기는 흰 줄 대신 검은 줄, 별 대신 해골을 그리게 될 것이라는 서한을 보냈다.

매킨리는 일반 대중의 마음을 잘 알고 있었다. 로버트 세실 수상은 누구든 영국 국민이 생각하는 것이 무엇인지 알고 싶거든 빅토리아 여왕에게 물어보는 것이 상책이라고 말한 바 있다. 매킨리의 생각도 미합중국 국민의 생각과 일치했다. 당시 그는 전 국민이 자신의 외교정책을 지지한다는 것을 잘 알고 있었다. 사실 유권자들도 그를 신뢰했기에 그가 재선하도록 표를 준 것이다.

브라이언은 다시 한 번 대항했지만 금과 은 두 가지 본위제에 대한 열광적인 관심이 식는 바람에 이번에는 반제국주의론을 들고 선거운동에 나섰다. 그는 다음과 같이 강조했다.

"피통치자의 동의 없이 성립된 정부는 전제정치다. 제국은 공화국일 수 없다."

또한 독립선언문에 기재된 사상은 인민을 노예화하는 정부와는 양립할 수 없다면서 다음과 같이 역설했다.

"우리는 무력으로 통치하는 국가에 대한 거만스러운 멸시를 버려야 한다. (…) 우리는 보호령을 포기하거나 독립을 위해 투쟁한 조상의 원칙을 부인하거나 양자택일을 해야 한다."

반제국주의자인 애덤스와 슈르츠는 브라이언을 다소 광기가 있는 사람으로 여기면서도 그를 지지했으나 국민은 그를 따르지 않았다. 매킨리는 힘들이지 않고 쉽게 재선되었다. 그는 80만 표 차이로 대승했고 시어도어 루스벨트가 부통령이 되면서 선거는 더욱 거국적인 성격을 띠었다.

루스벨트는 러푸 라이더스의 연대장에서 뉴욕 주지사가 되었다가 자신이나 매킨리의 의사와 상관없이 부통령에 당선되었다. 실은 그가 너무 독선적이라 조종하기 어렵자 뉴욕 주 당 기관 중진들이 그를 주지사에서 밀어내기 위해 부통령으로 선출한 것이다. 이것은 당 중진들의 커다란 오산이었다. 거북해서 쫓아낸 그 인물이 얼마 지나지 않아 대통령이 되었기 때문이다. 재선된 첫해인 1901년 9월 6일 한 무정부주의자에게 저격을 당한 매킨리 대통령은 평소와 다름없이 조리 있는 말을 정확히 하면서 세상을 떠났다. 존 헤이는 말했다.

"그는 공인 중에서 내가 아는 한 가장 온정 있고 침착한 사람이었다."

곧바로 과감하고 열정적인 루스벨트가 대통령직을 이어받았다.

—

chapter 9

결론: 산업국가로의 등장

Conclusion

—

1. 남북전쟁부터 19세기 말에 이르는 미국 역사는 풍자시와 서정시가 뒤섞인 독특한 시대라고 할 수 있다. 일반인이 이 시대의 인물로 기억하는 이름은 대통령이나 사상가가 아니라 산업계 거물들이었다. 그들이 이뤄낸 사업은 기적적이라 할 만했다. 반세기도 채 되지 않아 드넓은 대륙에 철도가 종횡으로 개통되었고 이것을 따라 사람들은 정착하고 개척하고 개발했다. 19세기에는 아메리카를 정복한 사람들이 비인도적인 수단으로 초인적인 재산을 축적했고, 그들을 위해 봉사한 수많은 사람들을 돈벌이 도구로 취급했다. 그들에게 사람은 수단을 위한 도구일 뿐 목적으로 보이지 않았다. 과거의 이상주의는 그들의 정신에 아무런 영향도 주지 못했다. 그들은 교회에 다니긴 했으나 신앙심이 없었다. 그들도 선거 때는 자유를 운운했지만 헌법을 악용하거나 정치로 자기들의 이익을 옹호하려 했다. 그들에겐 교양도 예절도 없었고 자취를 감춘 종교적 도덕을 대신할 논리적 정의도 없

었다. 한마디로 무서울 만큼 이기적이고 놀라울 만큼 능률적인 위대한 개인주의의 시대였다.

2. 방대한 산업체를 구축하는 데 그들의 무자비한 힘이 필요했던 것은 사실이다. 하지만 19세기 말에는 개인주의가 지나치게 발전해 일반 시민의 생활을 위협하기에 이르렀다. 금권정치가 민주주의를 지배할 것인가? 이것은 남북전쟁 이후 35년간 중대한 문제로 떠올랐다. 1880년 무렵 여론은 '사업가는 규제받아야 하고 정치가는 보다 성실해야 한다'는 것이었다. 헨리 애덤스는 "이 시대 정치의 비결은 사람을 지배하기 위해 이교도의 신처럼 사회적으로 격리되어야 하고, 유권자에게는 알려지지 않아도 정치가로서 반드시 알아둬야 하는 사람에게는 자신을 알려야 하며, 산 채로 가죽이 벗겨지는 한이 있더라도 절대 정치적 입장을 밝히지 않아야 한다는 것이다"라고 말했다.

얼마 후 시행한 선거에서 개혁파가 기업가를 제압했다. 때론 기업가가 만년에 이르러 개혁자가 되기도 했다. 특히 카네기와 록펠러가 재산을 기증해 설립한 재단은 오늘날까지 학술 진흥에 많은 기여를 하고 있다. 양당 내에서도 진보적인 소수파가 영향력을 발휘했고 셔먼 반트러스트법도 일반의 환영을 받았다. 이 시대가 부정부패로 병든 것은 사실이지만 1890년 무렵에는 이 나라가 핵심까지 썩은 것은 아니라는 증거가 많이 보였다. 여전히 부정부패가 있긴 했어도 규탄받을 정도로 지나친 부정은 반드시 처벌을 받았다. 사람이 하는 일에서 완벽을 바랄 수는 없다. 이성을 가진 국민은 정부에 잘못이 있다면 이를 바로잡고, 정부의 중심이 흔들려도 목적만은 이탈하지 않기를 바랄 뿐이다. 미합중국의 경우가 바로 그러했다.

3. 이 무렵 아메리카는 독립 100주년을 맞이했다. 1876년은 독립 선언, 1881년은 요크타운의 승리, 1887년은 헌법 100주년 기념일이었다. 이러한 기념행사는 지나간 100년의 과정을 검토하는 이정표가 되었다. 1776년에는 소수의 꿈같은 희망에 지나지 않던 아메리카가 1876년에는 세계열강 중 하나로 광대하고 부강한 국가로 성장했다. 필라델피아에서 갖은 고초를 겪어가며 제정한 헌법은 1세기 동안 시련을 견딘 후 놀랄 만한 적응력을 발휘하고 있었다. 그러나 워싱턴과 제퍼슨의 아메리카는 이미 존재하지 않았고 해밀턴의 아메리카가 탄생했다. 해밀턴의 유복자인 이 천재 소년은 해밀턴이 예상한 것과 전혀 다른 아이였다.

인구는 대부분 도시로 몰렸고 부와 사치가 판을 치면서 계급 감정이 날카롭게 대립했다. 뉴욕에서는 부호 400명과 대중 400만 명이 서로 대립하며 살아갔다. 미합중국의 한 작가는 다음과 같이 말했다.

"피스크와 굴드, 트위드 도당, 크레디트 모빌리에 시대의 미합중국은 올바른 문명이 바라던 모습과는 판이했다. 400년 후에도 이런 괴물들이 나타나 계속 심각한 타락을 경험할 때, 발전을 위해 피할 수 없는 위대한 실험의 성과라고 자랑스럽게 회상할 수는 없을 것이다."

이 비판은 지나치게 신랄하다. 이 위대한 실험은 피스크와 굴드 외에 많은 영웅을 탄생시켰고 크레디트 모빌리에 외에도 많은 유사한 기구를 만들어냈다. 물론 이러한 현실에 비판을 가하려는 세력이 나타난 것은 다행스런 일이었다. 하지만 아메리카 문학에는 아직도 그런 작가나 작품이 나타나지 않았다.

4. 18세기 말에 창설한 정부기관은 19세기 말에도 대체로 만족할 만한 기능을 발휘했다. 이것은 한편으로는 아메리카가 영국에서 물려받은 자유 전통 때문이고, 다른 한편으로는 헌법 자체가 우수했기 때문이다. 앵글로색슨의 전통을 이어받은 중서부 개척자들은 그들의 자유를 잘 가꾸고 길러냈다. 즉, 그들은 자유토론, 배심재판제도, '대표권이 없는 곳에 과세는 없다'는 원칙 등을 굳게 신봉했다. 더불어 그들은 뉴잉글랜드에서 타운미팅과 질서 있는 공개토론 전통을 가져왔다. 이처럼 미합중국의 정치 경험은 오랜 전통과 질서 있는 건전성을 유지했다.

행정권과 이에 대한 수정권은 노예 문제만 제외하고 모든 필요한 개혁을 가능하게 했다. 특히 대통령 존슨의 무죄 결정은 의회가 법률을 제압하려는 유혹을 물리쳤다. 그렇지만 어느 정도 근본적인 개혁이 필요했고 자유주의자들은 상원의원을 일반 선거로 선출하자고 제안했다. 1787년에 제정한 헌법은 상원의원 선출 권한을 주의회에 부여했다. 건국의 아버지들이 이러한 간접선거제도를 택한 이유는 이것이 훌륭한 인물을 선출하게 하고 또 선거 운동이라는 힘든 노고를 없애줄 거라고 판단했기 때문이다. 이것은 일리 있는 판단이었고 사실상 19세기 말까지 많은 상원의원이 고대 로마의 집행관에 비길 만큼 진정한 국가의 원로들이자 수도 워싱턴에 파견된 각 주의 대사 격이었다. 그러나 반대론자들은 간접선거제도가 사업가들이 자기 마음에 드는 대표를 쉽게 상원에 보내는 폐단을 안고 있다고 공격했다. 어느 새 '부자 클럽'이 된 상원은 여론의 힘으로는 도저히 움직일 수 없는 존재가 되었다.

이 논쟁은 어느 편이 옳다고 속단할 수 없었으나 직접선거제도를 주장하는 편이 우세해지면서 1913년 상원의원 선출 방법을 바꾸기 위해 헌법을 수정했다. 일부 주에서는 유권자가 당 기관이 결정한 후보자에게 투표하는 대신 유권자가 각 당내에서 후보자를 선택하는 예비선거를 할 것을 요구했다.

5. 도시는 급격히 팽창하기 시작했다. 뉴욕 시는 인구가 1860년 1,174,779명에서 1900년 3,437,202명으로 증가했고 시카고는 109,260명에서 1,168,575명으로 늘어났다. 미니애폴리스, 세인트폴, 디트로이트, 클리블랜드, 밀워키 등에서도 인구가 2~3배 늘었다. 신세계의 건축가는 우아함보다는 대담성을 보여주고 있다. 뉴욕 5번가와 허드슨 강변도로에는 르네상스식 저택, 이탈리아식 별장, 플랑드르 지방의 시청 등을 모방해 갈색 사암으로 지은 궁전 같은 건물이 줄지어 들어섰다. 이들 건물은 너절한 목각 장식이 더덕더덕 붙어 있는 가구, 멋없이 두껍기만 한 커튼, 두 번 다시 볼 생각이 나지 않을 골동품 그리고 영국과 프랑스의 유치한 그림으로 꽉 차 있었다. 주간지 〈더 네이션The Nation〉의 창간인 에드윈 고드킨Edwin Godkin은 이 시대를 '채색 석판화 시대'로 명명했다. 사업가들은 자연히 경쟁에서 오는 긴장감을 풀기 위해 진부한 감상주의에 마음을 기울였다. 그 시대에는 뜨개질이 부인들의 소일거리로 널리 유행했다. 가구와 물건뿐 아니라 사람의 마음까지도 편물로 뒤덮었다. 1870년 최초의 아파트

가 뉴욕 시 동쪽 18로에 들어서서 대성공하자 이런 건물이 점차 늘어
나기 시작했다.

6. 재산을 축적한 사람들은 더욱더 외관을 장식하기 시작했고 이
제 100만 달러로는 부자라고 할 수 없었다. 대금융자본가는 5,000만
에서 1억 달러의 막대한 부를 소유했다. 그들의 가정에서는 영국에서
초빙한 집사가 제복을 입은 하인들을 부리며 주인 가족에게 영국식
예절을 가르치느라 애썼다. 레오나르도 제롬은 1만 달러를 들여 요리
점 델모니코에 친지 72명을 초대했다. 식탁 중심부에는 백조가 노니
는 못이 있었고 못과 객석 사이에는 황금 난간이 있었다고 한다. 이
시기에는 오락에도 고상한 취미 따위는 아예 없었고 최고 목표가 사
람을 놀라게 하는 데 있었다.

초창기의 곡마단은 유럽처럼 하나의 원형무대가 있는 조촐하고 매
력적인 것이었다. 피니어스 테일러 바넘Phineas Taylor Barnum은 관객에
게 두 개의 무대를 동시에 볼 수 있게 했고 나중에는 그것을 셋으로
늘렸다. 그는 약 50년 전에 조지 워싱턴의 유모였다는 흑인 노파를 구
경거리로 데리고 다니는 쇼부터 흥행 사업을 시작했다. 이후 그는 '엄
지만 한 톰 장군General Tom Thumb'이라 부른 난장이와 '스웨덴의 꾀꼬
리'라는 제니 린드Jenny Lind를 중심으로 조직한 쇼단을 거느리고 전국
을 순회해 흥행에 성공했다.

사라 베르나르Sarah Bernhardt는 세계에서 제일가는 배우로 프랑스
에서 미국으로 건너왔고 일반인의 관람 열기가 고조되기 시작했다.
1880년부터 1900년 사이에 예능인이 5,000명에서 1만 5,000명으로

늘었다. 〈톰 아저씨의 오두막Uncle Tom's Cabin〉, 〈비바람 속의 고아The Orphan of the Storm〉 등이 순회 흥행업자의 큰 돈벌이 극본이었다.

이 무렵 아메리카는 유럽의 저명한 음악가들의 천국이었다. 뉴욕 (1878), 보스턴(1881), 시카고(1891)에서는 교향악단을 창단했고 특히 뉴욕에서는 음악 애호가들이 메트로폴리탄 오페라 극장을 개설했다. 명사들은 그곳에 가족석을 갖는 것을 일종의 명예로 여겼다. 그것은 4두 마차, 2두 마차 등 가문의 자가용 마차를 갖는 것과 다를 바 없었다.

19세기 말까지 자동차는 아직 실험 단계를 벗어나지 못했다. 헨리 애덤스는 쉰 살이 다 된 몸으로 고생을 하며 점잖게 자전거를 배웠다.

7. 대도시 특수지구의 빈곤은 두통거리였다. 자선단체가 불행한 사람들을 원조하며 근본적인 구호 대책을 마련하려 진력했고 뉴욕의 헨리가와 시카고의 헐하우스에 원호 시설이 들어섰다. 제인 애덤스 Jane Addams는 헐하우스에서 가난한 사람들과 친숙해져 그들의 걱정거리를 덜어주고 어린이들과 가까워지려고 많이 노력했다. 자선사업가들은 서로 협조하면서 조직을 확장했다.

신앙심이 깊고 용기 있는 젊은 여성들은 음주와 매음이 성행하던 술집을 배격하는 투쟁을 개시했다. 그들은 술주정뱅이의 조롱과 욕설을 들어가며 술집 문 앞의 길바닥에 무릎을 꿇고 폐업하기를 기도했다. 그리스도교 여성금주연맹이 이들의 활동을 적극 지원했다. 학교에서도 학생들에게 금주 운동을 추진했다. 주류업계 수익자들과 고국에서의 습관으로 음주를 즐기는 이민자들은 금주에 반대해 궐기했다. 특히 독일계 이민자들은 맥주의 맛을 잊지 못했다. 1875년 '미국주점

금지연맹Anti-Saloon League of America'이 결성되었는데 이것은 나중에 정치적으로 중대한 역할을 담당했다. 금주당Prohibition Party이란 정당이 등장해 대통령 후보를 내세웠으나 성공하지는 못했다. 일부에서는 알코올음료 전면금지를 주장했다. 그들은 청교도의 일부와 음주가 노동력을 떨어뜨린다고 생각하는 공장주, 알코올이 여러 질병의 원인이라고 확신하는 일부 의사들이었다.

8. 미합중국은 19세기 말까지 프로테스탄트 나라를 계승했고 전국민이 그렇게 되기를 희망했다. 그러나 이민자가 급증하면서 가톨릭교도가 현저하게 증가했다. 1900년에는 900만~1,000만의 가톨릭교도(아일랜드인, 프랑스인, 이탈리아인, 독일인, 폴란드인)가 미국 내에 거주했다. 볼티모어에서는 제임스 기번스James Gibbons 추기경이 노동자와 노동조합을 지원했고, 세인트폴의 대주교 존 아일랜드John Ireland는 대규모 파업을 조정하는 데 성공했다.

프로테스탄트교회는 여전히 신자를 장악했으며 주일에는 교회가 신자로 가득 찼다. 그러나 뜻 깊은 많은 사람이 과학과 종교의 대립을 어떻게 해결할 것인가를 연구하는 데 몰두했다. 진화론과 성자 비판은 청교도의 자손들에게 커다란 고뇌를 안겨주었다. 일부 자유주의적인 프로테스탄트 신자는 성서를 위대한 시적, 도덕적 가치가 있는 아름다운 양서로 간주했다.

한편 새로운 사상인 진화론을 가르쳤다는 이유로 파면된 대학교수가 한두 명이 아니었다. 불가지론자로 성서를 공개적으로 반대한 로버트 잉거솔Robert Ingersoll 대령은 그의 입장을 다음과 같이 해명했다.

"나는 모른다. 반대하지도 않는다. 그러나 믿지도 않는다."

새로운 교파 신지학Theosophy과 그리스도교 과학파Christian Science도 많은 추종자를 얻었다. 1895년 그리스도교 과학파의 교회가 보스턴에 들어섰고, 가톨릭교와 유대교에 반대하는 비밀결사가 또다시 남부와 서부에 등장했다. 유대교회에 등록한 신자는 19세기 말 100만 명에 달할 정도였다. 그러나 의학, 법률 특히 교육에서의 지배적인 위치는 아직도 프로테스탄트가 장악하고 있었다.

9. 1870년부터 1900년까지 공립학교 학생은 700만에서 1,550만 명으로 늘어났고, 고등학생은 1878년 10만 명이던 것이 1900년에는 50만 명으로 증가했다. 각 주에서는 예산이 마련되는 대로 주립대학을 설립했다. 부호들 사이에서는 유서 깊은 명문 사립대학에 거액을 기부하는 것이 유행했다. 하버드, 예일, 프린스턴 등에는 막대한 기금이 조성되었다. 초등교육 분야에는 아직도 개선해야 할 점이 적지 않았다. 일단 교사의 보수가 너무 적었다. 19세기 말 평균 월급이 남교사는 45달러, 여교사는 38달러였고 인간적·사회적 지위도 만족할 만한 수준이 아니었다.

이 나라에는 아직 수세기의 경험에서 생기는 전통적인 교육 유형이 없었기에 열성적인 사람들의 일시적인 발상으로 교과 과정이 급변하는 일이 빈번했다. 성인 교육에서는 많은 진보가 있었다. 특히 앤드루 카네기가 600만 달러를 희사해 도서관을 설립하자 이것을 본받은 사람들이 많이 나타났고 지방자치단체에서도 도서관 경비를 부담했다. 19세기 중엽에는 〈하퍼스 매거진Harper's Magazine〉, 〈애틀랜틱 먼슬리

The Atlantic Monthly〉, 〈스크라이브너스Scribner's〉 등 대표적인 정기 간행물이 창간되어 일반의 교양 및 취미 향상에 기여했다. 문화협회가 자주 교양강좌를 주최하기도 했다. 뉴욕 근방의 셔터쿼 호반에서는 매년 여름 야외 교양대학을 개강해 성인의 재교육, 전문교육 그리고 필요에 따라서는 초보교육까지 실시했다. 호기심과 향학심은 날이 갈수록 아메리카의 미덕이 되었다.

10. 월트 휘트먼과 마크 트웨인은 19세기 말에도 여전히 유명했다. 그 외에는 문학 방면에서 이름난 사람이 별로 없었다. 문학에 전력을 기울인 휘트먼은 미국의 현실에 커다란 실망을 느끼고 있었다. 그는 신세계 민주주의는 물질문명의 진보에 따라 생산성과 외형적인 대중문화에서는 성공했으나 그것은 어디까지나 환상에 불과하고 이때까지의 사회 상태를 종교적·도덕적·문화적·윤리적 성과에서 검토하면 완전한 실패라고 말했다. 물론 이 시대에도 사상가는 존재했다. 철학에서는 선험주의자의 신비주의가 실용주의자의 현실주의에 자리를 내주었고, 윌리엄 제임스William James, 찰스 피어스Charles Pierce, 존 듀이John Dewey 등은 진리는 처방전처럼 효험이 나타나야 인정할 수 있다고 주장했다. 이들의 결정론은 19세기 전반에 성행한 낭만적 낙관론과는 전혀 다른 비관론을 조성했다.

소설 부문에서는 브렛 하트Bret Harte와 잭 런던Jack London이 서부의 모험생활을 묘사했고 햄린 갈런드Hamlin Garland는 개척자의 행적을 주제로 삼았다. 윌리엄 딘 하월스William Dean Howells는 고상하고 흥미로운 작품을 통해 동부사회의 생활을 묘사했다. 유럽 문화에 심취한 헨리 제임스Henry James는 신중하고 면밀한 문체로 독창성을 발휘했는데 그는 스스로 생각했던 것보다 훨씬 더 미국적인 작가였다. 이국땅에 이식된 먼 나라의 나무도 뿌리만 내리면 제 꽃을 피우는 법이다.

11. 이 시대에는 남자보다 여자 독자와 청강자가 더 많았다. 19세기에 미합중국의 남자들은 돈벌이에 열중했고 부인들은 여가를 이용해 교양을 높이는 데 전념했다. 미합중국의 여자들은 자기 나라에서 지나치게 존경을 받은 나머지 도리어 손해를 보는 일도 있었으나 프랑스와 영국의 귀족은 그녀들을 높이 평가했다. 1895년 보니 드 카스텔란Boni de Castellane 백작은 애나 굴드Anna Gould, 영국의 말버러 공작 Duke of Marlborough은 콘수엘로 밴더빌트Consuelo Vanderbilt와 결혼했다. 19세기 말에는 출생률이 떨어졌고 1890년에 한 가족 평균 네 자녀였던 것이 1900년에는 세 자녀로 감소했다. 절차가 힘들었기 때문에 이혼은 그리 많지 않았다. 1887년 인구 10만 명당 이혼이 27건이던 것이 1897년에는 62건으로 늘었다. 1880년에는 250만 명의 여성이 직장에 나갔는데 1890년에는 400만 명에 달했다. 점원, 비서, 기자, 약제사 등 많은 직장이 여성을 위해 문을 열었지만 일반인은 여전히 그들을 이상한 눈으로 바라봤다.

19세기 말에 이르자 미합중국에서는 가정에서 고용인을 구하기가 매우 어려워졌다. 그 이유 중 하나는 노예제도 폐지 운동이고 다른 하나는 남녀를 불문하고 미합중국의 자유시민으로서 가정 고용인이 되기를 싫어했기 때문이다. 이에 따라 직업이 있는 가정주부는 통조림을 데워 식사하는 습관을 만들어냈다. 독서클럽, 미술클럽, 음악클럽,

체육클럽 등 여성의 사교단체도 많이 등장했다. 해리엇 비처 스토와 줄리아 워드 호Julia Ward Hoe는 여성 참정권 운동을 시작했다. 19세기 말에는 미국 여성이 영국과 프랑스의 여성보다 월등하게 자립적이었다. 바사르Vassar, 버나드Bernard, 스미스Smith, 웰슬리Wellesley, 마운트홀리오크Mount Holyoke, 브린모어Bryn Mawr 등 여자대학교도 많이 발전하고 있었다.

12. 이 시대에는 사업가의 악덕, 정치가의 배금주의, 사회규범 결여, 풍습의 저속화 등을 마음대로 공격했는데 이것은 쉽고도 타당한 일이었다. 남북전쟁을 계기로 하나의 세계가 사라졌고 그 세계에서 살아남은 사람과 초기에 건너온 청교도의 후손들에게는 새로 나타난 세계가 키예프Kiev나 나폴리Napoli에서 갓 들어온 이민자들보다 더욱 생소하게 느껴져 불평과 비판이 널리 퍼져나갔다. 그렇다고 새로운 세계가 탄생한 사실을 부인할 수도 없었다. 30년간 사업 열풍에 들뜬 아메리카의 산업 시설이 현저히 발전해 계급 간의 심각한 격차를 줄여주었기 때문이다. 즉, 생산성 확대로 생활수준이 평준화되었다.

의류의 대량생산으로 중류계급 남녀도 상류계급 못지않게 옷을 입었고 매년 변화하는 유행을 따랐다. 이제 큰 상점은 과거에 특권계급만 구입하던 상품을 일반 대중에게 판매했다.

19세기 말 대조각가이자 건축 방면에도 능했던 어거스트 세인트고든스Augustus Saint-Gaudens는 건축계에서 큰 활약을 했다. 1893년 시카고에서 아메리카 발견 400주년을 기념해 도시, 공원, 정원을 위한 진보적인 설계를 주제로 박람회가 열렸다. 중서부의 농민들은 이곳에서

1894년부터 1900년까지의 풍작과 높은 농산물 가격으로 벌어들인 돈으로 안락한 생활을 누리기 위해 참고자료를 수집했다. 국민 모두가 늘어난 국가의 부를 분배받은 것이다.

개혁파는 부의 분배가 자본가 측에 너무 쏠려 있음을 비판했고 사실이 그러했다. 역사가 아서 슐레진저 2세Arthur Schlesinger Jr. 교수는 《미국사의 새로운 관점New View point in American History》에서 다음과 같이 논평하고 있다.

"현대생활이 점점 복잡해짐에 따라 개인의 자유와 기회는 정부의 보호 및 감독으로만 공정하게 지킬 수 있다는 의견이 팽창해왔다. 그러나 미합중국 사회는 사회주의나 공산주의가 민중의 지지를 받을 만큼 곤궁하지는 않았다. 대부분의 미국인은 지성적인 사회 통제가 한편으로는 무자비한 개인주의를, 또 한편으로는 정부의 간섭 정치를 저지한다고 생각한다."

제6장

–

세계적인 강국

HISTOIRE DES ETATS-UNIS

chapter 1

시어도어 루스벨트

Theodore Roosevelt

—

1. "해야만 하는 일은 언제든 하게 되고야 만다." 미합중국의 정치계를 정화하는 일은 국민 대다수가 요망하던 숙제로 반드시 개혁자가 나타나야 했다. 시어도어 루스벨트는 1858년 뉴욕에서 여러 대를 이어온 유서 깊은 명문가에서 태어났다. 그의 네덜란드계 혈통에는 프랑스의 위그노교도, 스코틀랜드인, 웨일스인 그리고 펜실베이니아 퀘이커교도의 피가 섞여 있었다. 그의 조상들은 지방행정의 여러 직책을 맡았으나 그는 소년 시절에 몸이 너무 허약해 공직에 진출할 희망이 없어 보였다. 그는 가슴이 얇박했고 천식까지 앓고 있었다.

아버지의 권고에 따라 그는 자신의 의지와 인내로 강건한 육체를 만들려고 열심히 노력했다. 매일 지속한 체조 덕분에 건강과 더불어 강철 같은 근육까지 갖춘 그는 스포츠맨이 되었다. 역사가나 문학가가 되려던 애초의 꿈을 버리고 권투, 사냥, 야외생활과 함께 정력적이고 난폭한 활동에 흥미를 갖게 된 것이다. 하버드를 졸업할 때 그는 정계에 진출하겠다고 결심했다. 친구들은 명문가 청년이 정계에 발을 들여놓으면 거칠고 감당할 수 없는 생활과 '추악한 거래'에 말려들 거라며 만류했다. 하지만 그는 진실한 정치가는 정치위원회 같은 모임에만 참석하고 인기 있는 권세가의 살롱에는 출입하지 않는 법이라고 응수하며 열정과 용기로 뉴욕 시 정계에 몸을 던졌다.

2. 그 시대의 공공생활은 건실함과는 아주 거리가 멀었다. 한 풍자가는 이렇게 표현했다.

"사업가를 위한, 정계 우두머리에 의한, 인민의 정부Government of the people, by the bosses, for the businessmen"

루스벨트와 그의 젊은 동지들은 팔을 걷어붙이고 거짓말을 잘하는 정상 모리배, 부패한 사법관, 뉴욕 공화당 기관의 우두머리인 상원의원 '나도 플래트'를 목표로 공격을 집중했다. 그는 민정사무관이자 뉴욕 주 경찰위원회 위원장으로서 위임받은 각 부서를 깨끗이 숙청하고 부하 직원들에게 새로운 의무감을 고취시켰다. 그가 당파와 정견에 구애받지 않고 보좌관을 임명하자 직업 정치인들은 당황했다. 루스벨트는 하류계급에 관심이 있었고 그들의 감정과 욕구를 알려고 노력했는데, 사람들은 그를 '하룬 알 루스벨트Haroun Al Roosevelt(하룬 알 라시드는 중세기 사라센 제국의 영주—역자주)'라고 불렀다.

1889년 시인 키플링은 루스벨트가 어느 클럽에서 사회를 종횡으로 비판하는 것을 듣고 이 젊은 '테디Teddy(애칭)'가 세계를 변혁할 만한 사람이라는 인상을 받았다고 했다. 그는 열렬한 행동력으로 능률적인 행정가라는 명성을 얻었고, 스페인 전쟁 때 매킨리 대통령은 그

시대의 개혁가로서 국력 신장에 크게 기
여한 시어도어 루스벨트

를 해군차관으로 임명했다. 그의 강렬한 활동은 먼저 부대원들을 놀
라게 했다. 해군장관 존 데이비스 롱John Davis Long은 루스벨트가 해군
에서 메인호보다 더 위험한 폭발 사건을 일으킬 것이라고 말했다. 다
행히 루스벨트가 러프 라이더스의 연대장이 되어 쿠바에 출전하기
위해 사임했다. 그는 나라를 사랑하고 장차 통치하려는 사람은 기꺼
이 그 나라를 위해 전쟁에 참가해야 한다는 신념을 가지고 있었다. 그
는 유감스러워하며 이렇게 말했다.

"이 전쟁은 대단한 게 아니었다. 그러나 이것밖에는 전쟁이라곤 없
었다."

그의 용기는 인기를 드높였고 개선하자마자 그는 뉴욕 주지사에 당선되었다. 그가 이처럼 중요한 지위에 있으면서도 당 기관을 무시하고 자주적으로 행동하자 상원의원 토머스 플래트는 크게 화를 내며 1900년 그를 축출하기 위해 부통령 후보로 지명했다. 루스벨트는 투덜댔다.

"부통령이라니? 나는 무엇을 해야 하는지조차 모른다. 나는 아마 상원 의장이 되어 할일 없이 죽고 말 것이다."

그가 지명되었을 때 공화당의 일부 의원도 그가 생각하던 그 이상의 일을 그에게 바라지 않았다. 공화당의 최고지도자인 상원의원 마커스 한나는 매킨리 대통령에게 혹시 일이 잘못되어 '이 빌어먹을 카우보이'가 대통령이 되는 사태가 벌어지면 대체 어떤 일이 폭발할지 생각해보았느냐고 물어본 적이 있다. 매킨리가 정말로 암살되고 '이 빌어먹을 카우보이'가 대통령이 되자 상원의원 한나는 그 사태를 받아들일 수밖에 없었다.

그러나 얼마 지나지 않아 대통령은 이 상원의원을 '늙은이'라 부르고 상원의원 한나는 대통령을 '테디'라는 애칭으로 부르는 사이가 되었다. 루스벨트는 과감한 개혁자이긴 했으나 더 큰 목적을 위해 사람들과 타협할 줄도 알았다. 여러 부조리와 싸울 계획을 세운 그는 공화당의 지지 없이는 개혁에 성공할 수 없음을 잘 알고 있었던 것이다.

3. 1908년 백악관을 떠날 때 루스벨트는 다음과 같은 소감을 피력했다.

"아마 다른 분들은 나보다 오랜 세월을 이곳에서 살았을 테고 나만큼 이곳을 좋아하겠지만 아무도 우리만큼 재미있게 지내지는 못했을 것이다."

여기서 '우리'란 자신과 가족을 의미했다. 루스벨트의 자녀들은 장대발이나 롤러스케이트를 타고 신성한 백악관의 복도를 질풍같이 내달렸고 젊은 대통령도 테니스, 승마에 열중했다. 루스벨트는 마이크 도너번에게 권투와 유도 교습까지 받았지만 집무에는 조금도 지장을 주지 않았다. 일반의 견해와 달리 그는 육체적 단련으로 얻은 운동 능력을 조금도 대단하게 여기지 않았고 오히려 왕성한 정신 활동과 해박한 견식에 자부심이 있었다. 그는 곧 국민의 인기를 독점했는데 이는 그가 선동적인 정치가가 아니라 공정한 정치가였기 때문이다.

그는 노동자와 자본가를 동등하게 '공정한 거래'로 대하려고 했다. 또한 공화당을 합리적이고 정치적으로 건전한 정당으로 개조할 각오를 굳혔지만, 과격한 급진주의는 공화당을 오히려 반동세력으로 이탈시킬 수도 있었으므로 신중하게 행동했다. 그는 재벌이라는 악당 권력층과 투쟁하기로 굳게 결심했으나 모든 재벌이 악인이라고 생각하지는 않았고 그렇게 말한 적도 없었다. 그는 다음과 같이 말했다.

"어떠한 국민, 종교, 인종에든 선인과 악인이 있는 법이다. 우리가 살아가는 이 세계가 장차 우리의 희망대로 된다면 그때 사람의 지위는 인간에 대한 그의 애정과 성의에 따라 결정해야 한다는 것을 일반이 널리 인식할 것이다. 나도 대통령직을 잃으면 슬프겠지만 그렇다고 지위에만 집착하고 모든 범죄와 부정을 숙청하는 데 전력을 다하지 않으면 이것은 몇 백 배나 더 슬픈 일일 것이다. 또한 노동자가 법을 지키고 부유층과 권력층이 법에 복종하도록 하지 못한다면, 나아가 시기심은 교만과 더불어 악덕이며 폭력과 난동이라는 죄악은 탐욕과 모략이라는 불의와 함께 처벌되어야 한다는 것을 인식시키지 못한다면 더 큰 슬픔을 느낄 것이다."

이것이 그의 기본적인 사상이었다. 그러나 이러한 중도정책을 실천하려는 정치가는 정치 파벌의 지지를 받기가 어렵기 때문에 늘 대단한 용기가 필요하다. 과연 그가 예상했던 대로 사업가는 루스벨트를 사회주의자, 노동자는 자본주의자라고 비난했다. 그는 다음과 같은 링컨의 말을 인용하면서 스스로 자기 심정을 달랬다.

"노동은 자본에 선행하는 독립적인 존재다. 자본은 오직 노동의 성과이며 노동이 선행하지 않으면 자본은 존재할 수 없다. (…) 자본도 권리를 가지고 있다. 그것은 다른 모든 권리와 동일하게 보호받아야 한다."

그는 원칙적으로 사용주와 노동자가 직접교섭을 통해 협상하는 것을 용인했다. 그는 만약 노사 간의 협상이 악화되어 국가에 해를 미칠 경우에는 정부가 간섭해야 한다고 생각했다. 1902년 그는 경영자가 광부 측과의 협상에서 성공하지 못하면 이를 접수해 파업 중인 탄광을 군대가 운영하게 하겠다고 위협했다. 그는 자신이 대통령으로 있는 한 노동자가 대통령과 친밀감을 느끼고 그들이 대기업 사장처럼 백악관을 쉽게 드나들 수 있도록 문을 개방하고 있다는 사실을 알아주기를 바랐다. 그러나 '더 쉽게'는 아니었다.

4. 루스벨트가 당선됐을 무렵 여론은 대기업의 권력이 커지는 것을 경계하고 있었다. 셔먼 반트러스트법도 트러스트의 확대를 방지하

지는 못했다. 루스벨트는 한 회사가 거대하다는 이유만으로 비난할
일은 아니라고 생각했다. 그는 대기업이 많은 이윤을 올리고 국가를
부강하게 한다면 환영할 만한 일이라고 봤다. 단, 사업가가 정직하고
경쟁력이 있으며 합법적이어야 했다. 트러스트가 사람을 시켜 독립한
다른 회사를 파괴한다면? 철도가 정유공장의 이익을 위해 제3자에게
경제적 부담을 전가한다면? 사탕 트러스트가 관리에게 뇌물을 바치
고 부당 이익을 취한다면? 이런 것을 허용하거나 방임할 수 있는가.

  법률을 존중하도록 독려하는 것은 정부의 책임이고 대통령은 이 책
임을 완수해야 했다. 어느 날 법을 어긴 대기업이 고발을 당했다. 그
회사는 위기를 모면하고자 선거자금 제공을 중지하겠다고 협박했지
만 루스벨트는 전혀 두려워하지 않고 공정하게 반트러스트법을 집행
했다. 또한 그는 임기 중에 육류위생법, 식품 및 의약품 안전법 등을
제정했다. 덕분에 미국의 식품은 오늘날에 이르기까지 세계 어느 나
라보다 가장 안전하게 보호받고 있다. 이 법을 제정한 이후 상품 내용
이 표시된 것과 조금이라도 다르면 위법 행위로 처벌을 받았다. 이것
은 찬양할 만한 위대한 개혁이었다.

  시간이 흐르면서 트러스트의 부정행위를 규탄하는 작가가 많이 등
장했다. 일부 작가가 애초의 목적에서 벗어나 없는 사실을 조작하고
오로지 폭로만을 위해 죄상을 날조하는 일까지 벌어지자 대통령은
이들을 남의 흠을 들춰내려는 사람들이라고 비난했다. 사업계에 도덕
이 뿌리내리게 하려는 갸륵한 의도는 루스벨트가 희망했던 것이지만
그는 도덕성을 수단으로 삼는 것은 잔인하다고 생각했다. 아무튼 그
는 누구든 잘못이 드러나면 서슴지 않고 처벌했다.

5. 야외생활을 즐기고 탐구심이 강한 루스벨트는 국내 지리 및 지질에 관해 광범위하고 정확한 지식을 갖추고 있었다. 그는 앞으로 미합중국을 파괴할 중대한 위험은 천연자원의 무절제한 낭비에서 비롯될 것이라는 사실을 분명히 예견했다. 19세기의 미국인에게는 석탄이나 석유가 한없이 쏟아질 것으로 보였기 때문에 이를 보존하려는 생각을 전혀 하지 않았다. 설령 한 지방에서 삼림이 황폐하고 지력이 쇠퇴할지라도 그게 무슨 문제란 말인가? 조금만 벗어나면 또 새로운 삼림과 토지가 있지 않은가?

이러한 낙관주의는 점차 사라졌다. 20세기 초 베어내는 수목이 자라는 수목의 세 배에 달했다. 삼림지대 황폐화로 국내 강수량이 달라졌고 바람을 막아주던 나무가 없어지면서 농토는 침식되었다. 더불어 공유 방목지는 강력한 목축업자들의 횡포와 남용으로 황폐해졌다. 루스벨트는 우선 현존 자원을 보호하고 그다음으로 새로운 자원을 창조할 조치를 취했다. 삼림을 보호하기 위해 국토의 대부분을 국유지로 책정하는 한편, 방목지를 보호하고자 무상으로 대여하던 방목지에 사용료를 내게 한 것이다. 이러한 조치는 당연히 맹렬한 반대와 끈질긴 반감을 불러일으켰다. 하지만 그는 새로운 자원을 위해 건조지대에 관개 계획을 세우고 애리조나 주에 루스벨트 댐을 건설해 75만 에이커에 달하는 광대한 농토를 조성하는 데 성공했다.

6. 강함과 부드러움을 겸비한 루스벨트의 외교정책은 완벽했다. 그는 유명한 다음의 말을 항상 염두에 두었다.

"조용히 걸어도 튼튼한 지팡이를 가지고 있으면 멀리 갈 수 있다."

그는 미국이 조용히 얘기해도 강력한 해군만 보유하고 있으면 먼로 주의를 견지할 수 있다고 주장했다. 임기 중에 그는 항상 등 뒤에 커다란 몽둥이를 가지고 다녔다. 특히 단호한 주장을 펼 때는 반드시 상대방의 명예를 손상하지 않도록 신중히 배려했다. 1902년 남아메리카의 베네수엘라가 독일, 영국, 이탈리아에 대한 민간 채무 지불을 거절했을 때 루스벨트는 채권국이 실력행사를 하지 말고 헤이그의 국제재판소에 제소하도록 조정했다.

캘리포니아 주의회가 연방의회에 일본인 이민 제한법을 제정하도록 요청하는 결의를 채택했을 때, 일본인이 크게 항의했다. 당시 샌프란시스코는 일본인 노동자가 늘어나면서 사회 문제가 불거지자 현행 조약에 위배되는 조치로 이를 막고자 한 것이었다. 루스벨트는 캘리포니아에는 필요한 경우 연방군을 출동시킬 용의가 있다며 조용히 설득하고, 일본에는 미국 해군을 출동시킬지도 모른다고 경고했다. 그 결과 캘리포니아 주는 비우호적인 일본인 배척 법안을 철회했고 일본은 스스로 이민자 출국을 제한하겠다고 약속했다. 시기를 포착하는 데 명민했던 루스벨트는 이렇게 말했다.

"지혜란 10분의 9까지는 시기를 잘 보느냐 그렇지 않느냐에 달려 있다."

7. 파나마 운하는 루스벨트 업적 중 최대 기념비라 할 수 있다. 1888년 수에즈 운하를 완성한 페르디낭드 드 레셉스Ferdinand de Lesseps (프랑스 토목기술자, 외교가—역자주)가 관리하는 한 프랑스 회사가 파나마 지협의 굴착공사를 시작했다가 기술적·정치적·재정적 이유로 실패하는

바람에 운하가 미완성인 채로 방치되어 있었다. 미합중국 입장에서는 이 운하 계획이 통상적 이익뿐 아니라 군사적 측면에서도 매우 중요했다. 미합중국은 태평양 국가들과의 새로운 이해관계 때문에 해군 함대가 대서양, 태평양을 쉽게 왕래할 수 있기를 바랐다. 스페인 전쟁 때 미합중국의 순양함 오리건호는 멀리 아메리카 남단인 케이프혼을 회항해야 했다. 이처럼 장거리 항해를 해야 하는 불편함이 운하의 필요성을 더욱 통감케 한 것이다.

그러나 영미 양국이 앞으로 준공하는 운하를 독점 지배하지 않겠다고 약정한 영미조약(1850)이 미합중국의 운하 계획에 걸림돌로 작용하고 있었다. 과거 영국 대사였고 당시 국무장관이던 존 헤이는 우호적인 관계를 손상하지 않고 이 조약을 폐기하기 위해 애썼고 마침내 성공했다. 미합중국 내에서는 운하 계획을 두고 두 가지 의견이 대립하고 있었다. 하나는 파나마에 있는 프랑스의 권리를 매수하자는 주장이었고 또 하나는 니카라과에 다른 운하를 공사하자는 것이었다. 파나마 쪽이 보다 용이했지만 프랑스 회사가 1억 1,000만 달러를 요구했고 미국 정부는 4,000만 달러 이상을 지불할 의사가 없었다. 그뿐 아니라 파나마 지방은 높은 산맥으로 분단되긴 했어도 법적으로 콜롬비아공화국 영토였고 콜롬비아는 그 나름대로 과도한 요구를 했다.

1903년 프랑스 회사는 4,000만 달러에 파나마 운하를 양도하는 데 합의했고 니카라과 계획은 자연히 폐기되었다. 더구나 새로 설립한 파나마 회사의 발기인인 윌리엄 크롬웰William Cromwell이 공화당의 정치자금으로 6만 달러를 기부하겠다고 나서자 니카라과 계획은 완전히 자취를 감추었다.

8. 레셉스와 함께 일한 프랑스 기사 필립 뷔노 바리야Philippe Bunau-Varila는 뉴욕에 와서 계속 늘어나는 콜롬비아의 요구를 간단히 처리할 방안을 제시했다. 그는 만약 파나마에 혁명이 일어나 파나마인이 독립을 선언하고 운하를 건설하는 데 필요한 토지를 미합중국에 양여한다면 아무 문제가 없을 것이라고 말했다. 미합중국 정부는 이 해결 방안이 대단히 만족스럽긴 했지만 국무장관 존 헤이의 담화를 통해 이런 비정상적인 협상에는 관여할 수 없다고 밝히도록 했다.

"우리의 정책은 시저의 부인처럼 세계의 어떤 의혹도 사지 말아야 한다."

하지만 혁명이 일어나면 콜롬비아 군대가 상륙하지 못하도록 미합중국 함대가 해안을 봉쇄하겠다는 계획을 혁명 주모자들에게 비밀리에 전달했다. 이는 혁명 투쟁을 반대하는 세력은 없으리라는 것을 미리 알려준 셈이었다. 1903년 11월 파나마 주민들은 반란을 일으켰고 미합중국 함대의 보호를 받은 이들은 별다른 인명 피해 없이 혁명에 성공했다. 새로운 국가가 탄생하면서 파나마 주재 미국 대사에 임명된 바리야는 파나마와 운하지대를 대여받는 조약을 맺었다. 영국과는 헤이폰스포트 조약The Hay-Pauncefote Treaty(1901)에 따라 사전준비를 끝냈으므로 콜롬비아 외에 다른 나라의 항의는 전혀 없었다. 20년 후 콜롬비아는 2,500만 달러를 받고 파나마의 독립을 승인했다. 훗날 루스벨트는 다음과 같이 말했다.

"나는 바리야가 은쟁반에 담아온 운하를 받았을 뿐이다."

어쩌다 일부 인사가 비열한 술수였다고 비난하거나 파나마를 강탈했다고 말하면 루스벨트는 이렇게 대답하곤 했다.

"만약 내가 정상적인 절차를 밟아 상원에 이 계획을 제안했다면 수많은 명연설과 반세기에 걸친 토론을 한 다음에야 운하를 건설했을 것이다. 나는 운하 건설을 앞에 두고 반세기 동안 토론하는 것보다는 건설을 끝낸 후 반세기 동안 내 조치에 대해 가부를 토론하는 것이 더 유익하다고 생각했다."

9. '공정거래'에 대한 결정, 커다란 지팡이를 사용하는 외교, 전원생활을 즐기는 모험정신, 악대마차를 타고 다니기를 좋아하는 솔직하고 순박한 감정 등으로 그는 유권자의 사랑을 듬뿍 받았고 1904년 선거에서 절대다수표로 재선되었다. 국제관계에서 보여준 빛나는 성과로 그는 재선 이후 더욱 명망이 높아졌다. 그는 부정한 행위를 보면 피해자를 도와주려고 곧바로 달려가야 직성이 풀리는 기질의 소유자였다.

1905년 러일전쟁이 끝난 후 일본과 러시아 간의 강화가 성립된 것은 그의 호의적인 알선 덕분이다. 1906년에는 알헤시라스Algeciras 회의에서 외교적인 실력을 발휘해 전쟁 직전의 위기에서 유럽을 구출하는 데 성공했다. 때로 그는 미합중국이 전쟁에 개입할 우려가 있는 약정들을 의회의 동의 없이 체결하기도 했으나 유럽 국가들에게 항상 미합중국의 실력을 고려해야 한다는 교훈을 주었다. 실제로는 전쟁에 말려든 적이 없었고 언제든 위협만으로 전쟁을 방지했다. 그는 1908년의 제3기에도 무난히 대통령에 당선될 수 있었으나 이를 원치 않는다고 했고, 수년간 민주당 후보로 나섰던 브라이언을 상대로 그가 추천한 육군장관 윌리엄 태프트를 위한 선거 운동에 전념했다.

10. 태프트가 대통령으로 당선된 가장 분명한 이유는 루스벨트와의 친분 때문이었다. 루스벨트는 제12대 대통령 잭슨이 제13대 대통령 밴 뷰런을 만들어냈듯 태프트를 당선시켰다. 태프트는 신뢰할 만한 인격을 갖춘 훌륭한 대통령 후보였다. 그는 금발의 거인으로 명랑하고 성격이 대범했으며 거구에서 나오는 부드러운 음성으로 듣는 사람을 놀라게 했다. 특히 풍부한 상식과 그릇에 담은 젤리가 흔들리듯 거구를 흔들면서 웃는 그를 보면 누구나 따라 웃지 않을 수 없었다. 그 굉장한 웃음으로 그는 필리핀에서 대단한 성공을 거뒀는데, 친지들은 그를 '키다리 빌Big Bill'이라 부르며 좋아했다. 그러나 그들은 태프트가 그들과 비슷한 '클럽 회원이고 신사'임에는 틀림이 없으나 민주주의 정치를 운영할 만한 능력은 없다는 것은 미처 짐작하지 못했다.

태프트가 취임하자 루스벨트는 그가 자신의 업적과 조직을 인계해 선처하리라 믿고 그가 부담을 느끼지 않도록 장기 여행길에 올랐다. 루스벨트가 출발하자마자 태프트는 배신하기 위해서가 아니라 본능적으로 그의 옛 동지들을 불러들였다. 취임 직후 그는 루스벨트가 임명한 주요 관리들을 모조리 파면시켰다. 전 대통령 루스벨트는 아프리카에서 맹수 사냥을 즐겼고 노벨상과 옥스퍼드 대학의 학위를 받았으며 유럽 국가 수뇌들과 함께 지낸 뒤 돌아와 뉴욕에서 개선장군 같은 대환영을 받았다. 동시에 그는 공화당이 물 끓듯 혼란 상태에 빠져 있다는 사실을 알게 되었다. 자유주의적인 공화당원들은 결속해서 태프트를 배척하고 있었다. 그들은 관세정책에 대한 소극적인 태도, 달러 외교정책, 자원 보호 방임 등을 들어 태프트를 비난했다. 요컨대 그들은 루스벨트가 아니고 태프트라서 그를 비난한 셈이었다.

11. 루스벨트는 정세를 면밀히 검토한 후 다음과 같이 말했다.

"태프트는 좋은 사람이다. 그러나 너무 약하다."

그렇다면 어떻게 해야 하는가? 루스벨트는 아직 쉰두 살이었고 수사슴처럼 건장했다. 그는 계속해서 국가에 봉사하려는 의욕이 강렬한데다 그가 시작한 개혁 계획은 하나도 완성하지 못한 채였다. 많은 주지사가 그에게 1912년도 선거에 입후보할 것을 권했을 때 처음에는 주저하다가 기어코 수락하기에 이르렀다. 그는 결심을 굳혔다.

"좋다, 싸우겠다."

태프트는 심각한 타격을 받았다. 왜 친구인 그가 내 재선을 방해하려는 것일까? 당료들이 지배하고 있던 전당대회는 태프트를 지명했다. 불만을 이기지 못한 루스벨트는 탈당해서 새로 진보당Progressive Party을 조직했다. 사람들은 이들을 수사슴당Bull Moose Party(공화당은 코끼리, 민주당은 당나귀를 마스코트로 삼았다)이라고 불렀다. 태프트와 루스벨트의 관계는 완전히 끝장났는데 서로 선량한 사람들이었던 만큼 이는 매우 불행한 일이었다. 이 일로 인해 '테디'는 공직 생활의 종지부를 찍었고 영원히 공화당의 증오를 사고 말았다. 비록 진보당은 패배했으나 1901년부터 1908년 사이에 쌓아올린 루스벨트의 공적은 변함이 없다. 그는 아메리카 국민에게 가난한 사람을 돕고 일반 국민을 보호하며 경제계의 평화를 유지하는 일이 필요하다는 것을 인식시켰다. 더불어 외국이 미합중국을 존경하게 했고 공정하지 않은 문제에는 관여하지 않았으며 미합중국을 국제분쟁에서 조정자의 위치로 올려놓았다. 참으로 알찬 9년이었다.

—

chapter 2

우드로 윌슨의 등장

Enter Woodrow Wilson

—

1. 공화당이 분열하면서 1912년도 대통령 선거는 민주당에게 절호의 기회였다. 그렇다면 승리의 기수로 누구를 택할 것인가? 민주당의 당 기관은 독특한 관례적 절차를 통해 미주리 주의 챔프 클라크Champ Clarke와 앨라배마 주의 오스카 언더우드Oscar Underwood를 추천했다. 여러 번 실패를 거듭해 선거에 염증을 느끼고 있던 당의 원로 브라이언은 당내에 자유주의적인 기풍을 도입하고자 뉴저지 주지사 우드로 윌슨Woodrow Wilson(1856~1924, 제28대 대통령—역자주)을 지명하는 데 성공했다. 윌슨은 어떤 사람인지 거의 알려져 있지 않았다. 그는 정계에 투신한 지 2년밖에 되지 않는 전직 대학교수로 대통령 후보로는 새로운 부류에 속하는 사람이었다.

  하지만 이것은 그리 이상한 선택이 아니었다. 1856년 남부 장로교회 목사의 아들로 태어난 윌슨은 브린모어 대학, 웨슬리안 대학 그리고 프린스턴 대학에서 사회과학과 역사학을 담당했다. 그는 어디

민족자결주의를 주창하고 국제연맹 창설에 앞장
선 우드로 윌슨

에서나 곧 인기를 얻는 우수한 교수였다. 우아한 태도, 세련된 용어,
정확한 발음, 간결한 문장 등 많은 장점이 그의 인기를 높여준 것이
다. 그는 역사와 법률에 관해 적지 않은 저서를 출간했는데 그중에는
《의회 정치론Congressional Government》과 《아메리카 민중사A History of the
American People》 같은 명저도 있다. 전공과목의 성질상 그는 언제나 정
치적 이념을 분명하게 표명해야 했고 그의 웅변이 많은 사람의 주목
을 끌면서 1902년에는 프린스턴 대학 총장으로 선임되었다.

　2. 미합중국에서 유명한 대학의 총장은 초당파적 정치가로서 대우

받았으며 그들의 연설은 신문에 게재되는 것이 상례였으므로 능력과 수완만 있으면 도의적인 지도자가 될 수 있었다. 윌슨은 프린스턴 대학에서 진부한 귀족주의적 전통을 고수하는 여러 클럽에 대항해 민주주의의 기수가 되었고 그의 권위는 비약적으로 커졌다. 졸업생과 이사들은 프린스턴의 전통을 내세우며 그를 배척하고 나섰다. 하지만 자유주의적인 교수는 그를 지지했으므로 교수진은 윌슨파와 반윌슨파로 양분되었다.

총장의 성격은 대립을 더욱 격화시켰다. 학생들 간에는 그의 매력 때문에 인기가 좋았으나 동료 교수들은 쉽게 분노하는 그의 성격과 지나친 자존심 등 여러 단점을 알고 있었다. 자신만만하고 명석한 두뇌를 과시하는 그는 반대론을 용서하지 않았던 것이다. 그의 순박하고 세련된 연설을 보고 됨됨이를 판단하던 사람들은 그의 과격한 성격에 놀라지 않을 수 없었다.

그는 취임하자마자 학내 클럽 문제뿐 아니라 모든 문제에서 대학 이사회와 공개적으로 충돌했다. 대학 중에서도 가장 귀족적인 대학의 총장이 선두에 서서 강행하는 민주주의적 개혁 투쟁은 단시일 내에 일반 사회에 널리 알려졌고 그의 인기는 한층 더 높아졌다. 민주당의 유력자들은 1906년 이후로 그를 눈여겨보았고 뉴저지 주의 정계 실력자들은 1910년 그를 주지사 후보로 추대했다. 어쩌면 프린스턴 대학 이사회가 그를 축출하기 위해 책동했을지도 모른다. 사실 몇몇 이사(예를 들면 그로버 클리블랜드)는 민주당의 유력자였다. 윌슨도 힘든 자리에서 명예로운 후퇴를 원하고 있던 참이라 주지사 후보 제의를 흔쾌히 받아들였다.

3. 뉴저지 주지사가 된 그는 추대한 사람들을 놀라게 했다. 정계의 실력자들은 정치 풋내기인 교수를 마음대로 부려먹을 수 있으리라 생각했지만 윌슨은 호락호락 심부름꾼 노릇을 하지 않았다. 도리어 그는 여론의 지지를 얻어 실력자들을 제압했다. 실력자들이 그의 배은망덕한 처사에 격분해 그를 제거하려 하자 그는 실력자들을 무시하고 직접 민중에게 호소했다. 그는 정치적이라기보다 종교적인 자세를 취했고 이 태도를 평생 바꾸지 않았다.

민주당 내의 자유주의 일파는 그를 1912년도 선거의 유력한 대통령 후보로 고려하기 시작했다. 텍사스의 유력자 에드워드 하우스 Edward House 대령은 체격은 작아도 심지가 깊고 애교가 있었는데, 그는 그레이 에미넌스Grey Eminence(프랑스의 신부로 리슐리외를 루이 14세의 재상으로 추천했음—역자주)의 역할을 모방해 윌슨을 대통령으로 만들겠다고 나섰다. 볼티모어에서 열린 당 대회에서 당료파들은 보수적인 챔프 클라크를 후보로 추천했으나 브라이언은 윌슨을 지지하겠다고 밝혔다. 브라이언파의 청년들은 외쳤다.

"우리는 윌슨을 원한다!"

드디어 윌슨은 46표로 지명을 받았고 공화당의 심각한 분열과 그의 웅변이 그를 유리한 고지에 서게 했다. 윌슨과 루스벨트는 내용상으로는 동일한 이념과 개혁을 주장했으나 루스벨트에게는 그를 지지하는 오랜 전통의 정당 조직이 없었다. 두 사람 모두 웅변가였지만 루스벨트는 공격형이고 윌슨은 설득형이었다. 새뮤얼 엘리엇 모리슨 Samuel Eliot Morison과 헨리 코매저Henry Commager 두 교수는 다음과 같이 기록하고 있다.

"성격이 다르듯 그들의 선거 운동 방식에는 뚜렷한 차이가 있었다. 루스벨트는 싸우는 목사 같았고 윌슨에게는 링컨 같은 정신적 후광이 있었다. 루스벨트는 성서의 표현을 인용하면서 피리처럼 높은 음성으로 청중에게 분노, 투쟁, 고전적인 도덕을 강조했다. 반면 윌슨은 차분하고 자신 있으면서도 가슴 깊이 파고드는 논조로 청중에게 감명을 주었다. 그들은 꼭 구약성서와 신약성서의 차이를 보는 듯했고 결국 신약성서가 승리를 거뒀다."

윌슨은 남부 출신이라 '결속한 남부' 조직의 적극적인 지지를 받았고 브라이언이 이끌던 서부의 농민과 동부의 아일랜드 출신 및 자유주의자들의 지지까지 얻었다. 미국 노동총연맹의 지도자 새뮤얼 곰퍼스도 노동자에게 윌슨을 지지하도록 권유했다. 태프트와 루스벨트가 공화당의 표를 반분한 덕분에 윌슨은 무난히 당선되었다.

4. 이 대학교수가 백악관에서 과연 무엇을 할 것인가? 정치가들은 근심스럽게 자문자답했는데 대답은 간단했다. 윌슨은 가르치려고 했다. 강당에서 강의하던 버릇을 그대로 고수했던 것이다. 그는 중대한 문제에 직면하면 강의를 준비하듯 연구했고 그에 관한 의견을 열심히 들은 뒤 결정했는데, 여기에 보편적 이념이라는 옷을 입혀 모든 반대를 물리쳤다. 그는 동지들에게 언제나 철저한 순종과 승복을 요구했다. 그가 요구한 지적 충성을 지키지 않았다고 오래 사귄 친지와도 서슴지 않고 의절하기도 했다. 근본적인 이념이 문제가 될 때는 생명을 내걸다시피 하며 다퉜기 때문에 사람들은 한 걸음 양보하지 않을 수 없었다. 그는 친한 친구에게는 가볍게 말도 걸고 유머러스했으나

특유의 조심성과 학자적인 태도로 워싱턴의 상원의원이나 언론인들과는 가까이 지내지 못했다.

그는 인류를 사랑했으나 사람 자체는 받아들일 줄 몰랐다. 한마디로 그는 개개인을 정복하는 일에는 서툴렀다. 그의 강점은 여론의 동향을 파악하려는 진지한 노력과 모든 사람이 생각하는 바를 완벽한 어구로 표현해 절대적인 권위를 드러내는 기술에 있었다. 그는 신학자 기질이 있다는 말을 들었으나 무엇보다 도덕가적인 성격을 지니고 있었다. 그의 눈에 유일한 기본적인 구별은 선과 악이었고 그는 어떤 경우에든 선을 찾아내는 능력이 있었다. 어떤 사람은 그에게 일단 황제가 되면 자신이 신이라고 믿는 경향이 있다고 말했다.

5. 1913년 3월 4일 취임연설을 한 윌슨은 의사당 앞에 모인 군중에게 열광적인 갈채를 받았다. 연설은 완전한 형식을 갖췄고 당파적이고 선동적 색채는 전혀 없었으며 청중에게 그들의 권리와 함께 의무를 설득했다. 그는 겸손하게 말했다.

"오늘은 개선의 날이 아니라 헌신의 날이다."

그는 아메리카의 힘과 부를 강조했지만 아직도 모든 분야에서 선악이 공존하고 있으며 "선을 손상하지 않은 채 악을 정화하고 검토하고 보완하고 시정해 우리 일상생활의 모든 과정을 순결하게 인간화하는 것"이 만인의 의무라며 진지한 각성을 촉구했다. 그는 공장에서 일하고 있는 여성과 소년들의 참상을 고발하듯 낱낱이 들췄다.

"우리의 사랑하는 위대한 정부는 개인적·이기적인 목적을 위해 너무 많이 이용당하고 있으며 그렇게 이용하는 사람들은 민중을 잊었다."

그는 필요한 개혁안을 열거했다. 그것은 관세제도, 금융조직, 산업 부문에 관한 개혁으로 이는 윌리엄 제닝스 브라이언이 내걸게 한 선거공약이었다. 윌슨은 링컨 같은 문학적 재능은 없었으나 감정은 승화되었고 어조는 진지했으며 음성은 명확하고 듣기 좋았다. 그는 국민들을 즐겁게 했다.

6. 기존의 관습을 깨뜨리고 제퍼슨 이후 처음으로 대통령이 의회에서 연설을 했다. 윌슨은 웅변이 자신의 장점이라는 것을 잘 알고 있었다. 그는 미리 준비한 여러 가지 법안을 신속히 통과시키기 위해 끊임없이 상하 양원에 압력을 가했다. 그의 집무 능력, 완고한 성격, 여론에 대한 호소력 등은 의원들의 우정은 사지 못했지만 복종은 강요할 수 있었다. 그는 의회를 학급처럼 다루고 의원들을 계속해서 567일간이나 책상 앞에 붙잡아놓았다.

덕분에 처음 2년간 입법 실적은 상당했다. 우선 산업계의 맹렬한 반대에도 불구하고 관세를 인하했다. 또한 상업어음을 담보로 은행권을 발행할 권한이 있는 12개의 연방준비은행을 창설해 각각 광대한 지역을 분담하게 하고, 연방준비제도이사회가 이들 은행의 운영을 감독하는 은행제도를 확립했다. 모든 국립은행은 연방준비은행에 흡수되고 그들이 발행한 지폐를 이관해야 했다. 다른 은행도 동일한 조치를 취하도록 지시했으나 강제 명령은 아니었다. 이 방법은 프랑스은행이나 잉글랜드은행이 실시한 과정보다 훨씬 더 복잡했는데, 이는 민주당이 과거에 괴물로 성장한 미합중국 은행과 싸운 쓰라린 기억에서 비롯된 제도였다. 그뿐 아니라 연방준비은행은 원만한 금융정책을 위해 부과한 모든 업무를 충실히 담당했다.

한편 부富가 과도하게 한곳에 집중되는 위험한 현상을 규제하고 한 사람이 많은 회사의 임원을 겸임하는 것을 방지하기 위해 독과점금지법Clayton Act을 제정했다. 부정한 경쟁을 방지하고자 연방통상위원회Federal Trade Commission도 창설하고 노동조합을 보호 육성했으며 농민을 위해 새로운 융자 기관을 마련했다. 하우스 대령을 보좌관으로 두고 모든 문제를 스스로 연구한 윌슨은 계획과 결정사항을 직접 타자기로 찍었다. 1919년까지 윌슨은 아메리카에서뿐 아니라 유럽에서도 커다란 영향력을 발휘했다.

7. 윌슨의 선거 운동을 도맡아 추진하고 기획해온 브라이언은 서부의 급진파를 회유했고 윌슨은 그 보답으로 브라이언을 국무장관으로 임명했다. 이는 정치적 측면에서는 잘한 일이지만 외교정책 면에서는 잘못된 일이었다. 서정적인 선동정치가였던 브라이언은 대중 장악 능력은 대단했으나 국제정세에는 거의 백지나 다름없었다. 국무장관이 된 브라이언은 연달아 외교에 관해 공개강연을 해서 국무성을 아연실색하게 만들었다.

흰색 알파카 상의를 입고 순진하다고 할 만큼 성실하며 늘 온화한 미소를 머금은 얼굴에 애교가 넘쳐흐르는 브라이언은 평화주의 책자를 반포해 세계 평화를 유지할 수 있을 거라고 믿는 사람이었다. 그는 윌슨의 백과사전 같은 지식에 놀라움을 금하지 못했다. 하우스 대령과 함께 실제로 중요한 외교 문제를 처리한 사람은 브라이언이 아니라 윌슨이었다. 그는 다른 일과 마찬가지로 외교 문제도 선악의 관점에서 처리하려 했다. 우선 그는 미합중국은 앞으로 외국에서 한 치의 땅도 점령하는 일이 없을 것이라고 공약했다. 사실은 미국 해병대가 니카라과, 아이티, 산토도밍고를 점령했으니 그의 언행이 늘 일치했던 것은 아니다. 물론 계속 주둔한 것은 아니며 멕시코 문제에도 최대한 인내했다는 점은 높이 살 만했다.

8. 멕시코에서는 1911년까지 독재자 포르피리오 디아스Porfirio Diaz (1830~1915)가 대지주와 외국 자본가의 이익을 대변하면서 통치하고 있었다. 프란시스코 마데로Francisco Madero가 이끄는 민중혁명이 디아스를 전복시키자 자본가들은 산적과 군인을 겸하던, 어찌 보면 산적이 본업이라 할 수 있는 빅토리아노 우에르타Victoriano Huerta를 제2의 독재자로 내세웠다. 유럽 열강은 자신들의 투자를 보장받기 위해 우에르타를 승인했고 미국 자본가도 윌슨에게 이 선례를 따르도록 청했다. 윌슨은 다음과 같이 말하면서 이를 거부했다.

"정당한 정부란 피통치자의 합의로 존재하는 것이며 법률을 기반으로 한 질서와 공중의 양심, 지지 없이는 자유가 존재할 수 없다. (…) 나는 자신의 정치적 이익과 야망을 충족하기 위해 정권을 장악하려는 사람을 용서할 수 없다."

그의 이러한 태도 때문에 영미 간에 미묘한 긴장이 발생했다. 윌슨은 멕시코와 이해관계가 있는 양국이 동일한 정책을 추진하기를 희망했고 그는 한 가지 교환 조건을 발견했다. 때마침 파나마 운하가 완성 단계에 있었는데 1912년 의회는 모든 미국 선박에 대해 운하의 통행요금을 면제하기로 했다. 영국은 이 차별대우가 헤이폰스포트 조약에 위배된다고 항의했다. 의회는 조약 조항에 "모든 국가에 동등한 조건으로 개방한다"고 한 것은 '외국'을 가리키는 것이지 운하를 건설한 미국에게는 적용되지 않는다고 답변했다.

윌슨은 영국 외상 에드워드 그레이Edward Grey와 협상하기 위해 하우스 대령을 파견했다. 그는 귀국하자마자 의회에 출두해 매우 강경한 어조로 결의안을 폐기하도록 요청했다. 뭔가 비밀이 내포된 듯한 연설에서 그는 어떤 미묘한 한 사건을 조정하기 위해 영국에 양보하는 것이 유리하다고 암시했다. 의회는 이것이 멕시코 문제를 뜻하는 것으로 알고 운하 통행요금에 관한 결의안을 폐기하는 데 동의했다. 운하는 완전 개방되었고 이는 통상과 전략에 중요한 영향을 미치는 사건이었다. 모든 국가는 동등하게 대우받았으며 이날부터 영국의 멕시코 정책은 이상하리만큼 미합중국과 유사해졌다.

9. 1914년 우에르타가 정당한 이유도 없이 미국 수병을 구속하자 윌슨은 사과를 요구했다. 언뜻 멕시코와의 전쟁이 불가피해 보였으나 윌슨은 전쟁만큼은 피할 생각이었다. 그렇지만 만약 ABC 3국(아르헨티나, 브라질, 칠레)이 중재를 제의하지 않았다면 윌슨의 노력은 수포로 돌아갔을 것이다. 윌슨은 중재를 수락했고 ABC 3국은 멕시코에 입헌정부를 수립하도록 권고했다. 이는 우에르타가 원하던 바가 아니었으나 그는 유럽이 자신을 지지하지 않는다는 것을 깨닫고 국외로 망명했다. 이어 베누스티아노 카란사Venustiano Carranza가 그를 대신해 대통령에 취임했다.

이후로 멕시코에는 계속해서 폭동과 반란이 일어났고 산적 판초 비야Pancho Villa는 수차례나 국경을 넘어 텍사스의 미국인 소유지를 약탈했다. 만약 윌슨이 아니고 다른 사람이었다면 비록 도의적인 처사는 아니더라도 간단한 전쟁을 치른 후 멕시코를 병합했을 것이다. 윌슨은 여론의 압력에도 굴하지 않고 전쟁 대신 카란사 정부를 강화하는 데 협력했다. 그 후의 여러 가지 사태 발전은 윌슨의 정책이 현명했음을 실증했다. 인접한 양국의 관계는 호전되었고 시간이 갈수록 우호관계가 증진되었다.

윌슨의 제1기는 일반 대중과 자유주의자의 안목으로 볼 때 전반적으로 성공적이었다. 소위 '지배계급'은 경제계에 대한 대통령의 불신과 영웅적이라기보다 고결한 외교정책을 비난했다. 1914년부터 유럽은 전쟁에 휩싸였고 미합중국은 흡사 공화국 독립 초기의 영국파와 프랑스파의 대립처럼 거취를 놓고 의견이 분열되었다.

chapter 3

중립

neutrality

1. 제1차 세계대전을 연구하는 사람들은 대전 전 30년 동안 발생한 여러 가지 사건이 독일이 세계를 제패하려는 책동의 제일보였음을 쉽게 알아차릴 수 있었는데도 아메리카가 왜 이것을 재빨리 깨닫지 못했는지 이해하기 곤란하다고 생각한다. 독일이 중립국 벨기에를 침범한 것은 합법주의에 대한 폭력주의의 도전이었다. 선의를 따르는 사람이 어느 쪽을 택할 것인가에 대해서는 이론의 여지가 없었다. 그런데 아메리카는 정치적 전통에 따라 외국과의 분쟁에 관여하는 것을 회피했다. 워싱턴은 퇴임사에서 국민에게 이 점을 경고한 바 있다. 프랑스 혁명 당시 미국인은 프랑스 지지파와 영국 지지파로 양분되었으나 1815년 이후 이 대립은 저절로 사라졌다. 약 1세기 동안 미합중국의 대외정책은 두 가지 원칙을 따랐다. 하나는 아메리카가 유럽의 사건에 개입하지 않는다는 것이고, 다른 하나는 유럽이 아메리카의 사건에 개입하지 않아야 한다는 것이었다.

2. 이러한 정치적 원칙은 대서양 연안지방보다 중서부와 서부가 더 강경하게 고수했다. 동부의 여러 주는 늘 유럽과 접촉했고 보다 많은 유럽인을 보았으며 더 쉽게 유럽을 여행할 수 있었다. 반면 아이오와 주의 농민에게 '유럽'은 파악할 수 없는 막연한 대상이었다. 어느 주의 한 지역은 순전히 독일계 주민으로 구성되어 있었다. 그들은 선량한 미국 시민이었으나 일부는 여전히 독일을 편애하면서 프랑스와 영국의 위선적인 행동을 비난했다. 동부의 실업계는 은근히 영국을 지지했지만 일반 대중의 마음속에는 새뮤얼 애덤스 때부터 내려오는 영국인에 대한 불신이 아직 남아 있었다. 정계에 영향력이 있던 아일랜드인은 영국에 적의를 품었다.

프랑스는 라파예트 덕분에 확실히 호감을 샀지만 이것은 어디까지나 감정적인 것일 뿐 행동으로 나타나지는 않았다. 특히 프랑스가 제정 러시아와 동맹을 맺었다는 사실이 자유주의자들에게 커다란 충격을 주었다. 미국은 유럽의 인접국가 간에 벌어진 전쟁에 당혹해하면서 관망하고 있었다. 도대체 이 혼란의 원인은 무엇인가? 물론 미국은 남북전쟁 같은 내란을 체험했으나 유럽에는 노예제도처럼 중대한 인도적인 문제는 없었다.

1914년이 되었을 때 남북전쟁은 거의 잊혔고 근 10년간 미합중국은 눈부신 번영을 만끽해왔다. 국민은 인구와 부가 늘어나는 것을 직접 느끼는 동시에 루스벨트나 윌슨 같은 개혁자가 정치를 이끌었으므로 앞으로도 계속 번영할 것이라고 믿었다. 미국인은 왜 유럽이 시대에 뒤떨어진 잔인한 전쟁을 하는지 이해하지 못했고 특히 평화주의자들은 선전을 통해 평화 이념들을 강화했다. 1914년 8월까지만 해도 미합중국이 앞으로 유럽 대전에 참가하리라고 생각한 사람은 거의 없었고 하물며 참전이 그들의 의무라고 생각하는 사람은 더욱 없었다.

3. 윌슨 대통령은 중립을 지지했고 도의적 이념에 입각한 강대국으로서 모범을 보이고자 했다. 그는 다음과 같이 말했다.

"우리는 평화와 친선의 기수다. 그동안 우리가 성취하려 애써온 이 영예를 놓치지 않도록 노력해야 한다."

하지만 프랑스와 영국을 지지하는 사람들은 바로 지금 이 두 나라가 평화와 친선을 지키려고 온 힘을 바치고 있는 게 아니냐고 응수했다. 1914년 윌슨은 이 말을 이해하려 하지 않았다. 그는 미합중국의 중립을 선언하고 국민에게 사상적·행동적으로 중립을 지켜 전쟁이 끝날 때까지 비판적 언사를 삼가도록 요망했다.

"미합중국은 무력행사를 거부하는 강국의 시범이 되어야 한다. 전쟁은 교전국의 도의를 추락시킨다."

더불어 그는 자신이 열성을 기울여 추진하는 국내 개혁도 평화 상태가 아니면 달성할 수 없다고 강조했다. 훗날 그는 그 전쟁의 진정한 의미를 착각했음을 인정하고 1919년 다음과 같이 고백했다.

"우리는 멀리 떨어진 아메리카에서 보고 있었기 때문에 처음에는 무슨 음모가 잠재하고 있는지 충분히 이해하지 못했다."

윌슨은 혈통과 문화의 흐름에 따라 자신의 의사와는 달리 급속히 연합국 측으로 기울었다. 좋든 싫든 윌슨은 영국의 전통을 따랐고 또 그에게는 독일보다 영국의 주장이 이해하기가 쉬웠다. 철저한 평화주의자였던 국무장관 브라이언은 대통령이 편파적으로 연합국 측을 지지한다고 생각했지만 연합국 측의 여론은 그렇지 않았다.

4. 중립을 지키는 것은 매우 어려운 일이다. 미합중국은 이것을 나폴레옹 전쟁 때 뼈저리게 경험했다. 1914년 영국은 다시 한 번 추밀원령으로 독일에 대한 모든 통상을 전면 금지한다고 선언했다. 해상권을 장악하고 있던 영국과 프랑스는 영국해협과 북해를 군 작전구역으로 선언했다. 이 조치로 막심한 타격을 받은 아메리카의 무역업자는 수차례나 강경하게 항의했다. 하지만 이 항의는 아무런 효과도 기대할 수 없었다. 대통령도 국무성도 연합국을 위해 참전할 의사가 없었고 연합국도 이를 충분히 이해하고 있었기 때문이다.

독일은 영국의 봉쇄작전에 맞서 국제법을 무시하고 제멋대로 대응했다. 적어도 봉쇄는 중립국의 인명 손상을 초래하진 않았으나 독일의 잠수함과 기뢰 작전은 순식간에 적지 않은 미국인의 생명을 앗아갔다. 윌슨은 미합중국 국민의 생명과 재산 손실에 대해 독일 정부가 책임을 져야 한다고 선언했다. 이 조치는 독일에 급격히 적의를 보이던 일반 여론의 지지를 받았다. 주미 독일 대사는 미합중국에서 벌인 독일 홍보 활동이 이것으로 완전히 실패로 돌아갔음을 시인했다.

5. 얼마 후 미합중국은 연합국에 식량과 무기를 공급하기 시작했다. 해상권을 장악해 물자 수송이 가능한 프랑스와 영국은 미합중국의 공업제품을 구입하는 중요한 고객이 되었다. 덕분에 미합중국은 때 아닌 엄청난 호황을 누렸다. 독일이 일방적인 지원에 항의하자 미

합중국은 연합국이 해상권을 확보하고 있는 이상 이 사태를 미합중국이 책임질 필요는 없다고 답변했다. 사실 미합중국의 수출품 중 일부는 중립국을 통해 동맹국 측으로 유출되고 있었다.

물자 구입과 수송에는 대금지불이 필요했다. 프랑스와 영국은 초기에 보유하고 있던 미합중국 증권을 매각해서 충당했고 이후에는 차관으로 결산했다. 브라이언은 차관을 반대하는 한편 교전국에 대한 민간은행의 융자는 허용했다. 그 무렵에 유포된 낭설과 달리 이들 민간은행이 미합중국이 참전하도록 압력을 가했다는 것은 전혀 사실무근이다. 1915년 9월 미합중국은 연합국을 위한 공채를 발행했고 미합중국이 참전하기까지 그 액수는 15억 달러에 달했다.

6. 1915년 5월 7일 영국의 대서양 정기여객선 루시타니아호가 경고도 없이 발사된 어뢰에 격침당했다. 1,153명의 희생자 중에는 124명의 미국인도 있었고 공포의 절규가 전 세계를 뒤덮었다. 독일 정부는 루시타니아호가 전시 금제품을 적재 중이었고 선객에 대한 경고는 사전에 주미 독일 대사가 미합중국 신문지상에 게재했다고 해명했다. 그러나 신문에 서한을 보내 범죄를 예고했다고 해서 정상참작이 될 수는 없었다. 전국을 들끓게 한 분노는 처음으로 조만간 미합중국의 참전이 불가피하리라는 것을 시사했다. 사건 발생 3일 후 대통령은 다음과 같은 담화를 발표했으나 일반의 환영을 받지 못했다.

"전쟁을 원치 않을 만큼 자부심 강한 사람도 있다는 것을 누구나 알게 될 것이다."

루스벨트를 중심으로 한 일파는 윌슨을 평화주의자라고 공격했고 브라이언 일파는 그를 호전적이라고 비난했다. 미합중국은 수차례에 걸쳐 독일 정부와 각서를 교환했다. 영국해협에서 서섹스호가 침몰한 사건을 계기로 대통령은 드디어 독일 정부로부터 앞으로 경고 없이 상선을 격침하지 않고 선객의 생명을 구조하는 데 전력하겠다는 약속을 받아냈다. 이것은 윌슨의 외교적 승리였다.

7. 대다수 미국인은 이 약속이 지켜지지 않을 것이라 예상하고 이제 피할 수 없어 보이는 전쟁 준비에 들어갔다. 1914년 징병제도를 위해 국가안전보장연맹National Security League을 창설했고 1915년에는 레너드 우드 장군이 지원병을 위한 사관양성소를 개설했다. 그밖에도 여러 가지 계획을 추진했으나 별로 적절한 것이 없었다. 그래도 상비병력을 16만 5,000명으로 증원했고 많은 군함 건조 계획이 통과되었으며 상선 증강을 위해 5,000만 달러의 예산을 배정했다. 대통령은 여전히 참전에 극력 반대했으나 그 역시 참전하지 않으면 안 될 중요한 계기가 발생할지도 모른다고 생각했다.

"아메리카는 어떠한 대가를 지불하고라도 전쟁을 회피해야 한다. 그러나 이 나라의 특성과 역사의 기반을 이루는 사람의 도리 및 정의만은 희생시킬 수 없다. 우리는 원하든 원치 않든 세계의 일원이다. 모든 국가의 이해관계는 곧 우리의 이해관계라 할 수 있고 우리는 언제나 모든 나라의 협력자다. 인류와 관련된 모든 문제는 유럽의 것이든 아시아의 것이든 피할 수 없는 우리의 일이다."

8. 1916년 미합중국은 대통령 선거를 치렀다. 전쟁 개입을 대표하

는 인물 루스벨트는 윌슨과 경합해 우세한 위치를 차지할 수 있었지만 공화당은 1912년도의 선거 패배에 대한 그의 책임을 묵과하지 않았다. 진보당은 루스벨트를 후보로 지명했으나 그는 중대한 시국 문제에 대해 공화당 수구파GOP, Grand Old Party의 의견을 듣기 전에는 승낙할 수 없다고 통고했다. 공화당 후보는 뉴욕 주지사를 역임하고 당시 대법관이던 찰스 휴스Charles Hughs였다. 그는 공화당과 진보당 전원의 표를 얻으면 당선될 수 있었으나 루스벨트의 지명에 실패한 진보당원의 다수는 진보당과 동일한 국내정책을 내세운 윌슨에게 동조했다.

"그는 우리를 전쟁으로 몰아넣지 않았다."

윌슨은 이 선거구호를 사용했고 서부와 중서부에서 큰 공감을 얻었다.

"나는 평화를 유지하는 한편 미합중국의 명예를 수호할 두 가지 의무를 지고 있다. 그러나 두 가지 의무를 동시에 수행할 수 없을 때가 올지도 모른다."

루스벨트는 윌슨을 맹렬하게 공격하면서 그가 당선된다면 미국이 돈을 벌기 위해 어떠한 오욕도, 즉 아녀자의 학살까지도 서슴지 않고 자행할 수 있음을 실증하는 일이라고 역설했다. 투표일 밤만 해도 모두가 휴스의 당선을 확신했고 〈뉴욕타임스New York Times〉도 그렇게 보도했다. 그러나 개표가 모두 끝났을 때 윌슨은 선거인 표수 277표로 상대방의 254표를 누르고 당선되었다.

9. 이 무렵엔 독일군이 매우 우세해 보였다. 베르됭Verdun에서는 분

명 패했으나 루마니아에서는 승전했고 서부전선과 동부전선에서도 연합국 측의 진격을 저지하고 있었기 때문에 독일로서는 강화를 맺을 절호의 기회였다. 재선된 윌슨은 12월에 교전국의 회의 소집을 제의했다. 이것은 시기적으로 독일의 강화 제의와 부합하는 바람에 연합국 측의 의혹을 샀고 서로 합의를 도출할 만한 공통적인 조건도 없었다. 즉, 독일은 승자로서 강화를 요구했고 연합국은 패전했다고 생각지 않았으며 사실 패전하지도 않았다. 1917년 1월 윌슨은 상원에서의 연설에서 미합중국은 세계 평화를 위한 조건 아래서만 협상에 동의할 것이라고 명시했다. 그는 '합병과 배상이 없는' 평화를 원했다. 굴욕적인 평화는 고통스러운 기억을 남기기 때문에 사상누각에 지나지 않다고 본 것이다.

"평등을 기반으로 한 평화만 영속할 수 있다."

이런 평화를 위해서는 약소국의 안전과 항해의 자유, 군비 제한 그리고 국민의 동의를 기초로 하는 정부를 보장해야 했다. 나아가 윌슨은 앞날의 평화를 유지하기 위한 국가연맹을 조직하자고 제안했지만 별로 호응을 얻지 못했다. '얻을 것 없는 평화'는 연합국도 독일도 환영하지 않았다.

10. 미합중국을 전쟁으로 끌어들인 결정적 계기는 윌슨이나 연합국의 친미파가 아니라 독일의 참모본부가 마련해주었다. 독일의 군인이자 정치가 파울 폰 힌덴부르크Paul von Hindenburg와 에리히 루덴도르프Erich Ludendorff는 무제한 잠수함 작전을 주장했고 황제 빌헬름 2세Wilhelm II(1859~1941)는 청원서 여백에 다음과 같이 고쳐 썼다.

"이것으로 미합중국과의 협상은 끝났다! 윌슨이 전쟁을 원하거든 한번 해보자!"

　독일 총참모부는 이 결정이 미합중국의 참전을 유발하리라는 것을 알고 있었다. 하지만 그들은 미합중국의 참전이 효과를 발휘하기 전에 잠수함 작전으로 연합국이 항복할 거라 계산했고 또한 미합중국의 진가를 정확히 계산하지 못했다. 윌슨은 아직도 주저하면서 차라리 상선들이 무장을 하도록 제안했다. 때마침 독일 외상 아르투르 치머만Arthur Zimmermann이 주미 독일 대사에게 보내는 각서가 영국 정보부를 통해 국무성에 전달되어 3월 4일 공포되었다. 그 내용은 미합중국이 참전할 경우 독일은 멕시코와 동맹을 체결하고 그 대가로 텍사스, 애리조나, 뉴멕시코를 멕시코에 공여한다는 것이었다. 드디어 인내심이 한계에 달했다. 1917년 4월 2일 윌슨은 의회에서 교서를 낭독하며 독일의 도발로 전쟁에 돌입하게 되었음을 선포할 것을 의회에 요청했다.

　"우리는 독일 국민과 싸우려는 것이 아니다. (…) 전 세계의 민주정치를 위해 전 세계의 안전을 보장해야 한다. (…) 이 위대하고 평화로운 미합중국 국민을 전쟁이란 소용돌이 속으로, 즉 문명 그 자체의 존망이 걸린 모든 전쟁 중에서도 가장 잔인하고 파괴적인 전쟁으로 이끌어가는 것은 소름끼칠 만큼 무서운 일이다. 그러나 정의는 평화보다 더 귀중한 것이고 우리는 가슴속에 간직한 이념을 위해 싸워야 한다. 민주주의를 위해, 그들의 정부가 자신의 의사를 실천하도록 하기 위해, 그 권위에 승복하는 사람들의 권리를 수호하기 위해, 약소국들의 권리와 자유를 위해, 모든 국민에게 평화와 안전을 부여하고 자유

국민의 협력으로 이뤄진 정의가 세계에 군림해 결국 전 세계가 자유롭도록 하기 위해, 우리는 싸워야 한다. 이런 임무를 위해서라면 우리는 생명과 재산, 인격, 기타 모든 소유물을 남김없이 바칠 수 있다. 미합중국 탄생과 행복을 안겨준 원리 그리고 우리가 지금까지 존중해온 평화를 위해 우리의 피땀을 희생할 특권을 누릴 날이 다가왔다는 신성한 사실을 자각하게 된 사람으로서 자부심을 가지고 우리는 모든 것을 바칠 수 있다. 신이 우리를 도우실 것이고 우리는 싸우는 길밖에 없다."

1917년 4월 6일 미합중국은 독일에 선전포고했고 터키와 불가리아에는 최후까지 선전포고를 하지 않았다. 그리고 미합중국의 전쟁 목적은 기타 열강과는 달랐으므로 그들은 미국을 연합국Allies이 아닌 연맹국Associates이라 불렀다.

chapter 4

—

제1차 세계대전

The First World War

—

1. 미합중국은 이미 확정된 승리의 전과를 차지하기 위해 서둘러 참전한 것이 아니었다. 1917년의 전황이 연합국에 반드시 유리하다고는 볼 수 없었다. 루마니아가 무너지고 러시아는 동부전선에서 퇴각했으며 이탈리아도 일대 패전을 겪고 있었다. 프랑스는 앞으로 새로운 병사를 보충할 여력이 없었고 영국은 선박이 부족해 간신히 6주일분의 보급물자만 보유하고 있을 뿐이었다. 무엇보다 선박 손실이 가장 절박한 위기였다. 선박 손실이 막대해(월 약 100만 톤) 이대로 가다가는 연합국의 파멸이 불을 보듯 빤했다. 독일이 미국의 참전을 예측하면서도 잠수함 작전을 강행한 이유가 여기에 있었다. 영국의 존 젤리코John Jellicoe 제독은 미국의 윌리엄 심스William Sims 제독에게 이렇게 토로했다.

"이 정도의 선박 손실이 계속된다면 도저히 전쟁을 지속할 수 없을 것이다. (…) 이를 막지 못하면 독일이 승리할 게 확실하다. 신속한 지원을 바란다."

지상 작전에서도 존 퍼싱John Pershing 장군은 낙관을 불허한다며 다음과 같이 말했다.

"늦어도 1918년까지는 연합국을 증원해야 한다. 그보다 늦으면 아무 소용이 없을 것이다."

연합국은 연맹국 미합중국에 우선 선박, 그다음에는 잠수함 격파를 위한 공동작전과 함께 식량, 무기, 병력 지원을 기대했다. 이 지원은 신속히 이뤄져야 했고 그렇지 않으면 전혀 성과를 거두지 못할 우려가 컸다.

2. 해상에서 미국은 연합군이 원하는 모든 것을 공급했고 선전포고와 동시에 미국 항구에 정박 중이던 독일 선박을 모조리 억류했다. 그리고 전시조선회사Emergency Fleet Cooperation가 1,200만 톤의 상선을 건조했다. 200만 이상의 군대가 100만은 영국선으로, 92만 7,000은 미국선으로, 나머지는 프랑스와 이탈리아 선박을 이용해 프랑스로 갔다. 선단은 대부분 미국 해군이 호송했고 인명 손상은 전혀 없었다. 동시에 미국의 구축함대가 대잠수함 작전에 참가하면서 미국의 기뢰 가설반이 연합국과 협력해 북해 전역을 차단하는 기뢰 방어선을 설치했다.

육군도 의회식 지원병제도가 아니라 윌슨식 징병제도로 급속히 정비했고 전쟁 말기에 미국은 무장한 400만의 병력을 보유했다. 수많은 훈련소가 만들어졌으며 미국의 정규군 교관으로 파견된 연합군 장교가 훈련을 담당했다. 미국 육군 사령관 퍼싱 장군은 과묵하고 정력적인 역전의 명장이었다. 1917년 6월 그는 막료와 함께 프랑스로 출동했고 그곳에서 열광적인 환영을 받았다. 여러 면으로 보아 프랑스의 사기는 아직도 왕성했다. 그의 인사말 중 "라파예트여, 우리가 이곳으로 왔다!"는 말은 오늘날까지도 유명하다.

7월 4일 미국군은 "아메리카 만세!"를 외치면서 꽃을 던지는 군중을 헤치며 파리의 리볼리 거리에서 독립기념일 축하 행진을 벌였다. 1917년 말까지 20만의 미국군이 도착하고 전선에는 1개 사단이 배치되었을 뿐 아직 군사적 지원이 대단한 것은 아니었으나, 연맹군의 참여는 연합군이 잘 버텨나갈 수 있도록 힘을 주었다.

3. 미합중국은 육군, 해군, 공군을 증강하기 위해 군수산업을 정비해야 했다. 이 중대한 과업을 앞두고 의회는 아직까지 없던 강력한 통제와 징발에 관한 권한을 대통령에게 부여했다. 대통령은 이 권한을 적당한 인물 혹은 위원회에 이양했는데 그중에서도 가장 중요한 것은 버나드 바루크Bernard Baruch가 주관하는 전시군수국이었다. 이 공업계의 왕자는 천재적인 조직력을 갖춘 40대의 금융가였다. 병기 제조에 필요한 자재를 소비하는 모든 평화산업은 중지되거나 통제를 받았다. 이때부터 유모차는 한 종류, 트렁크는 두 종류밖에 생산하지 못했고 승강기 정지 횟수와 수용 인원까지도 법령으로 규제했다. 국민은 이 모든 조치에 호의를 보이며 적극 협조했다.

1918년 3월 전국의 철도가 정부 관할로 넘어갔고 재무장관 윌리엄 맥아두William McAdoo가 이를 관할했다. 미국 공업계의 중진들은 연봉 1달러로 그들의 시간과 능력을 제공함으로써 정부에 봉사했다. 전시

군수국의 성공은 행동통일, 협동정신 그리고 애국정신이 맺은 결실이었다. 물론 긴박한 시일이나 권한 대립에 따른 약간의 실패, 즉 기관총과 항공기의 생산 차질이 빚어지기도 했다. 그러나 월슨 정부가 혹시 비난을 받아야 한다면 그것은 미국이 평화 시에 전쟁을 예견하지 못했다는 점뿐이다. 여하튼 미국의 생산력은 연합국을 놀라게 했고 동맹국에 결정타를 가했다.

4. 식량 분야의 제왕은 캘리포니아 출신 기술자 허버트 후버Herbert Hoover(1874~1964, 제31대 대통령—역자주)로 그는 이미 피점령지 특히 벨기에에서 미국의 구호사업 조직을 운영하는 데 탁월한 능력을 발휘했다. 겉보기에 그는 무뚝뚝하고 냉정하며 아이러니컬했지만 속마음은 따뜻하고 동정심이 강했으며 무엇보다 용기가 있었다.

식량관리국 장관에 임명된 그는 연합국의 전시 식량을 해결하고 국내에서는 생산 증가와 소비 억제를 실시하는 과업을 맡았다. 생산을 장려하기 위해 그는 최저가격을 보장하는 한편 생산자에게 선금을 지급하고 전량 구입하게 했다. 소비 억제를 위해서는 고기 없는 날을 정하고 설탕을 넣지 않은 과자, 잡곡빵 등을 생산했다.

'식량은 승리를 가져온다. 낭비하지 마라!'

이것이 그의 표어였다. 후버는 배급권을 발급하지 않고 국민의 양심에 호소했으며 곧 '후버식으로!'가 유행어가 되었다. 이와 함께 모든 공터가 '승리 농원Victory Garden'으로 바뀌면서 경작 면적과 가축 수가 급증했다. 이런 적절한 정책 덕분에 풍년이 아니었음에도 1918년 기아에 허덕이는 유럽으로의 수출량이 약정했던 양을 초과했다.

5. 전비 조달 방법에는 통화 확대, 차입, 징세 등이 있다. 통화 확대는 인플레이션과 물가상승을 초래하기 때문에 매카두는 차입과 징세를 채택해 우선 3분의 1을 징세로 충당했다. 당시 185억 달러의 국채를 발행했는데 응모액이 225억 달러에 달할 정도로 대단한 인기를 얻었다. 사실 금융계는 윌슨과의 관계가 그리 원만하지 않았음에도 불구하고 전력을 다해 그를 지원했다. 영화계의 인기스타와 스포츠계의 유명선수들도 자진해서 국채 판매원으로 나섰다. 자유공채 구입운동에 참가하라는 포스터가 전국 도처에 나붙었다. 미합중국은 약 100억 달러를 연합국 정부에 융자해줄 수 있었다.

6. 신념이 없으면 사기는 떨어진다. 이에 따라 일반 국민에게 신뢰감을 주고 전쟁의 진정한 의미를 이해시키는 일이 절실히 필요했다. 이 과업은 조지 크릴George Creel이 주재하는 공보위원회가 맡았고 크릴은 모든 수단과 방법을 동원했다. 우선 자원한 7만 5,000명의 '4분 연사'가 국내의 모든 극장과 영화관에서 관중에게 전쟁에 협력하도록 호소했다. 선전 팸플릿은 아메리카에서 사용하는 모든 언어로 번역해서 배부했고, 방송도 적개심을 고취하는 데 단단히 한몫을 했다.

외국을 향한 선전에서 가장 강력한 선전가는 대통령 자신이었다. 그는 미합중국의 전쟁 목적은 물질적 이익이 아니라 어디까지나 정의와 평화, 그것도 공정한 평화를 위한 것이라고 되풀이해 호소함으로써 독일인, 오스트리아인, 헝가리인의 사기에 커다란 타격을 안겨주었다. 1918년 1월 8일 그는 14개 항목에 달하는 정강을 발표했다. 그 14개 항목이 타당하다고 생각한 적국의 뜻있는 사람들은 마음속으로 패전을 자인했다. 14개 항목은 다음과 같다.

1) 비밀조약의 부인. 2) 해양의 자유. 3) 통상의 평등. 4) 군비 축소 5) 원주민의 이해관계를 우선시하는 식민지의 재조정. 6) 러시아에서의 군대 철수. 7) 벨기에에서의 군대 철수 및 재건. 8) 프랑스에서의 군대 철수와 알자스로렌Alsace-Lorraine의 반환. 9) 이탈리아의 국경 수정. 10) 오스트리아와 헝가리 국내 민족들의 독립. 11) 발칸지방 조정. 12) 터키제국 영토에 있는 민족들의 민족자결조치와 다르다넬스 해협의 자유통행. 13) 폴란드의 독립과 해양 출구 제공. 14) 영토 보전을 상호 보장하기 위한 국가들의 연맹 창설.

이 주장은 거의 다 타당했으나 막연한 것이 많았고 그중에는 연합국이 승인하기 어려운 문제도 적지 않았다. 예컨대 영국과 미국의 해양 자유 이념은 같지 않았다. 하지만 당시에는 누구도 감히 윌슨에게 반대할 수 없었다. 윌슨은 이 전쟁을 '독재주의에 대한 민주주의의 십자군'으로 규정하고 1918년 내내 다채로운 표현으로 되풀이했다. 모든 국가가 경의를 표하며 그의 말을 경청했다. 윌슨이 새로 편성한 사기가 충천하는 대군을 거느렸기 때문이다.

7. 1918년 11월 전쟁을 승리로 끝낸 것은 강대한 신예 미합중국군이었다는 사실을 의심하는 사람은 없다. 독일은 그해 3월, 4월, 6월까지도 성공적으로 진격하고 있었다. 독일군은 재차 마르느 강까지 진출해 파리를 위협했지만 영국과 프랑스에는 이를 저지할 만한 병력이 없었다. 그때까지 퍼싱 장군은 미합중국군을 자신의 지휘 아래 독립적으로 이끌어가겠다고 주장했다. 원수로 승진한 페르디낭 포슈

Ferdinand Foch 장군이 퍼싱 장군에게 병력이 열세라 연합군이 패전할 우려가 있다고 호소하자 그제야 퍼싱 장군은 자신의 계획을 포기하고 대국적 견지에서 전 병력을 연합군 총사령관에게 일임했다.

미합중국군 제1사단과 제2사단이 용맹을 떨치고 해병대가 벨로 산림지대를 탈환한 것이 바로 이때였다. 7월 14일 미합중국군은 독일의 최후공격을 격퇴하는 데 협력했고 18일에는 최초의 승전 나팔을 울린 포슈 장군의 반격전에 참가했다. 위기가 지나가자 퍼싱 장군은 희망했던 대로 미합중국군을 재편성해 독립적으로 전선을 분담했다. 그것은 베르됭의 남방 생미엘 전선이었다. 미합중국군은 맹렬한 소탕전을 강행하면서 신속하게 전진했다. 포슈 장군은 120만의 미합중국군에게 총반격 전선의 일부인 뫼즈와 아르곤 탈환 작전을 위임했다. 미합중국군 사단은 대부분 잘 싸웠지만 실전 경험이 없어 손해가 극심했다. 독일군 루덴도르프는 패주했고 그도 패전을 시인했다. 연합군이 상당수의 미합중국군을 예비군으로 두면서 독일군은 날이 갈수록 병력이 약화되었다. 병력 차이는 계속해서 심해졌고 이제 독일은 승리의 희망을 완전히 잃어버렸다. 1918년 10월 4일 독일의 새로운 수상 막스 폰 바덴Max von Baden은 윌슨의 14개 항목을 기초로 협상을 수락했다.

8. 독일인은 이렇게 불평했다.
"우리는 윌슨에게 속았다. 적의 관대한 제의를 믿고 무기를 버렸는데 14개 항목보다 훨씬 더 가혹한 조건으로 휴전 및 강화조약에 강제적으로 조인하게 했다."

이것은 사실과 다르다. 1918년 독일이 휴전을 요청한 것은 14개 항목을 믿어서가 아니라 군사적으로 패배해 더 이상 전쟁을 계속할 수 없었기 때문이다. 더구나 연합군 수뇌부는 졸속한 휴전에 반대하고 있었다. 그들은 독일 국내로 진격해 독일인에게 패전의 고통을 맛보여야 한다고 주장했다. 퍼싱 장군도 같은 의견이었다. 그러나 포슈 원수는 귀중한 인명을 무의미하게 살상하기를 바라지 않았다. 그는 전투가 승리로 끝나고 적군이 더 이상 위해를 가하지 못하자 포대를 멈췄다. 물론 그는 14개 항목을 바탕으로 체결하는 강화조약으로는 프랑스 미래의 안전보장이 확고할 수 없다고 생각하고 있었다. 휴전 조건은 의례적이었고 휴전이란 그 성격상 당연히 잠정적인 것이었다. 이제 강화조약을 윌슨식으로 하느냐, 클레망소식으로 하느냐 하는 문제만 남았다.

chapter 5

평화조약

The Peace Treaty

1. 유럽 국가들은 고난과 유혈로 가득 찬 전쟁을 치르고 있었다. 그들이 서로 기진맥진해서 쓰러지려는 순간 미합중국이 구원하러 나타난 것이다. 미합중국은 무력을 제압하고 정의를 수호하려는 숭고한 신념으로 참전했다. 윌슨 대통령은 보다 나은 세계를 수립하려 결의한 성실한 인물이었다. 그는 공정하고 영속성 있는 평화를 가져오리라고 갈망하던 유럽 대중의 신뢰를 한 몸에 받고 있었다. 여건이 이토록 유리한 적도 없었고 결과가 이처럼 기대에 어긋난 적도 없었다. 무엇 때문에 몇 해 지나지 않아 승리가 패배로 뒤바뀌었는가는 유럽 역사에 속하는 주제이고, 윌슨이 전쟁에 이겼으면서도 왜 강화에 실패했는가는 미합중국 역사의 한 단면이다.

2. 윌슨은 1916년에 재선되었으나 득표 차가 아주 근소했다. 국내에서는 점차 그의 반대세력이 늘어나고 있었다. 이렇다 할 이유가 있

던 것은 아니고 다만 장기집권에 따른 권태감 때문이었다. 1918년의 중간선거에 앞서 대통령은 유권자에게 국가의 위기를 극복하기 위한 통일전선을 구성하도록 민주당이 지배하는 의회를 구성해줄 것을 호소했다. 그의 이러한 당파적인 태도가 도리어 유권자의 반감을 사면서 상하원을 공화당이 장악하고 말았다. 정세가 변화하면서 대통령은 만사를 신중하게 처리해야만 했다.

평화조약 승인에는 상원 3분의 2 이상의 찬성이 필요했다. 대통령이 상하의원의 협력을 얻기 위해 그들을 파리평화회의에 참석하도록 임명하는 것은 의례적이었을 뿐 아니라 유리하고 당연한 일이기도 했다. 미합중국은 다섯 명의 위원을 파견하기로 되어 있었다. 대통령 자신이 위원으로 참석할 것인가? 하우스 대령은 그의 참석을 반대했는데 거기에는 그만한 이유가 있었다. 거리를 두고 멀리서 바라보면 미합중국 대통령은 하나님 같은 고귀한 존재로 머물 수 있으나 회의석상에 나타나면 인간으로서 평범한 존재가 되며, 자칫 잘못하면 체면을 손상할지도 모른다는 것이었다. 그러나 대통령은 사람들이 자기 자녀를 사랑하듯 이상을 사랑했고 스스로 그 이상을 몸소 실현하겠다고 고집했다. 결국 그가 위원이 되면서 당연히 국무장관 로버트 랜싱Robert Lansing과 충실한 하우스 대령이 수행했고 남은 두 석은 유력한 상원의원이나 공화당의 유력자 휴스, 태프트 또는 엘리후 루트Elihu Root에게 위임해야 마땅했다. 그런데 대통령은 미국의 여론을 대표하지 않는다는 사실 외에는 아무것도 알려지지 않은 태스커 블리스Tasker Bliss 장군과 공화당원인 외교관 헨리 화이트Henry White를 선임했다. 이 위원단이 파리로 떠나기에 앞서 시어도어 루스벨트는 다음과 같은 성명을 발표했다.

"이 시점에서 연합국, 동맹국, 윌슨 씨 자신은 윌슨 씨에게 미합중국 국민을 대신해서 발언할 아무런 권한도 없다는 것을 알아야 한다. 미합중국 국민은 이미 그의 지도권을 부인하고 있다."

3. 이런 사정을 알게 된 연합국은 미합중국을 경계했다. 즉, 그들은 그들에게 14개 항목을 강요하는 미합중국 원수의 배후에 국민의 지지가 없음을 알았던 것이다. 하지만 유럽의 일반 민중은 윌슨을 신뢰했고 그가 파리, 런던, 로마를 방문했을 때 열렬히 환영했다. 민중은 윌슨의 힘으로 모든 부정이 깨끗이 사라지기를 기대했다. 그는 정의를 수호하려는 열의는 있었으나 정의와 자신의 의사를 혼동하는 경향이 있었다. 그에게 무엇보다 중요한 것은 '국제연맹League of Nations'이었다. 맹약이나 계약이라는 말은 장로교도인 그의 피를 끓어오르게 했다. 국경 문제, 안전보장, 군비축소 문제 등도 중요했으나 그는 기술적인 문제의 경우 국제연맹을 결성한 후 그곳에서 협상하면 된다고 생각했다.

그러나 평화회의에 참석한 현실주의적이고 노련한 전승국 대표자들은 그와 생각이 전혀 달랐다. 이미 오래전에 몽상을 버리고 지금은 애국심 한 가닥만 불타고 있던 노정치가 조르주 클레망소Georges Clemenceau는 강경하게 프랑스의 안전보장을 요구했다. 프랑스는 50년 사이에 두 차례나 독일의 침략을 당해 아까운 청년을 수없이 잃었다. 이제 프랑스는 안전을 보장받을 권리가 있다고 주장했다. 윌슨 대통령이 아무리 '숭고한 공정'으로 조화를 구상할지라도 조약은 조약일 뿐 군대나 국경이 아니었다.

위대한 정치가이자 천재적인 웅변가인 웨일스 출신의 영국 수상 데이비드 로이드 조지David Lloyd George(1863~1945)는 월슨과 장단을 맞춰가면서도 클레망소에게는 동감이라는 추파를 던졌고, 외무성의 전문가들에게는 협조를 바란다는 눈길을 보냈다. 영어를 모르는 이탈리아의 비토리오 오를란도Vittorio Orlando(1860~1952, 이탈리아의 정치가, 수상 역임—역자주)는 덮어놓고 자국의 요구만 완강히 되풀이했다. 더욱이 차석 대표인 발프아, 소니노, 피숑은 월슨의 이상주의에 미동조차 하지 않았다.

이러한 비극의 원인 중 하나는 월슨이 가혹하지만 신중한 평화를 구축하려는 이들 현실주의자를 제압할 만큼 강력했으나 그가 말하는 공정한 평화를 지지하도록 국내 정계를 장악하지 못한 데 있었다.

4. 뭔가 심상치 않은 분위기로 인해 회의에 참석한 사람뿐 아니라 프랑스 국민, 특히 자유주의적인 지식계급까지 암담한 미래에 대해 불안을 느꼈다. 당시 투르Tours 근방 라베셸르리에서 여생을 보내던 아나톨 프랑스Anatole France는 앞을 내다보고 걱정스러운 나머지 다음과 같이 경고했다.

"프랑스 왕 같으면 누구라도 지금 체결하려는 것 같은 조약은 상상조차 못할 것이다. (…) 오스트리아의 분할은 참으로 어리석은 일이다. 중부유럽을 발칸화하는 것은 일부러 새로운 전쟁의 씨를 뿌리는 것이나 다름없다. 프랑스는 이때껏 이토록 굴욕적이고 치명적인 강화를 체결한 일이 없다. 월슨은 유럽에 관한 지식이 전혀 없고 국가의 권익을 화학 중량계로 계량하려 한다. (…) 조지와 월슨은 장단을 맞추고 있으나 조지는 너무 교활하고 윌슨은 너무 순진하다. 프랑스는 완전한 승리자로서 강화를 요구할 만큼 강하지 않을지는 모르지만 타협적인 평화를 감수해야 할 만큼 약하지도 않다. 우리는 절대로 이 두 가지 중에서 어느 하나만 원하지도 않고 또 그렇게 할 수도 없다. 새로운 평화조약은 이 두 가지 경향 사이에서 졸렬한 타협으로 이루어져 있다. 그것은 평화를 보장하지 않고 새로운 전쟁을 일으킬 것이다. (…) 탈레랑과 클레멘스 메테르니히Klemens Metternich는 보다 현명하게 처리했다. 그들은 민족의 행복이란 말을 별로 내세우지 않았으나 민족이 평화롭게 존속할 수 있도록 했다."

당시에는 이런 비관론이 상당히 넓게 퍼져 있었다. 윌슨의 논조와 지성적인 배경은 타국의 위원들이 그를 이해하는 데 오히려 지장을 주었고, 그 자신도 그들의 불안과 침묵의 근원을 이해하지 못했다. 파리평화회의는 모래 위에 유럽과 세계의 미래를 구축한 셈이었다.

5. 국제연맹이 무엇을 어떻게 하려는 것인가? 윌슨은 상임운영위원회를 설치하고 연맹에 반대하는 국가를 추방하며 독일 식민지를 국제연맹에 이관함으로써 연맹이 통치할 영토를 보유하자는 희망을 피력했다. 이 역사교수는 북서부 토지 조례North-West Ordinance에 따라 아메리카가 새로운 영토를 편입했을 때 실시한 방법을 떠올린 모양인데, 그로서는 마땅한 발상이었다.

윌슨은 얀 스머츠Jan Smuts 장군, 레옹 부르주아Léon Bourgeois, 그리스 총리 엘레우테리오스 베니젤로스Eleuthérios Venizélos, 로버트 세실 경을 위원으로 하는 특별위원회와 3주간에 걸친 토의를 거쳐 몇 가지 규약을 제정했다. 국제연맹은 9개국 대표로 구성하는 이사회가 운영한다, 매년 전 회원국이 총회를 소집하지만 집행권은 갖지 않는다, 제네바에 상설사무국을 두고 국제분쟁을 조정하기 위한 국제재판소를 설치한다는 내용이다. 그런데 제10조(이것이 항상 분쟁의 원인이었다)는 '연맹가입국은 모든 회원국의 영토 보전 및 정치적 독립을 존중하며 나아가 타국이 침략할 경우 이를 수호할 것을 약정한다'고 되어 있었다. 제16조는 연맹의 규약을 집행하기 위해 이사회는 그들 정부에 육해군 출동을 요청할 수 있다고 규정했다.

이 조항이 공표되자마자 미합중국에서는 3분의 1 이상의 상원의원이 외국의 분쟁 때문에 의회의 동의 없이 미합중국이 전쟁에 개입할 우려가 있다는 항의서에 서명했다. 의회는 평화조약과 연맹규약을 하나는 비준하고 하나는 부인할 수 있도록 별개 안건으로 분리하기를 요망했다. 그러나 대통령은 이것을 절대로 허용하지 않았다. 그는 국제연맹에 대해 아버지 같은 애정과 신념을 갖고 있었다. 또한 자신이 국제연맹을 창설한 사람이자 위대한 인류의 공헌자로서 길이길이 후세에 전해지기를 희망했다. 이를 위해 그는 어떠한 희생이든 감수하겠다는 굳은 결의를 다졌다.

6. 윌슨은 곧 그의 결의대로 희생을 치르게 되었다. 연맹규약을 평화조약에 포함시키기 위해 14개 항목에서 몇 개 항목을 양보했다. 1919년 초 그는 잠시 미국으로 귀국했지만 제대로 환영받지 못했다. 그는 의회에서 다음과 같은 성명을 발표했다.

"평화조약이 이곳에 당도했을 때 여러분은 국제연맹규약이 그 안에 포함되어 있을 뿐 아니라 서로 실처럼 엉켜 있어 연맹규약을 평화조약에서 분리하면 전 생명체를 파괴하게 되리라는 사실을 알게 될 것이다."

상원의원들은 이 성명에 그들이 용납할 수 없는 협박이 포함되어 있다고 생각했다. 다시 프랑스로 돌아왔을 때 자신의 권위가 약해졌음을 감지한 윌슨은 천문학적인 숫자로 늘어난 배상안을 부득이 승인했다. 결국 '온정이 있다고 하기엔 너무 가혹하고, 강경하다고 하기엔 너무 연약하다'는 평가를 받은 평화조약이 수많은 진통 끝에 확정되었다. 이 평화조약은 1815년의 평화조약보다 훨씬 짧은 기간밖에 평화를 유지하지 못했다. 하지만 1919년 4월 28일 국제연맹규약이 만장일치로 가결되면서 평화조약에서 받은 윌슨의 상처를 치유해주었다. 6월 20일 독일은 베르사유의 트리아농 궁에서 평화조약을 수락하고 28일에 '거울의 방'에서 조인을 끝냈다. 그다음 날 윌슨은 미합중국에서의 과업을 수행하고자 귀국길에 올랐다.

7. 윌슨은 과업을 수행할 준비가 되어 있지 않았다. 오랫동안 회의를 진행하면서 누적된 과로로 건강마저 좋지 않았다. 지적 완고성에도 불구하고 유럽에서 환영을 받은 그는 미국으로 돌아왔을 때 한층 더 경직되어 있었다. 그는 모든 충고를 공격으로, 신중한 태도를 충성부족으로, 비판을 욕설로 느꼈다. 심지어 오랫동안 충성을 다해온 하우스 대령과도 의절했고 그에게 가장 충실했던 비서 조셉 투멀티와의 관계도 단절되었다.

'피그미족의 마음씨'를 가진 사람들이 평화와 창조신에게 반대하는 것은 그에게 성서 모독죄에 해당하는 대죄로 느껴졌다. 하지만 피그미족이 상원의원일 경우 그들은 걸리버라도 결박할 수 있는 힘을 얻는다. 사실 상원 외교분과위원회의 위원장 헨리 로지는 윌슨을 그리 좋아하지 않았으나 상원의원들은 윌슨과 타협할 길을 찾으려 했다. 두 사람은 배경, 종교, 성격이 서로 판이했을 뿐 아니라 둘 다 일종의 현학적인 성격과 오만한 성품을 지니고 있어서 필연적으로 대립해왔다. 그렇지만 로지도 평화조약의 필요성은 충분히 인정했다. 그는 윌슨에게 의회가 선전포고할 권리를 보유하고 먼로주의를 재확인하기 위해 일종의 보류 조항을 평화조약에 추가하도록 요청했을 뿐이었다.

윌슨은 반대파의 수뇌들인 로지, 윌리엄 에드거 보라William Edgar Borah, 존슨과 합의할 수도 있었다. 불행히도 대통령은 평화조약 비준은 원문 그대로 쉼표 하나도 가감할 수 없다는 의지를 굽히지 않았다. 그는 피그미족 같은 상원의원들과 협상하기보다는 그들을 제쳐놓고 직접 국민의 지지를 얻으려고 시도했다. 이를 위해 그는 전국순회를 준비했고 특히 가장 완고한 중서부와 서부의 대도시에서 빼놓지 않고 유세할 계획이었다.

8. 전국순회와 30회에 달하는 연설은 그의 건강을 완전히 망쳐놓았다. 그는 콜로라도에서 중풍에 걸려 반신불수 상태로 백악관에 돌아왔다. 이때부터 그는 면회금지 환자로서 오로지 의사와 윌슨 부인을 통해서만 외부와 접촉이 이뤄지는 신비에 싸인 그림자 같은 사람이 되었다. 고독과 질병은 대통령의 옹고집을 한층 더 강하게 만들었다. 상원은 윌슨이 어떠한 수정안도 받아들이지 않겠다고 한 연맹규

약 제10조에 관해 논쟁을 계속하고 있었다. 표결 결과 무수정 통과에 필요한 3분의 2 찬성을 얻지 못했다. 보류 조항을 첨부한 평화조약도 부결되었다. 의회는 결의 형식으로 전쟁 종결을 선언하려 했으나 대통령은 거부권을 행사했다. 상황은 참으로 절망적이었고 세계 평화가 대통령과 의회 간의 대립에 희생되려 하고 있었다. 미합중국이 빠지면 국제연맹은 국경 문제와 인권 존중에 관한 사항을 집행할 수 없었다. 세계에서 가장 강력하고 공정한 국가가 고립주의로 복귀하는 것은 지구상 모든 국가의 불행이었다. 윌슨은 고매한 이상, 위대한 덕망, 불굴의 용기를 갖췄으나 그의 성격과 건강은 그를 배반했다.

9. 윌슨의 임기가 막바지에 이르렀을 때 수개월간 노동쟁의가 치열하게 벌어졌다. 전쟁 중에는 전시노동국이 노사문제를 원만히 조정했으나 전쟁이라는 외환이 끝나자 내분이 재발했던 것이다. 사실 전시 인플레이션의 여파로 물가가 계속 상승하는 바람에 봉급이 인상되어야 했다. 1919년 미국 광산노조위원장 존 루이스John Lewis는 다음과 같이 강조하면서 파업을 철회했다.

"우리는 미합중국 국민이다. 정부와 싸울 수는 없다."

그러나 보다 혁명적인 선동단체인 세계독립노동자연맹은 붉은 깃발을 흔들었고 폭탄 소동까지 일으켰다. 윌슨은 이렇게 말했다.

"의견 발표의 자유와 정치체제의 근본적인 변혁에 관한 질서 있는 주장은 간섭할 수 없지만, 정치적 진보란 이름으로 흉악한 난동을 유발하는 격정과 악의만은 용서할 수 없다."

200명 이상의 불법적인 선동자가 '붉은 방주Red Ark'라고 불리는 수송선에 실려 소련으로 추방되고 미국노동총동맹은 세계독립노동자연맹의 폭력 수단을 부인했다. 전시에 정부가 접수한 철도를 전후에도 계속 국영으로 두었으면 좋겠다고 생각하는 사람도 있었으나 윌슨은 전 소유자에게 반환하도록 지시했다.

10. 1919년과 1920년에 두 개의 헌법 수정안이 통과되었다. 제18차 수정 조항은 금주 규정, 제19차 수정 조항은 여성 참정권 승인인데 둘 다 오랫동안 치열한 투쟁을 거쳐 성취한 것이었다. 제19차 수정 조항에 따라 1920년경 선거에서는 2,000만 명의 유권자가 늘어났으나 정당의 세력 분포에는 별다른 변화가 일어나지 않았다.

제18차 수정 조항은 이 나라의 관습에 가장 나쁜 영향을 미쳤다. 언제나 준법정신이 강하던 이 나라에서 정부가 제18차 수정 조항을 위반하는 사람을 방임하는 뜻하지 않은 풍조가 나타난 것이다. 젊은 남녀는 물통에 질이 나쁜 진이나 위스키를 넣어가지고 다녔고, 거부가 된 주류 밀매업자는 정치적 세력을 좌우할 만큼의 유력자가 되었다. 선량한 시민들은 주류 밀매상인을 가정에까지 맞아들였으며 서재가 술집으로 변하고 지하실이 요정이 되는 폐단이 나타났다. 더불어 대도시의 일부 경찰은 부패했다.

수년 후에는 금주법 철폐를 주장하는 투쟁이 일어날 만큼 사회적인 공포 분위기가 조성되면서 미합중국은 또다시 금주파와 음주파로 분열되었다. 마침내 정부는 1933년 제21차 헌법 수정으로 제18차 수정 조항을 폐기했다. 이 경험은 "천사를 흉내 내려는 사람은 동물 흉내를 내게 된다"는 옛말을 다시 한 번 실증했다.

11. 아마 셰익스피어도 우드로 윌슨의 최후 같은 비극을 창작할 수는 없었을 것이다. 미합중국은 1년 이상을 대통령의 망령이 통치했다. 때로 아무도 근접할 수 없는 백악관의 깊은 구석방에서 떨리는 손으로 서명한 법률 인준 또는 거부 지시서가 의회로 송달되었다. 윌슨이 미쳤다는 소문이 나돌자 그는 부득이 각료 회의에 출석하기도 했다. 정신 상태는 건재했으나 허약해진 그는 집중력과 주의력이 떨어진 듯했다. 이후 마비되었던 사지에 생기가 돌면서 그는 1921년 3월 4일 후임자 워런 하딩Warren Harding(1865~1923, 제29대 대통령—역자주)의 대통령 취임식에 참석했다.

퇴임 후 윌슨은 워싱턴을 떠나지 않았으나 정계에서 완전히 은퇴했다. 1922년과 1923년의 휴전 기념일에는 자기 집 발코니에 나타나 군중을 향해 마비 때문에 쉰 음성으로 짤막하게 연설을 하기도 했다. 그는 미합중국이 국제연맹에 가입하지 않은 것은 한심스러운 일이라며 여전히 고립주의를 비판했다. 오랫동안 비참한 고난을 겪은 윌슨은 결국 1924년 2월 3일 세상을 떠났다. 그는 위대하고 숭고한 계획을 세웠으나 이를 실천하는 데는 실패했고 자신의 계획이 완전히 소멸되는 것을 괴롭게 지켜보다가 세상을 떠난 것이다. 그러나 그가 붙여놓았고 여전히 전쟁이라는 잿더미 속에 살아 있는 불씨는 언젠가 반드시 새롭게 타오를 터였다. 더불어 우드로 윌슨이란 이름은 그때 가서 새로운 영광과 함께 빛날 것이었다.

chapter 6

행동과 반동

Action and Reactions

—

1. 미국의 역사가들은 1920년부터 1928년에 이르는 시기를 흔히 남북전쟁 전후 시기와 비교 대조한다. 두 시기의 공통적인 특징은 공화당의 장기집권과 전시 상황을 원래대로 돌려놓아야 하는 상황에 있었다. 두 시기는 온 힘을 다해 국가를 위해 희생한 이후 개인적인 일을 위해 미친 듯이 열중한 10년이자 지나친 개인주의로 인한 추문이 정계와 재계를 휩쓴 시기이기도 했다. 물론 이 비교론에는 약간 수긍하기 어려운 점도 있다. 1865년에는 전쟁에서 승리했기에 공화당이 계속 집권한 것이고, 1920년에는 민주당이 이끈 전쟁에 대한 반발로 공화당이 정권을 잡은 것이다. 그리고 남북전쟁 후의 부정부패가 세계대전 후보다 질과 양에서 보다 극심했다.

사실 두 시기의 공통점은 전쟁이 낳은 놀랄 만한 기술의 진보였다. 1865년 미합중국은 대륙횡단 철도를 건설 중이었고 1920년에는 영화, 라디오, 항공업 등 새로운 산업이 발전했다. 두 시기 모두 물가가 상승했고 농민은 불만을 드러냈으며 사회 상태가 급변해 경제공황이 불거졌다.

2. 1920년도 선거는 이중적인 성격을 띠고 있었다. 어찌 보면 이것은 윌슨과 평화조약, 국제연맹을 반대하기 위한 선거였다. 대다수 미국인은 유럽의 분쟁에 관여한 것을 후회했다. 교묘하게 조작된 선거운동으로 그들은 마치 은행가의 이익을 위해 싸운 것처럼 생각했고 승리를 반기지 않았다. 오히려 연합국에 대한 과거의 우정을 버리고 적군이던 독일을 동정했다.

윌슨의 질병과 은퇴로 민주당의 인기는 추락했고 유권자들은 지금보다 훨씬 행복한 듯했던 전쟁 전의 생활로 돌아가기를 바랐다. 그들은 지도자와 정권만 교체하면 기업의 자유를 비롯해 행복했던 과거의 생활로 돌아갈 수 있으리라는 환상을 품고 있었다.

1919년 시어도어 루스벨트가 사망하는 바람에 공화당에는 인기 높은 지도자가 없었으나 일리노이 주지사 프랭크 로덴Frank Loden, 레너드 우드 장군, 컬럼비아 대학 총장 니컬러스 버틀러Nicholas Butler 등 저명한 인사 중에서 후보자를 선출할 수 있었다. 1920년도 전당대회에서 장시간의 토론을 거친 공화당은 워런 하딩을 지명했다. 그는 오하이오 주 출신의 상원의원으로 대통령감은 아니었고 그저 남의 눈에 띄지 않는 것만이 장점이라고 할 만한 인물이었다. 미합중국은 이제 윌슨 같은 위대한 정신의 소유자에 진저리를 내고 있었다. 상원은 루스벨트나 윌슨처럼 빛나는 학식으로 권위를 내세우는 대통령 아래서는 의회가 그저 도장만 찍는 존재로 전락한다는 사실을 체험했던 것이다. 하딩이 지명되자 니컬러스 버틀러는 한 상원의원이 이렇게 말했다며 비꼬았다.

"그 사람은 상원에 법안을 보내면서 통과시키라고 명령하는 대신 상원이 대통령에게 보내는 법안에 아무 말 없이 서명해줄 것이다."

하딩을 후보자로 만든 사람은 석유업계를 대표해 당 대회에 출석한 그의 동향 친구 해리 도허티Harry Daugherty였다. 하딩의 멋진 풍채, 윌슨에 대한 불만, 공산주의에 대한 불안감 그리고 이상만 높은 인물에 대한 불신 등이 하딩을 지명하게 한 것이다. 선거는 압도적인 승리로 끝났다. 900만 표를 얻은 민주당 제임스 콕스James Cox를 1,600만 표로 누른 하딩은 역대 대통령 선거 중 최다 득표라는 신기록을 세우며 당선되었다. 어떤 사람은 "눈사태가 아니라 지진이다"라고 말했다. 그 무렵 형무소에 수감 중이던 사회주의자 유진 뎁스는 약 100만 표를 얻었다. 부통령은 매사추세츠의 주지사를 지낸 캘빈 쿨리지Calvin Coolidge(1872~1933, 제30대 대통령—역자주)로 그는 보스턴에서 경찰관 파업을 진압한 뒤 공공의 안전을 위협할 권리는 "누구에게나, 어디서나, 어느 때나" 존재할 수 없는 것이라고 선언한 일로 유명한 인물이었다. 이렇게 해서 아메리카호는 1920년 방향을 오른쪽으로 돌렸는데 그 정도가 너무 급격하고 난폭했다.

3. 아메리카호의 신임 선장은 자기 직책에 대해 아는 게 없었다. 한 마디로 하딩은 대통령 자격이 없었다. 그는 자신의 무능을 보완하기 위해 국무장관에 휴스, 상무장관에 후버 등 유능한 인재를 기용하려 애썼다. 대통령이 갑부로 유명한 앤드루 멜런Andrew Mellon을 재무장

부정부패 척결로 공직에 대한 국민의 신뢰를
회복하는 데 앞장선 캘빈 쿨리지

관으로 임명하자 같은 부호계급들은 크게 기뻐했다. 불행히도 하딩은
자신을 대통령으로 만들어준 정직하지 못한 사람들에게 보답해야 할
의무가 있었다. 이에 따라 그는 무슨 일을 하고 있는지조차 모호하고
그저 석유업자들과 특별한 이해관계가 있는 것으로만 알려진 투기업
자 앨버트 폴Albert Fall을 내무장관에 임명했다. 내무장관 폴과 해군장
관 덴비 그리고 석유 재벌 도허티와 해리 싱클레어Harry Sinclair 사이에
하나의 비밀거래가 이뤄졌다.

미합중국 정부는 캘리포니아와 와이오밍 주에 매장량이 풍부한 유
전을 소유하고 있었다. 법령에 따라 해군성이 이 유전을 관리했기 때

문에 이를 민간업자에게 대여하거나 개발을 위탁할 수 있었다. 폴은 덴비에게 그 관리권을 내무성에 이관하게 했고 와이오밍 주에 있는 찻주전자 모양의 티포트 돔Teapot Dome 유전과 엘크 힐스Elk Hills 유전을 그의 친지인 해리 싱클레어에게 공개입찰 없이 비밀리에 대여했다. 덕분에 싱클레어의 석유회사 주가는 5,000만 달러나 상승했다.

상원의 조사가 시작되자 폴은 이 조치가 국가의 이익을 위한 것이라고 해명했으나 그가 막대한 수수료를 받은 것이 밝혀지면서 장관직에서 파면되고 1년의 금고형과 벌금 10만 달러를 선고받았다. 한편 법무장관이 된 해리 도허티는 직권으로 대규모 부정사건 수사를 중지시켰고, 하딩의 친구로 퇴역군인국 국장인 찰스 프브스Charles Forbes 대령은 보스턴에 있는 어떤 회사에 공개입찰 없이 군수물자를 시가의 20퍼센트 이하로 불하했다. 조사 결과 그는 물자를 대부분 당일 재구매해서 1달러당 20센트의 수수료를 착복한 것으로 드러났다. 하딩의 친구들은 그랜트의 친구들보다 더 부패하고 치졸했던 것이다.

4. 지난날의 그랜트와 마찬가지로 하딩도 이런 친구들의 범죄와는 관계가 없었다. 그러나 의지가 약하고 쾌락을 즐겼던 그는 부정한 인물들을 요직에 임명했다는 책임만큼은 면할 수 없었다. 그도 이것을 시인했고 1923년 이후 단정하던 용모까지 눈에 띄게 초라해진 채 알래스카로 도피 여행을 떠났다. 출발에 앞서 그는 이렇게 말했다.

"대통령으로서 나는 정적에 대해서는 하나도 걱정할 게 없다. 밤잠조차 제대로 못 자게 만드는 것은 내 친구들이다."

여행하는 동안 그는 여러 차례나 주위 사람들에게 물었다.

"친구들이 배신했을 때 대통령은 어떻게 처신하는 것이 좋은가?"

한때 그는 국민에게 공개적으로 사과할 생각까지 했다. 알래스카에서 귀환하던 배 안에서 그는 암호 무전을 받고 더욱 상심했고 그 비극적인 분위기가 대통령 일행을 엄습했다. 그는 샌프란시스코에 도착하자마자 병이 났다. 발표는 게 통조림 중독이라고 났지만 배 안에는 게 통조림이 없었다고 하며 여러 가지 뜬소문이 나돌았다. 원인이 무엇이었든 하딩은 옆에서 부인이 책을 읽어주는 소리를 들으며 8월 2일 세상을 떠났다. 의사는 '뇌경색증'이라고 발표했으나 대중은 이것을 믿으려 하지 않았다.

1923년 8월 2일 밤 버몬트의 아버지 농장에서 휴가를 즐기던 부통령 쿨리지에게 뜻밖의 급보가 날아왔다. 그의 아버지는 마침 지방의 치안판사였다. 부친은 서둘러 법의를 입고 쿨리지 부인이 받쳐 든 석유램프 밑에서 가문에 전해 내려오는 유서 깊은 성서에 손을 얹고 아들의 대통령 취임선서를 집행했다. 건국의 아버지들의 전통을 이어받은 이 간소하고 엄숙한 장면은 국민을 기쁘게 했다. 도덕적으로 최악의 친구들과 최악의 시기를 기록한 대통령이 그래도 동부의 청교도인 인물을 후계자로 뒀다는 것은 참으로 다행스런 일이었다.

5. 캘빈 쿨리지는 붉은 머리에 파란 눈동자 그리고 뉴잉글랜드의 사투리인 코멘소리 악센트라는 특징을 지니고 있었다. 그가 암소Cow라는 단어를 발음하면 4음절로 들렸다고 한다. 그는 과묵한 편이라 천천히 말해도 별로 부자연스럽지 않았는데, 이는 그의 천성과 교양에서 나온 것이기도 하지만 무엇보다 할 말만 했기 때문이었다. 그가

대통령이 되자 그의 간결한 화술이 대중에게 호평을 받기 시작했다. 대중이 자신을 위대한 인물로 본다는 것을 안 쿨리지는 결점이라고 할 수 있는 화술을 역이용해 뚜렷하고 익살맞은 대답을 하는 습관을 길렀다. 그러나 본래 산뜻한 유머감각이 없었던 그의 무뚝뚝한 익살은 본인 외에는 아무에게도 재미가 없었다.

겉보기에는 겸손한 듯했으나 사실 그는 대통령으로 출세한 것을 굉장히 자랑스럽게 생각했다. 과묵이 자신의 장점이 되고 있음을 알고 있던 그는 다음과 같이 말했다.

"상원의원 머리 크레인Murray Crane도 침묵만이 곤란한 상황을 회피하게 해준다는 내 의견에 동조했다."

쿨리지를 만나면 이렇게 인사하는 한 장군에게 그는 자신 있게 응수했다.

"안녕하십니까! 수다쟁이 양반."

"좋습니다, 장군. 그러나 말 없는 내가 말 많은 당신보다 근심이 적다는 걸 아셔야 합니다."

쿨리지의 보수적인 사고방식을 잘 보여주는 예로 유럽 국가들의 전쟁 채무에 관한 그의 언급이 있다.

"그들은 돈을 꾸어갔다. 그렇다면 갚아야지."

한번은 어떤 기자가 질문을 했다.

"대통령께서는 왜 윌슨이나 루스벨트처럼 백악관에 미술가, 음악가, 배우, 시인들을 초청하지 않으십니까?"

그는 잠깐 생각에 잠긴 듯 가만히 있다가 띄엄띄엄 말을 이어갔다.

"예전에 내가 애머스트 대학에 있을 때 한 시인을 알고 지냈지. 우리 반에서 제일가는 시인이었네. 이름이 스미스라고 했지. (…) 그 후 영영 그 사람 소식을 못 들었어."

이러한 그의 언변은 이상하리만치 대중의 마음을 끌었고 쿨리지는 대중의 인기를 독점했다. 그는 하딩의 사망으로 대통령이 되었으나 1924년도 선거에서는 자력으로 출마해 뉴욕의 유명한 변호사 존 데이비스John Davis와 로버트 라 폴레트Robert La Follette를 누르고 과거에 하딩이 획득한 다수표를 거의 그대로 얻었다. 연이어 폭로된 부정부패 사건으로 공화당이 인기를 잃었으리라고 생각한 민주당은 크게 실망했다. 행복한 국민은 체제 변화를 원치 않는 법인데 1924년에 미국인은 불행하다는 생각 없이 그날그날을 행복하게 지냈던 것이다.

6. 주가는 계속해서 상승했고 월스트리트는 부자로 가득 찼다. 이것은 말하자면 '쿨리지 경기'로 그도 그것을 자랑으로 삼았다. 그는 투기와는 거리가 멀었고 오히려 누구보다 조심성 있는 사람이었지만 미합중국이 돈을 버는 광경에는 무척 흐뭇해했다.

"힘써 일하고 돈을 아껴라. 돈을 아끼고 힘써 일하라!"

그의 연설 주제는 이 한마디로 압축할 수 있었다. 이것만 봐도 그는 남들이 진부하다고 여기는 것을 서슴없이 말하는 사람이란 걸 알 수 있다. 그는 자신이 평범한 사람이라는 데 자부심을 느끼고 있었다. 그를 독특한 인물로 만든 연유가 바로 이것이었다. 오랫동안 함께 살아온 아름답고 순박한 영부인까지도 남편의 정체를 좀처럼 풀 수 없는 수수께끼로 생각할 정도였다.

당시 국가 재정은 재무성이 감세정책을 검토할 정도로 여유가 있었다. 도대체 그 많은 돈이 어디서 흘러들어온 것일까? 바로 막대한 채권이었다. 미합중국은 독일에 차관을 제공했고 독일은 이것을 영국과 프랑스에 배상금으로 지불했다. 그러면 영국과 프랑스는 그 돈으로 미합중국에 전시채무를 상환했다. 이런 현금 순환으로 미합중국이 독일에 차관을 주면 거기에 이자가 붙어서 돌아왔던 것이다. 1928년에는 증권 중개업자에게 융자해준 돈이 40억 달러에 달했고, 증권업계 전문가들은 불안을 느끼며 머지않아 파국이 닥치리라고 예측했다. 반면 그 상황을 긍정적으로 바라보는 사람들은 다음과 같이 주장했다.

"고전적인 경제원칙은 대량생산 경제체제에 적용할 수 없다. 인류는 새로운 시대에 들어간 것이다. 호경기와 물가상승이 멈추는 일은 없을 것이다."

주가는 계속 상승했고 많은 사람이 쉽게 부자가 될 수 있었다. 어떤 주식이든 사기만 하면 올랐기 때문에 국민 전체가 증권 투기에 열중했다. 과묵하고 근엄한 대통령이 통치하는 동안 아메리카는 마술의 세계 속에 놓여 있었다.

7. 하딩이 집권하던 시절 그는 워싱턴에서 회의를 개최해 세계 주요 해군국의 주력함 보유비율을 결정했다. 영국은 미합중국과 똑같이 보유하고 일본은 미합중국의 5분의 3톤을 보유하기로 합의했다. 그리고 프랑스는 이탈리아와 동일한 비율을 보유하기로 했다. 더불어 영국, 일본, 프랑스, 미합중국 4개국은 서로 태평양에 있는 섬의 영유권(필리핀 포함)을 존중하고 새로운 요새를 짓지 않기로 약정했다.

1927년 쿨리지는 기존 해군협정을 순양함, 수뢰정, 잠수함까지 확대할 것을 제의했다. 이를 거절당하자 그는 부득이 미합중국 해군을 증강하기로 결심했다. 하지만 그는 다른 13개국과 더불어 켈로그브리앙 조약Kellogg-Briand Pact이라는 부전조약不戰條約에는 서명했다. 이 조약은 국제분쟁을 해결할 때 전쟁수단 행사를 불법화하고 대신 평화적인 방법을 사용하기로 합의한 것이었다. 상원은 특별한 의미 없이 형식적인 한 표의 반대를 기록하며 실질적인 만장일치로 이 조약을 비준했다. 한데 굉장히 현실적이었던 브리앙은 이 협정이 미합중국이 국제적인 협력기구에 참여하는 계기가 되기를 희망했다.

당시 미합중국은 인접한 남아메리카 국가들과 우호적인 관계를 유지하고 있었다. 쿨리지는 쿠바의 하바나까지 가서 범아메리카회의Pan-American Congress를 주재했고 미합중국이 국가 간의 동등한 주권을 인정한다는 것을 재확인했다. 또한 멕시코 대사로 임명된 상원의원 드와이트 모로Dwight Morrow는 수완과 견식으로 오랫동안 질질 끌어오던 멕시코와의 분쟁 문제를 원만히 해결했다. 니카라과만 문제 해결이 더뎠는데 일부 상원의원은 이 나라를 '월가의 보호국'으로 만들려는 정부 시책을 비난했다.

8. 많은 사람이 쿨리지가 1928년도 선거에 출마할 것으로 예상했고 그의 이름이 호경기와 결부되어 당선 가능성도 충분했다. 그런데 시기가 임박하자 그는 다음과 같이 열 마디로 성명서를 발표했다.

"나는 1928년도 선거에 출마하지 않겠다."

이것은 그야말로 쿨리지다운 방식이었고 이 소식은 전 세계뿐 아니라 영부인까지도 놀라게 했다. 그녀는 이렇게 말했다.

"참으로 그 사람답지 않습니까? 그는 내게 한마디 암시조차 하지 않았습니다. 나는 전혀 모르고 있었어요."

쿨리지는 경제위기가 닥칠 것을 두려워해 그것이 터질 때 대통령직에 있기를 회피한 것일까? 그렇지 않으면 공화당 당 대회가 자진해서 그를 추대하길 희망한 것일까? 후자의 추측이 맞는다면 아마 그는 크게 실망했을 것이다. 왜냐하면 당 대회는 만장일치로 상무장관 허버트 후버를 지명했기 때문이다. 후버는 1917년에 전시 식량관리국장으로 있을 때와 마찬가지로 상무장관으로서도 평판이 매우 좋았다. 그는 19세기적 감각을 지닌 자유주의자로 다음과 같이 말했다.

"아메리카 자유의 초석은 공공 문제를 거론할 수 있는 언론의 절대 자유뿐이다."

그는 '거칠고 씩씩한 개인주의를 바탕으로 하는 아메리카식 체계와 간섭주의나 국가사회주의를 지향하는 유럽식 체계' 간에 양자택일을 하게 되었을 때 서슴지 않고 자유기업제도를 선택했다.

민주당은 가톨릭교도로 금주 반대론자이고 태머니홀파인 뉴욕 주지사 앨프리드 스미스Alfred Smith를 후보자로 지명했다. 결과적으로 공화당이 전례 없는 압승을 거두었다. 후버는 기적 같은 호경기 덕분에 아무 불만도 느끼지 않던 소위 '결속한 남부'까지 포함해 40주에서 승리했다.

9. 후버는 선거 운동 기간에 아메리카는 그 어떤 나라도 성공하지 못한 빈곤 극복 문제에서 최후의 승리를 눈앞에 두고 있다고 말했다. 그의 말은 어느 정도 옳았다. 아직 분배와 기업조직이 불완전하긴 했

지만 생산은 전 국민의 여유 있는 생활을 보장하기에 충분했다.

　한데 쿨리지의 임기가 끝날 무렵 쿨리지 정권의 특징이던 과열된 투기열이 심각한 경제위기를 초래할 가능성이 컸다. 낙관론자의 생각과 달리 인간사회의 새로운 시대가 열린 것은 아니었다. 같은 원인은 여전히 같은 결과를 낳았고 이례적인 호경기는 극심한 불경기로 가는 길을 닦는 데 지나지 않았다.

　후버 대통령의 임기 초에는 여전히 쿨리지 경기가 이어졌다. 주가는 상승일로에 있었고 일반 대출도 여전했으며 농가는 증산을 계속했다. 그러나 신용을 기반으로 한 경제시장은 신용 상실의 징조가 나타나면 붕괴하게 마련이다. 1929년 10월에 시작된 공황은 과거 그 어느 경기불황보다 심각하고 장기적이었다. 1933년에 이르러 실업자는 1,300만 명에서 1,400만 명이란 파국적인 숫자에 이르렀다. 후버는 밴 뷰런처럼 '위기를 잉태한 국가'를 짊어졌던 것이다. 사실 그에게는 책임이 없었으나 유권자의 눈에는 모든 불행의 책임이 후버에게 있는 것처럼 보였고 그는 1932년 재선에 실패했다.

　후버는 월가의 사람이 아니었다. 1914년 전쟁 때 그는 청렴과 박애 정신을 발휘했지만 경제공황은 그의 정치생활에 종지부를 찍게 했다. 빈곤과 실업으로 미국인은 과거 10년간 이 나라를 지배한 사람들에게 심한 배신감을 느꼈다. 그로버 클리블랜드 때처럼 국민은 개혁자의 출현을 기다렸다.

　10. 후버의 후계자 프랭클린 루스벨트Franklin Roosevelt (1882~1945, 제32대 대통령—역자주)는 교양은 귀족적이었으나 신조는 민주주의적이었고

정계에서 오랫동안 빛나는 업적을 쌓은 시어도어 루스벨트 가문 사람이었다. 그는 뉴잉글랜드의 명문고인 그로톤 스쿨Groton School과 하버드 대학에서 교육을 받았다. 어느 모로 보나 그가 불우한 사람들의 옹호자가 될 운명적 요소는 없어 보였다.

하지만 그는 정치에 흥미가 있었고 성품과 인격으로 대중의 인기를 차지하고 있던 사촌 누이 엘리너 루스벨트Anna Eleanor Roosevelt(부녀해방운동가—역자주)와 결혼해 정치적 기반을 굳혔다. 루스벨트는 중년에 소아마비에 걸려 두 다리를 자유롭게 쓸 수 없었다. 이 고난은 고생하는 사람을 이해하도록 도왔고 부자유스런 다리를 재활하기 위한 과정에서 그는 의지를 단련했다. 철제기구에 의지하지 않으면 일어서지 못하면서도 그는 뉴욕 주지사 선거에 출마하는 용기를 발휘했으며, 지사로서 이룬 정치적 성공으로 대통령 후보가 되는 행운을 차지했다. 그리고 대통령에 당선된 후에는 위대한 용기, 천성적인 매력과 친근감, 신인 발굴 능력, 보기 드문 정치 연설 재능 등을 보여주었다.

그러나 1932년만 해도 이 매력 있는 불구자 귀족이 미합중국 역사상 최장임기를 지낸 대통령이 되고, 미합중국을 세계 강대국 중 하나로 만들 것이라 생각한 사람은 아무도 없었다.

11. FDR로 불리는 루스벨트가 후버의 뒤를 이어 정권을 인계받았을 때는 나라는 비극적인 상황에 놓여 있었다. 무려 1,300만 명의 실업자가 고통 속에 신음했고 600만의 농가가 100억 달러에 달하는 부채에 깔려 죽을 지경이었다. 한 신문은 농가를 다음과 같이 정의했다. "일곱 명의 가족이 악착같이 일해도 중고차의 기름 탱크를 채우지

미국 역사상 유일하게 4선에 성공한 루스벨트

못한다."

면화는 5센트, 밀은 37센트로 폭락했다. 농민들은 채권자에게 집을 빼앗겼고 수천 개에 달하는 지방은행은 부동산을 담보로 대출해준 채무의 상환이 불가능해 모조리 파산했다. 대형 은행의 예금자들도 불안을 느낀 나머지 앞다투어 예금을 인출했다. 루스벨트 대통령이 취임하는 날까지 23개 주가 지불 정지 상태에 빠져 있었다. 의사당에 서 루스벨트 대통령은 다음과 같이 취임연설을 했다.

"나도 여러분과 같은 마음으로 우리에게 공통적인 일대 재난에 직면했습니다. 다행히 이 곤란은 물질적인 면에 국한된 것입니다. 물가가 상상할 수 없을 만큼 하락했습니다. (…) 다수의 실업자가 처참하게도 생존의 위협을 받고 있습니다. (…) 어리석은 낙관론자만 현 시국의 처참한 실태를 인식하지 못하고 있을 뿐입니다. (…) 은행들은 문명의 전당이 안겨준 높은 자리에서 도망쳤습니다. 이제야말로 우리는 예부터 계승해온 진리의 전당을 재건해야 합니다. 재건은 우리가 사회적 가치를 금전적 이익보다 얼마나 더 높이 존중하느냐에 달려 있습니다. (…) 국가는 행동을, 그것도 즉각적인 행동을 요망합니다. 가장 중대하고 근본적인 우리의 과업은 국민에게 일자리를 주는 것입니다."

링컨 이후 대통령이 이처럼 극적인 역경 속에서 취임한 적은 없었다. 수백만 명의 실업자는 그 숫자가 매일 늘어났고 농민은 난동을 부렸다. 은행은 폐업하고 모든 사회구조의 지주가 무서운 속도로 하나둘 쓰러져가는 상황이었다. 이러한 장면은 길게 늘어뜨린 성조기 뒤의 어둠 속에서나 찾아낼 수 있을 듯한 광경이었다.

12. 이 경우 세 가지 경제정책을 예상할 수 있었다. 첫째는 고전적인 자유방임주의Laissez-faire로 개인 활동의 성과 덕분에 정상 상태로 돌아가기를 기대하는 것이고, 둘째는 생산수단 사유를 금지하는 사회주의 내지 공산주의로 해결하는 방식이다. 그리고 셋째는 통제경제 또는 계획경제를 실시하는 것이다.

신임 대통령은 제3의 방식을 택했고 우선 물가상승을 위해 달러를 40퍼센트 평가절하했다. 또한 일자리를 창출하고자 정부가 거대한 댐 건설부터 기념 조형물 장식에 이르는 방대한 공공사업에 착수했다. 더불어 임금 인상을 위한 단체 계약을 권장했다. 나아가 국민이 부정한 주식에 투자하지 않도록 채권 발행 은행을 엄중히 감독했고 이들의 예금 취급을 금지했으며 신설한 증권외환위원회Securities and Exchange Commission가 이들을 감독하게 했다. 농가 구제를 위해서는 저당 잡힌 대출금의 일부를 정부가 떠안았고 부채 금리를 인하했다. 그뿐 아니라 농산물 가격 하락을 방지하기 위해 면화와 밀의 경작 면적을 축소하도록 권장했다.

한편 정부는 수력발전으로 전력개발을 현실화할 가능성과 그 효과를 실험하기 위해 '테네시계곡개발공단TVA, Tennessee Valley Authority'을 설립했다. TVA공단은 농촌에 저렴한 전력을 공급하고 질소비료를 생산했으며 영리회사의 이윤 실태를 평가하는 표준 역할도 겸했다.

13. 뉴딜New Deal이라 불리는 이 정책에는 열렬한 지지자와 반대자가 있었다. 지지자는 이것이 국가를 구제한다고 주장했고 반대자는 미합중국을 파멸의 길로 이끈다고 비난했다. 루스벨트는 가장 증오받는 동시에 가장 사랑받는 사람이었다. 가난한 사람, 학대받던 소수파에게는 사랑을 받고 세금으로 재산을 빼앗긴 부자에게는 증오를 받은 것이다.

유산계급은 재정 면에서의 세입 부족(6년간 국채가 두 배로 급증했다)을 공격하면서 "자기가 속한 계급에 대한 배신자"라고 비난했다. 반면 일반 대중은 그를 전폭적으로 지지했고 1936년 그는 손쉽게 재선되었다. 이것을 계기로 루스벨트 일파는 미합중국의 정치와 경제 체제를 완전히 바꿔놓았다. 즉, 국가가 자본주의 경제제도를 엄격히 통제했던 것이다.

연방정부는 전례 없이 강화되었고 워싱턴은 수도로서 탄탄한 기반을 닦았다. 노동조합의 2대 연합기구인 AFL과 CIO Committee for Industrial Organization 는 거의 기업 전반에 걸쳐 노동자의 이익을 대변했으며 노동자의 지위는 향상되었다. 부유층은 루스벨트를 비난하고 배척했다. 루스벨트가 경제혁명을 시도할 것처럼 보였기 때문이다.

하지만 공화당과 민주당은 만장일치로 그의 외교정책을 승인했고, 대중보다 앞서서 유럽의 심상찮은 전쟁 분위기와 관련해 고립주의가 미합중국에 위험하다는 것을 이해했다는 점에서 그를 높이 평가했다. 대법원은 오랫동안 뉴딜정책에 반대했으며 의회에서 결의한 몇 개의 법안도 위헌이라고 판정했다. 그런데 루스벨트가 유례없이 장기간 재임하는 동안 대법관들이 별세하면서 그의 계획은 실현 가능해졌다. 1941년까지 대법관 아홉 명 중 일곱 명을 대통령이 임명한 덕분에 대법원의 구성은 루스벨트 대통령에게 유리했다.

14. 외교정책에서 루스벨트 대통령은 매우 곤란한 입장이었다. 국제연맹에 대한 논란과 전시채무 문제로 1920년 이후 영국이나 프랑스와의 관계가 악화되었기 때문이다. 여기에다 1931년 후버 대통령이 모든 정부 차관 상환과 배상금 지불을 1년간 정지하도록 명령한 탓에 그때까지 유통되던 자금 순환이 갑자기 중단되었다. 유럽 국가들은 상환을 즉각 정지했고 그들에게 사실상 지불할 방도가 없다는 사정을 모르던 미국인은 크게 분노했다.

일부 언론인과 평론가는 미합중국이 세계대전에 참전할 필요성도, 정당성도 없었다는 주장을 펼쳤다. 물론 이들은 나중에 후회를 했지만 말이다. 보수파는 전통적으로 고립주의였고 자유주의파도 유럽에 대한 불만에다 서구 민주주의 국가가 에티오피아, 스페인, 체코슬로바키아를 지원하지 않는 것을 보고 한층 더 고립주의로 기울었다. 대다수 미합중국 국민은 전체주의자가 유럽뿐 아니라 자기 나라까지도 위협하고 있음을 깨닫지 못했다. 그들은 새로운 전쟁이 일어나도 자신들은 멀리 떨어져 있으니 정치가들이 참전만 회피하면 그만이라는 환상에 젖어 있었다.

미국은 1935년부터 1937년 사이에 세 개의 중립법을 제정했다. 이 법령은 대통령의 특권 중 일부를 제한하고 의회의 권한을 강화하는 내용이었다. 또한 루시타니아호의 비극을 되풀이하지 않도록 미국인이 교전국의 선박을 이용해 여행하는 것을 금지했다. 더불어 교전국에 대한 융자와 무기 및 탄약 수출을 금지했고 교전국은 무엇을 구입하든 현금을 지불해야 했다. 이 법령이 통과되자 유럽을 정복하겠다는 독일의 야망은 더욱 커졌다.

15. 1939년 전쟁이 발발하자 의회는 대통령의 요청에 따라 무기는 현금으로 구입하고 구매국의 선박으로 수송해야 한다는 '현금 자국선 법'을 제정함으로써 무기 수출 제한을 강화했다. 미합중국 선박이 교전국의 해역을 항해하는 것도 금지했다. 프랑스 전선의 전투가 소강상태에 있고 독일이 곧 평화를 회복한다는 터무니없는 선전을 하고 있을 때는 미리 짜고 하는 전쟁처럼 여기기도 했다. 많은 미국인이

아돌프 히틀러Adolf Hitler를 굉장히 미워했고 프랑스와 영국이 능히 그를 제압할 수 있으리라고 믿었다.

한데 프랑스가 패전하면서 미합중국은 엄청난 정신적 충격에 휩싸였다. 프랑스 수상 폴 레노Paul Reynaud가 루스벨트에게 구원을 요청했을 때 그는 원조하겠다는 약속조차 할 수 없었다. 선전포고에 관한 모든 절차는 의회의 권한이었고 의회는 개전에 대단히 신중했기 때문이다. 1940년 9월 대통령은 영국에 수명이 다한 구축함 50척을 팔고 그 대가로 영국이 영유하던 섬에 해군과 공군기지를 건설할 계획을 발표했다.

그해가 저물어갈 무렵 대통령 선거가 있었다. 그때 루스벨트와 공화당의 웬델 윌키Wendell Willkie가 입후보했는데 두 사람은 영국을 원조는 하지만 선전포고는 하지 않겠다고 공약했다. '모든 방법의 원조로 전쟁을 단기간에 끝내도록 할 것'이 선거구호였다. 결국 루스벨트가 당선됐고 그는 미합중국 역사상 처음으로 3기에 걸쳐 출마해 당선되는 기록을 세웠다.

16. 대통령은 영국을 지원하는 정책을 추진할 권한을 국민에게 보장받았다. 1941년 초 의회는 영국이 필요로 하는 군수물자를 무상 대여할 권한을 대통령에게 부여하는 무기대여법Lend-Lease Bill을 제정했다. 마침 영국의 달러 보유고가 급격히 고갈되던 참이라 이것은 현명하고 적절한 정책이었다. 동시에 대통령은 확실치는 않지만 참전하게 될지도 모를 전쟁에 대비해 윌슨이 실시한 것보다 더 충실하게 준비를 시작했다. 아직 전시도 아닌데 의회는 징병제도를 포고하고 80만

의 병사를 훈련시키기 시작했다. 군수공장도 정비했다.

미합중국은 중립을 지키는 척하던 태도를 버리고 독일에 공공연하게 적의를 드러내면서 독일의 선전포고에 대비했다. 다른 때 같으면 그린란드 점령, 수송선단 호위, 상선 무장 등은 독일이 미합중국에 선전포고를 할 만한 충분한 이유가 되었을 것이다.

국내에서는 중립파와 간섭파가 선전책자나 연설을 통해 논쟁을 벌이고 있었다. 간섭파를 지지하는 여론이 우세했지만 독일의 동맹국이자 독재주의 국가이며 오랫동안 태평양을 제패할 기회를 노리던 일본이 하와이의 진주만에 있는 해군기지를 선전포고 없이 폭격하지 않았다면 잠재적이던 이 전쟁은 상당 기간 지속되었을 것이다.

미합중국은 일본에 선전포고한 뒤 곧바로 독일과 이탈리아에도 선전포고를 했다. 아무도 놀라지 않았고 전 국민은 의회와 대통령의 결정을 전적으로 지지했다. 1942년에 들어서자 미합중국의 생산 능력이 연합국의 승리를 보장할 수 있다는 사실이 분명해졌다. 태평양전쟁 초기의 일본의 승리, 필리핀 상실 등은 미합중국 공업의 현저한 우위 앞에서 전혀 문제가 되지 않았다.

17. 미국인은 제2차 세계대전을 통해 그들이 애국심 강하고 질서의식과 능력이 우수하다는 것을 실증했다. 평화산업은 경이적인 속도로 전시산업으로 바뀌었다. 진주만 공격이 있고 다음 해가 되었을 때 미합중국은 이미 3만 2,000대의 탱크, 4만 9,000대의 항공기, 820만 톤의 함선을 생산 및 건조했다. 그다음 해의 생산량은 훨씬 더 늘어나 미합중국의 수요를 충당하는 것은 물론 영국, 중국 그리고 독일군에

반격하고 있던 소련에까지 보급했다.

　미합중국의 육해군은 군사과학의 최고 수준에 도달해 세계에서 최강의 위치를 차지했다. 농업도 기적적인 생산 실적을 올려 15개월 동안 10억 파운드의 식량을 연합국에 공급했다. 국내에서는 배급제도와 가격통제로 인플레이션을 방지했다. 미합중국의 국내 단결은 완전무결했고 인종과 민족의 다양성에도 불구하고 선전포고가 있은 후 대립이나 태업을 전혀 찾아볼 수 없었다. 노동자는 한층 더 생산력을 발휘했고 파업은 거의 없었으며 국채를 자발적으로 소화했다. 그리고 전쟁 경비는 재산과 수입을 평균화할 수 있을 만한 세율로 부과한 세금으로 충당했다.

　18. 루스벨트는 서부의 반대에도 불구하고 주력군을 독일과 이탈리아 전선에 배치하는 현명한 판단을 내렸다. 그 작전은 다음과 같은 순서로 요약할 수 있다. 1) 태평양에서의 후퇴. 2) 유럽 요새에 대한 공격기지 확보. 3) 유럽 정복. 4) 태평양 탈환. 루스벨트는 이미 1940년부터 북아프리카에 상륙하기 위한 정치공작을 추진하고 있었다. 그 무렵 노르망디 해안을 공격하는 것은 디에프의 경험으로 볼 때 위험한 일이었다. 유럽 탈환 작전 초기에 알제리와 튀니지를 최고의 교두보로 판단한 미합중국은 이 지방에서 프랑스인의 협력을 얻어 공작을 추진했다.

　1942년 드와이트 아이젠하워Dwight Eisenhower(1890~1969, 제34대 대통령—역자주) 장군이 원정군을 편성하기 시작했다. 원정 작전이 성공하면서 북아프리카의 프랑스군은 루스벨트가 희망한 대로 미합중국과 영국군에 합류했으며 튀니지에서 독일군을 격파할 때 공동작전을 폈다. 아이젠하워는 아프리카에서 시칠리아 섬으로, 그다음에는 이탈리아로 진격했다. 1943년 8월 이탈리아 정부는 휴전을 제의했다.

서부전선 총사령관으로 임명된 아이젠하워는 독일의 저항을 물리치고 생산력을 파괴하기 위해 대규모 폭격을 감행했다. 다른 한편으로 그는 면밀한 주의를 기울이면서 노르망디 상륙작전을 준비했다. 먼저 두 개의 인공 항구를 건설한 뒤 영불해협에 해저 송유관을 부설했다. 그리고 1944년 6월 6일 낙하산 부대를 선봉으로 한 연합군은 캉(프랑스 서북부 노르망디 지방)과 셰르부르의 중간지점에서 독일군을 격파하고 수주에 걸쳐 격렬한 전투를 감행한 후 드디어 독일군의 방어전선을 돌파했다. 제2진은 1944년 8월 15일 마르세유와 이탈리아 전선의 중간지점에 상륙했다.

독일군이 간간이 저항했지만 목적을 달성하는 데는 아무 지장이 없었다. 이미 연합군의 폭격으로 극심한 타격을 받은 독일은 동서 양면에서 압박을 가하는 거인의 주먹에 분쇄되고 말았다. 1945년 5월 7일 히틀러는 자살했고 아이젠하워는 독일군의 무조건 항복을 받아냈다.

19. 이제 일본을 격퇴하는 일만 남았다. 일본과의 태평양 전쟁에서는 더글러스 맥아더Douglas McArthur 장군이 오스트레일리아와 협력해 섬에서 섬으로 실지 회복작전을 전개하는 중이었다. 그 후 휘하의 공군과 해군의 엄호를 받아 일본 침공의 기지를 확보했다. 물론 육군의 공격도 필요했으나 많은 민간인의 첩보공작도 활발했다. 하지만 원자폭탄이란 결정적인 무기가 나타나기 전까지는 전쟁이 오래 지속되리

드와이트 아이젠하워

해리 트루먼

라 예상되었다. 루스벨트는 수년 전부터 비밀리에 불안정 상태의 원자탄을 비행기에 장치해 투하함으로써 경이적인 파괴력을 보이는 연구 계획을 위해 막대한 자금을 투입하고 있었다.

불행히도 루스벨트는 이미 확보된 최후의 승리를 차지할 운명과는 인연이 없었다. 1944년 선거에 당선돼 제4기를 시작했을 때 그는 병세가 악화되어 1945년 4월 12일 뇌출혈로 쓰러졌다. 그의 후임자는 부통령 해리 트루먼Harry Truman(1884~1972, 제33대 대통령—역자주)이었다.

1945년 7월 말 애리조나 사막에 있는 로스앨러모스에서 일단의 군인과 학자들이 지켜보는 가운에 원자폭탄 실험이 있었다. 신무기는 가공할 만한 위력을 드러냈고 8월 5일과 8일 일본의 히로시마와 나가사키 2개 도시에 원자폭탄이 투하되었다. 이로 인한 파괴와 고통은 일본 천황에게 전쟁을 지속하는 것이 불가능하다는 생각을 확실히 심어주었다. 천황은 원자폭탄 출현으로 체면을 손상당하지 않고 항복할 수 있었다. 8월 14일 트루먼 대통령은 전쟁 종결을 발표했고 이로써 제2차 세계대전은 완전히 끝났다.

chapter 7

—

승리 없는 승리
Victory without victory

—

1. 전쟁 말기 루스벨트와 미국인은 큰 희망을 품었다. 그들은 전체주의가 패배함으로써 전 세계에 정의에 입각한 새 질서가 확립될 것이라고 생각했다. 제1차 세계대전 후 윌슨도 국제연맹을 설립하면서 같은 생각을 했지만 그는 재선에 성공하지 못했다. 루스벨트는 그런 어려움은 겪지 않았다. 두 세계대전을 겪으면서 미합중국의 여론이 새로운 깨달음을 얻었기 때문이다. 하원은 물론 상원에서도 국제적인 기구를 만들기 위해 공화당과 민주당이 협력했다. 그런데 이번에 생긴 어려움은 미합중국 밖에서 나타났다.

제2차 세계대전은 패전국뿐 아니라 영국과 프랑스의 국력도 상당히 약화시켰다. 강대한 두 나라, 즉 미합중국과 소련은 서로 대립했고 스탈린은 국제연합 창설에 적극 반대하지는 않았지만 5개 열강(미합중국, 소련, 영국, 프랑스, 중국)이 제각기 거부권을 갖는 조건을 내세웠다. 결국 유엔은 소련이 호의를 보이며 협조하는 한도 내에서만 제 기능을 발휘할 수 있었다.

2. 세계대전 후반기에 루스벨트는 어떤 희생을 치르더라도 소련과 신뢰관계를 맺고자 애썼다. 1945년 2월 얄타회담에서 그는 소련이 베를린까지 진주하는 것과 폴란드에 광대한 독일 영토를 돌려주는 것도 허용했다. 또 발칸반도의 여러 나라에 공산주의 정부를 세우는 것도 허용함으로써 그는 스탈린과 우호관계를 맺고자 했다. 소련이 일본과의 전쟁에 개입한 대가로 소련에 만주를 양여하기도 했다. 군부 지도자들이 원자폭탄으로 극동에서 승리할 수는 없다고 그에게 충고했기 때문이다. 결국 트루먼은 포츠담에서 이 모든 양도조건을 확인해야 했다.

1945년 6월 샌프란시스코에서 50개국이 국제연합헌장을 채택했다. 다른 국제조직(유네스코, 난민구제조직, 국제은행 등)도 조직되었다. 그러나 상호 협력정신 결여로 소련은 곧 유엔에서 도발적인 방법으로 거부권을 행사했다. 스탈린은 얄타회담과 포츠담회담에도 불구하고 자본주의 열강, 특히 미합중국을 불신했다. 이것은 진정한 평화가 아니었으며 이른바 냉전이었다.

3. 선거 때 트루먼은 어려운 시기의 지도자로는 적절치 않아 보였다. 처음에 그는 고향 미주리에서 온 측근들에게 둘러싸여 있었지만 곧 책임감이 그를 압박하는 동시에 빨리 성장하게 해주었다. 오랫동안 경력이 알려져 있지 않던 그가 갑자기 자신의 비범한 용기와 꺾이지 않는 양심을 과시한 것이다. 실제로 그는 상원에서 보잘것없는 사

안이긴 했지만 일을 꽤 잘 처리했다. 그러나 그는 현 정세의 위험도 모르고 신속한 평화 회복을 바라는 국민 때문에 국제정치에서 매우 난처한 입장에 있었다.

여론은 총동원령을 중지하라고 압력을 가했고 군수품 공장은 평상시로 돌아갔다. 간단히 말해 소련이 군사력을 그대로 유지하고 있을 때 1947년의 미합중국은 더 이상 군사적인 강대국이 아니었다. 이런 불균형은 서유럽에서 소련의 영향력을 높여주었다. 미합중국은 승리감에 취해 이를 즐기려고만 했고 강력해진 참전용사들은 합법적인 여러 이권을 차지했다. 특히 그들은 미합중국의 예산으로 대학에 다녔다.

하지만 이제 미합중국은 육군도 해군도 공군도 없이 자체 방어를 원자폭탄에만 의존했다. 소련이 스파이(가장 효과적인 인물은 독일의 물리학자 클라우스 푹스였다)와 그 나라의 과학자를 동원해 원자탄을 개발하고 있다는 사실을 까맣게 모르고 말이다.

4. 경제적 번영으로 미국인은 더욱더 승리에 도취했다. 미합중국이 이보다 더 부유했던 적은 없었다. 또한 부를 이때처럼 공정하게 분배한 적도 없었다. 전쟁 전에는 6,000만 명의 미국인이 4,800만 명을 위해 일하고 있었다. 전쟁 이후에는 소비재 생산이 전쟁 전의 갑절이 되었고, 1939년에는 미합중국 가정의 75퍼센트가 2,000달러 미만의 소득수준이었는데 1948년에는 75퍼센트가 3,000달러의 소득수준에 달했다. 물가상승(전쟁 중에 억제된)을 고려해도 노동자의 구매력이 상당히 커져 자유기업체제에 대한 신뢰가 부활했다. 공정하게 말하자면 루스벨트의 뉴딜정책이 소득을 재분배함으로써 이 같은 번영에 기여

했음을 기억해야 한다.

수입이 늘어난 노동자와 농민은 기업의 가장 좋은 고객이었다. 사람들은 어두운 면을 제거한 것에만 초점을 맞춰 루스벨트를 높이 평가했다. 공화당은 뉴딜정책이 정착시킨 노동법을 재론하려 애썼다. 태프트 상원의원은 대규모 노동조합 조직의 특권을 제한하는 태프트-하틀리법Taft-Hartley Act을 통과시켰다. 당시 공화당은 상하 양원의 다수당으로 양원을 지배했고 80회 국회는 트루먼에게 적대적이었기 때문에 사람들은 트루먼이 1948년에 재선될 가능성이 없다고 생각했다.

5. 공화당 전당대회에서 유력한 듀이 지사가 대통령 후보로 지명되었다. 트루먼은 보수적인 남부 당원들의 반대에도 불구하고 민주당 전당대회에서 지명을 받았다. 그의 동지들은 민주당이 패배할 거라고 생각하면서 마지못해 선거 운동에 나섰다. 하지만 트루먼은 특별열차로 전국을 누비면서 역마다 유세를 하는 등 활기 있게 싸워 듀이보다 200만 표를 더 얻었다. 민주당은 굉장히 놀라워했고 대통령의 인기도 놀라울 만큼 높아졌다.

그에게는 이런 명성이 필요했다. 왜냐하면 국제정세가 점점 험악해지고 있었기 때문이다. 소련은 동독과 헝가리, 체코슬로바키아, 루마니아 그리고 불가리아에 공산당 정부를 수립했다. 유고슬라비아는 비록 공산주의이긴 했지만 여기에 반대하고 있었다. 동유럽과 서유럽 사이에는 '철의 장막'이 드리워졌고, 스탈린이 얄타회담에서 자유선거를 약속했음에도 불구하고 '장막' 저 편에서는 이 약속이 하나도 지켜지지 않았다.

서유럽은 어쩔 수 없는 경제적 난관 속에서 전쟁의 폐허를 복구하기 위해 발버둥치고 있었다. 이런 상태는 유럽의 여러 나라를 혁명 선동에 휘말리게 했고 더구나 이들은 완전히 비무장 상태였기 때문에 군사적으로 취약했다.

　6. 극동의 상황은 더욱 어려웠다. 1945년부터 중국에서는 장개석과 중국 공산당 사이에 내전이 일어났다. 세계대전 중에 미합중국은 비록 장개석의 국민당 정부가 부패하고 무능하긴 했지만 그들을 원조했다. 1945년 말 마셜 장군은 중재를 위해 중국에 갔으나 헛수고였다. 그 뒤 중국 공산당은 소련에서 무기를 제공받아 승리를 거듭했다. 1949년 그들은 중국 본토에서 완전히 세력을 장악했고 장개석은 남은 군대와 함께 대만으로 피신함으로써 4억 5,000만 중국인이 공산당 치하에 남게 되었다. 더구나 중국 공산당의 승리를 계기로 스탈린이 전 아시아로 뻗어나갈 위험도 있었다. 트루먼은 어떻게 해야 하며 또 어떻게 할 수 있었는가? 초기에 그는 군축 문제와 국제원자력위원회 문제를 해결하기 위해 유엔 활동에 참여했으나 어떤 효과적인 제재도 받아들여지지 않았다. 스탈린의 계속적인 정복을 저지하는 데는 두 가지 방법밖에 없었다. 즉, 서방의 군사력을 강화하고 위협받는 나라의 경제적인 상황을 개선해야만 했다.

　1949년 취임연설의 유명한 4대 사항에서 트루먼은 미합중국이 저개발국에 기술 원조를 하겠다고 시사한 후 국무장관(처음에는 마셜 장군, 그 다음에는 딘 애치슨)과 함께 유럽 원조와 대서양 동맹이라는 두 계획을 마련했다.

7. 사람들은 1947년 그가 그리스와 터키에 대해 표명한 정책들을 트루먼 독트린이라고 부른다.

"소수의 군대든 외국의 적이든 자신들을 침략하는 행위에 저항하는 자유 국민을 원조하는 것이 미합중국의 정책이다."

그해에 마셜 장군은 하버드에서의 연설에서 만일 유럽 국가들이 경제 재건이라는 공동 계획에 동의한다면 미합중국이 이를 원조할 용의가 있다고 밝혔다. 실제로 이런 상호 협상이 파리회담에서 체결되었다. 이때 철의 장막 뒤에 있는 나라들도 초청했지만 그들은 '자본주의 제국'의 도움을 거절했다.

1948년 의회는 마셜 플랜을 가결했고 이 계획을 1952년까지 확대하기로 했다. 그리고 ECA Economic Cooperation Administration는 그 4년 동안 140억 달러를 제공해 시련에 처한 나라들이 마셜 플랜의 도움으로 어려운 시기를 극복할 수 있게 했다. 이 계획은 특히 프랑스에서 기간산업을 재건하는 데 유용했지만 국방 문제를 해결하지는 못했다.

8. 1949년 미합중국과 캐나다, 영국, 프랑스, 이탈리아, 벨기에, 네덜란드, 룩셈부르크, 노르웨이, 덴마크, 아일랜드, 포르투갈이 북대서양 조약을 체결했다. 이 조약은 유럽과 북아메리카에서 조약에 가입한 나라 혹은 몇 나라에 대한 공격을 모든 나라에 대한 공격으로 간주한다고 규정한 일종의 동맹조약이었다. 미합중국 상원과 하원은 이 조약을 과반수로 인준했다.

동맹국들에 대한 군사적인 원조는 미합중국이 맡기로 했고 서유럽을 방어하고자 국제적인 회원국 연합으로 군대를 편성해 아이젠하워 장군을 총사령관으로 임명했다. 그는 사령부를 파리 근교에 있는 루브시엔느에 두고 전쟁 도발을 불가능하게 하거나 최소한 어렵게 할 사단을 50개 설치한다는 목표를 세웠다.

하지만 재정이 바닥난 나라에 상당 액수의 경제적 지출을 요구해야 하는 문제와 언어 및 전통이 다른 장교들을 통합하는 문제로 진행이 쉽지는 않았다. 아이젠하워의 개인적인 인품이 크게 도움이 되긴 했어도 결국 예정한 목표는 달성하지 못했다. 그러나 1952년 말 괄목할 만한 발전이 이루어졌다.

9. 아시아에서는 사태가 점점 심각해졌다. 1949년 미합중국군은 남한에 이승만 정부를 남겨놓고 남한에서 철수했다. 이로 인해 남한은 중국의 도움을 받은 북한의 침략을 받았고 곧이어 중국도 참전했다. 여러 가지 국지적인 충돌을 겪은 후라 서방은 이 도발적 행위에 격분했다. 소련이 유엔안전보장이사회를 보이콧하느라(회원국 중 중국 국민당의 태도 때문에) 부재중인 때를 이용해 트루먼은 북한이 불법으로 남침했다고 규탄하며 다른 회원국들의 도움을 청했다.

사실 유럽과 남아메리카의 도움은 상징적인 의미일 뿐이고 한국동란의 부담은 전적으로 미합중국이 짊어졌다. 그러나 공동방어라는 원칙은 고수했고 맥아더 장군이 유엔사령관으로 임명되었다. 뛰어난 전략으로 남한에서 침략자를 쫓아낸 그는 몇몇 다른 회원국이 휴전을 제의했지만 침략자들을 북한까지 추격했다. 1950년 11월 맥아더는 전쟁이 곧 끝나고 군인들은 고국에서 크리스마스를 보낼 것이라고 예언했다. 그러나 중공군이 무력으로 개입해 유엔군을 몰아내고 북한 지역을 대부분 다시 점령했다. 결국 두 군대는 방어선에 진을 쳤고 전쟁은 소모전으로 들어갔다.

10. 트루먼 대통령과 맥아더 장군은 오래전부터 극동정책에 대한 의견이 서로 달랐다. 맥아더와 그를 지지하는 당은 아시아 전쟁에서 주도권을 장악해야 한다고 주장했다. 그는 중국 본토를 폭격하고 대만의 국민당 정부군을 이용하면 한국전을 빨리 끝낼 수 있을 것이라고 말했다. 이에 대해 브래들리 장군과 대통령은 그러면 세계대전으로 확대될 위험이 있다고 맞섰다. 대통령은 맥아더를 해임하고 매튜 리지웨이Matthew Ridgway 장군을 후임자로 임명했다. 사람들은 당분간 맥아더의 귀환이 나라를 들끓게 할 것이라고 생각했다. 그러나 환영이 열렬하면 망각도 쉬운 법이다.

트루먼은 1952년 선거에서 또 다른 적수와 충돌했다. 아이젠하워 장군이 공화당 전당대회의 지명을 받았던 것이다. 사실 공화당원들이 더 좋아한 인물은 태프트 상원의원이었지만 공화당은 20년 동안이나 정권을 잡지 못해 절박한 상황이었다. 아이젠하워의 인기만이 아직 마음을 정하지 못한 대다수의 표를 결집해 공화당에 정권을 안겨줄 터였다.

트루먼은 출마를 포기했고 민주당 전당대회는 애들레이 스티븐슨 Adlai Stevenson을 지명했다. 그는 명석하고 학식이 있는 일리노이 주지 사로 루스벨트와 트루먼의 자유주의 정책을 지속하겠다고 공약했다. 하지만 기록적인 600만 표의 차이로 아이젠하워가 당선되었다. 이것은 한편으로는 그의 인간성과 명성 때문이었고 다른 한편으로는 당시 미합중국을 휩쓴 반공주의의 파도 때문이었다.

11. 스탈린의 죽음은 소련 문제를 더욱 어렵게 만들었다. 새로운 지도자 중에서는 게오르기 말렌코프Georgy Malenkov가 수석이었는데 사람들은 그가 서방 각국에 대해 스탈린보다 덜 적대적이라고 말했다. 실제로 소련의 새 지도자들은 냉전을 종식할 좀 더 탄력 있는 정책을 펴겠다고 공언했다. 소련은 한국전의 휴전협정을 용이하게 했고 미국인은 인기 없는 이 전쟁의 마무리를 기쁜 마음으로 받아들였다.

그러나 한국의 평화는 중공군을 자유롭게 함으로써 인도차이나의 대결을 불러일으켰고, 프랑스는 1954년 인도차이나를 포기했다. 베트남 북부지역은 모두 공산당의 지배 아래 들어갔으며 아시아에서 중공의 세력은 커져갔다. 미합중국은 계속 전략적·감정적 이유로 대만의 장개석 정부를 중국의 유일한 합법적 정부로 인정했다. 이것이 미합중국과 중공 사이의 지속적인 마찰의 원인이 되었고 이후 중공은 동남아시아 전체를 위협했다.

12. 소련의 말렌코프는 처음엔 니키타 흐루시초프Nikita Khrushchyov의 일당에게, 그다음에는 흐루시초프 자신에게 축출당했다. 새 지도자는 학식 있는 농부로 유머도 있고 스탈린보다는 덜 잔인했지만 그역시 야심이 많았고 빈틈없는 제국주의자였다. 그가 주도한 외교정책은 서방을 고립시키기 위해 중동과 이집트, 심지어 아프리카 대륙까지 가로질러 둘러싸는 정책을 펴는 것이었다. 미합중국과 유럽에게 이것은 소련의 군사력이 계속 확대되는 것만큼이나 위험한 정책이었

다. 1953년 소련은 수소폭탄을 개발했고 원자탄도 상당량 보유했다. 만일 세계대전이 일어난다면 두 강대국의 파괴 능력이 너무 엄청나서 인류도, 문명도 모두 살아남지 못할 것이었다. 미합중국은 처음으로 원자 잠수함 노틸러스Nautilus호를 건조했다.

13. 1955년 아이젠하워 대통령은 심장마비로 잠시 생명이 위독했지만 곧 회복되어 1956년 대통령에 재선되었다. 그의 위태로운 건강에도 불구하고 개인적인 명성이 워낙 강하다 보니 당은 그를 선택했다. 민주당의 후보자 애들레이 스티븐슨은 또다시 패배했다. 제2의 인물로 부통령 리처드 닉슨Richard Nixon(1913~1994, 제37대 대통령—역자주)이 새로 나타났지만 외교정책은 계속 국무장관 존 덜레스John Dulles가 맡았다.

유럽에 대한 지속적인 정책은 아프리카와 아시아에서의 프랑스와 영국을 불안하게 했다. 프랑스와 영국은 마치 미합중국을 위해 아랍 국가의 호의를 물리치는 꼴이었지만 미합중국의 외교정책은 괄목할 만한 결과와 계속되는 실천으로 정당화되었다. 사실 이 정책은 우유부단했고 또 후회할 만한 결과를 낳았다. 미합중국이 아스완 댐Aswan Dam(나일 강 중류에 있는 댐)에 출자하는 것을 거부하자 이집트의 독재자 가말 나세르Gamal Nasser 대령은 1956년 7월 수에즈 운하를 점령함으로써 프랑스와 영국에 큰 타격을 주었다. 영국과 프랑스는 석유 수급에 큰 위협을 받았지만 대응할 수가 없었다.

14. 영국과 프랑스는 운하를 재점령하기 위해 키프로스의 영국 기

지에서 출발하는 파견대를 준비했으나 이 비밀은 누설되고 말았다. 이스라엘은 가자 사막을 횡단해 이집트를 침략했는데 이집트의 저항이 너무 약해 이스라엘은 쉽게 목적을 달성했다. 그런데 갑자기 미합중국과 소련이 연합해 무력으로 프랑스와 영국, 이스라엘을 위협했다. 물론 소련은 간단한 희생으로 아랍국가의 수호자가 되어 명성을 얻으려는 속셈이었다. 아이젠하워는 동맹국들이 통고도 없이 한 일을 두고 매우 격분했지만 사실 그가 그런 준비를 모를 리 없었다. 그러나 그는 모든 것을 버려가며 동맹국들을 공격했다.

그는 '아이젠하워 독트린'을 시행함으로써 문제를 조정하기 위해 무진 애를 썼다. 독트린이란 위협받는 아랍국가에 군사적·경제적 원조를 제공하는 것이었다. 아이젠하워 독트린은 중동에 공산당이 침투하는 것을 막기 위한 것인데 이 때문에 1958년에는 시리아에 미합중국 해병대가 상륙했다. 소련의 외교정책은 군사적인 행동보다 정부 전복을 이용하는 것이었다. 이를 위해 소련은 이집트 같은 중립국을 이용했고 이것이 아이젠하워 독트린을 유명무실하게 만들었다. 실제로 미합중국 해병대는 다시 배를 탔고 이집트와 시리아는 함께 아랍연합공화국을 만들었다.

15. 1957년과 1958년에는 군사적인 큰 변화가 일어났다. 현대 무기는 점점 더 폭격기 대신 미사일이나 핵탄두 로켓으로 변모했고 소련과 미합중국은 거의 동시에 대륙간유도탄ICBM을 만들었다. 1957년 10월 소련은 갑자기 '스푸트니크Sputnik' 인공위성을 발사했다. 이것은 소련이 장거리 유도탄 영역에서 훨씬 더 발달했음을 증명하는 것

이었다. 소련은 상세한 자료를 통해 그들이 미합중국 본토의 정해진 지점에 도달할 수 있는 대륙간유도탄을 갖고 있다고 공언했다. 위성 발사에 성공했으니 충분히 그럴 수 있었기에 미합중국은 처음에 동요와 불신이라는 반응을 보였다. 미합중국엔 아무것도 없다는 데서 오는 동요와 경쟁자가 따라오려면 아직 멀었다고 믿고 있던 3군(공군, 육군, 해군)에 대한 불신이었다.

두 번째 반응은 전력을 다해 우주 개발에 착수하자는 것이었다. 1958년부터 미국은 위성을 발사했고 6,000킬로미터가 넘는 지역에도 대륙간유도탄을 발사할 수 있었다. 또한 크리스마스를 며칠 앞두고 미합중국은 소련보다 더 좋은 장비를 갖춘 스코어Score 위성을 발사했고 1959년에는 파이오니아Pioneer 위성이 거의 달에 근접했다. 물론 소련은 여전히 미합중국에 큰 고통을 주었지만 그에 대한 미합중국의 보복도 만만치 않았다. 냉전이 계속되는 한 이런 상호 견제가 지구를 파멸시키지 않을 유일한 예방책이었다. 양극 지방에서의 잠수함 항해도 미합중국의 군사적 신뢰를 높이는 데 공헌했다.

16. 국내 정치에서 아이젠하워에게만 모든 정무를 맡긴 공화당의 상황은 계속 악화되었다. 1958년 선거에서 민주당은 하원에서뿐 아니라 상원에서도 많은 의석을 차지했다. 3년 동안 악화되던 경기후퇴도 안정을 찾는 중이었다. 집권당은 경제적인 문제보다 오히려 일관성 없는 정책 때문에 고통을 겪었다. 남부 학교에서의 인종차별 문제가 심각해지자 대법원은 이 모든 차별에 반대했고 지방정부도 연방정부에 용감히 맞섰다. 농업 또한 정부의 골칫거리였다. 정부는 과학

발달로 생산성이 늘어나자 경작 면적을 축소해 수확을 줄이려 했다.

1958년부터 양대 정당은 1960년의 대통령 선거에 대비했다. 물론 소련과의 문제는 여전히 중요한 것으로 남아 있었다. 1958년 소련은 베를린 문제를 들먹이고 중동과 아프리카 전선에도 개입해서 새로운 냉전을 불러일으켰다. 1959년 마지막 순간까지 최선을 다한 국무장관 덜레스가 사망하자 대통령은 직접 외교 일선에 나서야 했다. 아이젠하워가 유럽을 성공리에 방문하고 난 뒤 부통령 닉슨이 소련을 방문했으며 흐루시초프도 미합중국의 초청을 받았다. 국민은 일련의 회담으로 대서양 동맹이 견고해지고 독일 문제가 평화적으로 해결되길 바랐다. 그러나 1960년 파리에서 열린 정상회담은 미국 정찰기 U-2가 소련 상공을 날았다는 뜻밖의 사실에 분노한 흐루시초프 때문에 실패로 돌아가고 말았다.

17. 1960년 공화당은 대통령 후보로 닉슨을 지명했으나 민주당 후보 존 케네디John F. Kennedy(1917~1963, 제35대 대통령—역자주)상원의원이 당선되었다. 마흔세 살로 역대 미합중국 대통령 중 가장 젊었던 케네디는 대담성과 달변으로 취임식 때 강한 인상을 주었다. 그는 사회적인 뉴프런티어New-Frontier를 제의했고 의회의 반대와 정부 인사들의 불신에 자주 부딪쳤다. 케네디 대통령이 흑인의 교육권과 공민권을 옹호하려 했을 때는 앨라배마 주와 미시시피 주에서 큰 소동이 일어났다.

1961년 미합중국은 최초의 유인 인공위성을 우주에 보내는 데 성공했고, 1963년 말 그들의 원자력은 세계 최강이었다. 그런데 소련이 피델 카스트로Fidel Castro가 권력을 장악한 쿠바에 핵폭탄 발사 기지

존 케네디　　　　　　　린든 존슨

를 설치하면서 냉전이 다시 시작될 징조가 보이기 시작했다. 케네디
는 철수를 명령했고 결국 흐루시초프는 승복했다. 이어 월남에서 새
로운 불꽃이 위험하게 피어오르자 미합중국은 월맹이 지지하는 베트
콩에 대항하는 전선을 폈다. 다른 한편으로 케네디는 원자탄 제조 금
지와 관련하여 소련과 협상을 맺으려고 노력했다. 그러던 중 1963년
11월 22일 그는 텍사스 주 댈러스에서 암살당했고 부통령이던 린든
존슨Lyndon Johnson(1908~1973, 제36대 대통령―역자주)이 그 뒤를 이었다. 그는
베트남 전쟁에 거대한 규모의 군비를 투입했고 동남아시아에도 50만
이상의 미합중국군을 보냈다.

—

chapter 8

새로운 아메리카

The new America

—

1. 미합중국은 1900~1940년에 1860~1900년과 같은 급격한 변화와 발전을 겪었다. 특히 도시가 농촌을 잠식하면서 1940년에는 총인구 1억 4,000만 명 중 7,400만 명이 도시에 거주했다. 1905년 이후 10년까지는 매년 약 100만 명의 이민자가 입국했다. 1929년부터는 법률에 따라 이민자 수를 연간 최고 15만 명으로 제한했고, 각국은 1920년 미합중국에 정착한 이민자 수에 비례해 이민자를 보내는 할당제도를 준수해야 했다. 말하자면 미합중국은 앵글로색슨족을 위해 국가 구성에서 인종과 언어의 안정을 꾀하려 했다.

하지만 교통수단 발달은 이질적 요소의 융합을 촉진했다. 1900년 4,000대에 불과하던 자동차가 1941년에는 3,200만 대에 달했다. 항공 교통은 영국의 소설가 허버트 웰스Herbert Wells가 예상하던 것보다 빨리 발전했다. 라이트 형제가 성공한 비행부터 1914년 제1차 세계대전까지의 항공 기술은 스포츠와 과학 연구의 범위를 벗어나지 못

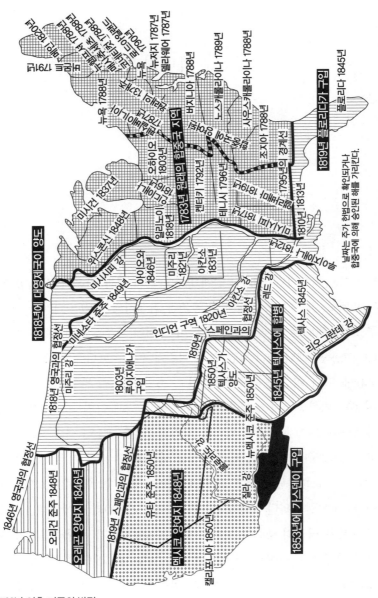

메인 1791년
매사추세츠 1788년
뉴햄프셔 1788년
버몬트 1791년
로드아일랜드 1790년
뉴욕 1788년
펜실베이니아 1787년
뉴저지 1787년
델라웨어 1787년
코네티컷 1788년
버지니아 1788년
노스캐롤라이나 1789년
사우스캐롤라이나 1788년
조지아 1788년
1845년 플로리다 구입

미시간 1837년
위스콘신 1848년
오하이오 1803년
인디애나 1816년
일리노이 1818년
켄터키 1792년
테네시 1796년
앨라배마 1819년
1795년의 경계선
미시시피 1817년
앨라배마 1810년 1813년

1819년 플로리다 구입

1818년에 대영제국의 양도

1818년 영국과의 협정선
미네소타 준주 1849년
아이오와 1846년
미주리 1821년
아칸소 1836년
레드 강
아칸소 강
테사스 1845년

1783년 원래의 합중국 지역

남쪽는 추가 합병으로 확인되거나 합중국에 의해 승인된 해를 가리킨다.

미주리 강
1803년 루이지애나 구입
인디언 구역 1820년
1819년
스페인과의 협정선
1850년 텍사스가 양도
1845년 텍사스에 합병
리오그란데 강

1846년 영국과의 협정선
1846년 준주 1848년
오리건 양여지 1846년
1819년 스페인과의 협정선
유타 준주 1850년
뉴멕시코 준주 1850년
콜로라도 강
헐라 강
뉴멕시코 준주 1850년
1848년 멕시코 양여지 1848년
캘리포니아 1850년
1853년에 가스덴이 구입

1783년 이후 미국의 발전

742 —— 미국사

했으나 이후 항공유도 표식에 따르는 항공로가 전국에 퍼졌고 모든 대도시가 공항을 보유했다. 눈에 보이지 않는 전파망은 야간비행을 돕고 16시간 만에 대륙을 횡단했다. 피츠버그부터 필라델피아까지 가는 데 1812년에는 6일이 걸렸지만 1845년에는 18시간, 1940년에는 2시간밖에 걸리지 않았다. 1941년에는 450만 명이 항공편을 이용했으며 항공 사고 사망률은 1억 마일에 2.2건에 불과했다. 1927년 5월 찰스 린드버그Charles Lindbergh가 뉴욕에서 파리에 이르는 대서양 횡단 비행에 성공해 세계를 놀라게 했는데, 오래지 않아 대서양 횡단 비행기가 정기여객선처럼 규칙적으로 오갔다. 유럽을 왕래하는 비행기가 뉴욕 5번가를 달리는 버스만큼 늘어나는 것은 시간문제였다.

2. 교통기관과 마찬가지로 공공 통신 수단도 미합중국을 통일화하는 데 이바지했다. 피츠버그의 KDKA방송국은 1921년 최초로 하딩 대 콕스의 대통령 선거토론을 뉴스로 방송했다. 1924년에는 뉴욕의 KEAF방송국에서 첫 광고방송을 냈다. 뒤이어 CBC, NBC, 기타 다수의 독립 방송회사가 등장했다. 미합중국에서는 라디오가 신문만큼이나 여론 조성에 커다란 영향을 미쳤다. 라디오는 주야로 매시간 뉴스를 방송했고 해설자는 냉정하고도 열정적으로 그 뜻을 대중에게 설명했다.

정부는 중요한 사건이 있을 때마다 그것을 알리기 위해 방송망을 이용했다. 루스벨트 대통령이 엄청난 인기를 끈 이유 중 하나는 수백만 가족이 난로 앞에 앉아 쉽고도 간단하며 독특한 그의 라디오 연설을 들었기 때문이다.

몇몇 신문, 즉 〈뉴욕타임스〉나 〈크리스천 사이언스 모니터Christian Science Monitor〉 등은 전국적으로 보급되었으나 일반적으로는 지방신문이 근간을 이뤘다. 같은 일자에 같은 기사를 싣는 몇 개 계열사에 속한 지방신문은 스크립스 하워드Scripps-Howard계, 허스트Hearst계로 나뉘어 있었다. 신문의 시사평론가는 방송해설자 같은 역할을 담당했는데 이들은 사설을 쓰는 것이 아니라 개인 명의로 자기 의견을 집필했다.

상당한 숫자의 잡지도 48주 전역에 보급되었다. 〈하퍼스 매거진〉과 〈애틀랜틱 먼슬리〉는 프랑스의 〈파리 평론Revue de Paris〉, 〈신프랑스 평론Nouvelle Revue Française〉과 비슷한 역할을 했다. 〈새터데이 이브닝 포스트Saturday Evening Post〉, 〈콜리어스Colier's〉, 〈리더스 다이제스트Reader's Digest〉, 〈리버티Liberty〉 등은 수백만 부의 발행부수를 확보했다. 〈뉴요커New Yorker〉와 헨리 루스Henry Luce가 주간한 〈라이프Life〉, 〈타임Time〉, 〈포천Fortune〉 등은 한층 더 풍자적이고 때로는 폭로적으로 채색 석판화 시대에 반동적인 지성적 경향을 표현했다. 좌익 주간지 〈네이션Nation〉과 〈뉴 리퍼블릭New Republic〉은 여론을 조성하는 사람들이 읽은 덕분에 광범위한 영향력을 발휘했다.

3. 제2차 세계대전이 끝난 후 미합중국의 가정생활에서는 TV가 점점 중요한 역할을 차지했다. TV는 1965년 5,400만 대에 달했고 많은 정치적 사건, 예를 들면 대통령 취임식, 상원의 위원회, 전당대회 등을 TV로 방영했다. 이것은 정치활동과 정치인의 외부생활 그리고 그들이 사물을 대하는 태도 등에 많은 영향을 미쳤다.

도시 발달과 교통수단 진보는 가정생활을 혼란스럽게 만들었다. 대도시에서는 집세가 비싸 가족이 비좁은 아파트에서 불편한 공동생활을 해야 했다. 집 안에 하인을 두기가 어려워지고 자동차 이용과 호텔이 급증하면서 많은 미국인이 집을 떠나 밖에서 생활했다. 점심은 대개 직장 가까이에 있는 레스토랑에서 먹었고 자녀들은 학교에서 시간을 보냈다. 젊은 남녀들은 밤이면 또래의 이성친구와 외출하는 것이 상례였다. 그들이 누리는 자유는 조상들이 부도덕하다고 간주할 만한 정도였다. 이런 현상은 성 도덕 문란, 산아제한, 오용된 프로이트 사상의 보급 그리고 앵글로색슨계 이외 민족의 영향 때문이라고 할 수 있다.

　영화관은 이처럼 밖으로 돌아다니기 좋아하는 젊은 남녀에게 안식처 구실을 했다. '줄거리가 있는 활동사진plot of the movie'이 처음 흥행한 것은 1903년이었고 1913년에는 〈뉴욕의 미스터리The Mysteries of New York〉라는 최초의 연속 활동사진이 상영되었다. 그리고 1926년에 발성영화가 등장했다. 1940년에는 매주 800만 명의 관객이 영화관에 모여들었다. 영화는 미국인에게 낙천적이고 소박한 인생관을 제공했고 우수한 배우진이 있던 미국 영화산업은 세계를 석권했다. 이후에는 〈분노의 포도Grapes of Wrath〉, 〈여우들The Little Foxes〉, 〈필라델피아의 이야기The Philadelphia Story〉 같은 인생의 고뇌와 현실을 파헤치는 영화가 인기를 끌었다. 1940년 무렵에는 간통을 주제로 한 영화가 금지되었는데, 이는 간통이 일부일처제의 완충제 구실을 하는 유럽과 달리 이혼이 자유로운 미합중국에서는 당연한 일이었다. 네바다 주 리노 시 같은 곳에서는 이혼 수속이 간편해서 이것을 사업으로 삼을 정도였다. 연간 이혼 건수는 1914~1940년에 인구 10만 명당 100건에서 200건으로 배가 되었다(1940년에는 결혼 156만 5,000건에 이혼이 26만 4,000건이었다).

4. 미합중국 공업의 뛰어난 특징인 대량생산은 다음의 두 가지 성과를 불러왔다. 그것은 생활비 경감과 생활양식 단일화다. 일반 시민의 생활수준은 여러 면에서 유럽보다 높았고 앞으로 더욱 향상될 추세를 보였다. 정부가 식품산업을 철저하게 감독한 덕분에 가난한 사람도 돈이 많은 사람처럼 양질의 식료품을 구입할 수 있었다. 오랫동안 등한시해온 요리 솜씨도 많이 발달했고 전기냉장고, 세탁기, 식기세척기, 즉석조리기 등 가사를 돕는 기계가 등장하면서 가정 살림이 훨씬 간편해졌다. 잘 만든 기성복 때문에 맞춤 양복점은 점점 줄어들었고 자동차, 라디오, 목욕 시설은 거의 누구나 누릴 수 있었다. 특히 전쟁 전부터 할부가 가능했다.

미합중국의 사회생활에서 약점은 주택 문제였다. 많은 빈민 주거지를 철거하고 재건하는 문제가 있었는데 미합중국은 그 해결책으로 대도시와 가까운 지역에 교통이 편리한 위성도시를 건설했다. 만약 미합중국이 빈민 주거지와 실업 문제를 해결한다면 인류가 이때까지 지내온 생활 중 최고의 생활수준을 제공한 국가로 기록될 것이었다. 물론 이것은 그리 불가능한 일이 아니었다.

미합중국의 시민생활에서 두드러진 특징 중 하나는 끊임없이 쏟아져 나오는 광고에 이끌려 대량구매하는 상품을 전국적으로 보급함으로써 이뤄지는 국민생활의 지나친 단일화였다. 어떤 달에는 수백만 명이 같은 음료수(1940년에는 코카콜라)를 마시고 '월간 도서 추천클럽Book of the Month Club'이 선정한 같은 서적을 읽었다. 또 같은 영화를 보고, 같은 죽을 먹고, 같은 농담을 주고받고, 같은 약을 복용하고 다 같이 다음 달의 유행을 추구했다.

5. 흑인은 여전히 문제의 소지를 안고 있었다. 특히 이 문제는 북부에 사느냐 남부에 사느냐에 따라 완전히 달라지는 두 가지 상반된 면을 보여주었다. 1917년의 전쟁 때 상당수의 흑인이 남부에서 북부로 이주했다. 이는 한편으로는 군대로 징집된 공장 노동자의 빈자리를 보충하기 위해서였고, 다른 한편으로는 흑인의 공민권을 인정해주는 데 끌렸기 때문이다. 1940년에는 북부에 250만 명, 남부에 1,000만 명, 서부에 약 17만 명의 흑인이 살았다. 서부의 흑인은 선거권이 있었으므로 지방 정치에 다소나마 영향력을 행사했고 그들이 이용할 수 있는 병원과 학교(시설은 빈약했으나 실질적인 진보였다)가 있었다. 흑인 변호사와 의사도 있어서 흑인이 사는 동네에 개업했다.

흑인과 백인은 대부분 도시에서 분리된 지역에 거주했고 남부의 흑인은 거의 다 투표권을 갖고 있지 않았다. 백인은 여러 가지 이유로 흑인에게 투표를 허용하지 않았다. 법 앞에 만인이 평등하다는 말은 흑인의 입장에서 백인이 만들어낸 허구에 지나지 않았다. 그럼에도 불구하고 흑인은 현저한 지적 진보를 이뤄냈다. 특히 흑인 대학(애틀랜타에 있는 스펠맨 대학)은 많은 교양 있는 남녀를 배출했다. 흑인의 문학, 음악, 미술 등도 매우 우수한 수준이었다. 공화당은 남부에서 흑인의 투표권 제한을 철폐하려 애썼고 루스벨트 대통령 부처는 흑인의 사회적 지위 개선을 위해 개인적으로 많은 노력을 기울였다.

6. 종교생활은 19세기에 비해 저조했다. 현실적으로 미국인의 약 절반은 아무 교회에도 다니지 않았다. 그렇다고 이것이 반드시 개인의 종교관을 드러내는 것은 아니었다. 미합중국은 본질적으로 그리스도교의 나라로 이는 사상적 신앙이라기보다 정서적 반응으로 보는 것이 타당했다. 미국인은 일반적으로 자신의 행위를 윤리적 현상으로 정당화하려 했다. 미국인에게 '부도덕하다'는 말은 어떤 종류의 말과 계약도 무효로 할 수 있을 만한 위력이 있었다. 또한 종교생활과 정치생활이 밀접해 국내외 정치 논쟁이 기도의 주제가 되는 경우도 많고 설교 전문을 신문에 유료광고로 게재하기도 했다. 고명한 성직자는 대학총장과 더불어 국가의 중요한 문제에 관해 자문을 했지만, 그들의 영향력은 소수에게만 미쳤을 뿐이다.

미합중국에서 금주는 실패했고 프로테스탄트교회는 산아제한을 반대하지 않았다. 반면 가톨릭교회는 전통적인 교리를 고수해 신도들에게 엄격한 규율을 지키게 했다. 그들은 산아제한을 금지했고 이혼도 용인하지 않았으며 약혼 해소도 매우 어려웠다. 가톨릭교도 수는 2,200만 명에 달했는데 대다수가 유럽에서 이주해온 아일랜드인, 독일인, 폴란드인, 이탈리아인 그리고 소수의 프랑스인으로 구성되어 있었다. 가톨릭 교단은 일반 학교와 대학을 경영했지만 소수파의 특색을 유지했다. 정치인의 경우 대통령 후보로 나설 때 가톨릭교도라는 신분이 커다란 장애로 작용하기도 했다.

유대인은 약 500만 명에 달했는데, 이들은 대부분 엄격한 유대교 계율을 버리고 영어로 예배를 보는 경우가 많았다. 특히 유대인과 그리스도교도는 신앙에 대한 서로의 관용을 바랐고 그것을 실현하기 위해 협의회를 구성했다. 때로 종교적인 대립이 발생하기도 하는데 협의회 구성은 이를 피하는 적절한 조치라고 할 수 있다(흑인과 유대인에 대한 KKK단의 부활과 찰스 커글린 신부가 영도하는 유대인 배척 운동).

7. 교육은 장래를 위해 상당히 중요한 문제로 미합중국만큼 교육을 중시하는 나라도 드물었다. 초등학교에는 2,000만 명의 어린이가 취학했고 500만 명이 고등학교에, 150만 명이 초급대학과 대학교에 다녔다. 여행자들은 도처에서 현대식 또는 고딕의 화려한 학교 건물, 운동장, 연구실 그리고 명랑한 남녀 대학생을 볼 수 있었고 지방도시의 학교도 건물이 궁전 같아서 감탄을 자아냈다. 하지만 성과 면에서는 18세기 뉴잉글랜드의 조그만 벽돌학교 교육보다 그리 낫다고 볼 수 없었다.

제2차 세계대전 때의 징병검사 자료를 보면 일부 지방의 문맹률이 우려스러울 만큼 높다는 사실을 알 수 있다. 1943년 〈뉴욕타임스〉가 학생들을 대상으로 미합중국 역사 테스트를 실시했는데 성적이 비관적이었다. 시카고의 초급대학 학장 로버트 허친스Robert Hutchins는 고등학교 졸업생들의 교육수준이 너무 낮다고 개탄했다. 유럽인에게 미합중국의 교육에 결함이 있는 것처럼 보인 이유는 무엇일까? 일부 교과과정에 통일성이 전혀 없었기 때문이다. 유럽의 어린이는 좋든 싫든 동일한 기초학과를 교육받았다. 반면 미합중국에서는 학생에게 과목 선택의 자유가 있었고 때론 지리와 역사 심지어 산수, 영어까지도 배우지 않을 수 있었다. 고등교육은 우수할 수도 있지만 기초교육이 없는 두뇌에 확고한 교양이 자리 잡기는 어렵다.

재정이 빈약한 주에서는 교원 수도 적고 보수도 나빠 교사가 위신을 지킬 만한 사회적 지위를 누릴 수 없었다. 지식적 권위도 없이 졸업장, 박사학위, 자격증 등을 수여하는 학교도 있었다. 대학교는 풍부한 자금을 교육내용보다 건물 및 시설에 더 많이 지출했다. 일부 존경할 만한 사람을 제외하고 교수들은 비판 정신을 육성하려 하지 않았고 연구 방법보다 사실만 주입했으며 '토막 지식은 교양이 아니다 Information is not culture'라는 말을 잊었다.

그래도 미합중국의 대학은 유럽의 대학보다 사회생활을 교육하는 데 성공했다. 대학에서는 선량한 시민을 양성했고 거의 모든 남녀 대학 졸업생들이 즐거웠던 4년간의 추억을 품고 대학을 떠났다.

8. 미합중국 문학은 1900년부터 1940년까지 영국 문학의 영향에서 완전히 탈피했다. 탁월한 새 단어 창조와 연설 명구로 쉴 새 없이 갈고닦은 미합중국의 언어 표현은 16세기의 프랑스어를 떠올리게 할 만큼 유창해졌다. 문체와 주제가 완전히 미합중국의 특수성을 나타내고 있고 시어도어 드라이저Theodore Dreiser, 싱클레어 루이스Sinclaire Lewis, 어니스트 헤밍웨이Ernest Hemingway, 존 스타인벡John Steinbeck, 윌리엄 포크너William Faulkner, 어스킨 콜드웰 등은 미합중국의 생활을 거친 사실적 기법으로 묘사하고 있다.

특히 이들은 자기만족적인 낙천주의, 청교도주의, 감상주의에 대한 반동을 표현하고 있다. 싱클레어 루이스는《메인 스트리트Main Street》와《배빗Babbitt》에서 중서부 소도시에서 볼 수 있었던 비참한 생활의 여러 장면을 묘사했다. 중산계급에 대한 이런 고발은 과연 옳다고 할 수 있을까? 평론가 버넌 패링턴Vernon Parrington은 싱클레어 루이스나 기타 폭로적인 소설가들이 미합중국 정신의 진수와 그 결함을 보완하는 무언가를 이해하지 못한다며 다음과 같이 논평했다.

"도의적 책임감이라는 숭고한 감정에서 우러난 민주적인 학풍으로 훈련받은 부유하고 풍족한 생활은 엄밀히 말해 서구 문명권의 어느 나라에서도 볼 수 없는 미합중국만의 특색이다. 산업혁명을 민주주의적 이상 아래 완전하고 행복하게 수행하고 또한 도의적으로 이토록 고상하게 조성한 나라가 어디에 있는가? 미합중국에서는 산업혁명이 낳은 재부를 일반 민중에게 관대하게 분배한 덕분에 제일 가난한 가족도 니켈 도금을 한 수도시설, 값싼 자동차, 전화, 라디오, 영화, 오락, 그밖에 몇 세대 전에는 왕후도 누리지 못한 무수한 오락과 교양을 즐기고 있다. 미합중국의 산업혁명이 국가를 부강하게 한 것은 엄연한 사실이다. 공공도서관, 박물관, 병원 같은 공공기관 그리고 대학교가 일반에게 개방되어 있다. 풍부하고 관대한 사회가 이룩한 이 모든 훌륭한 제반시설은 진보 및 개선하는 능력을 갖춘 사회를 건설했다. 이 사회는 제2차 세계대전에서 실증했듯 여러 기관에 소속된 사람들이 자발적으로 전 역량을 바쳐 공헌하게 했다. 미합중국 국민은 유럽식 의미로의 국가주의자가 아니다. 그들은 대부분 이웃과 언어, 습관, 전통이 다르다. 특히 그들은 반드시 지켜야 한다고 생각하는 그들 자신만의 독특한 생활에 대한 애착심으로 결속하고 있다."

그러나 전쟁 이후 미합중국에서는 점점 불안이 심화되었다. 신경질 환자가 비록 소설가들이 생각하던 것보다는 적었지만 유럽보다는 많았다. 이것은 한편으로는 미합중국의 신경계통 환자가 외부로 드러났기 때문이고, 다른 한편으로는 한두 세대가 흐른 뒤 미국인들이 본래의 문명과 단절돼 자기 뿌리와의 연결고리를 잃었다고 느꼈기 때문이다.

9. 유럽인이 미합중국의 교육에 대해 어떻게 판단하든 과학에서 미합중국이 앞섰다는 점은 인정해야 한다. 1930~1950년의 노벨과학상 수상자 중 3분의 1이 미합중국 학자였고 유럽에서 발생한 사상도 미합중국에서 발달해 꽃을 피웠다. 이것은 기술 연구소들의 우수성과 능률 때문이다. 결국 유럽인을 발명가라고 한다면 미국인은 조직가라고 할 수 있다. 의학 분야에서도 유럽의 의학은 진단에 우월했지만 새로운 치료법 개발이나 외과수술의 완벽성은 미합중국이 우월했다. 미합중국제 계산기의 성능은 경탄할 정도였다. 고사포에 부착해서 비행기의 진행 방향을 계산해 발사하도록 되어 있는 계산기가 그 좋은 예다.

1899년에 대단한 호평을 받은 경제학자 소스타인 베블런Thorstein Veblen의 《유한계급론The Theory of the Leisure Class》을 보면 근대 들어 미합중국 사회가 어떻게 변모했는가를 가히 짐작할 수 있다. 베블런에 따르면 사람은 일단 남달리 거부를 누리고 한가한 세월을 즐길 만하면 재산을 자랑하고 우월한 신분을 내세우는 데만 관심을 기울이며 그 이상 발전하려 노력하지 않는다고 한다. 이를 두고 그는 행동반경의 규범, 화술, 습관 등이 노동계급이 도저히 따르지 못할 만한 가치를 지닌다고 느끼기 때문이라고 풀이했다.

실제로 실크해트, 칠피구두, 예의범절, 노동에 대한 멸시, 문학과 미술에 관한 교양 등은 유한계급에 속하는 사람임을 증명하는 문화였고 그들이 소중하게 여기는 일이라고는 수렵, 전쟁, 정치뿐이었다. 이런 사실은 1900년대까지 그대로 통했다. 당시에는 사업가가 큰 재산을 축적하면 그들의 자손들은 예부터 내려오는 유한계급의 취미를 몸에 익히려고 애를 썼다.

하지만 1943년에는 이런 것이 통하지 않았다. 오히려 1900년에 백만장자가 된 부자의 손녀가 공장에서 일하는 것을 자랑으로 삼았다. 그녀들은 과거 통치계급의 복장, 의례, 언어 등에 관한 금기를 웃어넘겼다. 무슨 일이 생긴 것일까? 전쟁이 생산전으로 변하면서 전에는 군인에게만 주어졌던 특권이 노동자의 손에 돌아갔기 때문이다. 공장이 군대의 연장으로 발전한 것이다. 군대란 기계를 생산하고 그것을 작동 및 수리하는 거대한 공장이라 할 수 있고 장교와 병사는 모두 그 안에서 중요한 일을 맡아 활동하는 공원에 해당했다. 이러한 사실이 진정한 평등을 불러온 것이다.

10. 미합중국 경제는 세계 최강으로 비록 인구는 세계의 6퍼센트에 불과했지만 부는 거의 50퍼센트를 차지했다. 또한 자동차의 56퍼센트, 라디오의 43퍼센트, 전기에너지의 34퍼센트를 소유했다. 여기에다 미합중국의 컴퓨터 산업은 그들에게 유익한 여건을 부여했다.

그들은 수입보다 수출이 더 많았지만 금 보유량은 점차 줄어들었다. 미합중국에 과중한 부담을 안겨준 월남전과 핵 방위 시설 및 우주 계획에 들어간 비용 때문이었다. 1966년의 금 보유량은 1937년 이래 최악의 상태로 떨어져 1949년에는 245억 달러에 달했다가 132억

3,500만 달러로 줄어들었다. 1967년 동안 연방정부는 세금을 6퍼센트 올려야 했지만 이 나라의 경제력이 워낙 튼튼해 그 미래가 불안할 정도는 아니었다.

제2차 세계대전은 계급 평등을 한층 더 촉진했다. 미합중국에서는 세금을 공제하고 연수입 2만 5,000~3만 달러를 얻는 일이 매우 어려워졌다. 국가 재정에는 별다른 불안 요소가 없었고 국채가 30억 달러에 달하긴 했지만 세출입 균형이 맞았다. 당시 미합중국에 예상되는 유일한 위험은 인플레이션, 즉 물가와 급료의 악순환뿐이었다.

전쟁은 보다 많은 사람에게 고등교육 기회를 주었다. 정부는 제대 군인에게 학비를 제공했고 대학생 수는 급속도로 증가했다. 원자탄 발명은 과학 연구에 비약적인 발전을 불러왔으며 일반적인 생활수준을 높이는 데 필요한 저렴한 동력원을 얻을 수 있다는 희망도 주었다.

제2차 세계대전에서의 승리는 미합중국 국민에게 도덕적·정치적 단결과 생산력에 대한 확고한 자신감을 심어주었다. 더불어 후퇴하지 않고 극심한 타격을 이겨낸 정부에 대한 참된 신뢰와 세계 문제에서 그들이 취한 이념에 자긍심을 더해주었다.

chapter 9

결론: 아메리카의 안정과 평화

Conclusion

———

1. 아메리카 대륙에서 이룩한 위대한 성과를 기적이라고 말하는 것은 절대로 과장이 아니다. 미합중국의 발전은 어느 인류사회의 발전보다 굉장히 신속했다. 북아메리카에는 지구상 최대 강국이 불과 1세기 반 만에 들어섰고 이 나라는 전 세계에서 압제받는 사람과 고뇌하는 사람들에게 안락한 피난처를 제공했다. 미합중국은 전시에는 자기 나라 군대뿐 아니라 연합국까지 무장시켰고, 평화 시에는 고용 문제만 적절하게 조정하면 전 국민을 궁핍에서 해방시킬 생산수단을 창조했다. 미합중국에 불행과 차별대우가 존재했고 여러 국제기구가 불완전했으며 다른 나라에서와 마찬가지로 이 나라에 야망과 부패가 활보한 것도 의심할 수 없는 사실이다. 그러나 공정하게 판단해서 1787년부터 1940년까지 미합중국이 유럽의 대국보다 국민에게 더 많은 평화, 안정, 행복을 주었다는 사실은 인정해야 한다.

미합중국의 국민은 구세계에서 이주해온 사람들로 구성되어 있다.

이주만으로 어떻게 이런 발전을 이룰 수 있었을까? 아메리카의 드넓은 대지가 오랫동안 사람들 간의 생존경쟁을 완화해왔다는 것을 우리는 잘 알고 있다. 아메리카 대륙에 존재하는 미개척 자원이 생산증대와 인구증가를 동시에 가능케 한 것이다. 물론 유럽인으로서의 오랜 반목을 완전히 해소한 것은 아니지만 점차로 완화되었고 2, 3세대 후에는 거의 잊혔다. 더구나 이 나라는 새로운 이민자(정복자도 포로도 아닌 대등한 동지로서 이주해온 사람들)로 꾸준히 젊어졌다.

개척자, 도시 및 철도 건설자, 대기업 창업자들에게 개방된 광대한 분야는 그들에게 어떤 거대한 계획에도 굽히지 않는 열렬하고 자신만만한 활동력을 부여했다. 처음 건너온 미국인은 앵글로색슨계 조상에게서 근면하고 활동적인 청교도주의와 공개토론 전통을 계승했다. 영국에서 미리 자유를 위한 훈련을 받은 그들은 미합중국에서 따로 연수 기간이 필요치 않았다. 미합중국은 초창기부터 필요에 따라 적합한 자유를 창조했고 건국의 아버지들은 150년 동안 혁명과 유혈 사태를 겪지 않고 수정해나갈 수 있는 위대한 헌법을 제정했다. 그리고 지리 및 해양 면에서 열강과 격리되어 있었다는 사실은 대륙을 정복하거나 개발하는 동안 장기간 평화를 누리게 하는 이점을 제공했다.

2. 미합중국과 영국은 서로 민주정치라고 부르지만 사실 정치체제가 판이하다. 영국은 내각이 의회에 대해 정치적 책임을 지고 의회는 수상의 임명권을 가짐으로써 국민의 자유를 보장한다. 미합중국의 내각은 대통령에게 의존하고 의회는 탄핵이라는 좀처럼 행사하지 않는 복잡하고 곤란한 절차로만 대통령을 퇴임시킬 수 있다. 따라서 미합

중국의 행정부는 영국보다 강력하고 안정적이다. 그렇지만 다음과 같은 조건으로 자유를 보장한다. 1) 대통령의 거부권을 제압할 수 있는 의회의 권한. 2) 의회가 독점하는 과세권. 3) 법원의 조직계통. 4) 헌법의 일부인 권리헌장. 5) 강력한 여론의 기능.

사실상 대통령과 의회의 충돌이 행정기관을 침해한 일은 없었고 독재자로 군림하려 한 대통령도 없었다. 미합중국에서는 규율과 자유가 의좋게 동거했다. 행정기관은 전체 국민의 지지를 받았고 혁명적인 소수파까지도 정부에 대해 공개적인 적의를 표명한 일은 없었다. 미합중국의 전통적인 양대 정당은 영국의 보수당과 노동당에 비해 정강 차이가 분명하지 않아 언뜻 이해하기 곤란한 정도였다.

정치에서는 그 기능이 건전하기만 하다면 오랜 전통이 있는 제도를 활용하는 것이 현명하다. 실제로 미합중국의 보수파와 혁신파는 공화, 민주 양당 내에서 제각기 자파의 의견을 주장하며 영국과 같이 교대로 정권을 담당함으로써 정치적 추의 좌우 운동을 유지했다.

3. 미합중국이 안정과 평화를 유지하려면 정당은 지방적인 색채를 띠면 안 되며 전국적인 조직을 갖춰야 했다. 실제로 미합중국 역사에서는 지역관계가 중대한 역할을 하고 있다. 동부와 서부는 건국할 때부터 대립했고 남부와 북부는 이질적인 사회의 표본처럼 보였다. 남부와 서부는 서로 협력함으로써 장기간에 걸쳐 이 나라의 통치를 담당해왔으며 근래에는 극서부(로키산맥 서방부터 태평양 연안에 이르는 지방)가 독특한 성격을 드러냈다.

미합중국에서는 이해관계가 충돌하면 대부분 의회 내에서 평화적인 수단으로 해결했다. 여러 지역 간의 대립을 조정하기 위해 관직을 적당히 분배하는 관습도 생겼다. 지역적 분쟁이 전쟁으로 발전한 유일한 예는 남북전쟁으로 당시 공화당은 완전히 북부만의 정당이었다. 링컨이 남부에서 겨우 2만 6,000표밖에 얻지 못했다는 사실이 이 비극을 설명한다. 이후에도 남부에는 국가적인 일반경제 분야에서 북부와 서부보다 불리한 처우를 받는다는 막연한 불만이 남아 있었다.

전반적으로 지역적 차이는 감소했지만 경제적 심지어 정치적 이해관계의 지방적 대립은 늘 어느 정도 존재했다. 제2차 세계대전 중에도 동부는 중서부와 남부보다 한층 더 유류 부족으로 고난을 겪었고 태평양 연안지방은 대서양 연안지방보다 일본과의 전쟁에 더 힘을 기울였다. 그리고 남부는 흑인 문제에 대해 다른 지방과 견해가 달랐다. 워싱턴에서의 정치활동은 지방단체의 압력을 상당히 많이 받았지만, 지역적 대립을 헌법이 허용하는 범위 내에서 해결함으로써 불안의 씨앗으로 자라도록 내버려두지 않았다.

4. 미합중국에서는 계급투쟁이 유럽처럼 심각하지 않았다. 수입이 균등해서가 아니라 생활수준이 균등했고 또 계속 발전했기 때문이다. 특히 공정한 세금이 재산을 서서히 평준화했다. 미합중국에는 영국의 노동당 같은 정당이 없었고 사회당이 있긴 해도 미력한 존재에 불과했다. 노동조합은 루스벨트 시대에 기업체와의 협의단체로 규정함으로써 법적으로는 강화되었으나 내부의 의견대립으로 실질적으로는 약화되었다.

곰퍼스가 설립한 가장 오래된 미국노동조합총연맹과 광산노동조합 위원장 존 루이스가 조직한 산업별 노동조합동맹은 서로 통합하려 노력했다. 1936년 선거에서 노동조합동맹은 루스벨트 대통령을 지지했고 정부도 루이스에게 호의적이었다. 그 후 노동조합동맹에서 물러나 광산노조위원장만 맡았던 루이스와 루스벨트 대통령 사이에 분쟁이 벌어졌다. 결국 미합중국의 노동조합은 정치적으로 중요한 영향력을 유지하긴 해도 여론을 조성하는 단계에 국한되었다. 전쟁 때 발생한 파업의 성격도 이러한 범위를 이탈하지는 않았다.

미합중국 국민은 일치단결해 정부체제를 신뢰했지만 국가 경제 문제에서는 의견이 여러 갈래로 나뉘었다. 1929년 공황과 실업자 증대에 따라 이후 10년간 일부 지식계급은 러시아를 선례로 삼아 자유기업제도 대신 통제경제제도를 채택하자고 주장했다. 1941년에 불거진 제2차 세계대전으로 1917년의 전쟁처럼 통제경제 원리를 도입했고 워싱턴에 생산과 분배를 통제하는 중앙기관을 설치했다. 이미 일부 경제 분야는 공황 대책으로 '뉴딜'의 각종 기구가 통할하고 있었다. 19세기에 제대로 수도 구실을 하지 못하던 워싱턴은 이때 수도로서의 위치를 확립했다.

미합중국의 위대한 국력이 개인기업제도의 성과라고 믿는 사람들과 전후에도 행정권을 장악한 관료제도가 그대로 존속할 것을 두려워한 사람들은 중앙집권적인 경향에 반대했다. 그들의 주장은 다음과 같다.

1) 승리의 결정적 요인인 경이적인 군수산업은 개인기업제도의 성과다. 2) 개인기업체 지도자의 경험과 공헌 없이 이런 성과를 달성할 수는 없었을 것이다. 3) 경제적인 실력과 정치적인 권위를 한 손에 쥐

면 자유가 위협을 받으므로 적절한 타협이 필요하다.

1929년의 공황 같은 비상사태가 재발하지 않도록 대비하려면 정치적 통제를 강화해야 했는데 이 경우 미합중국 발전의 원동력인 개인의 창의성은 말살될 위험이 있었다. 그러나 자유경제와 계획경제를 무리해서 구별할 필요는 없다. 사실 개인기업과 연방정부의 통제가 반드시 반대되는 이념이었던 것은 아니다. 아무튼 헨리 클레이 같은 타협의 명수는 언제든 등장하게 마련이다.

5. 개척자의 장점은 탁월한 창의성인데 일부에서는 이미 개척자의 시대는 지나갔다고 주장했다. 당시 터너 교수는 다음과 같이 강조했다. "오늘날의 문제는 삼림 개간에 있는 것이 아니라 삼림의 육성 보호에 있다."

개척자가 더 이상 새로운 토지를 발견할 수 없게 되었다는 것만은 틀림없는 사실이었다. 그러나 변방지대는 형태만 달라졌을 뿐 계속 존재했다. 가령 근대적인 개척자들은 제2차 세계대전 중 수개월 만에 일반산업을 전시체제로 전환하는 데 성공했다. 그들은 조상들이 나무를 베어내고 땅을 개간했듯 헌 기계를 떼어내고 공장을 개조한 후 비행기를 생산했다. 용기와 신념은 과거와 조금도 다름없는 가치를 지니고 있었다. 변방은 정말로 자취를 감추었는가?

미합중국을 여행하는 여행자들은 과거에 토크빌이 느꼈듯 사람이 없는 드넓은 광야를 보고 놀랐는데, 때론 그것이 대도시에 인접해 있음을 알고 더욱더 놀랐다. 북아메리카 대륙은 계속해서 더 많은 인구를 포용할 수 있는 유보지대로 남아 있었던 것이다. 더불어 여러 종류의 광물, 석탄, 석유, 천연가스 등의 천연자원이 풍부하게 존재했다. 사막마저도 관개 등의 방법으로 쓸모 있는 땅으로 개발할 가능성이 충분했다. 대도시의 불건전한 빈민지구를 개선하는 사업도 새로운 유형의 개척자를 기다리는 일대 과업일 뿐이었다. 역사가의 관점에서 미합중국은 성장의 포화점에 도달했다거나 침체기에 빠져 있는 나라가 아니라 꿈과 활기에 가득 차 있고 미래의 성숙과 절정을 위해 내달리는 젊은 나라였던 것이다.

6. 미합중국의 기본정책은 새로운 발명과 그것이 전 인류의 생활에 미치는 영향을 고찰하는 데 있었다. 고립주의는 워싱턴 시대에는 타당한 사상이었다. 그러나 윌슨 시대에는 고수하기 어려웠고 이후에는 거론할 필요조차 없었다.

미합중국은 유럽에서 불과 몇 시간 거리에 있고 유도탄의 원거리 공격, 원자탄의 파괴력 때문에 더 이상 유럽 대륙에 무관심할 수 없었다. 먼로주의는 미합중국이 설령 다른 대륙에 있을지라도 서반구를 방위하지 않고는 지킬 수 없는 원칙이었다. 몇몇 강국이 결속하면 미합중국을 위협할 수 있었기에 미합중국에는 동맹국이 필요했다.

제2차 세계대전 후 미합중국은 영국, 프랑스, 소련 등 유럽 열강과 동맹을 체결하거나 윌슨이 창안한 국제연맹 같은 세계조직을 창설하도록 영향력을 발휘할 필요가 있었다. 한데 미합중국의 외교정책은 헌법에 따라 조약 비준에는 상원 3분의 2의 찬성이 필요하다는 절차 때문에 여러 번 지장을 받았다. 어느 회의든 절대다수란 쉬운 일이 아니다. 작은 주 하나만 생겨도 상원에서 두 표를 얻기 때문에 국가에 유리하고 긴요한 조약도 얼마 되지 않는 주민이 이를 부결할 수 있었다(300만 명이 있는 서부의 한 주와 4,000만 명이 있는 동부의 한 주가 같은 두 표를 갖는다). 존 헤이는 국무장관으로 있을 때 다음과 같이 말한 바 있다.

"조약안을 상원에 상정하는 것은 마치 황소가 투우장에 들어가는 것과 같다. 아무도 최후의 타격이 언제, 어떻게 떨어질지 알 수 없으나 끝내 황소가 살아 나오지 않는다는 것만은 확실하다."

그러나 고립주의의 위험을 체득한 양대 정당의 수뇌부들은 외교 문제를 정당 간의 논쟁에서 제외하려 노력했다. 덕분에 국제연합 가입 문제도 승인되었고 종전 후 세계는 슬라브와 앵글로색슨이 주도하는 양대 진영으로 나뉘었다.

미합중국에서 고립주의가 약화되었다고 해서 제국주의가 득세했던 것은 아니다. 미합중국은 전반적으로 식민지 획득이나 타민족 정복을 원치 않았다. 일부 사업가는 금권 외교를 원했으나 일반 국민은 도의적인 외교에 보다 깊은 관심을 기울였다. 윌슨은 진심으로 미합중국의 국기는 인도주의의 깃발이라고 말했다.

미합중국처럼 여론에 따라 움직이는 정부는 여론이 이기적인 목적에 악용되지 않도록 방비해야 적절한 외교정책을 수행할 수 있다. 언론의 자유가 곧 허위선전의 자유는 아니다. 물론 외국의 선전에 대한 강력한 단속은 전시에는 필요하지만 평화 시에는 완화해야 한다. 1920~1940년까지 미합중국 국민은 그릇된 길을 따르다 과오를 범했고 이것이 제2차 세계대전의 한 원인이 되었다. 하지만 미합중국 국민은 본질적으로 정직했다. 이들은 과오를 거듭하면서도 정당하다고 확신하는 목표를 향해 국가를 이끌어왔다. 이러한 경험을 통해 미합중국 국민은 1946년 10월 국무장관 제임스 번스James Byrnes가 말한 것을 충분히 이해했다.

"유럽의 전쟁을 종결하는 데는 승리를 위한 노력보다 전쟁을 예견하는 것이 더 중요하다."

[부록] 미국 역대 대통령과 부통령

	대통령	생존연도	재임기간	소속정당	부통령
1	조지 워싱턴	1732~1799	1789~1797	없음	존 애덤스
2	존 애덤스	1735~1826	1797~1801	연방당	토머스 제퍼슨
3	토머스 제퍼슨	1743~1826	1801~1809	민주공화당	애런 버, 조지 클린턴
4	제임스 매디슨	1751~1836	1809~1817	민주공화당	엘브리지 게리
5	제임스 먼로	1758~1831	1817~1825	민주공화당	대니얼 톰킨스
6	존 퀸시 애덤스	1767~1848	1825~1829	민주공화당	존 캘훈
7	앤드루 잭슨	1767~1845	1829~1837	민주당	마틴 밴 뷰런
8	마틴 밴 뷰런	1782~1862	1837~1841	민주당	
9	윌리엄 해리슨	1773~1841	1841~1841	휘그당	존 타일러
10	존 타일러 (해리슨 사망으로 계승)	1790~1862	1841~1845	민주당, 공화당	
11	제임스 포크	1795~1849	1845~1849	민주당	조지 댈러스
12	재커리 테일러	1784~1850	1849~1850	휘그당	밀러드 필모어
13	밀러드 필모어 (테일러 사망으로 계승)	1800~1874	1850~1853	휘그당	.
14	프랭클린 피어스	1804~1869	1853~1857	민주당	윌리엄 킹
15	제임스 뷰캐넌	1791~1868	1857~1861	민주당	존 브레킨리지
16	에이브러햄 링컨	1809~1865	1861~1865	공화당	앤드루 존슨
17	앤드루 존슨 (링컨 사망으로 계승)	1808~1875	1865~1869	공화당	
18	율리시스 그랜트	1822~1885	1869~1877	공화당	스카일러 콜팩스, 헨리 윌슨
19	러더퍼드 헤이스	1822~1893	1877~1881	공화당	윌리엄 휠러
20	제임스 가필드	1831~1881	1881~1881	공화당	체스터 아서
21	체스터 아서 (가필드 사망으로 계승)	1830~1886	1881~1885	공화당	.
22	그로버 클리블랜드	1837~1908	1885~1889	민주당	토머스 헨드릭스
23	밴저민 해리슨	1833~1901	1889~1893	공화당	레비 모턴
24	그로버 클리블랜드	1837~1908	1893~1897	민주당	애들라이 스티븐슨
25	윌리엄 매킨리	1843~1901	1897~1901	공화당	개럿 호바트, 시어도어 루스벨트

26	시어도어 루스벨트 (매킨리 사망으로 계승)	1858~1919	1901~1909	공화당	찰스 페어뱅크스
27	윌리엄 하워드 태프트	1857~1930	1909~1913	공화당	제임스 셔먼
28	우드로 윌슨	1856~1924	1913~1921	민주당	토머스 마셜
29	워런 하딩	1865~1923	1921~1923	공화당	캘빈 쿨리지
30	캘빈 쿨리지	1872~1933	1923~1929	공화당	찰스 도스
31	허버트 후버	1874~1964	1929~1933	공화당	찰스 커티스
32	프랭클린 루스벨트	1882~1945	1933~1945	민주당	존 가너, 헨리 월리스, 해리 트루먼
33	해리 트루먼	1884~1972	1945~1953	민주당	앨번 바클리
34	드와이트 아이젠하워	1890~1969	1953~1961	공화당	리처드 닉슨
35	존 케네디	1917~1963	1961~1963	민주당	린든 존슨
36	린든 존슨 (케네디 사망으로 계승)	1908~1973	1963~1969	민주당	허버트 험프리
37	리처드 닉슨	1913~1994	1969~1974	공화당	스피로 애그뉴, 제럴드 포드
38	제럴드 포드 (닉슨 사임으로 계승)	1913~2006	1974~1977	공화당	넬슨 록펠러
39	지미 카터	1924~	1977~1981	민주당	월터 먼데일
40	로널드 레이건	1911~2004	1981~1989	공화당	조지 부시
41	조지 부시	1924~2018	1989~1993	공화당	댄 퀘일
42	빌 클린턴	1946~	1993~2001	민주당	앨 고어
43	조지 부시 2세	1946~	2001~2009	공화당	딕 체니
44	버락 오바마	1961~	2009~2017	민주당	조 바이든
45	도널드 트럼프	1946~	2017~2020	공화당	마이크 펜스
46	조 바이든	1942~	2021~	민주당	카멀라 해리스

[참고문헌]

ARTHUR MEIER SCHLESINGER : *New Viwpoints in American History*. The
Macmillan Co., New York; 1922.

ALBERT FREDERICK POLLARD : *Factors in American History*. Cambridge
University Press, 1925.

The Chronicles of America Series, edited by Allen Johnson. Yale University
Press, New Haven; 1919-1924. (26 volumes.)

ALBERT BUSHNELL HART : *The American Nation, a History from original
sources*. Harper & Brothers, New York; 1904-1918.

CHARLES AND MARY BEARD : *The Rise of American Civilization*. Macmillan &
Co., 1933.

EDWARD CHANNING : *A History of the United States*. The Macmillan Co., New
York; 1921-1926. (6 volumes.)

SAMUEL ELIOT MORISON AND HENRY STEELE COMMAGER : *The Growth of
the American Republic*. Oxford University Press, New York; 1930.

ALLAN NEVINS AND HENRY STEELE COMMAGER : *The Heritage of America*,
edited by Henry Steele Commager and Anna Nevins. Little, Brown & Co.,
Boston; 1939.

ALLAN NEVINS AND HENRY STEELE COMMAGER : *America, the History of a free People*. Little, Brown & Co., Boston; 1942.

SAMUEL ELIOT MORISON : *The Oxford History of the United States*. Oxford University Press, 1928.

A History of American Life, edited by Arthur Meier Schlesinger and Dixon Ryan Fox. Macmillan & Co., 1927-1936. (12 volumes.)

The Cavalcade of America, edited by Arthur Meier Schlesinger and Dixon Ryan Fox. Milton Bradley, Springfield, Massachusetts; 1937.

LIVINGSTON FARRAND : *Basis of American History*, 1500-1900. Harper & Brothers, New York; 1904.

DAVID SAVILLE MUZZEY : *Histoire des États-Unis d'Amérique*, traduite par A. de Lapradelle. Larousse, Paris; 1926.

DAVID SAVILLE MUZZEY : *An American History*, revised edition. Ginn & Co., 1933.

JAMES TRUSLOW ADAMS : *The Epic of America*. Little, Brown & Co., Boston; 1931.

ALBERT BUSHNELL HART : *American History told by Contemporaries*. Macmillan & Co., New York; 1901-1929. (5 volumes.)

HAROLD UNDERWOOD FAULKNER : *American political and social history*. F. S. Crofts & Co., New York; 1937.

HAROLD UNDERWOOD FAULKNER : *American Economic History*. Harper & Brothers, New York; 1924.

HAROLD UNDERWOOD FAULKNER AND FELIX FLUGEL : *Readings in the Economic History of the United States of America*. Harper & Brothers, New York; 1929.

BLISS PERRY : *The American Mind and American Idealism*. Houghton, Mifflin

& Co., Boston; 1913.

BLISS PERRY : *The American Spirit in Literature*. Yale University Press, 1918.

VERNON LOUIS PARRINGTON : *Main Currents in American Thought*. Hercourt, Brace & Co., New York; 1927.

ERNEST LUDLOW BOGART AND CHARLES MANFRED THOMPSON : *Reading in the Economic History of the United States*. Longmans, Green & Co., New York; 1929.

FREDERICK JACKSON TURNER : *The Frontier in American History*. Henry Holt & Co., New York; 1928.

FREDERICK LOGAN PAXSON : *History of the American Frontier*. Houghton, Mifflin & Co., Boston; 1924.

JAMES BRYCE (VISCOUNT BRYCE) : *The American Commonwealth*. Macmillan & Co., London; 1893-1895. (3 volumes.)

DENIS WILLIAM BROGAN : *Government of the People, a study in the American political system*. H. Hamilton, London; 1933.

DENIS WILLIAM BROGAN : *American foreign policy*. Oxford University Press, 1941.

ALFRED TRAYER MAHAN : *The Influence of Sea Power upon History*. Low, Marston & Co., London; 1892.

SAMUEL FLAGG BEMIS : *A Diplomatic History of the United States*, Henry Holt & Co., New York; 1936.

BENJAMIN HARRISON WILLIAMS : *American Diplomacy*. McGrawHill Co., New York; 1936.

CHARLES AND MARY BEARD : *History of the United States, A Study in American Civilisation*. The Macmillan Co., New York; 1939.

CHARLES AND MARY BEARD : *The American Spirit*. The Macmillan Co., New
York; 1942.

FREDERICK JACKSON TURNER : *The Significance of Sections in American
History*. Henry Holt & Co., New York; 1932.

CECIL CHESTERTON : *A History of the United States*. J. M. Dent & Sons Ltd.,
London; 1940.

JOHN FISKE : *American Political Ideas*. Harper & Brothers, New York; 1883.

EDWIN W. MORSE : *Causes and effects in American History*. Charles Scribner's
Sons, New York; 1912.

W. E. WOODWARD : *A New American History*. Garden City Publishing
Company, New York; 1936.

WOODROW WILSON : *A History of the American People*. Harper & Brothers,
New York; 1902-1903.

제1장 유럽인의 아메리카 발견

ALBERT PERRY BRIGHAM : *Geographic Influences in American History*. The
Chautauqua Press, 1903.

ELLEN CHURCHILL SEMPLE : *American History and its Geographic conditions*.

PLINY EARLE GODDARD : *Indians of the Southwest*. American Museum of Natural
History, New York; 1931.

CLARK WISSLER : *North American Indians of the Plains*. American Museum of
Natural History, New York; 1934.

CLARK WISSLER : *The American Indian*. Me Murtrie, New York; 1917.

ELLSWORTH HUNTINGTON : *The Red Man's Continent*. Yale University Press, 1919.

EDWARD EGGLESTON : *The transit of civilisation from England to America, in the seventeenth century.* D. Appleton & Co., New York; 1901.

JAMES TRUSLOW ADAMS : *Provincial Society.* The Macmillan Co., New York; 1927.

GEORGE L. BEER : *The old Colonial System.* The Macmillan Co., New York; 1912. (2 volumes.)

THOMAS JEFFERSON WERTENBAKER : *The first Americans.* The Macmillan Co., New York; 1927.

THOMAS JEFFERSON WERTENBAKER : *The Old South; the founding of American civilization.* Charles Scribner's Sons, New York; 1942.

GEORGE FRANCIS DOW : *Slave Ships and slaving.* Marine Research Society, Salem, Massachusetts; 1927.

GEORGE LOUIS BEER : *British Colonial Policy.* The Macmillan Co., New York; 1922.

EVARTS BUTELL GREENE : *The provincial Governor in the English Colonies of North America.* Longmans, Green, New York; 1898.

JOHN FISKE : *The Discovery of America.* Houghton, Mifflin & Co., Boston; 1892. (2 volumes.)

FRANCIS PARKMAN : *Prescott's Works.* Little, Brown & Co., Boston; 1902. (16 volumes.)

WILLIAM HICKLING PRESCOTT : *History of the Conquest of Mexico.* Harper & Brothers, New York; 1834. (3 volumes.)

WILLIAM HICKLING PRESCOTT : *History of the Conquest of Peru.* J. B. Lippincott & Co., Philadelphia; 1899.

EDWARD POTTS CHEYNEY : *European Background of American History.* Harper & Brothers, New York; 1904.

WILLIAM WOOD : *Elizabethan Sea Dogs.* Yale University Press, 1919.

IRVING BERDINE RICHMAN : *The Spanish Conquerors.* Yale University Press, 1919.

HERBERT E. BOLTON : *The Spanish Borderlands.* Yale University Press, 1921.

MARY JOHNSTON : *Pionneers of the Old South.* Yale University Press, 1918.

CONSTANCE LINDSAY SKINNER : *Pionneers of the Old Southwest.* Yale University Press, 1919.

WILLIAM BENNETTE MURNO : *Crusaders of New France.* Yale University Press, 1918.

GEORGE M. WRONG : *The Conquest of New France.* Yale University Press, 1918.

CHARLES M. ANDREWS : *The Fathers of New England.* Yale University Press, 1919.

MAUD WILDER GOODWIN : *Dutch and English on the Hudson.* Yale University Press, 1919.

SYDNEY G. FISHER : *The Quaker Colonies.* Yale University Press, 1919.

BERNARD FAY : *L'Esprit révolutionnaire en France et aux États-Unis à la fin du XVIIIᵉ siécie.* Champion, Paris; 1925.

제2장 기로에 서다

CLAUDE HALSTEAD VAN TYNE : *The American Revolution.* Harper & Brothers, New York; 1905.

CHARLEMAGNE TOWER : *The Marquis de La Fayette and the American Revolution.* J. B. Lippincott, Philadelphia; 1895.

JOHN FISKE : *The American Revolution.* Houghton, Mifflin & Co., Boston; 1893. (2 volumes.)

WILLIAM E. WOODWARD : *La Fayette.* Farrar & Rinehart, New York; 1938.

JEAN JULES JUSSERAND : *With Americans of past and present days,* Charles Scribner's Sons, New York; 1916.

CARL BECKER : *The Eve of the Revolution.* Yale University Press, 1918.

GEORGE M. WRONG : *Washington and his comrades in arms.* Yale University Press, 1921.

GEORGE OTTO TREVELYAN : *The American Revolution.* Longman's Green & Co., New York; 1899-1907. (3 volumes.)

JAMES BRECK PERKINS : *France in the American Revolution.* Houghton, Mifflin & Co., Boston; 1911.

JAMES KENDALL HOSMER : *Samuel Adams.* Houghton, Mifflin & Co., Boston; 1885.

Correspondance inédite et secrète du docteur B. Franklin, depuis l'année 1753 jusqu'en 1790. Janet père, éditeur à Paris, rue Saint-Jacques; 1817.

CARL VAN DOREN : *Benjamin Franklin.* Garden City Publishing Co., New York ; 1941.

BERNARD FAY : *Benjamin Franklin.* Calmann-Lévy, Paris; 1929.

MOSES COIT TYLER : *The Literary History of the American Revolution.* G. P. Putnam's Sons, New York; 1897. (2 volumes.)

CLAUDE HASLTEAD VAN TYNE : *The Loyalists in the American Revolution.* The Macmillan Co., New York; 1902.

EDMUND BURKE : *Speeches and Letters on American Affaires.* J. M. Dent & Sons Ltd., London; 1908.

제3장 국가의 탄생

MAX FARRAND : *The Framing of the Constitution of the United States.* Yale
University Press, 1913.

FREDERICK JACKSON TURNER : *Rise of the new West.* Harper & Brothers, New
York; 1906.

MAX FARRAND : *The Fathers of the Constitution.* Yale University Press, 1921.

ALEXIS DE TOCQUEVILLE : *De la démocratie en Amérique.* Pagnerre, Paris, 1848.
(4 volumes.)

PAUL LEICESTER FORD : *The true George Washington.* J. B. Lippincott,
Philadelphia; 1896.

ALBERT BUSHNELL HART : *George Washington.* American Library Association,
Chicago; 1927.

BERNARD FAY : *George Washington, gentilhomme.* Bernard Grasset, Paris; 1932.

JAMES TRUSLOW ADAMS : *The living Jefferson.* Scribner's Sons Ltd., London; 1936.

CLAUDE GERNADE BOWERS : *Jefferson and Hamilton.* Houghton, Mifflin & Co.,
Boston; 1925.

HENRY CABOT LODGE : *Alexander Hamilton.* Houghton, Mifflin & Co., Boston;
1883.

HENRY JONES FORD : *Washington and his colleagues.* Yale, University Press,
1918.

FREDERICK SCOTT OLIVER : *Alexander Hamilton, an essay on American
union.* G. P. Putnam's Sons, New York; 1921.

JAMES TRUSLOW ADAMS : *The Adams Family.* Literary Guild, New York; 1930.

JOHN FISKE : *The critical period of American History.* Houghton, Mifflin & Co.,
Boston; 1889.

GILBERT CHINARD : *Honest John Adams*. Little, Brown & Co., Boston; 1933.

GILBERT CHINARD : *Thomas Jefferson, the Apostle of Americanism*. Little, Brown & Co., Boston; 1939.

GILBERT CHINARD : *George Washington as the French knew him*. Princeton University Press, 1940.

JOHN QUINCY ADAMS : *The Diary of John Quincy Adams*. Longmans, Green & Co., New York; 1929.

The best letters of Jefferson, edited by J. G. de Roulhac Hamilton. Houghton Mifflin & Co., Boston; 1926.

SARAH N. RANDOLPH : *The domestic life of Thomas Jefferson*. University Press, Cambridge, Massachusetts; 1939.

GAILLARD HUNT : *Life of James Madison*; 1902.

SYDNEY HOWARD GAY : *James Madison*. Houghton, Mifflin & Co., Boston; 1898.

HENRY ADAMS : *The life of Albert Gallatin*. J. B. Lippincott & Co., London; 1879.

SAMUEL HENRY WANDELL AND MEADE MINNIGERODE : *Aaron Burr*; 1925.

IRVING BRANT : *James Madison*. Bobbs-Merrill Co., Indianapolis; 1941.

ALBERT BUSHNELL HART : *The Monroe doctrine, an interpretation*. Little, Brown & Co., Boston; 1916.

CARL SCHURZ : *Life of Henry Clay*. Houghton, Mifflin & Co., Boston; 1887.

WILLIAM MONTGOMERY MEIGS : *The Life of John Caldwell Calhoun*. Neale Publishing Co., 1917.

ALBERT JEREMIAH BEVERIDGE : *The life of John Marshall*. Houghton, Mifflin & Co., Boston; 1929. (4 volumes.)

EDWARD S. CORWIN : *John Marshall and the Constitution*. Yale University Press, 1919.

JOHN SPENCER BASSETT : *The life of Andrew Jackson.* The Macmillan Co., New York; 1916.

MARQUIS JAMES : *Andrew Jackson, the border captain.* The Bobbs-Mcrrill Co., Indianapolis; 1933.

제4장 성장기에 따르는 고통

CLAUDE GERNADE BOWERS : *The Party Battles of the Jackson Period.* Houghton, Mifflin & Co., Boston; 1922.

CLAUDE GERNADE BOWERS : *The tragic Era.* Houghton Mifflin & Co., Boston; 1929.

GAILLARD HUNT : *John Caldwell Calhoun.* G. W. Jacobs & Co., Philadelphia; 1907.

EDWARD MORSE SHEPARD : *Martin Van Buren.* Houghton, Mifflin & Co., Boston; 1889.

HENRY CABOT LODGE : *Daniel Webster.* Houghton, Mifflin & Co., Boston; 1889.

ALBERT BUSHNELL HART : *Slavery and Abolition,* 1831-1841. Harper & Brothers, New York; 1906.

ULRICH BONNELL PHILIPS : *American Negro Slavery.* D. Appleton & Co., New York; 1918.

WILLIAM E. DODD : *The Cotton Kingdom.* Yale University Press, 1919.

JESSE MACY : *The Anti-Slavery Crusade.* Yale University Press, 1919.

CONSTANCE LINDSAY SKINNER : *Adventures of Oregon.* Yale University Press, 1920.

FRANCIS PARKMAN : *The Oregon Trail.* (Volume XVI of Parkman's Works.) Little, Brown & Co., Boston; 1902.

NATHANIEL W. STEPHENSON : *Abraham Lincoln and the Union.* Yale University
    Press, 1918.

NATHANIEL W. STEPHENSON : *Texas and the Mexican War.* Yale University
    Press, 1921.

The Diary of James Knox Polk. Longmans, Green & Co., New York; 1929.

CARL SANDBURG : *Abraham Lincoln. The Prairie Years.* Harcourt, Brace & Co.,
    New York; 1926.

CARL SANDBURG : *Abraham Lincoln. The War Years.* Harcourt, Brace & Co., New
    York; 1939.

CARL SANDBURG : *Storm over the Land.* Harcourt, Brace & Co., New York; 1939.

GODFREY RATHBONE BENSON (LORD CHARNWOOD) : *Abraham Lincoln.*
    Henry Holt & Co., New York; 1916.

MARGARET LEECH : *Reveille in Washington.* Harper & Brothers, New York; 1941.

ALLEN JOHNSON : *Stephen E. Douglas, a study in American politics.* The
    Macmillan Co., New York; 1908.

VARINA HOWALL DAVIS : *Jefferson Davis, ex-President of the Confederate States of
    America. A Memoir, by his wife.* Bedford Co., New York; 1890.

NATHANIEL W. STEPHENSON : *The Day of the Confederacy.* Yale University Press,
    1919.

WILLIAM EDWARD DODD : *Statesmen of the Old South : Thomas Jefferson, John C.
    Calhoun and Jefferson Davis.* The Macmillan Co., New York; 1911.

LOUIS ARTHUR COOLIDGE : *Ulysses S. Grant.* Houghton, Mifflin & Co., Boston;
    1917.

ULYSSES SIMPSON GRANT : *Personal Memoirs.* C. L. Webster & Co., 1885-1886.
    (2 volumes.)

WILLIAM TECUMSEH SHERMAN : *Memoirs*. D. Appleton & Co., New York; 1886.

JAMES ALBERT WOODBURN : *The Life of Thaddeus Stevens*. Bobbs-Merrill Co.,

1913.

GAMALIEL BRADFORD : *Confederate Portraits*. Houghton, Mifflin & Co., Boston;

1914.

GAMALIEL BRADFORD : *Union Portraits*. Houghton, Mifflin & Co., Boston; 1916.

BURTON J. HENDRICK : *Statesmen of the Lost Cause*. The Literary Guild of America,

1939.

DOUGLAS SOUTHALL FREEMAN : *Lee's Lieutenants*. Charles Scribner's Sons, New

York; 1943. (2 volumes.)

DALE CARNEGIE : *Lincoln the Unknown*. D. Appleton-Century Co., New York;

1941.

WILLIAM WOOD : *Captains of the civil War*. Yale University Press, 1918.

WILLIAM ROSCOE THAYER : *The Life of John Hay*. Houghton, Mifflin & Co., Boston;

1915.

FREDERIC AUSTIN OGG : *The Reign of Andrew Jackson*. Yale University Press,

1919.

JAMES TRUSLOW ADAMS : *The March of Democracy*. Charles Scribner's Sons, New

York; 1933.

WALTER LYNWOOD FLEMING : *The Sequel of Appomatox*. Yale University Press,

1919.

ERNEST ELMO CALKINS : *They broke the Prairie*. Charles Scribner's Sons, New

York ; 1937.

제5장 유복한 시대

CLAUDE GERNADE BOWERS : *The Tragic Era Houghton.* Mifflin & Co., Boston; 1929.

WILLIAM ARCHIBALD DUNNING : *Reconstruction, political and economic.* Harper & Brothers, New York; 1907.

ALLAN NEVINS : *The Emergence of Modern America.* The Macmillan Co., New York; 1927.

WILLIAM EDWARD BURGHARDT DU BOIS : *Black Reconstruction.* Harcourt, Brace & Co., New York; 1935.

RUPERT BAYLESS VANCE : *Human Geography of the South.* University of North Carolina Press, Chapel Hill; 1932.

W. J. CASH : *The Mind of the South.* Alfred E. Knopf, New York; 1941.

GEORGE FORT MILTON : *The Age of Hate.* Coward-Mc Cann, New York; 1930.

ROBERT W. WINSTON : *Andrew Jackson, plebeian and patriot.* Henry Holt & Co., New York; 1928.

HENRY ADAMS : *The Education of Henry Adams.* Privately printed, Washington, 1907.

ALLAN NEVINS : *Hamilton Fish, the inner history of the Grant administration.* Dodd, Mead & Co., New York; 1936.

ARTHUR MEIER SCHLESINGER : *The Rise of the City.* The Macmillan Co., New York; 1933.

WILLIAM ALLEN WHITE : *Masks in a Pageant.* The Macmillan Co., New York.

HAMLIN GARLAND : *Ulysses S. Grant in the Mexican War.* Mc Clure's Magazine, New York; 1897.

ELLIS PAXON OBERHOLTZER : *Jay Cooke, financier of the Civil War.* G. W. Jacobs

& Co., Philadelphia; 1907.

PAUL LELAND HAWORTH : *The Hayes-Tilden disputed presidential election of 1876.* Cleveland-Burrows Co., 1906.

WALTER PRESCOTT WEBB : *The Great Plains.* Ginn & Co., Boston; 1931.

ERNEST STAPLES OSGOOD : *The Day of the Cattleman.* University of Minnesota Press, Minneapolis; 1929.

ARCHER B. HULBERT : *The Paths of Inland Commerce.* Yale University Press, 1920.

JOHN MOODY : *The Railroad Builders.* Yale University Press, 1920.

GUSTAVUS MYERS : *The ending of hereditary American Fortunes.* J. Messner Inc., New York; 1939.

GUSTAVUS MYERS : *America strikes back.* I. Washburn, New York; 1935.

SAMUEL GOMPERS : *Seventy years of life and labors.* E. P. Dutton & Co., New York; 1925.

DAVID SAVILLE MUZZEY : *James G. Blaine.* Dodd, Mead & Co., New York; 1934.

CARL RUSSELL FISH : *The Civil Service and the Patronage.* Longmans, Green & Co., New York; 1905.

MORRIS ROBERT WERNER : *Bryan.* Harcourt, Brace & Co., New York; 1929.

ALLAN NEVINS : *Cleveland.*

HENRY JONES FORD : *The Cleveland Era.* Yale University Press, 1919.

LINCOLN STEFFENS : *The Autobiography of Lincoln Steffens.* Literary Guild, New York; 1931.

THOMAS BEER : *Hanna.* Alfred Knopf, New York; 1929.

EDWARD STANWOOD : *James Gillespie Blaine.* Houghton, Mifflin & Co., Boston; 1905.

F. BENJAMIN ANDREWS : *The United States in our own Times.* Charles Scribner's

Sons, New York; 1903.

HOLLAND THOMPSON : *The Age of Invention.* Yale University Press, 1921.

BURTON J. HENDRICK : *The Age of Big Business.* Yale University Press, 1921.

HAROLD UNDERWOOD FAULKNER, TYLER KEPNER, AND HALL BARTLETT :
    The American Way of Life. Harper & Brothers, New York; 1941.

JOHN K. WINKLER : *Morgan the Magnificent.* Garden City Publishing Co., New
    York; 1930.

VIRGINIUS DABNEY : *Below the Potomac.* D. Appleton-Century Co., New York;
    1942.

ARTHUR D. HOWDEN SMITH : *Mr. House of Texas.* Funk & Wagnalls Co., New
    York; 1940.

제6장 세계적인 강국

DWIGHT LOWELL DUMOND : *Roosevelt to Roosevelt.* Henry Holt & Co., New York;
    1937.

GUY EMERSON : *The New Frontier,* Henry Holt & Co., New York; 1920.

LEONARD DUPEE WHITE : *Recent Social Trends in the United States,* by Leonard
    Dupee White, Garrol Hill Woody, and Thomas Jackson Woofter. McGraw Hill
    Co., New York; 1933-1934.

ROBERT STAUGTON LYND AND HELEN MERRELL LYND : *Middletown, a study
    in contemporary American Culture.* Harcourt, Brace & Co., New York; 1929.

SAMUEL P. ORTH : *Our Foreigners.* Yale University Press, 1920.

SAMUEL P. ORTH : *The Armies of Labor.* Yale University Press, 1920.

SAMUEL P. ORTH : *The Boss and the Machine.* Yale University Press; 1919.

EDWIN EMERY SLOSSON : *The American Spirit in Education.* Yale University Press, 1921.

JOHN CHAMBERLAIN : *Farewell to Reform.* Liveright Inc., New York; 1932.

HENRY FOWLES PRINGLE : *Theodore Roosevelt, a biography.* Harcourt, Brace & Co., New York; 1931.

HERBERT SMITH DUFFY : *William Howard Taft.* Minton, Balch & Co., New York; 1930.

JAMES KERNEY : *The Political Education of Woodrow Wilson.* The Century Co., New York; 1926.

JOSEPH PATRICK TUMULTY : *Woodrow Wilson as I know him.* Doubleday, Page & Co., Garden City, New York; 1921.

GODFREY RATHBONE BENSON (LORD CHARNWOOD) : *Theodore Roosevelt.* The Atlantic Monthly Press, Boston; 1923.

HAROLD HOWLAND : *Theodore Roosevelt and his Times.* Yale University Press, 1919.

WILLIAM ALLEN WHITE : *Woodrow Wilson, the Man, his Times and his Task.* Houghton, Mifflin & Co., Boston; 1925.

CHARLES SEYMOUR : *Woodrow Wilson and the World War.* Yale University Press, 1919.

EDITH BOLLING GALT WILSON (Mrs. Woodrow Wilson) : *My Memoirs.* Bobbs-Merrill Co., Indianapolis; 1939.

CHARLES EDWARD MERRIAM : *American Political Ideas*, 1865-1917. The Macmillan Company, New York; 1920.

CHARLES MERZ : *The dry decade.* Doubleday, Doran & Co., Garden City, New York; 1931.

CHARLES MERZ : *The great American band wagon.* The Literary Guild of America. New York; 1928.

CARLTON JOSEPH HAYES : *A brief History of the Great War.* The Macmillan Co., New York; 1925.

CHARLES SEYMOUR : *Woodrow Willson, and the world War, a chronicle of our own times.* Yale University Press, New Haven; 1921.

RAY STANNARD BAKER : *Woodrow Wilson; life and letters.* Doubleday Doran, New York; 1927-1939. (8 volumes.)

PRESTON WILLIAM SLOSSON : *The Great Crusade and after (1914-1928).* The Macmillan Co., New York; 1931.

WILLIAM ALLEN WHITE : *A Puritan in Babylon. The Story of Calvin Coolidge.* The Macmillan Co., New York; 1940.

GILBERT VIVIAN SELDES : *The Years of the Locust. (America 1929-1932.)* Little, Brown & Co., Boston; 1933.

HENRY MORTON ROBINSON : *Fantastic Interim.* Harcourt, Brace & Co., New York; 1943.

HOLLAND THOMPSON : *The New South.* Yale University Press, 1919.

SOLON J. BUCK : *The Agrariam Crusade.* Yale University Press, 1919.

JOHN MOODY : *The Masters cf Capital.* Yale University Press, 1919.

CARL RUSSELL FISH : *The Path of Empire.* Yale University Press, 1919.

MARK TWAIN : *Mark Twain in Eruption,* edited by Bernard De Voto. Harper & Brothers, New York; 1922.

THOMAS BEER : *The Mauve Decade.* Alfred A. Knopf, New York; 1926.

MARK SULLIVAN : *Our Times. The Turn of the Century.* Charles Scribner's Sons, New York; 1926.

[찾아보기]